南 华 年 鉴

2002

南华年鉴编辑委员会

《南华年鉴》编辑委员会

《南华年鉴》编辑部

编 辑 说 明

一、《南华年鉴》(2002)是中共南华县委、县人民政府对外公开发布的大型资料信息工具书，全面系统地记述了南华县2001年的政治、经济、文化、社会等各方面的新情况、新进展、新成就和新经验，为全县各级领导科学决策提供依据，为社会各界参政议政提供信息，为编史修志积累资料。

二、《南华年鉴》(2002)汇集了南华县各级、各部门、各行业2001年方方面面的信息和资料，客观地记述了南华县各个方面的发展轨迹，对宣传南华、研究南华、投资地方经济建设具有重要的历史价值和现实意义。

三、《南华年鉴》(2002)刊，是南华县出版的第6部年鉴，主要以条目形式记述2001年的发展全貌，全书设特载、专文、大事记、概况、政治、法制·军事、经济、文化、社会、人物和附录11个部类，共1800多个条目、60多万字，并配以统计表、彩色新闻图片、部类隔页照片和随文照片。全书内容丰富、资料翔实、图文并茂，具有很高的权威性、实用性和可读性，是全县各级领导、办公室主任必备的工具书。

四、本年鉴所采用的资料，均由全县各有关部门专人撰写，单位领导审定签章后，提供电脑软盘及文字稿件，交县年鉴编辑人员精心编辑，首次实现电脑录入和编辑，并送请县委组织部、县保密局、县统计局分别对领导名录、保密、数据等方面给予审核，由德宏民族出版社出版，向国内外公开发行。

五、为适应形势发展需要，便于读者使用和电脑网络查询，该书还配有双重检索系统，前有目录、索引殿后，索引按汉语拼音字母顺序排列，范围详及条目、文献和图表。

六、《南华年鉴》(2002)刊的出版，是县委、县人民政府领导的重视、上级业务部门的指导、全县各级各部门的支持、全体撰稿人员和编辑工作者辛勤努力的结果，在此，一并表示诚挚的感谢!该年鉴编辑人员在征稿、编辑、审、校工作中，虽然作出了很大的努力，但还有不完美之处，敬请各位读者斧正。

编 者

2002年9月

领导视察

2001年7月20日，全国政协视察团视察沙桥小集镇建设。

（摄影　王兆登）

2001年3月10日，省委常委、省委政法委书记秦光荣，省高级人民法院院长赵仕杰，州委副书记胡有兰到南华县人民法院检查指导工作。

（摄影　李隆钧）

2001年4月18日，国家计委农经司司长朱杰及省、州领导一行视察沙桥小集镇建设。

（摄影　罗成海）

重要会议

二〇〇一年二月一日，县委九届四次全委(扩大)会议在县招待所举行。（摄影 周建林）

2001年2月1日，中共南华县纪委四次全会在县委会议室举行。（摄影 蔡 波）

二〇〇一年三月二十六日至三十日，县十三届人民代表大会第四次会议在南华剧院举行。（摄影　周建林）

2001 年 3 月 20 日至 23 日，县政协五届四次会议在南华剧院举行。（摄影　周建林）

二〇〇一年三月三十日，南华县民族工作暨第二次民族团结进步表彰会在南华剧院召开。

2001年11月3日，县经济工作暨县乡机构改革动员大会在县招待所召开。（摄影　周建林）

2001年12月27日，县机构改革方案宣布暨工作会议在南华剧院召开。（摄影　周建林）

二〇〇一年六月十二日，楚雄州机关效能建设现场会在南华召开。（摄影　蔡　波）

2001年2月28日，全县机关效能建设工作会召开。（摄影　蔡　波）

二〇〇一年六月九日至十日，州委办公室中心学习组理论研讨会暨全州县市委办公室主任会议在南华召开。

重要事件

二〇〇一年六月二十四日，南景公路分水岭至红土坡段改扩建工程举行通车典礼。

（摄影　张志江）

二〇〇一年十二月十六日，台湾曹仲植基金会、南华县人民政府对等向十四位残疾人捐赠轮椅。

（摄影　者美春）

二〇〇一年七月十五日至二十五日，县残联在县城开展残疾人实用技术培训。

（摄影　者美春）

蓬勃发展的南华县社会科学事业

地处滇中高原西南部的南华县，旧称镇南。自元朝至元二十一年改欠舍千户为镇南州后，因位居西南古丝绸道上，随着古丝绸道的开发和东南亚、南亚商业文明的发展，镇南独特的区位优势逐渐形成。乃至《新纂云南通志》对镇南地处"阿雄、英武关塞当冲，苴水盘山，一方重地，九府通衢"作描述后，"九府通衢"成了镇南独特交通区位优势的形象记述。民国肇始，商贸日兴，镇南月琴，镇南铁锅享誉海内外。

新中国建立后，勤劳善良的南华人民，凭着自己的双手，在2343平方公里的大地上创造着不朽的业绩。社会科学作为人类文明的重要组成部分，取得长足发展。特别是党的十一届三中全会后，随着党的"百花齐放，百家争鸣"和"为社会主义服务，为人民大众服务"方针的深入贯彻，文学创作、党史征集研究、地方志编纂等工作的兴起，以教育、经济为主，围绕各个时期发展重点开展的应用型哲学社会科学研究，使全县社会科学事业得到蓬勃发展。

20多年来，南华县相继建立了县委党史征集研究室、县地方志办公室、县哲学学会，县文联小组。全县完成第一届社会主义新方志编修，出版了《南华县志》，获"云南省地方志优秀成果三等奖"；完成旧志整理，出版了四部旧志合集《镇南州志》，获"云南省地方志优秀成果资料特色奖"；编纂出版了一大批专业志、部门志，《南华县邮电志》获"云南省地方志优秀成果篇目设计奖"，《南华县文化艺术志》获"云南省地方志优秀成果综合三等奖"，《南华县教育志》获"云南省地方志优秀成果资料特色奖"，累计出版、刊印专业志、部门志18部，达414.1万字。党史征研取得一批成果，初步完成民主革命时期的党史征研，并把征研重点转到社会主义时期，刊印了《红二军团长征过镇南》、《镇师星火》、《中共南华县历史大事记》、《南华县老干部回忆录》；编印了满足政治学习和存史之需的《南华县光辉历程》、《南华县“三讲”教育资料汇编》、《回眸与展望》、《学习江泽民总书记“三个代表”重要思想资料汇编》。1997年创办《南华年鉴》，至今已赓续出版5期，成为全县重要的地情资料读物，而且办刊质量逐年提高，1997年版获“全省年鉴评奖优秀编辑、项目设置、校对质量单项奖”，1998年版获“全省年鉴评奖综合二等奖”，1999年版获“全省年鉴评奖总体设计奖、栏目编辑奖”，2000年版获“全省年鉴评奖总体设计奖、栏目编辑奖、时效奖、装帧设计奖”。文学创作迈出新步伐，出版了《心泉孱流》、《春意如水》等个人文学作品集，刊印了《南华县民族民间文学作品集》、《夕阳心声》（一、二集）、《南华县诗词集》等文学诗歌作品集。部分教师积极参加教育科学研讨，撰写、发表了一批有影响的论文，县、乡干部深入调查研究，积极撰稿，在省、州社科刊物上发表了一些有重要价值的文章。

新世纪，《南华县志》（续修）正在紧张编纂，文学新人不断涌现，一批有识之士围绕经济、社会发展进行各项专题研究。南华县社会科学事业将会取得更加丰硕的成果。

（撰稿　周能汉　摄影　周建林）

目 录

特 载

专 文

大 事 记

概 况

政 治

中国共产党南华县委员会

南华县人大常委会

南华县人民政府

重要会议

县人民政府常务会议

重点建设项目

政协南华县委员会

群众团体工作

法制·军事

经　济

经 济 管 理

农　业

商业贸易

交通·邮电

城建·环保

财税·金融

文　化

社　会

民族·宗教

计划生育

民政

人　物

附　录

特　　载

楚雄州第二批农村“三学”试点在沙桥镇召开动员会。（王兆登　摄）

特　　载

统一思想　提高认识　严格标准
认真做好确定我县出席楚雄州第六次党代表大会代表候选人预备人选工作

——在中共南华县委九届六次全体会议上的讲话

县委书记　李红民

（2002年1月8日）

同志们：

经2002年1月6日九届县委第61次常委会议研究决定，我们今天在这里召开九届县委第六次全体会议，主要任务是：以邓小平理论和江泽民同志“七·一”讲话精神为指导，按照“三个代表”的重要思想和党的十五届六中全会精神以及中共楚雄州委办公室《关于选举中国共产党楚雄彝族自治州第六次代表大会代表的通知》（楚办字[2001]64号）要求，表决确定我县出席中共楚雄彝族自治州第六次代表大会代表候选人预备人选。下面，我讲三点意见：

一、统一思想，提高认识，增强做好确定我县出席州第六次党代表大会代表候选人预备人选工作的政治责任感

召开中共楚雄州第六次代表大会，是我州各级党组织、广大党员干部群众政治生活中的一件大事，是关系全州大局和长远发展的一项重大决策；是州委切实推进以民主集中制为核心的制度建设，努力实现党内生活制度化、规范化和科学化的重大步骤；同时也是省委和州委在新世纪之初，按照“三个代表”的重要思想，全面加强楚雄州党的地方组织建设的重大措施；是在改革开放和现代化建设事业发展的关键时期，抓住机遇，迎接挑战，加快我州经济发展和社会进步的客观需要。中共楚雄州第五次代表大会是1997年1月份召开的，五届州委任期即将届满，根据《党章》、《中国共产党地方组织选举工作条例》、《地方党委工作条例》的有关规定，经州委五届十次全会决定，并报经省委批准，将于2002年一季度按期召开州第六次党代表大会。这次党代表大会将以邓小平理论和江泽民同志“三个代表”的重要思想为指导，在全面认真地总结五届州委过去五年工作的基础上，集中研究全州党的自身建设和经济社会发展等重大问题，进一步统一全州广大党员干部的思想，科学系统地规划我州未来的奋斗目标和发展蓝图；选举产生新一届州委、州纪委领导班子，进一步加强州委领导班子建设。这是关系我州全局和长远发展的两项重要任务，也是全州各级党组织、广大党员和干部群众共同关注的重大问题。开好州第六次党代表大会，认真把这两项关系全局的重要任务完成好，将对全州的政治大局和今后的长远发展作出不可估量的重要贡献，将进一步推动彝州经济的快速发展和社会全面进步。

选好州第六次党代表大会的代表，是做好州委换届工作，确保州第六次党代表大会圆满成功的基本前提。州第六次党代表大会代表素质的高低，将影响着各地基层党组织和广大党员民主权利的充分发挥，直接关系到州党代表大会能否顺利圆满地完成预定的各项任务，关系到党在人民群众中的形象和威望。只有按照“三个代表”重要思想的要求，在坚持代表条件，保证代表的先进性和纯洁性的前提下，统筹兼顾，充分发扬民主，尽可能地考虑代表的广泛性和代表性，好中选优，严格把关，认真做好州党代表大会代表选举工作，真正把党内的优秀分子推选出来，开好州第六次党代表大会才有坚实的基础，胜利完成这次党代表大会的各项任务才有可靠的组织保障，也才能进一步提高我们党在全州各族人民群众中的威望。就我们县而言，选举产生我县出席州第六次党代表大会的代表，代表着全县各级党组织，肩负着全县12个乡镇和县级各单位、各行业11000多名党员、23万各族干部群众的重托和希望，其素质如何，关乎全县各级组织、广大党员、干部群众意愿的正确体现，关乎我县在全州经济社会发展重大决策和总体布局中的份额及比重，关乎州第六次党代表大会精神能否在我县得到全面正确的贯彻落实。一句话，关乎我县各级党组织的凝聚力、战斗力和经济社会发展。按照《党章》、《中国共产党地方组织选举工作条例》及党代表大会代表选举工作的有关程序及规定，召开党的委员会全体会议，在充分讨论的基础上，确定代表候选人预备人选，对于顺利选举产生州第六次党代表大会的代表和确保州第六次党代表大会的顺利召开，又是基础工作中的基础环节和重要的政治任务，它对于确保州第六次党代表大会代表素质和各种结构比例，具有决定性的重要作用。全体县委委员要站在讲政治和贯彻落实“三个代表”重要思想的高度，切实履行职责，以高度的政治责任感和自觉性，认真做好我县出席州第六次党代表大会代表预备人选的确定工作。

二、坚持标准，明确任务，严格按照程序要求确定我县出席州第六次党代表大会代表候选人预备人选

推选州第六次党代表大会代表的过程，实际上是一次在全县各级党组织和党员中充分发扬民主的过程，是对广大党员、干部进行民主集中制和党的基本知识教育的过程，其工作标准高、程序多、范围广、要求严，是一项政治性极强的繁重任务。我们必须严格按照州委的统一要求，坚持标准，明确任务，规范操作，严把关口，把发扬民主与正确集中有机地结合起来，顺利完成我县出席州第六次党代表大会代表的推选工作任务。

关于我县出席州第六次党代表大会代表候选人预备人选建议名单的产生情况，郭孟贤同志还要作详细的说明，我就不再多讲了。在这里，我重点强调以下两点：

（一）要坚持标准，严格按照代表条件确定好我县出席州第六次党代表大会代表候选人预备人选。中共楚雄州委办公室楚办字[2001]64号《关于选举中国共产党楚雄彝族自治州第六次代表大会代表的通知》，规定出席州第六次党代表大会的代表，必须是有选举权和被选举权的正式党员，而且应是共产党员中的优秀分子，一般应具有初中以上文化，具备五个方面的条件：一是坚持四项基本原则，有坚定的共产主义信念，在关键时刻和重大原则问题上，是非分明，坚定地站在党的立场上；二是认真学习马列主义、毛泽东思想、邓小平理论和江泽民“三个代表”重要思想，学习党的路线、方针、政策和上级党组织的决议、指示，有较高的政治理论水平和议政、议事能力；三是思想解放，开拓创新，在生产、工作和社会生活中起表率作用，并做出显著成绩；四是公道正派，清正廉洁，密切联系群众，能够尽职尽责地完成党组织交给的任务，受到群众拥护；五是坚持党性原则，以对党的事业高度负责的精神，如实反映本选举单位党组织和党员的意见，正确行使党员的权利。参加今天会议的各位委员，在投票表决确定我县出席州第六次党代表大会代表候选人预备人选时，一定要从大局出发，坚持代表条件，坚持政治标准，始终把先进性和纯洁性放在首位，严格把好代表的素质和质量关，把符合州委规定的代表条件，在促进我县的改革开放和经济发展中做出成绩，得到党内外干部群众公认，又具有参政议政能力，能够反映全县广大党员意志和要求的优秀分子确定为我县出席州第六次党代表大会的代表候选人预备人选。

（二）**要明确我县的选举任务，努力实现代表结构比例和有关要求。**州委分配给我县出席州第六次党代表大会的代表名额共计28名。其中：州委直接提名到我县选举的州级党员领导干部2名，从我县各方面的党员中推选的代表26名。在全县选举产生的28名代表中，其结构要求是：乡科级以上的党员领导干部代表19名（含州委提名到我县选举的代表2名），各类专业技术人员代表6名，经县级以上机关命名的各条战线先进模范人物代表3名，生产一线的工人和农民代表2名，50岁以下的代表17名；妇女代表5名，少数民族代表9名。按照“代表候选人应不少于代表名额20%的差额比例”以及“州委直接提名的代表候选人，不需要经过推荐、遴选等过程，只参加正式选举”的规定，在全县各级党组织充分发扬民主，自下而上、上下结合、反复酝酿、逐级遴选上报的代表候选人初步人选提名人选的基础上，九届县委第60次常委会议讨论确定了32名代表候选人初步人选，并经上报州委审查同意后，形成了我县出席州第六次党代表大会代表候选人预备人选建议名单，提交全委会酝酿讨论和表决确定。建议名单推荐提名的32名人选。总体上看符合州委选举工作的有关差额比例要求，在年龄结构、性别结构、民族结构等方面最大限度地满足了应选代表的结构要求，并兼顾了各方各面、各种层次代表候选人的行业分布。考虑到专业技术人员代表、各条战线先进模范人物代表所占比例要确有保证，对乡科级以上领导干部代表候选人初步人选采取了等额推荐提名的办法，其余两大方面的代表候选人初步人选均留足了必要的差额。请各位委员在坚持代表条件和代表先进性前提下，从全县党组织和党员队伍的状况及实际工作需要出发，充分考虑代表的广泛性和代表性，按照代表结构要求，表决确定32名代表候选人预备人选。

三、顾全大局，严守纪律，模范地贯彻执行党的民主集中制原则

民主集中制是党的根本组织制度和领导制度，同时也是党的最高组织原则和组织纪律。我们党之所以能够统一意志，统一行动，具有凝聚力和战斗力，之所以能够集中全党的智慧，团结和带领全体人民，克服各种艰难险阻，不断开拓前进，最重要和最根本的就是靠民主集中制。本次全会肩负着州委的重托和全县各级党组织广大党员的殷切期望，要始终坚持和贯彻执行民主集中制原则，会议的每个议程都要体现民主与集中相统一的原则，在充分发扬民主的基础上实行正确集中，在集中指导下进一步发扬民主；每位委员都要讲政治、顾大局，既要充分发扬民主，敢于发表意见，又要把思想和行动统一到州、县党委的要求上来，坚决执行州委的各项规定。通过大家的共同努力，把表决确定我县出席州第六次党代表大会代表候选人预备人选的工作做细、做实、做好。

首先，要讲党性，识大体，顾大局。讲党性、识大体、顾大局，一切都从党的事业需要出发，以党和人民群众的根本利益为重，个人利益服从党组织和人民群众的根本利益，局部利益服从整体利益，眼前利益服从长远利益。这是各级党组织对每个共产党员的基本要求，也是今天参加会议的各位委员必须遵循的一条重要原则。我们在进行全会的每一项议程时，都要把党的事业和人民群众的根本利益放在第一位，从全州、全县的大局和长远发展需要出发，坚持实事求是的思想路线，用“三个代表”重要思想和“三个有利于”标准判断功过是非，对人对事都要看本质、看主流、看发展。要实事求是、客观公正、公道正派，不要计较个人名利，不要纠缠细枝末节，更不能搞无原则的争论，避免无组织无纪律的行为发生。

其次，要讲原则，正确行使权利。党的地方各级委员会是本地区党的各级组织和各项工作的领导核心，要贯彻执行党的路线、方针、政策和国家法律法规，对本地方的政治、经济、文化和社会发展各方面工作实行全面领导。县委全体会议，一定要正确体现全县广大党员的共同意愿。这次全会将按照《党章》和《中国共产党地方组织选举工作条例》、《地方党委工作条例》的有关规定，根据多数党委的推荐情况和州委的审查意见，在进一步充分发扬民主，形成统一的意志，并按照有关程序表决确定我县出席州第六次党代表大会代表候选人预备人选。我们要把思想和行动统一到州、县党委的要求上来，妥善正确地处理好民主与集中的关系，积极主动地行使好民主权利，认真负责地把全县广大党员的心意表达出来，以便在民主的基础上实行正确的集中。

再次，要讲纪律，强化约束监督。这次会议的议程、表决办法、预备人选建议名单，都是根据多数党委的推选情况和县委常委会议集体研究同意并报州委审查同意后形成的，大家必须坚决维护、自觉执行。每位委员都要严于律己，遵守党的政治纪律，自觉维护县委的权威，模范执行有关规定，集中思想，集思广益，认真开好会议，以自己的实际行动及模范行为执行好党的民主集中制原则和组织纪律，为全县广大党员做出表率。要说实话办实事，真心当好广大党员和人民群众根本利益的忠实代表，光明磊落、言行一致、表里如一，确保我县出席州第六次党代表大会代表候选人预备人选的顺利产生。

同志们，在充分发扬民主的基础上，按照有关程序和规定，召开全会，表决确定我县出席州第六次党代表大会代表候选人预备人选，其意义十分重大。自2001年12月初以来，在全县各级党组织和广大党员的积极参与和大力支持下，从代表候选人初步人选的提名推荐，到代表候选人初步人选的确定及上报审批，再到今天县委向全会提出代表候选人预备人选建议名单，以及本次全会将要表决确定我县出席州第六次党代表大会的代表候选人预备人选，我们已经做了大量卓有成效的工作。县委希望并相信大家，一定能够以高度的政治责任感和严肃的工作态度，认真履行职责，正确行使权利，圆满完成本次全会的光荣任务。

谢谢大家！

认真实践“三个代表”重要思想
努力加快南华经济社会发展步伐

——在中共南华县委九届七次全体（扩大）会议上的报告

（2002年2月3日）

县委书记　李红民

同志们：

在全国各族人民抓住实施西部大开发和加入WTO的发展机遇，深入学习贯彻江泽民同志“七一”讲话、党的十五届六中全会精神，认真实践“三个代表”重要思想，加快改革开放和社会主义现代化建设步伐，全面建设小康社会的重要时刻，县委召开九届七次全体（扩大）会议。这次会议的主要任务是：高举邓小平理论伟大旗帜，全面贯彻党的基本路线，以“三个代表”重要思想为指导，认真总结2001年的工作，安排部署今年各项工作任务，进一步动员广大党员干部，团结和带领全县各族人民，与时俱进，开拓进取，加快南华改革开放和社会主义现代化建设步伐。

下面，我代表县委常委会作工作报告，请予审议。

一、开拓进取、务实创新，两个文明建设取得新成就

2001年是新世纪的开局之年和实施“十五”计划的第一年。在州委的正确领导下，县委以江泽民同志“三个代表”重要思想为指导，认真学习贯彻“七一”重要讲话和党的十五届六中全会精神，进一步解放思想，更新观念，大胆开拓创新，经过全县各族人民的共同努力，完成了县委九届四次、五次全体（扩大）会议提出的各项任务，顺利实现了南华新世纪经济社会发展的良好开局。

（一）坚持以发展为主题，确保全县经济健康发展

县委坚持以发展为主题，结构调整为主线，改革创新为动力，提高人民生活水平为根本目的，切实加强对经济工作的领导，排除阻碍经济发展的不利因素，确保了全县经济社会各项事业持续健康发展。全县国内生产总值达6.27亿元，同比增长8.1%；财政自收收入达4880万元，同比增长13.6%；农民人均纯收入达1580元，同比增长4.4%。衡量全县发展的几项主要经济指标完成较好，总体经济质量也有了新的提高。

农业产业结构调整暨生物资源开发创新迈出新的步伐，经济结构进一步优化。县委、政府制定并着力实施了《关于“十五”期间农业产业结构调整和生物资源开发创新产业建设的实施意见》，一是狠抓优质烟、优质稻、畜禽养殖基地建设，三大传统产业得到进一步巩固和发展。二是以优质林果、蚕桑、蔬菜和水产养殖、中药材基地建设，推动了三大后续支柱产业的发展，成为全县新的经济增长点。三是订单农业有了新的发展。今年以来，各乡镇跑市场、抓订单、以订单组织生产的积极性和市场运作能力有了较大提高。围着市场转，跟着市场干的意识大为增强。四是农田水利基本建设取得了新的发展，为农业产业结构进一步调整打牢了基础。

基础设施建设进一步加强，小城镇建设取得新进展。紧紧抓住国家扩大内需和实施积极的财政政策，给我县带来的各项投资发展机遇，及时启动实施了南景公路至红土坡路段的改扩建工程，国家生态治理工程，徐营、兔街、罗武庄集镇供水工程，沙桥、天申堂、五顶山小城镇建设工程，县城流动市话小灵通和徐营、五顶山移动电话基站工程等一批项目，有效拉动了GDP增长。

在推进小城镇建设方面主要抓了两大方面的工作：一是在深入调研的基础上，制定了《关于加快小城镇建设提高城市化水平的决定》，进一步明确了我县小城镇建设的指导思想、战略目标、发展模式。二是从充分发挥中心集镇和次中心集镇最大限度地聚合人口，刺激商贸发展，改善城乡二元结构，壮大城镇经济的城镇功能出发，在抓好沙桥、天申堂、五顶山小城镇建设项目实施的同时，及时启动了县城百货街及兔街、雨露两乡小城镇建设项目，抓紧做好商住小区开发的前期准备工作，进一步推动了我县“一横一纵”梯次推进的小城镇发展格局的形成。

国有集体企业改革步伐加快，非公有制经济保持较快发展势头，对外开放、招商引资取得新的突破。一是县委认真贯彻州委提出的“工业强州”的工作思路，按照“有进有退、有所为有所不为”的方针，以抓好国有集体企业退出一般性竞争领域为重点，将县百货公司、食品公司等10户国有集体企业列为重点改革对象，加强分类指导，企业改革与发展取得了实质性的进展。突破了国有集体企业退出一般性竞争领域怕导致私有化，怕导致国有集体资产流失，怕导致分配不公，怕导致政府失控的“四怕”思想障碍；部分企业通过土地置换、产权转化、嫁接改造、盘活存量资产，实现了“退出”的改革目标；部分原已改制的企业进一步深化了“三项制度”改革，加强企业内部管理，出现了新的生机和活力；对分流职工实行了完全、彻底、不留余地的妥善安置，为继续推进改革进程积累了可贵的经验。二是通过狠抓小城镇建设，整顿规范市场经济秩序、深化乡镇企业改革、认真兑现发展个体私营经济的各项优惠政策等四项工作，乡镇企业和个体私营企业保持较快发展势头。全县非公有制经济占GDP的比重达25.5%，比上年上升了0.5个百分点。对外开放和招商引资取得新的进展，通过加强跟踪服务，各个引资建设项目进展顺利，拉动了经济增长。

扶贫工作成效显著，城乡人民生活水平稳步提高。一是切实把扶贫工作纳入全县国民经济和社会发展计划，有效加强了贫困地区的水利、交通、电力等基础设施建设和狠抓了科技、教育、卫生、文化等各项社会事业的发展，改善了贫困地区的生存和发展环境。二是继续坚持五班子领导联系贫困村委会，机关定点扶贫，机关党员干部及职工结对扶贫制度，积极为贫困村委会和结对户解决生产生活中的实际困难，构筑“民心工程”，推动了扶贫脱困进程。三是加强了小额信贷扶贫资金的运作管理，实施温饱示范工程建设，使一批贫困农户得到了有效扶持。四是认真贯彻党在农村的各项政策，切实减轻农民负担，多灾之年，仍然保持了农村经济的健康发展和农民收入的稳步增长。县委、政府还切实加大了社会保障工作力度，按时足额发放城镇人口最低生活保障金、养老保险金、失业保险金，同时保证了财政供养人口工资的按时足额发放，改善了福利待遇，使城镇居民经济收入和生活水平有了明显提高。

（二）民主法制建设、社会主义精神文明建设取得明显成效

县委切实加强对人大、政协工作的领导，支持人大对“一府两院”进行法律监督和工作监督，支持政协充分发挥政治协商、民主监督、参政议政的职能作用；加强和改善党对工会、共青团、妇联等群团组织的领导，巩固和发展了新形势下的民族团结、军政军民团结。坚持从严治政，依法行政，严格执法，公正司法，支持司法机关独立行使法律赋予的各项职权，启动了“四五”普法工作，推进了依法治县进程。巩固“村改”成果，有效扩大基层民主，保证了人民群众依法直接行使民主权利。进一步推进“三公开”工作，有效维护了群众的合法权益。通过开展“严打”整治专项斗争，推动了社会治安综合治理责任制的落实，加大社会矛盾纠纷的排查调处，严密防范并坚决打击各种邪教和非法宗教势力，有力地维护了社会政治稳定。

社会主义精神文明建设取得新成果。认真坚持理论中心学习组学习、单位学习日等学习制度，切实加强对干部职工的政治理论学习教育；深入开展文明城镇，文明单位、文明村和“十星级文明户”的评比活动，推动了群众性精神文明创建活动的蓬勃开展；从“五爱”、“三观”、“三德”教育入手，进一步提高了公民思想道德素质；抓好校点收缩，加强教育基

础设施建设，有效巩固了“两基”成果，推进了科教兴县战略；切实加强对文化、体育、卫生、计划生育、民政、社会保障、金融、保险等工作的领导，推动了社会各项事业的全面发展。积极探索新形势下思想政治工作的新方法和新途径，增强了思想政治工作的针对性和时效性。

（三）党的思想、组织、作风和党风廉政建设全面加强。

一是认真开展“三学”活动和学习贯彻十五届六中全会、“七一”重要讲话、省第七次党代会精神，进一步提高各级领导干部的思想、政治素质。广大党员尤其是党员领导干部党性党风方面存在的突出问题得到有效解决，宗旨意识、服务意识、大局意识大为增强，进一步树立起正确的世界观、人生观、价值观，抵制拜金主义、享乐主义、极端个人主义思想侵蚀的能力进一步提高，进一步筑牢了拒腐防变的思想防线。

二是从抓班子，带队伍入手，党的组织建设全面加强。通过认真总结6年“村建”经验，推行农村工作任期年度考核责任制，巩固深化“三级联创”成果；开展企业“三讲”，大胆探索非公有制经济组织中的党建工作；加强“双目标”管理和民主评议党员等工作，有效加强了全县党的组织建设，促进了党员队伍整体素质的提高，党的阶级基础、群众基础进一步巩固和扩大，党员队伍得到了新的充实和壮大。围绕建设一支高素质干部队伍的目标，通过推行公开选拔领导干部、任职试用期等制度，加强干部的学习考核和学历培训，做好后备干部、非党干部和知识分子的教育培养工作，有效提高了干部队伍的管理水平。县委切实加强对乡镇党委、人大换届和县乡机构改革工作的领导，确保了两项工作积极、稳妥、健康、有序地向前推进。

三是切实加强和改进党的作风建设。全县各级各部门按照县委的统一部署，把机关效能建设作为一个有效载体，并将党的十五届六中全会精神的贯彻落实融入其中，加强督促检查，使加强和改进党的作风建设的各项内容落到实处，促进了机关作风的转变，有效提高了各级各部门的服务质量和办事效率，保证了党的路线、方针、政策和上级党委的重大决策和部署得到及时有效的贯彻落实。

四是党风廉政建设进一步加强。县委按照党中央和省州党委的部署，认真落实反腐败三项任务。建立健全了干部任前廉政谈话制度、廉政诫勉谈话制度、干部离任审计和任期经济责任审计制度，使监督关口前移，从源头上遏制了腐败现象的发生；加大案件查处力度，做到有案必查，违纪必办，使违纪违法的党员领导干部受到了党纪、政纪和法律的惩处；加强党内监督、法律监督、社会监督、新闻监督和群众监督工作，预防和减少了违纪违法案件的发生；在各级领导班子和党员领导干部中开展以胡长清、成克杰、李嘉廷等案件为反面教材的警示教育，做到警钟长鸣，防微杜渐；认真贯彻落实领导干部不准收受礼金和配偶子女违规违纪经商的有关规定；制定了《关于加强和改进党的作风建设的实施意见》，对坚持清正廉洁，反对不正之风作出了明确的规定。

在总结成绩的同时，我们也清醒地看到，县委工作还面临着一些不容忽视的困难和问题，主要是解放思想程度和改革力度还不能适应形势发展的需要；经济结构、城乡结构、基础设施建设、劳动者素质等制约因素没有得到根本性改变；产业结构调整和对外开放步伐不快；思想作风、学风、工作作风、领导作风、干部生活作风有待于进一步转变等。这些问题都要在今后的工作中加以认真研究解决。

二、认真实践“三个代表”重要思想，自加压力，负重奋进，加快南华经济社会发展步伐

2002年是我县改革开放和社会主义现代化建设征程中具有重要意义的一年。我们只有坚定不移地坚持以经济建设为中心，进一步解放思想，更新观念，转变作风，狠抓落实，把全县上下人心思进、人心思变、人心思上、人心思富的积极性和创造性引导和凝聚到我们的工作思路和发展目标上来，进一步动员广大党员干部，自加压力，负重奋进，加快发展，才能解决改革发展中出现的困难和问题，巩固和发展“十五”开局的良好发展势头，维护改革发展稳定的大好局面，保持经济持续、快速、健康发展和社会的全面进步。

2002年，南华县经济社会发展的总体要求是：以邓小平理论和江泽民同志“三个代表”重要思想为指导，深入学习贯彻江泽民同志“七一”讲话、党的十五届六中全会、党的十六大、省第七次党代会和州第六次党代会精神，抓住西部大开发和加入WTO的历史机遇，以加快发展为主题、结构调整为主线、改革开放和科技进步为动力，提高人民生活水平为根本出发点，围绕巩固发展粮食、烟草、畜牧三大传统产业，培强做大林业及林产品加工业、生物食品加工业、生物药业三大后续支柱产业，扎扎实实打基础，突出重点抓生态，调整结构创特色，依靠科技增效益，改革开放促发展，推进经济持续、快速、健康发展和社会全面进步。根据这一要求，2002年全县GDP、固定资产投资、地方财政收入、城乡居民收入的增长率趋于全州平均水平。要实现以上奋斗目标，我们必须着力抓好以下两大方面的工作。

（一）聚焦“三大指标”，突破“四个重围”，把我县综合经济实力推向一个新阶段

反映一个地方经济发展水平的几大指标中，固定资产投资、地方财政收入、城乡居民尤其是农民人均纯收入三个指标是年度经济发展水平高低的“晴雨表”。我们必须紧紧抓住国家实施西部大开发和坚持扩大内需的长期战略方针给我们带来的增加投入的机遇，把固定资产投资拉动经济增长作为长期首要工作来抓，使之成为驱动县域经济发展的主轮。同时，我们要把目光聚焦在增加地方财政收入，实现“十五”期间财政自求平衡目标工农一体化的市场运作格局，有效增加农业附加值。五是一定要树立扶持产业化就是扶持农业，扶持龙头企业就是扶持农民的观点，进一步研究建立加大扶持龙头企业的力度，带动农户生产，帮助农民增收的有效机制。

第二、抓住关键，继续推进科技兴农战略，提高农民的科技文化素质是实现农民增收的根本措施。要牢固树立科学技术是第一生产力，科技进步是经济发展的第一推动力的思想，通过改革、创新农业科技服务体系，切实把农业产业的转化升级，增加农民收入转移到依靠科技进步和提高农民的科技文化素质的轨道上来。要加快建立农业科技的培训、管理、激励机制和新型农业的技术推广体系步伐，使农业产业化发展所急需的实用技术被广大农民尽快掌握。要在农业科技推广运用中，率先实行科技机构的实体化运作，推行科技有偿服务，充分发挥市场对科技人才资源的配置作用，促使一批科技能人在科技兴农战略实施中脱颖而出，大显身手。今年要围绕农业提质增效，农产品转换升级，列出切实可行的技术项目和需要解决的技术难题清单，集中力量组织攻关，务求在农业新技术的开发推广上有新的突破。

第三、要抓住国家扩大内需和实施积极的财政政策和西部大开发的机遇，继续加强农田水利基本建设的同时，突出重点抓生态，进一步夯实农业发展基础，坚定不移地走可持续发展的路子。我县未来发展的目标定位是建设生态经济强县，必须牢固树立保护生态环境就是保护生产力，改善生态环境就是发展生产力的观念。切实把生态环境的保护与建设放在更加突出的位置。经过多年的努力，我县生态保护和治理取得了显著的成效，部分乡镇生态恶化的势头得到了初步遏制。但我们也要清醒地看到，我县生态环境不容乐观，去年几个森林覆盖率高，又处于重要江河发源地的乡镇，相继发生了罕见的泥石流和洪涝灾害，给我们敲响了警钟，必须引起高度重视。要坚决执行封山育林、森林管护和大牲畜厩养措施，严禁滥砍滥伐现象的发生。要重点抓好天然林保护、退耕还林还草、宜林荒山绿化、次生林改造等方面的工作。要做到工程治理与生物治理相结合，基础设施建设与生态保护相结合，禁伐禁牧与燃料置换、科学饲养相结合，思想教育与依法惩处相结合，使“山川秀美，人民幸福，民族团结”成为广大干部群众共同追求的目标，推动我县可持续发展战略的实施进程。

第四、提高认识，增强农民增收的责任感和服务意识，真心实意为农民谋利益，切实改善人民群众的生产生活。始终代表最广大人民的根本利益是我们一切工作的出发点和归宿，关心群众疾苦，把群众冷暖时刻放在心上，是我们每个党员特别是党员领导干部应牢记的宗旨和践行“三个代表”重要思想的具体体现。在新的发展阶段增加农民收入，要有新的思路，采取综合措施，要把中央农村工作会议提出的“多予、少取、放活”的指导思想认真贯彻落实好。多予，就是增加对农业和农村的投入，加快农村基础设施建设，扩大退耕还林规模，直接增加农民收入。少取，就是要推进农村税费改革，切实减轻农民负担，让农民休养生息。放活，就是要认真落实党在农村的各项政策，把农民的积极性、主动性、创造性充分发挥出来，进一步拓宽农民增收渠道。要加强对扶贫工作的领导，通过加大对农田水利基本建设的投入，改善贫困地区群众的生产生活环境；继续坚持五班子领导联系乡镇、厂矿、贫困村委会，机关挂点扶贫，党员干部职工结对扶贫制度，切实解决好贫困农户的实际困难，以多种形式构筑“民心工程”，帮助群众早日脱贫。要加强小额信贷管理，实施好在建扶贫工程项目的同时，做好扶贫新项目的论证、储备、上报审批工作，争取更大更多的扶贫外援。广大党员特别是党员领导干部要深怀爱民之心，恪守为民之责，善谋

富民之策，多办利民之事，切实维护好、发展好、实现好人民的利益。

以深化国有集体企业改革为目标，进一步调整完善所有制结构，实现所有制结构的战略转移。一是要继续深入国有集体企业开展调研，按“一企一策”的要求，指导、帮助改制条件暂不成熟的企业创造条件尽快制定出改革方案，付诸实施，推进改革。二是对已改制企业，要按照建立现代企业制度的要求，进一步完善法人治理结构，使企业真正成为具有创新能力的法人实体和市场竞争主体。三是深化企业内部的劳动、用工、分配制度改革，把经营管理者的利益和国有资产的保值增值捆绑在一起，充分调动企业的积极性和创造性，为搞活企业注入新的活力。四是大力鼓励非公有制企业和外来企业参与到国有集体企业的改革中来，积极做好牵线搭桥工作，促其对我县国有集体企业实行收购重组。

在深化企业改革，确保实现“退出”目标的同时，要切实解决好城镇低收入群体的生活问题。一是要结合产业结构调整，扶持有比较优势的劳动密集型龙头企业和坚持国家政策指导下劳动者自主择业、市场调节就业和政府促进就业的方针，形成通过劳动力市场配置劳动力资源的新机制，不断扩大就业面。二是要不断完善“三条保障线”制度，确保国有企业下岗职工基本生活费和退离休人员养老金按时足额发放。三是要坚持“一要吃饭、二要建设”的方针，把群众生活放在优先位置，确保机关事业单位职工工资按时足额发放。同时，认真清理和杜绝不合理收费，减轻城乡居民的负担。

以加快小城镇发展战略为突破口，努力改善城乡经济社会结构。有效扩张城镇规模，努力提高城镇化水平，是我县建设生态经济强县，推进现代化建设第三步战略目标的必然选择。在推进小城镇建设中，我们目前面临三大难题：一是光靠政府投入拉动，导致投资弹性太小；二是交易成本高，导致边际效益低；三是没有经济支撑点，导致小城镇活不起来。要解决这些问题，我们必须以科学规划建镇，以特色产业活镇，以全方位开放强镇，实现大批农村富余劳动力向城镇集中，工业向城镇工业园区集中，农业产业经营向城镇龙头大户集中的发展格局。要树立经营城镇的新理念，把城镇作为一个大产业来运作，要从单纯的生产、生活的便利性、经济性转向降低交易成本、广泛地吸纳生产要素、完善市场主体、提高人文环境质量，以城市发展带动区域经济的发展，增强城镇人流、物流、资金流、信息流的吸纳吞吐能力，有效调整生产力布局，实现市场要素的合理配置。县城龙川镇要唱好经营县城的主角，站在把县城建设成为楚雄市最优卫星城和我州北上攀枝花市的重要经济干线通道联络点的起点高度，从提质优化一产业，培强二产业，重点发展三产业的发展思路出发，把农村富余劳动力更多地转移到农副产品的精深加工上来，在全县率先减少农村人口，增加城镇人口；沙桥镇要通过工业园区建设，促进农产品加工流通，重振滇西商贾云集的辉煌。其余次中心集镇建设要围绕我县西部大开发南华行动计划构想中西进、南下计划的实施战略，抓住南景公路改造、哀牢山公路五期建设、异地扶贫搬迁、撤乡设镇等发展机遇，形成以集镇经济带动交通干线经济，辐射农村经济的发展态势。

4、营造宽松环境，加快对外开放和非公有制经济的发展步伐

认识不到位、服务不配套、投资综合环境不理想，是我县对外开放成效不明显的主要原因，同时也是我县非公有制经济规模不大，结构不合理，整体质量不高的一个重要原因。必须高度重视，尽快抓紧改善。要按照市场经济的要求转变政府职能，切实解决好政府职能既越位又缺位的问题。要切实从那些不属于政府职责范围内的不该管、管不了、管不好的事务中抽出身来，加强宏观经济的引导、管理、协调与服务工作。要结合农业产业结构调整和生物资源开发创新、小城镇建设、生态工程建设、扶贫工作，积极引导民间投资参与其间，在不长的时间内，有一批乡镇企业和个私企业在农业产业化发展中崛起，使其成为城乡经济发展中最活跃的因素和经济增长中的突出亮点。同时，要以提高社会信用为重点，继续抓好整顿和规范市场经济秩序的工作。严格执法，严厉打击各种破坏市场经济秩序的违法犯罪，营造一个诚实、守信、安全、文明、有序的市场环境。

5、以财政增长为重点，努力提高经济增长的质量和效益

烤烟支柱弱化，后续支柱产业对财政的支撑力不明显，导致GDP增长与财政增收比例不协调，是我县当前经济运行质量的一个突出特征。我们必须围绕“十五”末财政自求平衡这一奋斗目标，采取扎实有效措施，力争今年的财政自收收入达到4552万元，按可比口径增长6%。对此，必须做好开源节流两个方面

的工作。一是要把提高经济增长的质量同产业结构调整、培强龙头企业，加快国有集体企业改革步伐，加快小城镇建设，扩大对外开放，大力发展非公有制经济结合起来，正确处理好经济发展中生产与市场、产量与质量、增产与增收、富县与富民、农村与城镇的关系，努力提高生产力发展水平。二是挖掘潜能与突出重点，培育财源项目并重，政府要制定实施对5万元以上纳税大户的扶持措施，切实为他们解决生产经营中存在的困难和问题。三是要结合县乡机构改革，进一步规范财政供养范围，严把机关事业单位人员的“入口关”。坚决清理精减超编人员，杜绝计划外合同工，切实减轻财政供养负担。四是从体制改革、机制创新、创造条件入手，认真做好部分事业单位逐步退出财政供养的可行性研究，建立起切实可行的退出机制。五是加强财税监管，抓好税法宣传，增强公民依法纳税意识，坚决打击各种偷税、漏税、骗税等违法犯罪，坚决查处财税工作中违纪违法案件，确保今年经济增长、财政增收目标的实现。

（二）切实加强民主法制建设和社会主义精神文明建设

坚持“稳定压倒一切”的方针，切实加强民主法制建设。要坚持和完善人民代表大会制度，支持县人大及其常委会依法开展对“一府两院”的法律监督和工作监督；要坚持和完善共产党领导的多党合作和政治协商制度，推进人民政协政治协商、民主监督、参政议政的规范化和制度化。县乡人大要紧紧围绕经济建设这个中心，议大事、抓重点、求实效，充分发挥监督职能，确保依法行政、依法办事。县政协要围绕县委、政府中心工作，服务大局，突出重点，紧密联系县情，开展好专题调研，供县委、政府决策参考，促进决策的民主化、科学化。坚持村民自治制度，充分发挥村民委员会自我选举、自我决策、自我管理、自我服务的职能，推进“三公开”工作的规范化、制度化，增强办事的透明度，有效加强群众监督、舆论监督，推进民主政治建设。要支持群众团体按照各自的章程积极开展工作，继续做好民族、宗教、统战工作，团结各界人士，为我县改革、发展、稳定作出贡献。要加强对“双拥”工作的领导，巩固和发展军政军民团结，要加强人民武装工作，抓好民兵预备役和国防动员工作。积极推进依法治县进程，推进司法改革，强化司法监督，加强政法队伍建设，从制度上保证司法机关依法独立、公正行使法律赋予的各项职权，建立健全错案追究制，促进严格执法、公正司法。加强社会治安综合治理，积极探索新形势下正确处理人民内部矛盾的新方法和新途径。要依法严厉打击严重刑事犯罪、经济犯罪和民族分裂活动及各种非法宗教渗透活动，严密防范并坚决打击“法轮功”等邪教组织和民间非法组织的活动，全力维护社会稳定。深入开展法制宣传教育，进一步提高全县各族群众的法制意识和法律素质，强化国家机关工作人员特别是领导干部依法履行职责意识，在全县形成学法、守法、用法的良好风气。

坚持先进文化前进方向，切实加强精神文明建设。用科学的理论武装广大干部群众，着力培养新世纪的“四有”公民。认真贯彻落实“依法治国”和“以德治国”相结合的重要方略，加强社会主义思想道德建设，充分发挥党组织做好思想政治工作的优势，从创新思想政治工作内容、形式、方法、手段和机制入手，引导和教育广大干部群众树立正确的世界观、人生观、价值观，坚定对马克思列宁主义的信仰、对社会主义的信念、对改革开放和现代化建设的信心、对党和政府的信任。认真贯彻落实《公民道德实施纲要》，以为人民服务为核心，以集体主义为原则，以爱祖国、爱人民、爱劳动、爱科学、爱社会主义为基本要求，以社会公德、职业道德、家庭美德为着力点，加强公民道德建设，在全社会大力倡导“爱国守法、明礼诚信、团结友善、勤俭自强、敬业奉献”的基本道德规范。深入开展好群众性精神文明创建活动，着力创建优美环境，优良秩序，优质服务；普及科学知识，倡导科学方法，弘扬科学精神，反对封建迷信，提倡健康、文明、向上的生活方式；创建文明行业和文明单位，丰富农村“十星级文明户”的内容，加强动态管理，全面推进城乡精神文明建设的发展，提高全社会的文明程度。

“以人为本”推进社会各项事业的发展。坚定不移地把教育放在优先发展位置，推动科教兴县战略的实施。要在巩固提高“两基”成果的基础上，抓好高中教育，进一步推进素质教育，为我县经济实现跨越式发展提供不竭的人才资源。要加强教师队伍建设，提高整体素质，继续抓好调整收缩小学校点工作，有效提高办学质量和效益。切实抓好文化设施、文化精品、文化队伍“三大文化工程”建设，进一步提高广播电视的覆盖率，开展好文化、科技、卫生“三下乡”活动，积极组织开展群众喜闻乐见和参与面广的丰富多彩的文体娱乐活动，活跃城乡文化生活，为广大群众提供健康有益的精神食粮，促进社会文明进步。要继续推进卫生体制改革，加快农村卫生事业的发展。认真抓好计划生育，推进“三为主”、“三结合”工作的发展，把人口增长率控制在10‰以内；要高度重视和解决好卫生、计划生育等社会事业中容易引起社会关注的热点问题，确保经济社会的协调发展。

三、以作风建设为突破口，全面加强党的建设

全面加强党的建设，切实改善党的领导，是与时俱进，加快南华改革发展步伐的关键。我们必须全面贯彻落实《中共中央关于加强和改进党的作风建设的决定》，以作风建设为突破口，按“八个坚持，八个反对”的要求，全面加强党的建设，切实提高党组织的凝聚力、创造力和战斗力。

（一）坚持理论联系实际，加强党的思想政治建设

要借鉴“三讲”和第一批农村“三学”的成功经验，用“三个代表”重要思想武装全党，把党的思想政治建设提高到一个新的水平。各级党组织在坚持理论联系实际，加强理论学习，改进学风方面，要抓好突出重点、完善学习制度、改进学习方法三个重要环节，组织广大党员着眼解决实际问题，深入学习马列主义、毛泽东思想、邓小平理论，尤其是学习江泽民同志“三个代表”重要思想、“七一”讲话、十五届六中全会、省第七次党代会和即将召开的党的十六大、州第六次党代会精神，学习经济、科技、文化、管理、法律等方面的知识，切实提高广大党员干部的思想政治和业务素质，提高驾驭复杂局面，研究解决新情况、新问题的能力。以求真务实、真抓实干的思想和工作作风，把省委党建“三句话”落到实处，切实实现好、维护好、发展好最广大人民群众的根本利益。第二批农村“三学”要紧紧围绕“党员受到教育，农民得到实惠”这一目标，通过理论联系实际的学习教育，使广大农村党员进一步牢固树立全心全意为人民服务的宗旨和正确的世界观、人生观、价值观，并把学习教育成果付诸于行动，团结带领各族群众围绕县委、政府农业产业结构调整的总体部署，闯市场、跑项目、跑订单、建基地、兴科技，使广大群众在农业产业结构调整中得到实惠，进一步树立党在群众中的良好形象。

（二）坚持民主集中制原则，切实加强党的组织建设

各级党委班子要在全县做好政治坚定、廉洁勤政、团结务实的表率。要严格执行民主集中制原则，按“集体领导、民主集中、个别酝酿、会议决定”的要求，完善党委议事和决策机制，充分发挥好班子成员集体的作用，不断增强班子解决自身问题的能力，切实发挥统揽全局、协调各方的核心领导作用，推动县委重大工作部署的落实，推动全局工作的开展。

党的基层组织是党的全部工作和战斗力的基础。要着眼于新的实践和发展，坚持整体推进和分类指导，努力把党的基层组织建设成为顺应时代发展和全面实践“三个代表”要求的坚强战斗堡垒。要理顺农村党支部与村民委员会的关系，正确处理好乡镇政府对村民委员会的指导关系，要善于把上级党委的决策和主张，变为村民委员会的自觉行动，确保在党的领导下，推进基层民主政治建设。农村基层党组织要把发展经济作为第一任务，加快农业产业结构调整和农村经济发展。机关行政事业单位党组织，要以加强机关效能建设为载体，在转变工作作风，提高工作效率方面作好表率，树好形象。要切实加强企业党建工作，尤其是非公有制经济组织和新的社会组织中的党建工作，不断改进活动方式和内容，扩大党的工作覆盖面，提高党的执政水平。

认真抓好党员发展工作，不断巩固党的阶级基础和扩大党的群众基础。积极做好在工人、农民、知识分子和干部中发展党员工作的同时，严格按照党员标准和组织程序，积极稳妥地把新的社会阶层中承认党的纲领和章程，自觉为党的路线和纲领而奋斗，经过长期考验，符合党员条件的优秀分子吸收到党内来。要切实加强对党员的管理，提高党员整体素质，充分发挥共产党员的先锋模范作用。对不合格党员，要及时清理出党，保持党员队伍的先进性、纯洁性，始终体现工人阶级先锋队性质。

用好的作风选拔培养使用作风好的人，按“四化”方针和德才兼备的原则，培养选拔任用干部。要严把政治关、品德关、能力关、作风关，真正把思想信念坚定，符合“三个代表”要求的干部选拔到领导岗位上来。坚持正确的用人标准和用人导向，重在看干部的德才、实绩，看对待工作的精神状态。破除论资排辈、平衡照顾、求全责备的思想，坚决反对用人上的不正之风，大胆使用勇于开拓、群众公认、政绩突出的优秀干部。

要坚持党管干部的原则，按照科学化、民主化、

制度化的要求，积极稳妥地推进干部人事制度改革，建立健全党政领导干部任期制、考察预告制、任职试用期制、部分领导职务聘任制等制度，形成能上能下、能进能出、充满活力的干部人事管理机制。要改革党管干部的方法，扩大干部工作中的民主，落实群众对干部选拔使用的知情权、参与权、选择权和监督权，完善民主推荐、民主测评、民主评议制度。逐步推行党委任免干部票决制，积极推进公开选拔、竞争上岗和任前公示等项工作。要通过建立干部选拔任用工作责任追究等制度，切实加强对干部选拔任用工作的监督。要重视对少数民族干部、妇女干部、年轻干部和党外干部的培养选拔使用工作。要加强对干部的锻炼、培养、教育、管理和监督，让干部在艰苦环境和严格的党性锻炼中健康成长。要加强干部交流、轮岗，使干部的知行能力得到有效提高。要重视老干部工作，切实从政治上、生活上关心老干部，发挥好他们的作用。

（三）切实加强和改进党的作风建设，密切党同人民群众的血肉联系

党的作风关系党的形象，关系人心向背，关系党和国家的生死存亡。我们要按照“八个坚持、八个反对”的要求，从解决好思想作风、学风、工作作风、领导作风、干部生活作风的突出问题入手，使我县的党风、政风有一个大的转变，以良好的作风取信于民，进一步树立起党在人民群众中的威信。

坚决克服形式主义、官僚主义，始终保持党同人民群众的血肉联系，是加强和改进党的作风建设的核心问题。要按照县委《关于加强和改进党的作风建设的实施意见》的规定，通过“坚持五项制度”、“建立和完善三类考核”、“控制一个指标”、“削文山、填会海”的措施，坚决克服部分党员领导干部中存在的“空”、“浮”、“假”和讲的多、安排的多、指标多、检查考核多、责任状多、文件多、报喜多，而做的少、落实少、措施少、报忧少的脱离实际、脱离群众的形式主义、官僚主义作风，使广大干部从文山、会海、迎来送往中摆脱出来，抽出时间、集中精力、了解民意、集中民智、珍惜民力，多为群众办实事、办好事，推动“民心工程”建设。各级党组织要切实加强对党的作风建设的领导，认真贯彻好十五届六中全会《决定》和县委的《实施意见》，以良好的党风带政风、促民风。

（四）从严治党，深入持久地开展党风廉政建设和反腐败斗争

要按江总书记指出的“治国必先治党，治党务必从严”的要求，认真落实教育是基础、法制是保证、监督是关键的反腐败斗争三项任务。继续深入党性、党风、党纪教育和警示教育，端正生活作风，使党员干部在金钱、权力、美色面前时刻保持头脑清醒、立场坚定，从思想上筑牢拒腐防变的堤防。把干部思想教育与严格要求、严格管理结合起来，严格执行中央关于干部廉洁自律的规定和省委关于加强党风廉政建设的若干规定，认真落实党风廉政建设责任制，加大责任追究的力度。进一步完善监督机制，以加强对党政主要领导的监督为重点，建立党内外联合监督，强化党内监督，高度重视发挥法律监督、群众监督、舆论监督及人大、政协的监督作用。要建立健全领导干部权力制约机制，从源头上加强防范管理，铲除滋生腐败的土壤和条件。严格执行党的纪律，坚决查处各种违纪违法案件。要从群众最不满意的问题入手，不论涉及什么人，都要一查到底，决不手软。要加强对党风廉政建设和查办案件的统一领导，充分发动和依靠群众，形成全党全社会反腐败斗争的合力，以党风廉政建设的实际行动取信于民。

同志们，随着我国实施西部大开发和加入WTO，全面参与世界经济全球化的发展，必将给我国的经济和社会发展产生深远的影响，同时也将给我县全面建设小康社会带来新的发展机遇。让我们高举邓小平理论伟大旗帜，以江泽民同志“三个代表”重要思想为指导，团结和带领全县各族人民，进一步解放思想，与时俱进，开拓创新，把党中央提出的“转变作风之年，调查研究之年”的各项要求落到实处，为加快南华经济和社会各项事业的全面发展而努力奋斗！

政府工作报告

——2002年3月15日在南华县第十三届人民代表大会第五次会议上

县长 闻柏

各位代表：

我代表县人民政府，向大会作工作报告，请予审议，并请各位政协委员提出意见。

一、开好头、起好步，经济社会事业得到全面发展

2001年是“十五”计划的起始之年。一年来，在县委的正确领导下，在县人大、县政协的监督、支持下，县人民政府在宏观经济环境欠佳，结构性矛盾突出，自然灾害频繁等不利情况下，团结和依靠全县各族人民，解放思想，同心协力，开拓创新，坚定不移地打基础、兴科教、调结构、建支柱，大力发展特色经济，完成了年初人代会所提出的主要任务，促进了全县经济发展、社会进步、民族团结，实现了“十五”计划第一年开好头、起好步的目标。

（一）国民经济保持了良好的发展态势

2001年，全县实现国内生产总值6.27亿元，比上年增长8.1%，其中：第一产业完成2.97亿元，增长3.8%；第二产业完成1.29亿元，增长5.1%；第三产业完成2.01亿元，增长17.6%。全县国民经济呈现出开局良好、运行正常、稳定发展的良好态势。

——经济结构调整力度进一步加大。产业结构调整步伐加快，一、二、三产业的比重由上年的48：23：29调整为47：21：32，全县经济发展的质量和效益有所提高。农业产业结构调整迈出较大步伐，粮经种植比例由上年的78:22调整到74:26，粮食、烟草、畜牧业三大传统支柱产业继续巩固提高，生物药业、生物食品加工业、林业及林产品加工业三大后续产业发展势头较好，生物资源开发创新初见成效，农业区域布局初见轮廓。“八大基地”建设进展顺利，共完成种植面积5.8万亩、水产养殖0.75万亩、外销大牲畜1.4万头（匹），全面完成了州政府下达的任务，增加了农民收入。天申堂、五街、沙桥的萝卜丝产品已被认证为绿色食品，远销国内外；红土坡、雨露等乡镇的中药材种植和龙川、沙桥、徐营等乡镇的优质稻生产走上了产业化发展路子，为我县农业产业结构调整闯出了新路，打出了品牌；以兔街、马街、五顶山等乡的核桃为主的干果已成为继烤烟之后的又一支柱产业，被国家林业局授予“中国核桃之乡”的美称。非公有制经济快速发展，非公有制经济在全县国民经济中的比重达25.5%。城乡结构调整的力度进一步加大，在重点抓好沙桥、天申堂、五顶山、兔街小城镇建设的同时，抓好县城商住小区开发建设的前期准备工作，粮食自给工程通过省、州验收，城镇化水平进一步提高。

——农业和农村经济全面发展。滇中现代化农业示范、日援粮增、生态示范村建设、跨世纪青年农民科技培训等工程顺利实施，农业发展后劲不断增强，科技措施推广力度不断加大，良种覆盖率不断提高，品种结构不断优化，全县实现农业总产值4.54亿元，比上年增长3.4%。粮食生产在小春受旱灾影响减产的情况下，夺取了第9个增产年，总产量达9656万公斤。订单农业发展迅速，年内共签订订单36份，面积2.99万亩，产值达1070万元，带动了千家万户增产增收。烤烟生产以提质增效为目标，切实加强漂浮育苗、立式炉烤房改造等新科技措施的推广力度，整体水平进一步提高，收购总量达614.51万公斤（其中出口备货烟叶26.61万公斤），收购总值达5668.7万元，农特税收入1071万元，中上等烟比例达87.7%，收购均价9.58元，比上年增0.18元，较好地实现了烤烟生产收购“双控两提高”目标，被评为全省烤烟生产表扬县。畜牧业生产呈现持续发展的势头，规模养殖、科学饲养、防疫灭病力度进一步加大，肉牛改良、商品猪基地、畜牧扶贫示范乡建设顺利实施，畜禽产品结构不断优化，畜牧业产值在农业总产值中的比重达到33.9%。天然林保护工程全面实施，造林绿化、封育管护力度进一步加大，农村能源建设取得实效，森林防火工作进一步加强，森林资源得到有效保护，生态环境得到改善。以新建、续建、除险加固为重点的农田水利基本建设得到加强，共动工各类水利工程3910件，完工3694件，完成投资1435.54万元，新增灌溉面积3845亩，改善灌溉面积3.9万亩，改造中低产田3275亩，农业基础不断夯实，农业生产条件得到改善。乡镇企业稳步发展，整体素质有所提高，全年实现营业收入11.83亿元，比上年增长24.1%。

——基础设施建设力度加大，重点工程进展顺利。紧紧抓住国家扩大内需、实施积极的财政政策和西部大开发的机遇，不断加大项目工作力度，积极向上争取项目资金扶持，千方百计筹措建设资金，确保重点工程建设的顺利推进。全年共争取到各类项目62项，扶持资金达7984.5万元，比上年增35.6%。今年的项目上报工作顺利完成，一批项目已进入省州计划盘子，有望得到国家和省、州扶持。国家生态环境建设火星小流域工程已完成；县城东、西小河治理，国家天然林保护，大智阁、罗家屯、瓦黑井等8条小流域治理等工程已接近尾声；天申堂、五顶山小城镇一期工程建设，县城百货街建设，徐营、兔街乡镇集镇供水，县城流动市话“小灵通”和徐营、五顶山、天申堂、沙桥等10个移动通信基站建设等一批工程已建成，在原已开通101个村委会程控电话的基础上，年内新开通了红土坡、罗武庄10个村委会的程控电话；沙桥国家经济综合示范镇、兔街小城镇建设、罗武庄集镇供水工程、徐营、雨露以工代赈片区综合开发等一批工程相继开工建设；县城商住小区开发、毛板桥水库除险加固等工程前期准备工作已经就绪；“1·15”地震恢复重建项目工程基本完工，并通过了州级验收；南景公路分水岭至红土坡段四级路面改造工程顺利完工，并投入使用。年内，全县完成固定资产投资1.54亿元，充分发挥了投资对经济的拉动作用，确保了经济增长目标的实现。

——财政金融运行平稳。认真落实积极的财政政策，努力培植税源，强化税收征管，完善财政管理体制，全县财政收入一举扭转了几年来的下滑势头，出现重要转机，呈现恢复性增长。全年累计完成地方财政收入4880万元，为年初预算的111.3%，比上年增长13.6%；支出结构进一步优化，全年完成财政支出15391万元，比上年增长22.3%，在资金调度极为困难的情况下，千方百计筹措资金，确保了全年人员工资的按时足额发放和重点工程及重点项目的专款拨付。全县金融机构年末各项存款余额达到7.36亿元，比上年增长27.5%；各项贷款余额达到3.25亿元，比上年减少0.12%。

——人民生活水平不断提高。继续坚持开发式扶贫的方针，以巩固脱贫成果，稳定解决贫困地区群众温饱为目标，通过实施小额信贷扶贫，社会和外资扶贫以及温饱示范村工程、扶贫安居工程和部门及党员干部结对帮扶，年内共解决了10825名农村贫困人口的温饱问题，改善了贫困地区人民群众的生产生活条件。全县农民人均纯收入达1580元，比上年增加66元，部分群众的生活逐步向小康迈进。城镇居民人均可支配收入达6307元，比上年增加335元。

（二）各项改革全面推进，对内对外开放力度进一步加大

国有集体企业改革按照突出重点、分类指导、一企一策的原则，大胆探索公有制的多种实现形式，积极推进股权多元化、产权民营化进程，有力地推进了百货公司、食品公司、贸易公司和锌品厂等10户重点企业的改革步伐。乡镇企业改革不断推进，已取得明显成效。全县实现工业总产值2.66亿元，比上年增长1.6%；社会消费品零售总额达1.69亿元，比上年增长8.3%。以城镇职工养老保险、医疗保险、失业保险和城镇居民最低生活保障制度为重点的社会保障体系进一步完善，国有企业下岗职工基本生活费和离退休人员基本养老金按时足额发放，年内，共投入城市居民最低生活保障资金102.4万元，2195名城镇居民的最低生活保障得到落实。以人才劳动力市场为依托，人才资源的开发利用、培训及就业和再就业工作力度进一步加大，年内失业人员实现再就业280人，劳务输出222人。住房制度改革继续推进，货币化分房和经济适用住房的建设及住房交易市场建设进一步推进，逐步建立了以经济适用住房为主的多层次城镇住房供应体系，有力地推进了住房的货币化、商品化和市场化进程。县乡财政管理体制改革进一步深化，乡镇“零户统管”、县级会计核算中心及工资统一发放、预算外资金“收支两条线”管理、税收“征、管、查”三位一体等各项改革得到进一步完善。按照省州部署，圆满完成了县乡机构改革各项任务，转变了政府职能，精简了机构和人员编制，逐步建立了结构合理、办事高效、运转协调、行为规范的管理体系和运行机制。

认真实施对内对外开放战略，改善投资环境，为外来投资者提供优质的服务，大力吸引外来资金。年内，新引进锦星山庄、绿色食品和中药材加工等6个项目，计划总投资1168万元。

（三）科教兴县战略全面实施，社会主义精神文明建设进一步加强

积极实施科教兴县战略，科技成果的普及推广和应用取得成效，科技成果的转化率和推广率明显提高，科技进步在经济社会发展中的作用日益增强。全面贯彻党的教育方针，加大教育投入，积极推进小学校点收缩，教育教学质量不断提高，依法治教力度不断加大，顺利通过州政府“两基”、“普实”复查，“两基”教育得到巩固，教师队伍素质得到增强，学校办学条件进一步改善。全年投入教育的资金占财政支出的23.9%，比上年增加463万元。计划生育工作取得实效，首次实现无计划外生育，全县人口自然增长率为8.37‰，实现了10‰的控制目标。卫生基础设施得到加强，服务水平不断提高，城镇医药卫生体制和农村合作医疗制度改革不断推进，以秋冬季灭鼠为重点的爱国卫生运动得到加强。全民健身活动广泛开展，文化事业蓬勃发展，新闻、广播电视事业全面发展，已开通37个村委会的有线电视，新增用户2399户。

积极开展消防安全专项治理，防火安全措施全面落实，有效预防和减少火灾事故的发生。年内，火灾比上年减少5起，直接经济损失比上年减少4.58万元，确保了国家和人民生命财产安全。救灾救济工作成效显著，年内共发放救灾粮221.5吨、寒衣2500套、棉被300床，下拨民房搬迁款47.2万元，发放捐赠衣物780袋、救灾帐篷123顶，帮助灾民搭建临时住房110间，灾民人心稳定，生产生活秩序井然。武装、民兵预备役工作不断加强，军政、军民团结得到进一步巩固，保险、老龄、社会福利、社会保障、残疾人救助等工作取得较好成绩。在坚持开发与保护并重的原则下，土地资源得到合理开发和利用。年内发放民族贸易贴息贷款1288万元，民族宗教工作取得新的进展。档案、史志、防震减灾、人工增雨防雹等工作进一步加强。第二次全国基本单位普查工作顺利进行，全面完成了全国第五次人口普查的各项扫尾工作，被评为“全国第五次人口普查国家级先进县”。

广泛开展以讲文明、树新风为主要内容的文明城镇、文明单位、文明村和“十星级文明户”等群众性精神文明创建活动，涌现出一批先进集体和先进个人，精神文明建设工作得到进一步加强。

（四）民主和法制建设工作继续加强

自觉接受县人大常委会的法律监督、工作监督和县政协的民主监督，共办理人民代表议案2件（恢复设立民族机动金、提前改造南景公路兔街集镇段），建议意见106件；办理政协主席会议建议案2件（县城环城南路修复改造、加强龙泉路综合整治），政协委员提案64件；接待和办理人民群众来信来访281件（次）。首次成功召开自来水价格听证会，政府决策不断向科学化和民主化目标迈进，依法行政的自觉性进一步提高，“四五”普法工作开始启动，干部群众法制观念和法律意识得到增强，各种社会矛盾和民间纠纷得以积极调处。坚持“稳定压倒一切”的方针，认真开展严打整治专项斗争，严厉打击各类刑事犯罪活动，重点整治治安复杂地区，刑事犯罪上升的势头得到有效遏制，年内共破获各类刑事案件180起，抓获犯罪嫌疑人218名，摧毁犯罪团伙26个87人，挽回经济损失135.8万元；查处治安案件802起，查处率为95.6%，严打整治专项斗争取得阶段性成果，全力维护了社会稳定。整顿和规范市场经济秩序全面进行，严厉打击了制假售假和各类税收违法行为，集中整治建筑市场、文化市场、医疗和药品经营市场、道路运输市场，整顿矿业秩序，切实加强安全生产管理和监督，使非法生产经营，特别是严重破坏市场经济秩序的违法犯罪活动蔓延的势头得到有效遏制。全年共处理制售伪劣商品案件605件；清理检查纳税经营户1500户，共追缴各类税款69.66万元；炸封和关闭不具备安全条件的矿井53条（口）；纠风治乱工作取得明显成效，有力地维护了社会主义市场经济秩序。

深入开展“三个代表”重要思想学习活动，牢固树立正确的世界观、人生观、价值观，不断增强全心全意为人民服务的宗旨意识。认真执行廉洁自律各项规定，严格规范从政行为，政府机关勤政廉政建设得到加强，机关作风有所转变。

各位代表，过去的一年，全县经济发展、民族团结、社会稳定，能够取得这些成绩来之不易。这是全县各族人民认真贯彻党的路线方针政策，同心协力、克难奋进、开拓创新的结果。在此，我代表县人民政府，向全县各族人民，向驻南华的解放军和武警官兵，向关心、支持、帮助我县经济社会发展的社会各界人士表示崇高的敬意和衷心的感谢！

在肯定成绩的同时，我们应当清醒地认识到，前进中还有不少困难和问题，主要是：经济支柱和财源单一的深层次矛盾日趋显现，结构调整的效益一时难于充分发挥，农民收入增长缓慢；资金投入不足，基础设施相对落后，抗御自然灾害的能力较弱；国有集体企业活力不足，竞争能力和适应能力不强；财政收支矛盾突出，平衡难度大；社会治安形势依然严峻；少数干部作风飘浮，工作效率低下。在今后的工作中，我们必须正视这些问题，并采取有力措施认真加以解决。

二、与时俱进，开拓创新，全力推进我县经济社会的持续发展

今年是实施“十五”计划的重要一年，继续保持经济增长和社会进步的良好势头，乘势前进，意义重大。今年政府工作的指导思想是：以邓小平理论和“三个代表”重要思想为指导，认真贯彻党的十五届五中、六中全会，中央经济工作会议和农村工作会议、省第七次党代会和州委、县委工作会议精神，围绕建设生态经济强县的目标，以西部大开发和我国加入WTO为契机，以加快发展为主题，结构调整为主线，改革开放和科技创新为动力，提高人民生活水平为根本出发点，抓住机遇、打牢基础，深化改革、扩大开放，推进全县经济的快速健康发展和社会的全面进步。

今年经济社会发展的预期目标为：国内生产总值达67450万元，增长7.5%；财政自收收入达4552万元，按可比口径增长6%；粮食总产量与上年持平；农村经济总收入达68266万元，增长4.4%；农民人均纯收入达1628元，增长3%；社会商品零售额达18296万元，增长8%；人口自然增长率控制在10‰以内。做到经济发展、社会稳定、环境改善。为此，今年政府要努力做好以下五个方面的工作：

第一，加大经济结构战略性调整力度，进一步提高国民经济整体素质和效益

经济结构不合理和结构调整的相对滞后，已成为我县经济发展的严重障碍。只有进一步加大经济结构调整力度，有效提高国民经济的整体素质，才能从根本上解决经济和社会发展中的根本问题。加大经济结构调整力度，要着力在农业产业结构、所有制结构、城乡结构、工业结构等方面下功夫。

（一）加大农业产业结构调整力度，努力推进农业产业化进程。加入WTO，对农业的发展将产生深远的影响，加快农业产业结构调整步伐，是新时期农业和农村经济发展的必然要求，是增加农民收入的根本途径。一是粮食生产继续实施“丰收计划”，走优质、高产、高效的农业发展路子，扩大优质稻种植面积，提高良种覆盖率，大力推广先进实用的农业科技，发展高科技农业、高价值农产品，优化农作物品种和品质结构，鼓励发展具有地方特色的名、特、优、新作物品种，在确保粮食产量与上年持平的前提下，使粮食生产由数量型向质量效益型转变，促进农业增产、农民增收。进一步深化粮食流通体制改革，逐步扩大专项粮食储备规模，增强政府对粮食的宏观调控能力，确保粮食安全。二是烤烟生产是我县农民增收、财政增长的主要来源，必须抓紧抓好。要围绕“市场引导、计划种植、主攻质量、调整布局”的方针，以“控制总量、提高质量、优化布局、优化结构”为重点，继续推行良种化、区域化、规范化生产措施，把烤烟生产向适宜区、最适宜区、种烟水平高的农户和地区倾斜。全力实施好漂浮育苗、立式炉烤房改造和“绿色烟草”等科技措施，进一步提高烤烟生产整体水平，努力提高烟叶质量，使中上等烟比例达95%以上，使有限的计划发挥最大的效益，确保州下达我县606万公斤收购任务的完成。三是畜牧业生产要以“种、料、管、防”为重点，切实加强畜禽疫病防治工作，大力开展新品种推广。继续实施好五顶山、罗武庄、雨露等乡畜牧扶贫工程、红土坡肉鹅养殖项目和雨露、沙桥肉牛改良项目，争取总投资1200万元的草原植被恢复项目。以外销为重点，抓好畜产品营销，努力把畜牧业培植成为对全县经济有较强支撑力的产业。四是林业工作要按国家和省州的要求，进一步实施好天然林保护工程，切实加大造林绿化、封育管护力度；严厉打击乱砍滥伐、毁林开垦的违法犯罪行为，加强对林业用地的管理，全面实施好农村能源建设，使森林资源得到有效保护。强化森林防火措施，落实责任，管死火源，杜绝森林火灾的发生。大力发展以核桃、蚕桑、柑桔、竹子、印楝、黑荆等为主的生态林和经济林种植，全面实施好省、州下达我县20000亩退耕还林任务，直接增加农民收入，改善生态环境，促进地方经济发展。五是牢固树立扶持产业化就是扶持农业，扶持龙头企业就是扶持农民的观念，为龙头企业提供信息服务，加大对龙头企业的扶持力度，重点扶持云华冷冻厂、县粮油收储公司、南华高原绿色食品有限公司和基层供销社等从事农产品收购、加工、流通的龙头企业和产业，大力开发以绿色食品、有机食品和无污染食品为主的农产品及其加工，进一步提升"八大基地"建设的综合效益，以创新为动力，推进生物资源开发创新产业建设，大幅度提高农产品质量和安全水平。通过对龙头企业的扶持，带动农业增产、农民增收。六是努力开发人力资源，调整农村就业结构。加大跨世纪青年农民培训工程和绿色证书工程培训力度，加快转移农村剩余劳动力，充分发挥人才劳动力市场和乡镇劳务工作站的作用，探索适合我县县情的农村就业模式，积极寻找就业渠道，通过农村剩余劳力的大量输出，拓宽农民增收渠道，使农村就业结构得到进一步优化。通过农业产业结构调整，使我县农业和农村经济提高到一个新的水平，确保农民收入的稳定增长。

（二）以发展乡镇企业和个私经济为突破口，推动和促进所有制结构调整。针对我县乡镇企业和个私经济发展中存在规模小、档次不高、企业技术创新滞后、改革意识不强等问题，围绕小城镇建设和农业产业化建设等结构调整机遇，拓宽乡镇企业和个私经济发展空间，引导它们向"高、精、尖"方向发展。进一步落实和完善各项扶持政策，强化各职能部门的服务意识，继续规范金融信贷担保运作机制，广泛吸纳社会闲散资金，消除一切有碍于乡镇企业和个私经济发展的障碍，以科技创新、体制创新为动力，强化企业内部管理。加大乡镇企业改革力度，以明晰产权为核心，继续深化乡镇企业的改革发展，全面完成乡镇企业改制任务，增强乡镇企业活力，力争年内使乡镇企业和个私经济在国民经济中的比重达到26.5%，比上年增长1个百分点，逐步优化所有制结构。

（三）以提高城镇化水平为目标，推动城乡结构调整。发展小城镇是推进城镇化进程，加快经济社会建设步伐的重大举措，也是改善城乡二元结构，实现城乡经济社会一体化，提高和改善人民生活水平的重要途径。城乡结构不合理，城镇化水平低，已成为推进我县城镇化进程，壮大城镇经济，促进农村经济社会发展的障碍。提高城镇化水平，优化城乡结构，要不断提高领导干部建设城镇、管理城镇、经营城镇、发展城镇经济的能力和水平，提高城镇居民的素质和生活质量，以规划为"龙头"，按照"布局合理、设施配套、交通方便、功能齐全、环境优美、特色突出"的发展目标，扩大投融资渠道，加大小城镇建设投入，完善城镇基础设施和各项配套功能，建立健全城镇管理制度。积极推行土地有偿使用制度，盘活存量土地资产，提高土地、资金、劳力、技术等资源的综合利用率，促进各种资源的优化配置。继续强化并推行"以地生财、以财建镇、以镇招商、以商带农"的滚动发展模式，以灵活有效的方式和政策引导小城镇建设健康快速发展，壮大城镇经济，推进城乡经济结构调整。年内，重点要做好雨露、天申堂、五顶山、兔街小集镇建设及计划投资550万元的沙桥经济综合示范镇项目建设，罗武庄等集镇供水工程项目建设。抓住龙川、红土坡被列为"十五"期间年计划投资各300万元的全州20个重点集镇建设的机遇，做好项目的规划、上报和实施。高标准、高起点的做好县城商住小区、中心广场及附属建筑和22米街的开发建设，争取龙山路的改造工程，要尽早做好徐营小集镇的规划、上报工作，争取早日列入省州计划盘子。

（四）以深化国有集体企业改革为核心，进一步调整工业经济结构。我县的企业改革经过多年的努力，已取得了阶段性进展，但绝大多数企业的发展依然步履维艰。我们要进一步深化企业改革工作，调整工业经济结构。一是扶优限劣，调整企业组织结构。按市场机制抓好国有集体企业的战略性重组，打破所有制界限和行业分割，通过兼并、拍卖、承包、租赁、股份制改造等多种形式，优化资源配置，推动企业重组。二是以名牌带动，调整企业产品结构。要想方设法改变我县工业产品档次较低的状况，依托市场和科技创新，发挥资源优势，下力气培养一批有影响、质量过硬、市场前景好的名牌产品，以带动我县工业企业的发展。三是科学定位、调整工业内部产业结构。根据我县的实际情况，重点发展能源、建筑建材、绿色食品等优势产业。通过工业经济结构调整，为“工业强县”打下坚实的基础。

第二，积极争取项目支持，增加固定资产投入，进一步打牢发展基础

我县基础设施仍较薄弱，要改变这一现状，必须紧紧抓住西部大开发和我国加入WTO的发展机遇，借助国家继续实施积极的财政政策和进一步扩大内需的方针，千方百计向上争取项目资金，增加固定资产投入，把项目的实施作为经济发展的支撑，打牢发展基础，增强发展后劲。

一是进一步夯实农业基础。强化以水利为重点的农业基础设施建设，不断提高水利化程度。全力实施好水利扶贫工程、农村人畜饮水工程和长治工程。计划投资2400万元的毛板桥水库除险加固工程设计方案已通过省、州评审，年内可望实施。继续抓好日援粮增项目，雨露、徐营片区开发，龙川、沙桥、天申堂生态工程治理。努力改善农业生态环境，发展生态农业、实施可持续发展战略，推进生态经济强县建设步伐，增强农业发展后劲。二是多渠道争取资金，强化交通、能源、通信等基础设施建设。积极争取实施哀牢山公路扫尾工程建设项目，提高哀牢山公路的通达能力。实施好南景公路向阳河等桥的修建工程，疏通礼舍江大桥河道、铺设桥面混凝土，抓紧实施河雨公路老高坝段的改造工程，争取实施南大公路徐营沙罗冲至大田垭口的四级路面改造工程，切实实施好投资2025万元的第二期农网改造续建工程和移动通讯基站项目工程建设。三是加大教育、卫生等社会事业的投入。积极争取第二期国家贫困地区义务教育工程、中小学危房改造工程、县城青少年活动中心项目和乡镇卫生院的改扩建工程项目资金，改善社会事业基础条件。四是积极储备建设项目，做好项目的筛选、论证和上报。职能部门和各乡镇要注重分析研究国家建设投向的宏观经济政策，加强项目基本建设程序的业务培训，认真做好项目的前期准备工作，通过严格的筛选、论证，提高项目上报质量，寻求更多的项目进入国家、省、州的盘子，增加基础设施建设的投入，拉动全县经济社会持续发展。

第三，依法治税理财，继续加强市场经济秩序的清理整顿

今年的财政收支矛盾仍然十分突出，按全省财政工作会议精神，从今年起企业所得税和个人所得税，中央与地方实行分享制，按五五分成，省级再分成30%，经测算，仅此一项就将直接给我县减少税收568.8万元，要实现地方财政收入增长的目标，形势依然十分严峻。因此，全县上下必须高度重视财税工作，常研究，想对策，努力提高治税理财水平。一是进一步巩固和扩大税基，加快财源建设步伐，把抓好现有财源和培植后续财源相结合，使经济结构调整和发展布局与财政增收目标相互衔接，努力培植新税源。二是依法治税，强化税收征管。要正确处理好培植税源及强化征管的关系，使之管而不死，放而不乱，努力创造“放水养鱼”的宽松环境，确保新的经济增长点同时成为新的税源增长点，增加财政收入。三是严格控制支出，优化支出结构，在“保吃饭、保机构运转”的前提下，把有限的资金用在急需解决的问题和项目上，最大限度地发挥资金的使用效益。四是深化改革，进一步完善财政管理制度。在总结以往经验的基础上，继续巩固完善财政“零基预算”、乡镇“零户统管”、预算外资金统筹监管、行政事业单位银行账户管理和财政统一发放工资等改革措施，加强对县级部门会计统一核算中心的管理。五是加大审计监督力度，强化项目资金管理，清理整顿和进一步规范财政秩序，确保财政秩序和项目资金的健康高效运行。

金融部门应顺应改革与发展及加入WTO后竞争日益激烈的形势，强化服务意识，善于研究新形势下金融工作的特点，把执行国家金融政策和积极支持地方经济发展有机地结合起来，重点扶持龙头企业，特别是注重对农产品加工业的扶持。做到防范金融风险与注重自身经济效益并重，努力提高金融资产的质量，有效防范和化解金融风险。

进一步加强市场经济秩序的清理和整顿工作，严厉打击假冒伪劣、欺行霸市等一切违反和扰乱市场经济秩序的违法行为，确保市场经济秩序的健康发展和消费者合法权益不受侵犯。结合市场经济秩序的清理整顿，要把安全工作放在重要位置来抓，牢记江总书记“隐患险于明火、防范胜于救灾、责任重于泰山”的教导，抓好道路交通、森林防火、消防安全、矿山生产、学校安全、传染病防治、食品卫生、易燃易爆物品管理，坚决取缔不符合安全生产条件的矿井，杜绝私挖滥采现象的发生，切实做好方方面面的安全工作。强化各部门和各乡镇主要领导负总责的安全生产责任制，严格执行重、特大安全事故责任追究制，以“宁当恶人、不当罪人”的气魄抓好各项安全工作。

**第四，做好新时期的扶贫工作，不断提高人民群

众的生活水平

新形势下的扶贫工作仍然严峻，今年的扶贫工作一是加大开发式扶贫工作力度。积极争取世行贷款项目、欧元贷款项目在我县实施，抓住我县被列为国家级重点扶持县的机遇，把扶贫资金用在贫困地区水、电、路及中低产田改造等基础设施建设上，采取有力措施做好贫困地区生态环境保护，努力改善贫困地区人民的生产生活状况，为贫困地区的长远发展提供动力。二是实施好五顶山、一街等地的异地扶贫搬迁工程。各涉及乡镇和部门要高度重视此项工作，各司其职、密切配合、齐心协力，扎扎实实做好规划，实施好整个搬迁工程的各项工作。三是加大科技扶贫力度，坚持治穷与治愚并举，引导和帮助贫困人口了解科技、掌握科技和利用科技，让他们从根本上早日脱贫致富。四是继续搞好温饱示范和贫困地区的安居工程，规范小额信贷扶贫管理，加大部门及党员干部结对帮扶力度。

在做好扶贫工作的同时，还要关注城镇居民的生活。进一步做好“两个确保”的同时，不断完善以失业保险、养老保险和医疗保险为重点的社会保障体系建设，落实城镇居民最低生活保障制度，扩大社会保障覆盖面。依法保护好残疾人、妇女儿童和老年人合法权益。认真做好救灾救济、优抚等各项工作，把灾害造成的损失降到最低程度，使人民安居乐业，确保社会稳定。

第五，坚持科教兴县和依法治县战略，促进社会事业全面进步

实施科教兴县战略，关键是要提高科技在生产力发展中的贡献率。紧紧依靠科技进步与创新，加快企业技术改造步伐，提升产品档次和质量，增强市场竞争力。进一步加强适用技术培训，搞好科技成果和先进适用技术的试验示范和推广，高度重视气象预报、人工增雨防雹，加强市场信息服务。以“科学技术是第一生产力”的科学观重视和培养一大批面向基层、服务基层的科技队伍，带动广大人民群众重视科技、依靠科技发展致富，促进我县生产力的发展。

坚持把教育工作放在优先发展的地位，是实施科教兴县战略的根本。要加大依法治教力度，强化分级办学体制，加快校点收缩步伐，优化教育资源配置，多形式、多样化地开展勤工俭学，巩固提高“两基”成果，积极探索、鼓励和支持社会力量参与办学。进一步扩大高中招生规模，提高高中教育教学质量，全面实施以德育为中心、以培养学生创新精神和实践能力为重点的素质教育。加强教师队伍建设，提高教师队伍整体素质，强化学校管理，努力发展职业技术教育，推广成人教育和继续教育。建立农村成人教育网络。努力发展远程教育，加快信息技术教育步伐。增加教育投入，改善办学条件，以“三制”改革为动力，创建“三优”学校为目标，培养人才为核心，不断推进我县教育事业的发展。加强社会主义精神文明建设，积极发展广播、电视、卫生、计划生育及文化体育事业。搞好广播电视网络建设，扩大覆盖面，让更多的地方及更多的人听得到广播，看得上电视。加快医疗、卫生体制改革步伐，强化药品和医疗市场的监管，加大卫生执法力度，加强疾病控制，推进农村初级卫生保健工作，大力开展爱国卫生运动，努力创造一个清洁、优美的环境。做好新时期的计划生育工作，把人口自然增长率控制在10‰以内。推广全民健身运动，提高竞技体育水平。以民族文化大省、大州建设为契机，挖掘、开发和整理民族文化资源，推动旅游业的发展。配合市场经济秩序清理整顿，进一步整顿和规范文化市场。做好防震减灾、县志续修和档案管理工作。

强化社会主义民主法制建设，全面实施好“四五”普法。主动接受人大常委会的法律监督、工作监督，自觉接受政协和社会各界的民主监督。完善政务、村务和厂务公开工作，提高依法行政水平。按《公民道德建设实施纲要》，积极开展公民道德宣传教育，强化公民道德修养，走依法治县和以德治县相结合的路子。进一步深入开展“严打”整治专项斗争，严厉打击一切刑事经济犯罪活动，坚决扫除“黄、赌、毒、邪”等社会丑恶现象，加强社会治安综合治理，维护社会稳定，为经济发展创造良好的治安环境。

全面贯彻党的民族宗教政策，扶持和促进民族地区的经济社会发展。加大国防教育宣传力度，强化全民国防意识，全面加强民兵预备役建设，认真抓好民兵整组和训练，完成征兵工作。坚持不懈的做好“双拥”工作，巩固军政军民关系。关心帮助残疾人，大力发展残疾人事业。按期按质完成第二次全国基本单位普查工作。

三、实践“三个代表”，转变政府职能，办好十件实事

随着政治体制、经济体制各项改革工作的推进和深入，面对市场经济体制的逐步完善以及我国加入WTO后的新形势，如何实践“三个代表”重要思想，转变政府职能，抓好自身建设，强化服务意识，扩大开放，关系到全县经济社会发展大局。

（一）认真学习贯彻党的十五届六中全会精神。党的十五届六中全会，对加强和改进党的作风建设，提出了明确任务和要求。各级各部门的全体干部职工要认真学习、深刻领会其精神实质，把学习全会精神与实践“三个代表”重要思想结合起来，与省州县一系列关于党风廉政建设的精神结合起来，与机关效能建设结合起来，与本部门、本单位思想和工作实际结合起来，按“四个结合”进一步增强实践“三个代表”的自觉性。认真实行领导干部廉政建设责任制，增强政府机关勤政廉政意识，充分发挥审计、监察等部门的职能作用，加强行政事业单位和企业领导干部经济责任审计，加大对重点项目、重点行业和重点资金的审计力度，注重从源头上预防和治理腐败。

（二）进一步转变政府职能。政府及其组成部门要彻底转变政府就是领导、政府就是指挥的传统观念，以服务、协调、监督代替传统的政府中心主义，进一步树立公仆意识、服务意识，以“有限的管理，无限的服务”为出发点，改变传统的工作方法和工作方式。各级领导干部要从繁杂的事务中解脱出来，善于找亮点、抓大事、抓根本、抓主要矛盾，创造性地开展工作。要强化宏观管理，以提高政府工作的行政效能和服务效率，改变以往政府插手微观经济领域，弱化宏观经济管理导致政府工作的错位，把不该管、管不了、管不好的大胆放手，努力把政府职能转移到经济调节、社会管理、执法监督和公共服务上来。转变作风，反对官僚主义，关键是将县人民政府已出台的十项规定落到实处，即：汇报工作，简明扼要；讲话提纲，自己准备；上级指示，快速落实；对外行文，严格把关；依法行政，精简文件；信访案件，亲自督办；压缩会议，讲求实效；调查研究，轻车简从；接待宾客，热情节俭；通讯联络，保持畅通。

（三）努力提高干部职工队伍素质。按县乡机构改革“精简、效能、高效”的原则，切实抓好机改后干部队伍的系统培训，继续推行、加强和完善竞争上岗制度。大力提倡勤于思考、勇于探索、勇于创新的精神，做到重实际、说实话、办实事，杜绝弄虚作假、欺上瞒下、虚报浮夸的歪风。建立健全理论学习制度，以学习、实践、再学习、再实践的学风，坚持学以致用，提高干部队伍的理论素养和业务水平，全力塑造一支全心全意为人民服务的新型干部队伍，为建设服务型政府奠定基础。

（四）以加入WTO为契机，扩大对内对外开放。通过落实和完善各项政策措施，积极清理与WTO不相适应的文件和规定，减少办事程序，做好应对工作。各职能部门要进一步强化开放意识和服务意识，加强对招商引资工作的领导，定期组织研究、协调解决招商引资工作中的重大问题，为投资者提供全方位的优质服务，营造良好、宽松的环境，大力吸引外来投资者参与南华的发展建设。

今年是省委、省政府倡导的“转变作风之年”、“狠抓落实之年”、“调查研究之年”，我们要进一步强化宗旨意识，以人民群众的根本利益为工作的出发点，把人民群众的利益放在首要位置，努力为群众办实事、办好事，以大多数群众赞成不赞成、拥护不拥护、高兴不高兴作为一切工作的出发点和归宿，从群众关心的问题入手，从群众不满意的事情抓起，年内认真办好十件实事：一是实施好五顶山、一街329户1329人的异地扶贫搬迁工程，做好5个村民小组的温饱示范和贫困地区60户的安居工程，从根本上改善这些贫困人口的生产生活条件。二是实施好14494户的第二期农网改造，改善农村用电条件，使全县81%的农户达到一户一表，降低农村电价。三是实施好20000亩的退耕还林工程，进一步保护和改善生态环境。四是实施好县城商住小区开发建设，切实解决和满足500户左右居民的购房需求，改善居民住房条件，提高居民生活质量；尽快启动县城中心广场建设，改善群众生活环境。五是采取有力措施，减少和杜绝重、特大安全事故的发生，确保国家和人民生命财产安全。六是切实做好农民减负工作，确保农民负担不反弹。七是开通马街、兔街19个村委会的程控电话，实现全县“村村通程控电话”的目标。八是进一步加强食品卫生检疫和市场管理，抓好食品放心工程，保障人民群众身体健康。九是切实精减文件，压缩会议，降低接待费支出，今年，县人民政府下发的文件，召开的会议及接待费支出总体上比上年减少15%。十是确保国家机关和事业单位人员工资的统一发放，切实扩大社会保障面，确保下岗职工基本生活费、离退休人员养老金和城镇居民最低生活费的发放。

各位代表，人民对我们寄以厚望，各族群众充满信心，新的征途又赋予我们新的使命，让我们高举邓小平理论伟大旗帜，紧密团结在以江泽民同志为核心的党中央周围，深入学习、贯彻党的十五届五中、六中全会和“七一”讲话精神，努力实践“三个代表”重要思想，解放思想、更新观念，与时俱进、开拓创新，真抓实干、奋力拼搏，为全力推进我县的经济快速健康发展和社会的全面进步而努力奋斗！

专　　文

党风廉政建设知识竞赛（蔡波 摄）

专 文

认清形势　发扬成绩
全面推进《南华县志》续修工作

代理县长　李　能

编修地方志是中华民族的优良文化传统，历来受到当政者的重视。江泽民同志曾经指出："编纂社会主义新方志是两个文明建设的组成部分，是社会主义文化建设的系统工程，是承上启下、继往开来、服务当代、有益后世的千秋大业。"国务院召开的全国地方志第二次工作会议上，把地方志提高到"国书"、"国情书"的地位，并要求已完成首届修志的地方要及时开展地方志的续修工作。续修新方志是新世纪精神文明建设的一件大事，是我县实践江总书记"三个代表"重要思想，沿着先进文化方向前进的具体体现。

一、认清形势，发扬成绩

地方志是中华文化最重要的载体之一，是先进文化的重要组成部分。修志事业在我国历来被称为"经国之大业，不朽之盛事"，是一项艰巨而光荣的工作。党的十一届三中全会以来，新编地方志工作在全国各地普遍地开展起来，并把这项工作作为两个文明建设的重要组成部分，社会主义文化建设的系统工程来抓，取得了令人瞩目的成就。

为进一步做好新方志的续修工作，1996年5月，国务院召开全国地方志第二次工作会议。这是在全国第一届新方志编修基本完成时，党中央、国务院审时度势部署续修地方志，保证方志事业代代相承的一次重要会议。会议强调"一届志书完成之日，就是新一届志书开修之时"。为此，国务院办公厅下发了《关于进一步加强地方志编纂工的通知》。云南省政府也于1996年8月召开了全省第四次地方志工作会议，对续志工作提出了要求。1998年，省政府对地方志工作明确提出"修志、用志、续志"的三大任务。1999年，省政府办公厅发出《关于开展我省三级地方志书续修工作的通知》。2001年4月3日，州政府召开第51次常务会议，专题研究我州地方志续修工作；同年6月州政府办发出《关于楚雄彝族自治州地方志续修工作意见》，明确提出：全州的续志工作于2001年全面启动，2010年全面完成出版的任务目标。

我县的修志工作始于1982年，并成立县志编纂委员会及其办公室，开展社会主义新时期的地方志编修。至1996年，基本完成了第一届修志，并取得了丰硕的成果：一是编纂出版了我县社会主义时期的第一部《南华县志》。该志的编修历经13个春秋，于1996

年1月公开发行，全书116万字，获“云南省地方志优秀成果三等奖”。二是创办了《南华县志通讯》，前后刊出48期，约72万字，刊发了大量信息、文章，从不同方面对南华县的县情作了研究，成为南华县有影响的刊物之一。三是对南华县历史上留存下来的“四部”旧方志进行了整理、编辑，合辑为《镇南州志》，于1996年12月出版发行，全书60万字，获云南省地方志优秀成果“资料特色奖”。四是编修了大量部门志，累计已编写刊印部门志18部，达424.1万字。

第一届修志，是我县文化建设史上一项宏大的工程。它基本理清了我县的历史脉络，系统记述了我县自然和社会的历史与现状，客观地反映了社会主义革命和建设的经验与教训，不仅为全县进行社会主义、爱国主义、集体主义和革命传统教育提供了生动的教材，而且为全县的改革开放提供了丰富翔实的县情资料，在我县两个文明建设中发挥着越来越重要的作用。

今天，《南华县志》断限已经17个年头。17年来，我县在改革开放和社会主义现代化建设的实践中，创造了新的业绩。随着改革开放的不断深入，全县社会经济文化事业发生了巨大的变化，人们对县情的认识也随之发生变化。客观地记述好这段不平凡的历程，提供给当代和后人，作为决策或研究的参考和借鉴，为我县迈向新世纪提供新的地情资料，已经成为当务之急。当前，摆在我们面前的任务只有一个，就是发扬成绩，及时开展《南华县志》续修工作，按州政府的要求，按时编纂出版一部高质量的《南华县志》（1986——2002），用实际行动贯彻落实好江总书记关于“我们不能让编纂方志的历史传统中断”的指示。

二、明确职责，加强领导

“为官一任，以志存绩”，地方志乃官书，修志乃官责。历朝历代都由政府主持修志。在全国地方志第二次工作会议上，中共中央政治局委员、中国地方志指导小组组长李铁映代表国务院提出了“党委领导、政府主持、专家修志”的修志格局。李铁映同时指出：“修志工作绝不是可有可无的事，而是各级政府的职责，主要是省、地、县三级政府主要领导的职责，是两个文明建设的重要组成部分”。同时，修志是一项系统工程，离不开各级各部门的紧密合作。江泽民同志强调：“修志工作涉及到各个方面，必须动员各条战线共同努力才能搞好；缺少任何一个部门或行业，都会使地方志失去完整性。各方面的领导充分认识到编修新志的重要性，共同努力为编修新方志作出贡献。”各级各部门的领导必须明确修志乃是自己的职责，对续修工作给予足够的重视，把它看做是政权建设的一项不可缺少的重要内容，是当地两个文明建设的重要组成部分，切实加强对地方志工作的领导。

一是认真落实国务院“一纳入、五到位”的地方志工作方针，即：“必须纳入我们国家的经济、社会发展规划和各地政府的计划、任务中去；领导要到位，机构要到位，经费要到位，队伍（特别是队伍的专业技术职称）要到位，基本条件要到位。”健全领导体制，改进领导方法，全县各级政府、各部门的地方志工作领导小组，要切实履行职责，定期检查工作，听取汇报，解决工作中的实际问题，领导好本级本部门的修志工作。二是要从思想上克服地方志工作不是经济工作，不产生经济效益，是一项可有可无的工作的错误认识。对此，江总书记特别提醒我们：“修志工作是一项不容易引起重视的重要工作。各级领导要把修志工作当作一项重要的事业来抓，并抓好。”我们一定要落实好江总书记的这一指示，站在“三个代表”重要思想的认识高度，切实把续志工作当作为一项重要职责抓紧抓好。三是要克服厌战思想。修志是一项浩大的系统工程，不可能一蹴而就，同时修志是“千秋大业”，志书是传之万世的文化产品，要对历史负责，对子孙后代负责，要经得起历史的检验，志稿必须千锤百炼、精雕细刻，因此，必须作好长期作战的思想准备，克服厌战情绪。四是要克服松劲思想。目前，大多数单位完成了资料稿的上报任务，有些同志便认为剩下的都是县政府和县志办的事了，跟本单位已没有关系。这种思想虽然只存在于极少数同志之中，范围很小，但对整个续志工作影响极坏，为下步撰稿中核实、订正、补充、修改资料设置了思想障碍，因此必须坚决克服。各级各部门领导要一如继往地长期重视支持续志工作，动员本单位的职工积极为续志工作提供资料线索，配合方志部门搞好各项工作，使新修的志书全面、真实、准确，力争成为“佳志”、“良志”。五是加强领导还必须体现在关心修志人员上。方志工作和方志部门是相对“冷”的地方，很不容易引起重视，各级各部门领导要时时注意关心方志工作者的生活、学习、工作，为他们排忧解难，创造条件，解除后顾之忧，使其能安心工作、放心工作、用心工作。

三、狠抓落实，一鼓作气完成续志工作任务

《南华县志》续修工作，以2001年9月26日县委、县政府召开“《南华县志》续修工作会议”为标志全面开展以来，经过全县各级各部门和广大方志工作者近一年时间的艰苦努力，取得了阶段性成果，86个单位上报续志资料211万字，第一阶段征资任务已基本完成，并于2002年3月22日转入志稿初撰，续志工作已进入攻坚阶段。为了推动续志工作顺利进行，2002年5月31日县人民政府第四十四次常务会议专题讨论了县志续修有关问题，并作出相应决定，解决了一些实际问题。目前，关键是全县上下要统一认识，狠抓落实，把各次会议精神及《〈南华县志〉续修工作方案》的安排部署逐一落到实处，抓紧时间，一鼓作气完成续修工作任务。近期主要抓好以下几个环节：

（一）深入宣传发动，营造良好的社会氛围。方志是“一地之全史”，内容涉及自然、政治、经济、文化、社会的方方面面。内容的广泛性决定了修志工作必须动员全县各条战线、各族人民共同参与。因此，做好宣传发动尤为重要。一是利用各种会议，在干部职工中做好宣传动员，做到逢会必讲，使全体干部职工自觉关心支持续志工作，在机关首先形成修志氛围。二是充分利用广播电视等新闻媒体，广泛宣传续志工作，动员全社会都来关心、支持续志工作。通过多形式、全方位的宣传，使续修志书成为全县的共识。动员全县干部职工、各族人民都来自觉关心这项工作，积极提供史料营造良好的社会氛围，形成众手成书的局面。

（二）继续抓好资料工作，打牢修志基础。一是按照县政府《关于全面开展〈南华县志续修工作的通知〉》（南政发［2001］28号）文件的要求，做到按时上报资料，不拖全县的后腿。极少数至今尚未完成资料上报工作的单位要引起足够重视，必须克期完成此项工作，否则将追究主要领导的责任；已完成资料上报的单位也不能掉以轻心，要继续做好补充资料的搜集上报工作，并随时配合地方志办公室的各项工作。二是方志工作者要认真做好已征集到的资料的补充订正工作，要在资料上就把好史实关，不把不实和虚假资料带入撰写阶段；同时整理归类资料，为撰写志稿做好充分准备。三是对大量无法通过现有工作单位获取的资料，如民风民俗等社会资料，地方志办公室要拿出方案，组织人力，深入开展调查研究，不使资料缺项。四是县地方志办公室在征集资料环节中要合理分工，做到指导及时、到位、得法，使我县地方志续修工作健康展开。

（三）狠抓质量，加快编纂进度。质量是志书的生命。志书要传之后世，必须经得住历史的检验，否则将贻误子孙。一是坚持正确的指导思想。新修的志书必须以马列主义、毛泽东思想、邓小平理论和江泽民“三个代表”重要思想为指导。这是最根本的，任何时候都不能偏离，要把这一指导思想贯穿于修志的全过程。二是坚持实事求是，尊重客观、尊重历史，达到资料性与科学性的统一。修志要坚持“直书”，反对“曲笔”。只有实事求是，客观地记述历史事实，志书才能得到社会的认可，才能传之久远，发挥其“资治”、“存史”、“教化”的作用。三是加强学习，提高编纂业务水平。志书的质量取决于编纂人员，特别是主编、副主编的业务水平。广大方志工作者要刻苦钻研方志理论，熟悉体例要求；广泛学习语言文字、政治、经济、文化、历史、地理等科学文化知识，丰富学识，提高综合素质，力争成为修志专家，这是修出高质量志书的基础。同时，本届修志时间紧，任务重，在抓质量的同时要注意处理好质量与速度的关系，在保证质量的前提下，广大修志人员要发扬甘于奉献、吃苦耐劳的优良传统，全身心投入修志事业，加快编纂进度，确保按时出书。

（四）要以续修县志为契机，推动乡镇、专业（部门）志编修工作的进程。乡镇、专业（部门）志编修工作是全县修志事业的重要组成部分，同时是行业、部门工作发展的需要。我县已有十多个部门开展了此项工作，目前已印刷、出版、发行了专业（部门）志10部236.5万字。这些专业（部门）志为各行各业的发展提供了借鉴，发挥了重要作用。但全县大多数部门（专业）尚未开展此项工作，特别是乡镇志严重滞后。各乡镇、各部门要抓住这次全县掀起新一轮修志热潮的机遇，加快乡镇、专业（部门）志编修步伐，争取“十五”期间再添一批新成果。

人类社会已经进入21世纪，在新世纪的征程中，让我们在江泽民同志“三个代表”重要思想的指引下，开拓创新，与时俱进，举全县之力，全面开创我县县志续修工作的新局面。

认清形势　明确任务
为改革发展创造良好的治安环境

县委副书记、政法委书记　　侯志荣

中央和各级党委对政法工作历来比较重视，社会治安的好坏，直接影响着党的形象、社会的稳定和党同人民群众的凝聚力，向心力。我县的政法工作在上级党委、政府的领导下，在打防并举、严打整治和社会治安综合治理方面作了一些工作，取得一定的成绩。

一、2001年全县政法综治工作的基本经验

（一）坚持严打整治，遏制刑事犯罪

根据上级严打整治斗争的统一部署，全县政法各部门全力以赴，密切配合，同仇敌忾，坚持从重从快的“严打”工作方针，稳、准、狠将打击锋芒指向严重刑事犯罪活动，对犯罪分子构成了合力聚歼的高压态势。通过不间断地开展各类专项斗争，快侦快破、快捕快诉、快审快判，迎头痛击了那些顶风作案，公然与党和政府对抗的顽固分子，打掉了一批为非作歹、扰乱社会秩序的恶势力团伙，严惩了一批严重刑事犯罪分子，重点整治了治安突出的乡镇，大力整顿和规范了市场经济秩序，取得了阶段性的胜利。一年来，全县共立各类刑事案件239件，破获180件，破案率为75.3%，其中重特大案件78件，破获72件，破案率为73.5%；检察机关共受理公安机关和本院自侦部门提请批捕案件120件191人，批准逮捕和决定逮捕犯罪嫌疑人148人。受理移送审查起诉案件111件168人，经审查提起公诉99件151人；县人民法院共受理刑事案件135件，已审结134件，结案率为99.26%。在重点整治的县城和三个乡镇召开了公判公处大会5次，公判公处各类犯罪嫌疑人135名，3万多群众参加大会，受到了教育。“严打”整治斗争的开展，狠狠打击了顶风作案犯罪分子的嚣张气焰，使全县犯罪上升势头得到有效遏制。

（二）全面推进综治整体工作，实行社会治安社会治，综合治理综合抓

社会治安综合治理工作离不开全县各级党委、政府的领导和全社会各级各部门、社会各界的积极参与，有力地推动了社会治安综合治理各项措施的落实。一是正确处理人民内部矛盾，预防和减少社会不安定因素。坚持领导动手，综治委协调，有关部门各尽其责，加强了社会矛盾纠纷的排查调处工作。一年来，共排查上报各类矛盾纠纷368件，调处360件，防止民间纠纷引起自杀1件1人，防止民间纠纷转化为刑事案件10件27人，防止群众性上访6件78人；全县140个调委会共受理纠纷996件，调解成功925件，调解成功率达92.8%，防止民间纠纷引起自杀13件23人，制止群众性械斗4件，防止群众性上访10件15人，接收148电话168个，接待来访537人（次），解决纠纷153件。最大限度地把矛盾纠纷控制在基层，化解在基层。二是深入开展同“法轮功”等邪教组织的斗争。收缴外地“法轮功”顽固分子投递的宣传资料，确保“法轮功”不出现反弹。严厉打击邪教、会道门破坏活动，对63名“一贯道”骨干分子进行严惩，捣毁“一贯道”、“三班仆人派”邪教组织活动窝点5个，收缴各

类非法宣传品1688份。三是深入持久地开展基层安全文明创建活动。将创安活动开展到学校教学班等最基础的细胞单位，扎扎实实地开展了创建安全文明社区、安全文明户、平安大道、安全文明铁路线和巩固“无毒社区”活动。全县共创建安全文明小区1586个，安全文明学校123所，评选挂牌安全文明户43977户，无毒社区12个。农村和城镇创安面均达100%，实现了年度创建工作目标任务。四是开展巩固“无毒社区”创建活动。在县委、政府和上级部门领导下，经过各乡镇和职能部门的不懈努力，各级各部门齐抓共管，2000年我县被省人民政府授予“无毒县”荣誉称号。2001年以来，我们认真落实各项防范措施，巩固已取得的创建成果。五是切实加强流动人口的管理和刑释解教人员、违法青少年帮教工作，有效预防和减少重新犯罪。在县、乡（镇）成立流动人口管理、刑释解教人员安置帮教、预防青少年违法犯罪领导小组及其办公室，形成了一级抓一级，层层抓落实的工作格局。建立派出所、单位、家庭、社会“四位一体”的违青帮教组织302个906人，帮教对象302人。对1998年以来287名缓刑、管制、监外执行、假释、保外就医的“五种人”进行严格的监管和定期回访考察。

由于切实加大了矛盾纠纷排查调处力度，认真落实社会治安综合治理责任制，刑事案件和民事案件首次出现下降趋势，社会治安综合治理工作在预防和减少刑事犯罪和民事讼诉方面成效十分明显。

（三）狠抓教育整顿，建设高素质的政法队伍

按照“抓班子、带队伍、促工作、保平安”的要求，全面提高全县政法干部队伍整体素质。一是以县委“三个代表”重要思想学习教育活动为契机，组织广大政法干警认真学习邓小平理论和江总书记一系列重要论述，武装头脑，指导实践，通过“三学”活动三个阶段近两个月的学习，进一步提高了全县政法干警的政治素质。二是结合政法各部门以条为主的“三项教育”、“一教育三整顿”、“集中教育整顿”等学习教育活动，加强政治建警、业务建警，在组织政法各部门教育整顿活动中加强协调，全面完成全体政法干警轮训任务。完成了149名公安干警的任职资格考试，35名检察干警的基本素质考试，25名司法行政干部的全国统一考试，通过开展教育整顿活动，以考促学，全县政法干警的业务素质有了较大提高。三是加强职业道德和廉洁自律教育。政法各部门按照中政委“四条禁令”，建立健全各项规章制度和制约机制，严格管理，利用典型案件对干警进行办案纪律、职业道德、廉洁自律警示教育，做到从严治警。四是加大政法部门中层干部协管力度，带动政法队伍建设。对下派各乡镇挂职和上挂政法办锻炼的干部，工作优秀、提高较快的进行提拔使用，通过配强政法部门中层干部，切实加强了对政法工作的领导和管理，更带动了政法干部队伍建设。同时，进一步改善政法系统的基础设施和工作环境条件。通过一系列的建设活动，政法队伍的素质明显提高，执法水平和敬业精神有了长足进步。2001年全县政法各部门共有15个集体，56名干警受到各级各部门表彰。

二、2002年全县政法综治工作的主要任务

根据全国、全省、全州政法工作会议精神和2002年我县政法工作的指导思想和主要任务，着力抓好以下六个方面的重点工作。

（一）大力加强新形势下的维护稳定工作，确保社会政治稳定

社会政治稳定，是改革、发展的前提和基础。各级党委、政府、政法部门要充分认识当前国际国内形势的严峻性，增强政治敏锐性，克服“内地无敌情”的错误认识，认真分析研究目前影响本地区社会政治稳定的新情况、新问题，掌握对敌斗争主动权，采取切实有效的措施，狠抓工作落实，确保社会政治稳定。一是重视和加强隐蔽战线的斗争。要增强国家安全意识，切实加强情报信息工作，密切注视境内外敌对分子的动向，严密防范敌对分子组党结社集会活动，提高发现控制能力，防止他们插手社会热点问题或利用敏感日期制造事端。二是加强打击和预防暴力恐怖事件发生的能力。政法部门，尤其是公安机关，要从国际国内形势发展的要求出发，认真制定打击和预防暴力恐怖事件的预案，充分做好打击和预防暴力恐怖活动的组织准备、物质准备、精神准备。三是要坚持不懈地开展同“法轮功”等邪教组织的斗争。在配合有关部门做好“法轮功”练习者教育转化工作的同时，要充分利用我们特有的手段，加大打击力度，对顶风作案的坚决依法给予严厉打击。要按照中央的统一部署认真做好对社会有危害的各类气功组织的清理整顿工作，坚决取缔各种邪教组织，采取多部门合作、综合治理的有效措施，对邪教活动频繁发生的地方进行认真治理，铲除邪教活动基础。要密切注视邪教动向，发现苗头，坚决严厉打击。四是认真做好民族工作和宗教工作，加强教会管理和对教民进行党的宗教政策教育，增强教民抵制境内外敌对势力利用宗教进行渗透破坏活动的自觉性。

（二）继续推动“严打”整治斗争，确保社会治安明显好转

着眼于社会治安长期持续稳定，要按照“打防并举、预防为主、标本兼治、重在治本”的原则，努力实现严打整治斗争的目标任务。一是继续深入开展严打整治斗争，始终保持对各种犯罪分子的高压态势。继续把打击有组织犯罪、带黑社会性质的团伙犯罪、流氓恶势力犯罪、毒品犯罪和盗窃、抢劫、盗抢机动车等多发性侵财犯罪作为打击的重点，深入开展治爆缉枪专项行动，着力整顿市场经济秩序。政法各部门要认真总结去年4月份以来严打整治斗争的经验，克服松劲厌战情绪，进一步加强合作，真正做到严打整治出成效。坚持把“从重从快”、“稳、准、狠”、“群众路线”三条基本原则贯彻到严打整治斗争各个环节，有效遏制刑事犯罪上升势头。要以秋风扫落叶的态势，坚决将“严打”整治斗争进行到底。二是结合严打整治斗争，针对突出的犯罪苗头，特别是一些杀人、伤人、抢人等恶性案件，必须适时组织专项打击，迅速把犯罪分子的嚣张气焰打下去。三是精心组织，大力推进重点整治。各乡镇党委、政府要把排查整治治安混乱地区和突出问题作为一项基础性工作，常抓不懈。“严打”斗争重点整治乡镇要在去年工作的基础上，加大工作力度，巩固和扩大成果。四是结合严打整治，严格社会治安管理。公安机关要加强治安管理工作，严格枪支弹药、爆炸物品、危险物品的管理。加强对持枪单位、爆炸物品管理使用单位的督促检查，发现问题及时整改；加强要害部门、重点场所、重点部位以及居民小区的安全保卫工作，强化人防、物防、持防措施，避免或减少重大案（事）件和入室盗窃案件的发生。要加强警务点的建设，加大治安巡逻密度，完善110报警出警联动机制，确保对社会面的有效控制。

（三）深入做好矛盾纠纷排查调处工作，正确处理人民内部矛盾

要把矛盾纠纷排查调处工作作为现阶段的重要工作来抓。要认真贯彻党的十五届六中全会精神，切实转变作风，把为人民办实事、办好事与调处社会矛盾纠纷结合起来，关心群众疾苦，满腔热情地帮助群众解决实际问题，多做化解矛盾、理顺群众情绪的工作，预防和减少社会矛盾纠纷的发生，把群体性事件控制在最低限度。针对我县目前情况，一方面是要注重从源头上化解引发矛盾纠纷的各种因素。一是对群众多次反映的问题，要组织力量深入调查研究，搞清问题的关键，认真加以解决。二是对于政策规定不明确、不配套带来的问题，要按照实际情况，认真研究加以解决。三是对群众反映强烈，但目前确实没有条件解决的问题，要组织有关部门，认真做好耐心细致的思想政治工作，争取群众的理解支持。同时，要对挑动、操纵群众闹事的人进行处理。另一方面是要长期坚持社会矛盾纠纷排查调处工作的制度，认真落实责任制，加大调处力度，把矛盾化解在基层。一是要加强维护稳定组织机构建设，做到机构不撤，人员不散，切实加强信息网络建设，保证及时获取苗头性信息，提前做好预防工作。二是要落实责任制，认真组织各方面的力量形成合力，力争把矛盾纠纷解决在基层，解决在萌芽状态。

同时，要高度重视依法及时妥善地处置群众性上访、闹事事件，对影响较大的事件，党政领导要深入一线做好工作，解决问题，防止矛盾激化。既要慎用警力，但又要对插手捣乱的敌对分子、蓄意制造事端的幕后策划者和打砸抢烧的违法犯罪分子，采取必要措施果断处置，并坚决依法处理。

（四）切实加强基层基础建设，深入持久地开展基层安全文明创建活动

基层的稳定是整个社会稳定的基础。基础牢，则治安稳，基层稳，则全局稳，反之“基础不牢，地动山摇”。要认真贯彻落实中央14号文件精神，把维护稳定的着力点放在基层，进一步加强党的基层组织建设，充分发挥其在维护社会稳定中的核心领导作用；加强以治安联防队等群防群治队伍建设，充分发挥其在维护稳定中的重要作用；加强派出所、司法所、法庭等基层政法组织建设，不断提高战斗力。一是要进一步完善和坚持在乡镇配备专抓综治工作党政副职和在中小学校配备兼职法制副校长制度，要重视专抓综治工作党政副职的配备，对专抓综治工作副职的缺空，必须在两个月内补齐，进一步加强乡镇综治办规范化建设，充实力量，提高乡镇综治工作的能力和水平。二是要进一步加强以党支部为核心的基层组织建设，全面提高农村治保会、调委会的工作质量和水平，民政、公安、司法等业务部门，要积极主动地在党委、政府的领导下，配齐配强专职治安员、调解员，认真组织培训，提高他们的素质，这是花小钱、办大事之举。各乡镇党委、政府要把落实专职治安员、调解员作为践行“三个代表”的要求来抓好，抓出成效。要整顿充实治安联防队、护村队、护校队、义务消防队，充分发挥他们在维护基层治安、调处民间纠纷、治安防范等方面的积极作用，县级各单位要进一步落实管人、看门、守物制度，打牢稳定基础。三是建立健全基层防范保障机制。根据中央2001年14号文件《关于进一步加强社会治安综合治理的意见》中“谁出资谁受益”和“取之于民，用之于民”的原则，和州委、州政府“按照总人口人均0.3元预算综治经费”的要求，仍按照“三个一点”的原则筹集治安联防经费，保证工作的有效开展。

要继续深化基层“安全文明”创建活动，深入开展“无毒社区”、“安全文明学校”、“平安大道”、“安全文明铁道线”等创建活动，提高“安全文明小区”创建活动的社会效果。要把提高安全文明小区、村社创建质量作为重点，认真总结经验，在创新上下功夫。要按照安全、文明两个方面的要求，从组织机构、人员到位、防范措施、卫生环境、经济发展、文化建设等方面认真进行检查，对创建工作中的薄弱环节认真加强，对流于形式的进行整顿。要把“安全文明户”的创建活动纳入“十星级文明户”创建活动之中，按照统一部署、统一规范评选办法，部门行业各司其职、各记其功的原则做好工作，保证“安全文明户”创建活动继续保持其在农村精神文明建设中独特的活力。公安派出所要充分发挥骨干作用，切实加强对流动人口、刑释解教人员、闲散青少年、重点人口等特殊人群的教育管理和监控工作，防止和减少违法犯罪；切实加强中小学法制副校长队伍建设，加强管理，提高法制副校长的政治素质和业务水平，使他们在培养未来建设者工作中发挥应有的作用。切实抓好“四五”普法教育，把依法治国同以德治国结合起来，增强全民法制观念，以创建“安全文明铁道线”为重点，推动护路联防各项工作的深入开展。

（五）以作风建设为突破口，加强政法干部队伍建设

要认真贯彻落实党的十五届六中全会通过的《中共中央关于加强和改进党的作风建设的决定》和中央1999年6号文件，省委33号文件精神，以“三个代表”重要思想为指导，以公正执法为核心，以作风建设为重点，切实加强政法队伍建设。一是要把思想作风建设放在首位，不断增强法制观念，提高执法水平，确保严格执法、公正执法。开展转变作风大讨论，切实解决好“为谁掌权、为谁执法、为谁服务”这一根本问题，使广大干警树立正确的权力观、地位观和利益观。严格、公正、文明执法，体现社会主义，弘扬社会正气。二是加强政法部门班子建设。要结合作风整顿，加大对政法部门领导干部的监督、考核力度，政法部门领导班子要自觉加强自身作风建设，在班子内部认真进行廉政教育和民主集中制教育，认真开展批评与自我批评，提高领导干部的政法意识、大局意识和责任意识，加强班子内部团结，增强班子凝聚力和战斗力。继续落实“一岗双责”制度，抓班子，带队伍，促进政法机关作风转变。三是加强管理，把作风建设各项措施落到实处。要进一步完善反腐倡廉有关规定，从源头上防止违法违纪行为的发生。要进一步完善执法工作各项规章制度、规范干警执法行为，保证严肃公正执法；继续深化干部人事制度改革，建立完善干部考核、考试、录用、培训、选拔、任用、清退等制度；依法完善执法监督体系，及时解决政法干部队伍中存在的突出问题。政法机关纪检部门要认真负责地做好监督检查工作，保证各项措施有效实施。四是加强教育，深入开展“争创”活动。要把深入开展“争创”活动与解决政法干部队伍中存在的突出问题结合起来，教育广大政法干警牢固树立群众观念，深怀爱民之心，恪守为民之责，善谋富民之策，多办利民之事。要在广大干警中树立起为人民执法、代表国家执法和依法履行职务的意识和观念，自觉把“严格执法，热情服务”贯穿于各项工作的始终。在“争创”活动中要广泛听取各方面的意见，从人民满意的地方做起，从人民不满意的地方改起，从热点问题抓起，完善便民利民措施，真真切切为人民办好事、办实事，在社会上树立起政法干部良好形象，努力把政法干部队伍建设成一支政治合格，作风过硬，党和人民信赖的专政柱石。

（六）加强和改进党对政法工作领导，确保政法机关依法履行职责

加强和改进党对政法工作的领导，是完成各项政法工作任务的根本保证。一是要加强党对政法机关的思想政治领导。各级领导要肩负起保一方平安、促一方发展的重大政治责任。县委支持法、检、公、司依法独立行使职权，不受任何机关、团体、企事业单位和个人的干预，公正司法。支持县委政法委按照中央

1999年6号文件的规定，发挥党委领导、管理、协调政法各部门的职能作用，当好参谋助手，协助县委和组织部门管理政法系统的领导干部。政法各部门的领导和党员干部要自觉增强党性观念和组织纪律观念，自觉维护县委的权威，自觉把自己置于党的领导之下，切实保证党的路线、方针、政策、法律法规和党委的工作部署在本部门的贯彻执行。政法部门的重大问题、重大工作部署以及重大改革措施的出台，要及时向县委汇报，保证在党的领导下依法独立行使职权。二是要进一步完善司法保障，为政法机关提供必要的执法条件。完善司法保障是党的十五届五中全会提出的加强法制建设的一项重要任务。同时，要加大政法综治经费的投入，确保大要案办案经费，切实解决好政法部门技术装备、基础设施建设、科技强警所需的经费问题。三是切实加强县委政法委自身建设。加强政法委的组织、业务建设，努力适应其领导、管理政法工作的需要，保证其职能作用的充分发挥。四是要认真落实政法工作责任制，一级抓一级，层层抓落实，保证政法、综治各项工作深入开展。

以“三个代表”重要思想为指导 努力推进党风廉政建设和反腐败斗争

——中共南华县纪委五次全会上的报告

杨 龙

（2002年2月3日）

同志们：

这次全会的主要任务是：高举邓小平理论伟大旗帜，以江泽民同志“三个代表”重要思想为指导，认真学习贯彻党的十五届六中全会、中纪委七次全会精神和省党代会精神，总结2001年的工作，部署2002年党风廉政建设和反腐败工作。

下面，我代表中共南华县纪委常委会向全会报告工作，请予审议。

一、总结回顾2001年党风廉政建设和反腐败工作

2001年我县党风廉政建设和反腐败工作，在县委、州纪委的正确领导下，各级党委、政府和纪检监察机关按照中央、省州党委和县委的总体要求，认真学习和实践江泽民同志“三个代表”重要思想，始终坚持“从严治党”、“从严治政”方针，认真履行党章赋予的职责，坚决维护党的纪律，深入开展党风廉政建设和反腐败斗争，促进了全县经济、社会各项事业的发展。

（一）加强党性党风、党纪政纪教育，提高党员干部遵纪守法的自觉性

1、以党风廉政建设基本知识竞赛活动为切入点，加强对全县党员干部教育。县纪委在全县范围内开展了党风廉政建设基本知识竞赛活动。全县12个乡镇和县级6个党委、10个党总支、336个党支部、1210个党小组，10488名党员分别采取各种形式认真参与学习、竞赛，共竞赛400余场次，参赛党支部达100%，参赛党员达95.3%。我县参加州上的竞赛活动荣获三等奖。

2、结合全县第一批“三个代表”重要思想学习教育活动，加强对党员干部的党性党风教育。一是认真组织全县党员干部广泛深入学习马克思主义、毛泽东思想、邓小平理论，特别是江泽民同志“三个代表”重要思想，开展党的理论教育。二是在全县党员中开展“党风廉政教育月”活动。三是县委于7月上旬召开了党风廉政建设情况通报会，对省、州纪委和县纪委查处的重大典型案件进行通报。四是编印《纪检监察信息》13期1000余份，扩大教育面。

3、认真做好党风廉政建设宣传教育材料的征订发行工作。2001年共征订教育材料1056份，其中《云南纪检监察》955份，《中国纪检监察报》83份。

通过教育，广大党员干部的理论水平、党纪政纪知识得到了提高，遵纪守法的自觉性得到了增强。

（二）领导干部廉洁自律工作进一步深化

一是通过扎实有效的党风廉政建设宣传教育及“三讲”教育、“三个代表”的学习教育，提高了党员和领导干部拒腐防变的思想意识和能力。二是各级领导班子和领导干部坚持民主生活会制度。三是组织部门加大对干部的监督管理。四是严格控制各种会议、庆典、评比、达标等活动。通过对全县副科级以上干部廉洁自律情况的检查表明，各级领导干部认真执行《廉政准则》和中央关于制止奢侈浪费“八项规定”、全面贯彻执行《云南省领导干部廉洁自律若干规定》、州纪委关于八小时以外活动的规定。廉洁自律工作取得了新进展。

（三）案件查处工作稳步推进

全县纪检监察机关始终坚持从严治党的方针，与执纪执法部门密切配合，相互支持，形成合力，案件查处工作取得了新突破。全县纪检监察机关共收到人民群众来信来访132件，其中县纪检监察机关受理63件，已查结60件，结案率为95.3%。通过初查核实，为32人澄清了是非。立案查处6件10人，现已结案6件10人。结案率为100%。处理党员10人，其中开除党籍7人，留党察看2年1人，留党察看1年1人，党内免予处分1人。通过办案，为国家和集体直接挽回经济损失10.14万元。对6名干部进行了诫勉谈话，对8人给予严肃的批评教育。回访教育往年受处分党员6人次，给予恢复正式党员权利1人。

（四）开展执法监察，纠正部门和行业不正之风

按照省、州纪委和县委、政府的安排部署，围绕群众反映的“热点”问题，有针对性地开展各项专项检查和纠风工作。一是对农民减负和企业减负工作进行检查。二是牵头组织对农资部门的化肥、农膜、农药、籽种等经营情况进行检查。三是对中小学教育收费进行专项检查，认真纠正存在的问题。四是对行政事业性收费作了清理。五是配合民政局等4家单位对救灾救济款的管理使用情况进行了检查。六是认真治理公路“三乱”。七是积极参与整顿和规范市场经济秩序工作。八是加强对医疗服务价格改革工作的监督，配合有关部门对安全生产进行监督检查。九是认真做好对公职人员住房情况的清理。十是做好粮食部门的清仓查库工作。十一是对“1·15”地震恢复重建资金管理使用情况进行了检查。通过治理，有效地维护了人民群众的利益。

（五）党风廉政建设责任制落到了实处

一是县委将2001年的党风廉政建设和反腐败工作任务分解到全县各级各部门认真抓落实。二是在县委四次全委扩大会上，县委、政府对2000年度党风廉政建设优秀、良好单位进行表彰和奖励，与全县12个乡镇、县级65个单位签订了2001年党风廉政建设责任书。县纪委于7月对全县的党风廉政建设和反腐败工作落实情况作了认真检查，12月下旬，县委又组织检查组对责任制进行考核，评出优秀、良好单位给予表彰和奖励。

（六）关口前移，从源头治理腐败进展良好

一是认真贯彻落实“收支两条线”规定。全县70个部门850项收费全面实行“收缴分离”；二是全县12个乡镇财政实行“零户统管”，县级63家单位实行会计核算中心管理，强化了财政监督管理；三是加强对有形建筑市场的监督工作；四是预算外资金纳入财政专户管理；五是做好“厂务、政务、村务”三公开工作；六是抓好机关效能建设工作。按照县委、政府关于加强机关效能建设的要求，各级各部门认真抓好各项制度的落实，促进了机关作风的好转。

回顾一年的工作，纪检监察机关的工作是卓有成效的，但离党和人民群众的要求还存在一定差距，主要表现是：少数部门党政领导对腐败现象的严重性、对反腐败斗争的重要性紧迫性认识不足；有的领导干部不能严格自律，对自己的生活圈、社交圈缺乏自我约束，党组织的监督也相对滞后；个别地方查办案件的主动性和积极性不够，乡镇自办案件率不高，群众反映强烈的问题没有得到及时查处，党员违纪违法现象时有发生；从源头上治理腐败的措施不多；行政法制监督有待进一步加强。这些问题，我们务必引起高度重视，认真加以解决。

二、2002年党风廉政建设和反腐败工作的主要任务

2002年我县党风廉政建设和反腐败工作的总体要求是：高举邓小平理论伟大旗帜，坚持以江泽民同志“三个代表”重要思想为指导，进一步贯彻落实江总书记“七一”重要讲话精神和党的十五届六中全会、中纪委七次全会和省第七次党代会精神，按照“三个代表”的要求，坚持以经济建设为中心，坚持党要管党原则和从严治党的方针，坚持标本兼治，深化反腐败三项工作，进一步加大从源头上预防和治理腐败的力度，努力取得党风廉政建设和反腐败斗争新成效，为我县改革开放和现代化建设提供有力的政治保证。

（一）抓好学习实践“三个代表”重要思想，深入贯彻落实党的十五届六中全会精神

“三个代表”重要思想，是我们党保持先进性，始终成为建设有中国特色社会主义坚强领导核心的根本保证，是我们开展党风廉政建设和反腐败斗争的前进方向。《中共中央关于加强和改进党的作风建设的决定》，和江泽民同志“七一”重要讲话精神，对于提高党的执政水平和领导水平，提高拒腐防变和抵御风险能力，巩固党的执政地位，保证国家长治久安，具有重大而深远的意义。全县各级党组织和广大党员干部要认真学习实践“三个代表”重要思想，按照六中全会的要求加强和改进党的作风建设，坚决惩治阻碍和干扰先进生产力发展的腐败行为和腐败分子，坚决抵制各种腐朽思想文化的侵蚀，坚决惩治一切侵害人民利益的腐败行为，保持党的先进性和纯洁性。

要切实加强和改进党的作风建设。全县各级党委要按照六中全会《决定》和《中共南华县委关于加强和改进党的作风建设的实施意见》的要求，认真克服和解决在党的作风方面存在的突出问题，做到"八个坚持、八个反对"。各级纪委要协助党委加强和改进党的作风建设，建立健全切实有效的制度，认真开展对六中全会《决定》和县委《实施意见》落实情况的检查督促，确保《决定》在全县贯彻落实。

机关效能建设是县委加强和改进党的作风建设的一项重要举措，全县各级各部门要继续按照党委统一领导，政府组织实施，纪委组织协调，部门各负其责，依靠群众的支持和参与的领导体制和工作机制抓好落实，切实转变机关工作作风，更好地为人民服务。要进一步统一思想，深化认识。全县各级党委、政府和机关单位要进一步组织学习县委、县人民政府关于开展机关效能建设的各个文件，准确理解把握机关效能建设的精神实质、目的和意义，进一步增强责任感、紧迫感、使命感，自觉执行机关效能建设规定，确保机关效能建设不断取得新的成效；领导干部要带头转变作风，带头服务大局，服务基层，严格要求，争当讲学习、讲政治、讲正气的楷模，努力把领导机关和领导干部的作风建设提高到一个新的水平；要以提高服务质量为主题来开展机关效能建设工作，把人民群众的利益放在首位，关心贫困人口和困难职工的生活，多为他们解决一些实际问题，贴近基层，贴近群众，努力改进服务方式，提高服务质量，提高工作效率；要深化管理体制的改革，一方面要抓好机构改革，严格按照机改文件精神确定机构、编制人员，明确岗位职责，达到廉洁、勤政、务实、高效的要求。另一方面要按照国务院、省委、省政府关于行政审批制度改革的要求，采取有力措施深化审批制度改革，规范行政审批行为，逐步减少对经济事务的行政性审批，努力把政府职能转移到经济调节、社会管理和公共服务上来；要用健全的制度保证机关效能建设的深入开展。要不断健全和完善管理制度，加强对制度执行情况的监督检查，对违反规定的人和事，不论涉及到谁都要严肃处理；要提高机关干部素质，采取各种形式，加强对干部职工的学习和教育，不断提高他们的素质和遵纪守法的自觉性，真正把机关效能建设各项规定落到实处。同时，各位监督员要继续发扬成绩，不断总结好的做法和经验推动面上工作，效能办要认真做好组织协调，监督检查，确保机关效能建设各项任务落在实处。

（二）抓好领导干部廉洁自律

认真落实《廉政准则》、《云南省领导干部廉洁自律若干规定》、《中共南华县委关于加强和改进党的作风建设的实施意见》等，严格规范领导干部从政行为。要加强党员干部的思想道德建设，抓好理想信念教育和廉政勤政教育，筑牢思想道德防线；要对党员干部严格要求，严格教育、严格管理、严格监督，使党员干部切实做到以身作则，勤政为民，艰苦奋斗，廉洁自律，管好自己，管好分管地区和部门的党风廉政建设，管好配偶、子女和身边的工作人员。自觉执行廉洁自律各项制度。

（三）抓好案件查处，严励惩处违纪违法行为

查办案件工作是反腐败斗争的突破口，是衡量反腐败斗争成效的重要标志，也是纪检监察机关义不容辞的一项重要职能。不查办案件，教育没有说服力，监督没有威慑力，廉洁自律和纠风工作没有推动力，治本工作没有号召力，纪检监察机关的地位和作用也不能更好地发挥。要增强使命感和紧迫感，把查办案件放在突出位置，采取有力措施，加大案件查处力度。要继续坚持以查处党政领导机关、行政执法机关、司法机关、经济管理部门和乡科级以上领导干部违纪违法案件为重点，从群众最不满意的问题入手，重点查处领导干部利用职权为亲属子女经商办企业提供方便，在建设工程招投标中施加影响，以各种手段侵吞国有资产、买官卖官及执法人员徇私枉法等腐败行为，查处违法违纪收受回扣、礼金和各种有价证券的案件，对基层领导干部中发生的违纪违法案件，也要认真查处。要继续加强查办案件工作的组织协调，密切执纪执法机关的协同配合，形成突破大案要案的整体合力，使查办大案要案取得新进展。同时，全县各级党委、政府和纪检机关要认真办理人民群众来信来访，及时化解人民群众中的矛盾，把问题解决在基层，确保我县社会的稳定。

（四）抓好执法监察，纠正部门和行业不正之风

要按照上级的部署，结合我县实际，开展好专项执法监察工作。坚持“纠建并举”的方针和“谁主管谁负责”的原则，认真纠正人民群众意见比较集中、反映较为强烈的不正之风。要继续抓好减轻农民负担和减轻企业负担工作，纠正各种乱收费、乱罚款、乱摊派问题，坚决刹住医药购销中的不正之风，巩固治理公路“三乱”成果，制止中小学乱收费行为，开展对教育系统的民主评议行风活动。要把纠风和执法监察作为维护政令畅通，密切党群干群关系的重要工作抓紧、抓实、抓出成效。

（五）抓好从源头上预防和治理腐败

进一步加强党性党风党纪教育，提高广大党员干部的思想政治素质，树立正确的世界观、人生观、价值观，筑牢思想道德防线，过好权力关、金钱关、美色关，经受住长期执政、改革开放和发展社会主义市场经济的考验。要继续利用李嘉廷等重大典型案例开展警示教育，增强免疫力。要大力宣传汪洋湖等勤政廉政先进典型，弘扬富有时代特点的新风尚，把惩治腐败与扶持正气结合起来。要加大推进行政审批制度改革，规范行政审批行为；深入推进财政制度改革，规范财政管理；要完善县级机关单位财务实行会计核算中心管理，乡镇财政实行“零户统管”，村委会、村民小组的农村财务实行“民主理财”管理制度。目前，县级机关和乡镇的财务管理已基本走入正轨，但村委会和村民小组的财务管理仍较为薄弱。据不完全统计，全县130个村委会和1483个村民小组共有资金3500多万元，若不加强管理，会造成资金流失，更主要的是影响到农村的经济发展和社会稳定。各乡镇党委、政府要高度重视，认真研究管理措施，成立工作小组，制定有效的管理制度，充分发挥“财务管理监督小组”、“民主理财小组”的作用，加大对资金的监管。必须明确，农村财务管理工作中，哪一级管理出了问题，除追究当事人责任外，还要追究上一级分管领导和有关领导的领导责任，确保集体资金的有序管理；要进一步抓好“三公开”工作。一是进一步完善和深化农村“村务公开、民主管理”制度。要把村务公开与“三个代表”学教活动结合起来，按照省、州的要求，建立健全村民代表会议、民主理财和财务审计、民主议政和民主评议村干部、民主选举村干部四个方面的制度，最大限度地调动广大农民群众的积极性，促进农村的发展和稳定。二是各级党政机关及其工作部门都要实行政务公开。党务、政务工作中，凡是运用职权行为及其运行过程和结果，除保密的外，都要根据工作职责和行业特点，在一定范围内采取适当方式向干部群众和社会公开，接受监督。三是抓好厂务公开工作。重点在国有、集体企业和国有、集体控股企业中推行，内容包括企业改革和国有资产保值、增值等重大决策、事务；要深化干部人事制度改革，做到用好的作风选作风好的人，防止和克服用人上的腐败现象和不正之风。

要通过深化改革和体制机制制度创新，把反腐败要求落实到各级各部门的业务工作和日常管理中，逐步建立结构合理、配置科学、程序严密、制约有效的权力运行机制，从根本上预防和解决腐败问题。要依靠广大人民群众，把权力运行置于有效的监督之中，进一步发扬党内民主和扩大基层民主，健全举报制度，进一步完善监督机制，多层次、多形式地发挥党内监督、群众监督、民主监督、新闻舆论监督和行政法制的作用，把反腐倡廉工作逐步纳入法制化轨道。

要继续深入贯彻执行党风廉政建设责任制。各级党委政府对党风廉政建设和反腐败工作要切实负起责任，经常听取纪检监察工作汇报，及时检查指导工作。实行党风廉政建设责任制，关键是责任追究制，要把责任追究作为党风廉政建设责任制的重点来抓，保证党风廉政建设和反腐败各项任务落到实处。

（六）抓好纪检监察干部自身建设

纪检监察干部处于反腐败斗争的第一线，随着反腐败斗争的不断深入，查办违纪违法案件的力度持续加大，腐蚀与反腐蚀斗争日益尖锐复杂，从源头上预防和治理腐败的工作任务更加繁重。这些都对纪检监察干部队伍提出了更高的要求。要按照“政治坚强、公正清廉、纪律严明、业务精通、作风优良”的要求，加强纪检监察干部队伍建设，不断提高政治素质和业务素质，保证纪检监察干部在新的形势下认真履行党和人民赋予的神圣职责，做党的忠诚卫士。各级党委政府要加强对纪检监察工作的领导，深入地开展党风廉政建设和反腐败斗争。

同志们，在新的历史条件下，党风廉政建设和反腐败斗争任务更加艰巨。我们一定要高举邓小平理论伟大旗帜，紧密团结在以江泽民同志为核心的党中央周围，按照中纪委七次全会和省第七次党代会的要求，在县委的领导下，认真学习和实践“三个代表”重要思想，进一步解放思想，实事求是，开拓进取，扎实工作，为保证我县经济社会全面发展作出更大的贡献。

求真务实 开拓创新
促进我县计划生育工作全面发展

副县长 兰开兴

过去的一年，全县计划生育工作在县委领导下，各乡镇党委、政府高度重视，坚持计划生育工作“既要抓紧、又要抓好”和“党政一把手亲自抓、负总责”的工作方针，紧紧围绕计划生育工作“三为主”（宣传教育为主、避孕为主、经常性工作为主）、“三结合”（计划生育与发展经济、与帮助农民勤劳致富奔小康、与建设文明幸福家庭相结合）、“三不变”（党政一把手负总责不变、现行的生育政策不变、既定的人口控制目标不变）、“两个转变”（努力实现由仅就计划生育抓计划生育向经济社会发展紧密结合，采取综合措施解决人口问题转变；由以社会制约为主向逐步建立利益导向和社会制约相结合，宣传教育、综合服务、科学管理相统一的机制转变）、“达到一个目标”的工作思路，以稳定低生育水平为重点，认真扎实抓好计划生育的各项工作，出色完成了州政府下达的任务指标，连续3年杜绝了计划外多孩生育，首次实现无计划外生育，人口控制创历史最好水平。

成绩只属于昨天，我县的人口与计划生育工作形势仍然十分严峻，我们必须清醒的看到，计生工作者的忧患意识、竞争意识、责任感、危机感还有待于进一步增强；计生服务质量有待于进一步提高，服务领域有待于进一步拓宽，全心全意为人民服务的思想有待于进一步牢固树立。随着经济及社会的不断发展，计划生育工作将面临着许多新情况、新问题和新挑战。全县计生工作者要站在历史的高度、时代的前沿，抓紧抓好人口、资源、环境的协调发展，坚持可持续发展战略不动摇。各乡镇党委、政府和县级有关部门，必须充分认识计划生育是我国的一项基本国策，控制人口增长是一件涉及面广、难度大的工作，理解、吃透其重要性、长期性、艰巨性、紧迫性、复杂性和特殊性，切实加强对计划生育工作的领导。要在一把手亲自抓、负总责，分管领导具体抓的领导体制下，充分发挥各乡镇、各部门的职能作用，尽职尽责，把各项措施和指标任务落到实处。

一、提高认识，切实加强对人口与计划生育工作的领导

计划生育与资源、环境一样，是我国的国策，计划生育工作关系到千家万户，关系到一个地区、一个县的经济社会发展，它代表着党委、政府在人民群众中的形象。控制人口增长、提高人口素质是各级党委、政府义不容辞的职责。今年是“转变作风之年、调查研究之年、狠抓落实之年”，各级各部门要按照中央、省、州这一要求，求真务实，开拓创新，认真抓好计划生育各项工作。

各乡镇要经常研究辖区的计划生育工作，分管领导要经常督促计生办的工作，做到情况清、任务明，至少一个季度要听取计生办、服务所1次计生工作情况汇报，半年专题研究1次计生工作；主要领导要经常督促辖区内的计生工作任务落实情况，积极支持分管领导、计生办的工作。全县计划生育工作战线的干部职工，特别是领导干部要进一步统一认识，找准工作中的薄弱环节，采取有力措施，确保签订的人口与计划生育目标责任书落到实处。要严格执行县委《关于实行计划生育工作黄牌警告制度的通知》（南发[1998]20号）精神，继续实行“一票否决”制，努力完成各项工作任务，切实把人口控制这项事关全局的工作抓紧抓好，抓出成效。

二、开拓创新，认真抓好计划生育工作

一是要继续贯彻执行计划生育工作“既要抓紧、又要抓好”的工作方针，落实好“三到位”，即：责任到位、措施到位、投入到位。责任到位就是要把人口与计划生育工作作为各级党委、政府的一项重要职责，按各级的要求，继续完善党政一把手亲自抓、负总责的综合治理人口机制，坚持发展经济与人口控制两手抓，真正做到层层负责，层层落实，全力以赴地履行好自己的职责；措施到位就是要切实转变作风，把中央、省、州制定的各项人口与计划生育政策措施落到实处；投入到位就是要保证计划生育必要的经费投入。

二是要加大宣传力度，认真贯彻党的各项计划生育政策。要认真贯彻学习党的计划生育政策和江总书记“七一”讲话精神，认真实践“三个代表”重要思想，不断加大《中华人民共和国人口与计划生育法》和《中华人民共和国计划生育技术服务管理条例》及中央、省、州《关于加强人口与计划生育工作，稳定低生育水平的决定》、国务院《流动人口计划生育管理办法》和现行的计划生育配套法规的宣传力度，把党的各项计划生育政策宣传并落到实处。要不断扩大基础网络建设，牢固树立政治意识、大局意识、服务意识。

三是要采取有力措施，加强流动人口计划生育管理。随着改革开放的不断深入、西部大开发的实施和社会主义市场经济的不断发展，流出流入人口的大量增加，在有利于实现劳动力资源的合理配置，促进经济发展的同时，也给计划生育工作带来了新的问题，各乡镇党委、政府及各有关部门要一如既往地把流动人口计划生育列入工作重点，明确职责，坚持城镇计划生育和流动人口属地管理原则，实行系统和单位共同负责，坚持“谁用工谁负责、谁出租房屋谁管理、谁的地盘谁清理”的原则，完善各项措施，逐步建立健全流动人口计划生育管理机制，把流动人口纳入常住人口同服务、同管理，进一步形成齐抓共管的工作局面。

四是要稳定队伍，调整、充实村级计划生育宣传员。近年来，在各级各部门的共同努力下，乡镇计生办干部队伍得到了加强，服务所医务人员基本上达到了上级要求。但是，有的乡镇村委会计生宣传员缺额较大，有的兼职过多，严重影响了工作的开展，造成信息不灵、上报各种报表数据不实、瞒报漏报和统计台帐运转不正常等问题，极大的影响了计划生育工作的正常开展。这个问题，各乡镇要引起高度重视，对村委会宣传员缺额的要尽快配齐，兼职太多的要作调整。

五是要继续巩固“三为主”、推广“三结合”工作。要充分发挥计划生育协会组织的作用，加快“少生快富”工程建设步伐，认真开展好婚育新风进万家活动，努力提高生产、生活、生育“三生”优质系列服务水平，充分发挥协会组织作用。

六是要扎实抓好计生服务工作，从提高服务质量和拓宽服务领域上狠下功夫。计生工作者在这样一个工作岗位，十分不容易。全县计生工作者要强化忧患意识，牢固树立全心全意为人民服务的思想，认真学习和贯彻执行党的计划生育政策，严格依法办事。要努力提高计生人员的思想素质和业务素质，练就一身为人民服务、为广大老百姓服务的真本领，提高服务质量，拓宽服务领域，使社会效益和经济效益双丰收。

七是要抓好计生服务站、所建设。计生服务站所要切实搞好绿化美化工作，该栽花的要栽，该植树的要植。环境卫生工作要认真搞好。要积极向上争取资金，加快计生系统的软硬件设施建设步伐。在向上争取资金方面，各乡镇要更加积极主动些，县计生局要给予大力支持，向乡镇提供必要的信息。

八是要加大计生改革步伐。计生改革要以人事制度改革和分配制度为重点，进行深化。当务之急，就是要加大分配制度改革的力度，让干得好、出力多、承担任务重、工作艰苦的多领工资，让不务正业、得过且过的待岗、甚至下岗。

做好计划生育工作是富民、强县和稳定的大事。我们要以江总书记“三个代表”重要思想为指导，全县上下齐心协力，狠抓落实，扎扎实实地抓好今年的计划生育工作，在落实和务实上狠下功夫，为全县经济及社会发展作出更大的贡献。

加快南华县乡镇企业发展的分析及对策

副县长 洪 志

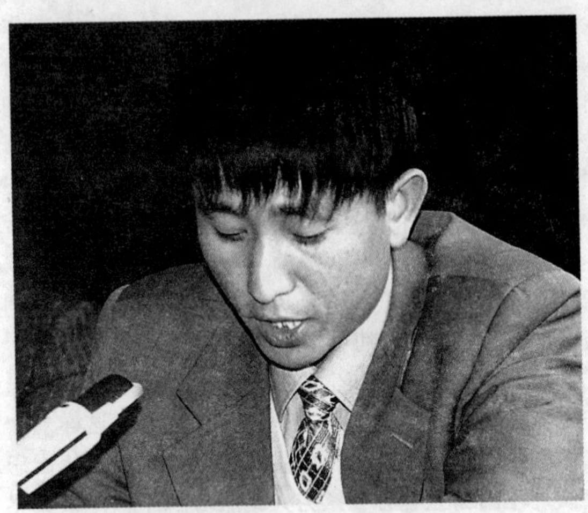

乡镇企业是中国农村社会现代化建设中农民的伟大创造。改革开放以来，南华县乡镇企业异军突起，飞速发展，2001年，全县乡镇企业实现营业收入118344万元，在全县经济体系中，接近“三分天下有其一”的良好态势，已成为南华县经济发展的重要组成部分。面对我国加入“世贸组织”带来的机遇和挑战，认真分析研究南华县乡镇企业的现状及特点，探索走持续健康发展之路，实现第二次创业，对促进全县经济发展有重要意义。

乡镇企业发展现状及外部经济环境分析

（一）发展状况及特点

1、发展状况

经过20多年探索，从市场经济中成长起来的乡镇企业形成了以发展为主体，以市场为导向的经济形式。南华县乡镇企业呈现出持续健康发展的良好势头，2001年，全县乡镇企业个数达6863个，从业人员达19000人，实现营业收入118344万元，实交国家税金1462万元，固定资产原值达23323万元，实现了较好的经济效益和社会效益，为加速南华县农村经济发展，农民增收作出了重要贡献。

2、呈现的特点

根据南华县乡镇企业的发展状况，可以概括为四个特点：一是经营主体由单一性向多元化转变，从其人员结构分析，原从事乡镇企业经营主体的多是农村剩余劳动力，城镇社会闲散人员和待业青年，而从目前的状况看，在乡镇企业就业的除原有的外，范围扩大到掌握专业技术的部份下岗分流人员、大中专毕业生、党政机关离职人员等，实现一元化向多元化发展，优化了乡镇企业人员组合。二是经营领域不断扩大，发展初期的乡镇企业，主要是利用自身优势，经营商业、饮食业、服务业，经营领域不宽。随着发展，乡镇企业已向农业、工业、建筑、交通运输等领域拓展，形成了多层次、宽领域扩张的经营格局，这是乡镇企业走向成熟的重要标志。三是经营规模不断壮大，由过去的“小、散、弱”逐步向“大而专”转变，由分散的、弱小的向联合经营、合作发展方向转变，增强了抵御市场风险的能力。如：龙川建筑公司、云华绿色食品开发有限公司、昌宏新型建材厂一批经营规模大，具有较强竞争优势的私营企业出现，是私营企业开始适应市场经济发展要求的重要标志。四是经营方式由粗放型向集约化转变，发展初期乡镇企业以手工作坊式，分散、单一生产的方式，难于适应千变万化的市场经济，目前在夹缝中成长的乡镇企业已迈向机械化生产，产供销一体化，科工贸相结合方向发展，家族式的管理方式逐步向现代化管理方式转变，突破传统管理模式，这是乡镇企业开始步入健康发展轨道的重要标志。

（二）面临的形势

从南华县乡镇企业改革与发展的趋势来看，特别是我国加入“世贸组织”，南华县乡镇企业在今后的发展中将面临严峻的挑战；一是以量的扩张到以质的增长的挑战，乡镇企业的产品属于资源密集型而成本较低，具有一定的优势，乡镇企业经济增长主要是靠以量的扩张实现其发展，而形势迫使乡镇企业必须从简单的以量扩张为主转变到依靠提高产品科技含量及产品附加值的增长上来；二是“买方市场”的形成使竞争更加激烈，“卖方市场”向“买方市场”转变，导致企业间的竞争由卖方条件下的“有货不愁卖”及以廉价为主转变为靠价格、质量、性能、品牌以及服务等诸方面的综合竞争，企业产品的竞争内容发生实质性变化，我县乡镇企业仅靠原有的低质廉价产品及粗放式经营，难以适应激烈的市场竞争，面临严峻的挑践。三是可持续发展战略实施对乡镇企业的影响。我县乡镇企业基本上是“高投入、低产出、高消耗、低效益”的粗放型发展模式，一定程度上存在技术装备落后，人员素质偏低，资源浪费严重，污染突出等一系列突出问题，这种状况在国家大力实施可持续发展战略的政策背景下，存在一定矛盾，乡镇企业将受到严峻挑战。

乡镇企业发展存在的问题分析

（一）乡镇企业发展力度不够。2001年我县乡镇企业营业收入超过千万元的仅有6户，年上缴税金在50万元以上的仅有2户，量的增长小，质的增长缓慢，量的增长小难以带动乡镇企业质的飞跃，而质的增长缓慢，又限制了量的增长，难以发挥其规模优势。

（二）发展动力不足。我县乡镇企业存在发展动力不足的局面，表现在企业金融创新滞后，乡镇企业发展资金“瓶颈”问题严重，技术改造因资金短缺受阻，融资渠道窄；技术创新滞后，企业发展的动力因产业创新力量减少而缓慢，传统产业技术落后，要实现乡镇企业二次创业，只有依靠科技进步，进行技术创新才能走出低谷；企业家创新滞后，我县乡镇企业主经营管理水平和技术人员、工人的业务技术水平普遍不高，既懂经营业务，又会市场营销，熟悉经贸法规的复合型企业家少，制约了管理制度的创新。

（三）政策落实不到位。对已有的政策落实不够，没有发挥其应有的政策效应；而在新情况、新问题出现后，又没有及时研究制定新的政策措施，影响了企业发展。

（四）思想解放不够。一方面是企业主存在“怕政策多变”、“怕露富”、“怕露脸”的心理，“小富则安”、“及时行乐”，不愿追求更大的规模的心理影响了经营主体主观能动性；另一方面一些部门不能正确处理“放”与“收”，“管”与“放”、“争”与“取”的关系，放不开，管得多，给的少，乡镇企业发展的政策环境不够宽松，没有正确认识乡镇企业的地位。

实现乡镇企业二次创业的对策

面对严峻的挑战和存在的诸多矛盾与问题，乡镇企业要加快发展，必须坚持以发展为主题，以市场为导向，努力推进农业产业化进程，继续深化改革，扩大开放，促进科技创新，扶强龙头企业，提高经济效益，增加农民收入，促进乡镇企业二次创业和个体私营经济持续健康发展，实现全县经济发展。

（一）营造发展的环境优势

一是要营造良好的政治环境，改革开放，为乡镇企业发展提供了生存发展的空间，放手发展乡镇企业，对乡镇企业在政治荣誉方面要给予适当的安排。二是要营造能让投资者赚钱的政策环境，要树立新的“利益观”、“得失观”善于算全县大帐，综合效益帐，长远发展帐，尽可能使投资者的合法权益，尤其是经济利益最大化。三是要营造良好的政策环境，要进一步转变政府职能，做到市场监管，政策引导，改进工作方式方法，坚决取消不合法、不合理的收费项目，增强为企业服务的意识，确实当作“民心工程”来抓。四是要营造公平的经营环境。要下大力整治和规范市场经济秩序，重拳出击“打假除恶”，严惩“三乱”现象，努力营造公平竞争的经营环境。五是要营造鼓励企业干大事的舆论环境，对改革中出现的新事物坚持不争论，不指责，不打“棍子”，不戴“帽子”，充分调动各方面的积极性。总之，要营造一个乡镇企业发展的宽松环境，真正做到放手发展不争论——放得开；放心发展不指责——放得下；放手发展不限制——放得快，使乡镇企业快速健康发展。

（二）科学规划，发挥优势，突出重点

一是科学规划，乡镇企业发展要有长远超前科学、合理的规划，一个有发展潜力的产业，能振兴一方，造福一方，不搞一哄而上，避免重复投资，降低市场风险。二是将乡镇企业发展同农业产业化发展，调整农业产业结构有机结合，抓好龙头企业建设，不断建立公司加基地加农户，走市场带龙头，龙头带基地，基地联农户的发展路子，提升产业结构。三是要把发展乡镇企业同推进城市化建设有机结合起来，通过制定优惠政策，积极引导乡镇向小城镇适度集中，充分利用小城镇在交通、通讯、水电和人口，群众商品意识较强等方面的优势，按照“谁投资、谁受益”的原则，引导乡镇企业参与小城镇基础设施建设的开发，三是要把发展乡镇企业同国有企业“有进有退，有所为有所不为”的结构调整思路相结合，寻找市场狭缝，拓展新的发展空间。四是发挥优势，优化第二产业，对有市场前景的加工制造业，着重引导走深、细、精加工增值的路子，提高产品档次和质量，正确引导一批乡镇企业向上规模、上档次、上水平方向发展，由流通服务型向生产经营型转变，由小区域地方型向跨区域外向型转变，由家庭管理的陈旧模式向科学管理转变。五是充分利用西部大开发机遇，发达地区将劳动聚集型产业向外转移的机遇，合理利用人力资源丰富的优势，继续发展具有比较优势的劳动密集型产业。

（三）深化产权制度改革

南华县列入改革的乡镇企业共有440户，经过几年改革，现还剩48户，虽然数量不多，但问题不少，而已经改革的部分企业没有触动产权。要因地制宜，实事求是地选择以产权出让、拍卖、兼并、组建有限责任公司，合资、独资、控股为主要形式，深化以明晰产权为核心的乡镇企业改革，不断完善法人治理结构，对已经改革和改制的企业，要切实按有关的法律法规和企业产权规范操作。

（四）要重视人才培养

人才是制约乡镇企业和个体私营经济发展的重要因素之一，提高职工整体素质和劳动技能是知识经济及经济全球化的要求，懂企业管理、市场营销、专业技术的人才缺乏，采用多种形式引进人才，培养人才，有条件要帮助培训一批全能性的乡镇企业家，才能推动管理制度创新，技术创新，增强发展的后劲。

（五）多渠道筹集资金，加快乡镇企业的发展

乡镇企业发展靠自筹资金太慢、靠银行贷款太难，靠国家投入太少，一些好的发展机遇往往因项目资金难筹集而丧失，因此，一方面银行需积极支持乡镇企业的发展，重构互利合作，相互依存的银企关系；另一方面一定要通过自身努力，提高管理水平，强化发展意识，树立良好的信用信誉，用良好的信用信誉争取银行的支持，其次乡镇企业要积极采取联合股份形式多渠道吸引社会闲散资金，实现多轮驱动。

大事记

——沙桥特大洪灾（王兆登 摄）

大事记（2001年）

1月

1日　成立会计统一核算中心，县级机关实行会计统一核算，县财政局印发《关于南华县县级统一会计核算中心运行中若干问题规定的通知》。

8日　南华县粮食批发交易市场竣工典礼在县城举行。该市场占地6257平方米，为全州第一个粮食批发交易专业市场。

12日　县委召开县级机关单位负责人会议。县委书记李红民作《扎实工作、严肃纪律、加强学习、认真准备以“三个代表”学习教育推动新世纪的良好开局》的讲话；县委组织部长杨龙、县纪委书记李学安、县委办公室主任李绍文分别就“三个代表”学习教育活动、党风廉政建设工作和春节前应做好的几项重点工作作了要求。

13日　南华县农资公司周恩章驾驶吉普车在大（蛇腰）罗（武庄）公路线K 8+550米处发生特大交通事故，事故造成4人（一家三代）当场死亡，1人重伤，车辆报废。

14日　南华县百货街竣工典礼在县城举行。

16日　县委印发《关于成立南华县公开招考科级领导干部工作领导小组的通知》。

20日　中共南华县“三个代表”重要思想学习教育活动领导小组办公室印发《关于召开南华县“三个代表”重要思想学习教育活动动员会及进行集中学习培训的通知》。决定于2001年2月3日上午召开南华县“三个代表”重要思想学习教育活动动员会，并进行为期3天的集中学习培训。

2月

1日　南华县被省科技厅列为茯苓种植基地县。重点发展云南地道药材茯苓，加强茯苓种植研究开发，按GAP标准和SOP操作规范实施，建设500亩（其中种菌50亩）种植示范基地，强化技术配套服务体系建设。

1日至2日　中共南华县委九届四次全委（扩大）会议在县城召开。州政府副州长罗嘉福到会讲话。

2日　县级各单位组织干部职工收看楚雄州电视台重播的中央电视台1月30日晚的《新闻联播》和《焦点访谈》实况录像（1月23日“法轮功”痴迷者在天安门广场自焚事件的真相），并组织学习了《人民日报》发表的揭批文章。

2日至4日　全州广播电视局长会议暨2000年楚雄广播电视奖复评会议在南华召开。

3日　南华县召开全县“三个代表”重要思想学习教育活动动员大会。县五套班子领导，乡镇党委书记、政工副书记、组织员、分管农业的副乡镇长，县级各单位副科以上实职领导干部及办公室主任，县委工作队员共467人参加了会议。标志着南华县“三个代表”重要思想学习教育活动全面展开。

6日　县委印发《中共南华县委关于阊柏等同志任免职务的通知》。根据中共楚雄州委楚干字[2001]3号文件通知：阊柏任中共南华县委委员、常委、副书记；耿克明免去其中共南华县委委员、常委、副书记职务。

同日　九届县委第45次常委会议讨论决定：阊柏任中共南华县人民政府党组成员、书记；耿克明免去其中共南华县人民政府党组成员、书记职务。

7日　南华县第十三届人大常委会第二十次会议根据县人民政府县长耿克明和县人大常委会主任会议的提请，决定任命阊柏同志为南华县人民政府副县长、代理县长。同时，根据耿克明的辞职请求，决定接受耿克明辞去县人民政府县长职务。耿克明调州政府任秘书长。

8日　九届县委第46次常委会决定：设立中共南华县委处理法轮功问题领导小组办公室、南华县人民政府防范和处理邪教问题办公室，实行两块牌子一个机构，属县人民政府直属正科级机构。该机构对内称为党委处理“法轮功”问题领导小组办公室、政府防范和处理邪教问题办公室，对外统称610办公室，在县委610领导小组领导下开展工作。

18日 22时37分，南华境内320K3012+595米处发生一起重大交通事故当场死亡2人，车辆严重损坏。

21日 九届县委第48次常委会议决定，成立南华县生物资源开发创新工作协调领导小组，由代理县长阎柏任组长，副县长何锡英任副组长。设立南华县生物资源开发创新办公室，为行使政府行政职能的直属正科级单位，挂靠政府办，与政府办合署办公，设主任1人，工作人员4人。

23日 县委、县政府作出《关于加强机关效能建设的暂行规定（试行）》。随后，在全县乡镇和县级机关开展了机关效能建设，均建立了“四牌”，即指南牌、去向牌、岗位职责牌和工作牌（上岗证），普遍实行上岗挂牌接受社会监督。

26日至5月31日 全县12个乡镇和县级6个党委，10个党总支，336个党支部，1210个党小组，10488名党员分别采取各种形式参与县党风廉政建设基本知识竞赛活动。全县竞赛400余场次，参赛党支部达100%，参赛党员达95.3%。

28日 县级各单位组织干部职工收看中央电视台《新闻联播》和《焦点访谈》揭露“1·23”自焚事件事实真相的报道。

3月

2日至3日 南华县五套班子主要领导，县生物资源开发创新领导小组成员，各乡镇党委书记、乡镇长、分管副乡镇长，龙头企业负责人共70人到元谋、永仁两县参观。分别参观了元谋县干部香蕉基地、小柄岭设施农业建设（反租倒包基地）、蔬菜批发交易市场和永仁县苦良姜种植基地、葡萄种植基地、特种动物养殖基地。

4日 县委、政府召开农业产业结构调整暨生物资源开发创新会议。

4日至15日 县委书记李红民出席在北京召开的九届全国人大第四次会议。

5日至6日 南华县十三届人民政府第四次全体（扩大）会议在县城召开。

9日 省委办公厅副主任段义田等“三学”活动检查组领导先后深入南华县雨露乡、龙川镇检查指导工作。

10日 省委常委、省政法委书记秦光荣、省高级人民法院院长赵仕杰到南华县人民法院就执行工作进行调研。

同日 省乡镇企业局生产安全处处长魏传洪一行3人到南华县检查乡镇企业生产安全工作。

13日至15日 省委派驻楚雄州“三学”指导组组长周承祖一行3人到南华县调研指导“三学”工作。

14日 县委组织部发出《关于印发〈关于在非公有制经济组织中加强党的建设工作的意见（试行）〉的通知》。

17日至4月5日 云南社区发展研究中心郑宝华教授、英国露易丝教授、国家林科院林业研究所刘金龙副研究员、云南社区发展研究中心卢彩珍助理研究员4位专家组成的世行第四期扶贫项目需求评估小组到南华县进行评估。

20日至23日 政协南华县第五届委员会第四次会议在县城召开。

22日 县委决定成立南华县新建企业工会组建工作领导小组，组长侯志荣，副组长洪志，成员10人。

同日 县委作出《中共南华县委关于进一步加强新建企业工会组建工作的实施意见》。

25日 省个私经济发展检查组到南华与个体私营业主等有关人员座谈。

26日至30日 南华县第十三届人民代表大会第四次会议在县城召开。

28日 县委宣传部等10个单位联合发出《关于做好影片〈宇宙与人〉宣传发行放映工作的通知》。

同日 红土坡镇大德郎完小164名学生服食预防春季传染病的大锅药后，有113名学生出现不同程度的不良反应，其中9名学生反应症状明显，送乡中心卫生院住院救治后脱险。

29日 省政法委副书记杨铭玺到南华检查指导政法工作。

30日 县委、政府召开南华县民族工作暨第二次民族团结进步表彰大会。传达省委省政府农村税费改革试点工作会议精神。

4月

5日 县委、县政府研究决定，成立南华县农村税费改革工作领导小组，组长阎柏，副组长刘平、何锡英、李成林、鲁光宝，成员9人。

同日 团县委发出《关于成立南华县关心下一代工作委员会的通知》。该委员会以离退休老同志为主体，党政有关部门、群众团体领导干部和有关方面的专家、学者及社会知名人士参加的群众性工作组织，挂靠团县委，在县委、县政府领导下，接受楚雄州关心下一代工作委员会的指导。

6日 省民政厅检查组一行6人到南华，检查城市居民最低生活保障制度执行情况。

9日 共青团南华县第十二届二次全委（扩大）会议在县城召开。

12日至22日 县委书记李红民参加州委组织的楚雄州党政代表团，赴沪、浙、鲁、陕等地进行以解放思想、更新观念、开阔视野、拓展思路为主题的学习考察。

13日 县委发出《关于成立〈南华县“三讲”教育资料汇编〉编辑委员会的通知》。

17日至21日 省农业厅副厅长汤克仁及各处室有关领导深入南华县红土坡、天申堂等9个乡镇的大部分村组，对当前农业和农村工作、“三个代表”重要思想学习教育活动开展情况进行调研。

18日 国家计委农经司司长朱杰和刘苏社在省计委保卫民处长，州长夜礼斌、副州长吴莉华等领导陪同下，深入南华县沙桥镇、雨露乡，对小集镇建设、国家生态项目实施和产业结构调整的情况进行了实地踏看检查。

同日 南华县公判公处暨“严打”整治斗争动员大会在县体育馆召开。县公安局当场宣布，对25名严重危害社会治安的犯罪嫌疑人执行逮捕、对6名犯罪嫌疑人执行拘留；县法院对10名犯罪分子进行了公开宣判。其中，判处变相从事传销活动的周汝昌有期徒刑10年，并处罚金42万元人民币。这是南华县境内建国以来涉案金额最大、受害人数最多的非法经营案件，也是我国首次以非法经营罪处罚从事变相传销活动的违法犯罪案件。

同日 省交通厅、南华县人民政府主持召开楚雄运输经贸总公司兼并南华县运输公司座谈会。会后举行了楚雄汽车运输经贸总公司南华分公司挂牌仪式。王崇兴任公司经理。

24日 县委决定成立南华县推进城市社区建设工作领导小组，组长侯志荣，副组长朱玉庭，成员14人。

25日 副省长程映萱、省烟草公司总农艺师胡荣海一行在常务副州长保明虎和楚烟企业经理张凤全、厂长张国良等领导陪同下，先后深入沙桥镇田心、徐营镇古苴和雨露乡罗文视察烤烟大田移栽、漂浮育苗等情况，并听取了州、县烤烟生产情况汇报。

27日至28日 县委在县城召开南华县农村税费改革试点工作三级干部会议。县委书记李红民作题为《统一思想，提高认识，为圆满完成农村税费改革试点工作而努力》的讲话。

28日 县委召开南华县第一批“三学”活动总结工作会议。

5月

2日 州委书记丁绍祥深入南华县天申堂乡瓦黑井和五街乡大歇厂等村委会就春耕生产和产业结构调整等工作进行检查指导。

8日 州委春耕生产“民心工程”工作组一行7人在州人大主任李应科带领下，深入南华县沙桥、徐营、天申堂等乡镇督促、检查、指导春耕生产等各项工作。

9日 县人民政府决定成立南华县整顿和规范市场经济秩序领导小组，负责组织实施全县整顿和规范市场经济秩序工作。组长阎柏，副组长朱玉庭、洪志，成员21人，办公室设在县经贸委。

11日 省国土资源厅厅长陈西京在州长夜礼斌、州土地管理局局长陈刚等领导陪同下，踏勘了州重点工程“南永二级公路”施工现场，并到南华县土地局检查指导工作。

17日 州长夜礼斌深入南华县徐营镇古苴、河硐，雨露乡罗文，沙桥镇田心等地查看烤烟栽种情况。

同日 南华县人口普查领导小组办公室发出《南华县2000年第五次人口普查主要数据公报》。第五次全国人口普查以2000年11月1日0时为普查登记的标准时间，全县普查实点实际登记总人口227972人。

23日至24日 省纪委专员毛瑞信一行3人，在州纪委副书记、监察局局长李正武陪同下，到南华对“三公开”工作进行调研，并深入龙川镇、天申堂乡、锌品厂等乡镇厂矿进行实地调研。

24日 县政府发出《南华县人民政府关于认真宣传学习修改后的民族区域自治法的通知》。

28日 县政府发出《南华县人民政府关于进一步完善我县医疗保险制度规范医改工作的通知》。

30日至31日 南华县境内连降大到暴雨，全县12个乡镇、112个村委会、389个村民小组、6384户农户、32663人受灾，直接经济损失179万元。罗武庄乡龙潭村村民普润昌过河被洪水冲走身亡。

6月

1日 州委常委、州政府常务副州长保明虎率州水电局、州烟草公司等部门领导，深入南华县沙桥镇、徐营镇和毛板桥水库等地察看洪灾，要求要加强领导，采取措施，切实开展生产自救，确保农民增收目标实现。

5日 县委“三个代表”重要思想学习教育活动领导小组办公室发出《关于转发〈关于向郭秀明同志学习活动的决定〉的通知》。郭秀明同志生前是陕西省铜川市印台区红土镇惠家沟村党支部书记。

6日 县委组织部、县委宣传部发出《关于在全县组织开展“共产党员如何当好‘三个代表’大讨论”、“共产党员个个树立‘五种精神’大教育”和“共产党员人人为群众办实事大行动”的通知》。

7日 县委决定，抽调五班子部分领导，成立南华县国有集体企业改革与发展工作领导小组，组长李红民，副组长阊柏、刘平、侯志荣、洪志，成员9人，办公室设在县经贸委。

8日 县委、县政府制定出《关于“十五”期间农业产业结构调整和生物资源开发创新产业建设的实施意见》。

同日 县委、县政府作出《关于加快小城镇建设提高城市化水平的决定》。

9日至10日 州委办公室中心学习组理论学习研讨暨全州县（市）委办公室主任会议在南华召开，参会80人。

12日 楚雄州机关效能建设现场会在南华召开。全州各县（市）的纪委书记、监察局长、执法室主任及州级有关部门领导共40余人参会。

18日 县委“三个代表”重要思想学习教育活动领导小组办公室发出《关于认真组织学习普光洪先进事迹的通知》。普光洪是忠实实践“三个代表”的共产党员，是基层党员的好榜样。

同日 县委作出《关于表彰先进基层党组织、优秀党务工作者和优秀共产党员的决定》，对龙川镇党委等35个先进基层党组织、叶忠华等25名优秀党务工作者和杨自贵等14名优秀共产党员进行表彰奖励。

20日 南华一中综合礼堂竣工。是全州873个“1·15”地震恢复重建投资最大的工程，总造价217万元。

24日 在全省党史工作暨先进集体、先进工作者表彰会上，县委党史征研室被中共云南省委表彰为1996年至2000年“全省党史系统先进集体”；杨育慧同志被省委授予“全省党史系统先进工作者”称号。

同日 州交通局对南景公路分水岭至红土坡段四级公路改扩建工程进行实地技术验收。该工程全长45.6公里，总投资952.14万元。6月27日，州交通局领导、工程协调领导小组成员、工程项目部及各施工队在县交通局会议室召开州级技术验收会，评定为合格工程，同意交付使用。

25日 楚雄州学习实践“三个代表”宣传教育演讲报告团莅临南华县演讲。县五套班子领导，县级机关、事业单位全体干部职工参加听讲。

同日 县委“三学”领导小组发出《关于做好第一批农村“三个代表”重要思想学习教育活动回访复查的通知》。

27日 县委“三学”领导小组发出《关于抽派第一批“三个代表”重要思想学习教育活动回访复查督查组人员的通知》。

同日 在楚雄州“村村通广播电视”工作总结表

彰电视会议上，南华县人民政府被州政府表彰为“村村通广播电视”建设先进集体，获一等奖；苏全华、李朝波、蔡文会、朱燕翔被表彰为先进个人。南华县广播电视局被评为云南省“村村通广播电视”先进集体，受到省广电局和省计委表彰。

28日　县委召开纪念中国共产党建党80周年报告会。县五班子党员领导干部、各乡镇党委书记、县级机关事业单位全体在职党员、居住城区副科实职以上的党员离退休干部共800多人参会。

同日　人寿保险公司南华办事处党支部书记、经理周万铭被中国人寿保险公司表彰为“优秀共产党员”。

29日　在州委召开的纪念中国共产党成立80周年大会上，南华县公安局党委、工商局党总支、纪委监察局机关党支部、人事劳动局党支部、锌品厂党支部、龙川镇东街村党支部、五街乡芹菜塘村党支部、卫生防疫站党支部被州委表彰为先进基层党组织；李红民、肖志、罗忠营、汪应富、罗玉兴、者荣美、周开华、殷卫华被州委表彰为优秀党务工作者；朱明云、罗章华、王绍林、周安华、罗文清、彭元勇、李琼菊、华建平、王海被州委表彰为优秀共产党员。

6月　县委党史征研室编辑的《南华县光辉历程》被省委党史研究室评选为全省1999年党史征研成果优秀编辑奖。

7月

6日至7日　全州财政局长会议在南华县召开。州财政局长，全州10县（市）财政局长、预算股股长及州财政局科以上领导干部参加会议。

9日　县委、政府召开南华县乡镇企业及个体私营经济工作会议。县委书记李红民指出，发展乡镇企业和个体私营经济要增强“四种意识”，搞好“六个结合”。

10日　7时51分32秒，楚雄市东华镇红墙村委会发生里氏5.3级地震，震源深度为13公里。南华县离震中较近，震感强烈，地震波及龙川、雨露、徐营等乡镇的部分地区，并遭受不同程度的震害。

同日　县委召开党风廉政建设警示教育大会。县级机关各单位（包括省、州驻南华单位）实职副科以上领导干部参会。

同日　南华县职业高级中学被州教委列为楚雄州第一批具有成人高等学历教育函授站（点）资格学校，这是全州第一批被列入的20个学校（单位）之一。

11日　省抗震办主任焦军、省地震局震害防御处处长杨光宇、工程院院长张建国，州地震局局长胡智文、州抗震办主任李斌等领导深入徐营镇古苴卫生室，雨露乡河头村、上力戈村，龙川镇石门村委会和毛板桥水库等地察看震损情况。

17日　县政府转发《楚雄州人民政府关于颁发〈楚雄彝族自治州老年人优待证〉有关事项的通知》的通知。

19日　县委决定，成立中共南华县委国有企业“三讲”学习教育活动领导小组。组长侯志荣，副组长杨龙、洪志，成员6人。

同日　一街乡境内普降暴雨，降雨量达57毫米，全乡12个村民委员会粮食作物、民房不同程度受灾。保马夸村民委员会阿租村民小组和咱租村民委员会西沙拉一、二村民小组发生山体滑坡，受灾82户360人，733间住房、170间畜厩、43座烤房受损和受到严重威胁，直接经济损失108万元。7月22日，县委书记李红民、副县长朱玉庭等赶往灾区察看灾情，并召开现场办公会。

20日　全国政协组织的在京政协常委、委员一行51人，在省、州有关领导陪同下，视察了南华县沙桥镇小集镇建设，并给予较好评价。其中：有15位副部级以上领导，86岁高龄的张素我教授（爱国将领张治中之女）还徒步走完视察全程。

同日　省政府生态执法检查组到南华县检查。

24日　县委、县政府与楚雄燎原煤业有限公司签订所属学校、医院人员和相关资产移交协议。7月31日，楚雄燎原煤业有限公司学校和医院的32名职工和相关资产正式移交南华县人民政府管理。

26日至28日　南华县举办首期老干部学习政治理论读书班，参加学习的离退休老干部72人。

29日　县委决定，成立南华县民族宗教工作领导小组，组长侯志荣，副组长朱玉庭，成员30人。

31日　九届县委第55次常委会议讨论决定，杨龙任中共南华县纪委委员、常委、书记；免去李学安的中共南华县委常委、委员，县纪委书记、常委、委员职务，调州人大任副秘书长。

8月

1日　南华县举办首期失业职工再就业培训班开学。分计算机、商品营业员两个专业3个班，为期1个月，有238名失业职工参加培训。

2日　州长夜礼斌到南华县检查指导烤烟生产和收购工作。

8日　县委、县政府决定，调整充实《南华县志》续修编纂委员会组成人员，主任阊柏，副主任刘平、李绍文、兰开兴、李成林、杨育慧（常务），委员18人，主编杨育慧，副主编周能汉。

11日　国家林业局名特优经济林果之乡评审组到南华县召开评审会。9月8日，国家林业局向南华县林业局颁发了《中国名特优经济林果—核桃之乡》证书。

12日　省林业厅厅长陈继海一行3人到南华县检查核桃干果基地建设、林业产业化建设、林业产业结构调整、林地管理等工作的开展情况。

14日　南华县雨露乡后甸、罗文两个村委会集体所有的257.6公顷土地开发项目被国土资源部列为部级耕地开发补助项目，并获州政府批准实施，项目实施期限2年。

18日　中共南华县委九届五次全体（扩大）会议在县城召开，参会127人。会议议程：深入学习贯彻江总书记“七一”重要讲话和传达州委五届八次全体（扩大）会议精神；总结县委上半年工作和部署下步工作；选举出席州党员代表会议代表9人。

21日　共青团云南省委书记罗国权到南华检查指导工作。

23日　福建省常乐市纪委一行到南华县考察纪检监察工作。

31日　县委召开学习贯彻江总书记“七一”重要讲话精神报告会。县五套班子领导、县级机关全体干部职工共800余人参会，州委常委、州委宣传部部长李俊作专题报告。

9月

1日至4日12时　南华县境内普降大雨，龙川、徐营、沙桥、天申堂、五街、罗武庄、兔街7个乡镇的33个村民委员会、252个村民小组、5537户农户24975人受洪涝、泥石流和山体滑坡袭击。民房受损1581间，粮食损失236.804万公斤，直接经济损失1032.992万元。

4日　县委举行“崇尚科学、抵制邪教”报告会。州“崇尚科学、抵制邪教”巡回演讲报告团在会上作专题报告。县五班子领导，龙川、沙桥两镇的部分领导，住城区的离退休老同志，县委“610”领导小组成员，南华一中全体师生共800余人参加报告会。

6日至9日　县林业局在中国科学院昆明植物研究所专家的指导帮助下，对县内龙潭山、大中山的植物进行了为期4天的考察，在红土坡镇龙潭山发现有少量国家I级保护植物红豆杉分布，打破了南华县林业史上无红豆杉的记载。此次考察发现的红豆杉，是从过去砍伐掉的树根上萌生出来的。

7日　省财政厅副厅长杨守修、文教处处长李凤芝和州教委主任李自云、州财政局副局长朱开荣等一行到南华县天申堂中心校，沙桥外山场完小、迤山场完小，龙川镇蟠龙完小、高峰哨完小对教师工资发放情况和“十五”期间南华县上报校舍排危工程等进行调研。

11日　省委副书记杨崇汇在州委书记丁绍祥等领导陪同下，深入沙桥、龙川两镇及部分村委会就学习贯彻江泽民总书记“七一”重要讲话和基层党组织建设情况作调研。

19日　州委学习江泽民总书记“七一”讲话精神宣讲团莅临南华作宣讲报告。州委宣传部理论股股长王蔚作了五个专题的宣讲。

同日　省烟草专卖局局长、省烟草公司经理李维林到南华县徐营等地检查指导烤烟生产、烘烤、收购等各项工作。

25日　省农广校校长何学书一行到南华县检查指导农广校教学管理和“绿色证书工程”工作，并就今后农广校办学方向，以及如何为当地培养、培训实用型科技人才提出了要求。

26日　县委、政府召开《南华县志》续修工作会议，参会147人。会上，县委副书记刘平、副县长兰开兴和州志办副主任杜晋宏讲了话。全县90多个单位负责人与兰副县长签订了责任书。

27日　县人大常委会第24次会议决定，李建华任南华县人民政府副县长（省下派）。

10月

10日至12日　州政协副主席普联荣带领州政协常委、州民宗局调研员马成功、州政协民族宗教联络委员会副主任田映昌和州政协委员、州伊斯兰教协会长偰翼翔等，到南华调研民族宗教工作。

11日　县人民政府第38次常务会议决定，将在全县范围内开展秋冬季节大规模灭鼠工作。灭鼠工作分两次进行。第一次：2001年11月1日至10日；第二次：2002年1月1日至10日。全县统一行动，各乡镇、县级各单位在行动前要做好宣传发动和准备工作，确保工作按时开展。

14日　云南省"双拥"办调研考核组一行4人在州民政局局长等领导陪同下，到南华调研，并考核南华县的"双拥"工作。

16日　县委决定，成立南华县乡镇领导班子换届工作领导小组，组长李红民，副组长刘平、何兆芹、杨龙、罗应清、朱玉庭，成员13人。

同日　国家财政部、教育部等部门领导到南华县检查中小学校收费情况。

18日　州委副书记张怀德到南华县就非公有制党建和"三学"回访复查工作开展调研。

19日　州长夜礼斌率州财政局等部门领导到南华，对南华县在"十五"期间实现财政自求平衡进行专题调研。在听取县长和财政部门的汇报后，夜州长对南华县"十五"期间如何实现财政自求平衡和经济发展思路作了讲话。

10月下旬　成都军区昆明总医院对口支援医疗队一行18人，到南华县医院开展对口支援。医疗队此行为南华县医院赠送了价值21万多元的急用医疗设备。医疗队白天开展医疗工作，晚上进行学术交流。在短短的5天里，6个专科共开展专家门诊726人次，器材组帮助县医院检修医疗器材76台。

21日至22日　州委、州政府、州政协组织检查组，在州政协副主席普联荣的带领下，对南华县贯彻执行《中共楚雄州委关于州政协履行政治协商、民主监督、参政议政职能的规定》和《中共楚雄州委关于州政协履行政治协商、民主监督、参政议政职能的实施办法》两个文件精神情况进行检查。

28日　省统计局局长赵钟岳一行到南华县调研，提出三点要求：一是要继续重视抓好人口普查工作。二是要切实抓好第二次基本单位普查工作。三是要强化乡镇统计信息现代化管理意识，注重统计信息运用技术培训，实现统计信息共享，促进乡村经济发展。

29日　九届县委第57次常委会议讨论通过《南华县2001—2005年依法治县规划》。

31日至11月1日　州委副书记罗应光在县委书记李红民等领导陪同下，深入龙川、沙桥、徐营、雨露、天申堂5个乡镇进行调研。视察县城建材市场、个私街、粮贸街和沙桥小城镇建设及逸夫小学办学情况。

11月

1日　县委决定，成立南华县事业单位人事制度改革领导小组。组长闾柏，副组长杨龙、朱玉庭、兰开兴、张涛，成员10人。

同日　县委决定，成立南华县机构改革领导小组，统一负责全县机构改革的组织、协调、指导工作。组长闾柏，副组长杨龙、朱玉庭，成员7人。

3日　县委、政府召开南华县经济工作暨县乡机构改革动员大会，参会200人。会议传达了州委五届十次全委会议精神；安排了县乡机构改革工作。

6日　县委组织部、县人事劳动局联发《关于转发〈关于楚雄州州县乡机构改革人员分流若干政策意见〉的通知》。

8日　国家气象局副局长郑国光在省气象局局长刘建华、州长助理栾海波、州气象局局长杨永胜陪同下，到南华县气象局调研。

11日　省委常委、省政法委书记李明朝在州委常委、州政法委书记胡有兰等领导陪同下，到南华县政法各部门和雨露、徐营两乡调研政法工作。

12日　南华县"消费者满意示范街"在县城龙旗南路（粮贸街）揭牌，36户经营户经考核合格，由南华县人民政府颁发"消费者满意示范商店"铜匾。

14日　州人大常委会副主任周康生和省人大代表一行4人，到南华视察社会治安综合整治斗争情况。

15日　州人大常委会一行14人到南华视察南永公路建设情况。

17日　省林业厅副厅长王德祥一行4人在州、县有关领导陪同下，先后深入南华县天子庙国营林场和沙桥镇林业站等地调研林业工作。

24日 香港乐施会、省扶贫办、州扶贫办、南华县人民政府，在南华县华泰龙宾馆举行《关于乐施会中国西南项目办公室与云南省扶贫办外资中心和南华县人民政府合作开展赈灾项目备忘录》签字仪式，四方代表在备忘录上签了字。按备忘录的约定，香港乐施会将向南华县五街乡提供57.35万元人民币用于“7·10”地震和9月份水灾后芹菜塘完小的搬迁和华双完小的恢复重建；南华县也将向这个两个项目匹配建设资金。

25日 九届县委第58次常委会议决定，郭孟贤任中共南华县委委员、常委、组织部部长。杨龙免去其中共南华县委组织部部长职务。

26日 县政府发出《南华县人民政府关于成立全国鸟类环志中心南华大中山环志站的通知》。

28日 南华县春晖有限责任公司党支部、南华县玻璃厂党支部正式挂牌成立，隶属于县工商局党总支领导和管理。这标志着南华县私营企业开始有了党支部。

30日 县民政局罗应富同志被省政府表彰为全省勘界工作先进个人。

12月

1日 龙川镇老高坝外坝坡滑坡，致使该坝不能蓄水，河雨公路中断。

6日至8日 楚雄州非公有制经济组织党建工作研讨会在南华县召开。全州10县（市）工商联领导，已成立党总支（支部）的私营企业总支（支部）书记共63人参会。

10日 县政府召开南华县县城商住小区开发投标会。通过对竞标企业的资质条件和承诺兑现等方面进行考核，确定宜良一鑫桥房地产开发公司中标，标志着南华县商住小区开发建设正式启动。商住小区位于南永公路沿线40米大街以西，占地173.56亩，投资近3000万元。

12日 省文化厅厅长贺光曙到南华县调研文化工作。

12日至15日 全州政协重点产业调研座谈会议在南华县召开。州政协主席杨成彪、副主席殷鸿绪、普联荣分别主持会议，州创新办、州烟草公司、州政协各委室有关领导和各县（市）政协主席、负责专题调研的同志以及南华县有关部门领导共58人参会。

15日 省林业厅副厅长陈学华一行到南华县检查天然林资源保护工程实施情况和林业资源开发情况。

16日 台湾曹仲植基金会向南华县14名残疾人对等捐赠残疾人专用轮椅14辆，并在县政府大院举行捐赠仪式。

17日至18日 在楚雄州党史工作暨表彰会上，县委副书记刘平、县委党史征研室副主任周能汉受到州委办公室表彰奖励。

17日至20日 原州人大教科文卫委员会主任杨立新为组长的州政府“两基”复查组一行4人，到南华县复查“两基”验收后的巩固提高和“普实”工作，并深入沙桥、徐营、一街、罗武庄4个乡镇进行复查。经复查合格。

18日 中国人寿保险公司南华办事处更名为中国人寿保险公司南华县支公司。

同日 县委召开县级班子联席会议，省党代表、县委书记李红民传达省第七次党代会精神。县五班子领导及公、检、法主要领导和县委、政府调研员、助理调研员共50人出席会议。

同日 县人民政府第40次常务会议决定，同意县医院兼并县招待所的方案；同意县监察局给予王家明同志按期解除行政警告处分的意见。

23日 省政府“三乱”治理整顿检查组到南华检查，并深入沙桥镇、徐营镇进行检查。

26日 县委、政府召开南华县机构改革方案宣布暨工作会议，参会300多人。

同日 南华县红土坡镇计生办职工张万友驾驶吉普车在南（华）景（东）线K32+600米处发生特大交通事故，造成3人当场死亡，2人重伤，车辆严重损坏。

28日 南华县沙桥镇人民政府公开拍卖沙桥镇红砖厂。大姚县金碧实业有限责任公司以127.5万元中标。为南华县企业改革与发展探索了一条新路子。

（樊祖芬）

概　况

——《年鉴》发行（周建林 摄）

概 况

南 华 县

南华县地处滇中高原西部，属楚雄彝族自治州所辖。东接楚雄、牟定；南连楚雄、景东；西邻弥渡；北毗祥云、姚安。国道320线、省道430线和广大铁路、楚大高速公路通过县境，东距省会昆明197公里、州府楚雄37公里，西距大理175公里，北距四川省攀枝花市225公里，是川、黔、滇东通往滇西、缅甸、印度等国家和地区的咽喉要塞，古有“九府通衢”之称，历来是富贾云集之地。县城所在地龙川镇，海拔1857米。

行政区划

2001年，南华县辖龙川、徐营、雨露、沙桥、天申堂、五街、一街、罗武庄、红土坡、五顶山、马街、兔街12个乡（镇），130个村民委员会、1481个村民小组，总户数57537户，其中：乡村户数52498户。全县有国土面积2343平方公里，有耕地面积214179亩，其中：水田86354亩，旱地127825亩，全县农业人口人均占有耕地1.01亩。

人口民族

2001年末，全县有总人口229964人，其中：男118841人，女111123人；农业人口211295人，非农业人口18669人。全县汉族人口142320人，占总人口的61.88%，少数民族人口87644人，占总人口的38.12%，其中：彝族77021人，占总人口的33.49%，白族8184人，占总人口的3.56%，回族2129人，占总人口的0.93%。年内，全县共出生人口3621人，出生率为15.81‰，死亡人口1732人，死亡率为7.56‰，人口自然增长率为8.25‰。

经济状况

2001年是进入新世纪，实施“十五”计划的起始之年，中共南华县委、县人民政府坚持以江总书记“三个代表”重要思想为指导，认真学习贯彻“七一”重要讲话和党的十五届六中全会精神，进一步解放思想，更新观念，抓住机遇，深化改革，着力调整结构，推进发展，在宏观经济欠佳，结构性矛盾突出，自然灾害频繁的情况下，团结和带领全县各族人民，与时俱进，开拓创新，坚定不移地打基础、兴科教、调结构、建支柱，大力发展特色经济，完成和超额完成年初提出的各项任务。全县国内生产总值实现6.27亿元，按可比价比上年增长8.1%，其中：第一产业完成2.97亿元，比上年增长3.8%，第二产业完成1.29亿元，比上年增长5.1%，第三产业完成2.01亿元，比上年增长17.6%，第一、二、三产业的比重从上年的49.4:21.1:29.5调整为47:21:32；全县工农业现价总产值7.20亿元，不变价总产值实现4.17亿元，比上年增0.11亿元，增长2.7%，其中：工业现价总产值2.66亿元，不变价总产值实现2.06亿元，比上年增0.03亿元，增长1.6%，农业现价总产值4.54亿元，不变价总产值实现2.11亿元，比上年增0.07亿元，增长3.7%。

农业 2001年，全县农业和农村经济全面发展，农业发展后劲不断增强，科技措施推广力度不断加大，良种覆盖率不断提高，品种结构不断优化。全年完成农林牧渔业总产值（90不变价）2.11亿元，比上年增长3.7%；粮食总产在小春受灾影响减产的情况下，夺得第9个增产年，总产量达9656万公斤，比上年增长0.8%，年内共签定订单农业36份，面积2.99万亩，产值达1070万元，带动了千家万户增产增收；种植烤烟4.38万亩，收购烟叶604.9万公斤，比上年减82.87万公斤，减少13.7%，收购产值5668.7万元，比上年减少7.02%；农村经济总收入实现6.54亿元，比上年增长4.4%。

林业 2001年，全县完成造林1.5万亩，其中：工程造林11490亩，一般造林3525亩；森林覆盖率达61.15%；林业现价总产值3080万元，比上年减少5.9%，主要林产品产量核桃1386吨，板栗9吨，分别比上年减少14.9%和6.3%。

水利 2001年，投入水利建设资金1435.54万元，完成各类水利建设工程3694件，新增灌溉面积3845亩，改善灌溉面积3.9万亩，改造中低产田3275亩，完成人畜饮水工程976件，解决了27345人及6135头大牲畜的饮水困难问题。

畜牧业 2001年，畜牧业生产在抓好规模养殖、品种改良、科学饲养和防疫灭病的基础上，加大了肉牛改良、商品猪基地和畜牧扶贫示范建设，畜禽产品结构不断提高。全县大牲畜存栏80925头（匹），出栏21475头（匹），分别比上年增长1.8%和19.97%；生猪存栏172223头，出栏174622头，分别比上年增长1.3%和6.5%；山绵羊存栏66611只，出栏43328只，分别比上年减少0.7%和增长0.43%，家禽出栏122.23万只，比上年增长10.1%。全年肉类总产量达16133吨，比上年增长7.7%。畜牧业现价产值实现1.5亿元，比上年增长7.0%，占现价农业总产值的33.9%。

工业 2001年，完成现价工业总产值26581万元，比上年增长1.6%。其中：县级以下工业总产值22741万元，比上年增长3.8%，在县属工业总产值中，国有经济105万元，比上年增长8.3%，集体经济2787万元，比上年下降43%，股份合作制经济632万元，比上年增长27.1%，个体私营经济19217万元，比上年增长15.2%，个体私营经济工业总产值占全部工业总产值的比重为72.3%。

乡镇企业 2001年，全县有乡镇企业6863个，比上年增长1.93%，从业人员19000人，比上年增长4.84%，营业收入118344万元，比上年增23014万元，增长24.14%，现价增加值19640万元，比上年增2888万元，增长17.23%，上缴各种税金1462万元，比上年增5万元，增长0.34%，固定资产原值23323万元，比上年增1692万元，增长7.82%，实现工资总额8527万元，比上年减125万元，减少1.44%。

个私经济 2001年，全县有个体工商户5146户，私营企业63户。从业人员8406人，比上年增长22.6%，注册资金10714万元，比上年增长32.3%，上缴税957万元，比上年减少0.64%。

电力建设 2001年，全县完成新建10千伏线路82条60.5公里，改造10千伏线路45条54.95公里，新建400伏（含220伏主干线）线路718条348.3公里，新建及更换高耗能配电变压器96台1180千伏安，配套安装一户一表4313户。年内完成售电总量2762万度，比上年增长12.7%，销售收入902.4万元（供电收入814万元），上缴税金104万元，实现利润93.6万元（其它收入85万元），比上年增长87.2%。

邮政通信 2001年，邮政工作实现业务收入256.8万元，比上年减少10.2%，完成业务总量293万元，比上年增长17.2%；年内，共投递杂志24282份、报纸107573份、信函818884件、包裹4171件，共发行党报党刊6179份。电信工作完成固定资产投资910万元，实现业务收入930万元，比上年增长4.49%，完成业务总量897.6万元，比上年增长4.9%；年内，市话交换机总容量13725门，农话装机容量4296门，拥有固定电话12062部，其中：市话9365部，净增2441部，农话2697部，净增719部；流动市话小灵通1537部，电话普及率达5.29部/百人，比上年增1.26部。寻呼机用户6546户，比上年增1077户，增长19.69%，其中：中文机用户1083户，数字机用户5463户。

交通 2001年末，全县境内有国道61公里，省道67公里，有县乡公路5条，357.06公里，其中：四级公路234.5公里，弹石路54公里；有乡村公路74条，713.5公里，全县130个村委会全部通车；有村社公路351条，1170.71公里，全县1085个合作社通公路，通车率达73.16%。年内，投资585万元，完成南景公路分水岭至红土坡段45.6公里的四级公路改扩工程，投资23.88万元，完成"1·15"地震恢复重建工程雨露乡24.74米的大村桥，投资18万元，完成徐营中学至河硐村委会弹石路1.8公里。年末，全县拥有各种载货车辆2111辆，其中：汽车530辆、拖拉机1234辆、三轮摩托车103辆；有各种载客车辆312辆，其中：客车157辆、出租车45辆、三轮摩托车103辆。

财政税务 2001年，全县实现地方财政自收收入

4880万元，比上年增583万元，增长13.6%，财政总支出15391万元，比上年增支2809万元，增长22.3%。国税入库收入1597.68万元，比上年减少29.02%；地方税务收入4088万元，比上年减少4%。

金融　2001年，全县金融机构各项存款余额73645万元，比上年增长27.54%，各项贷款余额32540万元，比上年减少0.12%，货币净投放119553万元，比上年减少8.58%；全年保险费收入1452万元，比上年减少8.2%，其中：财产保险保费收入450万元，支付赔款373万元，寿险保费收入1002万元，寿险给付796万元。

市场贸易　2001年，实现社会消费品零售总额16941万元，比上年增长8.3%。按地域分：城镇零售额11063万元，比上年增长9.6%；农村零售额5878万元，比上年增长5.9%。按行业分：批发零售贸易业13286万元，比上年增长7.2%；餐饮业1201万元，比上年增长14.7%；制造业665万元，比上年增长9.6%；其它1789万元，比上年增长12.2%。按经济成分划分：国有及国有控股零售额4621万元，比上年增长4.2%；集体及股份合作零售额1943万元，比上年下降5%；个体经济零售额8881万元，比上年增长14.9%；其它经济零售额1496万元，比上年增长4.2%。

固定资产投资　2001年，完成固定资产投资15356万元，比上年减少13.6%。其中：基本建设投资6619万元，比上年增长17.1%；更新改造投资1528万元，比上年增长6.8%；其它投资1494万元，比上年减少72.3%。在全部投资中，国有单位投资8537万元、集体单位投资2332万元、城乡居民投资3533万元和其它投资954万元，分别比上年增长20.5%、-62.2%、-8.9%和-12.9%。年内，新开工建设项目88项，续建项目7项，实际建成投产81项，新增固定资产13900万元，竣工面积17.6万平方米，其中：住宅面积11.9万平方米。

教科文卫

教育　2001年，全县有普通中学14所、小学157所、职业中学1所、幼儿园6所，有教职工2124人，其中：专任教师1949人，在校学生（不含幼儿园，下同）33693人，年内招生7521人，适龄儿童入学率和小学毕业生升学率分别为99.32%和98.5%；向各级各类学校输送大中专生379名。全年投入教育经费3525万元，比上年增长17.7%。按校点收缩计划，撤并一师一校17所。

科技　2001年，积极实施科教兴县战略，科技成果的普及推广和应用取得成效，科技成果的转化率和推广率明显提高，科技进步在社会发展中的作用日益增强。全县采取多种形式对农村党员、基层干部、妇女、复退军人、回乡知青和科技带头人进行了脱毒马铃薯高产栽培、当归种植、核桃高枝嫁接及管理技术等培训5期540场次、56744人次，使全县80%以上的农户掌握了1至2门实用技术，科技在工农业生产中的贡献率为75%以上的农户有一个科技“明白人”，成为农村科技致富的带头人。

文化体育　2001年，全县共有图书馆1个，为读者提供阅览图书32513人次，借阅书刊103272册次；有乡镇文化室12个；年内，先后开展“扫黄打非”活动2次，查缴非法出版物：书刊400册，光碟376张。全县共组织各项群众性体育比赛285余场，参赛运动员2200余人。

2001年，《南华县志》续修工作全面启动，《南华年鉴》（2001）于10月公开出版发行。

广播电视　2001年，狠抓了广播电视宣传的质量和基础设施建设，坚持正确的舆论导向，年内，新闻稿件被省广播电台、电视台等采用20余篇，被州电视台采用283条、州广播电视台采用170条；县广播电视台自办节目播出《南华新闻》160组，1000余篇，《南华纵横》156组，60余万字；县电视台播出《南华新闻》156组，900多条；全县广播、电视综合人口覆盖率分别为75%和95%，有线电视用户达1万余户。

医药卫生　2001年，全县有卫生机构19个，床位434张，卫生技术人员441人。全年诊治门诊病人368665人次，比上年减少12.83%，收治住院病人8076人次，比上年减少4.84%，治愈或好转7785人次，治愈好转率达96.4%。年内，开展计划免疫“四苗”接种34969人次，接种率达98.56%。开展整顿医药卫生市场秩序11次，查处违法违规121件，其中：食品卫生107件，医药市场14件，没收销毁过期假劣食品标值33000元，维护了消费者的合法权益。

计划生育　2001年，继续抓好“四清”、“四落实”、巩固“三为主”、推进“三结合”。全年采取各种避孕人数6408例，其中：结扎1500例，放环2754例，人流489例，引产52例，药具1613例，三术率86.85%，综合节育率89.97%，年内，计划内出生3615人，计划生育率达100%，人口自然增长率为

8.25‰，比上年下降0.62个千分点。

人民生活

2001年末，全县在岗人员9036人，比上年增90人，增长1%，在岗职工人均年工资9438元，比上年增长15.6%。其中：国有单位在岗职工人均年工资9754元，比上年增长15.1%；城镇集体单位在岗职工人均年工资6274元，比上年增长9.6%；其他各种经济单位在岗职工人均年工资13741元，比上年增长81.7%。城镇居民人均可支配收入6307元，比上年增长5.6%；城镇居民消费支出4488元，比上年增长17.4%。农民人均纯收入1581元，比上年增长4.4%；农民消费支出1180元，比上年下降6%。全县总人口人均占有粮食419公斤，比上年减1公斤，减少0.2%。

2001年，全县城镇竣工住宅面积21255平方米，城镇居民人均住宅面积20.8平方米，比上年增长7.2%；农村竣工住宅面积91620平方米，农村居民人均住宅面积26平方米，与上年持平。全县城乡有敬老院12所，床位141张，收养老人122人；年内，共有2123人得到最低生活保障金救济。

2001年，全县共解决了10825人农村贫困人口的温饱问题，改善了贫困地区人民群众的生产生活条件。

（杨育慧）

龙川镇

地处南华县城所在地，海拔1857米。是全县政治、经济、文化、交通中心，320国道、楚大高速公路、广大铁路、南永公路穿境而过。2001年辖18个村民委员会，198个自然村，236个村民小组。有国土面积319平方公里，有耕地35931亩，其中：水田27644亩，旱地8281亩，农业人口人均占有耕地0.81亩。

人口民族 2001年末，全镇有15358户，总人口56578人，其中：男29370人，女27208人，农业人口43788人，非农业人口12790人。境内居住着汉、彝、白、回、傣、纳西、傈僳、壮等民族，其中：汉族46152人，占总人口的81.5%，彝族7847人，占总人口的13.9%，白族1737人，占总人口的3.1%，回族673人，占总人口的1.2%，傣族47人，占总人口的0.08%，纳西族35人，占总人口的0.06%，傈僳族22人，占总人口的0.038%，苗族17人，占总人口的0.03%，壮族15人，占总人口的0.026%。

党组织状况 2001年，镇党委辖党支部28个，党小组242个，共有党员1868名，其中：少数民族党员365名，女党员395名，农村党员1596名。年内发展党员52名，其中：少数民族党员6名，女党员20名，农村党员39名。

经济状况 2001年，全镇工农业总产值1898万元（90不变价），比上年增604万元，增长3.3%，其中：工业总产值10134万元，农业总产值8853万元；农村经济总收入29099万元，比上年增2001万元，增长7.4%；烤烟种植1800亩，总产量21.9万公斤，总产值202.08万元；全年粮食种植面积60206亩，粮食总产量2198.72万公斤，比上年增18.72万公斤，增长0.86%；财政总收入952.32万元，比上年增95.62万元，增长11.2%，其中：自收收入769.07万元，比上年增50万元，增长7%。财政总支出951.62万元。

水利建设 2001年，全镇投入水利建设资金137.17万元，投工38.25万个，兴修各类水利工程115件，其中：新建小水池3个，改善灌溉面积1755亩。解决了500人、270头大牲畜的饮水困难。

畜牧业 2001年，实现畜牧业总产值3272.08万元。大牲畜存栏9323头，其中：牛存栏7840头，出栏4740头；猪存栏34015头，出栏39864头，商市收售29835头，自食10029头。山绵羊存栏8471只，出栏5439只，出售11273只。各种家禽存栏105546只，出栏156641只。

乡镇企业 2001年，全镇有乡镇企业2747个，从业人员7703人，营业总收入54466万元，比上年增16919万元，增长39%；现价总产值37367万元，比上年增8973万元，增长31.6%；上缴税金894万元，利税总额3765万元。

个私经济 2001年，全镇有个体企业2743个，从业人员7082人，营业收入31545万元，现价总产值29137万元，实现利税总额3151万元，固定资产原值10002万元，实交税金641万元；有私营企业48个，从业人员1049人，营业收入6762万元，现价总产值5159万元，实现利税总额944万元，固定资产原值4018万元，实交税金242万元。

文化教育 2001年，全镇有文化站1个，图书室29个；有中学1所，有教学班17个，在校学生933人，招生408人，毕业233人，有教职工44人；有小学55所，在校学生4322人，教职工233人；镇党校全年举办各类培训班4期，参培人数达1450人。

医疗卫生　2001年，全镇有防疫保健人员3人，其中：初职3人。有村级卫生室18个，医务人员19人。

计划生育　2001年，全镇采取各种避孕人数12012人，其中：女性绝育374人，放环773人，三术率达86.4%，节育率达51.8%；全年出生人口805人，出生率达14.4‰，死亡362人，死亡率达6.5‰；人口自然增长率为7.9‰。

人民生活　2001年，全镇农民人均纯收入2092元，比上年增80元，增长4%；人均占有粮食339公斤，比上年减2公斤，减少0.6%。

【敬老院搬迁】　2001年，投资48万元，将龙川敬老院从西街堡子山搬迁至斗山（原文笔区公所），新建住宿楼612平方米及附属工程，6月25日动工，年底主体工程完工。

【学校建设】　2001年，总投资53万元，其中：投资28万元，9月5日动工新建麻栗树完小教学楼447平方米，年底完工；投资25万元，10月动工新建蟠龙完小教学楼450平方米，年底主体工程全面完工。

【民政工作】　2001年，共发放春、夏荒粮食1.6万公斤，解决了2141人的生活困难发放救济款85421元，帮助1709户6838人解决了生活和住宿困难。为36792人次发放城市居民最低生活保障金523266元。

【林业工作】　2001年，完成植树造林3008亩，实施封山育林2.1万亩，建生态工程、天保工程管护点11个，四旁植树13.59万株，义务植树11.23万株。

【社会治安综合治理】　2001年，广泛开展“无毒社区”、“安全文明社区”创建巩固活动。积极开展“四五”普法工作，共发放“四五”普法读本760本，全镇教育、卫生系统的281名干部职工参加了普法考试。年内共发生各类刑事案件117件，侦破86件，受理治安案件461件，查处434件；调解民事纠纷261件，调解成功239件，有力地维护了社会稳定。

镇党委书记　叶忠华
副 书 记　王家明
　　杨自贵（10月任）
　　徐德政（下派，1月任）
　　夏　钦（10月任）
　　窦正和（彝，下派，任至1月）
　　马仁芳（女，回，任至10月）
镇人大主席　普文才（彝）
镇　　长　王家明
副 镇 长　欧正敏
　　钱有荣
　　普发来（彝）
　　施应锋（11月任）
　　张志洪（任至6月）
镇纪委书记　杨自贵（任至10月）
　　夏　钦（10月任）
镇党校常务副校长　刘　智（10月任）
　　马联庚（回，任至10月）
镇武装部部长　段开虎（白）

龙川镇2001年各村委会简况

村委会＼项目	村民小组(个)	总户数(户)	总人口(人)	其中少数民族(人)	总耕地(亩)	其中 水田(亩)	其中 旱地(亩)	粮食总产(万公斤)	比上年增减(万公斤)	人均有粮(公斤)	经济总收入(万元)	比上年增减(万元)	人均纯收入(元)
东街	8	703	2556	92	434	401	33	45.96	-0.76	187	3266	126	2624
中街	4	484	1629	73	580	520	60	43.03	-80	203	2771	107	2076
西街	6	554	1983	89	706	678	28	56.87	0.32	188	1357	83	2207
斗山	18	954	3956	64	2756	2146	610	172.95	-4.14	270	1794	114	1907
火星	24	1594	6485	192	4771	3972	799	301.15	23.62	331	3826	268	1980
罗家屯	23	808	3448	517	3177	2483	694	193.94	3.5	324	923	65	1872
白衣	9	460	1950	71	1562	1414	148	106.29	0.64	351	950	8	1816
车子塘	13	612	2540	392	2132	1608	524	154.21	3.45	429	1287	61	1764
石门	15	337	1563	1319	1914	1356	558	84.48	0.10	417	300	63	1199
上雨天	7	207	871	61	1095	953	142	45.45	-0.73	303	215	13	1732
平山	16	866	3705	51	3381	2585	796	212.55	1.81	334	1292	-298	1807
灵官	16	738	3145	91	2424	2032	392	161.51	8.14	396	1074	4	1931
红土门	12	479	2002	88	2305	1500	805	123.02	4.72	483	886	50	1987
大谷堆	18	739	3096	547	2975	2337	638	187.40	-11.91	487	801	63	2008
蟠龙	15	623	2669	1011	1747	1528	219	113.70	-6.38	310	520	117	1403
岔河	12	352	1505	1459	1346	608	738	53.98	4.08	307	288	36	1198
云台山	8	226	991	982	814	349	465	39.75	-8.92	308	169	19	1183
大智阁	12	398	1689	1053	1812	1174	638	102.48	1.93	414	337	28	1213

（黄云松）

徐营镇

位于南华县西南部。镇政府驻徐营，海拔1865米，距县城8公里。2001年辖10个村民委员会，124个自然村，135个村民小组。全镇有国土面积192.7平方公里，有耕地面积28168亩，其中：水田20645亩，旱地7523亩，农业人口人均占有耕地1.38亩。

人口民族　2001年末，全镇有4983户，总人口21028人，其中：男10781人，女10247人；农业人口20300人，非农业人口728人。境内居住着汉、彝、白、哈尼、傣等民族，其中：汉族18531人，占总人口的88.1%，彝族1433人，占总人口的6.6%，白族1047人，占总人口的4.97%。

党组织状况　2001年，镇党委辖党支部16个，党小组107个，共有党员878名，其中：少数民族党员83名，女党员129名，农村党员792名。年内发展党员23名，其中：少数民族党员2名，女党员5名，农村党员18名。

经济状况　2001年，全镇工农业总产值5937.7万元（90不变价），比上年增375万元，增长6.7%，其中：工业总产值880万元，农业总产值5057.7万元；农村经济总收入5057.7万元，比上年增171.1万元，增长3.5%；烤烟种植8700亩，总产量116.7万公斤，总产值956.3万元；全年粮食种植面积36001亩，粮食总产量1250.8万公斤，比上年增10.4万公斤，增长0.8%；财政总收入470.74万元，比上年减8.94万元，减少1.86%，其中：自收收入241.03万元，比上年减65.16万元，减少21.28%。财政总支出544.64万元。

水利建设　2001年，全镇投入水利建设资金48.11万元，投工8.9万个，兴修各类水利工程18件，改善灌溉面积367亩。解决了680人、190头大牲畜的饮水困难。

畜牧业　2001年，实现畜牧业总产值1650万元。大牲畜存栏6100头，其中：牛存栏5935头，出栏2346头；猪存栏15008头，出栏19205头，商市收售15210头，自食3995头。山绵羊存栏950只，出栏510只，出售471只。各种家禽存栏31433只，出栏98614只。

乡镇企业　2001年，全镇有乡镇企业261个，从业人员690人，营业总收入4670万元，比上年增870万元，增长23%；现价总产值3610万元，比上年增1097万元，增长43%；上缴税金25万元，利税总额350万元。

个私经济　2001年，全镇有个体企业260个，从业人员632人，营业收入4625万元，现价总产值3570万元，实现利税总额343万元，固定资产原值690万元，实交税金22万元。

文化教育　2001年，全镇有文化站1个，图书室3个；有中学1所，有教学班18个，在校学生853人，招生280人，毕业293人，有教职工51人；有小学31所，在校学生2017人，教职工140人；镇党校全年举办各类培训班8期，参培人数达636人。

医疗卫生　2001年，全镇有卫生院1所，有医务人员16人，其中：初职14人，中职2人。有病床8张，住院225人，出院225人；全年诊治门诊病人17080人次；实现医疗总收入29.7万元。有村级卫生室10个，医务人员20人。

计划生育　2001年，全镇采取各种避孕人数610人，其中：女性绝育161人，放环241人，三术率达87.3%，节育率达66.7%；全年出生人口363人，出生率达17‰，死亡145人，死亡率达6.8‰；人口自然增长率为9.8‰。

人民生活　2001年，全镇农民人均纯收入1675元，比上年增15元，增长0.9%；人均占有粮食419公斤，比上年增14公斤，增长3.4%。

【沙罗生态村建设】　2001年，投资39.89万元的沙罗生态示范村建设项目，自1999年开始实施，至2001年6月全部完成，并通过县农牧局初验。修建村间水泥路面6条，全长1172.3米；建水塘2个，蓄水1067立方米；建砖混公厕1个；建水泥运动场1个，226.6平方米；绿化草坪156平方米；安装太阳能26套，架接自来水管2866米；改造中低产田（地）178亩，配套沟渠2条458米，机耕路2条363米。通过生态示范村建设，改善了沙罗村民小组人民群众的生产、生活条件。

【集镇供水工程】　2001年，总投资261.2万元，建设徐营集镇供水工程，供水范围包括镇政府机关附近的自然村和镇机关单位用户23个，供水人口9783人。年末，完成工程投资191.92万元，主体工程及第一期入户管网建设工程已完工，进入试运行阶段。共安装输水管20348米，其中：主管10278米，入户管10070米。

【中药材种植】　2001年，在上庄科村民委员会的大蛇腰种植茯苓10亩，实现产值30000元。

【产业结构调整】　2001年，全镇种植优质稻9360亩，实现总产471.7万公斤，按优质稻每公斤比常规稻售价高0.3元计算，增加收入141.5万元；种植优质烟6250亩；实施稻田养鱼1000亩，其中：工程规范化养鱼100亩，常规稻田养鱼900亩，实现产值15.2万元；种植商品蔬菜201亩，产值14万元；种植浅水莲藕50亩，实现产值20万元。

【公路建设】　2001年，投资33.8万元，其中：群众投工投劳折资10.5万元，投入劳动工日8050个。在冬季组织7个村民委员会60个村民小组的村民维修镇村主干道路10条42.5公里，新修河硐村民委员会上河村民小组道路1.2公里，铺设徐营供销社至河硐大村弹石路面3.5公里。

【房屋建设】　2001年，投资60余万元，新建镇政府住宿综合楼1幢，建筑面积985平方米；投资26.99万元，将梅子树村民委员会住址从原下梅子树村搬迁至大田丫口，8月底竣工。

【“天保”工程】　2001年2月初，实施天然林保护工程全面启动，到年底完成了11432.3亩生态公益林的现场界定工作，完成造林730亩，其中：防护林475亩，薪炭林50亩，经济林205亩。

【电视通讯】　2001年，新开通河硐大村及撒马场村有线电视用户300户，使全镇有线电视用户发展到1600户。新建并投入使用移动通讯机站2座，新增有线电话40部，移动电话53部。

【土地城建】　2001年，开展村庄地籍调查登记4972户，发放房屋《准建证》350份，调处土地纠纷22件。

【民政救济】 2001年，救助救济困难人员1262人，发放救灾款8000元，救灾粮食19500公斤，发放军属优待金31251.8元，有57人享受最低生活保障待遇，发放保障金27850元。依法办理结婚登记108对，离婚2对。

【基层民主法治建设】 2001年，全面启动“四五”普法宣传工作，开展普法宣传79场次，受宣传教育人数10944人次。调解各类纠纷201件，调解成功186件；发生刑事案件17件，侦破16件，发生治安案件22件，查处22件。办理人民代表提案11件，其中：议案2件，批评建议意见9件。办理群众来信来访195件。

【烤房立式炉改造】 2001年，新改造烤房立式炉986座，使全镇烤房立式炉改造总数达1746座。

【第二次全国基本单位普查】 2001年，依法对全镇辖区内所有法人单位及所属的产业活动单位进行普查登记。普查结果，全镇辖区内共有法人单位及所属产业活动单位57个。

【自然灾害】 2001年5月30日至31日，徐营镇境内连降大雨，造成9个村民委员会、35个村民小组、1279户农户不同程度遭受洪灾，直接经济损失达44.4万元。其中，各种农作物受灾2464亩，成灾586亩，绝收112亩；房屋倒塌3间，损坏8间；河埂倒塌180米。

7月10日7时51分，楚雄市东华镇红墙村委会发生里氏5.3级地震，波及徐营镇各村民委员会，造成直接经济损失188.6万元。全镇10个村民委员会、32个村民小组、151户、634人及5所学校、8个机关、事业单位的房屋不同程度受损，损坏民房457间，校舍981平方米，机关单位住宿、办公楼1928平方米，坝塘被损7座。灾情发生后，镇党委、政府精心组织受灾区群众开展抗灾自救工作，帮助受灾群众渡过难关，维护了灾区社会稳定和农村经济的持续发展。

【机关效能建设】 2001年，镇政府机关制定工作职责8个，制度12个，修改完善工作制度41项205条，制作机关单位工作人员职责及去向牌22块，单位实行服务承诺制，干部职工挂牌上岗，接受人民群众的民主监督。通过开展机关效能建设，机关工作作风有了明显转变，工作效率显著提高。

【乡第五次妇女代表大会】 2001年6月13日至14日，召开乡第五次妇女代表大会，到会代表72人，列席11人，特邀5人。会议听取并讨论通过了乡妇联主席高爱华所作的乡第四届妇女执行委员会所作的工作报告；选举产生了乡第五届妇女执行委员7名，高爱华当选妇联主席，郭丽当选妇联副主席。会议期间，乡党委表彰了4个妇女工作先进集体、10户“五好文明家庭”、13名“双学双比”女能手、5名“行业标兵”。

【撤乡设镇】 2001年11月22日，省人民政府云政复（2001）199号批复和县人民政府南政通（2001）18号通知，撤销徐营乡，设立徐营镇，管辖范围和隶属关系不变，镇人民政府驻原乡人民政府驻地。这是全镇人民的一件大喜事，他将有力地推动徐营社会经济的全面进步，促进经济健康、持续、快速发展。

镇党委书记 余红元（任至6月）
张志洪（6月任）
副书记 李毓英（女）
罗玉兴
鲁华（彝，下派，任至1月）
周昱（彝，下派，1月任）
郭兆宝（彝，10月任）
镇人大主席 段华
镇长 李毓英（女）
副镇长 吴学忠（任至10月）
郭兆宝（彝，任至10月）
何丕生
吴金海（11月任）
何永平（11月任）
镇纪委书记 林凤安（任至10月）
郭兆宝（彝，10月任）
镇党校常务副校长 李学富（土族，10月任）
镇武装部部长 李发忠（白，任至10月）
鲁宗云（彝，10月任）

徐营镇2001年各村民委员会简况

项目 村委会	村民小组(个)	总户数(户)	总人口(人)	其中少数民族(人)	总耕地(亩)	其中 水田(亩)	其中 旱地(亩)	粮食总产(万公斤)	比上年增减(万公斤)	人均有粮(公斤)	经济总收入(万元)	比上年增减(万元)	人均纯收入(元)
徐　营	19	758	3204	26	4488	3631	822	229.3	11.8	423	808.7	93.9	1664
河　硐	14	673	2706	123	3925	3071	854	164.1	7.6	380	682	-12.9	1775
上庄科	16	643	2587	155	4081	3738	343	187.3	-13.3	480	600	-59.9	1522
斗　华	17	367	1549	228	1768	910	858	73.9	3	438	342.2	-3.1	1764
羊草河	8	292	1226	118	1440	700	740	63.5	4.1	358	305.6	32.6	1835
二　街	19	728	3035	642	3614	1976	1638	171.9	18.6	378	696	40.9	1687
梅子村	9	170	666	75	637	230	407	12.5	-6.2	180	193.9	-14.7	1923
柿子村	11	641	2672	815	4106	3040	1066	183.8	-16.9	555	658.6	84.9	1653
古　苴	11	366	1458	141	2089	1742	347	84.1	-12.7	385	406.9	62.5	1605
镇　境	11	320	1348	79	2020	1607	413	80.4	14.4	388	364.1	-53.1	1519

（王自德）

雨露白族乡

位于南华县东南部，乡政府驻地雨露村，海拔1900米，距县城15公里。2001年辖7个村民委员会，119个自然村，120个村民小组。全乡有国土面积243平方公里，有耕地面积17465亩，其中：水田11438亩，旱地6027亩，农业人口人均占有耕地1.28亩。

人口民族　2001年末，全乡有3306户，总人13978人，其中：男7163人，女6815人；农业人口13596人，非农业人口382人。境内居住着汉、白、彝、苗、回等民族，其中：汉族2559人，占总人口的18.3%，白族5290人，占总人口的37.85%，彝族6107人，占总人口的43.69%，苗族19人，占总人口的0.14%。

党组织状况　2001年，乡党委辖党支部11个，党小组70个，共有党员483名，其中：少数民族党员401名，女党员77名，农村党员404名。年内发展党员20名，其中：少数民族党员14名，女党员3名，农村党员8名。

经济状况　2001年，全乡工农业总产值2319万元（90不变价），比上年增65.4万元，增长2.9%，其中：工业总产值423万元，农业总产值1896万元；农村经济总收入3183万元，比上年增223万元，增长7.5%；烤烟种植5550亩，总产量833.94万公斤，总产值798.9万元；全年粮食种植面积33887亩，粮食总产量608.9万公斤，比上年减19.4万公斤，减少3%；财政总收入338.2万元，比上年减7.55万元，减少2.2%，其中：自收收入210.4万元，比上年减8.15万元，减少2.7%。财政总支出338.2万元。

水利建设　2001年，全乡投入水利建设资金131万元，投工46万个，兴修各类水利工程178件，其中：新建小水池150个，改善灌溉面积150亩。解决了353人、274头大牲畜的饮水困难。

畜牧业　2001年，实现畜牧业总产值778.5万元。大牲畜存栏8800头，其中：牛存栏8618头，出栏2100头；猪存栏7632头，出栏9096头，商市收售6258头，自食2838头。山绵羊存栏4000只，出栏2442只，出售2239只。各种家禽存栏44605只，出栏100042只。

乡镇企业　2001年，全乡有乡镇企业188个，从业人员457人，营业总收入1835万元，比上年增355万元，增长24%；现价总产值1519万元，比上年增305万元，增长25%；上缴税金56万元，利税总额206万元。

个私经济 2001年，全乡有个体企业188个，从业人员457人，营业收入1835万元，现价总产值1519万元，实现利税总额206万元，固定资产原值401万元，实交税金56万元。

文化教育 2001年，全乡有文化站1个，图书室7个；有中学1所，有教学班14个，在校学生745人，招生252人，毕业262人，有教职工41人；有小学12所，在校学生1317人，教职工89人；乡党校全年举办各类培训班7期，参培人数达732人。

医疗卫生 2001年，全乡有卫生院1所，有医务人员10人，其中：初职9人，中职1人。有病床10张，住院119人，出院119人；全年诊治门诊病人13876人次；实现医疗总收入20.6万元。有村级卫生室7个，医务人员12人。

计划生育 2001年，全乡采取各种避孕人数253人，其中：女性绝育108人，放环145人，三术率达70.12%，节育率达87.34%；全年出生人口227人，出生率达16.17‰，死亡119人，死亡率达8.44‰；人口自然增长率为7.69‰。

人民生活 2001年，全乡农民人均纯收入1494元，比上年减66元，减少4.2%；人均占有粮食445.3公斤，比上年减16.5公斤，减少3.6%。

【干部教育】 2001年，乡党委大力加强党员、干部队伍教育管理，在领导班子和党员、干部队伍中开展“三创四比”活动。“三创”即：以政治合格，学习认真，思路清晰，业务精深，工作创新为目标，创建优秀领导班子；以自重、自省、自警、自励和紧跟时代、勇于创新为目标，创建优秀干部队伍；以吃苦在前，享受在后，艰苦奋斗，淡泊名利，无私奉献为目标，创建优良工作业绩。“四比”即：以提高理论水平，保持政治上的清醒和坚定，增强在新形势下辨别是非的能力，增强驾驭市场经济的能力为目标，开展学习邓小平理论、专业知识、法律知识、市场经济知识和相关知识的比学习活动；以维护班子的团结就是维护大局，就是维护党的根本利益为出发点，自觉做到“智出一班、令出一门”的比团结活动；以“发展雨露事业、振兴雨露经济”为己任，自觉做到勤政、优政，把人民满意作为第一信号，以饱满的政治热情和昂扬的斗志，为人民多干实事、多做好事，最大限度地维护好人民群众的利益的比干劲活动；以全心全意为人民服务为终身目标，自觉做到心为民想、权为民用、利为民谋、身为民行的比奉献活动。年内，乡党委书记肖志被州委表彰为“优秀党务工作者”。

【政法工作】 2001年11月11日，省委常委、政法委书记李明朝在州委副书记胡有兰、县委书记李红民、县长阊柏的陪同下，到雨露乡检查指导政法工作，在听取乡党委书记汇报和到学校实地检查后，李明朝书记对雨露乡的政法工作给予很好的评价。

【以工代赈】 2001年，国债以工代赈片区开发工程经县委主管部门批准，在雨露乡的铅厂、大村、镇模河3个村民委员会实施。第一批投资255万元，主要实施了坡改梯750亩，中低改500亩，修建沼气池718口、小坝塘15件、人畜饮水工程9件、水池750个，沟渠1628米、防洪沟963米，修乡村公路37公里，种经济林550亩、速生林500亩，封山育林10000亩。

【生态工程】 2001年，国家生态环境建设重点工程项目沼气池专项建设投资80万元，预计建设沼气池1601口，到年底已完成718口。

【土地开发】 2001年8月14日，云南省国土资源厅以云国土资财[2001]23号文件批准雨露乡258公顷土地开发项目立为土地开发国家补助项目，争取资金156万元，到年底已全面完成坡改梯项目，正着手开展配水工程建设。

乡党委书记 肖 志
副 书 记 何绍绪（白）
张 玲（女，任至10月）
吕协华（10月任）
张卫鑫（10月任）
王建林（下派，任至12月）
乡人大主席 何孔杰（白）
乡 长 何绍绪（白）
副 乡 长 吴金海（任至10月）
何桂康（白）
鲁发宝（彝）
吴学忠（11月任）
乡纪委书记 吕协华（任至10月）
张卫鑫（10月任）
乡党校常务副校长 张卫鑫（任至10月）
王丽英（女，彝，10月任）
乡武装部部长 曾文忠

雨露白族乡2001年各村民委员会简况

项目 村委会	村民小组(个)	总户数(户)	总人口(人)	其中少数民族(人)	总耕地(亩)	其中 水田(亩)	其中 旱地(亩)	粮食总产(万公斤)	比上年增减(万公斤)	人均有粮(公斤)	经济总收入(万元)	比上年增减(万元)	人均纯收入(元)
镇模河	25	519	2498	711	2428	1379	1049	91.7	3.9	367	479.9	24.2	1319
大　村	12	260	1123	983	1200	511	689	40.7	3.1	362	211	27.1	1122
铅　厂	21	620	2535	2257	3394	1629	1765	117	-12.3	462	510.2	19	1287
洒拔武	11	429	1828	1791	2179	1362	817	73	-16.2	399	339.3	-5.8	1297
罗　文	14	458	1930	1886	2810	2267	543	100	5.1	518	477.2	-38.7	1856
雨　露	22	546	2199	2062	3179	2389	790	111.8	1.4	508	578.2	30.4	1719
后　甸	15	386	1554	1503	2275	1901	374	74.7	-1.6	481	418.4	-2.8	1845

（肖志　张正臣）

沙　桥　镇

位于南华县西北部，镇政府驻沙桥村委会，海拔1930米，距县城19公里。2001年辖12个村民委员会，143个自然村，160个村民小组。全镇有国土面积231平方公里，有耕地面积20362亩，其中：水田12474亩，旱地7888亩，农业人口人均占有耕地0.9亩。

人口民族　2001年末，全镇有5662户，总人口23615人，其中：男12061人，女11554人；农业人口22476人，非农业人口1139人。境内居住着汉、彝、白、哈尼、傣、傈粟、回等民族，其中：汉族17918人，占总人口的75.87%，彝族5638人，占总人口的23.9%，哈尼族20人，占总人口的0.08%，白族19人，占总人口的0.08%，苗族12人，占总人口的0.05%。

党组织状况　2001年，镇党委辖党支部24个，党小组125个，共有党员1045名，其中：少数民族党员313名，女党员113名，农村党员793名。年内发展党员32名，其中：少数民族党员8名，女党员8名，农村党员16名。

经济状况　2001年，全镇工农业总产值4093.8万元（90不变价），比上年增131.1万元，增长3.3%，其中：工业总产值239.1万元，农业总产值3854.7万元；农村经济总收入6513万元，比上年增189万元，增长3%；烤烟种植4250亩，总产量57.35万公斤，总产值547万元；全年粮食种植面积40282亩，粮食总产量997.9万公斤，比上年增14.8万公斤，增长1.51%；财政总收入502.2万元，比上年增69.6万元，增长16%，其中：自收收入233.8万元，比上年增22.8万元，增长10.08%。财政总支出573.8万元。

水利建设　2001年，全镇投入水利建设资金340万元，投工25.67万个，兴修各类水利工程47件，其中：新建小水池13个，改善灌溉面积650亩。解决了413人、289头大牲畜的饮水困难。

畜牧业　2001年，实现畜牧业总产值1653.97万元。大牲畜存栏7802头，其中：牛存栏7338头，出栏2305头；猪存栏20093头，出栏21983头，商市收售14683头，自食7300头。山绵羊存栏6625只，出栏3941只，出售3798只。各种家禽存栏127786只，出栏131355只。

乡镇企业　2001年，全镇有乡镇企业808个，从业人员2493人，营业总收入22607万元，比上年增4273万元，增长23.3%；现价总产值13921万元，比上年增3522万元，增长33.9%；上缴税金250万元，利税总额1251万元。

个私经济　2001年，全镇有个体企业808个，从业人员2493人，营业收入2497万元，现价总产值13921万元，实现利税总额1251万元，固定资产原值5602万元，实交税金197万元；有私营企业5个，从业人员306人，营业收入1322万元，现价总产值1322万元，实现利税总额1571万元，固定资产原值722万元，实交税金53万元。

文化教育　2001年，全镇有文化站1个，图书室3个；有中学1所，有教学班18个，在校学生1078人，招生386人，毕业357人，有教职工60人；有小学40所，在校学生2302人，教职工150人；镇党校全年举办各类培训班8期，参培人数达2192人。

医疗卫生 2001年，全镇有卫生院1所，有医务人员30人，其中：初职22人，中职3人。有病床25张，住院716人，出院698人；全年诊治门诊病人41242人次；实现医疗总收入105.96万元。有村级卫生室12个，医务人员23人。

计划生育 2001年，全镇采取各种避孕人数4935人，其中:男性绝育1人，女性绝育180人，放环262人，三术率达90.5%，节育率达91.2%；全年出生人口329人，出生率达13.87‰，死亡165人，死亡率达6.96‰；人口自然增长率为6.91‰。

人民生活 2001年，全镇农民人均纯收入1555元，比上年增60元，增长4%；人均占有粮食344公斤，比上年增3公斤，增长0.9%。

【“三学”活动】 2001年7月5日至8月18日，沙桥镇被州、县委列为第二批村级“三学”活动试点单位，全县各乡镇党委政工副书记和县委“三学”指导组参加试点工作，全镇涉及参加“三学”对象的12个村“两委”成员101人，非“两委”员工5人，26个站所（8个党支部）干部职工127人，共有“三学”对象243人，其中：党员156人，占64.2%，村“三职”干部、机关党支部站所长等重点学习对象58名，占24%。“三学”期间共组织学习192次，累计768个学时，参学1228人次，学习必读篇目557篇次，圈点勾划17496处，做5000字以上读书笔记232人，撰写心得体会190篇。召开各种座谈会104场，参会641人次，入户个别走访调查295户，征求意见建议165条，形成对照检查材料及整改方案60篇，撰写个人思想工作总结190篇，通过“三学”活动，党员干部素质明显提高，机关作风明显改善，农村基层班子的战斗力和凝聚力得到提高，群众普遍关心的难点、热点问题基本得到落实，整个“三学”活动试点工作取得成功。

【农村工作板块运行】 2001年，通过在沙桥村民委员会试点的基础上，制定了《沙桥镇农村工作任期目标责任制考核办法》，对农村工作实行农村基层组织、农村经济发展和社会事业“三大块53个指标千分制”考核。对综合得分在850分以上的给集体奖金2000元，奖给村干部1个月的工资额；对综合得分在750－849分的，不奖不惩，集体不得参加各种先进、优秀评选，村干部（包括几大员）个人可参加年度单项工作先进、优秀评选，村主要领导（支部书记、主任）年终考核不得定为优秀；对综合得分在749分以下的，惩村干部1个月工资总额交镇财政，村集体、村干部（包括几大员）不得参加本年度各种先进、优秀评选，年终考核不得评为优秀，并责成班子限期整改。

【实施科技示范村】 2001年，省、州在田心村实施烤烟科技成果转化村示范活动，通过一年的实施，所涉及的6个村民小组262户，种植烤烟700亩，产量达9288公斤，实现产值95万元。

【洪涝灾害】 2001年9月2日，沙桥境内降大雨，使12个村79个村民小组，2534户9856人的生产、生活受到影响，有5505亩农作物受灾，民房倒塌46间，重损650间，2所小学500平方米校舍受损，2个小（二）型水库，1个小坝塘受损，898米乡村公路倒塌，直接经济损失达635.878万元。灾情发生后，镇党委、政府组织2300人上阵，投入防洪袋9700只进行生产自救，疏散灾民11户47人，清理农田淤砂300亩，修复乡村公路750米，临时处理受灾学校2所。

【文化建设】 2001年5至8月，沙桥镇区有线电视网与县城光览并网，电视覆盖率达100%，其中：有1800户，收视节目由原来的8套增至24套，收视效果明显改善。

【中心学校搬迁】 2001年，投资135万元，将沙桥中心学校搬迁至新北街，新建校舍1803.31平方米，4月7日竣工使用。原320国道旁的沙桥中心校舍归并沙桥中学管理使用。

【特种养殖】 2001年，在调整产业结构中，石星村下石土主村民小组，积极发展特种养殖获得成功，全组18户73人，共养殖石蛙18塘，胡蜂500群，泥鳅7塘，新增产值3万余元。

【成立小额信贷扶贫工作站】 2001年，为解决农村贫困人口温饱问题，实施小额信贷扶贫，镇政府于11月成立了小额信贷扶贫工作站，任命了站长、副站长，落实了办公场所及人员，各项工作已正常运转。年末，已办理69个户保组305户，贷款67.5万元。

【文物建筑】 2001年3月3日，为期三年的南泉寺大雄宝殿重建工程竣工投入使用，并举行了开光典礼。该项工程总筹资34万元。

【程映萱副省长到沙桥检查烤烟工作】 2001年4月25日，程映萱副省长到沙桥镇田心村检查烤烟工作。程副省长要求要切实抓好烤烟生产，要从质量上下功夫来弥补“双控”后烤烟收入减少的压力，烤烟种植要从卷烟生产的需要，满足出口和省内需求，抓科技上质量，在择优布局上优先向种得好、积极性高、有利于保护生态的地方倾斜。烟草部门要加强技术指导，以会议、资料、现场会和个别指导等方式向烟农传授烤烟生产技术，各级党委、政府要把好节令关，做好相关服务。

【张志军副司令员到沙桥检查武装工作】 2001年6月6日，省军区副司令员张志军在州、县党政领导的陪同下到沙桥检查武装工作，检阅了沙桥镇的应急民兵分队，对沙桥镇的武装工作给予了充分肯定，同时要求：1．进一步加强党对武装工作的领导，把民兵武装工作抓紧抓实；2．民兵整组训练工作要注重效果，不搞形式，保证拉得出，用得上；3．要搞好国防形式教育，国防武装工作只能加强不能削弱。

【杨崇汇副书记到沙桥视察工作】 2001年9月11日，省委副书记杨崇汇在州委书记丁绍祥的陪同下到沙桥检查党建和小城镇建设工作。杨副书记在听取汇报、视察集贸市场后指出：1．要发挥党委统揽全局，协调各方的领导核心作用，以"三个代表"重要思想为指导，以创新思维把握创新的理论，与时俱进，推动各项工作；2．要提高基层干部的综合素质，扩大党的群众基础，使基层党组织真正成为战斗堡垒；3．要下功夫抓好"三学"活动，整改措施的落实，常抓不懈，抓出成效；4．要抓好小城镇建设，增强市场功能，搞活农产品流通。

镇党委书记　杨玉华（任至6月）
　　　　　　王学章（彝，6月任）
镇党委副书记　王学章（彝，任至6月）
　　　　　　张永华（彝，6月任）
　　　　　　李荣辉
　　　　　　李绍海（下派）
　　　　　　殷卫华（彝，10月任）
镇人大主席　周仕纯
镇　　长　王学章（彝，任至6月）
　　　　　　张永华（彝，6月代理）
副镇长　张永华（彝，任至6月）
　　　　　　周国良
　　　　　　顾世菊（女，任至10月）
　　　　　　罗成海（11月任）
　　　　　　周云光（彝，11月任）
镇纪委书记　吴应聪（任至10月）
　　　　　　殷卫华（彝，10月兼任）
镇党校常务副校长　殷卫华（彝，任至10月）
　　　　　　徐加珍（女，白，10月任）
镇武装部部长　鲁宗云（彝，任至10月）
　　　　　　张庆业（白，10月任）

沙桥镇2001年各村民委员会简况

村委会＼项目	村民小组(个)	总户数(户)	总人口(人)	其中少数民族(人)	总耕地(亩)	其中 水田(亩)	其中 旱地(亩)	粮食总产(万公斤)	比上年增减(万公斤)	人均有粮(公斤)	经济总收入(万元)	比上年增减(万元)	人均纯收入(元)
金竹林	5	156	705	8	774	539	235	35.1	-2.58	355	131.1	6.53	1262
索　厂	17	620	2509	43	3528	2392	1136	157.63	-5.44	450	626.21	5.9	1718
田　心	22	802	3190	153	2896	2038	858	145.24	2.71	375	671.72	63.12	1370
沙　桥	21	1048	4149	746	2447	1496	951	156.5	23.87	320	2400	33.14	2196
山　场	21	675	2772	446	2930	1667	1263	115.36	-11.47	317	653.01	0.61	1513
向　阳	20	790	3205	592	2499	1930	569	117.64	1.83	287	575.13	6.85	1146
小古山	11	396	1474	913	1160	551	609	65.39	5.43	365	317.27	29.44	1225
大　冲	14	461	1789	443	1340	800	540	72.09	-1.3	302	300.81	13.95	1243
石　星	8	170	679	590	816	249	567	36.85	-2.37	312	134.69	-4.53	1448
小河冲	7	178	734	652	654	340	314	31.51	4.25	350	135.76	3.97	1232
雾露鲊	8	162	663	628	679	210	469	32.47	1.98	349	138.94	5.61	1328
新　华	5	133	544	299	639	262	377	32.7	-2.42	350	115.68	0.55	1474

（李荣辉　王兆登）

天申堂乡

位于南华县西北部。乡政府驻天申堂，海拔2300米，距县城40公里。2001年辖8个村民委员会，64个自然村，58个村民小组。全乡有国土面积135平方公里，有耕地面积9707亩，其中：水田2497亩，旱地7210亩，农业人口人均占有耕地1.06亩。

人口民族 2001年，全乡有2523户，总人口9556人，其中：男4786人，女4770人，农业人口9142人，非农业人口414人。境内居住着汉、彝、白等民族，其中：汉族1315人，占总人口的13.76%，彝族8235人，占总人口的86.17%，白族6人，占总人口的0.06%。

党组织状况 2001年，乡党委辖党支部13个，党小组54个，共有党员530名，其中：少数民族党员470名，女党员76名，农村党员425名。年内发展党员35名，其中：少数民族党员17名，女党员8名，农村党员15名。

经济状况 2001年，全乡工农业总产值1779.94万元（90不变价），比上年增108.39万元，增长6.5%，其中：工业总产值20.57万元，农业总产值1759.37万元；农村经济总收入1779.94万元，比上年增108.39万元，增长6.5%；烤烟种植2100亩，总产量27.1万公斤，总产值182.23万元；全年粮食种植面积14648亩，粮食总产量375.9万公斤，比上年减10.81万公斤，减少2.8%；财政总收入226万元，比上年增51万元，增长22.7%，其中：自收收入74.6万元，比上年增2.3万元，增长3.2%。财政总支出294.8万元。

水利建设 2001年，全乡投入水利建设资金93万元，投工8.3万个，兴修各类水利工程12件，其中：新建小水池55个，改善灌溉面积50亩。解决了504人、85头大牲畜的饮水困难。

畜牧业 2001年，实现畜牧业总产值707.16万元。大牲畜存栏2579头，其中：牛存栏2515头，出栏467头；猪存栏9420头，出栏8287头，商市收售4065头，自食4222头。山绵羊存栏8360只，出栏5934只，出售4207只。各种家禽存栏20497只，出栏61472只。

乡镇企业 2001年，全乡有乡镇企业564个，从业人员1041人，营业总收入4940万元，比上年增930万元，增长23.19%；现价总产值3830万元，比上年增672万元，增长21.28%；上缴税金25万元，利税总额573万元。

个私经济 2001年，全乡有个体企业557个，从业人员1028人，营业收入48.30万元，现价总产值3720万元，实现利税总额551万元，固定资产原值798万元，实交税金21万元。

文化教育 2001年，全乡有文化站1个，图书室1个；有中学1所，有教学班12个，在校学生551人，招生184人，毕业201人，有教职工29人；有小学19所，在校学生857人，教职工68人；乡党校全年举办各类培训班12期，参培人数达860人。

医疗卫生 2001年，全乡有卫生院1所，有医务人员12人，其中：初职5人，中职2人。有病床10张，住院229人，出院229人；全年诊治门诊病人8811人次；实现医疗总收入22.8万元。有村级卫生室8个，医务人员16人。

计划生育 2001年，全乡采取各种避孕人数283人，其中：女性绝育76人，放环100人，三术率达87.2%，节育率达70.4%；全年出生人口177人，出生率达18.3‰，死亡62人，死亡率达6.4‰；人口自然增长率为11.9‰。

人民生活 2001年，全乡农民人均纯收入1389元，比上年增83元，增长6.4%；人均占有粮食325公斤，比上年减14公斤，减少4.1%。

【生态建设】 2001年，实施三河底小流域（包括三河底、米垭井、天申堂）生态建设工程，主要以流域为单位进行综合治理。其中：坡改梯310亩，生物工程封山育林16600亩，发展经济林200亩，农村能源工程建沼气池115口，建水利水保工程拦沙坝1座、谷坊7座、河道挡墙7段、沟渠1860米。

【农田水利建设】 2001年，全乡共投工2万个，完成土石方7.27万立方米，坡改梯600亩，建成高产稳产农田500亩，完成各种水利工程18件，蓄水125万立方米。

【小额信贷】 2001年12月，由州政府扶持、州农行贴息，在全乡7个村民委员会、232户贷款户开展合同期一年的小额信贷扶贫工作，共发放贴息贷款50万元，重点扶持种植业（早萝卜和早洋芋种植）。

【阴雨灾害】 2001年9月2日晚至次日上午12点，全乡境内普降大雨和暴雨，使6个村民委员会、60个自然村、623户、2165人受到不同程度的洪灾。造成98户房屋受损，510间房屋受损，其中：房屋倒塌82间，36人无房住；农田受灾130亩，农作物受灾793亩，绝收332亩；乡村公路塌方28000立方米，冲毁河堤5400米、沟渠1700米、桥梁2座、高压电杆10棵，拦河坝2座、人畜饮水管道6500米，山体滑坡60000平方米；造成直接经济损失589.103万元。

【产业结构调整】　2001年，农业产业结构调整步伐进一步加快，逐步向高附加值的经济作物转移，调整后粮经比例为4:6。种植冬早新品种洋芋“会—2”、“合作88”1200亩，晚秋洋芋2500亩；冬早萝卜新品种“春白玉”600亩，产值50.8万元，日本“耐病松太”加工型萝卜2000亩，大白芸豆2000亩，促进了农民增收。

【畜牧扶贫示范】　2001年11月，经县民宗局引进，与西南民族学院合作，在于栖么村民委员会，8个村民小组，进行了开胃催肥养殖试点179户，对700头猪进行开胃催肥饲料饲养后，在成长期内平均每头猪每天增肥0.6-0.7公斤，试点取得成功，向全乡推广。

乡党委书记　罗文清（彝）
副　书　记　罗文慧（彝）
　　　　　　普开任（彝）
　　　　　　罗兆福（彝，11月任）
　　　　　　李　海（彝，下派，任至1月）
乡人大主席　罗兆昌（彝）
乡　　　长　罗文慧（彝）
副　乡　长　鲁文先（彝）
　　　　　　鲁思成（彝，任至10月）
　　　　　　紫菊花（女，彝，11月任）
　　　　　　郭建发（彝，下派，2月任）
乡纪委书记　段兴洪（任至10月）
　　　　　　罗兆福（彝，11月任）
乡党校常务副校长　周维祥（任至10月）
乡武装部部长　张荣昌

天申堂乡2001年各村民委员会简况

项目 村委会	村民小组（个）	总户数（户）	总人口（人）	其中少数民族（人）	总耕地（亩）	其中 水田（亩）	其中 旱地（亩）	粮食总产（万公斤）	比上年增减（万公斤）	人均有粮（公斤）	经济总收入（万元）	比上年增减（万元）	人均纯收入（元）
石桥河	8	388	1383	1383	1752	392	1360	75.27	-4.91	428	276.13	10.94	1442
于栖么	8	430	1620	1619	1532	443	1089	59.65	-4.71	295	272.83	15.59	1225
天申堂	7	363	1355	471	1205	457	748	41.89	-4.77	226	249.43	16.32	1504
米垭井	6	314	1114	1005	1180	216	964	41.87	1.09	326	200.58	10.74	1228
三河底	11	375	1277	1049	970	442	528	39.83	-4.51	279	238.45	21.70	1368
阿米期苴	7	247	891	890	1060	235	825	40.39	5.15	340	192.73	10.34	1521
松树地	5	135	574	558	708	230	478	24.02	-1.00	331	122.25	7.89	1499
瓦黑井	6	296	1096	1096	1300	82	1218	52.96	2.84	389	227.54	14.89	1451

（起绍龙）

五 街 乡

位于南华县西部。乡人民政府驻烂泥箐，海拔2430米，距南华县城45公里。2001年辖14个村民委员会，199个自然村，133个村民小组。全乡有国土面积267.7平方公里，有耕地面积19007.9亩；其中：水田510亩，旱地18497.9亩，农业人口人均占有耕地1.15亩。

人口民族 2001年，全乡有4311户，总人口16975人。其中：男8550人，女8425人；农业人口16533人，非农业人口442人。境内居住着汉、彝、回、白、傣等民族；其中：汉族1809人，占总人口的10.6%，彝族15159人，占总人口的89.3%，回族1人，白族5人，傣族1人。

党组织状况 2001年，乡党委辖党支部25个，党小组96个，共有党员893名，其中：少数民族党员714名，女党员199名，农村党员656名。年内发展党员41名，其中：少数民族党员35名，女党员4名，农村党员41名。

经济状况 2001年，全乡工农业总产值2317.7万元（90不变价），比上年增357.65万元，增长18.2%，其中：工业总产值658万元，农业总产值1659.7万元；农村经济总收入2973万元，比上年增200万元，增长7.2%；烤烟种植3150亩，总产量40.75万公斤，总产值387.8万元；全年粮食种植面积33852亩，粮食总产量688万公斤，比上年减8万公斤，减少1.1%；财政总收入503.8万元，比上年增78.6万元，增长18.5%，其中：自收收入121.3万元，比上年增3.3万元，增长2.8%。财政总支出502.4万元。

水利建设 2001年，全乡投入水利建设资金28.366万元，投工15.12万个，兴修各类水利工程6件，其中：新建小水池20个，改善灌溉面积350亩。解决了412人、225头大牲畜的饮水困难。

畜牧业 2001年，实现畜牧业总产值892万元。大牲畜存栏7003头，其中：牛存栏6302头，出栏1358头；猪存栏11721头，出栏9828头，商市收售4444头，自食5384头。山绵羊存栏10014只，出栏6486只，出售5470只。各种家禽存栏36237只，出栏111955只。

乡镇企业 2001年，全乡有乡镇企业570个，从业人员1422人，营业总收入3681万元，比上年增689万元，增长23%；现价总产值3218万元，比上年增686万元，增长27%；上缴税金29万元，利税总额269万元。

个私经济 2001年，全乡有个体企业569个，从业人员1419人，营业收入3680万元，比上年增745万元，现价总产值3217万元，实现利税总额269万元，固定资产原值840万元，实交税金29万元。

文化教育 2001年，全乡有文化站1个，图书室1个；有中学1所，有教学班17个，在校学生1101人，招生346人，毕业225人，有教职工48人；有小学37所，在校学生1314人，教职工106人；乡党校全年举办各类培训班4期，参培人数达346人。

医疗卫生 2001年，全乡有卫生院1所，有医务人员14人，其中：初职10人，中职4人。有病床10张，住院369人，出院369人；全年诊治门诊病人31774人次；实现医疗总收入48.16万元。有村级卫生室14个，医务人员21人。

计划生育 2001年，全乡采取各种避孕人数3315人，其中：男性绝育3人，女性绝育2644人，放环668人，三术率达84.7%，节育率达86.4%；全年出生人口383人，出生率达22.7‰，死亡140人，死亡率达8.3‰；人口自然增长率为14.41‰。

人民生活 2001年，全乡农民人均纯收入1371元，比上年增90元，增长7%；人均占有粮食337公斤，比上年增35公斤，增长11.6%。

【产业结构调整】 2001年，乡党委政府按照巩固粮食，烤烟，畜牧业三大产业，积极调整洋芋、豆类、萝卜、黑瓜子、药材、经济林果6个内部种植比例的工作思路。粮经比例调整为40:60，其中：在调整面积上增加了地方特色产品，积极发展订单农业。一是与县外贸公司签订合同种植杂豆500亩；二是与南华县高原绿色食品开发有限责任公司签订合同，种植加工型萝卜3000亩；三是与楚雄州白草岭药业发展有限公司签订了石板河苹果园种植药材合同。

【农网改造】 2001年11月，全乡第二期农村电网改造工程开始实施，共涉及9个村委会，24个村民小组，917户，群众集资18万元，基本做到一户一表。

【林业工作】 2001年，成立乡防火领导小组有成员18人，各村委会128人，组织应急分队710人，基干民兵应急分队100人。全年共完成造林面积494亩，封山育林12000亩，天保人促更新204亩。

【扶贫救灾】 2001年，70名乡级机关党员开展结对扶贫，共送化肥3.1吨，资金5883元。年内共发放救灾款12万元，救灾粮30吨，寒衣176套，寒被16床，上海捐赠衣物84袋。州人大为六把地扶贫点解决资金5万元，改造咪黑们至老虎水井乡村公路建设。

【农业基础设施建设】 2001年，共完成坡改梯

795亩，新修水池20个，长江小流域治理工程发展经济林果150亩，封禁治理2112亩，修水沟1条，完成人畜饮水5件，修乡村公路5公里，实行山、水、路、林，田综合治理，不断增强农业发展活动。

【市场建设】 2001年，投资9.75万元，建设牲畜市场1个；300多平方，投资30.2万元，改建供销社大院为农副产品市场。12月，五街商贸市场与工商脱勾划归五街乡人民政府管理。

【乡村房屋建设】 2001年，投资90多万元，重建乡政府办公楼1幢384.28平方米，住宿楼1幢710.5平方米，维修职工食堂，添置部分办公设备；投资31万元搬迁了中村村委会，维修石板河、芹菜塘、六把地、咪黑们村委会房屋。

【精神文明建设】 2001年，开展对全乡“六星级”以上文明户3651户、“文明村”3个、“文明单位”2个进行复查；积极申报芹菜塘村民小组为省级文明村；挖掘了咪黑们彝族文化资源，其中：毕摩祭师、教路、彝族服饰等被省、州专家初定为民族文化遗产，作重点保护，已申报省、州列入重点开放和保护范围。

【社会治安综合治理】 2001年，开展“四五”普法工作，推进依法治乡进程。共创建15个安全文明片区，133个安全文明小区，607个护村队；开展警民共创安全文明校园1所，五街中学、五街中心校、中心分校、石板河完小都均配备了兼职法制副校长，成立了五街乡社会矛盾调处中心及法律服务所，维护了全乡社会稳定，有力地促进了“两个文明”建设的协调发展。

乡党委书记　周建东
副 书 记　李之梁（彝）
　　周发光（彝）
　　王恩华（10月任）
　　起建媛（女，下派，任至12月）
乡人大主席　鲁光寿（彝）
乡　　长　李之梁（彝）
副 乡 长　夏正光（任至10月）
　　余建荣（任至10月）
　　周从高（彝）
　　张文春（彝，11月任）
　　罗凤英（女，彝，11月任）
乡纪委书记　王恩华
乡党校常务副校长　罗兴海（彝，任至10月）
　　李敬阳（10月任）
乡武装部部长　鲁有堂（彝，任至10月）

五街乡2001年各村民委员会简况

项目 村委会	村民小组(个)	总户数(户)	总人口(人)	其中少数民族(人)	总耕地(亩)	其中		粮食总产(万公斤)	比上年增减(万公斤)	人均有粮(公斤)	经济总收入(万元)	比上年增减(万元)	人均纯收入(元)
						水田(亩)	旱地(亩)						
老　厂	7	189	802	560	813	180	633	32.07	1.48	341	133.31	9.55	1336
大歇场	9	149	657	595	728	50	678	27.79	0.63	310	123.17	7.97	1370
大村坡	9	242	1051	859	945	50	895	34.55	2.4	295	210.49	9.43	1486
马龙河	7	183	775	540	963.8	60	903.8	37.09	1.35	318	149.72	7.46	1370
石板河	9	252	1100	1034	1592	20	1512	51.21	0.3	378	238.24	10.24	1484
迤黑地	12	292	1276	886	1253	150	1103	43.7	-2.17	315	221.87	17.36	1350
华　双	12	314	1335	1335	1544.9		1544.9	53.62	-2.39	380	246.58	16.26	1370
芹菜塘	12	419	1680	1680	1775		1775	69.94	0.86	347	258.83	20.5	1345
玉可郎	8	262	1086	983	960.7		960.7	22.19	-1.82	198	174.92	14.9	1261
六皮郎	7	247	983	622	1304		1304	40.64	-3.91	305	200.58	10.98	1392
六把地	6	244	1040	1040	1078		1078	43.85	-4.53	463	169.35	15.54	1337
咪黑们	9	335	1420	1415	1739.5		1739.5	64.7	-2.44	359	234.73	20.17	1320
五　街	13	488	2011	2011	2521		2521	96.93	0.13	336	363.17	26.21	1399
中　村	13	316	1297	1297	1790		1790	63.92	1.25	474	247.97	12.89	1374

（罗永红）

一　街　乡

位于南华县西北部。乡政府驻一街，海拔1660米，距县城78公里。2001年辖12个村民委员会，216个自然村，125个村民小组。全乡有国土面积168.1平方公里，有耕地面积14668亩，其中：水田1500亩，旱地13168亩，农业人口人均占有耕地面积0.78亩。

人口民族　2001年末，全乡总户数为4969户，其中：总人口19559人，其中：男10377人，女9182人；农业人口18808人，非农业人口751人；境内居住着汉、彝、白、回、哈尼等民族，其中：汉族13641人，占总人口的69.8%；彝族5902人，占总人口的30%；白族13人，占总人口的0.06%。

党组织状况　2001年，乡党委辖党支部17个，党小组83个，共有党员727名，其中：少数民族党员262名，女党员76名，农村党员595名。年内发展党员28名，其中：少数民族党员9名，女党员3名，农村党员23名。

经济状况　2001年，全乡工农业总产值1572万元（90不变价），比上年增6万元，增长0.4%，其中：工业总产值476万元，农业总产值1096万元；农村经济总收入3410.5万元，比上年增178.79万元，增长5.5%；烤烟种植5200亩，总产量75.75万公斤，总产值729万元；全年粮食种植面积22000亩，粮食总产量536.88万公斤，比上年减11.9万公斤，减少2.2%；财政总收入431.9万元，比上年增12.9万元，增2.9%，其中：自收收入167.7万元，比上年减13万元，减少7.2%。财政总支出431.9万元。

水利建设　2001年，全乡投入水利建设资金31万元，投工12.9万个，兴修各类水利工程256件，其中：新建小水池196个，改善灌溉面积456亩。解决了1210人、965头大牲畜的饮水困难。

畜牧业　2001年，实现畜牧业总产值927.7万元。大牲畜存栏7178头，其中：牛存栏4731头，出栏995头；猪存栏9947头，出栏9462头，商市收售2391头，自食7071头。山绵羊存栏126只，出栏424只，出售382只。各种家禽存栏46003只，出栏57191只。

乡镇企业　2001年，全乡有乡镇企业389个，从业人员681人，营业总收入7725万元，比上年增1611万元，增长26.3％；现价总产值5374万元，比上年增1069万元，增长24.8%；上缴税金27万元，利税总额700万元。

个私经济　2001年，全乡有个体企业385个，从业人员444人，营业收入7410万元，现价总产值5059万元，实现利税总额698万元，固定资产原值696万元，实交税金9万元。

文化教育　2001年，全乡有文化站1个，有中学1所，有教学班15个，在校学生550人，招生211人，毕业256人，有教职工51人；有小学44所，在校学生1709人，教职工123人；乡党校全年举办各类培训班2期，参培人数达168人。

医疗卫生　2001年，全乡有卫生院1所，有医务人员13人，其中：初职11人，中职2人。有病床10张，住院239人，出院239人；全年诊治门诊病人20559人次；实现医疗总收入31.5万元。有村级卫生室12个，医务人员25人。

计划生育　2001年，全乡采取各种避孕人数578人，其中：女性绝育114人，放环235人，三术率达84%，节育率达90%；全年出生人口279人，出生率达14‰，死亡148人，死亡率达7‰；人口自然增长率为5.8‰。

人民生活　2001年，全乡农民人均纯收入1363元，比上年增7元，增长0.05%；人均占有粮食284公斤，比上年增12公斤，增长4.4%。

【生态建设】　2001年，造林1600亩，其中：用材林1000亩；防护林500亩；薪炭林50亩；经济林50亩。封山面积16.5万亩。四旁植树32万株，义务植树62万株。

【基础设施建设】　2001年，投资教育资金26万元，新建中学平房9间180平方米，翻修平房14间280平方米；新建田房完小学生厨房4间80平方米；翻修六把姑完小校舍。投资13.2万元，新建咱租村委会办公住宿用房14间300平方米；投资42万元，其中乡投资18万元，新建派出所办公楼1幢570.4平方米。

【民政救济】　2001年，解决714户特困户2495人（次）的生活困难，救济粮食28.15吨为灾民购买塑料布274米，油毛毡380平方米，帐蓬58顶，安排了83户、320人的临时住房，为221人解决冬寒衣202套，被子19床。

【民政优抚】 2001年，为382人优抚对象发放优待金18050元，使360人的生活达到当地中等水平；给5户困难户解决补助资金8300元，修建住房30间。

【最低生活保障】 2001年，解决了110人的城镇人口最低生活保障，共发放保障金32796元，其中：在职职工36人，离退休人员17人，其他37人。

【严打整治】 2001年，在开展严打整治战役中，受理治安案件46件，查处45件，查处违法人员43人，罚款3880元；受理刑事案件15件，破获13件，破获率86%；抓获犯罪嫌疑人10人、逃犯1人，报捕8人，其他处理2人。

【地籍调查】 2001年，在全乡12个村民委员会、125个村民小组中开展地籍调查，共调查宅基地4489宗，已发证4439宗，对有争议、权属不清的50宗未发证。

【产业结构调整】 2001年，全乡发展核桃200亩，柑桔50亩；板栗30亩；印楝50亩。种当归200亩，冬早青蚕豆1000亩，直型白芸豆500亩。

【市场建设】 2001年，新建综合农贸市场4600平方米，大牲畜交易市场2000平方米，护栏70米。11月1日至6日举办了首届物资交流会。

【通讯建设】 2001年，新建了林家村、密什么、草甸发、直歹、多衣堆5个电话村，安装程控电话93部，至此，全乡有电话村8个，拥有电话360部。

【阴雨灾害】 2001年，7月至10月，全乡降雨912.4毫米，有31个村民小组279户、1411人的2540间住房受灾，直接经济损失274.78万元（最为严重的有上洒枝、罗英秧坟、西沙拉、下咱租、阿租、上马场等6个村民小组）。8月21日咱租完小后山发生山体滑坡，造成3232平方米的校舍拉裂，使170名学生不能上课。

【恢复重建】 2001年，补助资金57200元，完成97户、403人、723间住房的恢复重建。

【火灾】 2001年3月7日晚10时，一街村民小组李育金、李育平、李建荣3户因照明电线碰火发生火灾，损失10690元。

【重大交通事故】 2001年1月13日，县农资公司经理周恩章驾驶的云E08508小车在大罗公路K9＋500米处翻入河内，造成车毁、4死1伤的重大交通事故。

2001年3月29日，上马场村民何永忠驾驶的云E11755农用车拉沙到干坝村，在坡头乡村公路K1＋200米处倒车滑出路基，造成车毁、2死1伤的交通事故。

2001年5月2日，杨富林驾驶祥云车主曾洪祥的云E17289农用车，从南华拉货到红土坡，行至大罗公路K9＋100米处翻车，造成2死1伤的交通事故。

乡党委书记 周保全
副 书 记 孔跃文
陈之昌
朱铨章（10月任）
纪天军（下派，任至1月）
乡人大主席 王金明
乡 长 孔跃文
副 乡 长 张文春（彝，任至11月）
李学文（彝，任至10月）
曹文学（下派，2月任）
余建荣（11月任）
王国寿（11月任）
鲁兰琼（女，彝，11月任）
乡纪委书记 朱铨章
乡党校常务副校长 高仲银
乡武装部部长 杨正林

一街乡2001年各村民委员会简况

项目 村委会	村民小组(个)	总户数(户)	总人口(人)	其中少数民族(人)	总耕地(亩)	其中		粮食总产(万公斤)	比上年增减(万公斤)	人均有粮(公斤)	经济总收入(万元)	比上年增减(万元)	人均纯收入(元)
						水田(亩)	旱地(亩)						
王湛庄	14	575	2265	227	1730	450	1280	67.27	4.27	272	411.92	24.39	1359
大雪地	7	208	907	647	677	60	617	34.59	1.21	293	156.87	6.87	1364
咱　租	11	410	1691	454	1307	35	1272	42.18	-8.14	218	322.85	16.84	1336
保马夸	16	590	2425	772	1660	160	1500	56.53	-2.07	257	427.77	21.1	1377
坡　头	10	209	805	446	735	70	665	26.77	4.48	296	153.82	-4.26	1354
草甸发	8	293	1151	556	1070	175	895	36.44	-1.65	248	205.88	7.11	1346
一　街	12	445	1820	305	1188	110	1078	39.05	-0.07	187	392.32	3.64	1341
六把姑	9	314	1321	1068	1350	20	1330	54.69	0.93	174	214.35	-13.75	1306
密什么	9	380	1453	13	1195	90	1105	43.05	4.3	230	341.85	17.46	1362
平　掌	10	349	1272	828	1433	50	1383	60.0	-2.91	310	226.79	30.79	1365
田　房	8	279	1059	453	831	140	691	31.45	-9.71	296	186.22	13.84	1328
团　山	11	689	2639		1492	140	1352	44.24	-2.49	167	469.91	26.65	1434

（高仲银）

罗武庄乡

位于南华县西部，乡政府驻罗武庄村，海拔1800米，距县城105公里。2001年末辖7个村民委员会，125个自然村，89个村民小组。全乡有国土面积123.4平方公里，有耕地面积12214亩，其中：水田1684亩，旱地10530亩，农业人口人均占有耕地1.04亩。

人口民族　2001年末，全乡有3145户，总人口12266人，其中：男6372人，女5894人；农业人口11904人，非农业人口362人；境内居住着汉、彝、白、哈尼等民族，其中：汉族8731人，占总人口71%；彝族有3523人，占总人口29%；白族9人，占总人口0.07%；哈尼族3人，占总人口0.024%。

党组织状况　2001年，乡党委辖党支部12个，党小组55个，共有党员444名，其中：少数民族党员137名，女党员49名，农村党员357名。年内发展党员15名，其中：少数民族党员8名，女党员4名，农村党员9名。

经济状况　2001年，全乡工农业总产值1962万元（90不变价），比上年增92.3万元，增长4.97%，其中：工业总产值660万元，农业总产值1302万元；农村经济总收入2760万元，比上年增41.4万元，增长1.5%；烤烟种植4100亩，总产量57.85万公斤，总产值53万元；全年粮食种植面积22000亩，粮食总产量546万公斤，比上年增8万公斤，增长1.49%；财政总收入366.3万元，比上年减20.5万元，减少5.3%，其中：自收收入132.56万元，比上年减20.19万元，减少13.2%。财政总支出369.4万元。

水利建设　2001年，全乡投入水利建设资金135.49万元，投工2700万个，兴修各类水利工程2件，改善灌溉面积300亩。解决了728人、360头大牲畜的饮水困难。

畜牧业　2001年，实现畜牧业总产值748.3万元。大牲畜存栏6317头，其中：牛存栏4608头，出栏906头；猪存栏9168头，出栏9504头，商市收售4629头，自食4875头。各种家禽存栏85600只，出栏70615只。

乡镇企业　2001年，全乡有乡镇企业186个，从业人员534人，营业总收入1816万元，比上年增442万元，增长32.2％；现价总产值1573万元，比上年增365万元，增长30%；上缴税金15万元，利税总额123万元。

个私经济　2001年，全乡有个体企业186个，从业人员524人，营业收入1816万元，现价总产值1573万元，实现利税总额123万元，固定资产原值361万元，实交税金15万元。

文化教育 2001年，全乡有文化站1个，图书2个；有中学1所，有教学班11个，在校学生615人，招生220人，毕业161人，有教职工33人；有小学30所，在校学生905人，教职工88人；乡党校全年举办各类培训班4期，参培人数达564人。

医疗卫生 2001年，全乡有卫生院1所，有医务人员8人，其中：初职4人，中职1人。有病床12张，住院72人，出院70人；全年诊治门诊病人10098人次；实现医疗总收入15万元。有村级卫生室7个，医务人员14人。

计划生育 2001年，全乡采取各种避孕人数2318人，其中：男性绝育27人，女性绝育1582人，放环709人，三术率达89%，节育率达89.4%；全年出生人口211人，出生率达17‰，死亡115人，死亡率达9.4‰；人口自然增长率为7.6‰。

人民生活 2001年，全乡农民人均纯收入1492元，比上年增5元，增长0.34%；人均占有粮食340公斤，比上年增4公斤，增长1.2%。

【兽医站综合楼建设】 2001年3月，投资15万元，建盖砖混结构两层综合楼238平方米，12月30日竣工投入使用。

【羊歇地重力坝建设】 2001年，投资20.8万元，新建容水量1.6万立方米的重力坝1座。其中：坝埂总高11.4米，设计正常蓄水9米，坝埂长34.3米，浆砌完成1871立方米，开挖土石方726立方米，受益6个村民小组213户、728人，增加灌溉面积300亩，于3月初开工至12月底竣工。

【“天保”工程建设】 2001年，投资6万元，新建“天保”工程巡视所100平方米，其中：红砖厂“天保”管护房3间，岔河口房后垭口3间。配备18名巡山人员，对全乡13.4万亩的封山育林进行管护，对巡山人员落实了责任制。

【农网改造】 2001年，群众投资25.5万元，改造了羊歇地、臧当、三家及部分村民委员会62个村民小组、1275户的安全用电工程，其中：高压线路17.8公里，低压线270公里，改造后，实现了一户一表，减轻了农民负担，保证了农户安全用电。

【产业结构调整】 2001年，重点培植好种植业、养殖业、林果业、乡镇企业四大产业。1.在力保粮食总产量达548万公斤的前提下，种植烤烟4200亩。2.养殖业，以市场为导向，依靠科技推进畜牧业向专业化、规范化、产业化发展，做到科学养殖、科学防治，全年出售商品猪4629头，鸡3万只，牛500头，使大岩子村的商品猪基地形成了规模。3.对现有的经济林果品种改良500亩，新发展了干果4000亩。

【发展绿色企业】 2001年，共发展经济林果基地1610亩，重点在臧当、祭龙山、树密鲊、阿脑、羊成庄5个村民委员会发展核桃500亩；树蜜鲊、三家、祭龙山、藏当、阿脑5个村民委员会发展桔子600亩；羊成庄村民委员会发展花椒50亩；小河底发展香蕉50亩。

【知识竞赛活动】 2001年7月1日，乡纪委组织机关5个党支部和臧当、祭龙山两个村党支部，开展党风廉政建设知识竞赛活动，共参加26个单位86人，在竞赛中，采用抽题和抢答等方式。竞赛结果：财贸支部获第一名，机关支部获第二名，中学支部获第三名。乡党委、政府对优胜支部分别给予奖励。

【献爱心活动】 2001年，由乡妇联、乡共青团组织，对全乡广大人民和共青团员提出倡议，为树密鲊村卫生员李凤芝同志身患重病多年，献上一片爱心，有334人捐款，共捐资7823元。

【程控电话建设】 2001年，全乡有11个村新安装程控电话107部。其中：臧当7个村民小组67部，树密鲊村民委员会上、下罗两个村民小组25部，三家上、下村民小组15部。为农村经济、社会发展提供了信息保障。

【社会治安】 2001年，全乡共发生各类刑事案件13件，侦破8件，破案率达62%，受理治安案件32件，查处31件，查处率达96.8%。有力地打击了犯罪，营造了好的社会氛围，维护了全乡的社会稳定、经济发展。

乡党委书记 李学富（彝）
副 书 记 罗成章（彝）
李芝洪（彝）
杨春洪（白，下派，任至1月）
者荣贵（彝，下派，1月任）
普永前（彝，10月任）
乡人大主席 戴文武
乡 长 罗成章（彝）
副 乡 长 彭正光
王国寿（任至10月）
杨发明（州下派，任至10月）
孔跃德（彝，11月任）
乡纪委书记 普永前（彝）
乡党校常务副校长 罗开存（彝，任至10月）
乡武装部部长 李开祥（10月任）

罗武庄乡2001年各村民委员会简况

村委会＼项目	村民小组(个)	总户数(户)	总人口(人)	其中少数民族(人)	总耕地(亩)	其中		粮食总产(万公斤)	比上年增减(万公斤)	人均有粮(公斤)	经济总收入(万元)	比上年增减(万元)	人均纯收入(元)
						水田(亩)	旱地(亩)						
羊歇地	6	209	721	22	857	160	697	34.44	-1.37	336	171.24	2.39	1486
三　家	10	398	1552	68	1383	208	1115	68.34	2.75	338	351.63	5.2	1490
臧　当	22	800	3039	1200	4215	309	3906	147.97	-4.55	342	763.41	7.74	1490
祭龙山	10	368	1357	142	1289	216	1073	58.74	-1.7	340	301.25	4.81	1495
树密鲊	12	410	1604	217	1322	270	1053	71.76	6.21	345	357.31	6.94	1492
阿　脑	16	473	1829	270	1600	456	1144	81.97	2.26	342	408.31	8.29	1493
羊成庄	13	472	1836	1530	1548	5	1543	83.06	5.73	336	406.79	6.01	1492

（李登明）

红 土 坡 镇

位于南华县西南部。镇政府驻马街子村，海拔1740米，距县城115公里。2001年辖11个村民委员会，338个自然村，106个村民小组。全镇有国土面积181平方公里，有耕地面积14879亩，其中：水田1728亩，旱地13061亩，农业人口人均占有耕地1.13亩。

人口民族　2001年末，全镇有3270户，总人口13583人，其中：男7112人，女6471人，农业人口13159人，非农业人口424人。境内居住着汉、彝、回、白等民族，其中：汉族11235人，占总人口的83%；彝族1934人，占总人口的14.2%；回族390人，占总人口的2.9%，白族24人；占总人口的0.18%。

党组织状况　2001年，镇党委辖党支部20个，党小组59个，共有党员555名，其中：少数民族党员117名，女党员59名，农村党员432名。年内发展党员23名，其中：少数民族党员9名，女党员4名，农村党员7名。

经济状况　2001年，全镇工农业总产值2886万元（90不变价），比上年增184万元，增长6.8%，其中：工业总产值346万元，农业总产值2540万元；农村经济总收入2886万元，比上年增184万元，增长6.8%；烤烟种植2200亩，总产量38.8万公斤，总产值364万元；全年粮食种植面积23431亩，粮食总产量658万公斤，比上年增22万公斤，增长3.5%；财政总收入403万元，比上年减67万元，减少14.3%，其中：自收收入101万元，比上年减9万元，减少9%。财政总支出409万元。

水利建设　2001年，全镇投入水利建设资金4万元，投工4万个，兴修各类水利工程47件，其中：新建小水池0个，改善灌溉面积600亩。解决了460人、270头大牲畜的饮水困难。

畜牧业　2001年，实现畜牧业总产值975万元。大牲畜存栏7518头，其中：牛存栏5286头，出栏1473头；猪存栏12575头，出栏11031头，商市收售5516头，自食5515头。山绵羊存栏979只，出栏2263只，出售2141只。各种家禽存栏47120只，出栏117761只。

乡镇企业　2001年，全镇有乡镇企业352个，从业人员724人，营业总收入4462万元，比上年增1030万元，增长41.2％；现价总产值3179万元，比上年增834万元，增长35.6％；上缴税金37万元，利税总额445万元。

个私经济　2001年，全镇有个体企业351个，从业人员613人，营业收入3757万元，现价总产值2474万元，实现利税总额425万元，固定资产原值807万元，实交税金32万元；有私营企业1个，从业人员6人，营业收入50万元，现价总产值10万元，实现利税总额3万元，固定资产原值10万元，实交税金1万元。

文化教育　2001年，全镇有文化站1个，图书室1个；有中学1所，有教学班12个，在校学生640人，招生220人，毕业193人，有教职工52人；有小学29所，在校学生1226人，教职工96人；镇党校全年举办各类培训班6期，参培人数达580人。

医疗卫生　2001年，全镇有卫生院1所，有医务人员23人，其中：初职21人，中职2人。有病床24张，住院490人，出院490人；全年诊治门诊病人9800人次；实现医疗总收入59万元。有村级卫生室11个，医务人员23人。

计划生育　2001年，全镇采取各种避孕人数2631人，其中：女性绝育2141人，放环412人，三术率达87.68%，节育率达89.76%；全年出生人口217人，出生率达15.94‰，死亡125人，死亡率达9.2‰；人口自然增长率为6.8‰。

人民生活　2001年，全镇农民人均纯收入1574元，比上年增94元，增长6.4%；人均占有粮食395公斤，比上年增17公斤，增长4.5%。

【撤乡设镇】　2001年5月30日，乡政府根据国务院有关规定和撤乡设镇的条件及标准，向上级呈报了撤乡设镇的请示。12月3日省人民政府云政复（2001）206号批复同意和县人民政府南政通（2001）19号通知，撤销红土坡乡，设立红土坡镇，管辖范围和隶属关系不变，镇政府驻原乡政府驻地。

【“三个代表”学习教育活动】　2001年2月6日至4月20日，开展第一批“三个代表”学习教育活动。学习教育对象31人，学习重点篇目308篇，总学时816个，写读书笔记近10万字，心得体会文章312篇。县镇两级共89名“三学”对象进驻11个村民委员会86个村民小组开展“三同”，走访农户774户，为困难群众解决实际问题，为203户困难户送籽种1015公斤，化肥8120公斤，救济款36200元，衣物600余件。

【社会治安综合治理】　2001年，在第一阶段“严拓整治”工作中，清缴民用枪支39支，铜炮1500发，炸药2250克，导火线2米，侦破盗窃、投毒案件2件，抓获嫌疑人4人，查处治安案件8件，处罚8人，快速审结民事案件15件，调处民事纠纷9件。同时，“严打”工作队深入11个村民委员会29个村民小组，带动各村社“严防”、“严查”、“严治”工作。5月28日召开“南华县红土坡镇‘严打整治’公判公处大会”，公开对12名犯罪嫌疑人进行公处公判，有力地震慑了犯罪，收到了较好的教育效果。

【产业结构调整】　2001年，种植经济作物5658亩，其中：种当归800亩，桔梗、附子100亩，茯苓20亩，大白芸豆1270亩，扁形小白芸豆1500亩，大豆100亩，荞子、洋芋1300亩，甘蔗、花生、辣椒500亩。粮经比例从上年的77:23调整为71:29，扎扎实实地打牢了增产增收基础。

【阴雨灾害】　2001年5月初，全镇境内连续出现3次强降雨天气，降雨量达299.5毫米，比上年同期增降雨171.5毫米，使部分民房和农作物遭受不同程度的洪涝灾害，民房受损118户，787间，其中：倒塌13户47间，畜厩倒塌61间，包谷受灾1067亩，其中：成灾824亩，绝收73亩，水稻冲毁62亩。烤烟受灾336亩，其中：成灾123亩，绝收50亩。

【绿化造林】　2001年，完成罗纳里700亩蓝黑混交工程，完成20亩印楝示范基地，全镇共完成造林任务1520亩，其中：公益1000亩（蓝黑混交700亩、碰柑300亩），防护林500亩，四旁植树9万株。

【电信事业】　2001年，投资45万元，修建罗纳里、咪拉山、大德郎、法郎、起岔夸等村民委员会的程控光缆18.97杆公里40.1对公里，将结束各村手摇式“马铃铛”电话时代。

【市场建设】　2001年，镇村两级投资7万元，修建大德郎街道800平方米。

镇党委书记　鲁明贵（彝）
副　书　记　李郁光
许荣昌
巫俊荣（下派，任至12月）
李文秀（女，6月任）
镇人大主席　李先学
镇　　　长　李郁光
副　镇　长　彭元勇
王有李（任至12月）
赵　济（任至12月）
钱发莹（彝，下派，任至11月）
何　勇（11月任）
镇纪委书记　杨加武（任至6月）
李文秀（女，10月任）
镇党校常务副校长　李美昌
镇武装部部长　余正昌（任至10月）
李学文（彝，10月任）

红土坡镇2001年各村民委员会简况

村委会＼项目	村民小组(个)	总户数(户)	总人口(人)	其中少数民族(人)	总耕地(亩)	其中		粮食总产(万公斤)	比上年增减(万公斤)	人均有粮(公斤)	经济总收入(万元)	比上年增减(万元)	人均纯收入(元)
						水田(亩)	旱地(亩)						
大旭宇	9	325	1350	53	1596	93	1503	81	29	339	314	67	1499
山　尾	10	240	924	139	1005	130	875	43	5	271	184	24	1379
罗纳里	8	234	956	34	1110	291	819	51	-20	480	201	-17	1694
龙潭山	7	241	958	59	1282		1282	53	2	459	192	-4	1504
依黑么	15	386	1561	549	1477		1477	57	-30	358	374	26	1590
明　么	13	426	1819	218	1986	473	1513	97	21	477	390	11	1668
簪　花	12	406	1654	201	2368	420	1948	114	34	490	397	30	1644
咪拉山	7	192	744	87	916		916	33	-13	386	181	11	1705
大德郎	10	284	1192	259	1047	102	945	38	-24	287	241	7	1407
法　郎	9	312	1179	438	1082	131	951	48	8	322	222	10	1480
起岔夸	6	198	822	287	920	88	832	43	10	426	190	20	1662

（杨金雄　何从先）

五顶山乡

位于南华县南部，礼舍江畔南岸，乡政府驻新村，海拔2363米，距县城156公里。2001年辖7个村民委员会，85个村民小组，150个自然村。全乡有国土总面积90.8平方公里，有耕地面积11853亩，其中：水田687亩，旱地11166亩，农业人口人均占有耕地1.17亩。

人口民族　2001年末，全乡有2497户，总人口10548人，其中：男5385人，女5163人；农业人口10139人，非农业人口409人。境内居住着汉、彝、回、白、苗、傈僳等民族，其中：汉族7102人，占总人口的67%，彝族2392人，占总人口的23%，回族1046人，占总人口的9.9%，白族5人，占总人口的0.05%。

党组织状况　2001年，乡党委辖党支部14个，党小组56个，共有党员532名，其中：少数民族党员209名，女党员79名，农村党员400名。年内发展党员17名，其中：少数民族党员5名，女党员14名，农村党员11名。

经济状况　2001年，全乡工农业总产值1922万元（90不变价），比上年减426万元，减少18%，其中：工业总产值721万元，农业总产值1201万元；农村经济总收入2238万元，比上年增166万元，增长8%；烤烟种植3300亩，总产量49.05万公斤，总产值508.75万元；全年粮食种植面积17660亩，粮食总产量418.55万公斤，比上年增3万公斤，增长0.7%；财政总收入310.3万元，比上年减107.6万元，减少25.8%，其中：自收收入133.3万元，比上年减30.6万元，减少18.7%。财政总支出304.95万元。

水利建设　2001年，全乡投入水利建设资金155.1万元，投工11.4万个，兴修各类水利工程425件，其中：新建小水池420个，改善灌溉面积2118亩。解决了278人、156头大牲畜的饮水困难。

畜牧业　2001年，实现畜牧业总产值839万元。大牲畜存栏5703头，其中：牛存栏5600头，出栏1401头；猪存栏8002头，出栏8804头，商市收售5446头，自食3358头。山绵羊存栏6602只，出栏3576只，出售1736只。各种家禽存栏34098只，出栏71240只。

乡镇企业　2001年，全乡有乡镇企业285个，从业人员1017人，营业总收入5759万元，比上年增1078万元，增长23.3%；现价总产值4103万元，比上年减42万元，减少1%；上缴税金31万元，利税总额308万元。

个私经济 2001年，全乡有个体企业285个，从业人员1017人，营业收入5759万元，现价总产值4103万元，实现利税总额308万元，固定资产原值401万元，实交税金31万元；有私营企业285个，从业人员1017人，营业收入5759万元，现价总产值4103万元，实现利税总额308万元，固定资产原值401万元，实交税金31万元。

文化教育 2001年，全乡有文化站1个，图书室1个；有中学1所，有教学班8个，在校学生416人，招生120人，毕业60人，有教职工26人；有小学21所，在校学生1120人，教职工73人；乡党校全年举办各类培训班14期，参培人数达2920人。

医疗卫生 2001年，全乡有卫生院1所，有医务人员13人，其中：初职7人，中职1人。有病床10张，住院192人，出院192人；全年诊治门诊病人19178人次；实现医疗总收入34.7万元。有村级卫生室7个，医务人员16人。

计划生育 2001年，全乡采取各种避孕人数190人，其中：男性绝育13人，女性绝育78人，放环99人，三术率达89%，节育率达90%；全年出生人口153人，出生率达14‰，死亡73人，死亡率达7‰；人口自然增长率为7‰。

人民生活 2001年，全乡农民人均纯收入1512元，比上年增112元，增长8%；人均占有粮食411公斤，比上年增2公斤，增长1.8%。

【集镇建设】 2001年，经省、州立项批准实施的五顶山小集镇建设工程，全长888米，宽46米。总投资770万元，于7月10日，完成第一期土石开挖工程，11月17日，完成街道地宗划定，12月6日正式对街道两旁的国有土地150宗进行公开拍卖，到年底已拍卖9宗，收回资金85万元。

【公路建设】 2001年，投资26万元，新修乡村公路5条、20公里；同时，配合县交通局完成了投资10万元的南景线五顶山小集镇街头至干坝塘垭口段1公里的四级路面拓宽改造工程。

【通讯建设】 2001年6月17日，投资160万元，建成的1座900兆移动电话机站正式开通使用，促进了山区的通讯事业，加快了信息传送。

【电力建设】 2001年，投资38万元，新建电管所综合楼1幢，建筑面积396平方米，于12月竣工投入使用。投资27万元，对7个村民委员会23个村民小组898户农户户表进行改造，并规范了电力线路。

【农田水利建设】 2001年，组织群众投工投劳改造坡改梯137亩，恢复鼠街水毁农田54亩；修建小水池420个；新修人畜饮水工程2件，修复水沟渠2条8公里，修建“七·六”水库溢洪道1条，长12米、宽2.5米。

【民政救灾救济工作】 2001年，安排发放救灾救济粮1.5万公斤，救济受灾户160户473人，安排救济款0.5万元。

【表彰先进】 2001年，牛丛村民委员会团总支被团州委表彰为“五四”红旗团总支，五顶山中学被团州委表彰为“青年文明校园”，学区被团州委表彰为“优秀少先队组织”。

【阴雨灾害】 2001年4月至8月，五顶山地区阴雨连绵，全乡有136户的5181间房屋不同程度受损，其中：49户1961间房屋需要搬迁，36户145间房屋需要重建，直接经济损失174万元。

乡党委书记　罗忠营（彝）
副　书　记　董建福（彝）
　　　　　　马荣山（回）
　　　　　　李永俊（10月任）
乡人大主席　罗忠营（彝，任至1月）
　　　　　　杨学兰（女，彝，1月任）
乡　　　长　董建福（彝）
副　乡　长　杨学兰（女，彝，任至1月）
　　　　　　郭思海（彝）
　　　　　　张　维（下派，任至11月）
　　　　　　李德枝（11月任）
乡纪委书记　李有尧（任至10月）
　　　　　　李永俊（10月任）
乡党校常务副校长　罗菊芳（女，彝）
乡武装部部长　周振宇

五顶山乡2001年各村民委员会简况

项目 村委会	村民小组(个)	总户数(户)	总人口(人)	其中少数民族(人)	总耕地(亩)	其中 水田(亩)	其中 旱地(亩)	粮食总产(万公斤)	比上年增减(万公斤)	人均有粮(公斤)	经济总收入(万元)	比上年增减(万元)	人均纯收入(元)
牛丛	19	472	1906	653	2262	140	2122	83.16	-7.84	437	454	31	1664
新村	12	388	1650	655	1915	105	1810	72.83	-1.87	463	340	26	1546
力直	13	349	1415	288	2099	20	2079	78.79	-4.41	563	353	26	1743
柳德	9	242	964	419	957	80	877	33.19	2.89	347	205	16	1493
阿鸟	10	339	1456	336	1695	85	1610	58.97	10.57	406	257	20	1182
王家	9	289	1180	746	1526	127	1399	43.44	2.94	368	293	22	1643
鼠街	13	418	1671	241	1399	130	1269	48.18	-0.71	290	336	25	1315

(周发学)

马街乡

位于南华县西南部。乡政府驻马街，海拔1845米，距县城175公里，2001年辖13个村民委员会、134个村民小组、242个自然村，全乡有国土面积188平方公里，有耕地面积18432亩，其中：水田2562亩，旱地15870亩，农业人口人均占有耕地1.04亩。

人口民族 2001年末，全乡有4186户，总人口18210人，其中：男9489人，女8721人，农业人口17771人，非农业人口439人。境内居住着汉、彝、白、回、哈尼等民族，其中：汉族5690人，占总人口的31.3%，彝族12492人，占总人口的68.7%，白族24人，占总人口的0.13%。

党组织状况 2001年，乡党委辖党支部23个，党小组104个，共有党员922名，其中：少数民族党员779名，女党员119名，农村党员790名。年内发展党员15名，其中：少数民族党员7名，女党员1名，农村党员13名。

经济状况 2001年，全乡工农业总产值4026万元（90不变价），比上年增366万元，增长10%，其中：工业总产值942万元，农业总产值3084万元；农村经济总收入3365.4万元，比上年增26.4万元，增长0.8%；烤烟种植2150亩，总产量32万公斤，总产值286万元；全年粮食种植面积30344亩，粮食总产量735.3万公斤，比上年增11.2万公斤，增长1.5%；财政总收入391万元，比上年减177万元，减少31%，其中：自收收入106万元，比上年减28万元，减少26.4%。财政总支出452.7万元。

水利建设 2001年，全乡投入水利建设资金264万元，投工138万个，兴修各类水利工程249件，其中：新建小水池107个，改善灌溉面积2816亩。解决了2150人、1140头大牲畜的饮水困难。

畜牧业 2001年，实现畜牧业总产值1350万元。大牲畜存栏8825头，其中：牛存栏7570头，出栏1389头；猪存栏18417头，出栏14982头，商市收售7706头，自食7726头。山绵羊存栏13670只，出栏7310只，出售6987只。各种家禽存栏98000只，出栏110000只。

乡镇企业 2001年，全乡有乡镇企业264个，从业人员14226人，营业总收入3323万元，比上年增625万元，增长19%；现价总产值2209万元，比上年增337万元，增长15.3%；上缴税金39万元，利税总额304万元。

个私经济 2001年，全乡有个体企业248个，从业人员308人，营业收入100.1万元，现价总产值15.12万元，实现利税总额25.8万元，固定资产原值49.6万元，实交税金12.9万元。

文化教育 2001年，全乡有文化站1个，图书室1个；有中学1所，有教学班16个，在校学生976人，招生252人，毕业286人，有教职工46人；有小学33所，在校学生1760人，教职工115人；乡党校全年举办各类培训班8期，参培人数达946人。

医疗卫生 2001年，全乡有卫生院1所，有医务人员11人，其中：初职10人，中职1人。有病床20张，住院196人，出院194人；全年诊治门诊病人18000人次；实现医疗总收入38万元。有村级卫生室13个，医务人员30人。

计划生育　2001年，全乡采取各种避孕人数3516人，其中：女性绝育2864人，放环437人，三术率达86.7%，节育率达89.9%；全年出生人口260人，出生率达14‰，死亡134人，死亡率达7.4‰；人口自然增长率为6.9‰。

人民生活　2001年，全乡农民人均纯收入1315元，比上年增3元，增长0.23%；人均占有粮食332公斤，比上年增2公斤，增长0.61%。

【高压电架设】　2001年1月，投资1.3万元架设全乡最贫困、最偏远，自然条件最差的法空村委会、迤头村民小组的高压输电线2150米，解决了全乡唯一未通电的村民小组6户、25人的照明问题，实现了村村通电的目标。

【电网改造】　2001年，投资17.55万元，对4个村委会，19个村民小组，585户的电网进行改造，使改造后的用电量每月下降38%，费用下降11%，减轻了农民负担。

【乡村公路建设】　2001年，投资7.5万元，投工994个。其中投资6万元，修通了缴板村委会到大水井村民小组3850米的公路；投资1.5万元，修通龙街村委会至田房村民小组830米的公路，解决了2个村民小组79户，337人的交通运输困难。

【输水工程建设】　2001年4月，龙街水库重点输水配套工程，龙街么罗苴至马街8615米的三面光沟渠浇筑完工正式投入使用。该项工程修通后，解决了龙街和马街2个村委会、13个村民小组、512户、3411亩的农田地灌溉，使全乡水利化程度达到67.5%，人均占有水田和水浇池0.7亩。

【发展经济林果】　2001年，全乡共发展优质核桃4903亩，历年发展21221亩，年末累计有泡核桃26142亩，已挂果产生效益5700亩，产量达42万公斤，产值达420万元，均价从上年的8元/公斤上升到10元/公斤，上缴核桃农特税12万元。全乡仅核桃收入在1万元以上的有35户，5000元至10000元的有146户，1000元至5000元的有986户。

【栽桑养蚕】　2001年，全乡栽桑642亩，历年栽桑1531亩，目前已有蚕园2173亩，其中：有24亩的1户，3亩以上的52户。年内，全乡饲养小蚕种270张，比上年增63张，产鲜茧6501公斤，比上年增加1202公斤，增长22.7%，产值9.2万元，比上年增1.6万元，增长21.1%，养蚕户从262户增至385户，其中：上千元收入的有8户。

【精神文明建设】　2001年，全乡共创建州级文明单位2个，县级文明单位6个；评选出农村“六星级”以上文明户3170户，其中：“十星级”文明户63户。

【参与《告诉你一个楚雄》电视片拍摄】　2001年3月7日，乡党委、政府投资5000元，组织了400多人干部群众到大中山自然保护区，配合深圳电视台成功拍摄了电视片《告诉你一个楚雄》。

【纪念“七·一”活动】　2001年7月1日，乡党委组织纪念建党80周年活动，开展了歌咏比赛和党风廉政建设知识抢答赛，表彰了22名优秀共产党员，2个先进党支部，17名优秀党务工作者，10名先进党小组长。

【阴雨灾害】　2001年6月29日至30日，境内连降大雨，降雨量达122.5毫米，造成全乡13个村委会，134个村民小组，1865户，5526人受灾。造成粮食作物受灾5685亩，成灾2815亩，绝收350亩，经济作物受灾1890亩，成灾1210亩，绝收30亩，民房受损121户，385间，其中：有28户的房屋倒塌36间；水利、电力、公路等基础设施不同程度受损，造成经济损失47.6万元。

乡党委书记　夏鹏星
副　书　记　窦正军
　　　　　　张华营（10月任）
　　　　　　何　青（女，彝，10月任）
　　　　　　谢有福（下派，任至10月）
　　　　　　董　琦（彝，任至10月）
乡人大主席　自荣文（彝）
乡　　　长　窦正军
副　乡　长　何永才（彝）
　　　　　　苏发财（彝）
　　　　　　罗文新（彝）
乡纪委书记　周富贵（任至10月）
　　　　　　何　青（女，彝，10月任）
乡党校常务副校长　查国星（彝，10月任）
乡武装部部长　罗文清（彝，任至10月）
　　　　　　　何开龙（彝，10月任）

马街乡2001年各村民委员会简况

村委会＼项目	村民小组(个)	总户数(户)	总人口(人)	其中少数民族(人)	总耕地(亩)	其中 水田(亩)	其中 旱地(亩)	粮食总产(万公斤)	比上年增减(万公斤)	人均有粮(公斤)	经济总收入(万元)	比上年增减(万元)	人均纯收入(元)
后山	7	182	799	795	666	88	578	33.3	3.2	310	134.2	1.1	1310
威车	12	329	1435	532	1237	353	884	73.7	1.1	425	251.1	2.0	1334
波罗	10	362	1547	1185	1259	300	959	64.8	1.7	312	231.1	1.8	1312
锈水塘	8	258	1064	1008	810	110	700	45.9	0	333	186.6	1.5	1312
官上	9	258	1035	506	855	275	580	42.9	0.6	352	183.9	1.4	1307
诸葛营	9	335	1388	365	1009	295	714	51.2	0.7	322	262.8	2.1	1320
沙坦郎	14	449	1964	1318	1668	367	1301	75.7	1.1	318	334.2	2.6	1312
法空	11	308	1290	1038	1270	95	1175	40.4	0.6	303	369.5	2.9	1315
马街	13	399	1759	1454	1575	304	1271	76.1	0.1	322	397.2	3.2	1309
唐家	14	383	1570	880	1590	75	1515	59.8	0.9	332	319.8	2.0	1318
龙街	12	383	1635	1291	1633	148	1485	76	0.1	347	268.7	2.1	1312
缴板	6	233	1038	702	903	65	838	44.4	0.6	313	208.2	1.6	1315
平掌子	9	280	1199	1075	1109	60	1049	51.3	0.7	310	217.9	1.8	1319

（李华萍）

兔 街 乡

位于南华县南部。乡政府驻兔街，海拔1540米，距县城207公里。2001年辖11个村民委员会，101个村民小组，154个自然村。全乡有国土面积174平方公里，耕地面积14237亩，其中：水田2868亩，旱地11369亩，农业人口人均占有耕地1.04亩。

人口民族 2001年末，全乡有3327户，总人口14068人，其中：男7395人，女6673人；农业人口13679人，非农业人口389人。境内有汉、彝、白、苗、傈僳、拉祜等民族，其中：汉族7637人，占总人口的54.28%，彝族6359人，占总人口的45.2%，白族5人，占总人口的0.03%，苗族3人，占总人口的0.02%，傈僳族61人，占0.43%。

党组织状况 2001年，乡党委辖党支部21个，党小组75个，共有党员639名，其中：少数民族党员413名，女党员76名，农村党员517名。年内发展党员30名，其中：少数民族党员22名，女党员4名，农村党员6名。

经济状况 2001年，全乡工农业总产值1628万元（90不变价），比上年减287.98万元，减少15%，其中：工业总产值337万元，农业总产值1291万元；农村经济总收入2440万元，比上年增203万元，增长9%；烤烟种植1201.8亩，总产量10万公斤，总产值58万元；全年粮食种植面积24847.5亩，粮食总产量638.3万公斤，比上年增18.59万公斤，增长3%；财政总收入291万元，比上年减51万元，减少15%，其中：自收收入54.32万元，比上年增11万元，增长26%。财政总支出344万元。

水利建设 2001年，全乡投入水利建设资金41万元，投工2.15万个，兴修各类水利工程25件，改善灌溉面积2100亩。解决了1680人、87头大牲畜的饮水困难。

畜牧业 2001年，实现畜牧业总产值1108.7万元。大牲畜存栏4388头，其中：牛存栏4145头，出栏1156头；猪存栏16547头，出栏13094头，商市收售7777头，自食5317头。山绵羊存栏7951只，出栏4573

只，出售4212只。各种家禽存栏52048只，出栏110001只。

乡镇企业　2001年，全乡有乡镇企业248个，从业人员840人，营业总收入3543万元，比上年增684万元，增长24%；现价总产值2103万元，比上年增98万元，增长5%；上缴税金42万元，利税总额380万元。

个私经济　2001年，全乡有个体企业247个，从业人员790人，营业收入3366万元，现价总产值1943万元，实现利税总额374万元，固定资产原值452万元，实交税金40万元；有私营企业1个，从业人员50人，营业收入177万元，现价总产值160万元，实现利税总额6万元，固定资产原值6万元，实交税金2万元。

文化教育　2001年，全乡有文化站1个，图书室1个；有中学1所，有教学班12个，在校学生486人，招生181人，毕业139人，有教职工32人；有小学24所，在校学生1529人，教职工102人；乡党校全年举办各类培训班8期，参培人数达476人。

医疗卫生　2001年，全乡有卫生院1所，有医务人员14人，其中：初职3人，中职1人。有病床10张，住院193人，出院193人；全年诊治门诊病人13613人次；实现医疗总收入31.24万元。有村级卫生室11个，医务人员22人。

计划生育　2001年，全乡采取各种避孕人数486人，其中：女性绝育87人，放环173人，三术率达85.47%，节育率达68.71%；全年出生人口108人，出生率达7.7‰，死亡103人，死亡率达7.3‰；人口自然增长率为6.4‰。

人民生活　2001年，全乡农民人均纯收入1124元，比上年增24元，增长2.2%；人均占有粮食360公斤，比上年增4公斤，增长1%。

乡党委书记　李林枝
副　书　记　何成荣
　　　　　　李美华（彝，10月任）
　　　　　　夏必学（下派，任至12月）
　　　　　　马明早（回，10月任）
乡人大主席　张谓学（彝）
乡　　　长　何成荣（1月任）
副　乡　长　杨德忠
　　　　　　兰智梅（女，彝，11月任）
乡纪委书记　李美华（彝，任至10月）
　　　　　　马明早（回，10月任）
乡党校常务副校长　李文秀（女，彝，任至6月）
　　　　　　　　　米玉书（6月任）
乡武装部部长　张新明（彝）

兔街乡2001年各村民委员会简况

村委会＼项目	村民小组（个）	总户数（户）	总人口（人）	其中少数民族（人）	总耕地（亩）	其中		粮食总产（万公斤）	比上年增减（万公斤）	人均有粮（公斤）	经济总收入（万元）	比上年增减（万元）	人均纯收入（元）
						水田（亩）	旱地（亩）						
大古木	12	449	1862	829	1886	320	1566	92.06	8.06	389	266.3	9.4	1089
小古木	8	361	1243	603	1425	222	1203	64.4	-10.17	401	195.9	14.1	1091
嘴子	10	338	1387	625	1450	460	990	67.76	3.44	338	229.5	12.8	1050
半坡	10	262	1034	902	1058	99	959	48.5	-0.51	375	229.6	44.2	1243
兔街	13	493	2062	550	2072	435	1637	92.42	19.01	346	350.8	56.8	1301
法乌	5	272	1120	214	1116	344	772	41.09	-3.04	326	180	30	1007
普洒	8	268	1131	194	1180	408	772	49.3	-6.67	336	217.7	0.9	1135
小村	13	359	1501	740	1547	387	1160	61.5	-3.77	307	368.4	121.6	1147
小戈瓦	4	128	539	518	560	80	480	27.48	1	404	88.9	-7.8	945
干龙潭	9	207	907	757	928	8	920	46.19	7.22	404	151.2	-27.5	1289
长梁子	9	229	971	534	1015	105	910	47.6	4.01	382	161.6	-21.2	870

（余朝章　者嵘铮）

政　治

——参政议政（周建林　摄）

政　　治

中国共产党南华县委员会

思想建设

【干部理论教育】　2001年初，县委对全县干部理论学习教育作出具体安排，要求全县干部围绕不断提高领导水平和执政水平，不断增强拒腐防变和抵御各种风险的能力这两大历史性课题，通过学习，进一步提高广大干部的马克思主义理论水平和解决实际问题的能力，增强贯彻执行党的基本路线、方针、政策的自觉性和坚定性，全面推进全县改革开放和社会主义现代化建设。各级党组织和广大党员干部以学习邓小平理论和“三个代表”重要思想为主要内容，以党委中心学习组、单位学习日、党支部“三会一课”和个人自学为主要形式，认真组织学习邓小平理论和江泽民“三个代表”重要思想，在正确理解和掌握邓小平理论的科学体系和精神实质上下功夫，把理论学习与努力实践“三个代表”重要思想相结合，与纪念建党80周年相结合，与开展“共产党员如何当好‘三个代表’大讨论”相结合，与当前正在开展的“三个代表”学习教育活动相结合，与贯彻落实全县经济社会发展基本思路相结合，与推进改革开放和现代化建设进程相结合。年内，全县县、乡镇党委中心学习组学习128期，参学1738人次；举办理论骨干培训班22期，参学307人次；在职干部参学6526人次，撰写心得体会1491篇。

【“大讨论、大教育、大行动”活动】　2001年6月至8月，全县开展“共产党员如何当好‘三个代表’大讨论”、“共产党员个个树立‘五种精神’大教育”和“共产党员人人为群众办实事大行动”活动。全体党员、干部、职工以牢固树立“发展才是硬道理”、“稳定是大局”、“稳定压倒一切”、“全心全意为人民服务”的思想和“解放思想、实事求是，紧跟时代、勇于创新，知难而进、一往无前，艰苦奋斗、务求实效，淡泊名利、无私奉献”的五种精神为主题，把“办实事”和“人人参与”、每个共产党员至少为群众办一件实事落到实处，以“大讨论”、“大教育”、“大行动”为契机，开展新一轮解放思想大讨论。在“大讨论”、“大教育”、“大行动”活动中，全县各级各部门组织党员干部，结合部门实际，围绕农业增产、农民增收、农村稳定，企业改革等问题，深入基层了解群众的需要，感受群众的疾苦，反映群众的愿望，帮群众所需，解群众之忧，形成为人民服务的热潮。组织部分单位参与全州纪念建党80周年党史党建征文活动，选送论文50篇，被“楚雄州纪念中国共产党成立80周年学习‘三个代表’重要思想研讨会”选用19篇，被州委宣传部、州委党史征研室编印的《学习与实践》（——楚雄州学习“三个代表”重要思想论文集）一书收录7篇。

【学习江总书记“七一”讲话】　2001年7月1日，全县组织近万名干部群众收听收看中共中央召开的庆祝中国共产党成立80周年大会实况转播，听取江泽民总书记在大会上作的《在庆祝中国共产党成立80周年大会上的讲话》；7月2日，县委办公室发出《关于认真学习贯彻江泽民总书记在庆祝中国共产党成立80周年大会上的讲话精神的通知》，各级各部门随之开始认真学习《讲话》，结合工作实际开展讨论。县委宣传部组织征订“七一”讲话辅导读物—《新世纪党的建设的伟大纲领》150册，组织500多名干部职工观看电教片《讲话辅助学习报告》，印发《学习江泽民总书记在庆祝中国共产党成立80周年大会上的讲话讨论专题》。9月27日，县委召开全县学习“七一”讲话精神汇报会，10个党委汇报学习贯彻学习“七一”讲话的情况和经验，县委副书记刘平就进一步深入学习《讲话》、贯彻六中全会精神提出了具体要求。

【学习江总书记“七一”讲话报告会】 2001年8月31日，县委召开学习江总书记“七一”讲话报告会，州委常委、州委宣传部部长李俊到会作学习江总书记“七一”讲话辅导报告。9月19日，州委学习江总书记“七一”讲话宣讲团到县内向广大党员干部宣讲“七一”讲话。期间，县委组建学习江总书记“七一”重要讲话宣讲团，到全县各乡镇及县直属机关作江总书记“七一”重要讲话精神巡回宣讲。至年末，全县有3150多名干部职工聆听学习江总书记“七一”重要讲话精神专题报告。

【宣传贯彻党的十五届六中全会精神】 2001年9月，县委及时安排部署宣传贯彻党的十五届六中全会精神。党的十五届六中全会召开后，县委及时发出《通知》，安排组织党员干部收听收看党的十五届六中全会会议报道，学习《中共十五届六中全会公报》。随后，县委又发出《关于认真学习贯彻党的十五届六中全会精神的通知》。10月23日，县委宣传部印发《学习党的十五届六中全会精神讨论提纲》，把学习贯彻党的十五届六中全会精神与要解决的实际问题相联系，要求全体党员干部围绕10个专题开展学习和讨论。

（罗富生）

农村“三个代表”重要思想学习教育

【农村第一批“三个代表”重要思想学习教育活动】 2001年2月3日，全县农村第一批“三个代表”重要思想学习教育活动全面展开。按照中央和省、州党委的部署，全县紧紧围绕农村改革、发展和稳定大局，以促进全县农业和农村经济发展为目标，努力提高干部素质，切实解决突出问题。学习教育活动分“学习培训、对照检查、整改提高”三个阶段进行。全县农村第一批“三个代表”重要思想学习教育活动，参加学习教育对象1944人，其中，县级直属机关单位51个1170人，省、州系统垂直管理单位19个410人，12个乡镇的干部364人；副科以上实职领导干部379人，其他干部1565人。至4月20日，经过77天的集中学习教育，取得了明显成效。一是各参加学习的干部认真研读必读篇目，干部学习政治理论的自觉性和政治理论水平进一步提高。全体“三学”（“三个代表”重要思想学习教育）对象，人均做读书笔记超过5000字，撰写心得体会文章1篇，心得体会文章在会议交流830篇。通过学习、讨论和反思，参学对象学有所悟、学有所得，对“三个代表”重要思想的科学内涵和重大意义有了新的认识，树立了全心全意为人民服务的思想，增强了服务农业、农村、农民的政治意识、大局意识和责任意识，提高了应用市场经济规律指导农村工作的能力和水平。二是通过广泛听取意见，认真对照检查，找准了班子及干部存在的突出问题。采取座谈走访、进村入户“三同”（同吃、同住、同劳动）、召开专题交办会、民主生活会、填写征求意见表等形式，听取各个方面的意见。全县召开各类座谈会1172次，参加座谈16110人，个别走访干部群众2795人，征求到意见建议10517条，其中肯定意见4322条、意见建议6195条；各种意见建议中，对领导班子的意见建议4553条，对班子成员的意见建议5964条。在广泛听取意见的基础上，12个乡镇、59个县级单位的71个领导班子和344名副科以上实职干部认真撰写了对照检查材料，1565名干部职工撰写了思想工作总结材料。通过认真撰写对照检查材料和思想工作总结，摆问题、论危害、挖根源、明方向，使每位参学对象从中受到教育，得到提高。三是各班子成员深入交心谈心，开好民主生活会，班子达到新的团结和统一。各班子成员联系理论学习、理想信念、群众观点、工作作风、贯彻执行党的路线方针政策、廉洁自律及反邪教等方面的问题和不足，认真开展批评与自我批评，达到沟通思想、化解矛盾、加强团结、统一思想、促进工作的目的。四是各班子、各部门认真做好整改提高，让群众看到“三学”实效。各乡镇、各单位坚持把整改作为“三个代表”重要思想学习教育活动的出发点和落脚点，把边学边改、边整边改贯穿始终，从群众不满意的事改起，从群众希望的事做起，想群众之所想，帮群众之所需，尽心尽力为群众排忧解难，积极构筑“民心工程”，按照整改方案，定领导、定时限、定责任，逐项抓好落实，真正取信于民。五是以“三学”为动力，推动当前工作。各级各部门坚持一手抓学习教育，一手抓工作，边学习“三个代表”重要思想，边实践“三个代表”重要思想。广大干部围绕“能否代表、怎样代表”的问题，深入思考，进一步深化对县情、乡情、村情的认识，以“深化改革，加快发展”为主题，解放思想，更新观念，帮助群众总结经验，分析研究产业结构调整缓慢、农民增收致富难的原因和对策，因地制宜，同群众一起理思路、定措施、抓信息、找订单、促发展，做到学习、工作两不误。六是加强领导、严格把关，确保“三学”活动的高标准高质量。县委和各乡镇、县级机关各单位成立“三个代表”学习教育活动领导小组和办事机构。从县级机关抽调60名熟悉、热心农业和农村工作的同志组成20个工作队，派驻12个乡镇和县级机关，抓好检查、督促、指导。县委、县人大、县政协、县纪委领导班子的22名党员领导干部分别联系乡镇和县级机关的“三学”活动。坚持时间、进度服从质量，精心组织，周密安排，认真把好各阶段的工作，确保第一批“三个代表”重要思想学习教育活动收到实效。

【“三个代表”重要思想学习教育回访复查】 2001年6月25日至7月25日，全县开展农村第一批“三个代表”重要思想学习教育回访复查。县委抽调16名干部组成4个督查组，“以干部受教育、农民得实惠、群众是否满意”为重点，采取听汇报、看现场、查资料、走访调查、请群众评议的方法，深入全县12个乡镇、70个县级机关单位，作“三学”活动回访复查，有力地促进各领导班子及成员、全体党员干部的整改方案（措施）的落实。至11月底，县、乡各级制定的整改措施，县级机关单位已落实1951条，乡镇已落实1206条。

【沙桥村级“三个代表”学习教育试点】 2001年7月5日至8月28日，县委在沙桥镇组织开展第二批农村“三个代表”重要思想学习教育活动试点，沙桥镇的12个村党支部和村民委员会、26个站所及行政村的兽医、卫生员、林管员、治安员、计划生育宣传员、财经管理员等开展了农村“三个代表”重要思想学习教育活动。县委派驻指导组和工作组，全县12个乡镇党委政工副书记参加试点工作。通过近两个月的学习教育，沙桥全镇的党员干部职工学习政治理论的自觉性得到增强，思想政策水平明显提高，班子集体和干部中存在的突出问题得到解决。第二批农村“三个代表”重要思想学习教育活动试点期间，全镇38个参学单位召开座谈会157次，参加座谈1795人，征求到意见建议461条。各站所健全完善规章制度，强化内部管理。改变了“门难进、脸难看、人难找、事难办”的状况。烟草、农科等站所积极组织技术人员深入田间地头，指导群众搞好粮烟作物中、后期管理。国税分局上门服务收缴当月税款，同时，为了方便群众购买发票，把原来每月售发票1天改为20天；工商所主动为10户残疾人办理执照，申报减免残疾人管理费2000元。沙桥、大冲、小古山等7个村组织群众投工投劳1860个，修筑乡村道路20.3公里，其中铺筑沥青路面1.8公里、弹石路面200米，解决了行路难的问题；雾露鲊等村委会加强森林管护，查处乱砍滥伐19件，没收砍伐工具39套，木材1立方米；索厂等村委会做好各种矛盾纠纷的排查，调处各种矛盾纠纷4起，解决一批邻里之间的遗留难题；向阳村委会在镇党委及相关部门支持下，调处一起纠纷两年多的坟事问题；新华村委会组织张家村民小组群众投工150个，拆除庙宇1座，建盖文化活动室3间64平方米；投资3000元，新建人畜饮水工程1件，解决大窝铺村民小组13户55人130头大牲畜的饮水困难问题；山场村委会先后投资3万元，4次组织群众投工500多个，对红山水库病险进行紧急处理，增加水库蓄水，积极帮助周家4个村民小组整顿维修闭路电视网络及设备，改善收视效果。镇成立经济信息服务中心，抓信息、技术服务；镇畜牧兽医站与小古山村委会合作，发展黑山羊养殖基地，落实养殖户21户，种草42亩；石星村委会积极发展特种养殖，发展石蚌养殖18户，胡蜂养殖50户、500窝，泥鳅养殖1户，种植虫蒌30户20亩；大冲村委会落实连片核桃基地100亩；小河冲、金竹林村委会种植茯苓10亩，附子和桔梗各3亩；田心村委会发展烤烟套种秋蚕豆10亩，规划栽桑100亩。共青团沙桥镇委员会在团员中开展“三学”试点，12个村团总支和4个镇机关团支部按“学习培训、对照检查、民主评议、总结整改”4个阶段，集中学习123个学时，参学773人，团总支、支部成员撰写心得体会102篇、思想工作总结101篇，形成团总支、团支部对照检查材料16篇。民主评议团员791人，评出合格团员636名，基本合格团员44名，评出并表彰优秀团员111名。发展新团员214名，向党组织推荐优秀青年32名。通过“三学”试点，取得较好的经验，认为“三学”试点的成功，加强领导、精心组织是学习教育活动顺利开展的保证，开展专题辅导、抓好学习培训是广大“三学”对象深刻领会精神实质的基础，严把重点环节、突出阶段质量是确保学习教育活动高质量的关键，坚持边学边改、取信于民是学习教育活动取得实效的重要手段。

（史　群）

组织建设

【党组织及党员】 2001年末，全县设党委18个、党组9个、党总支10个、党支部336个、党小组1207个，有党员11246名，其中：少数民族党员4608名，女党员1709名，农村党员9516名。其年龄结构是：25岁以下1234名，占11%；26岁至35岁的2871名，占25.5%；36岁至45岁的2458名，占21.9%；46岁至54岁的1973名，占17.5%；55岁至59岁的960名，占8.5%；60岁以上的1750名，占15.6%。文化结构是：大专文化以上737名，占6.6%；中专1334名，占11.9%；高中952名，占8.5%；初中3629名，占32.3%；小学4187名，占37.2%；文盲407名，占3.6%。

（刘文涛）

【干部队伍状况】 2001年末，全县有在职干部4259名，其中，党政机关干部1220名，事业单位干部2935名，企业单位干部104名；县（处）级领导干部（含非领导职务）43名，乡（科）级领导干部（含非领导职务）482名，副高职以上专业技术人员14名，中职571名，初职2115名；在干部中，少数民族1518名，妇女1262名。年龄在30岁以下1338名，占31.4%；31岁至35岁1276名，占30%；36岁至40岁654名，占15.4%；41岁至45岁456名，占10.7%；46岁至50岁270名，占6.3%；51岁至54岁222名，占5.2%；55岁至59岁43名，占1%。大专文化以上1514名，占35.5%；中专2202名，占51.7%；高中250名，占5.9%；初中文化以下293名，占6.9%。年内新增干部399名，其中新录取和聘用干部279名；减少干部738名，其中：退（离）休135名，辞职6名，开除2名。全县在职干部比上年减少339名，减少7.4%。

【干部任免与交流】 2001年，调整任免科局级干部139名，其中，提拔任用正科职务11名，副科职务44名，平职级调整35名，免职49名（其中，改任非领导职务28名）。交流使用干部35名，其中：乡（镇）调县级机关任职5名，县级机关调乡（镇）任职3名，乡（镇）之间交流14名，县级机关交流13名。

（王之平）

【民主评议】 2001年，全县336个党支部全部开展民主评议党员工作，参加评议党员11087名，参评率98.6%。通过民主评议，评出优秀党员112名，合格党员10973名，不合格党员2名。年内，受党的纪律处分的党员9名，留党察看2名，开除党籍7名。

（刘文涛）

【发展党员】 2001年，全县发展党员396名，其中：少数民族党员154名，妇女党员92名，工作在企业和农村生产一线的党员232名，知识分子党员169名。在新党员中，35岁以下的347名，高中以上文化266名。党员发展工作中，推行《发展党员公示制》，年内新发展的党员都按制度作了公示。

（周绍辉）

【干部制度改革】 2001年，全县干部制度改革进一步深入。（1）进一步扩大广大群众在干部选拔任用上的知情权、参与权、选择权和监督权。在机构改革和乡镇换届干部调整中，全县12个乡镇和52个县级机关的330名科级干部开展民主评议，12个乡镇的117个科级领导干部职位实行民主推荐，新提拔的25名乡镇干部实行差额考察。领导干部任前实行公示，全年公示干部四批53人。空缺的2个正科职位、27个副科职位实行署名推荐，取推荐票多的前三名进行考察，按缺额数任用。在向州推荐助理调研员中，把符合条件的13名干部列入组织考察，在县委常委会议上署名推荐，得票最高的2名干部作为推荐对象上报。按照“公开、平等、竞争、择优”的原则，对6个副科级职位在全县公开招考，通过公开报名、资格审查、笔试、面试、差额考察、民主测评、县委讨论等程序，最后有6名干部从140名报考者中脱颖而出，走上领导岗位。在公开选拔6个副科级职位干部中，实行考察预告制、差额考察制、任前公示制等新的干部人事制度，拓宽了选人识人视野和用人渠道，有效地防止了用人上的不正之风。（2）解决干部“能上能下”问题上有新突破。132名乡镇科级领导干部和198名县级机关科级领导干部分别开展届末、届中考核，并根据考核结果，免职改任非领导职务24人、交流轮岗14人。推行任职试用期制，21名新提拔的干部实行试用制，正式任用21名试用期满经考核称职的干部。（3）推行干部考察预告制和差额考察制，全年考察预告15人，差额考察职位35个71人。培养选拔后备干部231名，少数民族后备干部151名，妇女后备干部104名，非党后备干部81名。年内，全县调整干部139人，其中提拔使用55人，仅30岁以下的年轻干部就有26人，少数民族干部25人、妇女干部10人、非中共党员干部6人，改善了干部队伍结构。

（王之平）

【干部教育培训】 2001年，县委重视领导干部理论学习考核，增强领导干部政治理论学习的自觉性，努力提高理论水平。全年选送省、州培训13批88人，选送在职干部参加党校学历培训303名，其中选送函授研究生1名、函授本科生129名、函授专科生164名、脱产专科生9名。举办学习“七一”讲话和六中全会精神培训班4期，培训干部580名。

（王洪琮）

作风建设

【党风党纪教育】　2001年，各级党委、纪委利用各种形式加强党员干部的党风党纪教育。组织收看楚雄州电视台播出的《中国共产党纪律处分条例（试行）》电视系列片、《厦门特大走私案》、《宠妻纵子谋家财的悲剧》、《成克杰案件警示录》等电教片848场次，观看人数9万余人次。对省、州纪委和县纪委监察局查处的重大典型案件进行通报。编印《纪检监察信息》13期1000余份。

【党风廉政知识竞赛】　2001年，县纪委在全县范围内开展了党风廉政建设基本知识竞赛活动。一是成立了南华县党风廉政建设基本知识竞赛领导小组及其办公室，全县各级各部门也成立了相应的组织机构，切实加强了对此项工作的领导。二是及时把州纪委编印的1500册《党风廉政建设基本知识问答》分发到全县86个单位130个村委会供党员、干部学习。为保证学习的效果，3月下旬组织人员对各级各部门的学习和竞赛进行督促检查，促进全县竞赛活动的深入开展。三是全县12个乡镇和县级6个党委、10个党总支、336个党支部，1210个党小组，10488名党员分别采取各种形式认真参与学习、竞赛，共竞赛400余场次，参赛党支部达100%，参赛党员达95.3%。5月31日，县委在南华剧院组织决赛，县级机关600余名党员观看竞赛活动，9个代表队获奖。县上组队于6月23、24日参加州上的竞赛，荣获三等奖。

【党风廉政建设责任制】　在县委四次全委扩大会议上，县委、政府对2000年度党风廉政建设4个优秀乡镇、8个良好乡镇给予了表彰和奖励，对县级16家优秀、34家良好单位给予了通报表彰；对县纪委、监察局给予奖励。会上，县委与全县12个乡镇、县级65个单位签订了2001年党风廉政建设责任书。会后，各乡镇、各单位又分别与下属单位层层签订责任书，形成横向到边，纵向到底的责任制网络。为使责任制得到全面落实，县纪委于7月对全县的党风廉政建设和反腐败工作落实情况作了认真检查，12月下旬，县委又组织检查组对责任制进行考核，评出优秀乡镇5个，良好乡镇7个；县级优秀单位19家，良好单位45家，合格单位1家。使党风廉政建设责任制得到了较好的落实。

【领导干部廉洁自律】　一是通过扎实有效的党风廉政建设宣传教育及“三讲”教育、“三个代表”的学习教育，提高了党员和领导干部拒腐防变的思想意识和能力，进一步筑牢了思想道德、纪律、法律防线，使领导干部廉洁自律工作进一步加强。二是各级领导班子和领导干部坚持民主生活会制度，认真开展批评与自我批评，切实解决好领导班子和领导干部中存在的问题。三是组织部门加大对领导干部的监督管理，并对全县副科以上干部实行收入登记制度，增加了领导干部收入透明度。四是严格控制各种会议、庆典、评比、达标等活动。通过对全县副科级以上干部廉洁自律情况的检查表明，各级领导干部认真执行《廉政准则》和中央关于制止奢侈浪费“八项规定”、全面贯彻执行《云南省领导干部廉洁自律若干规定》、州纪委关于八小时以外活动的规定，自觉遵守中纪委对党员干部提出的廉洁自律各项规定，没有发现县处、乡科级干部在自己管辖范围内，配偶、子女经商办企业的情况，没有发现领导干部接受礼金、有价证券和支付凭证的情况，没有发现领导干部违规多处占房和超标购房的情况。

【纠风治乱】　2001年，对2000年农民负担进行检查，农民负担总额410万元，农民人均负担19.5元，占上年农民人均纯收入的1.3%。“两工”在国务院规定范围内。对县经贸委、县供销社、县人行3个部门下属9个单位和16个企业发放使用和各种代币卷（卡）的贯彻执行情况进行检查。未发现违规违纪现象。对全县12个乡镇县级76个单位6320名公职人员的住房进行清理，未发现违规违纪现象。开展了对药品和医疗服务价格执行情况的检查，2户医疗服务价格违法者受到立案查处。

【领导干部民主生活会】　2001年，全县各级领导班子民主生活会，以“三个代表”重要思想教育为指导，从思想上、政治上、行动上和党中央保持高度一致。全县县处、乡科级单位全部召开了民主生活会。

【机关效能建设】　2001年，全县各级、各单位认真贯彻执行县委、政府关于机关效能建设文件精神，制作了指南牌、去向牌、职责牌、工作牌，狠抓落实，促进了机关工作的开展，提高了机关工作效率。6月12日，全州机关效能建设工作现场会在南华召开，决定在全州乡科级单位中开展机关效能建设工作。

【推行“三公开”】 2001年，全县12个乡镇，县级33个政府部门全部实行了政务公开，共公开90期；130个村民委员会、1482个村民小组实行了村务公开，共公开5689次，设永久性公开栏545块，临时性公开栏1280块，会议公开2426次。8个国有企业，20个集体企业实行厂务公开，占100%。

（唐祺贵）

精神文明建设

【移风易俗倡导文明新风活动】 2001年春，县委在全县组织开展了移风易俗倡导文明新风活动。1月1日，县委宣传部印发《关于开展移风易俗倡导文明新风活动的通知》，决定在新世纪第一个新春佳节即将来临之际，在全县广泛开展移风易俗、倡导文明新风活动，以推动全县解放思想、更新观念，破除陈规陋习、崇尚文明健康的生活方式，使全县各族人民过一个欢乐、祥和、安全、文明、健康、向上的新春佳节。在开展移风易俗倡导文明新风活动中，各级党组织把“活动”作为精神文明建设的重要内容纳入议事日程，领导干部率先垂范，“言”和“行”统一，从“永善事件”中吸取教训，做好廉政建设，多做得人心、暖人心、稳人心的工作，反对封建迷信，打击非法宗教活动，各部门积极开展丰富多彩的文艺活动，把全县各族人民安定团结、发展经济的精神风貌展现出来。

（史　群）

【精神文明管理制度建设】 2001年，县精神文明建设指导委员会及其办公室重视精神文明管理制度建设。4月，县文明办认真总结开展“十星级”文明户创建评比活动的经验，制定、印发了《南华县“十星级”文明户创建管理办法》，把“十星级”文明户创建中的创建内容、创建标准、创建程序、创建重点、组织领导、表彰制度、痕迹管理等10个方面作出明确规定，使全县“十星”级文明户创建活动有了规范化开展的依据。6月，县文明办又制定了《南华县“四线”（320线、南永线、南大线、南景线）文明工程创建实施方案》，把创建文明交通运输线纳入精神文明创建的重要部分。

【文明单位（村）复查、申报】 2001年6月8日至7月5日，县文明办组织复查组，按照《云南省文明单位管理办法》的条款，对全县8个州级文明单位、5个州级文明村、2个届期满的省级文明单位进行复查。经过复查，遴选出南华县工商行政管理局、南华县地方税务局、南华县华鑫购物中心、南华县东城小学、南华县徐营镇柿子树村委会、南华县兔街乡小戈瓦村委会、南华县五街乡芹菜塘村委会7个具备申报条件，在干部群众中有较好形象和声誉，有申报积极性的单位（村），通过申报材料，经县精神文明建设指导委员会全体会议民主推荐、公示，并报县委、县人民政府决定，参加第九批省级文明单位和第二届省级文明村评选。12月10日，召开了省、州级文明单位负责人座谈会，与会同志就如何学习贯彻好《公民道德建设实施纲要》，切实加强思想道德建设，促进精神文明建设发了言。

【纪念建党80周年活动】 2001年秋，全县开展一系列活动以纪念中国共产党成立80周年。6月，县委宣传部、县文明办、县教委、县卫生局联合举办南华县红土地之歌演讲比赛，25名选手参加比赛，决出一等奖1名、二等奖3名、三等奖5名。一等奖获得者李志娟参加楚雄州第三届红土地之歌演讲比赛，荣获二等奖。6月28日，县委举办南华县纪念建党80周年歌咏比赛，12支业余歌咏队参加比赛，赛出一等奖1名，二等奖2名，三等奖3名。年内，全县城乡展映优秀影片34部，放映广场电影3场。

【崇尚文明反对迷信图片展】 2001年2月26日，县委宣传部、县文明办在县城和南华一中举办“崇尚科学文明、反对迷信愚昧”大型图片展，展出图片50多幅。10月21日至28日，县委宣传部、县文明办、县科委、县科协、县司法局、县610办公室联合在县城、南华一中、五街和沙桥集镇巡回作“反对邪教、崇尚文明”图片展览，展出图片132幅。两次展出，观众达4万余人次。在展出的基础上，开展了读书知识竞赛和征文活动，3505名干部职工、师生参加竞赛。

【“三下乡”活动】 2001年1月10日，县“三下乡”活动启动仪式在兔街乡集镇举行，县委宣传部、县文明办、县广播电视局、县文体局、县科委、县农牧局、县计生委、县卫生局、县新华书店等单位在启动仪式上开展一系列活动。向兔街乡捐赠书刊2760

册，向群众发放科技资料5000多份，免费为群众书写对联800余副，赠送10瓦电视接收机1套。赠送《西游记》、《三国演义》、《水浒传》、《红楼梦》故事片VCD光盘400张。县委宣传部向五顶山乡王家村民委员会赠送10瓦电视接受机1套。县科技、文化、卫生、计划生育部门还分别开展科普知识展览、文艺演出、免费义诊看病、优生优育咨询、赠送避孕药具等活动。随后，各部门根据行业特点，坚持长期开展科技、文化、卫生“三下乡”活动，县委宣传部向五顶山乡王家村民委员会和王家小学分别赠送电视机1台，高音喇叭2只，音响设备1套，图书365册。通过协调联系，为89个村委会获得赠送图书9100册；支持县图书馆征集地方民族文献资料，收集入库南华地方史、志、年鉴等文献资料书籍50多册。

【学习贯彻《公民道德建设实施纲要》】 2001年，《公民道德建设实施纲要》公布后，县委及时印发《关于认真学习贯彻〈公民道德建设实施纲要〉的通知》，提出全县机关、学校、农村、企业道德建设的具体措施和领导责任。11月20日，县精神文明建设指导委员会召开学习《公民道德建设实施纲要》座谈会，县文明委成员，省、州级文明单位及部分单位负责人、部分离退休老干部参加会议，共同学习《公民道德建设实施纲要》，畅谈学习体会，交流《公民道德建设实施纲要》在全县贯彻实施经验。12月10日，州委思想道德建设情况调研组到县内调研，召开县内省、州级文明单位负责人参加的学习贯彻《公民道德建设实施纲要》暨思想道德建设情况座谈会。

【民族文化建设】 2001年，县委宣传部牵头落实了一批民族文化建设项目。一是组织编写《南华县民族文化建设实施方案》，岔河生态旅游村、咪黑们村委会“彝族文化保护村”申报材料；二是一街乡作为“百县千乡宣传文化工程”的获得列项；三是协同昆明读书博览社、县城建局、县武警中队在县城街道设立报刊亭2个；四是遴选“西部大开发助学工程”受助对象，红土坡镇龙潭山村王发明同学获得每年5000元的生活补助和学杂费减免一半的援助；五是编辑印刷《南华县诗词集》，协助楚雄民族风光电视专题片—《告诉你一个楚雄》摄制组到县内岔河村、咪黑们村和大中山的选点拍摄。

（罗富生）

重 要 会 议

【县委常委会议】 2001年，中共南华县九届委员会召开常委会议18次，即43次至60次。

第43次常委会 2001年1月9日，县委书记李红民在县委三楼会议室主持召开常委会，主要议题是：（1）研究推荐助理干部问题；（2）传达贯彻省委县书会议精神；（3）通报2000年度党风廉政建设责任制考核情况；（4）研究春节慰问等有关工作。

第44次常委会 2001年1月19日，县委书记李红民在县委三楼会议室主持召开常委会，会议主要议题是：（1）讨论修改《十五计划建议草案》；（2）审议县委九届四次全体（扩大）会议《工作报告》；（3）听取南华县2000年财政预算执行情况的汇报；（4）研究有关人事问题；（5）综治考核情况通报。

第45次常委会 2001年2月6日上午，县委书记李红民在县委三楼会议室主持召开常委会，会议主要议题是：（1）讨论机关效能建设实施方案；（2）讨论人代会、政协会有关问题；（3）修改《十五计划建议（草案）》；（4）通报有关人事问题。

第46次常委会 2001年2月8日，县委副书记刘平在县委三楼会议室主持召开常委会，会议的主要议题是研究“610”机构问题。

第47次常委会 2001年2月12日，县委书记李红民在县委三楼会议室主持召开常委会，专题研究县“610”办公室机构及人事问题。

第48次常委会 2001年2月21日，县委书记李红民在县委三楼会议室主持召开常委会，会议主要研究：（1）纪念建党80周年纪念活动的有关问题；（2）研究农业产业结构调整暨生物资源开发创新产业建设的有关问题；（3）讨论关于进一步做好新形势下民族工作的决定；（4）研究政府全会的有关问题；（5）通报2001年大春粮食生产意见和科级干部2000年度考核情况；（6）研究乡镇召开妇代会的有关问题；（7）传达州委“610”会议精神；（8）听取县纪委关于实施机关效能建设工作征求意见的汇报。

第49次常委会 2001年4月26日，县委书记李红民在县委三楼会议室主持召开常委会，会议的主要议题是：（1）研究税费改革的有关工作；（2）讨论《关于加强和改进党校工作的实施意见》；（3）讨论关于设立工会党组的有关问题；（4）讨论《关于进一步做好新形势下民族工作的决定》；（5）讨论上报州委“七一”表彰的有关问题；（6）讨论有关人事问题；（7）讨论党校搬迁的问题。

第50次常委会　2001年4月30日，县委书记李红民在县委三楼会议室召开常委会，会议主要听取了县财政局局长鲁光宝关于财政工作情况汇报和县计委主任王绍林关于2001年一季度国民经济运行情况的汇报，常委并就汇报的情况作分析研究。

第51次常委会　2001年5月17日，县委常委、县委组织部部长杨龙在五楼会议室主持召开了南华县公开招考科级领导干部面试答辩会议，县委常委、人大主任、政协主席观摩南华县公开招考科级领导干部面试答辩情况。

第52次常委会　2001年5月23日，县委书记李红民在县委五楼会议室主持召开常委（扩大）会，县委常委、人大主任、政协主席、洪志副县长等参加了会议。会议主要议题是：（1）传达州委办内部传真电报《通知》精神；（2）研究分析加快小城镇建设，提高城市化进程有关问题；（3）研究分析企业改革与发展问题；（4）研究分析农业结构调整暨生物资源开发创新有关问题。

第53次常委会　2001年6月7日，县委书记李红民在县委五楼会议室主持召开常委会，会议主要议题是：（1）讨论有关人事问题；（2）听取公开招考6名副科干部考察情况的汇报；（3）讨论乡镇妇联换届的有关问题；（4）研究建党80周年纪念活动；（5）传达全州宣传工作会议精神。

第54次常委会　2001年7月25日，县委书记李红民在县委三楼会议室主持召开常委会，会议主要议题是：（1）传达州委五届八次全会精神；（2）研究确定省、州党代表会议候选人初步人选名单；（3）研究有关人事问题；（4）传达省委组织部在全省范围内公开选拔地厅级领导干部的通知精神；（5）研究加快领导干部任期经济责任审计工作。

第55次常委会　2001年7月31日，县委书记李红民在县委三楼会议室主持召开常委会，会议的主要议题是：（1）讨论省党代会代表候选人的问题；（2）研究有关人事问题；（3）研究县处级领导干部手机话费使用问题。

第56次常委会　2001年8月7日，县委书记李红民在县委三楼会议室主持召开常委会议，会议主要议题是：（1）听取5部门经济工作情况的汇报；（2）听取乡镇企业工作情况的汇报；（3）讨论修改南华县小城镇建设意见。

第57次常委会　2001年10月29日，县委书记李红民在县委五楼会议室主持召开常委会，会议的主要议题是：（1）传达省、州机构改革会议精神；（2）研究乡镇换届的有关工作；（3）研究贯彻“七一”讲话和十五届六中全会精神的有关问题；（4）研究有关人事问题；（5）研究依法治县实施方案。

第58次常委会　2001年11月25日，县委书记李红民在县委三楼会议室主持召开常委会，会议主要议题是：（1）研究有关人事问题；（2）听取南华县机构改革情况的汇报；（3）讨论拟报县委、政府调研员、助理调研员的问题。

第59次常委会　2001年12月12日，县委副书记刘平在县委三楼会议室主持召开常委会，会议主要议题是：（1）传达州委选举十六大代表提名暨州第六次党代会提名工作会议精神；（2）听取南华县推荐提名“三个代表”候选人初步人选的情况汇报；（3）讨论修改《中共南华县委关于加强和改进党的作风建设的实施意见》。

第60次常委会　2001年12月19日，县委书记李红民在县委三楼会议室主持召开常委会，会议主要议题是：（1）听取县“三种代表”候选人初步人选推选情况的汇报；（2）讨论县乡机构改革的有关机构人事问题。

（杨松平）

重要通知

1月12日，县委发出《关于成立中共南华县委“三个代表”重要思想学习教育活动领导小组的通知》。组长李红民，副组长刘平、朱明云、李学安、杨龙、何锡英，成员17人。领导小组下设办公室，办公室设在县委组织部，杨龙兼任办公室主任，副主任由汪应富（常务）、柳文龙、张群嘉、郑绍学担任。

同日，县委发出《关于印发<南华县“三个代表”重要思想学习教育活动实施方案>的通知》。

1月16日，县委发出《关于成立南华县公开招考科级领导干部工作领导小组的通知》。组长李红民，副组长耿克明、杨龙，成员5人。领导小组下设办公室，办公室设在县委组织部干部股，杨成山兼任办公室主任。

1月17日，县委发出《关于调整侯志荣同志分工的通知》。

2月1日，县委发出《关于调整南华县社会治安综合治理委员会成员的通知》。主任侯志荣，副主任何兆芹、朱玉庭、朱明云、罗志宏，委员34人。县社会治安综合治理委员会办公室设在县政法办，罗志宏兼任办公室主任。

2月6日，县委发出《中共南华县委关于印发县委九届四次全委（扩大）会议文件的通知》。

2月7日，县委发出《关于调整充实县烤烟生产收购协调领导小组的通知》。组长阊柏，副组长刘平、陈俊、何锡英、夏瑞先，成员20人，领导小组下设办公室，李成林兼任办公室主任。

2月9日，县委发出《中共南华县委关于设立南华县610办公室的通知》。决定设立中共南华县委处理“法轮功”问题领导小组办公室、南华县人民政府防范和处理邪教问题办公室，实行两块牌子一个机构，属县人民政府直属正科级机构，该机构对内称为党委处理“法轮功”问题领导小组办公室、政府防范和处理邪教问题办公室，对外统称610办公室，在县委610领导小组领导下开展工作，同时，《通知》还对县610办公室的主要工作职能和编制作了具体规定。

2月12日，县委发出《中共南华县委关于印发<中共南华县委关于制定国民经济和社会发展第十个五年计划的建议>及说明的通知》。

同日，县委发出《关于成立南华县农村合作基金会清偿领导小组的通知》。组长阊柏，副组长侯志荣、朱玉庭、何锡英，成员9人，领导小组办公室设在县农牧业局，耿文钦任办公室主任，李松、周兴芬、周武汉、夏光跃任副主任。

2月14日，县委发出《中共南华县委关于转发省委“三学”办<关于认真做好当前学习教育活动的通知>的通知》。

2月19日，县委发出《关于分解2001年党风廉政建设和反腐败工作任务的通知》。《通知》从抓好领导干部廉洁自律工作、查办案件工作、纠正部门和行业不正之风工作、切实做好执法监察工作、努力抓好从源头上预防和治理腐败工作、加强机关效能建设工作、总体要求7个方面作了明确规定。

2月22日，县委发出《关于召开南华县乡镇妇女代表大会的通知》。《通知》从会议的指导思想和任务，代表条件、产生办法及分配原则，代表大会的有关问题3个方面作了明确。

2月23日，县委发出《关于成立南华县机关效能建设工作领导小组的通知》。组长李红民，副组长阊柏、李学安，成员17人，领导小组下设办公室，办公室设在县纪委，李学安兼任办公室主任，郑绍学、张海琼、李政学担任副主任。

同日，县委、县政府发出《关于印发〈南华县关于违反加强机关效能建设的暂行规定的处理办法（试行）〉的通知》。

同日，县委、县政府发出《关于印发〈南华县机关效能投诉中心工作规则（试行）〉》的通知。

同日，县委发出《关于聘请南华县机关效能建设、民主评议行风和党风廉政建设监督员的通知》。决定聘请孔荣昌等21位同志为机关效能建设、民主评议行风和党风廉政建设监督员。

3月15日，县委发出《关于调整“双拥”领导小组成员的通知》。组长侯志荣，副组长罗觉敏、朱玉庭、罗思能，成员8人，领导小组办公室设在县民政局，罗思能兼任办公室主任。

3月22日，县委发出《关于成立南华县新建企业工会组建工作领导小组的通知》。组长侯志荣，副组长洪志，成员11人，领导小组办公室设在县总工会，慕光明兼任办公室主任，李华俊担任副主任。

3月28日，县委发出《关于设立统战委员的通知》。

3月29日，县委、县政府发出《关于成立红土坡镇大德郎完小学生中毒事故处理救治工作领导小组的通知》。组长阊柏，副组长刘平、兰开兴，成员13人，领导小组下设三个工作组负责具体工作的处置。

3月30日，县委办公室、县人民政府办公室发出《关于认真处理红土坡“3·28”学生中毒事故的紧急通知》。

同日，县委办公室、县人民政府办公室发出《关于进一步做好学校安全卫生工作的紧急通知》。

4月4日，县委发出《关于调整南华县厂务政务村务公开领导小组的通知》。组长侯志荣，副组长李学安、李绍文、洪志，成员13人，领导小组下设三个办公室：政务公开办公室设在县政府办，李成林兼任办公室主任，周有方、周正芬兼任副主任；村务公开办公室设在县委办，周正芬兼任办公室主任，陈福善、汪应富兼任副主任；厂务公开办公室设在县总工会，慕光明兼任办公室主任，李华俊、董华明兼任副主任。“三公开”领导小组设综合办公室在县纪委监察局，张海琼兼任办公室主任。

4月5日，县委、县政府发出《关于成立农村税费改革工作领导小组的通知》。组长阊柏，副组长刘平、何锡英、李成林、鲁光宝，成员9人，农村税费改革工作领导小组下设办公室，办公室设在县财政局，鲁光宝兼任办公室主任，李克勇兼任副主任。

同日，县委发出《关于调整充实中共南华县委对台工作领导小组的通知》。组长侯志荣，副组长兰开兴、钱嘉铨，成员8人，领导小组下设办公室，办公室设在县委统战部，罗成锦兼任办公室主任。

同日，县委发出《关于调整充实中共南华县委统一战线工作领导小组的通知》。组长侯志荣，副组长李凤朝、兰开兴、钱嘉铨，成员13人，领导小组下设办公室，办公室设在县委统战部，由罗成锦兼任办公室主任。

4月10日，县委办公室、县人民政府办公室发出《关于进一步精减会议和文件的通知》。《通知》从严格控制各类会议，提高会议质量和效率，大力精减文件，提高办事效率；进一步加强监督检查，狠抓落实工作三个方面作了明确规定。

4月12日，县委发出《关于成立中共南华县委“严打整治”专项斗争领导小组的通知》。组长（总指挥长）侯志荣，副组长（副总指挥）朱玉庭、罗志宏、李绍富，成员9人，领导小组办公室设在县公安局，简称“县委严打办”，李绍富兼任办公室主任，王正武、潘龙先任副主任。

同日，县委发出《关于认真组织县级机关干部深入第一线抓好当前农村重点工作的通知》。《通知》要求尽快组织一批县级机关干部深入各乡镇，深入农村第一线，以实际行动贯彻“三个代表”重要思想，转变作风，深入基层，切实帮助基层解决好当前农村工作中存在的突出问题，促进春耕备耕、农村税费改革、社会治安综合治理工作的顺利开展。

4月13日，县委发出《关于成立<南华县“三讲”教育资料汇编>编辑委员会的通知》。顾问李红民、阊柏、何兆芹、李凤朝、李学安，编委主任刘平，副主任朱明云、杨龙、李绍文、杨育慧，成员7人，主编杨育慧，副主编周能汉。

4月24日，县委发出《关于成立南华县推进城市社区建设工作领导小组的通知》。组长侯志荣，副组长朱玉庭，成员14人，领导小组办公室设在县民政局，罗思能兼任办公室主任。

同日，县委发出《关于调整<南华年鉴>编委成员的通知》。顾问李红民、何兆芹、李凤朝、李学安，编委主任阊柏，副主任刘平、李绍文、兰开兴、李成林，常务副主任杨育慧，委员8人，主编杨育慧，副主编周能汉。

4月25日，县委、县政府发出《关于充实农村税费改革工作机构的通知》。领导小组组长阊柏、副组长刘平、何锡英，成员19人，领导小组办公室设在县财政局，鲁光宝兼任办公室主任，李克勇、杨正友、耿文钦、刘锡泰任副主任，成员10人。

6月7日，县委发出《关于成立南华县国有集体企业改革与发展工作领导小组的通知》。组长李红民，副组长阊柏、刘平、侯志荣、洪志，成员7人，领导小组办公室设在县经贸委，洪志兼任办公室主任。

同日，县委发出《关于调整充实南华县企业改革工作领导小组成员的通知》。组长阊柏，副组长侯志荣、洪志，成员25人，领导小组办公室设在县经贸委，经贸委主任担任办公室主任。

同日，县委办公室发出《关于印发<南华县领导干部进村入户制度>的通知》。《通知》从指导思想、对象范围、主要任务、具体要求、实施办法5个方面作了明确规定。

6月13日，县委办公室发出《关于实行科级以上党员领导干部定期下基层讲党课制度的通知》。《通知》从指导思想、讲课人员及内容、有关要求3个方面作了具体规定。

6月18日，县委办公室发出《关于进一步改进和规范新闻宣传工作的通知》。《通知》从指导思想、坚持重点稿件审签制度、减少和改进领导人活动及会议报道、加强新闻宣传工作的领导4个方面作了明确规定。

6月28日，县委发出《关于调整充实县抗震救灾指挥部成员的通知》。指挥长阊柏，副指挥长刘平、洪志、匡国生，成员24人，抗震救灾指挥部下设三个办公室：“地震应急办公室”设在县政府办公室，李成林兼任办公室主任；“防震减灾办公室”设在县地震局，张丽芝兼任办公室主任；“抗震防震办公室”设在县城建局，何正昌兼任办公室主任。

7月2日，县委办公室发出《关于认真学习贯彻江总书记在庆祝中国共产党成立80周年大会上讲话精神的通知》。

7月16日，县委发出《关于转发县委组织部、县委统战部<关于进一步做好培养选拔党外领导干部工作的意见>的通知》。《通知》从指导思想和具体目标，政策措施，加强领导、抓好落实3个方面作了明确规定。

7月19日，县委发出《关于成立中共南华县委国有企业“三讲”学习教育活动领导小组的通知》。组长侯志荣，副组长杨龙、洪志，成员6人，领导小组办公室设在县经贸委，季志明兼任办公室主任，慕光明、汪应富兼任副主任。

7月25日，县委、县政府发出《关于成立南华县领导干部任期经济责任审计工作领导小组和建立联席会议制度的通知》。领导小组组长刘平，副组长杨龙、李成林、黄淑珍，成员3人，领导小组办公室设在县审计局，黄淑珍兼任办公室主任；联席会议由县审计局牵头，县纪委（监察局）、县委组织部、县人事劳动局为成员单位。

7月29日，县委发出《关于成立南华县民族宗教工作领导小组的通知》。组长侯志荣、副组长朱玉庭，成员30人，领导小组设在县民宗局，罗正华兼任办公室主任。

8月6日，县委、县政府发出《关于成立南华县乡镇企业改革协调领导小组的通知》。组长洪志，副组长陈俊、阿文荣、杨玉华，成员13人，领导小组办公室设在县乡镇企业局，杨玉华兼任办公室主任。

8月8日，县委、县政府发出《关于调整充实<南华县志>续修编纂委员会的通知》。主任闾柏，副主任刘平、李绍文、兰开兴、李成林、杨育慧（常务），委员18人，主编杨育慧，副主编周能汉。

8月20日，县委发出《关于印发县委书记李红民在县委九届五次全体（扩大）会议上的报告的通知》。

9月5日，县委发出《关于调整南华县人民武装委员会成员的通知》。主任闾柏，副主任罗觉敏、朱玉庭、匡国生、谭永彪，成员14人，人民武装委员会下设办公室，办公室设在县人武部，余庭春兼任办公室主任。

9月17日，县委发出《关于调整南华县干部教育委员会成员的通知》。主任刘平，副主任杨龙、朱明云，成员7人，干部教育委员会办公室设在县委组织部，杨龙兼任办公室主任。

10月10日，县委发出《关于认真学习贯彻中国共产党第十五届中央委员会第六次全体会议精神的通知》。

10月12日，县委发出《关于召开2001年度党员领导干部民主生活会的通知》。

10月16日，县委发出《关于成立南华县乡镇领导班子换届工作领导小组的通知》。组长李红民，副组长刘平、何兆芹、杨龙、罗应清、朱玉庭，成员13人，领导小组下设乡镇党委换届工作办公室和乡镇人大换届工作办公室。乡镇党委换届工作办公室设在县委组织部，杨龙兼任办公室主任；乡镇人大换届工作办公室设在县人大常委会，何兆芹兼任办公室主任。

11月1日，县委发出《关于调整县机构编制委员会组成人员的通知》。主任闾柏，副主任杨龙、朱玉庭，委员5人，县机构编制委员会下设办公室，为正科级常设办事机构，与县人事劳动局合署办公，张涛兼任办公室主任，郭正云任副主任。

同日，县委发出《关于成立南华县机构改革领导小组的通知》。组长闾柏，副组长杨龙、朱玉庭，成员7人，县机构改革领导小组办公室设在县编委，张涛兼任办公室主任，杨成山、郭正云兼任办公室副主任。

同日，县委发出《关于成立南华县事业单位人事制度改革领导小组的通知》。组长闾柏，副组长杨龙、朱玉庭、兰开兴、张涛，成员10人，领导小组办公室设在县人事劳动局，段志伟兼任办公室主任。

同日，县委办公室发出《关于印发<南华县2001—2005年依法治县规划>的通知》。

11月15日，县委发出《关于认真开好乡镇党代表大会的通知》。《通知》从党代表大会的指导思想，议题，代表名额分配等7个方面作了明确规定。

11月20日，县委发出《关于成立南华县“大地之爱·母亲水窖”项目工程实施领导小组的通知》。组长侯志荣，副组长阿明仙、罗志强，成员7人，领导小组办公室设在县妇联。

11月21日，县委发出《关于调整充实南华县关心下一代工作委员会的通知》。主任侯志荣，副主任兰开兴、罗章贤、孔荣昌，秘书长张子荣，委员18人，南华县“关心下一代”工作委员会工作机构设在团县委，张子荣兼任办公室主任。委员会委员任期5年。

11月27日，县委发出《关于增补郭孟贤同志为南华县机构改革领导小组副组长的通知》。

11月29日，县委发出《关于增补南华县乡镇领导班子换届工作领导小组成员的通知》。《通知》决定增补郭孟贤为南华县乡镇领导班子换届工作领导小组副组长，并兼任乡镇党委换届工作办公室主任，杨龙不再兼任乡镇党委换届工作办公室主任。

12月4日，县委发出《关于成立南华县选举中共楚雄州第六次党代表大会代表暨推荐云南省出席党的十六大代表候选人初步人选工作领导小组的通知》。组长李红民，成员5人，领导小组下设办公室，办公室设在县委组织部，郭孟贤兼任办公室主任，汪应富、周正芬担任副主任。

12月10日，县委办公室、县政府办公室发出《关于实行新闻宣传奖励制度的通知》。

12月20日，县委发出《关于在机构改革中县级部门党的组织建设有关问题的通知》。《通知》决定：一、成立中共南华县发展计划局总支委员会，隶属中共南华县县级机关委员会管理。二、机构更名党组织名称相应变更的5个：中共南华县经济贸易局委员会、中共南华县教育局委员会、中共南华县农业局总支委员会、中共南华县水利局总支委员会、中共南华县建设与环境保护局总支委员会。以上党组织名称变更后，其隶属关系保持不变。三、撤销中共南华县粮食局总支委员会，原所属党支部转入县发展计划局党总支管理。四、各党委、党总支成立与撤并的党支部，应本着有利于开展工作和方便活动的原则进行。

12月27日，县委发出《关于成立中共南华县委“四五”普法工作领导小组的通知》。组长侯志荣，副组长朱明云、朱玉庭、刘明，成员15人，领导小组办公室设在县司法局，高明新兼任办公室主任。

（严荣华）

重要批复、意见

1月31日，县委作出《关于对<召开2001年全县政法工作会议的请示>的批复》，原则同意按请示事项召开2001年全县政法工作会议，并与政法系统的人事变动、人员就位以及全州政法工作会议召开的时间相衔接。会议定在2001年2月中旬召开，会期2天。

2月12日，县委作出《关于召开县政协第五届委员会第四次会议的批复》，同意县政协第五届委员会第四次会议于3月20日至23日召开，会期4天。

同日，县委作出《关于召开县第十三届人民代表大会第四次会议的批复》，同意县第十三届人民代表大会第四次会议于3月26日至30日召开，会期5天，包括县民族团结进步表彰会。

3月15日，县委作出《关于成立少先队南华工作委员会的批复》。一是同意成立少先队南华工作委员会，委员会办公室为常设机构，设在团县委，并在县委、县政府领导和上级少工委的指导下开展工作；二是原则同意所报请批准的少工委组成人员建议名单，并由团县委、县教委联合发文明确；三是少工委活动经费实行一事一报制度。

同日，县委作出《关于成立南华县关心下一代工作委员会的批复》。一是同意成立南华县关心下一代工作委员会，委员会办公室设在团县委，并在县委、县政府的领导和上级工作委员会的指导下开展工作；二是原则同意所报请批准的南华县关心下一代工作委员会组成人员建议名单，并由团县委发文明确，委员会每届任期5年；三是工作委员会活动经费实行一事一报制度。

3月22日，县委作出《关于南华县第十三届人民代表大会第四次会议成立临时党委、党支部的批复》，临时党委：书记李红民，副书记何兆芹、刘平，委员邓楚琴、罗应清、杨龙；临时党支部：龙川代表队党支部书记普文才，徐营代表队党支部书记段华，雨露代表队党支部书记何绍绪，沙桥代表队党支部书记周仕纯，天申堂代表队党支部书记罗文清，五街代表队党支部书记鲁光寿，一街代表队党支部书记王永先，罗武庄代表队党支部书记戴文武，红土坡代表队党支部书记起正贵，五顶山代表队党支部书记罗忠营，马街代表队党支部书记自荣文，兔街代表队党支部书记张谓学，机关第一代表队党支部书记罗章华，机关第二代表队党支部书记彭亮。

5月8日，县委作出《关于设立中共南华县总工会党组的批复》，同意设立中共南华县总工会党组，并按照中共楚雄州委《关于进一步加强和改善工会工作意见》、中共中央《关于加强和改善党对工会、共青团、妇联工作领导的通知》等文件精神开展工作，切实加强党对工会工作的领导。

5月21日，县委作出《关于<关于请求批准给予李绍海同志参加民警离岗素质培训的请示>的批复》，决定县委从政法各部门选派到乡镇担任党委副书记或副乡镇长的同志一律统一参加所在乡镇的学习教育活动，不再参加原单位的学习教育活动，日常考勤、工作管理由所在乡镇负责。

7月11日，县委作出《关于对县人大组织乡（镇）人大主席外出考察学习请示的批复》，同意各乡镇人大主席团主席12人、县人大常委会3人共15人到北京、上海考察学习。所需考察经费：乡镇人大主席由各乡镇自行解决；县人大考察经费由县人大安排解决。

10月22日，县委作出《关于对<乡（镇）人民代表大会换届选举安排意见的报告>的批复》，原则同意这个报告，并对乡镇人大换届选举工作的指导思想、基本原则、时间提出了3条要求。

12月20日，县委作出《关于在机构改革中实施<南华县县级部门及乡镇领导职数配置计划>的批复》，同意《南华县县级部门及乡镇领导职数配置计划》，并严格贯彻执行。

12月27日，县委作出《关于中共红土坡乡委员会更名为中共红土坡镇委员会有关问题的批复》。一是同意中共红土坡乡委员会更名为中共红土坡镇委员会，中共红土坡乡纪律检查委员会更名为中共红土坡镇纪律检查委员会，其隶属关系和管辖范围不变；二是结合乡镇换届，在2002年1月底以前召开中国共产党红土坡镇第一次代表大会，选举产生镇第一届党委领导班子和镇纪委领导班子。镇第一次党代表大会代表不再另行选举，原选举产生的红土坡乡第六次党代表大会代表相应变更为镇第一次党代表大会代表；三是原中共红土坡乡党委所属党支部及其它工作部门的名称、印章随之变更。

同日，县委作出《关于中共徐营乡委员会更名为中共徐营镇委员会有关问题的批复》。一是同意中共徐营乡委员会更名为中共徐营镇委员会，中共徐营乡纪律检查委员会更名为中共徐营镇纪律检查委员会，其隶属关系和管辖范围不变；二是结合乡镇换届，在2002年1月底以前召开中国共产党徐营镇第一次代表大会，选举产生镇第一届党委领导班子和镇纪委领导班子。镇第一次党代表大会代表不再另行选举，原选举产生的徐营乡第六次党代表大会代表相应变更为镇第一次党代表大会代表；三是原中共徐营乡党委所属党支部及其它工作部门的名称、印章随之变更。

1月6日，县委办公室提出《关于2001年度机关节日文体活动的安排意见》。《意见》从活动的指导思想、主要内容、节日及承办单位、加强协调配合等方面提出了具体要求。

2月23日，县委、县政府提出《关于加强机关效能建设工作的实施意见（试行）》。《意见》从5个方面作了具体安排：一是指导思想和目的要求；二是工作内容；三是工作步骤；四是组织领导与工作机构；五是措施与办法。

3月22日，县委提出《关于进一步加强新建企业工会组建工作的实施意见》。《意见》从5个方面作了要求：一是新建企业工会组建工作的重要性和紧迫性；二是指导思想和原则；三是工作目标及主要方法；四是充分发挥新建企业工会组织的作用；五是加强对新建企业工会组建工作的领导。

4月5日，县委办公室提出《2001年全县干部理论学习意见》。《意见》提出了本年度理论学习专题：一是以“三个代表”重要思想为指导，切实加强新形势下党的建设；二是正确认识社会主义发展的历史进程和我国社会主义改革实践过程对人们思想的影响；三是正确认识资本主义发展的历史进程和国际环境及国际政治斗争对人们思想的影响；四是学习马克思主义宗教理论，贯彻党的宗教政策，把反对邪教、反对“法轮功”的斗争进行到底；五是回顾和总结党的80年光荣历史，为实现新世纪社会主义现代化建设的宏伟目标而奋斗；六是贯彻省、州、县的“十五”计划精神，落实我县经济社会发展思路，努力完成南华县新世纪现代化建设的宏伟目标；七是学习马克思主义民族理论，贯彻党的民族政策，维护祖国统一和社会稳定；八是抓住我国加入世贸组织的机遇，推进全县改革开放和现代化建设。

4月23日，县委办公室、县人民政府办公室提出《关于切实加强村级计划生育协会建设的意见》。《意见》从5个方面作了要求：一是提高思想认识，明确任务目标；二是深入调查研究，准确评估村级协会的现状；三是坚持分类指导；四是加强村级协会的规范化建设；五是加强乡镇协会建设，为村级协会的发展提供有力指导。

4月26日，县委提出《关于面向二十一世纪加强和改进党校工作的实施意见》。《意见》从9个方面作了要求：一是党校的地位和作用；二是党校办学的指导思想、方针和任务；三是加大培训力度，适度扩大办学规模；四是深化教学改革，提高教学质量；五是强化党校科研基础，为教学和实践服务；六是加强教职工队伍建设；七是发展和完善县、乡党校教育体系；八是努力改善办学条件；九是加强和改善各级党委对党校工作的领导。

6月8日，县委、县政府提出《关于“十五”期间农业产业结构调整和生物资源开发创新产业建设的实施意见》。《意见》提出：一是生物资源开发创新产业建设的重大意义；二是生物资源开发创新产业建设的指导思想、基本原则和目标；三是“十五”期间的产业建设计划及工作计划；四是建立六大支撑体系；五是切实加强组织领导。

7月19日，县委办公室提出《关于在全县国有小型企业领导班子及成员中开展“三讲”学习教育活动的实施意见》。《意见》从指导思想和基本要求，学习活动的范围、对象和内容，时间安排及方法步骤，加强领导、精心组织等方面作了具体安排。

7月25日，县委提出《关于进一步加强领导干部任期经济责任审计工作的意见》。《意见》从4个方面作了要求：一是充分认识新形势下开展领导干部任期经济责任审计工作的重大意义；二是明确任务，把握重点，改进审计方法；三是要切实加强对经济责任审计工作的领导；四是要充实力量，加强宣传培训及提供必要的经费保证。

8月8日，县委办公室提出《关于进一步加强党建带团建工作的意见》。《意见》从指导思想、目标任务，坚持“党建带团建”、切实加强团的各项建设，加强领导，建立健全工作机制等方面提出了具体要求。

（严荣华）

重要决定、规定

1月15日，县委作出《关于表彰农村基层组织建设工作先进单位和先进个人的决定》。对1994年冬以来，连续六年对农村基层组织进行整顿和建设中成绩突出的龙川镇等9个先进乡镇党委、火星等33个先进村党支部、县委办公室等30个村建工作先进单位和叶忠华等81名先进个人给予表彰。

1月20日，县委、县政府作出《关于兑现2000年度党风廉政建设责任制奖的决定》。对2000年度执行党风廉政建设责任制较好的兔街等4个优秀乡，五顶山等8个良好乡镇给予表彰，并按责任制对有关人员予以奖励。对县委办公室等16个优秀单位，县人大办公室等34个良好单位给予通报表彰。

2月8日，县委、县政府作出《关于命名“创安文明小区”及表彰“创建安全文明社区”先进乡镇的决定》。命名“创安”达标的龙川镇罗家屯等36个村委会、县司法局等9个县级内部单位为“安全文明小区”；决定授予雨露乡、兔街乡“创建安全文明社区”先进乡镇荣誉称号。

同日，县委、县政府作出《关于兑现〈南华县2000年度社会治安综合治理目标管理责任书〉奖励的决定》。对履行《2000年度社会治安综合治理目标管理责任书》成绩显著的10个乡镇分三等予以奖励。一等奖：沙桥镇、徐营镇，各奖励4000元；二等奖：天申堂乡、兔街乡、红土坡镇、五顶山乡、五街乡、雨露乡，各奖励3000元；三等奖：一街乡、龙川镇，各奖励2000元。

2月23日，县委、县政府作出《关于加强机关效能建设的暂行规定（试行）》。

3月23日，县委、县政府作出《关于表彰全县民族团结进步先进集体先进个人的决定》。对五街乡党委等25个先进集体，罗忠营等79名先进个人予以表彰。

4月26日，县委、县政府作出《关于进一步做好新形势下民族工作的决定》。作出了五个方面的决定：一是充分认识新形势下民族工作的重要性和紧迫性；二是抓住机遇，加快少数民族和民族地区的经济社会发展；三是进一步做好培养选拔少数民族干部工作；四是加强党的民族理论和民族政策的宣传教育，提高广大党员干部贯彻党的民族政策的自觉性；五是切实加强对民族工作的领导，不断提高民族工作水平。

6月8日，县委、县政府作出《关于加快小城镇建设提高城市化水平的决定》。从八个方面作出了决定：一是加快小城镇建设，提高城市化水平的重要性和必要性的认识；二是加快小城镇建设，提高城市化水平的指导思想和目标；三是精心规划，高水平构筑小城镇体系和小城镇发展模式；四是深化改革，探索小城镇建设新方式；五是拓宽渠道，建立和完善小城镇建设多元投入机制；六是合理安排，确保小城镇建设用地；七是发挥城镇功能，促进城镇两个文明建设；八是加强小城镇建设的领导，推动城市化进程。

6月18日，县委作出《关于表彰先进基层党组织、优秀党务工作者和优秀共产党员的决定》。对龙川镇党委等35个先进基层党组织、叶忠华等25名优秀党务工作者和杨自贵等44名优秀共产党员进行表彰奖励。

同日，县委、县政府作出《关于表彰党风廉政建设基本知识竞赛获奖单位的决定》。全县12个乡镇党委和县级6个党委，10个党总支，336个党支部，1210

个党小组，10488名党员分别采取各种形式认真参与学习竞赛，竞赛400余场次，参赛支部达100%，参赛共产党员达95.3%。全县19个代表队通过激烈的复赛和决赛，分别决出一、二、三等奖和组织奖。一等奖：县级机关党委代表二队；二等奖：五街乡代表队、罗武庄乡代表队；三等奖：县级机关党委代表一队、沙桥镇代表队、金融系统代表队、红土坡镇代表队；组织奖：龙川镇代表队、五顶山乡代表队。

7月4日，县委、县政府作出《关于表彰发展乡镇企业及个体私营经济先进乡镇、先进企业和先进个体工商户的决定》。对在全县乡镇企业及个体私营经济发展中做出显著成绩和突出贡献的龙川镇等3个先进乡镇，沙桥建筑公司等4个先进集体企业，丰华五金钢窗厂等7个先进个体私营企业，南华红龙草墩屋等2户先进个体工商户给予表彰奖励。

9月20日，县委作出《关于在全县公民中深入开展“四五”法制宣传教育的决定》。《决定》从指导思想、基本原则和总体目标、规划的制定及实施要求3个方面作了明确规定。

（严荣华）

县委办公室工作

【制度建设】　2001年，县委办公室结合机关效能建设，制定、修改《中共南华县委办公室工作职责》、《中共南华县委办公室主任、副主任职责》、《中共南华县委机关总支委员会工作职责》、《中共南华县委办公室承诺》、《中共南华县委办公室公务接待补充规定》等职责13项、制度3项，并加大制度落实力度，做到用制度管人，按制度办事，人人责任分明，处处有章可循，提高了办公室制度化、规范化、科学化管理水平。

【信息工作】　2001年，县委办公室紧紧围绕新时期党委工作的新要求和新特点，按照讲实话、报实情、重实效的原则，充分发挥省委信息直报点和全县信息督查网络成员的作用，全年共接收各乡镇和县级各单位上报信息512条，采用268条；编辑整理上报信息500条，被中共中央办公厅采用2条，省委办公厅采用44条，州委办公室采用96条，采用量居全州十县（市）党委办公室第二名，量化考核为全州第一，获省委办公厅信息工作二等奖；编辑下发《南华信息》43期。

【督查工作】　2001年，县委办公室围绕县委的中心工作积极开展督查，同时县五套班子领导分两个时段对全县12个乡镇的工作进行了督查调研，确保党在农村各项政策的贯彻落实，对促进全县各项事业的发展起到了极大的推动作用，上报州委办公室督查件82件，被州委办公室编发的《楚雄督查》采用8篇，编印《南华督查》22期。

【调查研究】　2001年，编发《决策参考》12期，先后对沿海发达地区发展经济、精神文明建设、南华茶叶生产、产业结构调整、党的基层组织建设、发展个私经济、国有商业银行不良贷款、农业产业化发展等专题进行调查研究，并结合南华的实际进行了深刻思考，提出了意见、建议，为领导决策提供参考。其中，县委书记李红民撰写的《造大舫船好冲浪》（赴福建挂职锻炼的体会）、《赴沪浙鲁陕等地学习考察报告》对实施好全县“十五”计划确定的思路目标，加快结构调整步伐，逐步缩小与发达地区间的差距，实现经济社会在新世纪的跨越式发展具有一定的指导意义。由县政协牵头，县政协经科委和民宗委、县工商联联合对县金珠养殖场的生产经营情况作专题调查，撰写的《在困境中呼唤崛起的私营企业》，对全县进一步解放思想，深化改革，如何共同营造一个个体私营经济发展的良好空间，具有较强的针对性和启示性。

【公文处理】　2001年，县委办公室收发中央文件36件480份，省委文件175件686份，州委文件602件1403份，省州政府文件11份，县委部门机要件93件，分发处理无差错；传递明传电报137个，完成2000年内分发到县级各部门的中央、省、州级文件的清退，同时对1997年至1999年的中央、省、州、县委文件进行集中销毁；全年制发县委文件158个11780份，县委办公室文件199个21825份，转办县委领导重要批示79件，办理下级请示、报告等61件；完成2000年度文书立卷归档89卷，科技档案1卷，编印《南华县县级机关单位、乡镇、省州驻南华有关单位领导电话号码簿》400册。

【机要工作】　2001年，县委机要局按照“两个确保”的要求，内强素质，外强服务，及时调整密码工作领导小组，修改制定完善各项规章制度21项，工作中做到“防之又防，慎之又慎”。全年未发生失泄密事故和压误、漏办、漏发、脱岗等责任事故，也没有发生违纪、违法行为。年内，收办发送各类传真电报1134份4706页，打印文件、材料3000份150万字，为乡镇、县级各单位维修传真机、复印机、计算机、音响设备80多次，提供技术咨询服务150余次。

【机要保密大检查】 2001年4月23日，中共中央办公厅机要局副局长李永平一行4人在省委机要局局长樊绍荣、州委机要局局长徐朝灿的陪同下，到南华县检查指导工作，县委副书记刘平向李永平副局长汇报全县机要保密工作。中央及省、州机要局领导听完汇报后，考察机要工作现场、查看相关资料，对南华县机要保密工作给予充分肯定。

【县委计算机局域网建设】 2001年10月，县委机要局与县广播电视事业局合作，经过一个多月的施工，初步建成县委办公楼计算机局域网，布线27间，使现有的13台计算机顺利接入广电宽带互连网，为县委机关办公自动化打下良好基础。

【保密法制宣传】 2001年，全县保密法制宣传教育紧紧围绕《中共中央关于加强新形势下保密工作的决定》和《中共中央保密委员会关于党政领导干部保密工作责任制的规定》进行，不断增强全体干部职工的保密意识。一是在县委保密委全体成员会议及县有关重点涉密单位会议上播放保密教育资料片。二是为进一步增强全县人民的保密意识，8月23日至28日，在南华县电视台播映《保密警钟》教育片。三是围绕学习保密专干刘怀义同志的先进事迹和敬业精神，在涉密人员中加强保密教育，进一步提高他们的职业道德和保守国家秘密的自觉性。全年上报保密信息15条，被州保密局采用12条，被省保密局采用1条。上报数、采用数居全州十县（市）保密局第一名。

【计算机信息系统保密】 2001年7月24日，县保密局组织全县上国际互联网的27家单位计算机操作员，进行计算机信息系统保密知识培训，邀请县电信局专业技术人员讲解在计算机操作过程中如何防止网上泄密的有关保密知识。会后，县保密局与27家上网单位签订了保密协议。10月，县广播电视事业局为保密局安装、调试了广电宽带网，为保密局把好上网信息关，严禁涉密信息上网提供了便利条件。

【保密执法检查】 2001年8月29日至30日，县保密局组织有关人员对县民政局、勘界办、林业局的涉密图纸进行认真检查。通过检查，认为涉密图纸齐全，具备硬件设施，有专门的室、框存放，并有专人保管，做到安全、保密，借阅、使用有登记，手续齐全，没有擅自复印、丢失等现象，从而确保涉密图纸安全。

【信访工作】 2001年，县委、政府始终把做好新时期信访工作作为维护社会稳定、促进全县经济发展的一项重要工作来抓，认真贯彻执行“分级负责，归口管理”和“谁主管、谁负责”的查办原则，层层落实责任制，全县有兼职信访工作人员158人（乡镇73人、县级机关85人）。年内，受理来信来访5121件次，其中，来信1094件，来访4027人次（个人来访3827次，集体来访94批，群体来访106批），办结4780件次，办结率达93.4%，来访人数5905人。县委办信访室全年共受理来信来访110件次，其中：来信56件，来访54次92人。办结92件次，办结率84%，立案办理35件，上级交办21件，自立14件，办结29件，领导阅批、接访60人次，参与办案11件。全县除县法院和县司法局信访量比上年同期较大幅度下降外，其余单位均呈上升趋势。反映的主要问题是：历史案件的申诉复查；房地产权属争议；产业结构调整，未规划种植烤烟的村社要求继续种植；部分村委会财务管理不规范，账目公开不及时，村民要求清理账务和审计；改革期间，人员安置，税、费过高，要求提高定补数额及农村土地问题；债权债务问题；民事纠纷和社会治安问题；少数人不够廉洁问题。

【行政后勤】 2001年，县委办严格执行财经纪律，精打细算，节约开支，坚持汇报审批制度，严格执行《中共南华县委办公室公务接待补充规定》，保证了办公室经费和接待费的合理使用。积极开展创建“文明社区”工作，加强了门卫，坚持24小时值班制度，严格交接班纪律，加强对来往人员的询问、盘查和夜间巡查。加强水电的维修及费用的收取工作，进一步健全和完善了派车制度。

（严荣华）

组织工作

【党刊征订发行】 2001年秋，县委党刊征订发行工作做到“稳中有升”。全年共订阅云南《支部生活》4690份，《党建文汇》410份。县乡机关党员，基本实现了云南《支部生活》人手1份。

【知识分子工作】 2001年，县委及组织部，抓知识分子的选拔和管理。一是调整充实南华县知识分子领导小组成员，为顺利开展工作提供强有力的组织保障；二是建立健全专业技术人才档案，为管好用好专业技术人才打下坚实的基础，三是认真做好县级优秀科技专业人才的选拔工作，进一步完善考核机制，切实加强对州、县优秀科技专业人才的教育与管理；四是深入基层，体察民情，年内召开优秀科技专业人才座谈会1次，走访慰问3次；五是认真做好知识分子工作信息的采编工作，积极探索知识分子工作的新经验、新方法。

（周绍辉）

【党员实用技术培训】　2001年，县、乡党委认真抓好党员实用技术培训工作。全县共举办党员实用技术培训班57期，培训党员2692人次，使3621名55岁以下的农村党员、基层干部掌握1—2门实用技术，建立科技示范乡3个、科技示范村党支部51个。

【党员电化教育】　县委组织部制定了《南华县"十五"期间党员电化教育科技工程实施意见》，并精心遴选出1个乡（徐营镇）和13个村委会（各乡镇1个村委会）作为全县党员电化教育科技示范单位。

【党员干部结对扶贫】　2001年，全县有3542名党员、干部参与结对扶贫，帮扶农户3539户15993人。为贫困户捐资11.95万元，捐送化肥67320公斤，籽种1192公斤，农药54公斤，农膜65公斤，农具154件，衣物2833件，被盖36床，粮食445公斤，水泥56吨，砖5000块。

（刘文涛）

【党费管理】　2001年，县委组织部认真履行全县党费收缴、管理、使用的职能。年内，按照中央和省州组织部的规定，按标准审核、收缴党费，合理开支。全年收入党费221127.53元，支出218428.81元，结余2698.82元。

【党务管理】　2001年，县委组织部共接转党组织关系294人，其中，外县转入64人，本县转出55人，县内接转175人；办理职务工资变动审批74人，工资正常晋升27人，工资转移介绍信54人；接待来信来访17人次。

（周绍辉）

宣传工作

【新闻宣传报道】　2001年，县委宣传部组织了"三个代表"学教活动、调整产业结构及生物资源开发创新、学习贯彻江总书记"七一"讲话和党的十五届六中全会精神、国有集体企业改革、乡镇企业改制、发展个体私营经济的一系列重点报道。召开新闻宣传通气会2次，做好舆论引导，及时把报道要点通报给通讯员。协助《楚雄日报》、《半月谈》为雨露乡、县电力公司和县委办公室所刊专版的组稿。年内，全县新闻记者和通讯员采写的稿件被《云南日报》刊出32篇、《楚雄日报》刊用368篇、云南人民广播电台播出48篇、楚雄州广播电台播出421篇。县广播电视台开设调整产业结构、国企改革、个体私营经济、学习重要讲话、践行"三个代表"、学习六中全会精神、转变机关工作作风等专栏，对12个乡镇、县级15个宏观经济管理部门作专题采访报道，播出稿件300余篇。《南华新闻》播出160组1000余条，《南华纵横》播出156组；县电视台《南华新闻》播出160组900余条。广播文艺节目《颂歌献给党》参加全州广播系列文艺节目展播获三等奖。消息《电视牵来的一段情缘》、《彝族农民普绍堂两项专利获国家金奖》分别荣获中国广播电视协会"新世纪农业电视论坛暨优秀农业电视节目观摩"一等奖和三等奖，州广播电视政府奖三等奖和一等奖。电视专题片《闪光的事业》获楚雄州广播电视政府奖、播音和节目主持三等奖。《马街核桃畅销》获《楚雄日报》新闻三等奖。《刘德俊退休后有点忙》、《国道养护的领头雁》获州委组织部、州委宣传部、州委党校和《楚雄日报》联合举办的"高扬的党旗"征文优秀奖。

【党报党刊宣传发行】　2001年9月至12月，县委宣传部认真抓好2002年度党报党刊宣传发行工作。9月27日，县委在县人民政府招待所召开全县2002年度党报党刊宣传发行工作会议，把党报党刊征订发行任务落实到全县各乡镇、机关、企事业单位。至年末，全县征订《人民日报》252份、《云南日报》932份、《云南法制报》383份、《经济日报》46份、《楚雄日报》2336份、《半月谈》1812份、《求是》256份。

【宣传队伍建设】　2001年9月，县委宣传部在县教师进修学校举办为期14天的全县宣传系统计算机应用知识培训班2期，宣传系统干部职工37人参加学习，通过考试全部取得"国家公务员培训合格证书"（计算机类）。7月9日至9月30日，全县宣传系统开展新闻从业人员马克思主义新闻观教育，33名教育对象认真阅读《马克思主义新闻观教育读本》、江总书记"七一"讲话、《楚雄州新闻宣传工作文件选编》，写读书笔记16.5万字，撰写心得体会33篇。10月，选派5名业余少数民族文学创作爱好者到州文联在姚安举办的“全州少数民族文学创作提高班”培训班学习。

【宣传思想调研活动】　2001年初，县委思想政治工作领导小组从县委宣传部、县总工会、县妇联、团县委、县老干局、县文体局抽调6名同志组成调研组，深入13个单位，对县级机关社区文体活动进行调研，写出《南华县县级机关社区文体活动调研报告》。5月，县委宣传部、县文明办组织力量深入南华一中、龙川中学、海子山中学、南华县职业高级中学，对城区思想政治工作进行调研，写出《南华县城区中学思想政治工作调研与思考》。11月，县委宣传部、县文明办组织力量深入东城小学、华鑫购物中心、县邮政局、县卫生局、县印刷厂、两旗屯村民小组进行思想道德建设专题调研，写出《关于南华县思想道德建设情况的调研报告》。

【政工干部专业职务评定】　2001年，全县思想政治工作人员专业职务评定开展1次，按照个人申请、单位考核推荐及资格审查，县思想政治工作人员专业职务初级评审委员会评定，郭锐等13人被评定为助理政工师，罗连芳等6人被评定为政工员，推荐孔成旺申报高级政工师，李宁等2人申报政工师。年末，全县有在职政工师22人、政工员69人。

（罗富生）

统战工作

【贯彻全国统战工作会议精神】　2001年，县委统战部采用多种形式宣传贯彻全国、全省及全州统战工作会议精神。3月22日、4月1日和12月27日，县委统战部分别召开统战工作领导小组、对台工作领导小组和全县统战工作会议。县政协副主席、县委统战部部长钱嘉铨在会上分别传达学习全国、全省及全州统战工作会议精神，对全县各领域的统战工作提出具体要求。组织全县各界人士参加“全国统一战线知识竞赛”，收到答卷397份，县委统战部获州委统战部颁发的组织奖。与县广播电台开办统战宣传栏，在县委大院创办墙报统战宣传专栏。4月，县委调整统一战线工作领导小组和对台工作领导小组，在全县12个乡（镇）及县属部分机关党组织中设立党委（党总支）统战委员28名。年内，县委统战部热情接待回乡探亲的笪永兴等台胞6人、杨如贵等侨胞7人。

【慰问各族各界代表人士】　春节前夕，县委、县人大、县政府、县政协、县纪委的领导及县委统战部干部走访慰问党外干部、党外知识分子、回乡定居台胞及台属、归侨及侨眷、宗教界代表人士、非公有制经济代表人士、起义投诚人员等41人。通过走访慰问，宣传党在新时期统一战线的方针政策，密切党同各族各界人士的联系。

【统战工作调研】　2001年，县委统战部认真开展非公有制经济代表人士工作情况、“三胞”及其投资捐助情况、党外干部工作、宗教工作等专题调研，形成《南华县非公有制经济代表人士思想政治工作情况》、《南华县“三胞”情况》、《南华县关于党外干部工作情况的报告》、《南华县宗教工作情况报告》等4篇调研报告。

【宗教政策宣传】　2001年，县委统战部充分利用宗教界的节庆活动，宣传党的宗教政策。9月15日，时值城区清真寺教学楼落成，回族同胞喜庆圣诞节，县委统战部领导在活动仪式上讲话，宣传党的宗教政策。11月21日，宝珠寺永安师傅圆渡举行仪式，部领导到会讲话，号召参加仪式的全体宗教界人士及居士爱国爱教，12月29日，基督教二街新教堂开堂举行典礼，500余人欢度圣诞节，部领导参加庆典，并作党的宗教政策的宣传讲话。

【党外干部工作】　2001年6月，县委统战部开展全县党外干部情况调查，就党外后备干部的培养、教育、使用情况及存在问题形成一致意见。与县委组织部共同起草《关于进一步做好培养选拔党外领导干部工作的意见》，经县委于2001年7月16日批转全县各级党组织贯彻执行。县委统战部推荐党外副乡镇长人选9名、党外优秀年轻干部17名。年内，5名党外干部被选拔到副科岗位。年底，全县党政机关有党外干部368名，其中副县长1名、人大副主任1名、政协副主席2名、正科级1名、副科级16名（含下派）。

【遴选推荐州统战先进集体和个人】　2001年10月，县委统战部遴选推荐县委统战部和龙川镇党委为全州统一战线先进集体，侯志荣、罗正华、罗成锦、李荣辉、张毅强5人为先进个人。在11月18日至20日召开的全州统战工作会议上，2个先进集体、5名先进个人受到州委表彰奖励。

（叶　周）

老干部工作

【离退休干部状况】　2001年末，全县离休干部健在54人，其中，享受地厅级单项待遇2人、县处级待遇18人、一般干部34人；分布在行政部门34人、事业单位8人、企业11人。建国前参加革命工作的老工人健在6人。副科及以上职级退休干部健在177人，其中享受正处级待遇3人、副处级13人、科级161人。

【落实政治待遇】　2001年，县委老干部局坚持每月15日组织居住城区的离休干部开展政治理论和时事政策学习，春节、“七一”建党节、敬老节期间召开老干部座谈会，为全县离休干部每人赠订《云南老年报》1份。5月20日至26日，县委老干部局组织离休干部30余人，到大理、丽江、中甸等地旅游、参观。10月25日，时值敬老节，县委、县政府在南华剧院召开由离退休干部和部门领导参加的形势报告会，县长闾柏向到会的近800名离退休干部通报全县社会发展和经济运行情况。年内，县委、县政府多次邀请老干部参加县上召开的重要会议或重大活动，原县人大主任高子正和原县人大副主任王树龙等8名老干部分别参加省委、州委举办的老干部读书班学习。8月，县委举办为期3天的首期老干部政治理论读书班，72名离退休干部系统接受了邓小平理论、江泽民“三个代表”重要思想、南华十五规划纲要、反对迷信崇尚科学等专题的辅导。

【落实生活待遇】　2001年，全县各部门、各单位确保老干部离退休金按月足额发放。6月1日起，乡镇离休干部门诊药费改为县财政承担，由县委老干部局具体办理。年内，全县离休干部高龄补贴由每月30元提高到40元，年满80周岁的再提高20元；县处级和一般离休干部的交通费每月分别提高20元和10元；离休干部长期生病卧床者的护理费补助由每月125元提高为180元，全县有9人享受护理费补助；离休干部公用经费在原来的基础上提高100元，其标准是：厅级700元，县处级600元，一般干部500元，按70%发给个人；春节、敬老节期间，各单位走访慰问离退休老干部76人（次），向家庭有特殊困难的6名老干部发放困难补助资金1800元；10月，县委、县政府组织副处以上离退休干部作健康体检。年内，县委老干部局为9名病故离退休干部的遗属办理安葬抚恤手续，到各级医院探视住院老干部39人（次）。

【“我为社会作贡献活动”】　2001年，县委老干部局组织老干部开展以“一发挥、二支持，三自、四好”为主要内容的“我为社会作贡献活动”。王泽洪、张正经被州委组织部聘任为干部监督联络员，李伦新被南华玻璃厂（个体私营企业）聘任为党支部书记，罗章贤、马云骧等4名老同志被聘请参加全县“机关效能建设”监督联络工作；许多老同志参加老干部党支部、老年体协、老年合唱团、老年演出队等组织，热心于各种健康活动，自我教育，自我管理，自我服务；居住农村的老同志积极参与十星级文明户创建活动，为当地工农业生产献计献策。

【老干部信访】　2001年，县委老干部局处理老干部来访29人（次），来信7件。配合县纪委、县委组织部到昆明、思茅等地外调落实1件。向州老干局、县委办等报送信息11条、调研文章1篇。

（王建林）

610办公室

【610办公室成立】　2001年2月9日，县机构编制委员会印发《关于设立南华县610办公室有关机构编制问题的通知》，中共南华县委处理“法轮功”问题领导小组办公室和南华县人民政府防范和处理邪教问题办公室设立，为县人民政府直属正科级机构，实行两块牌子一个机构，对外统称南华县610办公室，在县委610领导小组领导下开展工作。其职能是：（1）处理“法轮功”问题；（2）清理整顿对社会有害的气功组织；（3）防范和处理农村邪教。610办公室核定行使行政职能的事业编制3人，其中领导职数1人。610办公室成立后，在县委领导下，紧紧围绕改革发展稳定的工作大局，坚持中央处理和解决“法轮功”问题的方针，以巩固教育转化成果为重点，深入开展揭批“法轮功”等邪教组织残害人民身心健康的罪行，狠抓帮教责任制和防范、控制措施的落实，依法打击和取缔农村邪教，有效地防止“法轮功”反弹，遏制农村邪教的滋生和蔓延。

【揭批“法轮功”邪教的伪科学本质】　2001年，通过组织干部职工收看“1·23”自焚事件等事实真相报道，声讨“法轮功”的滔天罪行，举办“崇尚科学、抵制邪教”演讲报告会以及“崇尚科学文明、反对迷信愚昧”和“反对邪教、崇尚文明”大型图片展，开展“拒绝邪教进家庭、校园”活动，对青少年学生进行理想信念教育，把揭批“法轮功”的斗争不断引向深入，并努力营造崇尚科学、反对邪教的社会氛围。使广大干部群众彻底认清“法轮功”邪教的本质，理解中央处理和解决“法轮功”问题的方针政策。

【原“法轮功”修炼者的帮助教育】 2001年，全县各部门克服厌倦畏难情绪，加强帮教队伍，落实帮教责任，巩固教育转化成果。一是采取“一包一”、“二包一”或成立帮教小组等方式，对县内所有“法轮功”练习者实施帮教；二是帮教人员认真履行职责，讲求方式方法，用爱心、耐心、诚心、信心解开帮教对象的思想扣子和心理情结；三是做好转化人员特别是原骨干分子的跟踪回访，了解他们的思想状况，及时进行帮助教育。通过帮教，在政治上关心、工作上支持、生活上体贴和不歧视、不排挤、不冷落已转化人员，原“法轮功”练习者没有出现反弹。

【防范“法轮功”邪教活动】 2001年，全县各部门齐心协力，克服松劲麻痹思想，提高对防范和控制“法轮功”邪教活动重要性和紧迫性的认识，认真落实“包保”责任制，加强对原“法轮功”骨干分子的防范、监控。一是制定详尽可行的措施，把任务分解到单位、落实到个人，形成严格的工作责任制；二是建立信息员队伍，强化信息情报工作，力求信息灵、情况明，发现苗头妥善处理；三是在敏感日和节假日前，帮教干部深入基层了解掌握“法轮功”骨干分子的思想动态和现实表现，发现不良苗头及时处理。真正做到“看清自己的人，把好自己的门，管好自己的人”，有效地防范和控制了原“法轮功”邪教骨干的滋事隐患。

【取缔农村邪教组织】 2001年，一是开展非法宗教活动的清理，取缔非法宗教活动窝点38个，拆除庙宇4座，收缴外国人到县内散发的宗教宣传品VCD碟片45张、录音带97盒、书籍101册；二是打击“一贯道”行动，捣毁活动窝点62处，收缴《一贯道简介》等非法书刊98种817册、手抄本131本、录音带13盒，4名主要骨干分子由人民法院依法判处5至7年有期徒刑，打击了“一贯道”的复辟活动；三是取缔“三班仆人派”邪教，捣毁邪教活动窝点4处，拆除专门用来秘密聚会的房屋1间，收缴《愤怒的地球》等邪教书刊11册、手抄本3本、录音带9盒，5名主要骨干分子由公安机关给予治安拘留，彻底摧毁邪教“三班仆人派”在县内的组织体系。

（窦正和）

机关党委

【党组织及党员状况】 2001年末，县级机关党委辖党总支10个，党支部77个，有党员1134名。其中，预备党员44名；少数民族党员320名，妇女党员219名。年龄在25岁以下的82名，26岁至35岁的422名，36岁至45岁的286名，46岁至55岁的195名，56岁至60岁的66名，60岁以上的83名。研究生4名，大学本科42名，大专235名，中专378名，高中155名，初中233名，小学85名，文盲2名。年内，县网信公司党支部合并县电信局党支部，新建立县农建站、县经管站、县收储公司3个党支部，11月，县玻璃厂、县春晖有限责任公司2个私营企业建立党支部。

【民主评议党员】 2001年末，县级机关党委所辖77个党支部开展了民主评议党员工作。按照“个人总结，自报格别、自报得分，支部会议互评，审定格别、得分”的方法。75个党支部于7月10日前完成上半年初评工作，77个支部于12月10日前完成年终总评。1027名党员参加了民主评议，均为合格党员，参评率达90%。

【发展党员】 2001年，县级机关党委所辖支部发展党员44名，其中，少数民族15名，妇女17名。在发展的党员中，25岁以下11名，26岁至35岁24名，35岁以上9名；大专以上文化15名，中专20名，高中3名，初中6名。全年办理预备党员转正手续72名。

【党支部目标管理】 2001年初，10个党总支与党委签订了《党建目标管理责任书》，党支部分别与党委、党总支，党员分别与支部签订了责任书，年终进行了考核，均为合格党总支和党支部。年内，县级机关党委共任免党支部书记27人次，总支委员19人次，支部委员8人次；接转党组织关系151人次。召开党委会议（扩大会）、党总支（支部）书记会议14次。

【“七·一”活动】 2001年7月1日前后，县级机关党委组织所辖的党总支（支部）举行庆祝“七·一”活动。一是机关党委表彰先进党总支3个，先进党支部6个，优秀党务工作者11名，优秀党员53名。二是各党总支（支部）以召开座谈会、上党课、做好事、知识竞赛、走访慰问老党员、文艺晚会等活动，庆祝党的生日。三是县委于6月28日在南华剧院举行庆“七·一”大会，50名预备党员作入党宣誓，县委领导作报告；晚上举行歌咏晚会，演唱革命歌曲20首；四是各支部组织党员，开展以江总书记“七·一”讲话为核心的政治理论学习，撰写体会文章560篇。

（高中林）

经贸局党委

【党组织及党员】 2001年末，经贸局党委辖党支部15个。有党员193名，其中少数民族党员33名，妇女党员40名，年龄在25岁以下的12名，26岁至35岁的47名，36岁至45岁的39名，46岁至55岁的50名，56岁至60岁的21名，61岁以上24名，大专文化以上的17名，中专38名，高中21名，初中58名，小学59名。

【民主评议党员】 2001年末，经贸局党委所辖15个党支部开展了民主评议党员工作。按照“个人总结，自报格别，自报得分；党支部会议互评、审定格别、得分”的方法。15个党支部于6月30日前完成上半年初评，12月30日前完成年终总评。193名党员参加民主评议，评出合格党员186名，参评率100%，预备党员只评不定格。

【发展党员】 2001年，经贸局党委所辖各党支部发展党员5名，其中，妇女党员1名，企业生产一线党员1名。在发展的党员中，25岁以下1名，26岁至35岁4名；大专文化以上2名，中专1名，高中1名，初中1名，全年办理预备党员转正手续7名。

【党支部目标管理】 2001年，经贸局党委对所辖党支部实行“双目标”管理。年初，党委与直属支部、党总支与党支部、党支部与党员分别签订《目标管理责任制》，半年和年终，与民主评议党员一齐初评、终评。年底，所辖15个党支部都评为合格党支部。年内，经贸局党委任免党支部书记3人次，办理党组织接转关系6人次，召开党委会议、党支部书记会议16次。

（史 群）

供销社党委

【党组织及党员】 2001年末，供销社党委辖党支部4个。有党员67名，其中少数民族党员15名，妇女党员14名，年龄在25岁以下的6名，26岁至35岁的25名，36岁至45岁的8名，56岁至60岁的20名，61岁以上9名，大专文化以上的4名，中专6名，高中18名，初中39名。

【民主评议党员】 2001年末，供销社党委所辖的4个党支部开展了民主评议党员工作。按照“个人总结，自报格别，自报得分；党支部会议互评、审定格别、得分”的方法。4个党支部于7月1日前完成上半年初评，12月10日前完成年终总评。67名党员参加民主评议，评出合格党员67名，参评率100%，预备党员只评不定格。

【发展党员】 2001年，供销社党委所辖各党支部发展党员5名，其中，少数民族党员2名，妇女党员2名，企业生产一线党员3名。在发展的党员中，26岁至35岁4名，36岁至45岁1名；高中4名，初中1名，全年办理预备党员转正手续5名。

【党支部目标管理】 2001年，供销社党委对所辖党支部实行“双目标”管理。年初，党委与直属支部、党总支与党支部、党支部与党员分别签订《目标管理责任制》，半年和年终，与民主评议党员一齐初评、终评。年底，所辖4个党支部都评为合格党支部。年内，供销社党委召开党委会议、党总支（支部）书记会议12次，办理党组织接转关系3人次。

（史 群）

人武部党委

【党组织及党员】 2001年末，人武部党委辖党支部1个。有党员16名，其中少数民族党员4名，26岁至35岁的6名，36岁至45岁的10名，大专文化以上的12名，高中2名，初中2名。

【民主评议党员】 2001年，人武部党委所辖的1个党支部开展了民主评议党员工作。按照“个人总结，自报格别，自报得分；党支部会议互评、审定格别、得分”的方法。于7月12日前完成上半年初评，12月25日前完成年终总评。16名党员参加民主评议，评出合格党员16名，参评率100%，预备党员只评不定格。

【党支部目标管理】 2001年，人武部党委对所辖党支部实行“双目标”管理。年初，党委与直属支部签订《目标管理责任制》，半年和年终，与民主评议党员一齐初评、终评。年底，所辖1个党支部评为合格党支部。年内，办理党组织接转关系1人次。召开党委会议2次。

（史 群）

公安局党委

【党组织及党员】 2001年末，公安局党委辖党支部6个。有党员89名，其中少数民族党员17名，妇女党员10名，年龄在25岁以下的2名，26岁至35岁的32名，36岁至45岁的26名，46岁至55岁的11名，56岁至60岁的14名，61岁以上4名，大专文化以上的45名，中专43名，高中1名。

【民主评议党员】 2001年末，公安局党委所辖的6个党支部开展了民主评议党员工作。按照“个人总结，自报格别，自报得分；党支部会议互评、审定格别、得分”的方法。6个党支部于7月10日前完成上半年初评，12月20日前完成年终总评。75名党员参加民主评议，评出合格党员70名，参评率84%，预备党员只评不定格。

【发展党员】 2001年，公安局党委所辖各党支部发展党员5名，其中，少数民族党员1名，妇女党员2名。在发展的党员中，25岁以下1名，26岁至35岁4名；大专文化以上1名，中专3名，高中1名，全年办理预备党员转正手续5名。

【党支部目标管理】 2001年，公安局党委对所辖党支部实行“双目标”管理。年初，党委与直属支部、党总支与党支部、党支部与党员分别签订《目标管理责任制》，半年和年终，与民主评议党员一齐初评、终评。年底，所辖6个党支部都评为合格党支部。年内，公安局党委任免党支部书记6人次，支部委员12人次，办理党组织接转关系9人次。年内，公安局党委召开党委会议、党总支（支部）书记会议18次。

（史 群）

教育局党委

【党组织及党员】 2001年末，教育局党委辖党支部5个。有党员124名，其中少数民族党员24名，妇女党员24名，年龄在25岁以下的2名，26岁至35岁的42名，36岁至45岁的43名，46岁至55岁的17名，56岁至60岁的3名，61岁以上17名，大专文化以上的90名，中专16名，高中10名，初中8名。

【民主评议党员】 2001年，教育局党委所辖的5个党支部开展了民主评议党员工作。按照“个人总结，自报格别，自报得分；党支部会议互评、审定格别、得分”的方法。5个党支部于6月28日前完成上半年初评，11月28日前完成年终总评。124名党员参加民主评议，评出合格党员117名，参评率100%，预备党员只评不定格。

【发展党员】 2001年，教育局党委所辖各党支部发展党员5名，其中，妇女党员3名。在发展的党员中，25岁以下1名，26岁至35岁3名，36岁至45岁的1名；大专文化以上3名，高中2名，全年办理预备党员转正手续1名。

【党支部目标管理】 2001年，教育局党委对所辖党支部实行“双目标”管理。年初，党委与直属支部、党总支与党支部、党支部与党员分别签订《目标管理责任制》，半年和年终，与民主评议党员一齐初评、终评。年底，所辖5个党支部都评为合格党支部。年内，办理党组织接转关系12人次。教育局党委召开党委会议、党支部书记会议18次。

（史 群）

卫生局党委

【党组织及党员】 2001年末，卫生局党委辖党支部5个。有党员116名，其中少数民族党员22名，妇女党员44名，年龄在25岁以下的6名，26岁至35岁的36名，36岁至45岁的22名，46岁至55岁的30名，56岁至60岁的12名，61岁以上10名，大专文化以上的27名，中专72名，高中7名、初中10名、小学7名。

【民主评议党员】 2001年末，卫生局党委所辖的5个党支部开展了民主评议党员工作。按照“个人总结，自报格别，自报得分；党支部会议互评、审定格别、得分”的方法。5个党支部于6月30日前完成上半年初评，12月5日前完成年终总评。99名党员参加民主评议，评出合格党员99名，参评率85.3%，预备党员只评不定格。

【发展党员】 2001年，卫生局党委所辖各党支部发展党员4名，其中，少数民族党员1名，妇女党员2名，生产一线党员1名。在发展的党员中，25岁以下1名，26岁至35岁2名，36岁至45岁1名；大专文化以上1名，中专3名。

【党支部目标管理】 2001年，卫生局党委对所辖党支部实行“双目标”管理。年初，党委与直属支部、党总支与党支部、党支部与党员分别签订《目标管理责任制》，半年和年终，与民主评议党员一齐初评、终评。年底，所辖5个党支部都评为合格党支部。年内，卫生局党委任免党支部副书记1人，支部委员4人，办理党组织接转关系3人次。年内，卫生局党委召开党委会议、党总支（支部）书记会议12次。

（史　群）

党史工作

【编辑出版《南华县“三讲”教育资料汇编》】 2001年2月，县委党史征研室受县委委托，组织全体编辑承担《南华县“三讲”教育资料汇编》的编辑任务。编辑人员查阅档案72卷，收集文稿97篇69万余字、照片12张，编辑成《南华县“三讲”教育资料汇编》一书，作为纪念中国共产党成立80周年的献礼。《南华县“三讲”教育资料汇编》设重要文件讲话、成立机构制定方案、思想发动学习提高、自我剖析听取意见、交流思想开展批评、认真整改巩固成果、“三讲”教育“回头看”、大事记等8编。力求全面、准确、完整的反映全县“三讲”教育的全貌，力足存史和为全县党员干部学习政治理论提供资料。全书以收录原文为主，照片作简要说明。6月1日，县委副书记、编委主任刘平主持审稿会议，审定其书名、编辑原则、收录范围及出书时间。全书稿由蓝岛计算机中心用扫描仪录入，经组织校对后，首次以磁盘稿送印，经楚雄州文化局“楚新出（2001）准印字26号”批准，精印600册赠阅。历时3个月的精编细校，7月1日《南华县“三讲”教育资料汇编》与读者见面。

【编辑出版《南华县老干部回忆录》】 12月，县委党史征研室在县委老干部局配合下，精心编辑的《南华县老干部回忆录》和读者见面。县委党史征研室和县委老干部局于1999年底发起“老干部回忆录”征稿，征得稿件45篇，以每人限用1篇的安排，由县委党史征研室编辑、加工的“回忆录”38篇，全书8万字，经云南省新闻出版局“云新出2001准印字243号”批准刊印400册。

【纪念“建党80周年”征文】 2001年2月至5月，县党史征研室配合县委宣传部组织全县部分干部参加“全州纪念中国共产党成立80周年党史党建征文活动”。3月21日，县委宣传部和县委党史征研室联合印发《关于参加全州纪念中国共产党成立80周年党史党建征文活动的通知》，规定了提交“征文”的时间为5月15日以前，印发“征文参考题”38个，并把“征文”的30个重点选题任务直接落实到撰稿单位。至全州征文截稿时，全县报交“征文”50篇。在6月19日召开的“楚雄州纪念中国共产党成立80周年学习‘三个代表’重要思想研讨会”上，全县有3篇论文被入选大会宣读、19篇入选研讨会交流、7篇入选州委宣传部、州委党史研究室编辑的《学习与实践》（楚雄州学习“三个代表”重要思想论文集）一书，全县提交“征文”数和入选数均居全州县（市）之首。

【南山革命斗争史料整理】 2001年7月，县委党史征研室把整理“南山革命斗争史料”列入下年度的党史征研选题，组织专人开始整理。至年底，已收集游击区域图3幅、照片30张、文献资料18篇、参考资料5篇、“边纵”歌曲9首，编写“大事记”2万字，整理“回忆录”55篇、老干部小传20则，累计收集、整理“南山革命斗争史料”15万多字。

【社会主义时期党史资料征集】 2001年，县委党史征研室继续征集全县社会主义时期党史资料，敦促尚未完成社会主义时期党史资料整理、编报的部门抓紧工作完成任务。至年末，自1999年底开始的全县社会主义时期党史资料征集，已有8个乡镇、42个县直属部门完成整理任务，县委党史征研室收到史料50多万字。

【党史书刊发行】 2001年，县委党史征研室积极做好党史书刊的发行。年初，组织了《中共楚雄州委年鉴》（2001）、《楚雄州年鉴》（2001）、《楚雄百年》的发行；4月，按省、州的要求，又组织了《中国共产党简史》、《中共云南地方史》（第一卷）的发行。全年发行《中共楚雄州委年鉴》（2001）36册、《楚雄州年鉴》（2001）36册、《楚雄百年》44册、《中国共产党简史》574册、《中共云南地方史》（第一卷）264册、《学习与实践》20册、《南华县“三讲”教育资料汇编》474册、《南华县老干部回忆录》400册、《楚雄党史党建》（季刊）135份。代县委办公室发行《新编云南地州市县情》24册。

【《中共楚雄州委年鉴·南华县》（2001）资料征编】 2001年初，县委党史征研室按州委的部署和征资提纲，组织编写人员，在征集的《南华年鉴》（2001）资料中精选部分内容，精心编辑成《中共楚雄州委年鉴·南华县》（2001）资料5.5万字，按时报交《中共楚雄州委年鉴》编辑部，被《中共楚雄州委年鉴》选用、刊出条目256个5万多字。

【党史专题资料征编】 2001年，县委党史征研室积极配合省、州部门开展各个专题的党史征研活动。完成省委政策研究室《新编云南地州市县情·南华县》撰稿7000多字，省老区建设促进会《一街乡革命老区农民增收情况调查报告》撰写3000多字，征集省委党史研究室《纪念建党80周年图片展》南华县照片14张，征集《楚雄人民英雄大典》人物照片13张。

（史 群）

党校工作

【党校状况】 2001年，全县设县委党校1所、乡镇党校12所。县委党校有教职工15名，其中公务员2名、讲师3名、助理讲师3名、教员1名、五级职员1名、高级工2名、中级工2名、普工1名。教职工中有研究生毕业1名、大学5名、大专3名、中专5名、小学1名，平均年龄34.8岁。有教学楼1幢597.23平方米，综合办公楼1幢522.96平方米，学员宿舍2幢866.5平方米，食堂3个，运动场1个。教学设备有电脑11台，复印机、打印机、彩色电视机、VCD机、功放机、录像机等。乡镇党校有固定的教学场所和电化教育设备，配备有常务副校长。

【干部培训】 2001年7月26日至28日，县委在县财政局会议室举办“南华县老干部读书班”，在县城居住的科级以上离退休干部、古城党支部党员代表72人参加学习。县委及部门领导干部在读书班作《学习江总书记“七·一”重要讲话，把“三个代表”落实到老干部工作中》，《南华县“九五计划”执行情况和“十五计划”执行纲要》、《崇尚科学文明，反对迷信愚昧》，《南华县老干部工作情况汇报》等专题报告。7月，县委党校教师罗成亮还到县委机关党总支、消防大队党支部上党课，讲授《践行“三个代表”重要思想，做新时期合格党员》。10月9日至14日，县委党校教师罗成亮、周汉德、周永智、余松参加县委学习江总书记“七·一”讲话巡讲组，到徐营、雨露、五街、天申堂、罗武庄、五顶山、马街、红土坡8个乡镇宣讲江总书记“七·一”重要讲话。12月，县委党校教师罗成亮到老干部中作辅导，向70名老干部讲授《认真学习江总书记“七·一”讲话精神，为社会主义现代化建设再立新功》。

【省委党校南华函授站】 2001年，中共云南省委党校南华函授站完成98级大专班《新编市场营销学》、《经济法学教程》、《对外经济管理学》、《社会保障原理》、《中国特色的民族理论与民族政策》、《中国经济地理教程》、《计算机应用初级教程》等课程教学辅导和毕业论文的辅导与答辩，58名学员获大专毕业证书。完成99级大专的《财政学》、《英语（下）》、《国家税收概论》、《农村经济管理》、《经济法学教程》、《现代企业管理》、《财务会计概论》、《管理心理学》等课程的教学辅导。完成2000级大专班的《马克思主义主义哲学教程》、《邓小平理论教程》、《中国革命史论》、《现代科学技术基础知识概要》、《政治经济学（资本主义部分）》、《英语（上）》、《写作概论》、《普通逻辑教程》等课程的教学辅导。3月18日至4月15日，县委党校举办省委党校函授大专班招生考前辅导，141名学员参加《语文》、《数学》、《政治》、《中外历史》、《中外地理》等课程的辅导学习，全部考取中共云南省委党校函授经济管理专业和法律专业大专班，并于9月12日入学。年末，南华函授站有大专班4个，注册学员273名。

【党校教学教研】 2001年，县委党校开展教研活动2次，总结教学科研工作，布置科研任务，检查备课情况，交流教学体会，宣读科研文章等。年内，6名教师在国家及省、州、县级刊物（广播电台）上发表（播出）文章30篇。孙学祥撰写的《“三个代表”之间的辩证关系》入选州哲学学会2001年理论研讨会，并被《当代社会科学研究文集》收录；《践行“三个代表”重要思想，全面加强党的建设》入选州纪念建党80周年理论研讨会，被楚雄《回眸与思考》收录；《坚持党管干部的原则》被《云南党校系统优秀论文集》收录。何开全撰写的《正确认识我国“三农”问题的几点思考》，在云南《创造》（2000年增刊）上发表；《建党理论的新突破》入选楚雄州哲学学会2001年理论研讨会。周汉德撰写的《月光下的感悟》在四川《彝族文学报》和楚雄《金沙江文艺》（2001年第7期）上发表；《要用市场经济的观念来抓扶贫》入选州哲学学会2001年理论研讨会，获三等奖，并在《彝州论坛》（2001年第5期）上发表；《实施两个“人均一亩”是民族贫困山区扶贫攻坚的重要内容》和《民族贫困地区观念转变与脱贫致富》，被《云南党校系统优秀论文集》收录。罗成亮撰写的《改善办学条件，强化内部管理，努力提高教学科研质量》在楚雄《彝州论坛》（2001年第2期）上发表，《合作社班子建设是村级组织建设的基础》被《楚雄州农村基层组织建设实践与思考》收录，《践行“三个代表”重要思想，做新世纪合格党员》被楚雄《回眸与思考》收录，《从社会主义本质看：邓小平理论是马克思主义在中国发展的新阶段》被《云南省党校系统优秀论文集》收录，《论文化的本质与差异》入选楚雄州哲学学会2001年理论研讨会。余松撰写的《市场经济与机构改革》在楚雄《彝州论坛》（2001年第1期）上发表，《加强农村党支部建设》在《彝州论坛》（2001年第5期）上发表，并被楚雄《回眸与思考》收录，《广告与精神文明》被《云南省党校系统优秀论文集》收录，《南华县开展“三学”成效测评》被《楚雄日报》刊出。李敬阳撰写的《最高纲领与最低纲领的辩证统一》入选楚雄州哲学学会2001年理论研讨会，《换个角度看彝州》被《云南党校系统优秀论文集》收录。

（孙学祥）

纪检监察工作

【县纪委四次全会】 2001年2月1日，中共南华县纪律检查委员会第四次全体会议在县城召开。17名县纪委委员出席会议，不是县纪委委员的各乡镇纪委书记和县纪委监察局各室主任列席会议。会议认真传达学习中央、省、州党委、纪委全会精神，总结2000年全县党风廉政建设和反腐败工作，部署2001年工作任务。会议审议并通过了县委常委、县纪委书记李学安作的《加大治本力度，抓好任务落实，努力推进党风廉政建设和反腐败斗争》的工作报告。县委书记李红民到会作了《认真践行“三个代表”重要思想，进一步推进我县党风廉政建设工作和反腐败斗争的深入开展》的讲话，县委、县人大、县政府、县政协、县纪委领导成员及县直属部门负责人，各乡镇党委书记、乡镇长、纪委书记等共170多人听取了县委书记的讲话。

【查处案件】 2001年，县纪检监察机关立案查处6件10人（其中万元以上大案1件），已全部结案，给予党纪处分9人，其中开除党籍7人、留党察看2年1人、1年1人。党内免于处分1人，诫勉谈话6人。回访教育往年受处分党员6人。恢复正式党员权利1人。通过办案，挽回经济损失10.13万元。

【专项执法检查】 （一）对全县农民减负和企业减负工作进行检查，没有发现违反上级规定的行为。（二）对化肥、农膜、农药、籽种等主要农业生产资料进行检查，有关执法部门对过期农药作销毁处理，对非法倒卖农药、化肥的9户罚款1545元，查出2户经营农作物籽种的经营户克扣农民，罚款17915.41元。（三）对中小学教育收费工作进行检查，针对检查中存在的违规收费问题，向县教委发出了监察建议书。（四）对行政事业性收费作了清理，经清理注销收费许可证21份，取消收费项目2项，为农民和企业减轻不合理负担约54万元。（五）对社会保障资金管理使用情况作检查，经对县民政局、县劳动人事局的下岗职工基本生活保障金、失业保险基金、基本养老保险基金和城市居民最低生活保障资金的管理使用检查，无违纪现象。（六）认真治理公路“三乱”工作，经省、州公路无“三乱”检查验收组检查，我县公路实现无“三乱”。（七）开展对限制消费、妨碍流通清理，清出与国家法律法规政策相抵触的文件6个，已书面向县人民政府报告建议取消。（八）对医疗服务价格改革工作的监督和对重点工程安全生产监督检查。（九）认真开展对全县公职人员住房情况的清理。（十）对粮食部门的清仓查库作督查。（十一）对“1·15”地震恢复重建资金管理使用进行检查。通过执法监察，促进国家机关依法行政。

【民主评议行风】 2001年，在县教育系统开展民主评议行风工作。向社会各界发出问卷调查表355份，回收355份；召开座谈会1个，参加人员48人；走访干部群众20余人。社会各界反映被评部门的不足和问题5条，被评单位针对群众意见制定整改措施10条。通过民主评议，促进教育系统行风好转和各项工作的开展。

【处理人民群众来信来访】 2001年，收到人民群众来信来访132件，其中县纪检监察机关受理63件，已查结60件，结案率为95.3%。通过初查核实，为32人澄清了是非，对8人给予批评教育。2001年，县纪委、县监察局被省纪委、省监察厅指定为信访信息直报点。

【纪检监察报刊征订】全县征订2002年度《云南纪检监察》955份，《中国纪检监察报》83份，《党风与党纪》12份。

（唐祺贵）

领导名录

中国共产党南华县委员会

书　　记：李红民（女，彝）

副 书 记：耿克明（任至2月）
阊　柏（纳西，2月任）
刘　平　侯志荣

常务委员：李红民（女，彝）耿克明（任至2月）
阊　柏（纳西，2月任）
刘　平　侯志荣　罗觉敏
朱明云　李学安（任至6月）
杨　龙　阿明仙（女，彝）
李绍文（彝）　叶忠华
郭孟贤（11月任）

调 研 员：孔荣昌　李炳建（彝）
罗应清（彝，12月任）
邓楚琴（女，12月任）

助理调研员：赵锡龙　罗文秀（彝）

县人大常委会

主　任：何兆芹

副主任：邓楚琴（女，任至12月）
罗应清（彝，任至12月）
张世仁（任至3月）　陈　俊（3月任）
陈向华

县人民政府

县　长：耿克明（任至2月）
阊　柏（纳西，3月代理）

副县长：朱玉庭　何锡英（女）兰开兴　洪　志
李建华（省下派，9月任）

调研员：张世仁（11月任）

助理调研员：罗文章（彝）　罗章华（彝）
起荣贵（彝，任至12月）　自文昌（彝）李正芬　周正学（彝）　柳文龙（任至12月）　陈华国　张开华（10月任）　吴仕凤（10月任）
吴国瑾（12月任）　自宗玉（彝，12月任）罗顺和（彝，12月任）

县政协

主　席：李凤朝

副主席：夏瑞先（任至4月）　钱嘉铨
周梅英（女）　阿文荣（彝，3月任）
李世兴（兼）　夏开宇（兼）

县纪委

书　记：李学安（任至6月）　杨　龙（6月任）

副书记：鲁学章（彝）　郑绍学
张开华（任至12月）

县人民武装部

党委第一书记：李红民（女，彝）

党委书记：罗觉敏

党委副书记：匡国生

部　长：匡国生

政　委：罗觉敏

副部长：谭永彪

县人民法院

院　长：鲁　伟

副院长：杨正科　李春发　秦玉兰（女）

政工科科长：陆启云

执行工作局局长：鲁　华（彝，2月任）

办公室主任：谢旭焰

计财科科长：瞿海华

执行工作局副局长：孔显华

法警大队大队长：董建华

刑事审判庭庭长：刘彦华（7月任）

经济审判庭庭长：杨菊存（女，白，7月任）

民事审判庭庭长：刘尧忠（彝，7月任）

行政审判庭庭长：李成志（彝，7月任）

立案庭庭长：刘　彪（7月任）

审判监督庭庭长：冯建华（7月任）

沙桥法庭庭长：李成清（彝，7月任）

红土坡法庭庭长：朱朝礼（7月任）

县人民检察院

检 察 长：陈民军

副检察长：李宗贤（彝）　何　凯

　　　　　杨以文（3月任）

政工科科长：李　海（彝，2月任）

反贪局局长：罗宗敏（彝）

侦察监督科科长：杨以文

技术监督科科长：徐庆华

审判监督科科长：谢　红

监所检察科科长：高　明

法纪检察科科长：刘天林（彝）

司法警察大队大队长：任美光

办公室主任：李志娟（女，彝）

控告申诉检察科科长：杨文强（白）

反贪局副局长：张贵华

县委工作机构

办公室：

主　任：李绍文（彝）

党总支书记：李廷波（任至12月）

副主任：周正芬（女，彝）

　　　　张群嘉（彝，任至5月）　李丕俊

组织部：

部　长：杨　龙（任至11月）　郭孟贤（11月任）

副部长：汪应富　杨成山　张　涛（兼）

宣传部：

部　长：朱明云

副部长：张万米　杨庭明

统战部：

部　长：钱嘉铨

副部长：罗成锦　童　信（任至12月）

政法委员会：

书　记：侯志荣

副书记：罗志宏（彝）　何兆芹（兼）

　　　　朱玉庭（兼）

政法委员会办公室：

主　任：罗志宏（彝）

副主任：王正武

社会治安综合治理委员会办公室：

主　任：罗志宏（彝）

副主任：杨春洪（白，2月任）

县级机关党委：

书　记：余丽芬（女，任至12月）

　　　　叶　敏（女，12月任）

县委老干部局：

局　长：彭　汉

副局长：王建林

县委党校：

校　长：李红民（女，彝）

常务副校长：罗成亮（彝）

副校长：周汉德（彝）　周永智（6月任）

县委党史征集研究室：

主　任：杨育慧

副主任：周能汉

县委机要局（二级局）：

局　长：李泽富

县国家保密局（二级局）：

局　长：杨松平

县依法治县办公室：

主　任：王兆喜

县610办公室：

主　任：窦正和（彝，2月任）

县委政策研究室：

主　任：叶忠海（12月任）

县委督查室：

主　任：李志伟（任至12月）　王文书（12月任）

县人大工作机构

办公室：

主　任：陈兴华

副主任：张树明　段加雄

法制工作委员会：

主　任：王兆喜（兼）

教科文卫工作委员会：

主　任：钱太林

经济工作委员会：

主　任：吴和顺

选举联络工作委员会：

主　任：彭　龙

民族工作委员会：

主　任：自和先（彝，12月任）

县人民政府工作机构

办公室：

党总支书记：李成林

主 任：李成林

副主任：陈有昌（白） 周有方（傣）

王体智 张群嘉（彝，7月任）

生物资源开发创新办公室：

主 任：张群嘉（彝，5月任）

法制办：

主 任：罗开平（彝，12月任）

发展计划局：（原发展计划委员会，12月更名）

党总支书记：王绍林（12月任）

局 长：王绍林

副局长：陈明海（任至12月） 谢维刚 罗景荣

刘锡泰（12月任）

经济贸易局：（原经济贸易委员会，12月更名）

党委书记：季志明（任至12月）

余加兴（12月任）

副 书 记：席斌佐（任至6月）

者绍泉（12月任）

纪委书记：者绍泉（12月任）

局 长：席斌佐（任至6月） 余加兴（6月任）

副局长：董华明 李金章 吕 宏

统计局：

局 长：马炳尧（回）

副局长：周 芸（女）

人事劳动和社会保障局：（原人事劳动局12月更名）

局 长：张 涛

副局长：段志伟 李正学 鞠 荣

县机构编制委员会办公室：

主 任：张 涛（11月任）

副主任：郭正云（11月任）

文化体育局：

党总支书记：董廷祥

局 长：戴丽菊（女）

副局长：金振宇 许 彪（任至12月）

计划生育局：（原计划生育委员会，12月更名）

局 长：周文功

副局长：戴成松 陈明玉（女）

民族宗教局：

局 长：罗正华（彝）

副局长：罗锦海（彝） 马万山（回）

科学技术局：（原科学技术委员会，12月更名）

局 长：鲍 虎

副局长：夏光兴 吕光发（任至12月）

民政局：

局 长：罗思能（彝）

副局长：陈福善 李忠盛（彝）

阿 敏（女，彝，6月任）

司法局：

局 长：刘 明

副局长：杨松华 高明新

公安局：

党委书记：李绍富

党委副书记：赵有能

局 长：李绍富

政 委：赵有能

副局长：潘龙先 黄仁忻 张文安

纪委书记：者贵章

刑警大队大队长：胥建祥（任至2月）

高文荣（2月任）

刑警大队教导员：高文荣（任至2月）

何 庆（2月任）

国内安全保卫大队大队长：周志贤（彝）

治安管理大队大队长：李兴旺（彝，2月任）

治安管理大队教导员：胥建祥（2月任）

经济案件侦察大队大队长：杨绍能

禁毒大队大队长：徐德政（任至2月）

纪天军（2月任）

文笔派出所所长：张泰荣（2月任）

沙桥派出所所长：蔡 昆（2月任）

徐营派出所所长：徐海兵

雨露派出所所长：夏 勇

天申堂派出所所长：陈银平（2月任）

五街派出所所长：周国民（2月任）

一街派出所所长：叶海生（2月任）

罗武庄派出所所长：周国武

红土坡派出所所长：高金寿（彝）

五顶山派出所所长：阿发良（彝）

农业局：（原农牧业局，12月更名）

党总支书记：李丕忠

局 长：李丕忠

副局长：耿文钦 李福林 王增华（彝）

吕忠俊（6月任）

畜牧局（二级局）

局　长：王增华（彝，兼，任至12月）

林业局：

党总支书记：者建章

局　长：者建章

副局长：许正彪　彭　昌　罗永柱（彝）

水利局：（原水电局，12月更名）

党总支书记：罗智强（彝）

局　长：罗智强（彝）

副局长：王　升　李文华（彝）　李毓进

电力事业局：（二级局）

局　长：李　仁

交通局：

党总支书记：李朝光

局　长：李朝光

副局长：鲁应堂（彝，任至12月）

张兴荣（任至12月）　向跃武（6月任）

乡镇企业局：

局　长：余加兴（任至7月）　杨玉华（7月任）

副局长：罗兆聪　严德华

建设与环境保护局：（原城乡建设环境保护局，12月更名）

党总支书记：何正昌

局　长：何正昌

副局长：普兴华（彝）　金正新

吉兆贵（任至12月）

旅游局：

局　长：刘汉福（彝）

副局长：陈金禹（6月任）

财政局：

局　长：鲁光宝（彝）

副局长：周菊英（女）　李　松　李克勇

审计局：

局　长：黄淑珍（女）

副局长：李章明　赵　济（12月任）

粮食局：

党总支书记：叶忠海（任至12月）

局　长：叶忠海（任至12月）

副局长：刘锡泰（任至12月）

者绍泉（任至12月）

教育局：（原教育委员会，12月更名）

党委书记：叶　敏（女，任至12月）

彭　亮（12月任）

党委副书记：彭　亮（任至12月）

局　长：彭　亮

副局长：李　福　谢俊林

钟世富（傈僳，6月任）

卫生局：

党委书记：李德昌

党委副书记：钱汝平

局　长：李德昌

副局长：自和先（彝，任至12月）

林永聪　代必洪（彝，6月任）

国土资源局：（原土地管理局，12月更名）

局　长：汪时荣

副局长：李华昌　何　伟

监察局：

局　长：张开华（任至12月）　郑绍学（12月任）

副局长：张海琼（女）

广播电视事业局：

局　长：苏全华

副局长：李朝波　龙　杰

扶贫办：

主　任：李永元

副主任：高应增

地方志编纂委员会办公室：

主　任：杨育慧

副主任：周能汉

档案局（二级局）

局　长：王丽华（女）

地震局（二级局）

局　长：张丽芝（女）

供销社：

党委书记：朱旺庭

党委副书记：戴永胜

主　任：朱旺庭

副主任：张兴才（彝）　普荣贵（彝）

技术监督局：

局　长：罗正富（彝）

副局长：高仁周

国家税务局：

局　长：陈之先（任至7月）　许正槐（7月任）

副局长：杨朝禄（任至12月） 李洪祥

地方税务局：

局 长：周安华

副局长：杨正有（白） 杜丕春（任至10月）

肖元红（10月任）

工商行政管理局：

局 长：刘锡海

副局长：查国良（彝）张立宏 张春华

邮政局：

局 长：罗有化（彝，任至2月）

罗光政（彝，2月任）

副局长：罗光政（彝，任至2月）

周 斌（2月任）

电信局：

局 长：李芝旺（彝）

副局长：姜 林（任至2月）李彦赢（3月任）

医药股份合作公司：

总经理：李文海（兼，彝，任至4月）

自 雄（4月任）

副总经理：武铁萍（女）顾建荣（4月任）

物资股份合作公司：

董事长：吕 宏

董 事：褚 华 罗成铭

农机公司：

经 理：朱嘉荣

烟草公司：

经 理：周家永

副经理：周思富 李文清 陈 彬

烟草专卖局：

局 长：周家永

副局长：杞永胜

人民银行：

行 长：杨雪松

副行长：李 宁 马 宏

工商银行：

行 长：李 明（任至6月） 周涌民（6月任）

副行长：刘建琼（女） 马宗平（回）

农业银行：

党委书记：杨庆生

纪委书记：张玉林

行 长：王健骅（任至3月） 杨庆生（3月任）

副行长：杨茂生 卜其明

建设银行：

行 长：杨 斌（任至3月） 罗 军（5月任）

副行长：杨金云（任至1月）

田国安（任至11月）

余 皓 刘怀银（11月任）

财产保险公司：

经 理：吕汉兴

人寿保险公司：

经 理：周万铭（任至7月） 吕光和（7月任）

副经理：吕光和（任至7月）

气象局：

党支部书记：周安华

局 长：陈启武

副局长：周安华（任至7月） 林 坤（7月任）

信用合作社：

主 任：龚啓松

副主任：张正凤 王仕勤

县政协工作机构

办公室：

主 任：赵文和（白）

副主任：李玉明

提案法制工作委员会：

主 任：钱加芬（女，傈僳）

教文卫体工作委员会：

主 任：吴国瑾（任至12月） 吕光发（12月任）

经济科技工作委员会：

主 任：罗加良（彝）

副主任：叶桂芬（女，任至12月）

民族宗教工作委员会：

主 任：罗顺和（彝，任至12月）

县纪委工作机构

办公室：

主 任：张学森

信访室：

主 任：李建美（女，彝）

纪检监察室：

主 任：杨明龙

案件审理室：

主　任：罗兴龙（彝，任至12月）

宣传教育室：

主　任：蔡　波

执法监察室：

主　任：唐祺贵

武装部工作机构

军事科：

科　长：李建新（任至3月）　余庭春（3月任）

政工科：

科　长：向　云

后勤科：

科　长：郑功权

群众团体

总工会：

主　席：慕光明

副主席：李华俊　叶桂芬（女，12月任）

县妇女联合会：

主　席：阿明仙（女，彝）

副主席：鲍学英（女）　张　玲（女，12月任）

共青团南华县委：

书　记：李开华

副书记：张子荣

县工商业联合会：

会　长：叶松福（任至6月）

高艳芬（女，独龙族，6月任）

副会长：高艳芬（女，独龙族，任至6月）

杨兆忠（白）　李建军（彝，兼）

杨兴民（兼）　张毅强（兼）

县科协：

主　席：鲍　虎（兼）

副主席：王泽宝（彝）　黄淑珍（女，兼）

县残疾人联合会：

理事长：鲁宗明（彝，任至12月）

季志明（12月任）

副理事长：王德生

（杨成山）

南华县人大常委会

【综述】　2001年，县人大常委会在中共南华县委的领导和上级人大常委会的指导下，高举邓小平理论伟大旗帜，以江泽民同志“三个代表”的重要思想为指导，坚持党的基本路线，认真贯彻落实党的十五届五中全会、中央经济工作会议和省委六届全会精神，按照县委九届四次全会精神和人大四次会议确定的目标任务，依法主持召开了县人大常委会会议8次（即第19次至第26次）。听取和审议了县人民政府、县人民法院、县人民检察院工作报告、专题汇报27个，并相应作出决定、决议6个，审议意见10个。组织部分省、州、县人大代表执法检查1次。接待人民群众来信来访62件（次）。召开本届人大常委会主任会议9次（即第38次至第47次）。依法任免人大常委会内设机构负责人和“一府两院”组成人员44人。组织指导了乡级人大换届选举工作。

【县第十三届人大四次会议】　县第十三届人民代表大会第四次会议于2001年3月26日至30日在县城举行。应到会代表167名，因事因病请假7名，实到会代表160名，法定列席25人，决定列席115人。参会共300人。3月26日上午在南华剧院举行预备会议。会议有五项议程：（一）选举大会主席团和秘书长。主席团由31人组成，按姓名笔画排列为：马仁芳（女，回族）、王永先、王琦、孔荣昌、邓楚琴（女）、叶敏（女）、刘平、自荣文（彝族）、李文海（彝族）、李凤朝、李红民（女，彝族）、杨龙、何兆芹、何绍绪（白族）、张万寿、张谓学（彝族）、陈向华、陈兴华、陈俊、余丽芬（女）、罗文清（彝族）、罗应清（彝族）、罗忠营（彝族）、周仕纯、周江、段华、起正贵（彝族）、钱泰林、普文才（彝族）、鲁光寿（彝族）、戴文武。秘书长由罗应清兼任。（二）通过大会议程。1、听取和审查《县人民政府关于政府工作和南华县国民经济及社会发展第十个五年计划纲要》的报告；2、审查和批准《南华县国民经济和社会发展第十个五年计划纲要》；3、听取和审查《南华县2000年国民经济和社会发展计划执行情况与2001年国民经济和社会发展计划》（草案）的报告；

审查和批准《南华县2000年国民经济和社会发展计划执行情况的报告与2001年国民经济和社会发展计划》；4、听取和审查《南华县2000年地方财政预算执行情况和2001年地方财政预算》（草案）的报告；审查和批准《南华县2000年地方财政预算执行情况的报告及2001年县级财政预算》；5、听取和审查《南华县人民代表大会常务委员会工作报告》；6、听取和审查《南华县人民法院工作报告》；7、听取和审查《南华县人民检察院工作报告》；8、补选县人民政府县长和1名县人大常委会副主任。（三）通过议案审查委员会名单：陈向华任主任委员，王琦任副主任委员，马仁芳、叶敏、周正学为委员。（四）通过财政经济审查委员会名单：邓楚琴任主任委员，周江任副主任委员，余丽芬、慕光明、李福林任委员。（五）县委书记李红民发表讲话。会议期间成立了党的临时组织。李红民任临时党委书记，何兆芹、刘平任副书记，邓楚琴、罗应清、杨龙为委员。14个代表队各设一个党支部，书记、副书记由各代表队队长、副队长担任。3月26日上午，在南华剧院举行第一次全体会议。主席团常务主席、大会执行主席何兆芹主持会议。举行开幕式后，听取县人民政府代理县长阊柏作《关于政府工作和南华县国民经济及社会发展第十个五年计划纲要》的报告。3月27日上午，举行第二次全体会议。主席团常务主席、大会执行主席邓楚琴主持会议。会议听取了县计委主任王绍林、县财政局局长鲁光宝所作的工作报告；通过了选举办法。3月28日下午，举行第三次全体会议。主席团常务主席、大会执行主席陈向华主持会议。会议听取了县人大常委会主任何兆芹、县人民法院院长鲁伟、县人民检察院检察长陈民军所作的工作报告。3月29日下午，举行第四次全体会议。主席团常务主席、大会执行主席李红民主持会议。会议补选县人民政府县长和县十三届人大常委会副主任1名。选举结果，阊柏当选为县第十三届人民政府县长；陈俊当选为县第十三届人大常委会副主任。最后，县委书记李红民传达九届全国人大四次会议精神。3月30日上午，举行第五次全体会议。主席团常务主席、大会执行主席罗应清主持会议。会议通过了关于县人大常委会、县人民政府、县人民法院、县人民检察院、县计委、县财政局6个工作报告的决议。接着，新当选的阊柏县长，县人大常委会副主任罗应清发表了讲话。大会圆满完成各项任务，顺利闭幕。

【人大常委会会议】 2001年，召开人大常委会会议8次。

第十九次会议 2001年1月15日至16日在县财政局二楼会议室召开，县人大常委会主任何兆芹主持会议。出席会议的副主任邓楚琴、陈向华和委员9人，共12人（请假3人）。县人民政府县长耿克明，县政协副主席夏开宇，县法院、检察院、县委办、人大办、政府办、政协办、财政局、计委、城建局有关领导，县人大民经工委、法工委、选联工委主任和人大民经工委委员及各乡（镇）人大主席，共31人列席会议。会议议程：（一）听取和审议县财政局副局长周菊英受县人民政府及财政局局长鲁光宝的委托作《关于南华县2000年地方财政预算部分变更情况的报告》；（二）听取县恢复重建办主任何正昌受县人民政府的委托作《南华县“1·15”地震救灾恢复重建工作情况的报告》；（三）听取和审议县计委主任王绍林受县人民政府的委托作《关于南华县1999年度国家生态环境建设重点工程项目实施情况的报告》；（四）其他事项。经审议，会议作出《南华县人大常委会关于批准2000年地方财政预算部分变更的决议》。会议就进一步做好地震恢复重建工作，作出了审议县人民政府《关于南华县“1·15”地震救灾恢复重建情况报告》和《关于南华县1999年度国家生态环境建设重点工程项目实施情况报告》的意见。

第二十次会议 2001年2月7日在县财政局二楼会议室召开，县人大常委会主任何兆芹主持会议。出席会议的副主任邓楚琴、罗应清、陈向华、陈俊和委员10人，共15人。邀请县委书记李红民、县长耿克明、县委副书记刘平、阊柏、县委组织部部长杨龙，县法院、检察院、县委办、人大办、政府办有关领导及县人大民经工委、法工委、选联工委主任，共14人列席会议。会议主要讨论人事任免有关事宜。（1）县人民政府县长耿克明作阊柏拟任县人民政府副县长议案提请；（2）县委组织部部长杨龙介绍阊柏的基本情况；（3）审议和表决：应到常委会组成人员15人，实到15人，一致通过阊柏为副县长；（4）县人民政府县长耿克明提请辞呈报告；（5）审议和表决：采取举手表决的方式进行，一致同意接受耿克明辞去县长职务。并报县第十三届人民代表大会第四次会议备案；（6）县人大常委会副主任罗应清受主任会议委托，作人民政府副县长阊柏为代理县长议案的提请；（7）审议和表决：一致通过，接着县人大常委会主任何兆芹宣布阊柏任代理县长的决定。最后，阊柏同志作表态发言，何兆芹对本次会议作小结。耿克明同志讲了话。

第二十一次会议　2001年3月9日在县财政局二楼会议室召开，县人大常委会主任何兆芹主持会议。出席会议的副主任邓楚琴、罗应清、陈向华和委员（请假5人），共10人。代理县长阊柏、副县长何锡英，县政协副主席李世兴和法院、检察院、县委组织部、县委办、人大办、政府办、政协办、计委、教委、乡镇企业局的领导及人大民经工委、法工委、选联工委主任，共17人列席会议。会议议程：（一）听取县计委主任王绍林、县教委主任彭亮和县乡镇企业局局长余加兴述职评议后整改措施落实情况的汇报；（二）罗应清副主任受主任会议委托作关于王绍林等3位主任（局长）落实整改措施基本情况的汇报；（三）与会人员发表意见和建议，经审议，会议分别对王绍林提出4条，对彭亮提出5条，对余加兴提出4条意见和建议；（四）听取县人大常委会代表资格审查委员会副主任委员陈兴华作关于县第十三届人民代表大会代表变动情况的报告；（五）听取县人大常委会副主任陈向华作关于南华县第十三届人民代表大会第四次会议筹备工作情况的报告；（六）讨论和修改县人大常委会工作报告；（七）讨论决定关于2001年度县人大常委会各次会议议题的安排；（八）其它事项。

第二十二次会议　2001年5月29日至30日在县财政局二楼会议室召开，县人大常委会副主任陈向华主持会议。出席会议的县人大常委会主任何兆芹、副主任邓楚琴、罗应清、陈俊和委员（请假1人），共14人。副县长朱玉庭、洪志、兰开兴，县政协主席李凤朝和县法院、检察院、县委办、人大办、政府办、政协办、乡镇企业局、土地局、教委、民政局、司法局、反贪局的领导及人大经工委、法工委、选联工委主任，共20人列席会议。会议议程：（一）听取和审议县人民政府贯彻执行《中华人民共和国乡镇企业法》情况的报告。（二）听取和审议县人民政府贯彻执行《中华人民共和国土地管理法》情况的报告。（三）听取县人民政府、县人民检察院贯彻落实县人大常委会审议意见有关情况的汇报：（1）关于县基本普及九年义务教育、基本扫除青壮年文盲工作落实情况的汇报；（2）关于贯彻实施《中华人民共和国村民委员会组织法》情况的汇报；（3）关于反贪污贿赂工作情况的汇报。（四）其它事项。经审议，会议就进一步贯彻实施好《乡镇企业法》，促进全县乡镇企业持续健康发展，确保乡镇企业二次创业的高起点，实现良好的经济效益和社会效益。作出了审议县人民政府《关于我县贯彻实施〈中华人民共和国乡镇企业法〉情况报告》和《关于贯彻实施〈中华人民共和国土地管理法〉情况的报告》的意见。

第二十三次会议　2001年7月24日在县财政局会议室召开，县人大常委会副主任罗应清主持会议。出席会议的县人大常委会主任何兆芹、副主任邓楚琴、罗应清、陈向华、陈俊和委员，共15人。县委副书记刘平，县长阊柏、副县长兰开兴，县政协副主席夏开宇和法院、检察院、县委办、人大办、政府办、政协办、文体局、财政局、审计局、国税局及县人大民经工委、法工委、选联工委主任、人大教科文卫工委、民经工委、法工委委员和各乡镇人大主席，共38人列席会议。会议议程：（一）听取和审议县人民政府《关于县文化工作情况的报告》；（二）听取和审议县人民政府《关于县2001年上半年地方财政预算执行情况的报告》；（三）听取和审议县人民政府《关于2000年南华县本级预算执行和其它财政收支审计工作情况的报告》；（四）其它事项。经审议，作出了审议县人民政府《关于2000年南华县本级预算执行和其它财政收支情况的审计工作报告》的意见。会议就全面完成2001年财政收支预算，确保工资发放，专款拨付和机构正常运转等问题，作出了审议县人民政府《关于南华县2001年上半年地方财政预算执行情况的报告》的意见和《关于我县文化工作情况的报告》的意见。

第二十四次会议　2001年9月26日至27日在县人大常委会会议室召开，县人大常委会副主任陈向华主持会议。出席会议的县人大常委会主任何兆芹、副主任邓楚琴、罗应清、陈俊和委员共14人（请假1人）。县委副书记刘平，组织部长杨龙，副县长朱玉庭，县政协副主席钱嘉铨和县法院、检察院、县委办、人大办、政府办、政协办、公安局、统计局、计委、教委、交通局、水电局的领导，人大民经工委、选联工委、法工委主任和委员以及各乡镇人大主席，邀请的4名人大代表，共38人列席会议。会议议程：（一）听取和审议县人民政府《关于县第十三届人民代表大会第四次会议代表议案、批评、意见、建议办理情况的报告》；（二）听取和审议县人民政府《关于公安工作情况的报告》；（三）听取和审议县人民政府《关于贯彻执行〈中华人民共和国统计法〉情况的报告》；（四）听取和审议县人民政府《关于县“三五”普法规划实施情况和“四五”普法规划的报告》；（五）其它事项。经审议，作出了审议县人民政府《关于贯彻实施〈中华人民共和国统计法〉情况报告》的意见、《关于县公安工作情况的报告》的意见，审查批准并作出关于批准县人民政府《关于在全体公民中开展法制宣传教育的第四个五年规划》的决议。

第二十五次会议 2001年11月9日在县人大常委会会议室召开，县人大常委会主任何兆芹主持会议。出席会议的副主任邓楚琴、罗应清、陈向华、陈俊和委员，共13人（请假2人）。副县长洪志，县法院、检察院、县委办、人大办、政府办、城建局、县人大常委会选联工委、法工委、民经工委主任及选联工委委员，共15人列席会议。会议议程：（一）听取和审议县人民政府《关于职工住房公积金收缴管理使用情况的报告》；（二）审查批准《南华县第二个五年依法治县规划》；（三）审议通过南华县人大常委会《关于南华县乡级人大换届的有关决定》；（四）其它事项。经审议，作出了审议县人民政府《职工住房公积金收缴管理使用情况的报告》的意见。作出了《关于在全县认真贯彻实施〈南华县2001—2005年依法治县规划〉的决议》和审议通过了县人民法院的提请，作出了《关于暂停止叶联进执行代表职务的决定》。

第二十六次会议 2001年12月24日在县人大常委会会议室召开，县人大常委会主任何兆芹主持会议。出席会议的副主任邓楚琴、罗应清、陈向华、陈俊和委员，共14人（请假1人）。县委副书记刘平、组织部长郭孟贤、副县长朱玉庭、县政协副主席阿文荣和县法院、检察院的领导，县委办、人大办、政府办、政协办、县人事劳动局的领导及人大常委会民经工委、法工委、选联工委主任，共15人列席会议。会议议程：（一）听取县机构改革领导小组办公室主任、县人事劳动局局长张涛对县机构改革情况的通报；（二）人事任免。

【人事任免】 2001年，任免了下列人员：

2月7日，县人大常委会第20次会议，根据县人民政府县长耿克明的辞职请求及县人大常委会主任会议的提请，经审议，决定任免：阊柏任南华县人民政府副县长、代理县长；耿克明免去其南华县人民政府县长职务。

3月9日，县人大常委会第21次会议，根据县人民检察院的提请，经审议，决定任命：杨以文任南华县人民检察院副检察长。

7月25日，县人大常委会第23次会议，根据县人民政府、县人民法院的提请，经审议，决定任免：余加兴任南华县经济贸易委员会主任，免去其南华县乡镇企业局局长职务；杨玉华任南华县乡镇企业局局长；席斌佐免去其南华县经济贸易委员会主任职务；陆启云任南华县人民法院审判委员会委员，免去其民事审判庭庭长职务；刘尧忠任南华县人民法院审判委员会委员、民事审判庭庭长，免去其民事审判庭副庭长职务；刘彦华任南华县人民法院刑事审判庭庭长，免去其刑事审判庭副庭长职务；李成志任南华县人民法院行政审判庭庭长；杨菊存任南华县人民法院经济审判庭庭长；刘彪任南华县人民法院立案庭庭长；冯建华任南华县人民法院审判监督庭庭长，免去其县人民法院告诉申诉庭庭长职务；李成清任南华县人民法院沙桥人民法庭庭长；朱朝礼任南华县人民法院红土坡人民法庭庭长；起开友免去南华县人民法院刑事审判庭庭长职务；王平免去南华县人民法院经济审判庭庭长职务；李隆钧免去南华县人民法院行政审判庭庭长职务；李荣祥免去南华县人民法院徐营人民法庭庭长职务；李发荣免去南华县人民法院马街人民法庭庭长、审判员职务；董建华免去南华县人民法院执行庭副庭长职务；窦正和免去南华县人民法院审判员职务。

9月27日，县人大常委会第24次会议，根据县人民政府的提请，经审议，决定任命：李建华任南华县人民政府副县长。

12月24日，县人大常委会第26次会议，根据县人民政府和县人大常委会主任会议的提请，经审议，决定任免：郑绍学任南华县监察局局长；王绍林任南华县发展计划局局长，免去其县发展计划委员会主任职务；余加兴任南华县经济贸易局局长，免去其经济贸易委员会主任职务；李丕忠任南华县农业局局长，免去其县农牧业局局长职务；罗志强任南华县水电局局长，免去其县水利电力局局长职务；张涛任南华县人事劳动和社会保障局局长，免去其县人事劳动局局长职务；何正昌任南华县建设与环境保护局局长，免去其县城乡建设环境保护局局长职务；汪时荣任南华县国土资源局局长，免去其县土地管理局局长职务；彭亮任南华县教育局局长，免去其县教育委员会主任职务；周文功任南华县计划生育局局长，免去其县计划生育委员会主任职务；鲍虎任南华县科学技术局局长，免去其县科学技术委员会主任职务；自和先任南华县人大常委会民族工作委员会主任职务；吴和顺任南华县人大常委会财政经济工作委员会主任，免去其县人大常委会民族经济工作委员会主任职务；李文海任南华县人大常委会民族工作委员会委员，免去其县人大常委会民族经济工作委员会委员职务；罗宗贤任南华县人大常委会民族工作委员会委员，免去其县人大常委会民族经济工作委员会委员职务；季志明任南华县人大常委会财政经济工作委员会委员，免去其县人大常委会民族工作委员会委员职务；赵荣昌任南华县人大常委会财政经济工作委员会委员，免去其县人大常委会民族经济工作委员会委员职务；龚品昌任南华县人大常委会财政经济工作委员会委员，免去其县人大常委会民族经济工作委员会委员职务；张开华免去南华县监察局局长职务；叶忠海免去南华县粮食局局长职务。

【重大事项】 2001年12月24日，县人大常委会第26次会议，根据云南省人民政府《关于南华县红土坡、徐营两个乡撤乡设镇的批复》和县人民政府《关于提请红土坡、徐营两个乡撤乡设镇的议案》，经审议，会议作出《关于红土坡镇撤乡设镇的决定》和《关于徐营乡撤乡设镇的决定》。《决定》指出：（一）撤销红土坡乡、徐营乡设立红土坡镇和徐营镇的管辖范围和隶属关系不变；（二）两镇第一届人民代表大会代表名额按法律规定仍为51名和56名（即：红土坡51名，徐营56名），原两乡第九届人民代表大会代表改为镇第一届人民代表大会代表；（三）两镇第一届人民代表大会第一次会议应在2002年2月10日前召开。

【代表议案、建议、批评和意见】 2001年3月26日召开的南华县第十三届人民代表大会第四会议期间，共收到代表10人以上联名提出的议案64件，经大会议案审查委员会审查，主席团决定列为议案办理的5件（其中：交通1件，对涉及民族宗教的第4号、13号、22号、33号议案因内容相同，合并为1件议案），其余59件列为建议办理。年内，交由县人民政府办理的2件议案和106件建议、批评意见，县人大常委会专门组织了调查组，于9月17日至21日先后对政府办、民宗局、水电局、城建局、教委、五街、龙川等单位和部门就代表议案办理情况进行了走访、座谈和调查了解。通过调查认为：县人民政府及各承办单位对代表所提出的议案、建议办理比较重视，加强了领导，在办理质量和规范回复方面比往年有较大提高。在106件建议意见中，按其所涉及的内容和职能主管划分：教育17件；交通19件；水电22件；计划13件；经贸4件；城建7件；农牧6件；财政4件；林业2件；文化体育2件；民政、公安、扶贫、工商、广播电视、电力、旅游、劳动人事各1件；其它2件。这些建议和意见已解决12件，占总数的11.32%；正在解决44件，占41.5%；因条件不成熟和其它原因，需待逐步解决40件，占37.7%；条件有限，无法解决10件，占9.43%。106件建议、意见中，与代表面商91件，面商率达85.9%。9月26日，政府办主任李成林受县人民政府委托，向县人大常委会第24次会议作了关于代表议案、建议、批评和意见办理情况的报告，经审议，会议同意这个报告。并对下步工作提出4点意见和建议。

【来信来访】 2001年，共受理人民群众来信62件，其中：属建议3件、揭发控告22件、申诉3件、求决34件。督办中，县人大常委会根据群众所反映的问题，按照“分级负责，归口办理”的原则，转交“一府两院”有关部门办理，并加强了督办工作。年内，东街村委会的张芝珍与李勇的土地纠纷，从年初开始张芝珍上访，县人大常委会有关机构及领导10多次到县土地局进行督办，促使县土地局对土地争议进行了确权，保护了当事者合法权益。龙川镇拖拉机驾驶员集体上访收费不合理问题，县人大常委会有关领导及时与县交通局联系，通过耐心、细致的工作，最终化解了矛盾。通过依法受理来信来访，促进一些机关改进了工作作风，保持同人民群众的密切联系，维护了人民群众的合法权益。

【执法检查】 2001年6月14日，县人大常委会根据州人大常委会通知《关于组织部分省州人大代表对代表法进行执法检查》的精神，县人大常委会召开会议作了专题研究后，组织了8人组成执法检查组，对全县宣传贯彻《中华人民共和国全国人民代表大会和地方各级人民代表大会代表法》进行了走访、座谈和检查。经过检查认为：几年来，全县12个乡镇人大主席团，在县人大常委会的指导下，不断加强制度建设，充分发挥乡镇人大主席团和代表在管理国家事务活动中的作用。在闭会期间，坚持每年组织县、乡人民代表大会代表活动二次的制度，保证代表活动经费的落实，年初就把县人民代表活动经费人均120元纳入财政预算；乡镇人民代表大会代表根据乡镇的财力状况，乡镇安排代表活动经费人均最高的70元，少的40元。几年来，县人大常委会严格按照《代表法》的有关规定，努力为各级人大代表依法履职创造条件，并制订相关的措施、制度和规定，使各级人大代表依法履职逐步走上制度化和规范化的轨道。

【代表活动】 2001年，县人大代表14个小组，均活动了2次。6月26日，县人大常委会选联工委组织了城区州、县人民代表42名，听取县乡镇企业局《关于玻璃厂、昌宏新型建材厂情况介绍》，同时还参观视察了南华县个体私营玻璃厂和昌宏新型建材厂生产情况。经过视察，代表们进行了广泛座谈，并对全县个体私营经济的发展提出了意见和建议。12月28日，城区州、县人大代表23名，举行第二次活动。听取县发展计划局副局长谢维刚受县人民政府的委托作《关于南华县2001年1月至11月国民经济和社会发展计划执行情况的通报》。代表认为：一是全县推进城市化建设取得了初步成效；二是产业结构调整不断深化；三是各项事业稳步推进。总体来说，全县国民经济和社会发展保持了良好的发展势头。

【干部监督】 2001年3月5日至7日，县人大常委会第39次主任会议决定，由民经工委、教工委、选联工委等工作委员会组成调查组，就2000年11月21日县第13届人大常委会第18次会议上，对县计委主任王绍林、县教委主任彭亮、县乡镇企业局局长余加兴3位主任（局长）开展述职评议后，常委会对3位主任（局长）提出整改措施落实情况进行跟踪检查。通过调查走访，召开座谈会等形式后，在县人大常委会第21次会议上，分别对3位主任（局长）落实整改措施情况作了反馈，在肯定成绩的同时，会议还就下步工作对3位主任（局长）分别提出了几点意见和建议。在人事任免工作上，县人大常委会按照干部德才兼备原则和“四化”方针，把对党负责和对人民负责统一起来，进一步完善任免程序，改进任免工作，对拟提请任命的人员推行任前供职报告及任中考核评议制度，切实加强对人大常委会任命干部的监督管理，提高领导干部的领导能力和公仆意识，确保“一府两院”及其部门工作的正常开展。

【纪念县人大成立20周年及宣传】 2001年1月17日，在县招待所召开纪念南华县地方人大常委会设立20周年座谈会。会上，县委书记李红民就进一步加强和改善党对人大工作的领导，从四个方面作了题为《总结经验 展望未来 推进新时期地方人大工作》的讲话；县人大常委会主任何兆芹从三个方面谈了体会和感想；“一府两院”的领导同志就自觉接受人大的监督，分别在会上作了交流发言。为切实推进和加强人大新闻宣传工作，年内，县人大办公室，制定了《关于加强人民代表大会制度宣传工作的意见》。明确了人大宣传工作的指导思想、主要内容、稿件的投送和队伍建设及奖励办法等。5月份，参加全州人大好新闻评选活动，县人大报送的4篇，有2篇评为三等奖，2篇评为鼓励奖。

【换届工作指导】 2001年下半年，县人大常委会针对全县各乡镇（龙川镇第十三届、徐营等11个乡镇第八届）人大到2002年2月已经届满，须进行换届选举的实际。为保证乡级人大代表直接选举按照法律规定进行，成立了选举领导小组，培训了选举骨干，抽调31人组成6个指导组，到各乡镇进行帮助和具体指导。印发了有关宣传选举工作的法律法规材料和文件，并对各地选举中提出的有关执行法律规定的一些问题及时进行研究答复。同时还集中主要精力从领导同志到一般工作人员分头巡回到各乡镇进行检查指导，发现问题及时进行研究解决。对共性的问题，通过召开片会、电话会和发简报等形式及时进行指导，保证了选举工作严格依法进行。到12月23日，全县12个乡镇选举工作全部结束，乡镇人大代表658名已全面选出。

【机关自身建设】 2001年，县人大常委会机关通过开展“三个代表”学习教育活动，为进一步提高工作效率和办事效率，加强机关效能建设，认真落实服务承诺制，建立完善监督管理体系。县人大办公室根据县委关于加强机关效能建设工作的有关要求，一是检查回顾，深入查摆，不断充实和完善整改方案；二是在机关内部成立了机关效能建设工作领导小组及办公室，专门负责抓好机关效能建设工作和监督检查整改方案的落实；三是结合人大机关工作实际，以《中华人民共和国行政监察法》、《国家公务员暂行条例》、《南华县党风廉政建设责任书》的规定和中共南华县委、县人民政府《关于机关效能建设工作的实施意见（试行）》等有关法律法规和政策依据，研究制定了《南华县人大常委会办公室关于加强机关效能建设工作的实施意见（试行）》；四是健全内部管理，强化岗位责任制度。“四牌”公示，即：面向社会、面向基层、面向群众、政务公开已全面推开；五是进一步修改和完善了人大常委会机关工作制度。

【服务中心工作】 2001年4月23日至5月15日，县人大常委会组成调查小组，对全县12个乡镇就村民委员会选举产生以来的运转情况和村民委员会运转中遇到的困难和问题及下步工作等进行了调查，向县委写了专题调查报告，为县委、政府加强此项工作提供了决策依据。另外，积极参与全县性的产业结构调整、基层组织建设、民主评议行风、春耕生产督查、党风廉政建设目标管理考核及征兵等各方面的工作。

【机关事务】　由于“1·15”地震，县人大常委会原办公楼会议室受损，经多方争取资金，上级拨付专款，投资44万余元，于2001年3月在原址建盖了一幢454.82平方米，三层、全框架结构的办公室及会议室、阅览室、值班室、车库等为一体的综合大楼，于8月竣工验收交付使用。9月9日，由县人大主任何兆芹领队，一行15人，到禄丰县参加全州人大系统第二届职工运动会。

【州人大副主任皮玉莹到南华调查】　2001年3月4日，州人大常委会副主任皮玉莹一行3人，由县人大常委会主任何兆芹陪同到雨露乡了解民族地区代表特点及结构情况。

【州人大主任李应科到南华视察】　8月3日上午，州人大常委会主任李应科到南华调查县人大工作和县人大离退休干部的生活现状及公、检、法干部现状。察看了正在施工中的县人大机关综合楼，并就工程预算、资金使用、工期及质量监督等情况进行了详细的了解，对工程质量表示满意。县委书记李红民陪同并汇报了全县经济运行、烤烟生产及工商企业改革发展情况及现状。李应科主任对南华农业生产现状及灾情发生情况极为关心，对县人大工作及乡镇人大换届工作等同县委及人大领导交换了意见，对南华的人大工作及其他工作给予极大的关心和支持。

【州人大副主任皮玉莹到南华检查指导工作】　10月18日，州人大常委会副主任皮玉莹一行到南华检查指导乡镇人大换届选举准备工作情况，对乡镇人大换届工作提出了要求和希望。

【州人大副主任周康生到南华视察】　11月14日，州人大常委会副主任周康生和省人大代表一行4人，到南华视察社会治安综合整治斗争情况。

（陈向华　张树明）

南华县人民政府

【综述】　2001年，在中共南华县委的正确领导下，南华县人民政府以邓小平理论和江泽民同志“三个代表”重要思想为指导，全面贯彻落实党的十五大和十五届六中全会、中央经济工作会和江泽民同志“七一”讲话精神，紧紧围绕建设生态经济强县这一目标，积极实施科教兴县、可持续发展、城镇化和对内对外开放战略，实现经济结构的战略性调整；坚持以加快发展为主题，结构调整为主线，改革开放和科技进步为动力，提高人民生活水平为根本出发点，努力实践“三个代表”重要思想，团结和依靠全县各族人民，解放思想，同心协力，开拓创新，坚定不移地打基础、兴科教、调结构、建支柱,大力发展特色经济，实现了“十五”计划第一年开好头、起好步的目标，全县经济发展、社会进步、民族团结。全县实现国内生产总值6.27亿元，比上年增长8.1%，其中：第一产业完成2.97亿元，同比增长3.8%；第二产业完成1.29亿元，同比增长5.1%；第三产业完成2.01亿元，同比增长17.6%。第一、二、三产业的比重由上年的48:23:29调整为47:21:32。经济结构调整力度进一步加大，农业产业结构调整迈出较大步伐，粮经种植比例由上年的78:22调整到74:26，粮食、烟草、畜牧业三大传统支柱产业继续巩固提高，生物药业、生物食品加工业、林业及林产品加工业三大后续产业发展势头较好，生物资源开发创新初见成效，农业区域布局初见轮廓。“八大基地”建设进展顺利，共完成种植面积5.8万亩、水产养殖0.75万亩、外销大牲畜1.4万头(匹)，非公有制经济快速发展，非公有制经济在全县国民经济中的比重达25.5%。农业和农村经济发展后劲不断增强，科技措施推广力度不断加大，良种覆盖率不断提高，品种结构不断优化，全县实现农业总产值4.54亿元，比上年增长3.4%。粮食生产在小春受旱灾影响减产的情况下，夺取了第9个增产年，总产量达9656万公斤。订单农业发展迅速，年内共签定订单36份，面积2.99万亩，产值达1070万元。烤烟生产以提质增效为目标，切实加大漂浮育苗、立式炉烤房改造等新科技措施的推广力度，收购总量达614.51万公斤(其中出口备货烟叶26.61万公斤)，收购总值达5668.7万元，农特税收入1071万元，中上等烟比例达87.7%，收购均价9.58元，比上年增0.18元，较好地实现了烤烟生产收购“双控两提高”目标，被评为全省烤烟生产收购工作表扬县。畜牧业生产呈现持续发展的势头，肉牛改良、商品猪基地、畜牧、扶贫示范乡建设顺利实施，畜禽产品结构不断优化，畜牧业产值在农业总产值中的比重达到33.9%。天然林保护工程全面实施，造林绿化、封育管护力度进一步加大，农村能源建设取得实效。以新建、续建、除险加固为重点的农田水利基本建设得到加强，共动工各类水利工程3910件，完工3694件，完成投资1435.54万元，新增灌溉面积3845亩，改善灌溉面积3.9万亩，改造中低产田3275亩，农业基础不断夯实，农业生产条件得到改善。乡镇企业稳步发展，整体素质有所提高，全年实现营业收入11.83亿元，比上年增长24.1%。基础设施建设力度加大，重点工程进展顺利，全年共争取到各类项目62项，扶持资金达7984.5万元，比上年增35.6%。国家生态环境建设火星小流域工程已完成；县城东、西小河治理，国家天然林保护，大智阁、罗家屯、瓦黑井等8条小流域治理等工程已接近尾声；天申堂、五顶山小城镇一期工程建设，县城百货街建设，徐营、兔街乡镇集镇供水，县城流动市话“小灵通”和徐营、五顶山、天申堂、沙桥等10个移动通信基站建设等一批工程已建成，沙桥国家经济综合示范镇，兔街小城镇建设、罗武庄集镇供水工程、徐营、雨露以工代赈片区综合开发等一批工程相继开工建设；县城商住小区开发、毛板桥水库除险加固等工程前期准备工作已经就绪；“1·15”地震恢复重建项目工程基本完工，并通过了州级验收；南景公路分水岭至红土坡段四级路面改造工程顺利完工，并投入使用。全年共完成固定资产投资1.54亿元。财政金融运行平稳，全县财政收入一举扭转了几年来的下滑势头，出现重要转机，呈现恢复性增长。累计完成地方财政收入4880万元，为年初预算的111.3%，比上年增长13.6%；支出结构进一步优化，全年完成财政支出15391万元，比上年增长22.3%。金融机构年末各项存款余额达到7.36亿元，比上年增长27.5%；各项贷款余额达到3.25亿元，比上年减少0.12%。人民生活水平不断提高。年内共解决了10825名农村贫困人口的温饱问题，全县农民人均纯收入达1580元，比上年增加66元，城镇居民人均可支配收入达6307元，比上年增加335元。国有集体企业改革取得明显成效，全县实现工业总产值2.66亿元，比上年增长1.6%；社会消费品零售总额达1.69亿元，比上年增长8.3%。以城镇职工养老保险、医疗保险、失业保险和城镇居民最低生活保障制度为重点的社会保障体系进一步完善，国有企业下岗职工基本生活费和离退休人员基本养老金按时足额发放，年内，共投入城市居民最低生活保障资金102.4万元，2195名城镇居民的最低生活保障得到落实。以人才劳动力市场为依托，人才资源的开发利用、培训及就业和再就业工作力度进一步加大，年内失业人员实现再就业280人，劳务输出222人。住房制度改革继续推进。县乡财政管理体制改革进一步深化，乡镇“零户统管”、县级会计核算中心及工资统一发放、预算外资金“收支两条线”管理、税收“征、管、查”三位一体等各项改革得到进一步完善。圆满完成了县乡机构改革各项任务，逐步建立了结构合理、办事高效、运转协调、行为规范的管理体系和运行机制。认真实施对内对外开放战略，年内，新引进锦星山庄、绿色食品和中药材加工等6个项目，计划总投资1168万元。积极实施科教兴县战略，积极推进小学校点收缩，教育教学质量不断提高，“两基”、“普实”复查顺利通过州政府验收。计划生育工作取得实效，首次实现无计划外生育，全县人口自然增长率为8.37‰，实现了10‰的控制目标。城镇医药卫生体制和农村合作医疗制度改革不断推进，全民健身活动广泛开展，新闻、广播电视等文化事业全面发展。防火安全措施全面落实，救灾救济工作成效显著。武装、民兵预备役工作不断加强，保险、老龄、社会福利、社会保障、残疾人救助等工作取得较好成绩。民族宗教工作取得新的进展。档案、史志、防震减灾、人工增雨防雹等工作进一步加强。第二次全国基本单位普查工作顺利进行，全面完成了全国第五次人口普查的各项扫尾工作，被评为“全国第五次人口普查国家级先进县”。民主和法制建设工作继续加强，“四五”普法工作开始启动，严打整治专项斗争取得阶段性成果，整顿和规范市场经济秩序全面进行，纠风治乱工作取得明显成效。“三个代表”重要思想学习活动深入扎实，政府机关勤政廉政建设得到加强，机关作风有所转变。

（李文华）

政策措施

【烤烟生产政策措施】 2001年2月2日，南华县人民政府制发南政发〔2001〕1号文件，规定2001年烤烟生产政策措施：（1）控制总量。继续执行国家烟叶生产收购“双控”政策，严格计划种植，严肃合同管理。（2）坚决杜绝劣杂品种。全县烤烟种植品种结构为：K326品种40.32％、云烟85品种41.82％、红大品种5.16％、K346品种7.7％、云烟87品种5％。（3）坚持择优布局。要求规划种烟田地轮作必须达50％以上，坝区田烟面积达80％以上，全县保浇保灌面积达95％以上。（4）强化烤烟生产收购考核。对指令性计划完成及合同管理、良种种植、择优布局、移栽节令、大面积生产整体水平、药物抑芽、烤房改造、漂浮育苗、科技示范、收购等级合格率等项措施进行严格考核，实施烤烟生产收购责任状挂钩考核奖惩与下年度指令性计划分配挂钩。（5）科技措施：①烤烟专用复合肥补贴。继续执行烟肥挂钩政策，按县下达的指令性收购计划挂钩，每担烟挂钩28.7公斤，按每吨1200元售给烟农。②漂浮育苗补贴。全县示范推广1500亩漂浮育苗移栽面积，实行以物代资扶持。③实行中微肥、抑芽剂、溴甲烷或斯美地苗床消毒补贴。按下达的收购计划每130公斤烟叶配套1.5元的中微肥和4.25元的抑芽剂；推广溴甲烷或斯美地苗床消毒剂，按州上安排，所需经费由州、县烟草经营部门各承担50％计算。④加大烤房改造力度。全县计划实施立式炉烤房改造6200座，每座烤房改造补助150元。⑤搞好科技示范工作。一是在徐营、雨露、沙桥实施科技成果转化示范村，示范面积2300亩，每亩补助37元；二是全县办县级样板3000亩，每亩配套挂钩产量30公斤。⑥全县实施商品化育苗和统一育苗措施，苗膜由烟草经营部门按每亩300元无偿配供物资。⑦全县按指导性种植计划的80％安排地膜烟计划，所需地膜由烟草经营部门购进，赊销给烟农使用，待烟叶收购时扣回。（6）严格执行国家计委和国家烟草专卖局2001年的烟叶价格政策。（7）继续执行42级全额收购、全额调拨、照章纳税政策。烟叶收购实施二次验级有效，其降级损失由地方政府和烟草经营单位各承担50%的规定。（8）以提高等级合格率为中心，健全收购管理制度。一是要完善现行验级办法，烟叶把内纯度达不到要求的，不予定级收购；二是实行限时定部位收购，即：下部烟组定于8月1日至30日交售；中部烟组定于9月1日至30日交售；上部烟组定于10月1日至20日交售，10月30日所有收购站点必须收购结束。各地对烟农必须实行约时定点交售，烟农每次交烟不得少于30公斤，总交售次数不得超过8次。（9）加强专卖管理，严厉打击倒买倒卖烟叶的违法行为，维护正常收购秩序。（10）烤煤补贴。全县所需烤煤由县物资总公司组织调供给各种烟农户，由县财政按每吨1.2元给予物资总公司调运补贴。（11）奖励措施：按照烤烟生产收购责任状考核内容，根据《责任状》考核验收结果，县财政拟用20万元用于奖惩兑现。

【大春生产政策措施】 2001年2月28日，县人民政府制发南政发〔2001〕3号文件，规定2001年全县大春生产政策措施：（1）统一思想，强化服务，狠抓落实。（2）因地制宜，搞好农业结构调整及生物资源开发创新。（3）依靠科技、抓技术创新：①抓良种，改善品质。②抓科技，提高劳动者素质。⑷抓样板示范，典型引路。⑸扶持与奖励政策：①热区开发，计划种植香蕉100亩，每亩补助100元。②完成特优稻连片示范1500亩，每亩补助20元。③计划推广抛摆秧示范0.1亩，每亩补助20元。④粮经作物引进实验示范补助资金30000元。⑤科技培训费10000元。⑥继续实行科技承包。

【县乡镇村卫生组织一体化管理试点实施意见】 2001年3月14日，县人民政府制发南政发〔2001〕4号文件，印发南华县乡镇村卫生组织一体化管理试点实施意见：⑴指导思想与工作原则。⑵管理模式和内容。⑶保障措施。

【县国家生态环境建设工程项目实施方案】 2001年4月12日，县人民政府以南政通〔2001〕9号文件，制发《南华县国家生态环境建设工程项目实施方案》：⑴项目主管单位：南华县人民政府、南华县国家生态环境建设工程项目领导小组。⑵项目负责人：县人民政府县长阊柏、副县长何锡英、发展计划委员会主任王绍林。⑶项目实施单位：县农牧局、林业局、水电局、畜牧局、科委、12个乡镇人民政府及相关部门。

【县学校食品安全卫生工作实施意见】 2001年4月29日，县人民政府以南政发〔2001〕14号文件，制发《南华县学校食品安全卫生工作实施意见》：（1）加强对学校师生饮食、水源的管理。（2）加强对学校传染病的防治。（3）加强对学校安全卫生工作的督查指导。

【安全工作政策措施】 2001年5月15日，县人民政府制发南政发〔2001〕16号文件，提出安全生产意见：（1）提高认识，明确任务，扎实做好全县的安全生产工作。（2）认真组织开展五月安全生产月活动。（3）严格执行安全责任追究制度。（4）开展全面、深入、细致的安全大检查。

【畜牧业生产政策措施】 2001年5月16日，县人民政府制发南政发［2001］17号文件，规定2001年畜牧业生产政策措施：（1）统一思想，提高认识，切实加强对畜牧工作的领导。（2）狠抓防疫灭病工作。（3）依靠科技进步，提高畜禽产品质量，提高养畜效益。（4）狠抓各项目的实施工作。（5）加大科技宣传、培训力度。（6）加大畜牧兽医行政执法力度。

【“八大基地”计划任务及试验示范样板政策措施】 2001年5月22日，县人民政府印发南政发［2001］18号文件，制定“八大基地”试验示范样板实施意见：（1）指导思想及计划任务；（2）基地建设和示范样板的责任单位及任务；（3）工作要求（共6条）；（4）考核及奖励措施：①对完成较好的乡镇和单位，在下一年度中相应多安排项目补助资金，加大扶持力度。②对完成考核指标的责任单位和参与项目实施的直接责任人员，每个项目给予共计2000元的奖励。对没有完成任务的单位和责任人，不予奖励，且不退还风险金，作为惩罚。

【地震应急反应预案】 2001年5月30日，县人民政府以南政发［2001］20号文件，制发《南华县地震应急反应预案》：第一章：总则，1条至4条。第二章：地震预报和临震措施，5条至6条。第三章：地震应急，7条至10条。第四章：应急机构和各部门职责，11条至13条。第五章：应急反应要点，14条。第六章：地震灾害损失评估和震后恢复重建，15条至16条。第七章：其它，17条至18条。第八章：附则，19条至20条。

【加快县城建设提高城镇化水平若干优惠政策的规定】 2001年5月30日，县人民政府以南政发［2001］21号文件，制发《南华县人民政府关于加快县城建设提高城镇化水平若干优惠政策的规定》：共22条。

【行政执法责任制度体系实施方案】 2001年7月20日，南华县人民政府以南政发［2001］24号文件，印发《南华县人民政府实行行政执法责任制度体系实施方案》：（1）指导思想。（2）目的和意义。（3）南华县人民政府行政执法责任制。①南华县人民政府行政执法目录及其管理目标。②执法责任制职责划分。③行政执法责任制的基本制度。④行政执法检查制度。（4）南华县人民政府执法过错追究制：第一章总则，1条至4条。第二章执法过错追究范围，5条。第三章过错责任划分，6条至11条。第四章过错责任种类及适用，12条至16条。（5）南华县人民政府依法赔偿制度，共6条。（6）南华县人民政府行政执法评议考核制度。①评议考核的组织领导。②评议考核的对象及范围。③评议考核的内容和评分方式。④评议考核的方法。⑤考评时间。

【实施异地搬迁扶贫试点项目有关政策】 2001年7月20日，南华县人民政府以南政发［2001］24号文件，制定关于实施异地搬迁扶贫试点项目有关政策。（1）土地政策：国有荒山荒地均由接收地村委会无偿划拨给迁入的集体和农户；集体土地，按实际可用面积暂按100元补偿。采取农户承包形式，承包期不得低于30年。（2）税费政策：从有收入开始，免征农业税和农业特产税各三年。（3）户籍政策：迁入农户有永久性居住权，满一年后，当地派出所予于办理迁移落户和居民身份证换证手续。（4）其他有关政策。

【毛板桥水库防洪抢险预案】 2001年8月16日，南华县人民政府以南政发［2001］26号文件，制发《南华县毛板桥水库防洪抢险预案》。第一章，防洪抢险预案编制的主要依据和目的意义。第二章，区域概况。第三章，毛板桥水库防洪抢险预案。第四章，毛板桥水库防洪抢险预案实施措施。

【大中专毕业生就业政策措施】 2001年5月16日，县人民政府制发南政发［2001］29号文件，规定大中专毕业生就业政策措施。（1）各缺编的事业单位，要优先接收安排并轨前入学的指令性计划统配毕业生。（2）回县报到参加就业的本、专科指令性计划统配生及并轨前入学的中专指令性计划统配生，原则上安排适当的岗位，实行带薪实习半年，由财政发给每人每月生活费200元，实习期满后，经考试考核合格，办理录用手续。（3）并轨后入学的教育、卫生、公检法司专业中专毕业生（自费生出外），在对口的缺编的单位安排岗位，实行带薪实习1年，由财政发给每人每月生活费200元（卫生部门使用的毕业生，费用由用人单位自行解决），实习期满经考试考核合格后，视缺编和工作需要，逐步录用。（4）非师范、卫生、公检法司专业毕业的中专并轨生暂时不安排岗位；3年后落实就业单位的，从录用之日起计算工龄。（5）8月31日前未回县报到的，视为自动放弃分配资格，不予办理任何手续。

【小春生产措施】 2001年9月4日，县人民政府制发南政发［2001］31号文件，规定2002年小春生产政策措施。（1）加强领导，狠抓落实。（2）提高认识，正确分析农业生产形式。（3）以良种为基础，加大科技措施的推广力度。（4）狠抓技术培训，强化科学技术的普及。（5）抓好各类样板，带动面上生产。（6）落实责任制，做好科技人员的就位工作。（7）狠抓冬季农业开发。（8）立足农业，加强服务。

【整顿和规范劳动力市场秩序工作实施方案】 2001年9月17日，南华县人民政府以南政发［2001］32号文件，印发《南华县整顿和规范劳动力市场秩序工作实施方案》。（1）指导思想和工作目标。（2）整顿和规范的重点及内容。（3）工作方法、步骤及时间要求。

【天然林保护工程实施方案】 2001年9月25日，南华县人民政府以南政发［2001］33号文件，印发《2000年度天然林保护工程实施方案》：（1）实施天然林保护工程的指导思想。（2）实施天保工程的重点及主要任务。（3）工程投资：省、州下达2000年天保工程资金292万元，计划支出2919880元。（4）实施天保工程的主要措施：①各项目实施单位必须加强领导，统一认识，实行各级行政首长负责制，层层落实任务，责任落实到人。②要精心组织项目实施，加强各项目工程监督管理，严格按作业设计施工，各项目实施单位要按照下达的项目资金计划，分别与县人民政府签订项目实施责任合同，以确保按质按量完成。③森林管护、封山育林、人工造林，各项目实施单位必须图、表、卡、册健全，做到管护人员、措施、责任、报酬四落实，四至界线清楚，奖惩分明。④资金必须严格按云南省天然林资金管理规定单独核算、统一报账。任何部门和单位不得截留、挤占、挪用专项资金，保证项目资金专款专用。资金实行分期拨付，即：第一次为下达项目计划任务后预拨50%作为启动资金；第二次为全面完成工程项目计划，并经各级检查验收后拨40%，余10%作为考核后兑现，所有资金一律实行结算报账制。（5）实施天保工程的具体要求（共5条）。

【县对乡镇财政管理体制实施方案】 2001年10月29日，南华县人民政府以南政发［2001］36号文件，印发《南华县对乡镇财政管理体制实施方案》。（1）指导思想和基本原则。（2）财政体制的管理办法。（3）县乡镇财政收入范围划分。（4）财政支出的划分。（5）体制决算。（6）转移支付制度。（7）建立依法理财，确保平衡的激励机制。（8）其他。

【县人民政府依法治县实施方案】 2001年12月11日，县人民政府以南政发［2001］39号文件，制发《南华县人民政府2001—2005年依法治县实施方案》。（1）指导思想。（2）基本原则。（3）总体目标。（4）主要任务。（5）步骤与方法。（6）保障措施。

【烤房改造科技成果转化示范村烤烟漂浮育苗示范实施意见】 2001年1月20日，县人民政府制发南政通［2001］2号文件，印发2001年烤房改造、科技成果转化示范村、烤烟漂浮育苗示范实施意见：（1）总体目标：一是要完成全县立式炉热风室烤房改造6200座；二是以兴办科技成果转化示范村为突破口，提高烤烟生产技术含量，推动全县烤烟生产技术再上一个新台阶；三是努力完成全县1500亩漂浮育苗大田移栽技术示范工作。（2）具体要求。①烤房改造的具体目标：全县6200座烤房改造工作必须在6月30日前完成。②科技成果转化示范村的具体目标。产量指标：亩产150～175公斤。外观质量：烟叶充分成熟，组织疏松，厚薄适中，颜色桔黄，色度饱满，油份足，弹性好。田间长势长相指标：株高90～110厘米，茎围8～10厘米，留叶数18～20片，顶叶下第二叶长×宽达50×24厘米以上，株型达到腰鼓型或桶形，行间叶尖距10～15厘米，同一连片田块烟株长势整齐一致。③漂浮育苗示范的具体目标：全县1500亩漂浮育苗大田移栽的漂浮育苗成苗率达85%以上，壮苗率达80%以上。⑶布局安排：①烤房改造必须坚持“六个不改”的原则。②科技成果转化示范村必须坚持的原则。③漂浮育苗示范要求育苗地点必须具备的条件。④三项推广示范项目分配计划。⑷扶持政策：①烤房改造。每座烤房改造补助150元。②科技成果转化示范村。全县2300亩示范除享受大面积烤烟生产扶持外，由州公司每亩补助37元。③漂浮育苗示范。由州公司每亩扶持资金60元。⑸考核内容及办法：①烤房改造。以乡镇为单位按照《楚雄州立式炉热风室烤房改造验收评分标准》进行量化打分，纳入《南华县2001年烤烟生产收购管理考核办法》进行考核。②科技成果转化示范村。按楚雄州2001年“科技成果转化示范村”检查验收评分标准验收考核打分，纳入《南华县2001年烤烟生产收购管理考核办法》进行考核。打分在90分以下的将在2002年扣回每亩挂钩50公斤的烟叶收购指标。③漂浮育苗大田移栽示范。考核以乡镇为单位，考核总分50分。④烤房改造、科技成果转化示范村、漂浮育苗大田移栽示范检查验收结果的考核分数除用来进行单项考核外，纳入《南华县2001年烤烟生产收购责任状》考核。⑹主要技术要求：烤房改造、科技成果转化示范村、漂浮育苗大田移栽三项推广示范项目必须严格按照楚雄州烟草公司统一制定的技术规范进行实施。⑺加强技术培训。⑻组织领导。

【城镇村庄地籍调查土地使用权登记发证工作实施办法】 2001年3月31日，南华县人民政府以南政通［2001］26号文件，印发《南华县城镇村庄地籍调查土地使用权登记发证工作实施办法》。⑴城镇村庄地籍调查土地使用权登记发证工作的目的意义。⑵调查权登记发证的范围。⑶调查权登记发证权属的确定。⑷单位、村、户之间滴水界线的划分。⑸机关用地、村户宅基地使用权争议的调处。⑹有关责任事项。

【整顿和规范市场经济秩序实施意见】 2001年5月6日，南华县人民政府以南政通［2001］38号文件，制发《南华县整顿和规范市场经济秩序实施意见》。⑴指导思想、工作目标和主要任务。⑵机构设置及主要工作职责。⑶工作方法和工作步骤。

【公众集聚场所消防安全专项治理实施方案】 2001年6月20日，县人民政府以南政通［2001］55号文件，制发《南华县公众集聚场所消防安全专项治理实施方案》。⑴指导思想和目的。⑵组织领导和分工。⑶时间和步骤。⑷工作要求。

（李文华）

机构建设

【成立县烤房改造、科技成果转化示范村、烤烟漂浮育苗示范领导小组】 2001年1月18日，县人民政府决定成立县2001年烤房改造、科技成果转化示范村、烤烟漂浮育苗示范领导小组。组长：何锡英，副组长周家永、朱旺庭。

【调整充实县防火安全委员会成员】 2001年2月12日，县人民政府决定调整南华县防火安全委员会成员。主任：朱玉庭，副主任：王体智、黄仁忻、赵国祥。

【成立县乡镇企业及个体私营经济协调领导小组】 2001年2年18日，县人民政府决定成立南华县乡镇企业及个体私营经济协调领导小组，组长：阊柏，副组长：洪志、李成林、席斌佐、余加兴、刘锡海。

【调整县国家生态环境建设工程项目领导小组】 2001年2月20日，县人民政府决定对原成立的“南华县国家生态环境建设工程项目领导小组”成员进行调整。组长：阊柏，副组长：何锡英、李成林、王绍林。

【调整县以工代赈工作领导小组】 2001年2月20日，县人民政府决定对原成立的“县以工代赈工作领导小组”成员进行调整。组长：阊柏，副组长：何锡英、王绍林。

【调整充实县企业职工解困与再就业工作领导小组】 2001年2月6日，县人民政府决定调整充实县企业职工解困与再就业工作领导小组。组长：洪志，副组长：周有方、张涛、周菊英。

【成立县生物资源开发创新工作协调领导小组】 2001年3月1日，县人民政府决定成立南华县生物资源开发创新工作协调领导小组。组长：阊柏，副组长：何锡英。

【调整县南永公路建设协调指挥部办公室成员】 2001年3月12日，县人民政府决定调整南华县南永公路建设协调指挥部办公室成员。主任：洪志，副主任，何伟，欧正敏，刘恩富。

【调整县退伍军人安置领导小组】 2001年3月21日，县人民政府决定调整充实南华县退伍军人安置领导小组成员。组长：朱玉庭，副组长：罗思能、张涛、谭永彪。

【成立县粮食清仓查库工作领导小组】 2001年3月27日，县人民政府决定成立南华县粮食清仓查库工作领导小组。组长：何锡英，副组长：陈有昌、王绍林、叶忠海。

【成立县国债以工代赈片区综合开发领导小组】 2001年3月27日，县人民政府决定成立南华县2001年国债以工代赈片区综合开发领导小组。组长：阊柏，副组长：何锡英、王绍林。

【成立县城镇村庄地籍调查土地使用权登记发证工作领导小组】 2001年3月31日，县人民政府决定成立南华县城镇村庄地籍调查土地使用权登记发证工作领导小组。组长：洪志，副组长：周有方、汪时荣、赵有能。

【成立县农村税费改革工作领导小组】 2001年4月4日，县人民政府决定成立南华县农村税费改革工作领导小组。组长：阊柏，副组长：刘平、何锡英、李成林、鲁光宝。

【调整充实县国家生态环境建设工程项目领导小组和县国家生态建设工程项目规划编制小组】 2001年4月12日，县人民政府决定对原成立的“南华县国家生态环境建设工程项目领导小组”和“南华县生态环境建设工程项目规划编制小组”成员进行调整。⑴南华县国家生态环境建设工程项目领导小组，组长：阊柏，副组长：何锡英、李成林、王绍林。⑵南华县国家生态环境建设工程项目规划编制小组。主编：阊柏，副主编：何锡英、李成林、王绍林。

【调整充实县西部大开发扶贫开发土地资源调查评价工作领导小组】 2001年4月12日，县人民政府调整充实南华县西部大开发扶贫开发土地资源调查评价工作领导小组。组长：阊柏，副组长：洪志、李成林、汪时荣。

【调整充实县南永公路建设指挥部成员】 2001年4月12日，县人民政府决定调整南华县南永公路建设指挥部成员。组长：阊柏，副组长：洪志、李成林、李朝光、汪时荣，成员16人。

【调整充实县扶贫开发领导小组】 2001年4月21日，县人民政府调整充实县扶贫开发领导小组成员。组长：阊柏，副组长：何锡英、李成林、李永元。

【调整充实县民族贸易和民族用品生产贷款继续实行优惠利率领导小组】 2001年4月25日，县人民政府决定调整充实南华县民族贸易和民族用品生产贷款继续实行优惠利率领导小组。组长：朱玉庭，副组长：杨雪松、罗正华。

【成立县土地收购储备管理委员会】 2001年5月8日，县人民政府决定成立南华县土地收购储备管理委员会。主任：洪志，副主任：周有方、汪时荣、何正昌。

【成立县土地管理信息系统建设工程领导小组】 2001年5月8日，县人民政府决定成立南华县土地管理信息系统建设工程领导小组。主任：洪志，副主任：周有方、汪时荣。

【成立县水产养殖基地建设领导小组】 2001年5月8日，县人民政府决定成立南华县水产养殖基地建设领导小组。组长：何锡英，副组长：罗智强。

【成立县整顿和规范市场经济秩序领导小组】 2001年5月10日，县人民政府决定成立南华县整顿和规范市场经济秩序领导小组，组长：阊柏，副组长：朱玉庭、洪志。

【成立县五月安全生产月活动领导小组】 2001年5月15日，南华县人民政府决定成立南华县五月安全生产月活动领导小组。组长：洪志，副组长：周有方、李金章。

【调整县天然林保护工程协调领导小组】 2001年5月16日，县人民政府决定调整充实南华县天然林保护工程协调领导小组成员。组长：阊柏，副组长：何锡英、者建章。

【成立县中小学校危房改造工程协调领导小组】 2001年5月21日，县人民政府决定成立南华县中小学校危房改造工程协调领导小组，组长：兰开兴，副组长：周有方、彭亮、王绍林、鲁光宝。

【调整充实县纠风领导小组】 2001年5月21日，县人民政府决定调整充实南华县纠风领导小组。组长：阊柏，副组长：李成林、张开华。

【成立县《会计法》执法检查领导小组】 2001年5月25日，县人民政府决定成立南华县《会计法》执法检查领导小组。组长：阊柏，副组长：李成林、鲁光宝。

【调整充实县经济形势分析预警领导小组】 2001年5月28日，县人民政府决定调整充实南华县经济形势分析预警领导小组。组长：阊柏，副组长：朱玉庭、何锡英、兰开兴、洪志。

【成立南华县“十五”末实现财政自求平衡领导小组】 2001年5月30日，县人民政府决定成立南华县“十五”末实现财政收支自求平衡领导小组。组长：阊柏，副组长：朱玉庭、何锡英、兰开兴、洪志。

【调整县住房制度改革领导小组】 2001年5月27日，县人民政府决定调整南华县住房制度改革领导小组。组长：阊柏，副组长：洪志、周有方、何正昌、吉兆贵。

【成立县城镇建设工作领导小组】 2001年5月31日，县人民政府决定成立南华县城镇建设工作领导小组。组长：阊柏，副组长：洪志、李成林、王绍林、何正昌。

【调整充实县南永公路建设指挥部成员】 2001年6月25日，县人民政府决定调整南华县南永公路建设指挥部成员。指挥长：阊柏，副指挥长：洪志、李成林、李朝光、汪时荣。

【调整县南永公路建设协调指挥部办公室成员】 2001年6月26日，县人民政府决定调整南华县南永公路建设协调指挥部办公室成员。主任：洪志，副主任：周有方、何伟、欧正敏、刘恩富。

【成立县公众集聚场所消防安全专项治理领导小组】 2001年6月20日，县人民政府决定成立南华县公众集聚场所消防安全专项治理领导小组。组长：朱玉庭，副组长：王体智、李绍富、黄仁忻、李金章、施文伟。

【调整县乡镇企业及个体私营经济协调领导小组】 2001年6月22日，县人民政府决定调整充实南华县乡镇企业及个体私营经济协调领导小组。组长：阎柏，副组长：洪志、李成林、杨玉华、余加兴。

【调整充实县防汛抗旱指挥部成员】 2001年6月30日，县人民政府决定调整充实南华县防汛抗旱指挥部成员。指挥长：何锡英，副指挥长：匡国生、李成林、罗智强。

【成立县城建设用地征地领导小组】 2001年7月3日，县人民政府决定成立南华县县城建设用地征地领导小组。组长：洪志，副组长：周有方、汪时荣、何正昌、王家明。

【成立县《会计法》和“两办通知”精神贯彻执行情况大检查工作领导小组】 2001年7月5日，县人民政府决定成立南华县《会计法》和“两办通知”精神贯彻执行情况大检查工作领导小组。组长：朱玉庭，副组长：王体智、马炳尧、刘明、张开华。

【调整充实县大中专毕业生就业工作领导小组】 2001年7月11日，县人民政府决定调整充实南华县大中专毕业生就业工作领导小组。组长：兰开兴，副组长：彭亮、张涛。

【成立县“7·10”抗震防震救灾指挥部】 2001年7月10日，县人民政府决定成立南华县抗震防震救灾指挥部。指挥长：阎柏，副指挥长：刘平、侯志荣、朱玉庭、洪志、匡国生。

【调整充实县防灾救灾工作领导小组】 2001年7月11日，县人民政府决定调整充实南华县防灾救灾工作领导小组。组长：朱玉庭，副组长：王体智、罗思能、匡国生。

【调整充实县行政执法监督检查领导小组】 2001年7月30日，县人民政府决定调整充实南华县行政执法监督检查领导小组成员。组长：兰开兴，副组长：周有方、张开华、鲁光宝、黄淑珍、罗开平。

【成立县乡镇企业改革协调领导小组】 2001年7月30日，县人民政府决定成立南华县乡镇企业改革协调领导小组。组长：洪志，副组长：周有方、杨玉华、余加兴。

【增补县整顿和规范市场经济秩序领导小组成员及增加专项工作组】 2001年8月7日，县人民政府决定增补南华县整顿和规范市场经济秩序领导小组成员及增加专项工作组。⑴增补的领导小组成员。在原《南华县人民政府关于成立南华县整顿和规范市场经济秩序领导小组的通知》（南政通［2001］36号）中增补的成员为：汪时荣。⑵增加的专项工作组。在原《南华县人民政府关于整顿和规范市场经济秩序实施意见》（南政通［2001］38号）“机构设置及主要工作职责”中增加的专项工作组为：整顿和规范土地矿业权市场工作组；责任单位：县土地局，责任人：汪时荣；配合单位：县计委、县工商局、县公安局、县司法局、县法院、县检察院、县城建局。

【成立县水利扶贫项目领导小组】 2001年8月8日，县人民政府决定成立南华县水利扶贫项目领导小组。组长：何锡英，副组长：陈有昌、罗智强。

【调整充实县残疾人工作协调委员会成员】 2001年8月20日，县人民政府决定调整充实南华县残疾人工作协调委员会成员。主任：朱玉庭，副主任：罗文章、起荣贵、王体智、罗思能、鲁宗明。

【成立县公众集聚场所消防安全专项治理工作验收领导小组】 2001年6月20日，县人民政府决定成立南华县公众集聚场所消防安全专项治理领导小组。组长：王体智，副组长：李绍富、黄仁忻、李金章、施文伟。

【成立县整顿和规范劳动力市场秩序领导小组】 2001年9月10日，南华县人民政府决定成立南华县整顿和规范劳动力市场秩序领导小组。组长：洪志，副组长：张涛、周有方。

【调整县安全委员会成员】 2001年9月26日，县人民政府决定调整南华县安全委员会成员。主任：洪志，副主任：余加兴、周有方。

【成立县粮油收购资金封闭管理领导小组】 2001年9月29日，南华县人民政府决定成立南华县粮油收购资金封闭管理领导小组。组长：何锡英，副组长：陈有昌、杨庆生。

【调整充实县2001年第一批农村电网建设（改造）工程领导小组】 2001年10月10日，县人民政府决定对原南华县2001年第一批农村电网建设（改造）工程领导小组作调整充实。组长：阎柏，副组长：洪志、王绍林、李仁。

【成立县灭鼠工作领导小组】 2001年10月12日，

县人民政府决定成立灭鼠工作领导小组。组长：兰开兴，副组长：周有方、李德昌、李丕忠、黄仁忻。

【成立县跨世纪青年农民科技培训工程项目领导小组】 2001年10月17日，南华县人民政府决定成立南华县跨世纪青年农民科技培训工程项目领导小组。组长：何锡英，副组长：李丕忠。

【成立县2001年征兵工作领导小组和督查小组】 2001年10月22日，县人民政府决定成立南华县2001年征兵工作领导小组和督查小组。⑴县征兵工作领导小组。组长：阊柏，副组长：朱玉庭、罗觉敏、匡国生、谭永彪、李成林；⑵县征兵工作督查小组。组长：朱玉庭，副组长：匡国生、张开华。

【调整县生猪定点屠宰领导小组】 2001年10月22日，县人民政府决定调整南华县生猪定点屠宰领导小组。组长：洪志，副组长：周有方、余加兴、王增华。

【成立毛板桥水库除险加固工程建设领导小组】 2001年10月31日，县人民政府决定成立南华县毛板桥水库除险加固工程建设领导小组。组长：何锡英，副组长：罗智强。

【成立县第二次基本单位普查领导小组】 2001年11月8日，县人民政府决定成立南华县第二次基本单位普查领导小组。组长：朱玉庭，副组长：王体智、马炳尧、周芸。

【成立县交通规费征收管理领导小组】 2001年11月15日，县人民政府决定成立南华县交通规费征收管理领导小组。组长：洪志，副组长：陈有昌、李朝光、毛建军。

【调整充实县小额信贷扶贫领导小组】 2001年11月27日，县人民政府决定调整充实县小额信贷扶贫领导小组成员。组长：何锡英，副组长：张群嘉、李永元、杨庆生。

【成立县香港乐施会赈灾项目领导小组】 2001年11月27日，县人民政府决定成立南华县香港乐施会赈灾项目领导小组。组长：兰开兴，副组长：陈有昌、李永元、彭亮、李之梁。

【调整充实县"1·15"地震恢复重建领导小组】 2001年11月30日，县人民政府决定调整充实南华县"1·15"地震恢复重建领导小组。组长：洪志，副组长：陈有昌、何正昌。

【成立县节水灌溉示范项目领导小组】 2001年11月27日，县人民政府决定成立南华县节水灌溉示范项目领导小组。组长：何锡英，副组长：王绍林、李丕忠。

【成立县天然草原植被恢复建设与保护项目领导小组】 2001年11月27日，县人民政府决定成立南华县天然草原植被恢复建设与保护项目领导小组。组长：阊柏，副组长：何锡英。

【成立县市场办管脱钩工作领导小组】 2001年11月30日，县人民政府决定成立南华县市场办管脱钩工作领导小组。组长：朱玉庭，副组长：王体智、刘锡海。

【成立县龙川江源头省级重要生态功能保护区建设领导小组】 2001年12月3日，县人民政府决定成立南华县龙川江源头省级重要生态功能保护区建设领导小组。组长：何锡英，副组长：张群嘉、何正昌。

【成立县2001——2005年依法治理领导小组】 2001年12月11日，县人民政府决定成立南华县2001——2005年依法治理领导小组。组长：阊柏，副组长：兰开兴、李成林。

（李文华）

重要会议

【县人民政府常务会议】 2001年，南华县人民政府召开常务会议9次，即第三十二次至第四十次常务会议。

第三十二次常务会议 2001年1月18日，县人民政府县长耿克明在县政府三楼会议室主持召开县政府第三十二次常务会议，主要议题：⑴关于审定2000年主要经济指标完成情况问题；⑵关于2001年烤烟生产的有关问题；⑶关于2000年财政预算执行情况和2001年财政预算情况的有关问题；⑷关于2001年国民经济主要指标计划安排的有关问题；⑸关于县收容所搬迁重建的有关问题；⑹关于南华县如期解决5个扶贫攻坚乡农村贫困人口温饱的问题；⑺关于对龙川镇政府镇长王家明同志私自驾驶公车肇事进行政纪处分的问题；⑻关于2000年大中专统招统配毕业生的就业问题；⑼关于县人民政府领导分工调整的有关问题。

第三十三次常务会议 2001年2月19日，县人民政府代理县长阊柏在县政府三楼会议室主持召开第三十三次常务会议，主要议题：⑴关于南华县2001年国民经济和社会发展计划主要指标调整情况的问题；⑵关于2001年地方财政收支计划调整情况的问题；⑶关于召开全县民族工作会议暨第二次民族团结表彰会的有关问题；⑷关于成立南华县农业产业结构调整暨生物资源开发创新产业建设领导小组和办公室的有关问题；⑸关于成立南华县人民政府教育督导与评估工作机构的有关问题；⑹关于调整南华县宜耕耕地面积传统上报数据的问题；⑺关于南华县2001年大春生产意见的问题；⑻关于县水电局办公楼恢复重建集资方案的有关问题；⑼关于新建南华县社会福利院的问题；⑽关于召开南华县十三届人民政府第四次全体（扩大）会议和全县办公室主任会议的有关问题；⑾关于讨论修改《政府工作报告》的问题。

第三十四次常务会议 2001年4月23日，县人民政府县长阊柏在政府三楼会议室主持召开县人民政府第三十四次常务会议，主要议题：⑴关于南华县受灾群众生活情况的问题；⑵关于残疾人就业保障金收取有关问题；⑶关于2001年代表议案、建议和委员提案交办情况及办理意见有关问题；⑷关于红土坡镇大德郎完小学生服用大锅药后，因个体差异引起不良反应事件处理情况的通报；⑸关于组建南华县土地储备地产交易管理中心有关问题；⑹关于建立土地管理信息化系统工程有关问题；⑺关于农村税费改革的有关问题；⑻关于南华县2001年畜牧业生产意见有关问题；⑼关于南华县2001年度人工增雨防雹实施方案问题；⑽关于成立南华县中药材开发有限公司有关问题；⑾关于2000年稻田养鱼完成情况及2001年稻田养鱼工作计划问题；⑿关于新华书店门市部拆迁有关问题；⒀阊县长在常务会议上通报了南华县2001年1月至3月财政预算执行情况，并对精减会议、精减文件问题，对公务接待热情、节俭、得体的问题作了特别强调。

第三十五次常务会议 2001年5月23日，县人民政府县长阊柏在县城建局会议室主持召开县人民政府第三十五次常务会议，专题研究加快县城建设，提高城镇化水平的有关问题，对加快县城建设，提高城镇化水平统一了思想、提高了认识、达成了共识，并作出相应决定。

第三十六次常务会议 2001年5月28日，县人民政府县长阊柏在政府三楼会议室主持召开县人民政府第三十六次常务会议，主要议题：⑴关于召开2001年全县乡镇企业工作会议的问题；⑵关于南华县地震应急预案的有关问题；⑶关于县百货公司改革方案的有关问题；⑷关于传达州人民政府“4·28”房改紧急会议精神的问题；⑸关于进一步完善全县医疗保险制度，规范医改工作的有关问题；⑹关于县广播电视大楼建盖、宣传设备更新换代的问题；⑺关于《县委政府关于加快生物资源开发创新产业建设决定》的有关问题；⑻关于城区自来水价格调查的情况汇报；⑼阊县长在常务会议上原文通报了5月22日州委办关于近期工作重点的传真电报内容，传达了5月25日州委经济工作会议精神，结合实际，安排部署了当前的重点工作。为节约办公经费，阊县长还要求全县各乡镇人民政府，县直各部、委、办、局要节约文印费，自6月1日起一律实行双面印刷。

第三十七次常务会议 2001年7月27日，县人民政府县长阊柏在政府三楼会议室主持召开县人民政府第三十七次常务会议，主要议题：⑴关于调整自来水价格有关问题；⑵关于大中山林场、天子庙林场和三峰山管理所的人员经费在天然林保护工程财政专项资金中开支的有关问题；⑶关于明确城区公交公司管理权属的有关问题；⑷关于成立南华县环境监理大队、兽药饲料监察所、农建土肥站的有关问题；⑸关于清退机关事业单位临时工的有关问题；⑹关于南华县2001年大中专毕业生就业问题。

第三十八次常务会议 2001年10月11日，县人民政府县长阊柏在政府三楼会议室主持召开县人民政府第三十八次常务会议，主要议题：⑴关于实行县对乡镇财政管理体制有关问题；⑵关于县财政局总预算会计长期挂帐款项帐务处理的有关问题；⑶关于县财政局请求给予解决建盖办公楼资金的有关问题；⑷关于南华县2001年5月至10月10日发生灾情和抗灾救灾的有关问题；⑸关于《统计法》和“两办通知”精神贯彻执行情况有关问题；⑹关于在全县范围内开展灭鼠工作的有关问题；⑺关于清理限制消费防碍流通工作的有关问题；⑻关于教育“两基”巩固工作的有关问题；⑼关于楚雄州“7·10”地震南华灾区修复项目计划安排的有关问题；⑽关于县食品公司的有关问题；⑾关于召开全县经济工作会议的有关问题；⑿关于对乡镇土地管理所实行垂直管理的有关问题。

第三十九次常务会议 2001年11月7日，县人民政府县长阊柏在政府三楼会议室主持召开县人民政府第三十九次常务会议，主要议题：⑴关于开展第二次全国基本单位普查问题；⑵关于城区创安工作经费问题；⑶关于南华县国有土地使用权出让金管理问题；⑷关于暂时调整县政府办公室领导分工问题；⑸关于将汽车修理厂出让金调入预算问题；⑹关于将州下达财务包干指标调入预算问题；⑺关于县人大更新车辆资金缺口问题；

第四十次常务会议　2001年12月18日，受县人民政府县长闾柏的委托，副县长朱玉庭在政府三楼会议室主持召开县人民政府第四十次常务会议，主要议题：⑴关于县医院兼并县招待所有关问题；⑵关于楚雄燎原煤业有限公司所属学校、医院归并南华县后人员安置的有关问题；⑶关于清理地方规范性文件情况的有关问题；⑷关于同意解除王家明行政处分的决定；⑸传达闾柏县长对政府当前重点工作的布置和要求；⑹审定《政府工作报告》提纲。

【南永公路建设办公会议】　2001年1月9日，县人民政府县长耿克明在县政府三楼会议室主持召开办公会议，专题研究当前南永公路建设过程中急需解决的问题，并作出相应决定。

【日本政府特别日元贷款项目会议】　2001年2月2日，县委书记李红民、副书记闾柏共同召集政府办、计委、财政、扶贫、城建等有关部门领导召开了办公会，研究部署做好争取贷款项目工作。

【清理南永公路两侧部分沙石场办公会议】　2001年2月5日，县人民政府副县长洪志在办公室主持召开办公会议，专题研究清理南永公路两侧影响干扰公路建设的部分沙石场的有关问题，并作出相应决定。

【粮油综合市场开业协调会议】　2001年2月6日，县人民政府副县长何锡英在县政府三楼会议室主持召开协调会，对县粮油综合市场开业有关问题进行认真研究，并作出相应决定。

【建筑建材市场搬迁会议】　2001年2月17日，县人民政府副县长洪志在县政府三楼会议室主持召开办公会，专题研究县建筑建材市场搬迁及新市场的培育等有关事宜，并作出相应决定。

【南永公路建设会议】　2001年2月18日，县人民政府代理县长闾柏在县政府三楼会议室主持召开南永公路建设协调办公会，专题研究南永公路县境内征地、拆迁等有关问题，并作出相应决定。

【南永公路南华段建设办公会议】　2001年3月15日，县人民政府副县长洪志在县政府三楼会议室主持召开办公会议，听取施工单位为确保南永公路“六月目标”任务实现存在的困难和制约因素的汇报，部署下步南永公路南华段建设工作。

【“十五”末期实现财政自求平衡办公会议】　2001年4月7日，县人民政府县长闾柏在县政府三楼会议室主持召开办公会议，预测、分析“十五”期间的财政形式、税收情况，研究“十五”末期实现财政自求平衡等有关问题，并作出相应决定。

【农村税费改革工作会议】　2001年4月8日，县人民政府县长闾柏在县政府三楼会议室主持召开县农村税费改革工作领导小组成员会议，听取农村税费改革的情况汇报，部署全县农村税费改革工作。

【南景公路楚雄境内二、三合同段建设现场办公会议】　2001年4月8日，楚雄市人民政府、南华县人民政府在树苴乡九街村委会召开现场办公会，研究南景公路楚雄境内二、三合同段建设相关事宜，并作出相应决定。

【加快房地产开发推进县城建设工作会议】　2001年4月13日，县人民政府县长闾柏在县政府三楼会议室主持召开办公会议，专题研究加快房地产开发、推进县城建设等有关问题，并作出相应决定。

【龙川镇中街村委会建设城区大牲畜综合交易市场协调会议】　2001年4月24日，县人民政府县长闾柏和副县长朱玉庭在县政府三楼会议室主持召开协调会议，专题研究龙川镇中街村委会建设城区大牲畜综合交易市场等有关问题，并作出相应决定。

【民族贸易和民族用品生产贷款办公会议】　2001年4月25日，县人民政府副县长朱玉庭在县政府三楼会议室主持召开民族贸易和民族用品生产贷款继续实行优惠利率办公会议，专题研究民族贸易和民族用品生产贷款继续实行优惠利率等有关问题，并作出相应决定。

【安全生产工作办公会议】　2001年4月29日，县人民政府县长闾柏在县政府三楼会议室主持召开安全生产工作办公会议，传达贯彻了4月28日国家、省、州安全生产工作电视电话会议精神，部署全县“民用爆破器材和烟花爆竹、道路和水上交通安全、煤矿、化学危险品、公共集聚场所”等安全生产工作。

【南景公路兔街段改造现场办公会议】　2001年5月11日，县人民政府县长闾柏在兔街乡人民政府主持召开现场办公会，专题研究了南景公路兔街段改造等有关问题，会议决定对南景公路兔街段公路4公里（杀狗箐向景东方向推进4公里）的路面铺设弹石，县补32万元，要求兔街乡于2001年12月31日前完工并通过县上验收。

【医保统筹资金超支协调会议】　2001年5月14日，县人民政府副县长兰开兴在县卫生局二楼会议室召开现场办公会议，专题研究医保统筹资金超支有关问题，并作出相应决定。

【整顿和规范野生食用菌交易市场办公会议】 2001年5月18日，县人民政府在华泰龙宾馆六楼会议室召开办公会议，专题研究整顿和规范野生食用菌交易市场有关问题，并作出相应决定。

【红土坡等七个乡经济和社会发展现场办公会议】 2001年5月8日至12日，县人民政府县长闾柏带领相关部门领导对红土坡、五顶山等7个乡的烤烟移栽、大春生产、结构调整、重点工程建设、群众生活、学校安全卫生等工作进行督查调研，并就生产、生活和社会、经济发展中存在的有关问题召开现场办公会议，主要议题：⑴关于农业产业结构调整中争取资金的问题；⑵关于红土坡镇龙潭山村委会村社公路建设的问题；⑶关于学校建设、安全等工作的问题；⑷关于水利建设方面的问题；⑸关于五顶山花石头酒厂技改的问题；⑹关于五顶山鼠街搬迁的问题；⑺关于夏荒缺粮人口的问题；⑻关于礼舍江大桥险情的问题。

【毛板桥水库开发建设会议】 2001年7月8日下午，县人民政府副县长何锡英在县政府三楼会议室主持召开会议，就楚雄正大绿色食品有限公司拟在县毛板桥水库自然风景区建立孔雀驯养基地、规模化养殖绿孔雀及发展风景区旅游项目的可行性和必要性进行评估和论证，并对有关问题作出了相应决定。

【罗武庄乡集镇供水工程办公会议】 2001年10月31日，县人民政府副县长何锡英在县政府三楼会议室主持召开办公会议，就罗武庄乡集镇供水工程等有关问题作专题研究，并作出了相应决定。

【“两基”“普实”巩固和小学校点收缩办公会议】 2001年11月5日，县人民政府副县长兰开兴在县教委三楼会议室召开办公会议，就全县“两基”“普实”巩固和小学校点收缩等有关问题作专题研究，并作出相应决定。

【东小河治理工程办公会议】 2001年11月5日，县长闾柏在县政府三楼会议室主持召开办公会议，专题对东小河治理工程有关问题进行认真研究。

【县医院“11·2”医疗纠纷后续工作办公会议】 2001年11月6日，县人民政府副县长兰开兴召集县卫生局、县医院的领导召开办公会议，在听取县医院、县卫生局对“11·2”医疗纠纷事件及处理情况的汇报后，就该医疗纠纷的后续工作了作专题研究，并作出相应决定。

【创建“消费者满意示范街”协调会议】 2001年11月8日，受县人民政府副县长朱玉庭委托，县人民政府办公室副主任王体智在县政府三楼会议室主持召开协调会议，专题研究创建“消费者满意示范街”的有关问题，并作出相应决定。

【县商住小区开发建设办公会议】 2001年11月15日，县人民政府副县长洪志在办公室主持召开办公会议，对选择开发企业、加强质量监督、开发建设面积、加快小区开发进度等有关事宜进行了讨论研究，并作出相应决定。

【“1·15”地震恢复重建领导小组会议】 2001年11月29日，县人民政府副县长洪志在县城建局会议室主持召开“1·15”地震恢复重建领导小组会议，对州政府“1·15”地震恢复重建工作检查组的反馈意见进行了分析研究，进一步明确了责任，找出了问题，制定了措施，落实了整改。

【龙川镇老高坝外坝坡滑坡办公会议】 2001年12月14日，县人民政府副县长何锡英在县政府三楼会议室主持召开办公会议，通报了老高坝及发生险情的基本情况，对龙川老高坝（小坝塘）外坝坡恢复重建等问题进行认真研究。

【拆除南永公路K2＋360米处违章建筑会议】 2001年12月15日，县人民政府副县长洪志在县政府三楼会议室主持召开会议，专题研究南永公路南华境内K2＋360处违章建筑的拆除问题，并作出了相应决定。

【县城东兴路开街办公会议】 2001年12月19日，县人民政府副县长朱玉庭、洪志在龙川镇会议室共同主持召开办公会议，对县城东兴路（个体私营街）开街问题进行认真研究，并作出了相应决定。

（李文华）

重点建设项目

【国家生态建设工程】 2001年，生态环境建设工程共完成总投资276.359万元，其中，生物工程：完成人工造林98公顷，完成计划的100%；完成封山育林1350.97公顷，完成计划的100%；水利水保工程:完成拦沙坝5座，谷坊2座，沟渠1条，挡墙1件，共完成工程量7863.8立方米，完成计划的48.9%；基本农田建设：完成坡改梯11.78公顷，完成计划的117.8%，完成配水工程4件，容量2630立方米；农村能源建设工程：完成沼气池308口，完成计划的101%。通过了县级预验收，有5件工程评为优良工程。

【国家天然林保护工程】　2001年，省、州下达了南华县“天保”工程森林管护任务169.7万亩，公益林建设任务1.9万亩，其中：封山育林1.5万亩，人工造林4000亩，投入资金292万元。到12月底，全县完成管护面积182万亩，完成封山育林1.5万亩，造林4026亩，建森林管护站（点）30个，建永久性宣传碑10块，聘请巡护人员300人，签订项目责任状32份。配合州森工企业联合管护，实施管护面积32.03万亩。

【集镇供水工程】　2001年，相继实施了徐营乡、兔街乡、罗武庄乡集镇供水工程。

【小城镇建设】　2001年，相继启动天申堂、五顶山、兔街、徐营等乡镇小城镇建设项目工程，计划投资2889.95万元，建设街道9条、农产品专业市场1个、停车场1个、环城路2条，改造畜牧市场和农产品交易市场各1个，并对兔街河进行治理。年底，完成五顶山小集镇一期工程、天中堂小集镇二期工程建设，并完成土地出让的前期准备工作，累计将开发出让土地92宗，面积1.2万平方米。

【“百货街”建设工程】　2001年，“百货街”建设工程计划总投资90万元，其中：省给恢复重建资金50万元，企业自筹40万元。按城市三类三级标准设计建长206米、宽15米的街道，建筑面积3090平方米；改造百货公司原住宿楼、仓库各1幢，面积530平方米。“百货街”的建设，将盘活百货公司大量闲置土地，安置企业富余人员，推进企业的改革和发展。

【农村电网改造工程】　2001年，南华县被列为全省19个农村电网改造重点县之一。建设规模为：新建10千伏线路144.33公里，新建400伏线路490.75公里，配套户表安装26301户，计划总投资2654.03万元。已下达省级资金1725万元，部分乡镇已完成工程设计并开工建设。

【温饱村建设项目工程】　2001年，在罗武庄乡树密鲊村委会罗武庄村实施扶贫温饱村建设，共投入资金19.68万元，改造中低产田100亩，完成坡改梯50亩，修复三面光沟渠1条1184米，扩建小坝塘1座，增容2000立方米，建成小水池91个，建沼气池33口，配套改厕改厩33户，架设人畜饮水管道4000米，种植经济林果100亩，经济作物81亩。使该村33户群众实现了有饭吃、有衣穿、有房住、有水喝、孩子有学上的“五有”目标。此外，今年还有兔街大普酒村、红土坡大麻地村、五街大龙潭村、天申堂石桥河老村和雨露洒披武村启动了扶贫温饱村建设。

【南景公路改造工程】　2000年12月，南景公路分水岭至红土坡段四级路面改扩建项目工程开工建设，2001年6月顺利通过州、县两级验收，共改扩建四级路面45.6公里。该项工程共开挖路基土石方199.7962万立方米，新建涵洞60道，修建挡墙16道，总支砌方2.14665万立方米，工程实际投资952.13654万元。

【“长治”工程】　2001年，国家长江上游水土流失治理工程，南华县主要治理大智阁、罗家屯、徐营、索厂、向阳、老厂、小古山、瓦黑井8条小流域。共完成投资229.64万元，完成治理面积19.96平方公里。其中：水保林9461亩，经济果林2283亩，封禁治理15700亩，坡改梯2496亩，小型水利水保工程216件。

【通信网络建设】　2001年，县城流动市话“小灵通”和徐营、五顶山、天申堂、沙桥等10个移动通信基站建设第一批工程已建成，在原已开通101个村委会程控电话的基础上，年内新开通了红土坡、罗武庄10个村委会的程控电话。

【沙罗生态农业示范村建设】　2001年，神内云南楚雄南华沙罗农业示范村建设项目在徐营乡河硐村民委员会开展村庄、生态经济林、生态农业实用技术培训、生态农业示范园、农田、庭院经济六大建设。共投入资金243.8653万元，其中无偿资金90万元，有偿资金100万元，其它辅助项目资金19.1139万元，群众集资投工、投料折资34.7514万元，累计投工0.9838万个。

【日援粮增项目】　2001年，在龙川、徐营、沙桥、雨露、五街、天申堂6个乡镇实施中低产田改造、坡改梯、小水池、平衡施肥、优良品种推广、综合防治、优化栽培、技术培训八大措施。完成改造面积206.67公顷，完成计划的153%，共建成不同规格三面光排灌沟渠19条6565米，建机耕路8条，长2660米；完成坡改梯168.33公顷，完成计划的71.3%；建小水池20个，完成计划的200%；推广实施测土配方施肥5438.2公顷，完成计划的175.4%；推广小麦、大麦、蚕豆及水稻、玉米等优良品种9054.4公顷，完成计划的476.5%；在大、小春作物上实施病虫害综合防治

3293.53公顷，完成计划的89%；推广实施各种先进实用栽培措施3354.2公顷，完成计划的90.7%；在项目区共举办了不同形式科技培训83场次，参训人数5029人次，占年度计划的107%。共投入使用资金138万元，其中：使用有偿资金50万元，使用财政配套资金88万元。

【畜牧扶贫工程】 2001年，畜牧扶贫工程共投入资金25万元，建立示范村2个67户，其中："三高母猪"示范村1个32户，引进长撒二元杂母猪67头，约克夏种公猪2头，商品肥猪示范村1个35户；扶持示范户665户，其中：养猪291户，养牛182户，养羊40户，养鸡152户；猪舍改造2186平方米，其中：在示范村改厩1784.7平方米。

【跨世纪青年农民科技培训工程】 2001年，制定了《南华县跨世纪青年农民科技培训工程实施方案》，成立了"跨世纪青年农民科技培训工程"领导小组和办公室，组织召开了南华县跨世纪青年农民科技培训工作动员暨培训会。按云南省农业厅、云南省财政厅、共青团云南省委、云农（科）联字［2001］44号文件实施操作规程，云南农业部团中央"跨世纪青年农民科技培训工程"管理办法文件的通知精神，南华县共设60个班，培训3000人，以乡、镇为中心，县级设2个重点班，每个乡、镇设多个教学培训点，采取相对集中授课方式为主，分片实习为辅的原则；进行统编乡土教材与重点指定课程相结合的教学方式，统一发给学员课本及学习用具，每期集中学习、实习结束后进行单科考试，记入学籍卡，全部学业结束，视考试、考核及实习成绩，由县人民政府颁发农业部、财政部、共青团中央统一印制的"跨世纪青年农民科技培训工程证书"。由县农牧局、财政局和团县委共同组织实施。

【"1·15"地震恢复重建工程】 南华县被省政府确定的"1·15"地震恢复重建项目共108项，涉及民房、教育、卫生、水利水电、市政设施、交通、县乡机关7类，省州共计划安排投资1918万元。截止2001年11月24日，南华县累计开工108项，占省政府下达数的100%；已竣工投入使用的105项，占省政府下达数的97.2%，另外3个项目有望年底竣工投入使用；累计完成投资的2254.11万元，占省州计划投资的118%；恢复重建项目工程质量合格率达100%，其中：优良率达13.5%。共接受社会各界捐赠款153.7135万元，药品、衣物、生活及办公用品等捐赠物资共39个品种，价值约72.2万元。

【以工代赈项目工程】 2001年，以工代赈项目工程共投入资金471.11万元，其中：国家代赈资金325.5万元，省级配套145.61万元，年内完成五顶山"七·六"水库输水管理道8.54千米，建成日处理水量800.2立方米的徐营镇水厂，架设输水管道8398米；架设兔街乡集镇供水输水管道13250米，新建蓄水池4个；完成南景公路分水岭至红土坡段四级公路项目改造45.6公里。年内，积极争取国家及省州以工代赈扶持资金400万元，其中：国家、省级资金287万元，州级计划配套资金113万元。

（王丽琼）

表彰奖励

【获省政府烤烟收购工作表扬县】 2001年12月，南华县被省政府评为"2001年度全省烤烟收购工作表扬县"。

【"无毒"县】 2001年2月，南华县被省政府授予"无毒"县荣誉称号。

【普法先进单位和个人】 2001年6月，南华县司法局被省委、省政府表彰为"三五"普法先进集体；高明新被表彰为"三五"普法先进个人。

【扶贫工作先进个人】 2001年2月16日，州委、州政府对党员结对帮扶先进个人进行表彰。南华县李永元、李朝光、鲁明贵、罗成章、李林枝、窦正军、罗忠营受表彰。

【小城镇建设工作先进集体】 2001年12月，县城建局被州政府表彰为"九五"期间小城镇建设先进进集体。

【烤烟生产收购先进】 2001年12月26日，州人民政府表彰奖励全州烤烟生产收购工作先进单位和先进个人，南华县受到表彰，奖金12.74万元，其中：责任状考核兑现奖金5万元，上中等烟担烟奖励5.55万元，奖励经营部门2.19万元。

【残联工作先进个人】 2001年10月，南华县残联者美春同志被州政府表彰为"九五期间残疾事业先进工作者"。

【科学技术奖励】 2001年9月，州人民政府对2000年度全州科学技术项目进行表彰奖励，南华县"云南哀牢山北段南华大中山省级自然保护区综合科学考察报告研究"项目获三等奖，获奖单位县林业局，获奖人员：王裕康、许正彪、者建章、刘志萍、黄萍、自正权、祝应兴。

【村村通广播电视建设先进集体和个人】 2001年6月25日，州人民政府表彰全州“村村通广播电视”建设先进集体和个人。先进集体：南华县人民政府（一等奖）；先进个人：苏全华、李朝波、蔡文会、朱燕翔。

【见义勇为先进个人】 2001年2月7日，县人民政府对侯进、徐国兴见义勇为先进个人给予表彰奖励，各奖励人民币1000元。

【烤烟生产收购工作先进集体和先进个人】 2001年12月31日，县人民政府对在烤烟生产中涌现的雨露乡等15个先进集体，周家永等18名先进个人进行表彰。

【兑现烤烟生产收购责任状奖】 2001年12月31日，根据县人民政府与各乡镇签订的2001年烤烟生产收购责任状，经过对生产收购各个环节的严格检查考核，县人民政府对各乡镇兑现奖励情况如下：龙川镇奖12267元、徐营乡奖12895元、雨露乡奖13425元、沙桥镇奖13341元、天申堂乡奖12630元、五街乡奖12937元、一街乡奖12085元、罗武庄乡奖11988元、红土坡镇奖12755元、五顶山乡奖12811元、马街乡奖11639元、兔街乡奖11220元。

【“安全文明小区”及“创建安全文明社区”先进乡镇】 2001年2月8日，县委、县人民政府对“创安”达标的龙川镇罗家屯等36个村委会、县司法局等9个县级内部单位命名为“安全文明小区”；授予雨露乡、兔街乡“创建安全文明社区”先进乡镇荣誉称号。

【社会治安综合治理目标管理责任奖】 2001年2月8日，县委、县人民政府对履行《2000年度社会治安综合治理目标管理责任书》成绩显著的10个乡镇分三等予以奖励。一等奖：沙桥镇、徐营乡，各奖励4000元；二等奖：天申堂乡、兔街乡、红土坡镇、五顶山乡、五街乡、雨露乡，各奖励3000元；三等奖：一街乡、龙川镇，各奖励2000元。

【乡镇企业及个体私营经济先进乡、先进企业和先进个体工商户】 2001年7月4日，县委、县人民政府对在全县乡镇企业及个体私营经济发展中做出显著成绩和突出贡献的龙川镇等3个先进乡镇，沙桥建筑公司等4个先进集体企业，丰华五金钢窗厂等7个先进个体私营企业，南华红龙草墩屋等2户先进个体工商户给予表彰奖励。

【民族团结进步先进集体和先进个人】 2001年3月23日，县委、县人民政府对为民族团结进步事业做出显著成绩的五街乡党委等25个先进集体、罗忠营等79名先进个人予以表彰。

（王丽琮）

重要决定

【成立粮油综合市场管理服务中心】 2001年2月6日，县人民政府副县长何锡英在县政府三楼会议室主持召开会议，决定成立粮油综合市场管理服务中心。

【建筑建材市场搬迁】 2001年2月17日，县人民政府副县长洪志在县政府三楼会议室主持召开会议，决定在2月21日前要求各建材经营户搬迁到东街建筑建材市场内经营。

【成立县农业产业结构调整暨生物资源开发创新产业建设领导小组办公室】 2001年2月19日，县人民政府代理县长闾柏在县政府三楼会议室主持召开第十三届人民政府第三十三次常务会议。会议决定：成立南华县生物资源开发创新协调工作领导小组及办公室，办公室为行使政府职能的直属正科级事业单位，挂靠在政府办，设主任1人，工作人员4人，人员在县级行政事业单位中选调，办公室主任按组织程序选任。

【召开全县民族工作会议暨第二次民族团结表彰会】 2001年2月19日，县人民政府代理县长闾柏在县政府三楼会议室主持召开第十三届人民政府第三十三次常务会议，会议决定召开南华县民族工作会议暨第二次民族团结表彰会议。

【成立南华县人民政府教育督导与评估工作机构】 2001年2月19日，县人民政府代理县长闾柏在县政府三楼会议室主持召开第十三届人民政府第三十三次常务会议，会议决定成立南华县人民政府教育督导室，设在县教委，成立的机构由县编委发文，不增加编制，督导室工作人员从教委现有人员中选配调整，履行相关督导、评估的职能职责。

【充实农村税费改革工作领导小组办公室人员】 2001年4月8日，县长闾柏在县政府三楼会议室主持召开农村税费改革工作领导小组成员会议，会议决定加强和充实农村税费改革工作领导小组办公室人员，从财政、地税各抽出1名副局长担任办公室副主任，根据工作需要，从相关部门抽调熟悉农村工作，事业心强，作风扎实的同志到办公室工作，办公室实行集中办公。

【组建县土地储备地产交易管理中心】 2001年4月23日，县人民政府县长阊柏在县政府三楼会议室主持召开第十三届人民政府第三十四次常务会议，会议决定成立南华县土地储备地产交易管理中心。

【成立县中药材开发有限责任公司】 2001年4月23日，县人民政府县长阊柏在县政府三楼会议室主持召开第十三届人民政府第三十四次常务会议，会议同意成立南华县中药材开发有限公司，关于成立公司涉及的有关问题，由县政府办拟稿形成书面材料，提请县委常委会讨论决定。

【民族贸易和民族用品生产贷款继续实行优惠利率】 2001年4月25日，副县长朱玉庭在县政府三楼会议室召开办公会议，会议决定民族贸易和民族用品生产贷款继续实行优惠利率，对民族贸易和民族用品贷款继续实行比正常的一年期流动资金贷款利率低2.88个百分点的优惠政策。

【整顿和规范野生食用菌交易市场】 2001年5月18日，受县人民政府领导的委托，县人民政府办公室主任李成林在华泰龙六楼会议室主持召开办公会议，决定取缔龙泉路姚安公路、北街路口及其他路段的城区野生食用菌自由交易市场，将市场迁入新建的龙旗南路综合市场及龙旗南路延伸段（粮贸街）内规范交易。

【县百货公司改革方案】 2001年5月28日，县人民政府县长阊柏在县政府三楼会议室主持召开第十三届人民政府第三十六次常务会议，会议同意《南华县百货公司关于深化改革以地安置分流职工的方案》，要求百货公司算清旧帐，理清债务，职工安置按《方案》承诺兑现，作一次性了断，做到不打白条，确保社会稳定。

【调整自来水价格】 2001年7月27日，县长阊柏在县政府三楼会议室主持召开县人民政府第三十七次常务会议，会议建议将水价调整为：原质水0.4元/立方米，生活用水1.2元/立方米，生产用水1.6元/立方米，营业性用水2.00元/立方米，并按价格法的规定和有关程序由县物价局在近期内组织召开听证会，并将听证结果按程序上报审批后执行，执行后，用户的供水基数和水损费等项目必须立即停止收取。

【明确城区公交公司管理权属问题】 2001年7月27日，县长阊柏在县政府三楼会议室主持召开县人民政府第三十七次常务会议，会议明确了城区公交公司由县交通部门统一管理。

【大中专毕业就业政策】 2001年7月27日，阊柏在县政府三楼会议室主持召开县人民政府第三十七次常务会议，会议同意由县大中专毕业生就业工作领导小组研究后，起草的《关于认真做好2001年大中专生就业工作的通知》，修改后以县政府文件下发执行。2001年南华县大中专毕业生就业政策是：⑴各缺编的事业单位，要优先安排并轨以前入学的（即1997年9月前入学的）指令性计划统配毕业生。⑵回县报到参加就业的本、专科指令性统配生及并轨前入学的中专指令性计划统配生（即1997年9月前入学的），原则上安排适当的岗位，实行带薪实习半年，由财政发给每人每月生活费200元（实习期间，卫生部门使用的毕业生，费用由用人单位自行解决），实习期满，经考试考核合格后，办理录用手续。⑶并轨后入学的教育、卫生、公检法司专业中专毕业生（自费生除外），在对口的缺编单位安排岗位，实行带薪实习1年，由财政发给每人每月生活费200元（实习期间，卫生部门使用的毕业生，费用由用人单位自行解决），实习期满按“竞争上岗，择优录用”的原则，经考试考核合格，视编制和工作需要，逐步录用。⑷非师范、卫生、公检法司专业毕业的中专并轨生暂不安排岗位，自己联系就业单位，其行政关系、人事档案、粮户关系由县人事劳动部门的人才市场代管。3年内落实就业岗位的，按现行政策办理；3年以后落实就业单位的，从录用或批准就业之日起计算工龄。⑸8月31日前未回县报到的，视为自动放弃分配资格，不予办理任何手续。

【楚雄燎原煤业有限公司所属学校医院归并南华县】 2001年7月31日，按照《楚雄燎原煤业有限公司所属学校医院职工和相关资产移交南华县人民政府管理移交协议》，楚雄燎原煤业有限公司正式将所属学校、医院的32名职工和有关资产移交南华县人民政府管理。

【全县范围内进行大规模灭鼠】 2001年10月11日，县长阊柏在县政府三楼会议室主持召开县人民政府第三十八次常务会议，会议决定，2001年11月1日至10日、2002年1月1日至10日在全县开展两次大规模的灭鼠活动。

【乡镇土地管理所实行部门垂直管理】 2001年10月10日，县长阊柏在县政府三楼会议室主持召开县人民政府第三十八次常务会议，会议决定将12个乡镇的土地管理所实行部门垂直管理。

【县医院兼并县招待所】 2001年12月18日，受县长阊柏的委托，副县长朱玉庭在政府三楼会议室主持召开县人民政府第四十次常务会议，会议决定：⑴同意县医院兼并县招待所的方案；⑵同意双方在互惠互利、友好协商基础上达成的兼并协议；⑶兼并后，不增加县医院的事业编制，归并人员待遇按县医院的事业性质同类人员标准同工同酬，一视同仁；⑷县医院、县招待所要做好双方干部职工的思想工作，顾大局，谋发展，平稳过渡，做好兼并有关的各项工作；⑸兼并后，县医院要继续提供并认真做好县上召开的大型会议所需的服务工作。同时，招待所的一切债权、债务、房屋、资产、人员等无偿归并县医院。

【安置楚雄燎原煤业有限公司所属学校、医院归并南华县的人员】 2001年12月18日，受县人民政府县长阊柏的委托，副县长朱玉庭在政府三楼会议室主持召开县人民政府第四十次常务会议，会议决定归并楚雄燎原煤业有限公司所属学校、医院所属人员。⑴归并的学校、医院纳入教育、卫生系统管理，楚雄燎原煤业有限公司所属学校作为校点，由龙川学区管理；医院为卫生院，直属县卫生局。⑵归并后学校、医院所属人员的工资，按同类人员标准从2002年1月1日起核发，享受同类人员所享受的医疗等社会保障待遇。

【小学校点撤并】 2001年，按照《南华县人民政府关于2001年至2003年小学校点撤并有关问题的通知》（南政发[2001]30号）文件要求，全县对服务半径在3公里以内和5个学生以下的一师一校进行收缩撤并，3年内全部撤并完，年内，全县共撤并一师一校17校。

【徐营、红土坡撤乡设镇】 2001年，根据省人民政府的批复，南华县人民政府下发了《南华县人民政府关于认真做好撤乡设镇的通知》（南政通[2001]106号）文件，要求徐营、红土坡两个乡做好撤乡设镇的有关工作，确保2002年初顺利完成撤乡设镇工作。

（彭绍宇）

重大事件

【“7·10”地震受灾】 2001年7月10日凌晨7时51分，楚雄市东华镇红墙村一带发生5.3级地震，波及南华县12个乡镇、83个村委会、828个村民小组，造成全县6382户，22337人，25所学校，24所卫生院受灾，部分水利、基础设施受到不同程度的损坏，经济损失2906.9万元。

【民房火灾】 2001年，全县共发生民房火灾4起，直接经济损失1.8万元。其中，3月7日在一街乡一街村委会发生的民房火灾涉及3户农户，造成经济损失1万余元。

【道路交通事故】 2001年，全县发生道路交通事故72起，造成21人死亡，45人受伤，直接经济损失20万余元。

【雷击灾害】 2001年，雷击事故造成1人死亡，5人受伤，37台电视机、19台接收机、17部电话、2台变压器、5台放大器等受损。

【风、雨、冰雹灾害】 2001年，全县发生较大灾害5起，直接经济损失480万余元。仅5月30日至31日的特大暴雨，就造成12个乡镇，112个村委会，389个村民小组，6384户农户，32663人受灾，直接经济损失179万元。

（罗　锋）

重要活动

【县委、县政府调研组对山区六乡进行工作调研】 2001年2月8日至11日，县委书记李红民、县人大主任何兆芹、代理县长阊柏，县委常委、组织部长杨龙，县委常委、党办主任李绍文，人大副主任陈向华，副县长洪志，率领政府办、计委、交通、城建等部门领导一行组成的工作调研组，深入山区6个乡，对南景公路改造、五顶山小集镇建设、兔街寅街小集镇建设、马街龙街水库、哀牢山公路等重点工程建设项目进行实地踏勘，对兔街、马街、五顶山、红土坡、罗武庄、一街6个乡的农业产业结构调整、烤烟生产、扶贫攻坚、教育卫生等工作进行调研，调研中阊代县长对6个乡的工作给予了高度评价，并针对其它工作提出了具体要求。

【程映萱副省长到南华视察烤烟生产】 2001年4月25日，省人民政府副省长程映萱、省烟草公司总农艺师胡荣海一行在州人民政府常务副州长保明虎和楚烟企业经理张凤全、厂长张国良，县委书记李红民、县长闾柏、副县长何锡英及南华县有关部门领导的陪同下，到南华县视察烤烟生产，程副省长在肯定南华县烤烟生产已取得成绩的同时，对当前烤烟生产提出了具体要求。

【国家计委朱杰司长到南华检查指导工作】 2001年4月18日，国家计委农经司司长朱杰和处长刘苏社在省计委农经处处长保卫民、州长夜礼斌、副州长吴莉华、州政府秘书长耿克明和县长闾柏的陪同下，深入沙桥、雨露对小集镇建设、国家生态项目实施和产业结构调整的情况进行了实地踏看检查。同当地党委、政府和老百姓亲切交谈，朱司长在肯定成绩的基础上，对下步工作提出了具体的要求。

【省林业厅汤克仁副厅长一行到南华调研】 2001年4月17日至21日，省林业厅副厅长汤克仁及各处室有关领导在县人民政府副县长何锡英和农牧部门有关领导的陪同下，深入红土坡、天申堂等9个乡（镇）的大部分村组，对当前农业和农村工作、“三个代表”重要思想学习教育活动的开展情况进行调研。在听取县、乡、村各级当前各项工作开展情况汇报、深入田间地头和农三站了解情况后，汤副厅长认为南华县各级党委、政府发展思路比较清晰，春耕生产工作扎实，措施有力，干部职工作风深入，“三学”活动取得实效，并对今后的工作提出了明确的要求。

【世行第四期扶贫项目需求评估小组到南华进行评估】 2001年3月17日至4月5日，由云南社区发展研究中心郑宝华教授、英国露易丝教授、国家林科院林业研究所刘金龙副研究员、云南社区发展中心卢彩珍助理研究员4位专家组成的世行第四期扶贫项目需求评估小组到南华县进行评估。专家组先后深入红土坡，兔街的山尾、长梁子、法乌，一街的洒利则、六把姑5个村委会的6个村小组大部分农户中，采取召开县、乡、村、组各级领导班子及有关部门领导，男性组、女性组等不同层次的座谈会，深入农户、田间地头、学校、卫生院（室）进行走访等多种方法认真开展参与性需求评估。此次，南华县将代表全省申报世行第四期扶贫项目的13个县（市）接受需求评估。

【省国土资源厅陈西京厅长到南华视察指导工作】 2001年5月11日中午，省国土资源厅厅长陈西京在州长夜礼斌、州土地局局长陈刚和县委书记李红民、副县长洪志的陪同下，踏勘了省重点工程“南永二级工程”施工现场，专程来到县土地局检查指导工作。在听取县土地管理工作情况汇报后，陈厅长对县委、政府高度重视土地管理工作及土地管理工作中所取得的成绩给予充分的肯定，并对下步土地管理工作提出了富有建设性的意见建议。

【夜礼斌州长到南华检查指导烤烟生产】 2001年5月17日上午，州长夜礼斌在县长闾柏的陪同下，深入徐营镇古苴、河硐，雨露乡罗文，沙桥镇田心等地的田间地头查看烤烟栽种情况，在充分肯定南华县烤烟生产所取得的成绩的基础上，夜州长对下步烤烟生产收购工作提出了明确的要求。

【杨汝鉴副州长慰问驻南华部队官兵】 2001年7月30日，副州长杨汝鉴、州委办、州民政局等有关部门领导到驻南华县78318部队进行慰问，县委书记李红民、县长闾柏、县委副书记侯志荣、副县长朱玉庭及有关部门领导参加了慰问。杨副州长在充分肯定78318部队全体官兵对全州经济社会发展，特别是在“1·15”地震和近几年南华的救灾抢险工作中所作贡献的同时，对军民共建活动提出了新要求。

【州委常委、副州长保明虎到南华检查指导烤烟生产】 2001年8月6日，州委常委、州人民政府常务副州长保明虎、州长助理刘苏社、秘书长耿克明以及州烟草公司、楚雄卷烟厂等部门的领导在县长闾柏、县委副书记刘平和有关部门领导的陪同下，深入雨露、沙桥、天申堂等乡镇的烟叶站、烟叶点检查指导烤烟收购工作。保副州长一行在认真检查的基础上，对南华县今年的烤烟生产工作给予了充分的肯定，并对下步工作作了明确要求。

【省财政厅副厅长杨守修一行到南华调研】 2001年9月7日，省财政厅副厅长杨守修，文教处处长李凤芝和州教委主任李自云，州财政局副局长朱开荣等一行在县长闾柏、副县长兰开兴以及县财政局、教委等部门领导陪同下，深入天申堂中心校、沙桥外山场完小、迤山场完小、龙川镇蟠龙完小、高峰哨完小，对教师工资发放情况和“十五”期间南华县上报校舍排危工程等进行调研。通过了解核实，杨副厅长对南华县能按时、足额、优先发放教师工资，能实事求是地按规定上报校舍排危项目给予了高度评价，并就今后校舍的排危与校点收缩、教师工资的发放方面提出了具体要求。

【杨汝鉴副州长一行到南华检查指导救灾工作】 2001年9月17日，杨汝鉴副州长一行在副县长朱玉庭及民政局有关领导的陪同下，深入南华县泥石流、山体滑坡较重的五街乡中村村委会平田、筲箕地两个村民小组了解9月1日以来因连降大雨造成的灾害情况。杨副州长听取了中村村委会和五街乡有关灾情汇报后，并作了抗灾救灾的具体要求。

【周发洪副州长一行到南华检查指导小城镇建设工作】 2001年9月7日，州人民政府副州长周发洪、州政府副秘书长程宗文、州城建局局长钱荣生一行在县委书记李红民、副县长洪志及南华县城建、计委、土地等部门有关领导的陪同下，视察了沙桥小集镇建设。周副州长一行对南华县近年来小城镇建设取得的成绩给予了充分肯定，并就如何实施好沙桥国家级小城镇建设综合示范试点提出明确要求。

【楚大希望小学欢度教师节】 2001年9月10日，楚大公司总经理胡德金一行到南华县天申堂学区（中心校）"楚大希望小学"看望全体师生，共庆第17个"教师节"。

【吴莉华副州长到南华县检查指导结构调整工作】 2001年10月9日，吴莉华副州长在县人民政府副县长何锡英的陪同下，深入沙桥镇石星和新华村委会，察看农民牛蛙养殖、中药材种植情况，听取了沙桥镇对2002年小春生产及特种养殖产业规划落实的情况汇报后，对南华县小春生产规划和产业结构调整工作给予充分肯定，并对全县农业结构调整工作提出了具体要求。

【李兴旺副州长到南华县调研企业改革工作】 2001年10月9日，副州长李兴旺一行在县人民政府县长阊柏、副县长洪志的陪同下，对南华县国有集体企业改革工作进行调研。李副州长一行深入到县锌品厂、德力高啤酒有限公司进行调研后，提出了富有建设性的意见。

【夜礼斌州长对南华县"十五"财政自求平衡提出具体要求】 2001年10月19日，州人民政府州长夜礼斌及州财政局等部门领导一行莅临南华进行专题调研。夜州长在认真听取阊县长和财政部门的汇报后，对南华县"十五"期间如何实现财政自求平衡和经济发展思路作了分析研究，并提出了相应的措施。

【阊柏县长到坝区片6个乡镇调研经济工作】 2001年10月下旬，阊柏县长率县政府办、计委、财政、人事部门的主要领导对坝区片徐营、雨露、龙川、天申堂、沙桥、五街6个乡镇的经济工作进行专题调研，并对当前经济发展中的几项重要工作提出了新的要求。

【原州人大主任普联和到南华调研计划生育工作】 2001年10月18日至19日，现任州计划生育协会会长，原州人大主任普联和在州计委协会副会长悲桂珍、州计委副主任吴双华，副县长兰开兴等领导的陪同下，先后深入到五街乡、龙川镇和县计生委，对计划生育工作进行调研，南华县计划生育工作取得的明显成绩的同时，对下步工作作了安排。

【省政府治乱减负检查组到南华县检查指导工作】 2001年10月25日，由经贸委纪检组长许坚率领的省政府企业负担治乱减负检查组到南华县检查指导工作，副县长洪志陪同了检查。检查组在深入云华绿色食品开发公司等企业调研和听取南华县治乱减负工作情况汇报后，在充分肯定了南华县企业治乱减负工作取得的成绩的基础上，对下步企业减负治乱工作提出了明确的要求。

【省统计局赵钟岳局长到南华县调研统计工作】 2001年10月28日，省统计局赵钟岳局长在州统计局领导的陪同下，深入县统计局和龙川镇火星村委会上民村村民小组，对统计工作进行调研。赵局长对南华县的统计工作给予了充分肯定，有针对性地对当前统计工作中的有关重点问题作了具体要求。

【日本立田大城先生到南华考察教育工作】 2001年11月2日至3日，日本亚洲交流协会（民间组织）成员、立田住宅有限会社经理立田大城先生，在阊县长和县教委领导的陪同下，分别到沙桥迤山场完小、外山场完小和一街王湛庄完小考察学校危房情况。

【对口支援县医院医疗事业活动】 2001年10月22日至26日，成都军区昆明总医院内、外、妇、眼、中医科6位博士，硕士主任医师、副主任医师及器械维修人员一行20人，在业务副院长、大校李诗云的带领下，到南华县人民医院进行无偿对口支援活动，拉开了对口支援南华县医院第一周期5年支援的帷幕。

【毛板桥水库管理所招商项目合作成功】 2001年11月6日，毛板桥水库管理所与楚雄州锦星酒店有限公司、楚雄州裕雄石涧矿泉水饮品有限公司，在毛板桥水库管理所举行招商合作项目签字仪式，由楚雄州锦星酒店有限公司投资150万元对毛板桥水库管理所按二星级宾馆进行改造。

【省科技厅副厅长王建华一行到南华调研】 2001年10月31日，省科技厅副厅长王建华一行在州科委主任歹家林等领导的陪同下，到南华进行调研，在听取副县长何锡英对南华县科技工作情况的汇报后，王副厅长在肯定成绩的基础上，对下步工作提出了新的要求。

【国家气象局郑国光副局长到南华调研】 2001年11月8日，国家气象局副局长郑国光一行在省、州气象局领导及州人民政府州长助理栾海波、副秘书长程宗文等领导的陪同下，深入南华调研。在听取县委副书记侯志荣、副县长何锡英及县气象局关于南华县气象工作情况的汇报后，郑副局长对地方党委、政府高度重视气象部门的工作，县气象局克服困难，准确及时为当地党委、政府提供指挥农业生产及防灾减灾依据，使各种气象灾害造成的损失降到最低限度，有力地促进了当地的经济发展给予了充分地肯定。并对下步工作提出了要求。

【省林业厅副厅长王德祥一行到南华检查指导工作】 2001年11月17日，省林业厅副厅长王德祥一行在县人民政府副县长何锡英及州、县林业部门有关领导的陪同下，先后深入到天子庙国营林场、沙桥镇等地，对护林防火、林业站所建设、林业扶贫项目、农村能源建设等情况进行检查、调研，在充分肯定取得成绩的基础上，王副厅长对下步工作作了明确要求。

【合作开展赈灾项目备忘录签字仪式】 2001年11月24日上午，香港乐施会，省、州扶贫办和南华县人民政府在华泰龙宾馆隆重举行合作开展赈灾项目备忘录签字仪式，县委书记李红民，县长閰柏，县人大主任何兆芹，县政协主席李凤朝，县委常委、宣传部长朱明云，副县长朱玉庭、兰开兴及有关领导出席了签字仪式。按《备忘录》的约定，香港乐施会将向五街乡提供57.35万人民币，用于“7·10”地震和9月份水灾后芹菜塘完小的搬迁和华双完小的恢复重建。

【州人民政府工作情况调研组到南华调研】 2001年11月27日，由州人民政府秘书长耿克明等一行四人组成的第八届州人民政府工作情况调研组深入南华调研，调研组先后组织召开了由县委、政府及有关部门领导和州人大代表、政协委员共47人参加的两个座谈会，认真听取基层干部群众的意见和建议。

【国家计委领导到南华视察毛板桥水库除险加固工作】 2001年11月22日，国家计委农经司水利处处长石波在省计委农经处处长保卫民、州长助理刘苏社、副州长吴莉华及省州计委、水利部门领导、专家、技术员的陪同下，深入南华县对毛板桥水库安全情况进行实地察看，县委副书记刘平、副县长朱玉庭、县计委、水电局有关领导陪同了察看。石处长一行在实地对毛板桥水库进行察看后，对毛板桥水库除险加固工程项目所做的前期工程工作给予了充分肯定，并原则同意了由县计委、水电局共同编制的《云南省南华县毛板桥水库除险加固工程项目建议书》，解决部分除险加固资金。

【省基普工作检查组到南华检查指导工作】 2001年12月19日，由省基普办公室主任罗兴科及有关部门领导组成的基普工作检查组到南华检查、指导基普工作，副县长朱玉庭、政府办和基普办有关领导陪同检查。检查组在认真听取南华县前期基普工作情况汇报后，对取得的成绩给予充分肯定，并对下步工作提出了较好的意见。

【“三乱”治理检查】 2001年12月23日，省政府治理“三乱”检查组在省计委助理巡视员、检查组组长杨世雄的带领下，到南华检查指导“三乱”治理工作。检查组在听取了关于“三乱”治理工作情况汇报后，分别深入到龙川、徐营两个乡镇查看有关资料、走访农户了解情况，对南华县“三乱”治理工作表示满意。

（张志江 代国先）

政府办公室工作

【简述】 2001年，县人民政府办公室根据自身工作服务性、从属性、事务性、繁杂性的特点，紧紧围绕“三大职能”（参与政务、管好事务、做好服务），强化内部管理，提高工作服务质量，保障了县人民政府各项工作有序开展。

【制度建设】 2001年，县政府办公室狠抓制度建设，强化以制度管好人及管好事的机制。进一步制定和修改完善《党支部党员“双目标”管理考核制度》、《秘书人员考核暂行办法》、《财务管理制度》、《职工学习制度》、《值班制度》、《门卫制度》、《文印室管理实施细则》、《来访接待制度》、《政府大院环境卫生管理办法》、《娱乐室管理办法》、《政府办工作人员职业道德》、《政府机关大院住户公约》、《小汽车管理制度》、《政府办公室接待制度》等规章制度，共23个，并严格执行。全办公室人员严格履行各项规定，各司其职又相互配合，形成人人有事干，事事有人抓的良好机关作风，提高办事效率和水平，充分发挥了政府中枢机构的职能作用。

【组织建设】 2001年，政府办党支部加强对全体党员党性、党风、党纪教育。年内，评选出年度优秀党员5名，发展新党员3名，对3名预备党员进行公示。

【督查督办】 2001年，编发《督办反馈》7期，分别对防洪防汛、区域经济发展、疫病防治、整顿和规范市场经济秩序、减轻农民负担、灭鼠等工作情况进行了督查督办。

【调查研究】 2001年，编发《调研与思考》14期，分别对产业结构调整、贫困地区脱贫致富、乡镇企业、个私经济、龙头产业和企业、生态治理、教育教学等各项经济社会发展情况等问题进行调查研究，对现状、存在问题进行深刻分析，结合实际提出下步工作意见和建议，形成11.8万字的调研文章，为领导决策提供参考。其中：县长阊柏的《新阶段个体私营经济的发展要有新思路、新起色》，副县长兰开兴的《解放思想树立新观念，大刀阔斧深化教育改革》，副县长何锡英的《加大天然林保护力度，再造南华秀美山川》等文章，为全县个私经济、教育改革发展、生态治理工作明确了发展方向。

【机关效能建设】 2001年，政府办根据县委有关文件规定及要求，做到认识到位，责任到位，措施到位，有组织、有计划、按步骤运行，切实做好机关效能建设工作。一是提高认识，加强领导。由政府办李成林主任负总责亲自抓，王体智副主任负专责具体抓。二是深入宣传，健全机构，成立了办公室主任任组长，副主任任副组长，各股室长为成员的领导小组，由政府法制办组织实施。三是按时制定实施方案。四是积极抓好制度建设，做到进一步完善政务公示制，继续完善服务承诺制，认真履行承诺，做到优质高效服务。

【信息报送】 2001年，编发《政情通报》17期17篇，《政务信息》28期120条。

【文秘工作】 2001年，制发文件：南政发41个，南政通110个，南政报100个，南政复19个，南政议5个，南政函2个，南政办发52个，南政办通38个，南政办报6个，南政办函2个，南政机关党发2个，南政办党字6个，《会议纪要》37期、《政情通报》17期、《政务信息》28期、《调研与思考》14期、《督办反馈》7期、白头文件500个。撰稿230.6万字、审稿243.6万字、校对340余万字、打印339.1万字。

【公文处理】 2001年，收登处理中央、省、州党委系列文件477份，送县政府领导传阅1908份次；收登处理国务院、省、州政府文件476份，送县领导传阅2380份次；转发有关单位公文784份，处理各种报告、请示408份。

【保密工作】 2001年，收秘密以上文件材料69份，未发生泄密情况。

【宣传工作】 2001年，县政府办公室积极撰稿投稿，被州及州以上报刊、电台、电视台采用99篇，为宣传南华作出积极贡献。

【信访工作】 2001年，办理群众来信119件，其中：初信100件，重信19件；联名信9件，联名人数223人；属申诉6件，请求解决问题250件，其他5件，接待群众来访162批次，其中：个人访113批次、集体访17批次、群体访32批次。办结信访案件242件，办结率86.2%，经过扎实有效、耐心细致的工作，为来信来访群众排忧解难，多数群众对来信来访办理情况较为满意。

【议案、提案办理】 2001年，县人民政府共收到县人大常委会交办的代表议案、建议及批评意见共108件，其中：议案2件，建议、批评及意见106件。收到政协南华县五届四次全会交办的委员提案66件，其中：主席会议建议案2件，委员提案64件。在认真做好议提案工作的同时，努力提高“三率”（面商率、解决率、满意率），使议提案办理工作取得了较好成绩。

【法制工作】 2001年，政府法制工作坚持以邓小平理论为指导，认真践行“三个代表”重要思想。一是加强法制机构建设，法制办公室由股所单位升格为副科单位；二是继续推进和完善了行政执法责任制度体系实施方案；三是认真抓好政府规范性文件的清理备案工作，共清理4800余件，公告废止45件；四是抓好行政执法部门的行政执法主体资格公告、确认；五是抓好行政执法证件年度培训、审验工作；六是抓好“两法一条例”的学习、宣传、贯彻。

【人民防空】 2001年，人民防空工作进一步加大宣传、学习《人民防空法》的力度，提高全县人民的防空意识；继续开展“结建”费（结束建设后所收取的人民防空费）的收取工作，完善财务管理，加强基础设施建设，圆满完成州人民防空办交办的各项工作任务，并取得了一定成绩，受到上级人民防空部门的表彰。2001年3月，南华县人民防空办公室被成都军区国防动员委员会评为人民防空先进单位。2001年9月，南华县人民防空办公室主任陈有昌被云南省国防动员委员会评为先进工作者。

【后勤保卫】 2001年，县政府办公室加强后勤管理工作。一是严格财经纪律。在财力十分困难的情况下，精打细算、压缩开支，坚持审批制度，严格执行《南华县人民政府办公室接待制度》，保证了办公室经费合理使用。二是严格门卫值班制度。继续坚持24小时值班，在节假日和星期六、星期日派秘书参与门卫值班，加强对来往人员的询问、盘查及对大院的巡查，确保了大院安全和正常生活、工作开展。三是坚持政府领导、办公室领导和秘书值班，及时处理各种突发事件和紧急情况，确保了政府及办公室工作高效运转。四是加强和完善水电维修及费用收取工作。五是健全和完善派车制度和汽车修理制度。六是健全和完善办公室各项管理制度，共出台23项制度，使办公室工作有章可循，有法可依。七是抓好财产物资等公物的登记、维修管理，节约办公室经费开支，保证公物合理有效利用。

【工青妇工作】 2001年，县政府积极开展工、青、妇工作，通过加强组织建设，利用“三八”节、“五四”青年节、“七一”建党节、“十一”国庆节、“元旦”等节日，开展球类，歌咏比赛等丰富多彩的文体活动，调动工、青、妇组织的工作积极性。

（张志江）

生物资源开发创新产业建设

【简述】 2001年，南华县生物资源开发创新产业建设工作，立足于思路创新、机制创新、科技创新，以试验示范、扶持发展龙头企业、招商引资为重点，不断加快“八大基地”（优质烟、优质稻、优质蔬菜、优质蚕桑、中药材、优质林果、水产养殖、畜禽养殖基地）建设步伐，使粮食、烟草、畜牧业三大传统产业进一步巩固，林业及林产品加工业、生物食品加工业、生物药业三大后续产业稳步发展。

【建设成效】 2001年，全县共实施“八大基地”种植试验示范面积4780亩、养殖试验示范面积500亩。完成“八大基地”种植面积58157亩、水产养殖面积7515亩、畜禽养殖外销大牲畜14150头（只）。其中优质烟基地13400亩，优质稻基地25466亩，中药材基地4169亩，优质蔬菜基地6728亩，优质蚕桑基地600亩，优质林果基地7894亩。全县大小春粮食良种覆盖率比去年提高1个百分点，达到96%；投资60万元的优质米生产设备一次性试车成功、优质米生产顺利投产，创建了南华县优质米的第一个品牌“华福香”。烤烟生产共实施漂浮育苗1500亩，高标准、规范化种植35866亩，所占比例比上年提高了24个百分点，中、上等烟比例占87.7%，平均斤价9.58元，比去年增0.18元。通过加强外销工作，畜牧业的质量和效益得到进一步提高。林业及林产品加工业健康发展，被命名为“中国核桃之乡”。酒类加工、茶叶加工、酱菜加工业稳步发展，野生食用菌及食品贮藏加工厂建成投产。组建成立了集中药材种植、加工、销售为一体的县中药材开发有限责任公司作为生物药业发展的龙头企业，建成1000亩的试验示范基地2片，50亩的中心苗圃基地1个，发展中药材4169亩。被列为“茯苓基地县”，茯苓的规范化种植和品质认证工作进展顺利。9月，南华县高原绿色食品开发有限责任公司在天申堂乡登记注册，通过积极扶持和发展，公司实力不断增强，全年共组织外销鲜萝卜320万公斤，萝卜丝条169.2万公斤，实现产值530万元，由龙头企业带动生产的产业化经营方式初见成效。

【产业建设调研】 2001年初，县委、政府成立调研组，对全县农业产业结构调整及生物资源开发创新产业建设进行调研，对1998年以来全县的农业产业结构调整取得的成绩、经验及存在问题作了回顾，并提出“十五”期间生物资源开发创新产业建设的意见，形成《南华县农业产业结构调整及生物资源开发创新产业建设三年回顾与思考》和《南华县“十五”期间农业产业结构调整及生物资源开发创新产业建设实施意见（讨论稿）》，供县委、政府决策。

【成立机构】 2001年2月22日，九届县委第48次常委会议决定，设立南华县生物资源开发创新办公室，为县人民政府直属行使行政职能的正科级事业单位，挂靠政府办核定编制5人，其中设主任1名，工作人员4人。2月28日，县人民政府发文成立南华县生物资源开发创新工作协调领导小组，县长阊柏任组长，副县长何锡英任副组长，办公室设在县生物资源开发创新办公室，张群嘉任办公室主任。

【结构调整及产业建设会议】　2001年3月2日至4日，县人民政府召开全县农业产业结构调整暨生物资源开发创新会议，传达学习州农业产业结构调整暨生物资源开发创新会议精神，讨论修改《南华县“十五”期间农业产业结构调整暨生物资源开发创新产业建设实施意见（讨论稿）》，与会的80人还前往牟定、元谋、永仁3县参观学习。

【“十五”规划】　2001年6月8日，县委、政府在深入调研、广泛征求意见建议的基础上，出台了《中共南华县委南华县人民政府关于“十五”期间农业产业结构调整和生物资源开发创新产业建设的实施意见》，决定在“十五”期间巩固发展粮食、烟草、畜牧三大传统产业，培强做大林业及林产品加工业、生物食品加工业、生物药业三大后续产业，围绕六大产业，着力建设优质烟、优质稻、畜禽养殖、中药材、水产养殖、优质蔬菜、优质蚕桑、优质林果“八大基地”。“十五”期间，实现生物资源开发创新产业总产值年均增长9%，“十五”末达5.2亿元，增加值占GDP的34.7%，分别比上年提高1.8亿元和0.9个百分点。

【引进技术、信息】　2001年，县生物资源开发创新办公室主动与云南大学、省药材公司、中科院昆明植物研究所联系，邀请有关专家、教授到南华考察茯苓生产、当归生产以及无公害有机茶叶开发等并达成合作意向。

【对外宣传】　2001年10月18日至22日，县生物资源开发创新办公室组织生物创新企业参加在昆明举办的第二届中国国际保健节展洽活动，提供参展产品30个，发放宣传材料2000套，共与61家公司洽谈了合作事宜，其中与7家公司达成了合作意向。

（罗　锋）

人事管理

【简述】　2001年，南华县人事劳动和社会保障局认真组织开展“三个代表”重要思想学习教育活动，贯彻实施《劳动法》、《国家公务员暂行条例》及其配套法律法规，依法行政，依法管理，把人事、劳动和社会保障工作与本县经济、社会发展紧密结合起来，积极推进人事、劳动和社会保障工作制度创新，不断加强人事、劳动和社会保障宏观管理，强化干部队伍自身建设，在内强素质，外树形象上下功夫，全局职工按照县委、政府的要求及州人事局、州劳动和社会保障局的年度目标考核要求，狠抓落实，开拓进取，圆满完成了全年各项工作任务。国家公务员、事业单位专业技术人员和企业管理干部三支队伍建设成效显著，为全县社会稳定和经济发展提供了强有力的人才人事保障。年内，开展了县乡机构改革工作，县委组成机构由9个减为7个，县政府组成部门由27个精减为22个，精减行政编制105名；全面启动事业单位岗位结构比例管理，实现了专业技术职务评聘分开的管理新机制；医疗保险运作平稳、正常，实现了辖区内城镇职工全参保全覆盖，采取有效措施，加强定点医疗机构的监控与管理，严格控制医疗保险基金统筹部分的支付，收支平衡，略有结余，保障了全县城镇职工的基本医疗需求；加大工资基金管理力度，开源节流，在按时足额审批发放全县干部职工工资的同时，严格程序，定期审批机关事业单位的工资基金，对不符合规定的津贴、补贴和临时人员工资坚决取消，切实减轻了财政负担；认真贯彻落实《社会保险基金征缴暂行条例》，加大社会保险基金征缴力度，完成了社会保险基金征缴目标任务，实现了“两个确保”，全县企业养老保险基金收缴率达95.1%，追缴历年拖欠的64.7%，失业保险基金收缴率达96.1%，医疗保险金收缴率达98.56%，工伤保险基金收缴率达95.4%，生育保险基金收缴率达95.3%，确保了企业1272名离退休人员养老金的按时足额发放和1059名下岗职工及335名失业人员的基本生活；加快人才劳动力市场信息网络建设步伐，加大劳务输出力度，减轻就业压力；制定并组织实施“十五”人才计划，盘活用好现有人才，引进高层次管理人才和急需紧缺人才，为县医院引进医学各专业本科生6名，充实了医务骨干，促进了各项社会事业的发展。年内，县人事劳动和社会保障局集体受地厅级表彰4次，县处级表彰5次，3名干部职工受到各级各部门的表彰奖励。

【干部状况】　2001年，全县有在职干部4259人，其中：少数民族干部1518人，占干部总数的35.64%；妇女干部1262人，占干部总数的29.63%。按单位性质划分，国家公务员1220人，占干部总数的28.65%；事业单位专业技术人员2935人，占干部总数的68.91%；企业管理干部104人，占干部总数的2.44%；

村委会干部390人。按学历层次划分，大专以上1514人，占干部总数的35.5%；中专2202人，占干部总数的51.7%；高中250人，占干部总数的5.9%；初中及其以下293人，占干部总数的6.9%。

【公务员招考录用】 2001年，根据州人事局《关于选拔2001年应届高校毕业生到农村基层工作的通知》精神，组织本县户籍的应届高校毕业生31人报考，经过考试、考核、考察并经州人事局批准录用4人，下派到龙川、雨露、徐营、沙桥4个乡镇工作锻炼，11月已上岗工作；根据州人发（2001）44号文件精神，经县委常委会议讨论决定公开招考林业警察和公安警察23名，共有33人报考，通过面试、体检、考核、考察报州人事局批准录取林业警察3名，公安警察7名。

【公务员管理】 2001年，全县机关工作人员1279人参加年度考核，确定为优秀等次191人，占14.93%；称职1087人，占84.99%；不称职1人，占0.08%。办理下派农村基层工作锻炼期满正式录用公务员手续4人。为25名符合职务晋升条件的公务员确定新的行政职务（科员19名，办事员6名）。加大对违纪公务员的教育惩戒力度，对2名违纪公务员报经县政府批准给予开除行政处分。

【公务员培训】 2001年，按照“建设一支高素质的国家公务员队伍”和县委、政府的要求，组织开展了公务员计算机培训8期455人，培训合格率达100%；举办公务员世贸组织基本知识培训、考试1次，参加考试1144人次，考试合格取证率达100%；选送12名新录用公务员参加全州初任公务员培训；选送科级领导干部7人到省州培训。

【岗位交流、轮换】 2001年，按照州人事局的要求，公开招考副科级领导6名，轮岗47名，交流68名；县人事劳动局对重要岗位轮换12名，与外单位交流8名，交流、轮岗率达40%。

【干部管理】 2001年，全县调动干部160人，其中：县内调动150人，调出县外10人；办理干部正常退休5人，提前退休106人（事业单位97人，机关14人）；审批办理机构改革期间享受优惠政策提前退休27人，离岗退养6人；占机改分流指标的30.1%。

【工资管理】 2001年，根据云政发（2001）58号文件精神，审批办理机关工作人员1498人的增资手续，月增资142558元，人均月增95.2元，办理事业单位工作人员3817人的增资手续，月增资388717元，人均月增101.8元；办理机关事业单位离退休人员增加离退休费1456人，月增资139864元，人均月增96元。审核认定中专以上学历4236本，办理4236人的学历工资，月增资131768元，人均31.1元。审批办理机关事业单位小轮晋升职务工资和级别工资692人，月增资14262元，人均增资20.61元；办理事业单位晋升职务等级人员增资手续357人，月增资11679元，人均月增资32.7元；办理事业单位6%优秀工作人员提前晋升职务工资199人，月增资6178元，人均月增31元。办理2000年度机关工作人员考核确定为优秀等次313人给予一次性奖励，共审批奖金76585元，人均245元。办理机关事业单位因工作调动、退伍安置、录用人员、享受岗位津贴、补贴等增资手续共计531人，月增资13504元，人均月增25.4元。审批办理乡镇机关工作人员享受工作津贴344人，月增资12390元，人均月增36元。

【职称评聘】 2001年，审核专业技术资格204人，经过各级评委会评审，认定任职资格202人，其中：初职126人，中职72人，高职4人。根据州人事局《关于认真做好2001年破格评聘中级专业技术职务工作的通知》精神，严格按照破格评审条件，层层推荐，按质按量上报22名推荐人选的材料，经州破评委评审、州人事局认定中职资格9人（小教高级7人，中教一级2人）。

【专业技术人员管理】 2001年，全县事业单位有专业技术人员2838人，已评聘专业技术职务2715人，其中：副高职14人，中职541人，初职2149人，在岗未评职称123人。根据州人事局《关于做好2001年度州级有突出贡献优秀专业技术人才选拔工作的通知》（州人专〔2001〕07号）精神，各部门逐级推荐候选人5名，经县评选州级有突出贡献优秀专业技术人才评委会评议审核，向州推荐5人参加全州评选；配合县财政局做好会计资格考试报考工作，共报名71人，实考42人，达合格分数线10人，并为其办理了资格证书；组织开展2001年度职称外语考试报考工作，报考113人，有46人达到省规定的合格线；组织卫生系统在职人员参加昆明医学院楚雄教学点的招生考试，被昆明医学院录取56人，其中：本科12人，专科44人；组织开展经济资格报考工作，报考59人（中级26人，初级33人），达到省规定合格分数线9人，按规定办理了资格证书和聘任手续；同时组织11人报考税务师执业资格，组织8人报考执业药师资格。

【事业单位工作人员管理】 2001年，参加年度考核3593人，其中：职员和工勤人员755人，确定为优秀等次82人，占10.9%，确定为合格等次668人，占88.5%，确定为基本合格等次1人，占0.13%，确定为不合格等次2人，占0.27%，按有关规定参加考核不定等次2人，占0.27%；专业技术人员2838人，确定为优秀等次385人，占13.6%，确定为合格等次2441人，占86%，确定为不合格等次1人，占0.03%，按有关规定参加考核不定等次11人，占0.37%。

【专业技术职务结构比例管理】 2001年，在试点取得成功的基础上，全县事业单位推行了专业技术职务岗位设置及结构比例管理共审批82个单位《专业技术职务岗位设置及结构比例试行方案》，从2002年1月1日起正式实施。

【机构编制管理】 2001年，按照“机构编制统一领导，分级管理，下管一级”的要求，切实做好新增机构的审核审批工作，全年共审核批准成立正科级机构2个，股所级机构5个，增加事业编制8名，划转编制5名。

【工资基金管理】 2001年，继续加大工资基金管理力度，严格财政资金对个人部分的支出，除按月审批全县机关事业单位人员工资外，对未经组织、人事部门批准办理增加的人员和使用的临时工，不予审批工资基金，财政不予支付增加人员的工资；应届大中专毕业生实行上岗起薪制度，对不参加分配的自谋职业者每人给予1万元的一次性补助。年内有4人领取了自谋职业补助金。

【县乡机构改革】 2001年10月1日，全县县乡机构改革正式开始，11月3日召开全县机改动员大会，12月25日楚雄州委、州人民政府批准州楚字（2001）68号批复《南华县机构改革方案》。县委、县人民政府于12月26日召开全县大会宣布、并组织实施机改方案，县委组织部领导宣布了新机构领导班子任命决定。翌年2月底全县县乡机构改革结束。此次县级党政机构改革总的方向是“小机关、大服务”，综合设置，理顺县乡之间的关系，进一步加强农村基层组织建设，确保党的基本路线和国家方针政策、法律法规的贯彻执行；通过转变职能，抓好规划、监督和信息，强化服务与协调，加快发展小城镇步伐，促进农业的专业化、市场化、现代化。经过改革，县级设党政机构29个。县委机构7个：县纪委（县监察局与其合署办公）、县委办、组织部、宣传部、统战部、政法委（综治委与其合署办公）、县委政策研究室（加挂农村工作领导小组办公室）；县委老干局、县直机关党委由县委组织部管理，精神文明办公室由县委宣传部管理，保密局由县委办管理，机要局并入县委办。县政府机构22个：政府办、财政局、民政局、监察局、人事劳动和社会保障局、发展计划局、经济贸易局、水利局、计划生育局、教育局、农业局、建设与环境保护局、民族宗教局、文化体育局、卫生局、公安局、司法局、林业局、交通局、审计局、统计局、乡镇企业局、国土资源局；粮食局并入县发展计划局（保留粮食局牌子），保留扶贫开发办公室为常设办事机构，生物资源开发创新办由县政府办管理，保留610办公室，县编委办与人事劳动和社会保障局合署办公，人民防空办设在县政府办，法制办由县政府办管理，外事办并入县政府办（保留牌子），县老龄办设在民政局。乡镇党政机构设置：龙川、沙桥两镇，可设置党政综合办公室、财经办公室、社会事务办公室3个机构，其余8乡2镇设置党政综合办公室、社会事务办公室2个机构；保留财政所、公安派出所、乡（镇）党校、司法所、林业站、水利管理站、乡镇企业办、卫生院、国土资源所、劳动社会保障所、农业推广服务中心（将农科站、畜牧兽医站、农机站、农经站合并）、文化服务中心（将文化站、广播站和电影合并），计生服务站保持现状不变。财政所、司法所、公安派出所、国土资源管理所由县级部门主管，乡镇党委政府协管，其余站所由乡镇党委、政府主管，县级业务部门协管。精减人员编制和领导职数：（1）人员编制：县级行政编制416名，减为358名，减少58名，精简14%，其中：县委工作部门由70名减为65名，精简7%；县政府工作部门由300名减为247名，减少53名，精简18%；县人大、政协机关和群团由38名减为36名，减少2名，精简5%。公安、检察、法院、司法机关编制由282名减为269名，减少13名，精简10%。乡镇党政机关编制由316名减为284名，减少32名，精简10%。（2）领导职数设置：县委设常委11名，县政府领导设5名；县委、政府工作部门领导职数一般设一正一副或一正二副，个别工作任务较大的可增加一名副职。合署办公不增加领导职数，政府组成部门党政主要领导由一人担任；乡镇党委设一正二副，较大的乡镇可增配1名专职副书记，纪委书记由副书记兼任。乡镇政府设一正三至四副，经济较发达、规模较大的乡镇可增一名副乡镇长。

【机关事业单位工人考核】 2001年，全县机关事业单位共有工勤人员822人，其中：普通工人67人，技术工人755人。1月份向州劳动和社会保障局审报符合晋升技术等级条件的146名技术工人培训计划后，经过努力，146人经过培训全部通过了社会化鉴定，取得了技术等级证书，其中：高级工45人，中级工76人，初级工25人。

【人事争议仲裁】 2001年，全县选送3名人事争议仲裁员参加省人事厅举办的培训班学习，取得了人事争议仲裁员资格，至此，全县有11名专兼职仲裁员取得资格证书，做到持证上岗，依法办案，依法行政。年内未发生人事争议案件。

【人才劳动力市场】 2001年，投入资金3万多元，与省州就业信息网站联网，实现了内部局域网资源共享，丰富了信息来源，提高了劳动力市场整体服务功能，发挥了劳动力市场服务用人单位和求职者的作用。年内，从网络上下载和直接与用人单位联系收集用工信息26条，输出劳务12批322人，其中易地扶贫劳务输出222人，输送到外地州就业100人，较好地缓解了县内的就业压力。

地方志·年鉴

【《南华县志》续修】 2001年9月26日，《南华县志》续修工作会议在县政府招待所举行。会议以江总书记“三个代表”重要思想为指导，深入贯彻落实国务院、省、州关于续修地方志工作会议精神，安排部署《南华县志》续修工作，把全县地方志事业全面推向新阶段。全县各部门负责人和续修资料编撰员147人参加会议。县委副书记、县地方志编纂委员会副主任刘平作《加强领导　狠抓落实　全面开展〈南华县志〉续修工作》的讲话。《讲话》指出，始于1982年的全县修志工作，至1996年基本完成第一届修志，编纂出版社会主义时期第一部116万字的《南华县志》，获“云南省地方志优秀成果三等奖”，创办《南华县志通讯》，刊出48期，约72万字，对南华县情研究作出重要贡献，成为南华历史上有影响的刊物；整理南华县仅存的“四部”旧方志，于1996年12月合辑为《镇南州志》出版，获云南省地方志优秀成果“资料特色奖”；编写刊印部门志17部，达394.1万字。提出：全县各部门要深化认识，明确任务，狠抓落实，全面推动地方志续修工作。要广泛宣传、提高认识、深入发动，全县各条战线、各族人民共同参与，积极提供史料，营造良好的社会氛围，形成众手成书的修志局面。要以续修县志为契机，推动乡镇、专业（部门）志编修工作的进程。开拓创新，与时俱进，沿着先进文化方向前进，举全县之力，谱写一部高质量的新方志，把我县地方志事业不断推向前进。县委、县政府决定，续修《南华县志》的时限为17年，上自1986年1月，下迄2002年12月，2003年12月底出书，全县各级各部门的主要领导是《南华县志》续修资料编写工作的第一责任人。会议期间，县人民政府与全县各乡镇、县直属各机关90个单位签订《关于〈南华县志〉续修资料编写责任书》。会后，县地方志办公室印发《征资提纲》，县人民政府抽调为期2年的专职《南华县志》续修编撰员5名，成立《南华县志》续修办公室。至年末，《南华县志》续修办公室已收到续修县志资料4份7万字。

【《南华县粮食志》出版】 2001年12月，《南华县粮食志》经楚雄州文化局楚新出（2002）准印字01号批准刊印。《南华县粮食志》始修于1986年。2001年7月，县粮食局再次组建编纂班子，历经4个多月，于11月完成初稿编纂。志稿编写中，6名编写人员查阅档案资料200多卷，摘录资料60万字。县粮食局三次组织审稿，使《南华县粮食志》奠定深厚的史实基础。《南华县粮食志》记述1912年至2000年间，全县粮食产销的状况，特别是详细记述自新中国建立以来，全县粮食部门不遗余力地搞好粮食、油脂等物资的收购、调运、储存、加工、销售工作，为保障全县的军需民食所作的不懈努力。志书约35万字，除概述、大事记外，设粮油征购、粮油销售、粮油价格、粮油仓储、粮油工业、财务管理、基础设施建设、机构、粮食市场管理、多种经营10章。收录省、州、县三级领导为《南华县粮食志》的题词9幅，南华县粮食工作的史实照片78张，并附有大量的统计表格。《南华县粮食志》为16开本，封面彩印简装本，精印600册存史。

【《南华年鉴》(2001)出版】 2001年10月，《南华年鉴》（2001）由云南美术出版社出版发行。《南华年鉴》（2001）设特载、专文、大事记、概况、政治、法制·军事、经济、文化、社会、人物和附录11个部类，收录彩色照片31张，黑白照片11张，以1500多个条目及大量文稿共50多万字，并配以各类统计表，详细记述南华县2000年各行各业的发展全貌。为反映“1·15”地震后，全县人民奋力抗震救灾的概貌，特设“抗震救灾恢复重建”分栏，以8个条目4200多字的篇幅，记述了南华作为重灾区的灾情、人员伤亡、恢复重建、全国人民支援灾区等情况。《南华年鉴》（2001）仍保留改版以后的设计风格，但引入计算机编辑、装帧设计后，版式、装帧设计更美观。年鉴编辑部充分发挥计算机在编辑中的作用，首次实现用计算机自己编制“目录”、“索引”，自己录入书稿，用磁盘送稿。《南华年鉴》（2001）是创刊以来的第5部年鉴，为硬精装16开本，精印1000册。

【省州年鉴稿征编】　2001年春，县地方志办公室组织编辑为《中共楚雄州委年鉴》、《楚雄州年鉴》、《云南年鉴》征集、编撰分（专）栏稿件3份6.1万字。杨育慧、周能汉、李茂忠征集、编撰《中共楚雄州委年鉴》（2001）“县市工作·南华县”分栏和“村建工作”、“扶贫工作”条目稿5万字；张以宏征集、编撰《楚雄州年鉴》（2001）“南华县”概况稿9000多字；周能汉编写《云南年鉴》（2001）“南华县”概况条目稿2000多字。在年末由德宏民族出版社出版的《中共楚雄州委年鉴》（2001）、云南科技出版社出版的《楚雄州年鉴》（2001）、云南年鉴杂志社出版的《云南年鉴》（2001）上，分别被刊用5万字、0.7万字、0.16万字。

【县情专稿编撰】　2001年3月至4月，县地方志办公室承担省委政策研究室《新编云南地州市县情》专稿编写。县上成立《新编云南地州市县情·南华县》编辑小组，采取“一人撰稿，广泛审修，重点审核”的编写方式，由周能汉撰写初稿1.2万字，通过广泛送审，编辑小组审核，最终由撰稿人修改定稿7000多字，编送《重要事件》、《著名人物》、《百年重大灾害》等“资料篇”6700字，征集历史照片8张。10月，光明日报出版社出版的《新编云南地州市县情》在“楚雄篇”中刊出“南华县”6800字、“著名人物·张舫”200字。

（周能汉）

政协南华县委员会

【综述】　2001年，政协南华县委员会共组织召开全体会议1次、主席会议10次、常委会议6次，组织调研视察9次，撰写《调研与献策》调查报告9篇，提出提案78件，作出主席建议案2件，提出意见建议157条，选举任免副主席2人，协商决定内设机构人事任免4人，完成了县委交办和政府委托办理的各项工作，为南华县的经济发展、社会稳定作出了贡献，真正发挥了人民政协“政治协商、民主监督、参政议政”的职能作用。

重要会议

【政协五届四次全体会议】　2001年3月19日至23日，政协南华县第五届委员会第四次全体会议在县城召开。应到会委员183人，因病因事请假18人，出席165人；邀请县委、县人大、县政府、县纪委领导和县级各部、委、办、局党政主要负责人、部分副处以上（县政协科以上）离退休老同志、驻县的州政协委员、省州驻南华各单位领导、国家级先进个人、部分知名人士及部分企业负责人、私营老板等139人列席会议，实到会126人。大会分别由主席李凤朝、副主席钱嘉铨、阿文荣主持。会议议程：听取并审议钱嘉铨副主席代表第五届县政协常委会所作的题为《总结经验、发扬成绩、开拓创新，促进政协工作再上新台阶》的政协工作报告；听取并审议夏瑞先副主席代表第五届县政协常委会所作的《关于五届三次会议以来提案工作情况的报告》；听取县人民政府代理县长闾柏所作的《关于政府工作报告和南华县国民经济及社会发展第十个五年计划纲要的报告的说明》以及《关于南华县国民经济和社会发展第十个五年计划纲要（草案）的说明》；听取县发展计划委员会主任王绍林作的《关于南华县2000年国民经济和社会发展计划执行情况及2001年国民经济和社会发展计划（草案）的报告》；协商讨论《关于政府工作和南华县国民经济及社会发展第十个五年计划纲要的报告》、《南华县国民经济及社会发展第十个五年计划纲要（草案）》、《关于南华县2000年地方财政预算执行情况和2001年地方财政预算（草案）的报告》、《县人民法院工作报告》、《县人民检察院工作报告》；酝酿推荐并选举阿文荣为县政协第五届常委、副主席，协商决定免去夏瑞先县政协第五届委员会副主席职务（退休）；召开面对面协商会议；通过本次会议决议。中共南华县委书记李红民在会上作了书面讲话。

【政协五届四次协商会议】 2001年3月22日下午，出席政协五届四次全体会议的县政协常委、原县政协老领导、县乡委员小组组长、部分政协委员和县级29个部、委、办、局的负责人共70人参加的面对面协商会议，会议由李凤朝主席主持，县人大主任何兆芹、县长阊柏、县委副书记侯志荣、县委常委、县纪委书记李学安、副县长何锡英到会听取意见。委员们根据五届四次全会提交讨论的8个工作报告，针对群众关心的热点、难点、焦点、重点问题及全县经济社会发展中的大事、要事等向县委、政府及有关部门开展面对面协商。共提出了9个方面92条意见、建议，多数得到采纳。

【政协常委会议】 2001年，政协南华县第五届常务委员会共召开常委会议6次（第12次至17次会议）。

第十二次常委会议 2001年1月4日至5日，在县财政局会议室召开县政协五届第十二次常委会议，李凤朝主席主持，本届常委21人，到会17人。县人大主任何兆芹、县委副书记侯志荣和县检察院、县法院、县委办、县人大办、县政府办、县计委、县科委、县财政局、县农牧局、县林业局的有关领导及县政协一室四委主任、副主任共16人列席了会议。会议的主要议题是：一、听取县政协办公室主任赵文和传达全州乡镇政协委员组长培训会精神和州委书记丁绍祥、州政协主席杨成彪在培训会上的讲话精神；二、听取并协商讨论县发展计划委员会主任王绍林作的《关于南华县“国家生态环境建设重点工程项目”1999年度实施情况的通报》和县政协经济科技工作委员会主任罗加良《关于对我县实施国家生态环境建设工程项目情况的视察报告》；三、协商通过增补阿文荣、李玉明、叶桂芬3位同志为县政协第五届委员；四、听取县政协副主席夏瑞先关于五届四次全会筹备工作的安排意见。会议通过协商讨论，就实施国家生态环境建设项目工程所取得的成绩给予了充分肯定，针对存在的不足和问题提出了6个方面的建议。

第十三次常委会议 2001年3月7日，在县财政局会议室召开县政协第五届十三次常委会议，李凤朝主席主持，本届政协常委21人，到会17人。县委副书记侯志荣、县人大副主任陈向华、县政协党组副书记阿文荣和县委办、县政府办、县委组织部、县计委等部门有关领导及县政协一室四委主任、副主任共15人列席了会议。会议的主要议题：一是协商讨论关于召开政协南华县委员会第五届四次全会的有关事宜；二是协商讨论由政协办公室主任赵文和受主席会议安排起草的题为《总结经验、发扬成绩、开拓创新，促进政协工作再上新台阶》的政协常委会工作报告；三是协商通过同意接受夏瑞先同志关于辞去县政协第五届委员会副主席的辞呈，建议保留其政协常委、委员职务，将提请五届四次全会协商决定。

第十四次常委会议 2001年3月20日下午，在县招待所会议室召开县政协五届十四次常委会议，李凤朝主席主持，本届政协常委21人到会。县委书记李红民、副书记侯志荣、县委常委、组织部长杨龙和五届四次全会召集人及县政协办、县委组织部领导等12人列席会议。会议议题：一是提名酝酿补选县政协副主席候选人；二是讨论五届四次会议的《选举办法》；三是讨论通过五届四次会议选举总监票员、监票员。会议经过协商讨论，通过中共南华县委第14次常委会议关于阿文荣同志任政协南华县委员会副主席的提名，决定推荐全会选举；建议由戴丽菊和杨兆忠、马芮山分别担任总监票员、监票员，王强、张阿什、饶萍为记票员，提请全会协商通过。

第十五次常委会议 2001年7月13日，在县财政局会议室召开县政协五届十五次常委会议，阿文荣副主席主持，本届常委22人，到会18人。县人大副主任邓楚琴、县政府副县长兰开兴、副县长洪志和县人大办、县政府办、县经贸委、县教委、县财政局、县工商局、县地税局、县乡镇企业局、县物价局、县工商联、县人民银行、县人寿保险公司有关领导及县政协一室四委主任、副主任、经科委委员、教文卫体委委员等24人列席会议。会议主要议题：一、听取并协商讨论县教委主任彭亮作《关于我县减轻中小学生负担，实施素质教育的通报》及县政协教文卫体委主任吴国瑾《关于减轻学生负担，促进素质教育情况的调查》；二、听取并协商讨论县经济贸易委员会副主任董华明作《关于我县私营企业发展情况的通报》及县政协经科委主任罗加良《对部分私营企业的情况调查》，与会的县政协常委和邓楚琴、罗顺和、杨雪松等同志分别发言，就两个议题提出了4个方面和6个方面的意见，副县长兰开兴、洪志作了表态式发言。

第十六次常委会议 2001年9月27日至28日，在县财政局会议室召开县政协五届十六次常委会议，周梅英副主席主持，本届政协常委22人，到会17人。县政府副县长朱玉庭、兰开兴和县政法委、县委办、县政府办、县公安局、县民宗局的有关领导和县、乡政协委员小组组长、县政协民宗委委员、县政协提案法制委委员及县政协一室四委主任、副主任共26人列席会议。会议主要议题：一、听取并协商讨论县人民政府办公室主任李成林作《关于政协南华县五届四次会议委员提案和主席建议案办理情况的通报》和县政协提案法制委主任钱加芬《关于政协南华县委员会五届四次会议以来委员提案办理情况的通报》；二、听取并协商讨论县委政法委副书记罗志宏作《关于清理非法宗教活动和打击邪教组织工作情况的通报》及县政协民族宗教委主任罗顺和《关于我县清理非法宗教活动情况的调查汇报》。与会常委和政协委员开展了热烈发言和激烈讨论，副县长朱玉庭、兰开兴针对本次会议协商的议题和与会委员提出的意见、建议，作了表态式发言。

第十七次常委会议　2001年12月25日，在县华泰龙宾馆会议室召开县政协五届十七次常委会议，李凤朝主席主持，与会常委22人，到会20人。县委常委、组织部长郭孟贤和县委办、县政府办、县委组织部、县法院、县检察院的有关领导及县政协一室四委的主任、副主任共15人列席会议。会议议题：一、县政协副主席、县委统战部部长钱嘉铨传达全州统战工作会议精神；二、李凤朝主席通报县政协党组2001年度民主生活会议情况；三、阿文荣副主席安排部署县政协五届五次会议筹备工作；四、协商决定任命吕光发为县政协教文卫体委主任，免去吴国瑾县政协教文卫体委主任职务，免去罗顺和县政协民族宗教委主任职务，免去叶桂芬县政协经济科技委副主任职务。经过协商讨论，通过了上述人事任免，拟定县政协五届五次全体会议于2002年3月上旬召开，材料准备由赵文和、钱加芬、吴国瑾、李玉明承担，筹备工作由阿文荣副主席负责。

重要活动

【慰问委员】　2001年1月7日至13日，在21世纪的第一个春节即将到来之际，为表示对政协委员的关心，分山区、坝区两片，分别由李凤朝主席、周梅英和钱嘉铨副主席带队，对驻乡（镇）的12个委员小组75名县政协委员进行走访慰问，了解委员活动情况，帮助委员解决实际困难。

【迎春座谈会】　2001年1月11日，县政协在县军供站召开县级机关政协委员和驻县的州政协委员迎春节座谈会，参会127人。与会人员热情洋溢、呕歌党的好政策和县委、政府贯彻推行改革开放政策和发展经济取得的新成就，表示将进一步提高认识，增强责任感和使命感，认真履行政协职能。

【老干部座谈会】　2001年1月14日，县政协在沙桥毛板桥水库举行政协机关离退休老同志座谈会。与会32人。参观了沙桥集镇建设和集市交易，游览了南泉寺等景点，进行了座谈交流，原县政协主席赵凯、罗章贤，副主席王树龙、李恩惠、张正经和现任政协主席、副主席及机关工作人员欢聚一堂，倍感亲切。

【“三学”活动】　2001年3月3日至4月20日，县政协机关分三个阶段开展了以江泽民同志“三个代表”重要思想为主题的学习教育活动，机关12名科级以下干部职工参加了学习，其中重点是7名副科以上实职领导干部。在整个“三学”活动中，共召开各种会议28场325人次，广泛征求意见223条，开展交心谈心活动42人次，写读书笔记4万余字，撰写学习体会文章、对照检查材料和整改措施29篇，7名科级领导干部共制定整改措施68条。此次活动中，赵文和的学习心得被县委“三学”工作组作为交流材料，由赵文和、罗顺和分别撰写的《以“三个代表”重要思想为指导，切实做好新时期县级人民政协工作》和《践行“三个代表”，促进“四个结合”》两篇文章，入选州委宣传部、州委党史征集研究室举办的“纪念中国共产党成立80周年党史党建征文”并获奖。

【干部“三同”】　2001年2月22日至25日，县政协机关7名科级领导分别到扶贫联系点天申堂乡阿咪期苴村委会的大龙滩、中咀孜、阿咪期苴上村、阿咪期苴下村7户结对户家中开展“三同”活动。先后召开村委会干部座谈会1次5人、村小组长座谈会2次6人、群众座谈会4场65人，走访贫困户11户，赠化肥3包，捐款200元，捐赠衣服87件，收集并向县委、政府及有关部门反馈群众意见、建议15条。

【“七一”歌咏活动】　2001年6月7日至7月1日，由县政协办公室牵头，县土地局、审计局、邮政局、电信局、技术监督局、烟草公司、农机公司、网信公司、移动公司、联通公司11个单位61名干部职工，组成“七一”建党节歌咏比赛团队，经过认真排练，在7月1日歌咏晚会上，以《没有共产党就没有新中国》和《中国，中国，鲜红的太阳永不落》两首嘹亮歌声赢得现场阵阵掌声。

【纪念建党八十周年】 2001年6月29日，县政协在军供站举行纪念中国共产党成立八十周年暨上半年委员活动。会议由周梅英副主席主持，县委副书记侯志荣出席会议，州、县政协委员共87人参加。活动会上，周梅英副主席代表政协党组作了“拥护中国共产党的领导，认真做好新时期政协工作”的讲话，钱嘉铨副主席传达了《中共云南省委关于贯彻中共中央关于加强统一战线工作的决定的实施意见》，政协办公室主任赵文和传达了全国政协主席李瑞环在全国政协九届四次会议上的重要讲话，县计委主任王绍林、县公安局长李绍富分别通报了全县上半年经济运行情况和开展严打整治工作及公安机关开展“三项教育”的工作情况。州政协委员欧琳、退休干部张兆钫、侨属界代表严德华等分别发了言，张兆钫同志还赋诗四首，讴歌党的丰功伟绩，赞扬南华改革开放以来的新成就。活动在全体人员同唱《没有共产党就没有新中国》的歌声中结束。

【“敬老节”郊游】 2001年10月13日，县政协办公室组织全体干部职工与8位离退休老同志一道到老厂河水库郊游，共同欢庆21世纪第一个“敬老节”。在联欢座谈会上，李凤朝主席就全县的经济形势和县政协9个多月来的工作向老同志作了通报，阿文荣、周梅英、李世兴副主席向老同志表示了亲切问候，原县政协主席赵凯、副主席王树龙等老领导就政协工作及社会关心的热点问题发表了很好的意见和建议。

【“敬老节”文艺晚会】 2001年10月20日晚，根据县委、政府的安排部署，县政协办公室和县人事劳动局牵头，由县城建局、县农行、县审计局、县技术监督局、县老龄委、县老体协、县老干部局、县残联、县监察局主办，由县文体局、县国税局、县人民医院、县中医院、南华一中、县公安局协办的“2001年敬老节文艺晚会”在南华剧院隆重举行。县人大主任何兆芹、县长阊柏、县政协主席李凤朝、县委副书记刘平、副县长兰开兴和县政协副主席阿文荣、周梅英、夏开宇、李世兴等县党政领导出席了晚会。晚会共演出14个精彩节目，观众达800多人。

【城区委员活动】 2001年12月26日，县政协城区委员下半年活动在华泰龙宾馆会议室举行，出席委员54人，活动由周梅英副主席主持，副主席钱嘉铨、夏开宇、李世兴出席。活动会议上，钱嘉铨副主席传达了全州统战工作会议精神，夏开宇副主席学习传达了中共云南省委第七次党代表会议精神，周梅英副主席代表主席会议安排部署了近期的委员活动。为鼓励学习和对委员表示慰问，县政协投资1.2万余元为县政协委员各订阅《云南政协报》1份、赠送精美挂历1套。

【全国、省、州政协领导到南华视察、检查、指导工作】 2001年2月8日至9日，州政协副主席马旷源带领州旅游局等有关部门领导到岔河彝族村考察民族风情，并与当地彝民座谈民族文化，与彝族青年一起载歌载舞。县政协副主席钱嘉铨、政协办主任赵文和陪同考察。

2001年5月24日，州政协主席杨成彪带领州政协秘书处负责人到县政协指导工作，并与县政协李凤朝主席等领导一起共同研究县政协常委会议楼的选址和建盖问题。

2001年6月12日，参加在南华召开的全州机关效能建设现场会的各县（市）纪委书记、监察局长、纪委执法室主任及州级有关部门领导共40余人，在州纪委书记杨绍昌、县委书记李红民等领导带领下，到县政协参观机关效能建设工作。许多领导评价说，县政协“四牌”建设比较规范且独具特色。

2001年6月17日至18日，州政协副主席、州委统战部部长李振华带领州政协经科委、民宗委及州科委的有关领导一行5人，到南华调研中草药基地建设工作。在县委书记李红民、县政协副主席钱嘉铨及县政府办、县政协办、县创新办、县政协经科委等部门领导陪同下，考察了南华县中草药材开发有限责任公司的中草药材种植示范基地，并与有关部门领导进行了座谈。

2001年7月20日，全国政协副主席杨汝岱为团长、在京政协常委、委员组成的“全国政协视察团”一行51人，在中共中央委员、全国政协常委、国务院研究室原主任桂世镛常务副团长和全国政协常委、国家人事部原常务副部长程连昌，全国政协常委、北海市原副市长、教授任玉岭副团长的率领下，在州政协主席杨成彪、州委副书记张怀德、副州长周发洪和县委书记李红民、县人大主任何兆芹、县长阊柏、县政协主席李凤朝及县委办、政府办、政协办、公安局、城建局等部门领导的陪同下，视察了沙桥镇集镇建设。视察团成员中副部级以上领导15人，年龄最大的高达86岁。视察团在听取沙桥镇代理镇长张永华的汇报后，走街串巷视察了沙桥集镇，为纯朴的民情、因地制宜的集镇建设所吸引而流连忘返。

2001年7月24日，省政协提案法制委主任赵树生、副主任邓树斌在州政协调研员季正祖等领导陪同下，到县政协指导、座谈政协提案工作，并视察了南华县松海钢木制品厂和“181”太阳能设备厂。

2001年10月10日至12日，州政协副主席普联荣带领州民宗局、州政协民族宗教联络委、州伊斯兰教协会等部门（组织）领导，到南华视察调研民族宗教工作。在听县民宗局、县政法委领导的汇报后，视察了徐营镇二街基督教教堂、龙川镇车子塘车甸清真寺和宝珠寺等宗教场所。县委书记李红民、副书记侯志荣、县政协主席李凤朝、副主席周梅英等领导参加了座谈和视察。

2001年10月20日至22日，州政协副主席普联荣带队，州委办、州政协办、州委统战部、州扶贫办等有关部门领导组成的州委“两个9号文件检查组”，到南华检查贯彻落实州委1998年、1999年下发的《中共楚雄州委关于州政协履行政治协商、民主监督、参政议政职能的规定》（楚发[1998]9号）和《中共楚雄州委关于州政协履行政治协商、民主监督、参政议政职能的实施办法》（楚发[1999]9号）两个重要文件的情况。汇报会由县委副书记刘平主持，县长闾柏代表县委、政府、政协作了书面汇报，检查组分别召开了县政协机关职工及离退休老同志、州政协委员、县政协常委3个座谈会议。县委常委、县委办主任李绍文，县委常委、县委宣传部长朱明云，县政协主席李凤朝、副主席阿文荣、周梅英以及县委办、政府办、政协办、计委、财政局、统战部、广播局等部门领导参加了10月21日的汇报会和10月22日的情况反馈会。县委书记李红民听取反馈意见，检查组对南华贯彻州委两个9号文件的工作给予了充分肯定，并提出了很好的意见和建议。县委书记李红民、县长闾柏就检查组所提意见、建议作了表态式发言。

2001年12月12日至15日，全州政协重点产业调研座谈会议在南华县华泰龙宾馆召开，州政协主席杨成彪、副主席殷鸿绪、普联荣分别主持会议，州创新办、州烟草公司、州政协各委室有关领导和各县（市）政协主席、负责专题调研的同志以及南华县有关部门领导共58人参加会议。县政协主席李凤朝、县委副书记侯志荣、县委常委纪委书记杨龙、县人大副主任罗应清、副县长何锡英、县政协副主席阿文荣、县政协办主任赵文和参加了会议。会议期间各县（市）政协领导到县政协参观借鉴机关效能建设情况。

提案工作

【提案办理】　2001年3月，县政协五届四次全会以后，共收到委员提案78件，经审查，立案78件，确定25个承办单位。经主席会议研究，将66号至70号由11名政协委员提出的5件提案和71号至74号由13名委员提出的4件提案合并为2件主席会议建议案交县人民政府办理。其余69件提案交政府办公室21件、计委7件、城建局7件、交通局6件、教委4件、公安局3件、经贸委3件、卫生局2件、县委组织部3件，旅游局、人事劳动局、民宗局、土地局、水电局、广电局、扶贫办、文体局、林业局、工商局、县委统战部、沙桥镇政府各1件。县政府及其组成部门分别承办的64件提案，县政府办公室于4月24日召开各有关部门领导及办公室负责人会议作统一交办，到6月30日止，69件提案已办理或答复完毕。办理情况：得到解决和已经落实20件，占29%；正在争取解决24件，占34.7%；因财政困难一时难以解决22件，占32%；因条件限制，确实难以解决3件，占4.3%。在提案办理过程中，县政府、县政协领导十分重视，兰开兴副县长主持召开的交办会要求严格，各承办单位主要领导负总责，使得提案面商率大大提高，69件提案面商62件，面商率达89.8%，从32名委员反馈的意见看，很满意的19人，占59%，满意的11人，占34%，基本满意的2人，占7%，不满意的没有。

【主席会议建议案】　2001年3月，在县政协五届四次会议期间委员提案中，根据内容基本相同，建议意见基本一致的提案，经县政协第20次主席会议研究，将李凤朝、夏开宇等11名委员分别联名提出的5件关于加强县城环城南路管护的第66号至70号提案合并为1号主席会议建议案；将罗章贤、李恩惠等13名委员提出的关于进一步加强对龙泉路的管理的第71号至74号提案合并为第2号主席会议建议案，交县人民政府办理。县政府领导对此十分重视，县政府第34次常务会议上作了专题研究，县长闾柏3次到环城南路踏勘研究整修事宜，兰开兴副县长亲自到县政协进行面商，县政府办、县城建局多次召开会议研究，县政协周梅英副主席和政协办公室、提案委的领导多次到现场督促落实。到7月20日，投资15万元，整修了环城南路465米的下水道工程已基本完工。龙泉路的整治工作也取得了明显成效，大大改善了市容市貌。

调研献策

【“困境”企业调研】 2001年4月下旬至5月上旬，李凤朝主席带领县政协经科委、民宗委、县工商联等部门领导，对金珠养殖场的生产经营情况进行了专题调研，向县委及州有关部门写出了《在困境中呼唤崛起的私营企业》的调研报告，提出了6条意见建议，得到县委、政府和州委、州政府及有关部门的高度重视，副州长周发洪专门安排州乡镇企业局、州政府创新办、州工商联的有关领导与州政协有关委室负责人到南华听取调研汇报，县委书记李红民作了专题批示，县委办以《决策参考》印发了李红民书记的批示及《报告》。在各级各部门的关心重视和支持下，金珠养殖场又重振旗鼓，组建了4个股份合作制经济实体，完善了有关管理，生产经营已逐步迈出困境。这一工作先后被《人民政协报》、《云南日报》、《云南政协报》、《楚雄日报》等多家报刊报道。

【私营企业调查】 2001年5月29日至6月14日，县政协主席李凤朝、副主席周梅英带领县政协经科委、县乡镇企业局、县经贸委、县工商局、县工商联等部门领导对海华有限责任公司、丰华五金钢窗厂、玻璃厂等14家私营企业进行了走访调查和座谈，共召开座谈会9场86人次。调查情况在县政协第15次常委会上作了通报和协商讨论，并以县政协《调研与献策》题为“发展中的南华私营企业”向县委、政府及有关部门提出了6个方面的建设性意见和建议。

【中小学生减负与素质教育调查】 2001年5月29日至6月7日，县政协副主席阿文荣带领县政协教文卫体委、民宗委的领导，对雨露、五街、沙桥、龙川、徐营、天申堂6个乡镇的中学、中心完小及城区龙川中学、东城小学等14所中小学就减轻学生负担、促进素质教育的实施情况进行了调查，形成了《关于减轻学生负担促进素质教育情况的调查》报告，在县政协第15次常务会议上进行了协商讨论，并以县政协《调研与献策》第五期向县委、政府及有关部门提出了4点建议。

【宗教活动调研】 2001年8月30日至9月11日，周梅英副主席带领县政协民宗委、县政法委、县民宗局等单位领导一行5人，先后到徐营、龙川、沙桥、五街、一街、罗武庄等6个乡镇和县公安局、“610”办公室等10个单位以及观音寺等6个宗教活动场所，调查了解民族宗教活动情况，并形成了《加强宗教管理、促进社会稳定》的调研报告，提交县政协第16次常委会议协商讨论，指出了目前宗教管理中存在的3个问题，提出了3条有针对性的意见建议。

【重点产业建设调研】 2001年11月23日至29日，根据11月上旬在元谋召开的全州政协工作座谈会的布置，县政协副主席阿文荣带领县政协等有关部门领导一行16人，对全县生物药业发展情况、烤烟生产情况、绿色食品产业建设情况进行调查，深入五街等7个乡镇，视察了雨露乡罗文药材种植基地和徐营镇罗家冲药材种植基地，召开座谈会议13场85人次，形成了《关于南华县烤烟生产情况的调查》、《南华县生物药业发展情况》和《南华县绿色食品产业建设的调查》3个专题调查材料。通过总结经验，分析现状、展望前景，有针对性地提出了14条意见及建议。3个调查材料在12月中旬召开的全州政协重点产业调研座谈会上交流获得好评。

【专题调研】 2001年5月，县政协办主任赵文和根据全县粮食生产的现状，从分析历史和展望前景的角度出发，通过多方面调查走访，形成了《南华粮食生产历史回眸及现状浅析》的调研报告，指出了4个方面必须引起注意的问题和4条建议，得到县委有关领导的好评。

2001年6月，县政协办主任赵文和从南华县金珠养殖场步入困境这一事实出发，通过走访座谈、调查了解，形成了《发展个私经济中存在的“六到位”与“六不到位”》调研材料，先后被《彝州经济研究》、《楚雄政协》刊用。

2001年7月，县政协副主席周梅英在沙桥镇担任农村“三学”工作队长期间，深入该镇石星村委会下石土主村民小组，对该村发展特种养殖业情况进行调查，形成了《因地制宜调结构，小处着手抓增收》的调查报告，从中引发了3点发展启示。

2001年9月，县政协党群小组在副主席钱嘉铨带领下，到县集镇供水管理所和县自来水厂进行视察走访，通过了解分析“两个水厂”的生产经营情况，写出了书面汇报材料，提出对“两个水厂”的管理采取5条措施，确保城区用水和水厂增效的建议。

参政议政

【行风监督】 2001年，县政协委员赵文和、李育进、钱淑芝、段利才、马仁芳5位被县电信局聘请的行风监督员先后2次对该局的行风进行民主评议，并开展经常性监督活动。

【干部队伍评议】　2001年6月15日，根据县政法委提供的《政法干部问卷调查表》，李凤朝主席，阿文荣、周梅英副主席及12位县政协委员对全县政法干部队伍建设情况进行了综合评价与评分。

表彰与奖励

【村建工作先进】　2001年2月，在县委九届四次全委扩大会议上，县政协办公室被县委表彰为“6年村建工作先进单位”；县政协机关柳文龙被州委村建工作领导小组表彰为“村建工作先进个人”。

【民族团结进步先进个人】　2001年3月30日，县委、政府召开的“南华县民族工作暨第二次民族团结进步表彰会”上，县政协民族宗教委主任罗顺和被表彰为“民族团结进步先进个人”。

【优秀党员】　2001年，县政协机关党支部书记吴国瑾、县政协办工人鲁锡华在纪念中国共产党建党八十周年之际，分别被县委、县直机关党委评为“优秀共产党员”。

机构建设

【成立“三学”工作领导小组】　2001年2月7日，经县政协第18次主席会议研究，为认真开展好县政协机关“三个代表”重要思想学习教育活动，决定成立由赵文和任组长，吴国瑾、李玉明为成员的县政协机关“三个代表”重要思想学习教育活动领导小组，李玉明兼任领导小组办公室主任。

【成立机关效能建设领导小组】　2001年3月10日，经县政协第20次主席会议研究，为改进机关工作作风，努力践行“三个代表”重要思想，切实履行好政协职能，决定成立由赵文和任组长，吴国瑾、叶桂芬、孔跃德为成员的“南华县政协机关效能建设工作领导小组”，孔跃德兼任办公室主任。

【成立政协机关政务公开领导小组】　2001年3月10日，经县政协第20次主席会议研究，为加强对政务活动的监督，密切党群、干群关系，扩大民主范围，决定成立由李玉明任组长，普润保、罗正贵、鲁锡华为成员的“县政协机关政务公开领导小组”。普润保兼任该小组办公室主任，并规定政务公开的主要内容及要求。

【调整充实文史资料编辑成员】　2001年9月6日，经县政协第25次主席会议研究，为继续做好《南华县文史资料选辑》的征编工作，决定对原编辑组成员作调整充实，由阿文荣任主编，夏开宇、吴国瑾、赵文和为副主编，张兆钫任责任编辑，周学章任特约编辑，夏瑞先、晏齐伟、金振宇、何开智、杨育慧、刘云芳为编委。

【成立县政协机构改革领导小组】　2001年11月26日，按照县委、政府的统一部署，积极稳妥地推进县政协机关的机构改革及人员分流工作，经县政协党组会议研究决定，成立了由李凤朝任组长，吴国瑾、赵文和为成员的“南华县政协机关机构改革工作领导小组”。赵文和兼任该小组办公室主任。

政协宣传

【自办刊物】　2001年，为加大对政协工作的宣传力度，县政协办公室共编辑印发《政协简讯》24期49条2120份，印发《调研与献策》9期，刊载调研文章9篇，发送600份，印送单项专题调研材料4篇200份。

【对外宣传】　2001年，县政协机关领导和职工在各种报刊和电台上发表文章73篇，其中：李凤朝1篇、周梅英2篇、罗顺和49篇、赵文和21篇。利用各种会议宣传政协工作，在全州政协委员组长培训班和政协工作座谈会上分别交流了《求真务实、探索创新，认真履行政协职能》和《牢记主题、选准角度、认真履职、积极探索履行民主监督职能有效形式》的经验和成效。

【文史资料征编】　2001年，共征集文史稿件41篇，15万余字，整理油印稿件8期，10万余字。12月18日召开了《南华县文史资料选辑》编辑组成员会议，参会12人，对第六辑文史稿件进行了初审。《南华县文史资料选辑》第六辑将于翌年上半年出版发行。

（赵文和）

群众团体工作

工会工作

【工会组织及会员】 2001年末，全县设基层工会146个，会员5723人。其中：行政事业单位工会103个，会员4220人；国有集体企业工会32个，会员1204人；合资企业工会1个，会员23人；乡镇企业工会3个，会员96人；私营企业工会7个，会员180人；全县有女会员1802人。

【春节送温暖活动】 2001年1月5日，省总工会副主席段镇江率省总工会慰问组一行4人，到县百货公司、县贸易公司慰问困难职工，为6户困难职工送去慰问金1800元；1月17日，县委书记李红民率县委、县人大、县政府、县政协、县纪委的15名领导干部及县总工会领导，组成春节慰问组，深入县属8个企业开展“送温暖，为职工排忧解难，办实事”的送温暖活动，走访特困职工2户、困难职工94户，为困难职工送去慰问金1.94万元。

【庆“五·一”活动】 2001年5月1日前夕，县总工会组织职工开展庆祝“五·一”劳动节活动。4月20日至27日举行职工篮球赛，20支男子篮球队参赛50场，10支女子篮球队参赛22场，争夺男篮前6名和女篮前3名。4月20日上午，17支职工业余运动队参加同心协力赛，比赛17场，争夺前3名；18支职工业余运动队参加拔河赛，比赛17场，争夺前3名。4月27日晚，举行庆祝“五·一”联欢晚会，县城50个基层工会的600多名职工参加联欢，欢度劳动者自己的节日。

【学习宣传《工会法》】 2001年10月，县总工会组织全县职工学习宣传新修订的《中华人民共和国工会法》。宣传活动期间，县总工会印发《中华人民共和国工会法》152份、发放《〈工会法〉学习手册》500本，发动基层工会悬挂街道宣传横标12幅、张贴宣传标语1500条，开展电视、广播宣传10次。

【乡镇及私营企业工会组织建设】 2001年，县总工会组成工作组，多次深入全县各乡镇和私营企业中宣传《工会法》，贯彻落实全国总工会十三届三次主席团会议“加快新经济组织工会建设步伐”精神，落实乡镇工会联合会及私营企业工会建设。8月6日和9月6日，龙川镇、沙桥镇工会联合会分别挂牌成立。11月28日，县玻璃厂、春晖有限责任公司2个私营企业工会挂牌成立。12月3日，宏强建业有限责任公司、鸿兴建业有限责任公司、华盛建业有限责任公司、鑫业工贸有限责任公司4个私营企业工会挂牌成立。

【先进工会受表彰】 2001年，全县一批基层工会组织、工会干部和职工受到州、县表彰。2001年3月，县委机关工会等35个基层工会被评为先进工会，受到县总工会的表彰奖励。3月29日，县医药公司工会等6个“先进职工之家”，李华珍等7名“窗口行业服务明星”，县华鑫购物中心文化柜等7个“文明班组”受到州总工会表彰。9月18日，何永蓉等4户“文明职工家庭”受到州总工会表彰。

【集体合同签订】 2001年，全县各企业在贯彻落实《中华人民共和国劳动法》中，积极建立和谐、稳定的劳动关系，充分调动职工的劳动积极性，促进企业持续、快速、健康地发展，在企业内建立平等协商和签订集体合同制度。年内，县供销社系统的13个基层工会代表职工与县供销合作社联合社签订了集体合同，至年末，全县国有集体企业已签订集体合同31户，签约率达91.2%。

（杨毓华）

共青团工作

【团组织及团员】 2001年末，全县设基层团委14个，团总支168个，团支部895个。有共青团员14671名，占青年数的34.6%。其中，少数民族团员6051名，女团员5029名。全县有专职团干部19名，其中少数民族11名，妇女3名，党员14名。年内，团县委针对县内共青团员发展缓慢的状况，于3月印发《关于加强发展团员工作的意见》，要求各级团组织把发展团员列入共青团工作的重点。全县各级团组织积极培养、考察发展对象，优先发展先进青年入团。至年末，全县发展团员2267名，其中女团员913名。向党组织推荐优秀团员作为入党积极分子511名，被党组织吸收为预备党员386名，占推优数的75.5%。

【团县委十二届二次全委（扩大）会议】 2001年4月9日，共青团南华县委十二届二次全委（扩大）会议在县政府招待所举行，各乡镇分管共青团工作的党委副书记、团县委委员、团干部80多人参加会议。会议认真学习传达团州委六届五次全会、县委九届四次全会精神，总结2000年度全县共青团的工作，分析研究、安排部署团的建设和“党建带团建”工作。会上，团县委与14个基层团委签订《2001年度团内目标管理责任书》。团州委书记李国林、县委副书记侯志荣等州、县领导到会指导，并作重要讲话。

【团干部培训】　2001年4月9日，团县委采取以会代训的方式，以"三个"代表重要思想，农村基层组织建设为内容。对各乡镇团委书记、团县委委员及县级机关团总支（支部）书记68人进行了为期1天的培训。7月，团县委部分常委、各乡镇团委书记及县级机关部分团总支（支部）书记共24人，参加全州共青团干部培训班学习5天。8月至12月，团县委副书记张子荣到团省委挂职锻炼，任团省委组织部部长助理。

【"做文明青年、树时代新风"活动】　2001年3月18日下午，团县委组织城区青少年开展以"做文明青年、树时代新风"为主题的青年志愿者便民服务行动，龙川镇团委、南华一中团委、县直机关团总支（支部）的316名志愿者走上街头，结合各自工作实际和行业特点，开展法律咨询、法规宣传、假冒伪劣商品识别、假币辨识、残损人民币兑换、免费义诊、供应开水、自行车和农机修理等40多个项目的志愿服务，发放宣传材料4000多份。

【"五四"活动】　2001年4月27日晚，县属机关、企事业单位的部分干部职工及城区青少年在县工会球场举行"彝族规范舞、达体舞大联欢"活动。其间，各基层团委也结合各地实际开展演讲比赛、体育比赛、集体入团宣誓仪式等主题活动。5月，团县委与县总工会联合开展系列"庆祝五一、纪念五四"主题活动。4月20日至27日，举办南华县"庆祝五一、纪念五四"运动会，30个单位的400多人组成30支代表队，参加男子篮球赛、女子篮球赛、拔河、同心协力赛等项目的比赛。

【团省委书记罗国权到南华调研】　2001年8月21日，共青团云南省委书记罗国权到南华县调研农村共青团工作。罗国权一行到南华后，听取了团县委负责人的汇报，与县委书记李红民座谈。罗国权一行还深入沙桥镇调查农村团员"三学"活动及农村团组织活动情况，并到县农村团组织科技创建活动基地考察。

【"持卡建林"活动】　2001年，团县委积极响应省、州号召，在县内启动"持卡建林"（持云南电信绿色卡、建青少年新世纪林）活动。各级团组织积极向青少年宣传"持卡建林"活动的目的意义，动员全县青少年为保护生态环境，建设绿色经济强省作贡献，积极参与"持卡建林"活动。到年末，全县售出云南电信绿色卡2764张，面值33168元。

【农村团员"三个代表"重要思想学习教育活动】　2001年，全县第二批农村"三个代表"重要思想学习教育活动中，县委把农村团员"三个代表"重要思想学习教育一并纳入落实。7月20日至8月10日，团县委在沙桥镇12个村团总支和4个镇属机关团支部中开展共青团员"三个代表"重要思想学习教育试点。试点期间，各村团总支、镇属机关团支部组织团员集中学习63次，累计123个学时，773人参加学习，参学率92.1%。村、镇团组织负责人撰写心得体会文章102篇、思想工作总结101篇，形成团总支、团支部班子对照检查材料16篇。其间，民主评议团员791人，评出优秀团员111人，占14%，合格团员636名，占80%，基本合格团员44名，占6%，表彰优秀团员11名，发展新团员214名，向党组织推荐优秀团员作为入党积极分子32名。

【"五四红旗团委"和"红旗团支部"创建活动】　2001年，全县各级团组织把创建"五四红旗团委"和"红旗团支部"活动摆上重要工作日程，切实加强领导，精心组织实施，以"班子建设好、团员队伍建设好、主题活动好、制度建设好"为标准，不断深化创建活动，促进基层团的建设。11月，龙川镇团委、一街乡团委和县农牧局团支部、五街中学团总支受到团州委的表彰。

【出席州第七次团代会】　2001年11月28日至30日，经各级团组织民主协商，党组织审核并召开团员大会选举产生的22名优秀团干部、团员青年代表，出席共青团楚雄彝族自治州第七次代表大会。在代表大会上，阎柏、侯志荣、陈俊3位领导被团州委评为"关心共青团工作好领导"，周清福等8位团干部被评为"楚雄州优秀团干部"，王自友等8位团员被评为"楚雄州优秀团员"，受到表彰。

（周清福）

妇联工作

【妇联组织】　2001年末，全县有乡（镇）妇女联合会12个，行政村妇委会130个，行政事业单位妇委会28个，企业女工委员会14个，乡镇企业妇委会1个，个体劳动者妇委会1个。全县有女职工1802人。

【乡镇妇联换届】　2001年6月6日至30日，全县12个乡镇妇女代表大会相继召开，县妇联领导分赴各乡镇作会议指导。在各乡镇妇女代表大会上，乡镇党委、政府对三年来涌现出来的妇女工作先进集体和个人给予表彰，全县12个乡镇表彰先进集体39个、先进妇女工作者64名、巾帼建功先进个人18名、行业标兵17名、五好文明家庭97户、"双学双比"先进女能人110名。三年来，全县各乡镇妇联组织带领广大妇女，深入开展"双学双比"、"巾帼建功"、"五好文明家庭"三大主体活动，促进全县妇女事业的蓬勃发展。为搞好乡镇妇联换届工作，县妇联按照县委的要求，组成工作组到12个乡镇，从政治素质、业务素质、工作业绩、文化、年龄结构等各个方面，对乡镇妇联主席候选人作了全面考核和评估，按组织原则向乡镇党委推荐。在各乡镇妇女代表大会召开期间，县妇联领导向出席会议的800多名代表，作了《提高妇女自身素质》、《妇女与法律》、《妇女心理素质》三个专题的知识讲座。随后，乡村妇女组织也举办以增收为主的农村实用技术培训班412期，培训农村妇女28872人。

【“巾帼建功”活动】 2001年，全县以开展“四有”（有理想、有道德、有文化、有纪律）、“四自”（自尊、自信、自立、自强）精神教育，提高城镇妇女综合素质，增强女性参与社会竞争能力的“巾帼建功”竞赛活动。9月，县妇女联合会授予县东城小学、农行南华县龙川储蓄所等5个单位为县级“巾帼文明示范岗”称号，并制定印发《南华县“巾帼文明示范岗”管理实施办法（试行）》，实现城镇妇女工作的规范管理。

【巾帼科技致富工程】 2001年11月，县妇联制定印发《关于实施“巾帼科技致富工程”的意见》，提出实施工程的主要目标和任务是：（1）抓培训，使农村妇女掌握1至2门实用技术；（2）抓队伍，培养农村女能人、女“秀才”；（3）抓基地，创办科技示范基地，办成向农村妇女普及农业科技知识的阵地和窗口；（4）抓典型示范，开展“双学双比”竞赛；（5）实施“三八”绿色工程，发动妇女参与生态环境建设；（6）实施“扶贫工程”，提高贫困地区妇女的文化水平和劳动技能。实施工程的主要措施是：加强领导，统筹规划，坚持分类指导，加大宣传评比力度，密切配合形成合力。县妇联选定天申堂乡天申堂村（以发展反季萝卜和早洋芋生产为主）、徐营镇庄科村（以发展水稻和烤烟生产为主）为县级“巾帼科技致富工程”示范村。

【创建优秀妇女之家】 2001年11月，县妇联印发《关于进一步加强创建妇女之家的工作意见》和《关于创建县级优秀妇女之家（妇女学校）的有关通知》，提出创建妇女之家和优秀妇女之家的要求是达到“基础建设规范化，办成‘三个中心’（即社会主义思想教育中心、文化娱乐中心、科技教育中心），发挥‘五个功能’（即发挥社会主义教育功能、科技兴农功能、文化娱乐功能、推广计划生育功能、农村综合治理功能）”。随后，全县130个村委会创建妇女之家，建立妇女工作园地，设立妇女工作“八簿两册”（即来信来访登记簿，“三八”红旗手、女能手、先进个人登记簿，女党员、女代表、女委员登记簿，女科技示范户登记簿，“五好文明家庭”、“十星级文明户”登记簿，结对帮扶登记簿，妇女劳力登记簿，会议活动登记簿“八簿”；妇代会、妇代小组干部花名册，科技培训花名册“两册”）。县妇联为天申堂村委会妇女之家（妇女学校）和徐营镇庄科村委会妇女之家（妇女学校）分别购置课桌15套和40套，为全县12个乡镇妇联和130个行政村妇女之家（妇女学校）配发妇女工作园地和“八簿两册”。年内，全县有5个妇女之家被省妇联授牌为省级优秀妇女之家，有6个妇女之家被州妇联授牌为州级优秀妇女之家，有12个妇女之家由县妇联授牌为县级优秀妇女之家。

【实施“大地之爱·母亲水窖”工程】 2001年11月，全县实施“大地之爱·母亲水窖”项目。县上成立工程实施领导小组，州妇联下拨“大地之爱·母亲水窖”资金10万元，雨露乡人民政府配套资金1.32万元，建“母亲水窖”100个，解决当地生产用水困难问题。在五街乡咪黑们行政村调入资金2万元，解决群众生活用水困难。

【家庭读书、家庭教育知识竞赛】 2001年“六一”节期间，县妇联按州部署，组织全县“家庭读书、家庭教育知识竞赛”活动，全县380个家庭参赛，徐营中心学校教师彭琼芬户入选全州家庭教育知识竞赛总决赛，获得第二名，25个家庭获全州100名幸运奖。竞赛期间，县妇女儿童工作委员会利用各种新闻媒介，动员全县广大家庭参加读书活动，要求各家庭成员认真学习《未成年人保护法》、《义务教育法》，学习优生、优育、优教知识，为广大少年儿童健康成长创造良好的家庭环境和社会氛围。

【“家庭拒绝邪教和黄赌毒，妇女崇尚文明科学”集体宣誓仪式和签字活动】 2001年3月4日上午8时半，全县近千名妇女聚集在工会球场参加县妇女联合会、县社会治安综合治理委员会举办的“家庭拒绝邪教和黄赌毒，妇女崇尚文明科学”集体宣誓和签名活动。县委副书记侯志荣作动员讲话。活动仪式上，宣读了《“家庭拒绝邪教、黄赌毒，妇女崇尚文明科学”倡议书》，近千名妇女高举右手，在州级“五好文明家庭”代表马赛琼的带领下，庄严宣誓，“拒绝邪教、黄赌毒，崇尚文明科学”。宣誓后，全体妇女在签字簿上签下自己及亲朋好友的名字。

【维护妇女儿童合法权益】　2001年，全县妇女组织以《中华人民共和国妇女权益保障法》为依据，维护妇女儿童合法权益，接待来信来访95件，协调有关部门处理92件，处理率达96.8%。3月4日是县城街天，县妇联、县司法局在县城北街口开展“148”妇女维权周咨询日活动，播放《中华人民共和国妇女权益保障法》、《中华人民共和国母婴保护法》、《中国妇女发展纲要》等法律法规录音，向赶集群众宣传维护妇女合法权益的法律法规，为咨询群众解答各种法律问题。

【实施“春蕾计划”】　2001年，全县各级妇联组织做好失、辍学女童的调查，遴选、落实救助对象，实施“春蕾计划”。年内，救助贫困女童就学50名，救助资金5000元。州妇联出资5000元、县妇联出资2000元，资助五街乡老厂村委会修建“春蕾桥”。

【“三八”妇女节活动】　2001年3月4日至6日，县妇联组织县城各机关、企事业单位女职工开展丰富多彩的文体活动，庆祝“三八”妇女节。举办庆“三八”女子运动会，34支代表队参加迎面接力赛，36支代表队参加拔河比赛，17支代表队参加女子团体健身操（舞）比赛，27支代表队获得奖项，6支代表队获组织奖；3月6日晚上，县妇联举办庆“三八”文艺晚会，17个单位的200多名业余文艺演员登台演出。

【“六一”节活动】　2001年6月11日上午，县妇联、县教委联合举办县城区中、小学校第8套广播体操比赛，9所中小学校的千余名学生参加比赛，县城区幼儿园小朋友到比赛现场作红绸操表演。通过比赛，南华一中高中部获一等奖，龙川中学、龙川小学获二等奖，南华一中初中部、龙川中心学校、东城小学、海子山中学获三等奖，部分学校获组织奖和表演奖。

（王从荟）

科协工作

【科协组织及会员】　2001年末，全县有各种学会、协会、研究会87个，会员5611名，比上年增加学会2个、增加会员59名；其中，县级学会（协会）9个，会员4213名；乡镇科普协会12个，会员121名；农民专业技术研究会66个，会员1277名。

【农函大教学】　2001年，云南省农村致富函授大学南华辅导站在全县招收学员615人，到12个乡镇开设核桃、兽医、养鸡、沼气、烤烟、蚕桑、养鱼等7个专业16个教学班。经过一年的自学、面授、操作和集中统一考试，614名学员考试及格，领到了由云南省农村致富函授大学颁发的《结业证书》。至年末，全县参加农函大学习的学员已达5547名。

【科技下乡】　2001年1月，县科协配合县委宣传部深入兔街乡开展“科技下乡”活动，向赶集群众展出“崇尚科学，破除封建迷信”挂图67幅，科技成果展板10块，赠送《经济林果栽培技术》、《养殖业技术》和《粮作栽培技术》等“楚雄州农村实用技术培训教材”142册，印发《农村实用技术资料》12种2672份，为群众解答技术咨询400人次。

【科普宣传】　2001年10月，县科协在县城街道、南华一中、五街乡集镇、沙桥集镇作“反对邪教，崇尚文明”巡回展，展出大型图片247幅，用活生生的血案照片和翔实有据的科学资料，把“法轮功”等邪教的本来面目展示给观众，使观众醒悟到“法轮功”组织是一个打着科学旗号的反人类、反科学、反社会的反动邪教组织，使广大干部群众受到一次深刻教育。

【电脑农业专家系统推广】　2001年，县内电脑农业专家系统推广推出新的管理方法，在粮食、经济作物种植上实行电脑农业专家技术卡管理，用电脑农业专家系统指导农民科学种植水稻、玉米、小麦、蚕豆、烤烟等作物，按电脑农业专家系统要求的程序合理施肥、追肥、灌水、防治病虫害及中耕管理。全县7个乡镇68个村的25650户，在11.32万亩粮食、经济作物上应用电脑农业专家系统指导生产。根据测产，用电脑农业专家系统指导种植的水稻增产2.8%，玉米增产10.1%，小麦增产5.4%，蚕豆增产12%，烤烟增产8.6%。电脑农业专家系统在农业生产中的应用，为南华增产粮食231万公斤，增加烤烟收入163万元。

（刘云芳）

工商联工作

【非公有制经济及工商联组织】　2001年末，全县有个体工商户5146户，从业人员6088人，注册资金3756.5万元；私营企业63户，从业人员2215人，注册资金6957.3万元。年内，个体工商户及私营企业完成营业收入17860万元，上缴税金1018.7万元。年末，全县有工商联会员678人。

【非公有制经济宣传】　2001年，县工商业联合会配合新闻宣传部门，开展非公有制经济宣传。县工商联印发《工商联简报》；与县委宣传部、县广播电视事业局联合开展县内金珠养殖场、海华有限责任公司、大华有限责任公司、云华绿色食品开发有限责任公司等4户私营企业专访报道，宣传非公有制经济界人士的创业精神；利用新闻宣传媒体宣传介绍县内非公有制经济，县工商联3名干部撰写新闻稿件4篇，被《云南统一战线》、《云南工商》、《楚雄日报》和南华人民广播电台刊播。副会长杨兆忠撰写的《南华县云华开发公司的成功启示》一文被选作州所有制结构调整研讨会交流论文。

【非公有制经济调研】 2001年7月，县工商联开展“南华县私营企业情况调研”，形成《私营企业发展状况》的调查报告。同时，县工商联完成省工商联、省委组织部、省委统战部交办的“在非公有制经济组织中建立党组织”等7个专题的调查，形成《私营企业党建情况》、《个私经济发展情况》、《个私企业负担状况》、《私营企业发展状况》、《发展中的我县私营企业》、《在困境中呼唤崛起的私营企业》等调查报告。理事会领导多次深入金珠养殖场开展生产经营状况调查，针对该企业存在的问题和困难，协调县信用联社向金珠养殖场贷款270万元作为流动资金，为金珠养殖场走出困境创造条件。

【非公有制经济党的组织建设】 2001年11月，县工商联配合县级机关党委、县总工会，深入非公有制经济组织开展党的基层组织建设。通过多方努力，于11月28日在县春晖有限责任公司和县玻璃厂2家私营企业成立中共党支部、共青团支部、工会组织。年底，全县私营企业已有党支部3个，个体私营经济组织中有中共党员106人。

（赵有成）

残联工作

【春节走访慰问】 2001年，县残联把组织开展好春节走访慰问残疾人活动作为认真践行“三个代表”重要思想具体行动，主动争取县五套班子领导参加慰问残疾人，协调各级各部门开展走访慰问残疾人活动。春节期间，全县共走访慰问残疾人80户，送慰问品价值2600元。

【“助残日”活动】 2001年5月20日是全国第11次“助残日”，主题为“深入贯彻保障法，携手迈入新世纪”。县残联围绕“助残日”活动主题，与县司法局出动宣传车，上街巡回宣传《中华人民共和国残疾人保障法》等法律法规；全县城乡集镇悬挂大幅标语75条幅，粘贴标语口号1624条；各中小学开展手拉手红领巾助残服务163人次；各级各部门领导走访慰问残疾人410人，送慰问品、各种物资等折价金额18716元；县残联还争取上级救助残疾人贫困学生2名，捐助资金1000元。全县广大干部群众积极为残疾人家庭帮助栽插水稻656亩，栽种烤烟410亩，栽种包谷及其它杂粮220亩，购买化肥1150公斤，切实为广大残疾人特殊群体解决了一些实际困难，提供了实实在在的帮助和服务。

【执法检查】 2001年，县残联根据上级《关于认真贯彻落实〈中华人民共和国残疾人保障法〉2001年行政执法检查工作的通知》的要求，在县人大、县政府的重视支持下，以县残联牵头组成两个执法检查组于5月20日至30日，对全县坝区6乡镇及部分机关，省、州企事业10个单位从权力保护、政府职责、社会职责、残联职责、教育职责、分散安排就业、救济供养、福利保险、特别照顾和无障碍设施10项主要内容进行了认真自检、自纠和自查。在自检、自纠、自查和整改完善的基础上，州政府检查组于6月6日至7日采取“听、看、查、访、评”的方式对南华县进行了检查。通过州检查组的检查考评，南华县贯彻落实《残疾人保障法》2001年行政执法检查工作被州政府检查组评为优秀。

【康复工作】 2001年9月20日至10月18日，全县完成白内障复明手术63人65例，植入人工晶体58人60例，晶体植入率92.3%，脱盲64例，脱盲率达98.4%，脱残61例，脱残率达93.8%。年内，全县有4名残疾人装配普及型假肢，2名聋儿装配助听器。

【残疾人实用技术培训】 2001年，县残联选送26名残疾人参加州残疾人服务中心举办的残疾人中草药种植、钩针编织及刺绣工艺、电脑初级培训班学习；分别与罗武庄、马街、天申堂、徐营、龙川、红土坡、沙桥、兔街8个乡镇联合举办残疾人实用技术培训班9期，培训残疾人894人。

【承办残疾人轮椅捐赠】 2001年12月16日，台湾曹仲植基金会、南华县人民政府向残疾人捐赠轮椅仪式在县人民政府大院举行，捐赠轮椅仪式上，县残联按照台湾曹仲植基金会的要求，向县内14名残疾人捐赠轮椅。14辆。

（者美春）

法制·军事

——省委常委、省政法委书记秦光荣等领导到南华视察（县法院 提供）

法制·军事

政法委员会

【政法工作会议】 2001年2月12日至14日，全县政法工作会议在南华剧院召开，各乡镇专职党委副书记（副乡镇长）、政法部门股所以上干部、县委政法委委员、县综治委委员、县级各单位负责人、县委、县人大、县政府、县政协、县纪委的领导共318人参加会议。县委副书记、县委政法委书记侯志荣作《认清形势、明确任务、狠抓落实，为“十五”计划和西部大开发顺利实施创造稳定的社会环境》的报告，认为全县各级各部门在2000年中，围绕“改革、发展、稳定”的工作大局，坚持“打防结合、标本兼治、重在治本”的方针，以维护稳定为重点，严厉打击严重刑事犯罪和经济犯罪，确保了全县社会政治的稳定。指出政法工作还面临许多新问题，一是境内外敌对分子活动频繁、渗透与反渗透的斗争十分尖锐，二是各种社会关系和经济利益的调整不可避免地导致新的矛盾产生、社会治安形势依然严峻，三是政法工作存在的弊端急需改革。提出2001年的政法工作要正确分析当前形势、全面贯彻落实“三个代表”重要思想，要充分发挥职能作用、努力做好政法工作、确保社会稳定，要切实加强和改善党对政法工作的领导、保障政法部门依法履行职权。州委政法委副书记张大才、县委书记李红民、代理县长阊柏在会上作重要讲话，对政法工作和社会治安综合治理工作面临的形势、任务、队伍建设和工作保障机制等提出要求。会上，县人民政府颁发了2000年度社会治安综合治理责任奖和行政首长防火安全责任奖，发放奖金30000元和8491元；县委、县政府命名龙川镇罗家屯等36个村委会、县司法局等9个县直属单位为“安全文明小区”，授予雨露、兔街“创建安全文明社区”先进乡；表彰侯进、徐国兴2名见义勇为先进个人，各奖人民币1000元，号召全县干部群众向先进学习，敢于同一切违法犯罪行为作斗争。

【社会治安综合治理目标管理责任制】 2001年2月12日，在全县政法工作会议上，县委副书记、代理县长阊柏代表县委、县政府与12个乡镇签订2001年度社会治安综合治理责任书和行政首长防火安全责任书；县委副书记侯志荣、县人民政府副县长朱玉庭分别代表县委、县政府与60个县直属单位签订《内部单位社会治安综合治理目标管理责任书》。3月，各乡镇又与全县130个村委会、287个乡镇直属部门单位签订《社会治安综合治理责任书》、《安全生产责任书》、《巩固“无毒社区”责任书》等，广大铁路沿线的龙川镇、沙桥镇与县护路办签订“铁路护路安全责任书”，沙桥、龙川两镇与18名专职护路员签订“责任书”。至6月底，全县签订各类社会治安综合治理责任书1174份，社会治安综合治理工作任务分解落实到基层，形成主要领导亲自抓，分管领导具体抓的工作格局。年初，县委政法委统一部署，全县实行综治成员单位、政法部门内设科室和干警挂点联系乡镇、村、小区的“创安”工作制度，设立“综治”联络员。11月，州综治委对全县综治工作进行考核，南华县以99分位居全州第一名。

【政法干部“三个代表”学习教育活动】 2001年2月至4月，县公安局、县人民检察院、县人民法院、县司法局、县委政法办五部门的185名干警参加全县第一批农村“三个代表”重要思想学习教育活动。第一阶段（学习教育）组织集中学习18次，学时62.5个，全体干警按规定学完必读篇目和有关资料624篇，撰写读书笔记465篇、心得体会58篇，召开学习经验交流会5次，42人作交流发言；第二阶段（对照检查），5个部门召开座谈会12次，48名副科以上领导干部深入扶贫点开展“三同”（同吃、同住、同劳动）活动，召开座谈会27次，193名干警向扶贫联系点捐资12030元，捐赠衣服200余件（套）、尿素16包及部分其他物资，征求到意见建议335条，县司法局、县委政法办2个班子及34名副科以上干部都撰写了对照检查材料，一般干部撰写了个人工作总结；第三阶段（整改提高），2个班子、34名副科以上干部制定班子整改方案和个人整改措施，开展回顾检查。各部门对提出的问题，本着先易后难的原则，边学边改，边查边改，及时解决问题。

【开展“严打整治”斗争】 2001年4月至5月，全县开展“严打整治”斗争第一战役。4月10日，成立全县“严打整治”斗争领导小组，制定周密的“严打整治”方案，确定龙川、沙桥、一街、红土坡4个乡镇为“严打整治”重点，县财政投入严打整治专款10万元；4月18日，召开全县严打整治斗争动员大会，专题部署“严打整治”工作，县委派出4个工作组分赴重点整治乡镇，指导“严打整治”斗争，确保“严打整治”斗争第一战役的顺利进行。4月8日至5月30日，全县破获刑事案件57件，抓获犯罪嫌疑人49名，打掉犯罪集团7个25名，抓获负案在逃犯罪嫌疑人15名，查处治安案件97起，处理违法人员179名，缴获了一批赃款、赃物和违禁物品；“严打整治”第一战役期间，全县张贴《敦促犯罪分子投案自首通告》500余份，1名犯罪嫌疑人主动投案自首。

【召开公判公处大会】 2001年4月18日，县委政法委员会在县体育馆召开公判公处大会，县公安局宣布对25名严重危害社会治安的犯罪嫌疑人执行逮捕，对6名犯罪嫌疑人执行刑事拘留，县人民法院对11名犯罪分子进行公开宣判。5月26日至28日，分别在沙桥镇、一街乡、红土坡镇召开公判公处大会，对17名犯罪嫌疑人宣布执行逮捕，对13名犯罪嫌疑人宣布执行刑事拘留，有力地打击了犯罪分子，震慑了犯罪。

【社会治安综合治理宣传】 2001年3月，时值中共中央、国务院和全国人大常委会关于加强社会治安综合治理两个《决定》颁布实施十周年。全县开展各种形式的社会治安综合治理宣传活动，张贴标语1170条、悬挂布标25条、刊出黑板报222期、简报11期、召开宣传会议243次、开展电影宣传18次、播出新闻稿件4篇；4月8日，法院、检察院、公安局、司法局、交警大队、消防大队、综治办走上街头设点宣传，散发宣传材料3000余份，接受法律咨询150余次，展出宣传挂图300余幅，播放录音带12盒。

【中小学校配备法制副校长】 2001年3月1日，县委印发《南华县关于在学校配备兼职法制教育工作副校长的实施意见》，全县在中、小学校配备兼职法制教育副校长工作全面展开。5月，全县中、小学校校长向聘任到校的兼职法制教育工作副校长颁发聘书。至8月，全县123所中学及完小配备了法制教育工作副校长。

【维护社会稳定】 2001年，全县政法系统把维护社会稳定放在首位。（1）成立南华县维护社会稳定工作领导小组及办公室，组建维护社会稳定工作信息员队伍，制定了《南华县关于进一步加强矛盾纠纷排查调处工作的意见》和《处置群体性突发事（案）件的预案》，每月定期开展一次排查，全年排查出各类矛盾纠纷145件，调处129件。（2）认真落实各项安全防范措施，加强重点部门、特种行业、枪支弹药、爆炸物品的管理，办理“四员”（爆破、押运、保管、安全员）培训班2期126人，收缴民用枪支53支、管制刀具21把、炸药159公斤、雷管512枚、导火线277米、铜炮1016发、火药2.5千克。（3）加强刑释解教人员的安置帮教工作和流动人口管理。1996年以来全县刑满释放解除劳动教养人员461人，重新犯罪5人，占1.08%。（4）巩固“无毒社区”，制定了实施方案，认真落实防范措施，确保了无毒净土。（5）依法查禁打击邪教组织，做好“法轮功”练习者的帮教转化工作，落实“包保”责任制，原“法轮功”练习者全部转化，年内未出现反弹；对“一贯道”主犯龙某某等4人，依法惩处，进行了公开宣判；摧毁了“楚知化”邪教在县内4个乡镇发展的组织体系，送劳动教养3名，治安拘留14名，治安罚款25名，治安警告21名；对“洞经会”活动情况开展调研；加强群防群治组织建设，全县成立治保会322个，调解委员会140个，护厂护校队20支、联防队18支、义务消防队26支、警务点5个。

【铁路护路】 广大铁路横贯县境东西，东起吕合隧道55km+376m处，西至龙摩山隧道94km+076m处，途经龙川、沙桥两镇12个村民委员会76个村民小组，全长37.28公里，境内设有2个火车站，有长隧道1座3761米，小隧道7座1667米，大桥11座1853米，中桥9座648米，各种涵洞162座。2001年，县社会治安综合治理委员会按照“提高认识，夯实基础，规范管理，抓好创建，总结创新，确保安全”的综治工作思路，抓好铁路护路工作。年内，县与镇、镇与村、沿线群众、护路人员层层签订护路责任书2530份，18名专职护路员实行定人、定岗、定时、定区段、定责任、包平安的“五定一包”责任制，加强铁路线巡查和守护；县、镇、村三级做好爱路护路宣传，张贴宣传画100幅、标语200多条，开展会议宣传18次，电影宣传2次；县乡护路办协调解决了大谷堆平交道口、斗山麦地坪改道等问题。全年发生路外伤亡事故1起，阻止石击列车2起，确保了列车安全运行。

【秦光荣到南华调研】 2001年3月10日，省委常委、省委政法委书记秦光荣、省高级人民法院院长赵仕杰在州委副书记胡有兰等领导陪同下，到南华县调研法院执行工作。秦光荣听取了县委政法委书记侯志荣关于全县政法工作和政法机关建设的汇报后，对南华县的政法工作和政法机关建设给予了高度评价，并为县政法机关落实购车补助资金10万元。

【李明朝到南华调研】 2001年11月11日，省委常委、省委政法委书记李明朝、省委政法委秘书长李定达、办公室主任刘宁笙在州委副书记胡有兰等领导陪同下，到南华县调研基层政法综治工作。李明朝一行深入政法机关、雨露乡、徐营镇调研，对南华县政法综治工作取得的成绩给予充分肯定，提出一要立足全面抓稳定，二要立足基层抓基础，三要立足长远抓当前，四要立足群众需求抓重点，五要立足自身建设抓提高。

【干部协管】 2001年2月，按照《关于县委政法委协调管理政法部门领导干部有关问题的通知》，由县委政法委提名，汇同县委组织部共同考察，从政法部门选派5名干部下派龙川、徐营、天申堂、一街、罗武庄5个乡镇担任综治工作党委副书记或副乡长；下派挂职或到县委政法办锻炼期满的7名干部作提拔任用。

（刘正雄）

依法治县工作

【简述】 2001年，南华县的依法治县工作在县委的领导下，深入贯彻党的十五大提出的依法治国方略，坚持“有法可依，有法必依，执法必严，违法必究”的社会主义法制原则，按照“党委领导、人大监督、一府两院实施，全社会参与，逐步推进”的工作方法，认真抓好普法、依法行政、公正司法和监督等方面工作，使全县公民的法律意识不断提高，行政执法体系得到进一步完善，司法公正各项措施不断落实，推进了依法治县进程。

【制定第二个依法治县规划】 2001年，根据省、州党委要求，县委依法治县领导小组及时布置第二个依法治县规划的制定。县委依法治县办深入调研，拟定了《南华县2001年至2005年依法治县规划》报送县委。10月29日，九届县委第57次常委会讨论通过规划，县委办以南办发[2001]25号文件印发全县执行。11月9日，县第13届人大常委会第25次会议作出《在全县认真贯彻实施〈南华县2001年至2005年依法治县规划〉的决议》。南华县第二个依法治县规划正式实施，与此同时，南华县人民政府、人民法院、人民检察院制定了实施方案。各乡镇各单位也相继制定了工作计划。

【依法治县办各项工作】 2001年1月，参与了县人大组织的县生态项目建设议题调查。5月23日，参与县《残疾人保障法》执法检查。8月，与人大办公室对南华县民主与法制建设情况进行调研，撰写了题为《南华县民主与法制建设情况汇报》的调研报告报州委依法治州办和州人大。12月，参与县综治委组织的综治考核。

（王志华）

公　安

【简述】 2001年，南华县公安局在各级党委、政府和上级公安机关的领导下，认真贯彻落实江泽民“三个代表”重要思想和中发[1999]6号《中共中央关于进一步加强政法干部队伍建设的决定》和公安部提出的“抓班子，带队伍，促工作，保平安”的工作思路，继续坚持“政治建警，从严治警，依法治警”的方针和“真抓，早抓，主动抓”的指导思想，坚决克服“一手软，一手硬”的倾向，认真开展公安机关“三项教育”（全心全意为人民服务的宗旨教育，实事求是的思想路线教育，严格公正文明执法的法制教育），充分发挥公安机关的职能作用，较好地完成了各项公安保卫工作任务，确保了全县社会治安持续稳定。

【严打刑事犯罪】 2001年，共立各类刑事案件214起，破获161起，破案率为75.2%，抓获犯罪嫌疑人191名。其中：重、特大案件立案73起，破获49起，破案率为67.1%，摧毁犯罪团伙20个70人。缴获本田轿车1辆，微型车1辆，摩托车3辆及手机等大批赃物。通过破获各类案件，挽回经济损失120.21万元，与去年相比，刑事案件立案数下降3.2%，破案数上升8.7%。结合“严打”整治斗争，抓获各类逃犯35名，其中网上逃犯33名，协外抓获逃犯2名，破获各类刑事案件53件，其中抢劫25起，故意伤害3起，盗窃19起，寻衅滋事2起，挪用资金1起。

【严打整治】 2001年，根据全国、全省、全州社会治安工作会议精神，按照上级公安机关的部署，4月上旬，组织开展了“治爆缉枪”、“禁娼禁赌”、“清查遣送‘三无’盲流人员”、“排查治安危险分子”等专项行动，出动警力111人（次），车辆56辆（次），共组织对民爆物品安全大检查11次，查处违反民爆物品管理规定案件7件7人。查处违反爆炸物品管理规定的治安案件2件5人。检查涉爆单位207个（次），发现隐患49起，发出隐患整改通知书20份，督促整改73起，收缴炸药243公斤，雷管256枚，导火索540米，没收烟花爆竹627件，共收缴各类民用枪支167支。专项行动中，治安大队根据群众举报，配合天申堂派出所捣毁了一个非法制售枪支窝点，收缴涉案民用枪支12支，1名犯罪嫌疑人受到了刑事处罚。

【治安管理】 2001年，共受理治安案件768起，查处733起，查处率95.4%，查处违法人员1161人（其中警告207人，罚款759人，治安拘留110人，劳动教养1人，其它处罚84人），罚款总金额16.43万元，与上年相比，案件受理数增加136件，上升21.5%，查处数增加166起，上升29.3%，查处率上升6个百分点。在6月18日至22日的全省集中统一行动中，共出动警力199人（次），检查行业场所414家（次），查获卖淫嫖娼案件7件14人，赌博案件6件40人，没收赌资994.5元。年内共培训爆破员3期150人，督促选点建盖临时储存库39个，审批炸药76477千克，雷管11.914万枚，导火索13.0369万米。

【户政管理】 2001年，成立了人口信息系统建设工作领导小组，制定了实施方案，各派出所按照要求，以人口信息系统管理为依托，以制发居民身份证工作为起点，在户口核对基础上，将公民身份证号码编制及16周岁至45周岁人像采集工作与日常户籍基础业务相结合，通过办理居民身份证、户口迁移、出生落户等日常户籍管理工作进行编号及人像收集。全年共颁发居民身份证8294人（其中快证1564人），办临时身份证922人，办理符合条件的小城镇落户人员51户75人。

【流动人口管理】 2001年，南华县公安局认真开展清查遣送“三无”（无合法证件、无固定住所、无固定收入）盲流人员集中统一行动，4月25日至28日，两次行动，共出动警力236人（次），车辆56辆（次），清查行业场所1108家（次），新登记暂住人口128人，补办暂住证78人，抓获2名利用色情诱骗进行麻醉抢劫的犯罪嫌疑人。9月26日至28日，再次组织开展清查遣送行动。共清查出租房屋586家，用工单位50家，建筑工地27家，宾馆旅店56家，公共娱乐场所50家，自建棚户11家，清查暂住人口1140人，新登记暂住人口150人，补办暂住证138人。共清查遣送“三无”盲流人员79人。

【查禁毒品和禁毒宣传】 2001年，禁毒大队共查破各类毒品案件8件，其中贩运毒品案件4件，外省籍吸毒案件3件，吸毒劳教案件1件。抓获毒品违法犯罪人员7人，其中逮捕3人，治安处罚2人，劳教1人，遣送2人，缴获毒品海洛因753.5克，鸦片5.9克。破案数比上年上升15%，缴获毒品数下降63.7%。先后组织民警19次，对43名在社会上闲散人员、娱乐场所从业人员进行尿液检测，对290名应征青年进行毒性检查。通过监测，共查出复吸毒人员1名，外籍吸毒人员3名，送劳动教养1名，遣送3名。年内禁毒大队先后出动警力60人次，直接铲出交通沿线、平坝地区野生大麻4万余株，收缴麻子160公斤，铲除罂粟85株。一年来，组织干警在春节前后、“6·26”（中国禁毒日）、“10·26”（国际禁毒日）期间进行宣传外，还组织民警利用星期天到南华街上进行挂图宣传4次，受教育10000余人次，到城郊的沙桥、徐营、雨露等集镇进行挂图宣传3次，受教育3000余人次，散发禁毒宣传单1万余份。

【创安工作】 2001年，在县级机关、厂矿、企事业单位、学校以及12个乡（镇）、130个村民委员会，869个自然村中普遍推行创建安全文明社区、片区、小区活动。“创安”工作做到各级党委、政府高度重视，责任明确，措施具体，广大人民群众积极参与。全县调整充实“创安”社区领导小组12个136人，片区领导小组136个931人，小区领导小组1500个3204人。为使“创安”责任制真正落到实处，全县实行层层签订“创安”责任书。各乡（镇）党委、政府与县综治委签订责任书，各机关单位、厂矿、企事业单位、学校以及村民委员会与所在乡（镇）党委、政府签订责任书。以创建安全文明小区为载体的内部单位的安全防范工作得到了加强，“安全文明小区”领导小组及其办公室充分发挥作用，防火、防盗措施得到落实，内部邻里纠纷得到及时化解。年内发生在内部单位的刑事案件27件，治安案件4件，与上年相比，分别下降18个和33个百分点，创安工作成效明显。内部保安服务组织进一步得到规范，目前全县经批准依法成立的内部保安服务组织4家。按照上级公安机关的要求，对保安服务组织进行了认真的清理整顿，有12名保安员经过州保安培训中心培训，已持证上岗。

【案件审核把关】 2001年，县公安局法制科报审核的治安行政案件共318件636人，经严格审核，作出处罚决定306件621人，其中：处警告并处罚款40人，行政拘留132人，罚款415人，警告34人，审核后未给予处罚或建议作其他处理的12件15人。对重大疑难案件出面参加办理35件41人，改变案件性质11件14人，增加赔偿11人，纠正引用法律不全21人，补证5人，加处9人。在审案中，注意纠正部分执法偏差13件17人，派出所裁决申诉到县局复议11件2人，对所处罚不服到州局法制科申诉5件5人，申诉到县政府复议1件1人，经复议维持，没有治安行政案件诉讼到人民法院。

【查禁取缔邪教组织】 2001年，南华县公安局深入开展严厉打击“法轮功”违法犯罪专项斗争，收集涉及“法轮功”情报信息5条，收缴外地“法轮功”顽固分子投寄的宣传资料2份，确保了“法轮功”问题不出现反弹；严厉打击邪教、会道门破坏活动，对63名“一贯道”骨干分子依法进行严惩，其中被判处有期徒刑4名，报送劳动教养3名，治安处罚36名，教育训诫20名，捣毁漏网“一贯道”佛坛1个，收缴“一贯道”书籍16册及一批道坛用品；捣毁“三班仆人派”邪教组织活动窝点4个，责令拆除邪教活动房屋1间，收缴邪教书籍11册，手抄本4本，录音带9盒。

【出入境管理】 2001年，共办理公民出境申请161人次，其中出境旅游151人次，出境探亲访友5人次，出境考察2人次，出境劳、商务3人次。年内，按照现场测评制度的规定，共发放测评卡161份，请前来办事的161名群众现场测评，其中非常满意的153份，满意的6份，基本满意的2份，满意率达100%。

【境外人员管理】 2001年，共办理境外人员管理手续41人次，其中《外国人入出境证》延期39人次，台湾居民回乡定居1人次，回乡探亲延期1人次。加强境外人员临时住宿管理，年内，共有境外人员到南华县登记临时住宿41人次，其中，外国人35人次，台湾居民回乡探亲6人次。共发生涉外案件2起。对8名越南籍违法人员作了罚款处罚，对违反规定的云华宾馆给予了警告处罚。共收缴外国人散发宗教宣传品1648件，书籍622册，VCD碟片292张，录音带734盒。7月，根据上级部署，县公安机关认真做好境外人员临时住宿接待点工作，使接待点由2家增加到18家。并对接待点从业人员进行培训，明确派出所的管理职责，分别确定了13名所长为责任人和13名内勤为外管联络员，确保了境外人员住宿管理不留死角，申报率达100%。

【查禁取缔社会丑恶现象】 2001年，以城区的龙川、文笔、320国道沿线的沙桥、天申堂，南景公路沿线的五街、红土坡为重点，对宾馆饭店、路边旅店、歌舞厅等各类服务娱乐场所及出租房等场所进行整治，共出动警力341人（次），车辆68辆（次），清理服务、娱乐场所714家（次），出租房等场所369家（次），清查人数2149人。查处赌博案件23起132人，没收赌资5000余元，查处卖淫嫖娼案件33起63人，进行其它流氓活动1起2人，收缴淫秽光盘11张，净化了社会风气，遏制住了社会丑恶现象的滋生蔓延，促进了两个文明建设。

【强化交通和消防安全管理】 2001年1月至11月，全县共发生道路交通事故64次，受伤39人，死亡20人，直接经济损失18.9万元，与上年相比，事故总数上升73%，受伤人数上升30%，死亡人数上升81.8%，直接经济损失上升114%。全县共发生火灾4起，无人员伤亡，直接经济损失1.8万余元，与上去年相比，火灾起数下降225%，直接经济损失下降384%。

【打黑除恶】 2001年，在“严打”整治斗争中，把龙川的罗吉寿黑恶势力作为重点。自1997年以来，罗吉寿纠集社会闲散人员在县城内殴打无辜群众、出租车驾驶员，实施伤害、诈骗、强奸等犯罪行为，严重扰乱社会治安秩序。严打整治斗争开始后，公安机关通过近两个月的工作，搜集了大量证据，抓捕了以罗吉寿为首的5名犯罪嫌疑人，破获刑事案件6起，彻底摧毁了该恶势力团伙。

【打击经济犯罪】 2001年，切实加强案件侦破工作，重点打击金融诈骗、假币犯罪、涉税犯罪，积极配合有关部门整顿和规范市场经济秩序。共立各类经济犯罪案件19起，破18起，破案率为94.7%，涉案金额100万余元，抓获犯罪嫌疑人21名，缴获假币0.81万元，挽回经济损失60万余元。与上年相比，立案上升171%，多破案件11件。

【民警培训】 2001年，加强了公安民警的培训工作，不断提高民警的整体素质。共有6人参加省级培训，251人（次）参加州级培训，154人（次）参加县级培训，组织全体民警参加人民警察基本素质考试，进一步提高了公安民警的政治理论素质和公安业务技能。加大学历培训，与省、州、县三级党校争取名额，积极创造民警学习和报考条件，有31名民警被州委党校本科班录取；有36名民警被州委党校专科班录取。

【表彰奖励】 2001年，县公安局局党委副书记、政委赵有能被评为县优秀党务工作者，受到中共南华县委表彰。县公安局党委被评为全州先进基层党组织，助理调研员罗章华被评为全州优秀共产党员，受到中共楚雄州委表彰。刑警大队住龙川派出所中队民警谢从荣在“严打”斗争中成绩突出，被楚雄州公安局记三等功一次。

（普金华）

检　　察

【简述】 2001年，围绕党和国家的工作大局，坚持“公正执法、加强监督、依法办案、从严治检、服务大局”的工作方针，依法严厉打击各种刑事犯罪活动，突出开展“严打”整治斗争，加大查办职务犯罪力度和执法监督力度，不断深化检察改革，结合“三学”教育活动和集中教育整顿，狠抓队伍建设和基础建设，各项工作取得了较大成绩，为维护全县社会稳定，促进经济繁荣作出了积极的贡献。

【审查批捕】 2001年，共受理公安机关和本院自侦部门提请批捕和决定逮捕的各类刑事案件112件173人，经审查批准和决定逮捕86件135人，不批捕26件38人，共受理公安机关和本院自侦部门移送审查起诉案件104件165人，经审查，决定起诉88件138人，移送州检院起诉6件9人，作出不起诉决定8件16人。

【“严打”整治斗争】 2001年，按照各级党委部署和上级检察机关要求，认真开展“严打”整治斗争，成立了以陈民军检察长为组长的“严打”整治斗争领导小组，一名副检察长兼任“严打”办公室主任，制定了“严打”整治行动方案。按“从重从快”和“稳、准、狠”的原则，集中力量，抽调4名干警充实到批捕、起诉部门，在严把案件质量关的前提下，做到“四类”（暴力、毒品、多发性、涉黑）案件批捕3天内审结和受理审查起诉5天内审结。按县委的部署组织8名干警参加龙川、沙桥、一街、红土坡4个重点整治乡镇的“严打”工作，并对所负责的沙桥镇1998年以来未侦破的刑事案件、社会治安突出问题进行了排查和分析，清理积案。在清理积案中，杨以文副检察长率员赴大理、下关、宾川等地将1997年8月在南华沙桥致人重伤后负罪在逃3年多的犯罪嫌疑人孙某某抓获归案。对重大案件提前介入，“办案前移”，改变过去坐堂审案、等案上门的工作模式，对“四类”案件提前介入，及早了解案情，掌握证据并积极提出侦查建议，提高办案效率，做到快捕快诉。围绕整顿和规范市场经济秩序工作，从严打击破坏社会主义市场经济秩序的犯罪活动，共批捕3件3人，起诉3件3人。

【查处贪污贿赂案】 2001年，共受理贪污贿赂案件5件9人，渎职侵权案件线索2件3人，经初查，反贪部门立案3件，3个案件都是10万元以上的特大案件，犯罪嫌疑人达6人，涉案金额达71.9万元。立案侦查终结移送起诉3件6人。对达不到立案标准的4件6人，均按相关规定作了妥善处理，结案率达100%。通过办案，为国家和集体挽回经济损失28万余元。

【侦破王正华挪用公款案】 2001年2月10日，南华县龙川镇灵官桥村委会大茶树村民小组会计王正华，挪用楚大公路占地补偿金46.6万元后，负案潜逃，县检察院反贪局经过周密布置，合理安排，于5月29日凌晨2时在祥云将先后逃窜于昆明、楚雄、大理、思茅、西双版纳等地的犯罪嫌疑人王正华擒获归案。

【诉讼监督】 2001年，侦查监督部门补充调查5件5人，审判监督部门补充侦查20件45人。加大对刑事、民事审判和行政诉讼的法律监督执法监督工作力度，依法对侦查机关的立案、侦查活动是否合法进行监督，立案监督3件3人，不批捕26件38人，提前介入5件7人，更正罪名定性4件10人，纠正漏捕2人，对公安机关侦查活动违反程序法提出纠正意见2次，审查起诉部门退回补充侦查3件，作出不起诉决定8件16人，全年提起公诉88件138人，出庭支持公诉84件134人，发表公诉词84篇，出庭率达100%。全年共受理民事行政申诉案件11件，经审查已办结10件，其中立案2件，向州院建议抗诉2件，向有关部门发出书面检察建议1份。

【监所检察】 2001年，强化对监管改造场所执法活动的监督，增加驻所干警2人，配齐办公设备，配合管教干部找犯罪嫌疑人谈话48次，单独找在押犯人谈话40次，做在押人员家属思想工作85次，安全防范检查12次，其中大检查3次，清监12次，配合看守所干警对在押人员集体上课教育12次，预防事故5起，预防犯人逃脱2起，预防犯人行凶1起，共纠正上诉超期案件5件17人，对违法关押口头纠正1件1人，对看守所监管活动存在问题提出口头建议5次，配合社会治安综合治理，做好43名“五种人”（保外就医、缓刑、管制、假释、暂予监外执行）的考察回访工作。

【来信来访】 2001年，坚持检察长接待日和文明接待活动，认真处理群众来信来访，提供便民利民服务。全年共受理群众来信来访74件（次），与上年55件（次）相比上升34.5%，对所受理的案件均严格按“分级负责，归口办理”的原则处理完毕。分别转本院业务科室15件，转县公安局6件，转县纪委2件，说服教育疏导处理44件。检察长共接待群众来访12件（次）。

（普俊骞）

审　判

【简述】 2001年，县人民法院紧紧围绕党和国家工作大局，全面加强自身建设，不断提高法官队伍的政治、业务素质和职业道德素养，认真履行宪法和法律赋予的职责，继续深化内部改革，全面推进各项审判工作，使全院审判等各项工作均取得了新的进展。全年共受理各类案件975件，已审（办）结938件，结案率为96.21%。其中，受理各类诉讼案件651件，审结646件，审结率为99.23%；受理各类执行案件324件，已执结292件，执结率为90.12%，为维护全县社会政治稳定，促进经济发展作出了积极贡献。

【“严打整治”专项斗争】 2001年4月10日至5月30日的“严打整治”第一战役中，共受理各类刑事案件20件26人，审结18件24人，审结率为90%；第二战役到年末，共受理刑事案件70件106人，审结69件105人，审结率为98.57%。根据全县社会治安状况，重点打击了杀人、抢劫、爆炸等严重暴力犯罪和盗窃、故意伤害等多发性犯罪，严惩毒品犯罪，确保人民群众生命财产安全。全年共受理杀人、抢劫、爆炸、强奸等严重暴力犯罪案件20件，判处罪犯32人；受理盗窃案件31件，故意伤害案件44件，判处罪犯111名，处10年以上有期徒刑5人，最高刑期为有期徒刑12年零6个月。

【刑事审判】 2001年，共受理各类刑事案件135件，审结134件，审结率为99.26%；共判处各类犯罪分子197人，其中，判处10年以上有期徒刑20人，处5年至10年有期徒刑26人，处5年以下有期徒刑96人，共对31名罪犯适用缓刑。免予刑事处罚1人，宣告无罪6人。

【民事审判】 2001年，共受理各类民事案件424件，占全院各类案件总数的43.49%，已审结420件，解决诉讼争议标的额210万余元，审结率为99.05%。

【经济审判】 2001年，共受理各类经济纠纷案件80件，诉讼标的额达275.74万元，已全部审结，结案率为100%，较好地维护了全县经济秩序的健康发展。

【行政审判】 2001年，共受理不服行政处罚决定等方面的行政案件2件，已全部审结。其中，撤销行政机关处罚决定1件，裁定准许撤回起诉1件；审查受理行政机关非诉申请执行案件14件，执行标的额25000余元。

【立案工作】 2001年7月，新成立的立案庭各项工作正式启动实施，全年共审查告诉案件278件，予以立案进入诉讼程序排期审理268件，接待群众来访343人（次），处理人民来信16件（次），并负担起诉讼费用核算、庭前调查取证送达、案件流程跟踪管理等工作职责，“大立案”工作格局已初步形成。

【审判监督】 2001年，共受理申诉案件11件，已全部调卷复查完毕。其中，按审判监督程序予以立案再审3件，已审结2件（调解1件，变更1件），驳回申诉5件，移送终审法院处理3件。同时配合院内有关部门，严格依照全院《关于案件质量检查的规定（试行）》，实行每半年定期进行案件质量评查工作，抽查当年办结且已发生法律效力的各类案件，确保了案件质量，强化了内部监督。

【人民法庭】 2001年，红土坡、沙桥两个人民法庭共受理各类民事案件149件，占全院民事案件总数的35.14%，已审结146件，解决诉讼争议标的45万余元，案件审结率为97.99%。其中，红土坡人民法庭受理84件，审结82件，结案率为97.62%；沙桥人民法庭受理65件，审结64件，结案率为98.46%，化解了大量的民间纠纷，有效地促进了农村安定团结。

【执行工作】 2001年，共受理各类执行案件324件，执行标的总额达357.05万元，已执结292件，执行标的270.69万元，案件执行率达90.12%。其中，经执行干警反复做思想教育疏导工作后被执行人主动履行法定义务的有165件，占执行案件总数的56.51%，执行标的115.85万元；依法采取强制措施予以强制执行81件，占25%，执行标的66.39万元；执结行政机关非诉申请执行案件10件，执行标的22150元，共对17案17名违法被执行人处以司法拘留。

【执行会战】 2001年9月至10月，县人民法院两次组织进行了山区片未结案件执行会战活动，对兔街、马街、五顶山、红土坡、一街、罗武庄6个乡内的42件未结案件进行集中清理执行，共执结各类案件32件，部分执结7件，执行标的4800余元，共对16名被执行人实施拘传，强制执行6件，依法扣押处理财物价值1万余元。

【发放债权凭证】 2001年12月，严格按照《云南省高级人民法院关于执行工作中实施债权凭证制度的规定（试行）》，积极组织实施发放债权凭证工作。年末，已清理发放债权凭证30件，标的额581226.85元，既有效保护了债权人的合法权益，又减少了执行积案，促进了执行工作顺利开展。

【参与社会治安综合治理】 2001年，县人民法院结合审判工作实际，坚持打防结合，预防为主的方针，认真落实社会治安综合治理各项措施，充分运用巡回办案、公开审判、公开宣判、接待群众信访、法律咨询等多种形式进行法制宣传教育，加大社会矛盾纠纷的排查和调处力度，防止矛盾激化，尽力教育、感化、挽救青少年犯罪，开展回访教育，减少重新犯罪。共召开公开宣判大会4场（次），旁听群众15000余人，开展巡回就地办案14场（次），联系指导2个乡镇、10个村民委员会、23个县级内部单位全面开展综治创安工作。

【一教育三整顿】 2001年4月27日至7月20日，根据最高人民法院的总体部署，县人民法院认真组织开展了“以法官职业道德教育，整顿领导班子、整顿审判纪律、整顿工作作风为主要内容”的“一教育三整顿”活动，经过组织动员、思想发动、学习提高，教育整顿，总结、健全完善制度等三个阶段的工作，使广大干警受到了一次深刻的职业道德教育，明确了忠于法律、刚正不阿、廉洁自律、修身奉法、服务人民为基本内容的法官职业道德特点，提高了清政廉洁的自觉性和公正执法的坚定性，领导班子建设进一步加强，审判纪律、工作作风明显改进，针对查找出来的问题及社会各界的意见、建议，经认真反思整改，共制定完善内部规章制度7项，达到了预期目的，取得了阶段性成效。

【独任审判员选任】 2001年12月末，根据最高人民法院《人民法院五年改革纲要》的基本要求，进行了独任审判员选任工作，按照选任工作实施办法，经过闭卷考试、民主测评、考评委员会讨论，院党组确定任用，从全院34名具有法官资格的审判人员中选任出独任审判员19名，并在各审判业务部门中聘任了10名独任审判员，专门从事审判业务工作，依职权适用简易程序审判各类案件，按照院长的指定担任审判长或参加合议庭审理其它案件，实行独任审判员责、权、利相统一的运行机制，逐步实现审判专业化、精英化的要求。

（谢旭焰）

司　法

【简述】 2001年，南华县司法行政工作按照司法部提出的“以实施依法治国为总纲，围绕维护稳定和提高公民法律素质，深化改革，强化职能，抓队伍、抓服务、抓项目、抓基层、抓落实”的工作思路，充分发挥扎根基层、贴近群众、便民利民的优势，以经济建设为中心，全面贯彻落实各级政法工作会议精神，认真履行工作职责，在普法宣传、依法治理、调处纠纷、化解人民内部矛盾、提供法律服务、安置帮教刑释解教人员、社会治安综合治理、预防和减少犯罪、维护社会政治稳定、促进全县改革开放和经济建设的持续健康发展作出了一定的贡献。

【建立社会矛盾调处中心】 2001年，在去年县级及4个乡镇成立社会矛盾调处中心的基础上，至3月28日止，其余8个乡镇按标准相继成立了社会矛盾调处中心，并正常开展工作，提前完成了县乡全部建立的工作任务。县、乡社会矛盾调处中心充分发挥职能，协调联动各部门，成功地调处了龙川镇刘天才与段兴福因车辆买卖引发的群体性纠纷、史仕荣非正常死亡引发的重大纠纷，沙桥镇向阳村委会村民因坟山之争引发的群体性纠纷，罗武庄乡因集镇引水取水引发的重大群体性纠纷，雨露乡因水库淹没农田引发的群体性纠纷等，以司法局（所）为依托的大调解工作格局逐步形成。年内，县乡社会矛盾调处中心共调处各类重大纠纷70件。

【基本素质教育】 2001年6月起，组织开展了司法行政系统基本素质教育培训，主要内容包括政治理论、业务知识、司法行政、行为规范、知识技能等。11月13日至17日，组织全体干警参加了全州司法行政系统基本素质教育培训，18日至19日，26名培训对象参加了全国司法行政系统基本素质教育统一考试。

【轮岗交流】 2001年，为提高干警综合素质，采取上挂煅炼、轮岗交流等方法，不断提高干警综合技能。上半年，抽调罗武庄、五顶山司法所长到县局办公室上挂煅炼；5月，指派龙川所经验丰富的干警驻点五街所指导协助开展工作；6月，抽调五街所干警到龙川所煅炼学习；11月，五顶山司法助理员交流到马街所，兔街所干警交流到五顶山所，有效地提高了干警的综合技能。

【配合“严打整治”斗争】 2001年，根据县委的统一安排，及时成立以局长为组长的“严打整治”斗争领导小组，制定实施方案，对全局干警参与全县的“严打整治”斗争实行统一领导，各股、室、处、所充分发挥作用，积极配合搞好“严打整治”斗争。4月至5月，抽调了6名干警深入龙川、沙桥、一街、红土坡4个重点整治乡镇指导和参与“严打整治”斗争，取得了阶段性的成果。年内，县局挂点联系的2个乡镇、5个村委会、7个小区的综治创安工作，未发生影响社会稳定的重大事件。全局16名干警应聘担任县乡中小学校的法制教育工作副校长。

【“四五”普法】 2001年，是“四五”普法宣传启动之年。为使“四五”普法工作顺利开展，建立健全了县乡“四五”普法工作领导小组112个（县级1个、乡镇12个、县属部门54个、企事业单位45个），有专兼职工作人员241人，订购普法读本6240册，发放农村“四五”普法“四字经”挂历19630份，层层举办普法骨干培训班155期（其中县级1期167人，乡级24期1125人次，村级130期14563人次），召开会议286次，电影录像宣传72场次，法制宣讲271场，上法制课721场次，张贴标语5483条，组织法律知识竞赛25次，开展咨询活动43次，散发宣传资料33000余份，出动宣传车23辆次，举办法制专项展览12次。年内，普及了《民族区域自治法》、《预防未成年人犯罪法》、《产品质量法》、《公路法》、《执业医师法》、《传染病防治法》、《会计法》、《广告法》、《婚姻法》、《电信条例》、《国务院娱乐场所管理条例》、《国务院教师资格条例》、《云南省统计管理条例》、《云南省土地管理条例》、《云南省查处窃电行为条例》、《云南省法律援助办法》等16部法律法规。全县普法对象171024人，参学142635人，参学率为83.4%。11月初，组织教育、卫生系统普法统一考试，教育系统参考2097人，卫生系统参考556人，参考率分别达99.7%和99.5%。12月9日，州青少年法制宣讲团到南华县影剧院进行了法制宣讲，城区各校师生800余人听取了宣讲。

【“148”专线电话】 2001年3月，实现“148”电话直拨，全县“148”法律服务专线共受理各类案件705件，其中：接受电话168个，接待来访537件；调解纠纷153件，上门服务49件；分流至律师事务所264件、法律服务所144件、公证处2件，避免和挽回经济损失219.2万元，处置突发事件2件。

【矛盾纠纷排查】 2001年，全县共建立排查治理领导小组13个，制定排查治理方案13个，上报排查纠纷368件，调处360件，各司法所和调委会共排查各类纠纷272件，防止民间纠纷引起自杀1件1人，防止民间纠纷转化为刑事案件10件27人，防止群体性上访6件78人。创建“四无”（无民间纠纷引起自杀、无民事案件转化为刑事案件、无群众性械斗、无群体性上访）乡镇7个，企事业单位204个，行政村116个。

【司法行政】 2001年，全县12个司法所共受理纠纷171件，调解168件，代表乡镇人民政府作出处理决定14件，不服处理向人民法院起诉3件，协助调委会调解纠纷111件，制止群众性上访8件，制止群众性械斗6件，参加执法检查27次，参与“严打”专项斗争36人次，为基层政府提出司法建议21条，被采纳15条，协助基层政府制定规范性文件20个，宣讲法律163次，受教育人数达19719人次。年内，罗武庄司法所周茂章受省司法厅表彰。

【人民调解】 2001年，司法局先后在龙川镇东街村委会、徐营镇上庄科村委会、雨露乡罗文村委会建立了规范化调委会建设试点，设立了专门的办公室，对调委会的组织、制度、职责、纪律、台帐等进行了规范，各司法所按要求也在辖区内建立了规范化调委会建设试点。1月，龙川镇古城新村调委会建立，全县调委会达141个。全年141个调委会共受理纠纷996件，调解996件，成功925件，调解率、成功率分别为100%和92.8%，防止民间纠纷引起自杀13件23人，制止群众性械斗4件，防止群体性上访10件115人，出宣传栏282期，上法制课246场，受教育人数达56387人次。

【安置帮教】 2001年，“两劳”刑释解教回乡人员55名，落实责任田47人，从事个体经营1人。通过安置帮教，预防和减少了刑释解教人员的重新犯罪，年内“两劳”刑释解教人员重新犯罪5人。

【法律公证】 2001年，公证处共办理各类公证事项148件，其中：民事类72件，经济类76件，公证涉及总金额1546.2万元，为当事人避免和挽回经济损失5.1万元，接待群众来访64人次，处理来信5件，收取公证费40850元，经过公证的合同履约率达98%以上。

【律师服务】 2001年，律师事务所共担任常年法律顾问12家，为顾问单位审查修改合同25件，提供法律咨询92次，参与诉讼23件，涉及标的90多万元；承办刑事辩护案件48件，辩护意见被法院全部采纳率为36.8%，部分采纳率为59.6%；代理民事经济案件63件，比上年增加25件，增长28.4％，为当事人挽回经济损失90余万元；法律咨询306人次，代写法律事务文书156件。

【法律服务】 2001年，经上级批准，新成立法律服务所5个，使全县法律服务所达13个。年内，31人通过了全国乡镇法律服务工作者资格统一考试，取得了资格证，有6人经过考核取得资格。13个法律服务所担任了15家法律顾问，代理民事诉讼案件27件，非诉讼代理7件，调解纠纷94件，协办公证23件，办理见证78件，代写法律事务文书143件，解答法律咨询953人次，为当事人避免和挽回经济损失90万元，业务收费16500元。

【法律援助】 2001年，法律援助中心共承办法律援助案件90件，其中：律师事务所办理31件，各乡镇法律服务所办理59件。

（刘正雄）

交警大队

【简述】 2001年，南华县公安局交通警察大队，按照上级公安机关的统一部署，深入开展了“三项教育”活动，充分发挥公安机关的职能作用，在全县范围内开展了声势浩大的严格整治斗争，严厉打击盗抢机动车犯罪活动，严格整治各种交通违章行为，全力保障全县社会政治稳定和道路的安全畅通，西部大开发战略的实施，为促进改革开放和经济建设作出了积极的贡献。

【交通安全与事故处理】 2001年，全县辖区共发生道路交通事故140起，死亡24人，受伤80人，直接经济损失28610元。其中：特大事故2起，重大事故13起，一般事故67起，轻微事故58起。

【特大交通事故】 2001年1月13日，南华县农资公司经理周恩章，驾驭该公司的云E·08558号吉普车（车内乘载5人，由马街乡驶往南华县城），在行至大蛇腰至罗武庄公路K8+550米处时，因操作不当，车辆向左跑偏差11米后驶出道路左侧，翻下距公路28米的干涸河中，造成4人死亡（含驾驶员本人）、1人受伤、车辆报废的特大交通事故。

2001年12月26日，南华县红土坡镇计生办张万友（无驾驶证），驾驶南华一街野猪塘煤矿云E·00170号吉普车（车主胡登艺，车内乘载5人），由南华驶往红土坡，14时30分，行至南景线（南华至景东）K32+600M处时，因张万友对路面情况估计判断失误，操作不当，车辆驶出有效路面后翻下距公路88.5米深的山箐中，造成当场死亡3人，重伤2人，车辆严重受损的特大交通事故。

【严打整治】 2001年，按照大队上级公安机关严打整治斗争的一系列工作部署，采取全面出击、重点排查、集中整治的方法，首先集中警力整治五街和天申堂两个乡在交通管理工作存在的问题，打开突破口，然后再向全县辖区稳步推进。在开展严打行动中，共投入警力650人次，出动车辆192台次，全县共清理排查出无证机动车296辆，查获涉嫌被盗抢摩托车5辆，抓获犯罪嫌疑人2人。到11月底，全县已按规定办理注册登记各种无牌无证机动车345辆，其中：汽车12辆，农用车6辆，摩托车183辆，轻便摩托车5辆，农机部门办理拖拉机落户挂牌43辆，待挂农作牌96辆，报废51辆，5辆涉嫌被盗抢摩托车已移交刑侦部门办理。

【整顿交通秩序】 2001年，在县政府的统一领导下，以工商、城建、粮食、物价等部门密切配合，组成联合执法机制，严格整顿和规范城区交通秩序，彻底清理320国道南华城区野生菌市场和龙泉路交叉路口建材市场，取缔了农用车、拖拉机在城区道路停车待货、乱停乱放等违章行为。共投入警力650人次，查处城区道路的各种交通违章1712人次，确保了城区道路的畅通。同时，按照支队的统一部署，从9月份开始在全县辖区道路上先后开展了5次集中整治严重交通违章统一行动。共查处交通违章3315人次，其中：按一般程序处罚的845件，当场处罚2390件，受理案件后当事人未来接受处罚的积案80件，记分364人次，行政拘留1人。

【交通安全宣传】 2001年，按照国家12部委《关于加强交通管理法制宣传教育工作的通知》要求和楚雄州公安局、中共楚雄州委宣传部、楚雄州教委《关于开展2001年小学生“交通安全宣传周”活动的通知》，先后进行了“五月交通安全宣传月”、“小学生道路交通安全知识竞赛”等重大活动，在10月12日的竞赛中，雨露乡中心小学、龙川镇中心小学、龙川小学的代表队获得前三名，有1000多名师生参加了竞赛大会。

【机动车辆与驾驶员管理】 2001年，共办理各类机动车注册491辆，机动车定检1589辆（其中上线检测摩托车579辆），办理各类驾驶员检审2361人次（其中汽车类524人次），补办各类遗失牌证59本（块）。全年共培训汽车驾驶员119名，摩托车驾驶员559名，拖拉机增驾34名。

【规范化建设】 2001年，按照州交警支队的规划和部署，在规范化建设中，结合机关效能建设和县公安交通管理工作的实际，本着先易后难、逐步完善，整体推进的原则，逐步建立了各项规章制度。一是设立了警务公示牌。二是完善办事公示制。三是制定了服务承诺措施。四是初步建立了各种内部管理制度。五是严格实行警务公开和亮证收费制。

【规范档案管理】 2001年，制定了档案管理办法和各种规章制度，已整理归档的文书档案66件卷，事故档案227卷，秩序档案16卷（每卷有20起案件），车管档案11835卷，财务档案30件、科技档案10卷。经县档案局考评验收，达到C_2级标准。

（白万兴）

中国人民解放军南华县武装部

【简述】 2001年，南华县人民武装部坚决贯彻落实中央军委新时期军事战略方针，以临战的姿态和高度的使命感，努力做好连锁反应下的军事斗争准备，按照分区党委确立的“打牢基础、团结进取、开拓创新”的工作思路，以提高全县民兵预备役部队的战斗力为标准，把思想政治建设放在各项工作首位，以抓好民兵预备役建设为中心，以从严治军，依法严格管理为重点，把“两个经常性”工作捆在一起抓，通过大力加强党委班子建设和干部队伍建设，充分发挥党委的核心领导作用，为促进南华县的经济建设和国防后备力量建设作出应有的贡献。

【政治工作】 2001年，始终把抓党委“班子”

自身建设作为政治工作的主要内容:一是进行四个专题的学习；二是狠抓“三个教育”；三是按照江主席提出的“十六字”方针要求，加强民主集中制建设；四是完善和修订各项规章制度；五是抓好干部、职工的管理教育。在部党委的领导和带领下，以“四个管好”和“三个不发生”，过好“三关”创一流为标准。全体军官、职工和民兵通过政治教育和强有力的“两个经常性”工作，坚定了理想信念，政治敏锐性和政治鉴别力得到增强，思想觉悟得到提高，能自觉地以大局为重，个人利益服从党和人民的利益，自觉抵制“酒绿灯红”的影响和腐朽思想文化侵蚀的能力得到增强，保证了所属人员在政治上、思想上和行动上自觉同党中央、中央军委保持高度一致，自觉遵守国家的法律、法规和军队的条令条例，全体军官和职工思想稳定，工作积极，服从管理，听从指挥，保证了年度工作任务的圆满完成，确保了全年度无案件、无事故、无严重违纪行为。

【军事工作】 2001年，部党委根据分区年度军事工作指示，紧紧围绕“打得赢”为目标，认真做好连锁反应下的军事斗争准备的人武工作。6月完成了分区在南华组织进行的“高技术局部战争兵员快速动员”的课题研究和室内战术作业；军事科修订完善了“维稳方案”、“抗震救灾方案”、“抗洪抢险方案”、“森林灭火方案”等9个方案；圆满完成了全年度军事工作任务。

【民兵军事训练】 2001年，部党委根据楚雄州人民政府、军分区“关于在全州民兵军事训练中加强农业科技知识培训的通知”、“2001年民兵军事训练指标”精神，及时与县政府共同研究制定了南政发[2001] 5号文件《南华县人民政府关于2001年民兵军事训练安排的通知》，以《民兵工作条例》和《民兵军事训练大纲》为依据，以质量建设为核心，以提高战斗力为标准，坚持训用一致，突出重点，分类施训，注重实效的原则，着眼于未来“战场”、“市场”的需要，按时、保质、保量完成了民兵训练任务。在训练内容上，以共同科目和农业科技知识培训为重点，抓好民兵的队列、射击、投弹、警棍、盾牌术和步兵班进攻战斗动作等训练。在训练中，保证了训练时间、内容、人员、质量的“四落实”。通过分区考核验收，合格率达100%；7月份，军事科牵头，组织各乡（镇）武装部实施民兵组织整顿，圆满完成上级军事机关下达的民兵组织整顿任务。

【后勤工作】 2001年，认真贯彻落实两级军区和分区有关指示精神，积极适应工作重心从“保生活、保战备急需”到“一保战备、二保生活”转变，努力做好军事斗争后勤准备，坚持“党委当家、部门理财”和“联审会签”的军政主官双控制度和“五总五控两审、双兑现”，以实现“保障有力”为目标，在经费极度困难和欠款的情况下，先后投资6.8万元，开展基础设施建设，其中：投资3.8万元维修公共设施和食堂；投资0.3万元种植花草；投资2.7万万元维修武器仓库围墙及堡坎、安装脉冲电网。

【征兵工作】 2001年10月16日开始，根据州政府征兵命令和有关精神，各级党委、政府高度重视，社会各界大力支持，以确保兵员质量为核心，严把体格检查、政治审查、审批定兵等关口，于12月20日圆满完成了州政府和军分区下达的121名新兵征集任务。

【抗洪救灾】 2001年8、9月份，南华境内连降暴雨，天申堂、五街两乡告急，在县委、县政府的大力支持下，县人武部党委及时组织人员赶赴现场，依据“抗洪救灾”方案，先后出动车辆8台次，组织民兵150人次投入抗洪抢险战斗，派出民兵20人昼夜监视危险水库，险情得到及时排出。县人武部干部，职工捐款880元、捐赠衣物55件套，及时送到灾民手中，受到县委、政府和当地人民群众高度赞扬。

【领导视察】 2001年6月，云南省军区副司令员张志军一行5人，在分区赵学良参谋长陪同下，检查考核验收南华县沙桥民兵应急分队快速集结和“高技术局部战争兵员快速动员”的课题研究和室内战术作业。

（游远明）

武警南华县中队

【简述】 2001年，武警南华县中队在上级武警部队和地方党委、政府的领导下，认真学习贯彻江泽民“三个代表”重要思想和党的三代领导核心关于武警部队建设重要论述，按照《纲要》狠抓基层建设，中队建设再上了一个新台阶，圆满完成了以执勤和处置突发事件为中心的各项工作，为维护地方的社会稳定和经济发展作出了积极的贡献。

【思想政治教育】 2001年，武警南华县中队紧紧围绕新形势下永葆人民军队政治本色的使命，认真组织官兵开展了以“永远做党和人民的忠诚卫士”为主题的四个教育，高唱《军人道德组歌》，用《军人道德规范》规范官兵的言行，克服“酒绿灯红”对官兵思想的影响，牢固树立居安思危的忧患意识，打牢了思想根基，树立了全心全意为人民服务的思想。

【执勤工作】 2001年，武警南华县中队按照《基层正规化执勤检查验收标准》的要求，主动与南华县看守所开展“共建、共管、共保安全”活动，狠抓执勤基础设施和防逃制逃工作的落实，下大力搞好官兵专勤专训、情况处置、哨兵防袭击和一招制敌能力的训练，中队官兵每天合计执勤144小时。此外，积极配合南华县公安局执行押解勤务4次，严打期间出动兵力120人（次），协助南华县人武部和南华县交警大队堵截违规军车2次。年内，被武警云南省总队评为《基层正规化执勤先进单位》。

【军事训练】 2001年，武警南华县中队以提高能力保中心为目标，扎实开展军事训练，把军事训练作为一项经常性的工作，重点抓好干部、骨干的军事素质，培养训练尖子，在常规科目训练的基础上，新增加一些体能动作的训练，提高综合防范能力，经支队年终考核取得了优异的成绩，为圆满完成执勤、处置突发事件和平时的重大临时勤务打下了坚实的基础。

【后勤保障】 2001年，武警南华县中队把后勤规范化管理列入议事日程，不断完善营房营具，加强农副业生产，管理好中队现有的1.5亩菜地，为官兵种植蔬菜8个品种，产菜374公斤，养猪出栏5头，改善了官兵的物质生活。

【警民共建】 2001年，武警南华县中队认真开展警民共建活动，每逢节假日，在粮贸街、公安局大门口南大巷进行卫生大扫除。年内，为南华县安装博览图书报刊亭2个，协助南华县工商局打假缉私4次，为失学儿童捐款1388余元，为南华一中军训学生490余人，为西街吴桂英老人做好事17余次，为南华县人武部军训民兵367余人，受到当地领导和人民群众的赞誉。

【立功受奖】 2001年，武警南华县中队被武警云南省总队评为基层建设的标兵中队，并记集体三等功，1名战士荣立三等功，6名战士被评为优秀士兵，10名战士受支队嘉奖。

（鲁加庆）

武警南华县消防大队

【简述】 南华县公安局消防大队在各级党委、政府、公安机关的领导下，深入贯彻《中华人民共和国消防法》和《云南省消防条例》，以支队规范化建设为重点，不断提高全体干战消防监督管理水平和灭火救援，坚持“火怎么灭，兵就怎么练”的指导思想，始终贴近实战，坚决遏制重大火灾的发生，全年共发生火灾4起，直接经济损失18441元，分别比上年下降55.56%和71.96%，全年无伤亡，为南华县经济发展和社会稳定提供了有力的消防安全保障。

【执勤训练】 2001年，结合县城区火灾特点，进行演练，使干部战士掌握各种火灾的扑救方法及扑救措施，严格按照消防部队灭火救援的要求，实地进行演练，做好“两册一图”（重点单位概况册、性质册、水源交通图）和抓好县城区“五熟悉”（道路、水源、交通、重点单位性质、建筑构造）工作，加大战术训练和应用性的力度，并制定消防水源管理规定以及责任区消防水源档案资料的整理，不断提高整体灭火救援能力，为全县的经济发展和社会稳定创造了一个良好的消防环境。

【开展岗位大练兵】 2001年，全体干部战士严格按照支队司令部的要求开展训练，做到时间、内容、地点、科目进行分段训练；全年共训练120个课时，学习理论60天，在训练中掀起了“比、学、赶、帮、超”的训练热潮，以优异的成绩支持了支队规范化建设。

【消防监督】 2001年，共审核建筑工程27个，验收20个。对消防重点单位进行定期检查4次，检查了影剧院2家，体育馆1个，录像厅7家，卡拉OK厅44家，电子游戏厅7家，加油站、油库、石油液化门市17个，桑拿浴室1家，宾馆、旅店20家，餐馆12家，商场、市场13家，美容、美发厅33家，烟叶站9个，网吧16家，足健馆3家，学校36所，医院17所，32个粮库粮点，22个重点防火单位共计292个场576个部位。共查出火灾隐患1761条，当场整改1000条，限期整改761条，强行拆除多年来存在的重大火灾隐患的“钉子户”张启文危房，责令2家录像室限期搬迁，处罚群众举报违反消防安全管理的粮贸街昆鹏液化气门市部。全年共进行消防行政处罚4次，罚款1600元。

【消防安全培训及宣传】 2001年，认真开展

《消防法》、《云南省消防条例》的宣传，充分发挥新闻媒体的作用，在旱季防火期间及“119消防日”、五月安全生产周等期间，掀起消防宣传高潮，切实组织好“我与消防”征文及“119消防日”消防知识竞赛活动。年内，共在报刊、电台（广播站）电视台播出稿件15篇；印发各种宣传资料7730份；张贴宣传画（标语）1016幅；开展消防影视宣传1次，受教育1000人次；举办消防图片181（天）次，受教育63000人次；出动宣传车进行消防宣传16次，受教育7500人次；设立消防宣传咨询站2次，受教育11000人次。

【消防重点单位管理】 2001年7月13日至15日，组织经营易燃易爆物品和公众聚集场所的119家消防安全重点单位法人代表、安全负责人及其他管理人员近440人，进行为期3天的消防安全知识培训和灭火演练，共印发《石油液化气消防安全知识》、《油品及储罐消防安全知识》、《公众聚集场所消防安全知识》1200余份，发放《消防法》、《云南省消防条例》、《云南省消防管理处罚规定》、《公共娱乐场所消防安全管理规定》、《易燃易爆化学物品消防安全管理规定》2000余份；在灭火演练中使用灭火器200具，烧燃油480多升。

【拥政爱民和警民共建】 2001年，武警南华县消防大队官兵“视人民为父母，视驻地为故乡”，积极为驻地排忧解难。年内，为人民群众做好事450多起，出动干部战士130多人次，出动车辆30台次，节假日组织打扫街道卫生11次，挖排水沟400多米，参加义务植树350多株，向军烈属、孤寡老人和贫困地区捐款3100元，邀请县五套班子领导和驻军及有关部门领导200多人，参加“八一”公众聚集场所专项座谈会，增强军政、军民团结，密切军政、军民关系。

【“两化”创优活动】 2001年，切实加强“两化”（防火规范化、基层目标化）建设，使广大干部战士的精神面貌、思想工作作风及各种建设都有明显的转变。11月经支队考评取得第三名，受到支队表彰，大队受支队嘉奖并获第三名，1名干部在岗位练兵考核中荣立三等功1次，2名战士报支队党委批准为优秀士兵，3名士兵被大队嘉奖。

（赵国祥）

经　济

——优质烟（王兆登 摄）

经　济

经济管理

发展计划

【机构】 2001年12月，经中共楚雄州委、州人民政府对《南华县机构改革方案》的批复决定，南华县发展计划委员会更名为南华县发展计划局，是县人民政府的组成部门，是县人民政府管理、研究和调控全县国民经济和社会发展战略、规划、总量平衡、结构调整、物价、粮食管理的综合宏观经济职能部门。

【以工代赈工作】 2001年，县以工代赈办公室继续组织实施好2000年以工代赈工程，总投资471.11万元，其中：国家代赈资金325.5万元。省级配套145.61万元，全年完成五顶山“七·六”水库输水管道架设8.54km；建成日处理水量800.2立方米的徐营镇水厂，架设输水管道8398m；架设兔街乡集镇供水输水管道13250m，新建蓄水池4个；完成南景公路分水岭至红土坡四级路改造45.6km，并通过州交通局技术验收。经对乡镇上报以工代赈项目筛选，提交县以工代赈领导小组审定，组织上报2001年以工代赈重点工程项目15项，计划总投资1701万元，其中：交通建设2项，投资920万元；水利建设9项，总投资741万元；农田建设4项，投资40万元。2001年，经县以工代赈办公室积极与省州计委衔接争取，得到国家及省州扶持资金465万元：（1）2001年度以工代赈扶持资金400万元，其中：国家、省级资金287万元，州级计划配套资金113万元；（2）以工代赈办公室组织有关部门编制了五顶山和罗武庄两个乡的畜牧扶贫工程项目建议书，并通过州级评审，项目总投资115万元，下达资金65万元，其中：国家、省级资金50万元，州级计划配套15万元。

【以工代赈片区综合开发】 2001年3月，县以工代赈办公室组织完成《南华县2001年以工代赈片区综合开发建设项目可研报告》及《实施方案》的编制上报工作，并通过省州专家组评审。项目计划总投资430万元，已下达项目扶持资金400万元，其中：国债资金330万元。项目区域为雨露乡的铅厂、大村、镇模河和徐营镇的二街四个村委会。建设内容为：（一）基本农田建设：坡改梯1000亩，配建小水池1000个，中低产田改造700亩，投资62.5万元；（二）水利建设：新修引水沟渠3.5km，小坝塘病险处理25件，人畜饮水工程10件，治理河道2000m，投资108.5万元；（三）交通建设：新修乡村公路20km，恢复路面33km，投资73万元；（四）林业建设：营造速生丰产林1500亩，经济林1500亩，封山育林22000亩，投资115万元；（五）能源建设：建沼气池1100口，节柴灶500眼，投资87.5万元；（六）建永久性标志碑10座，投资1.5万元。

【易地扶贫搬迁】 2001年7月，为争取南华县列入云南省西部债券易地扶贫安置工程试点县，由县计委组织编制了《云南省南华县2001年国家西部易地扶贫安置试点工程项目可行性研究报告》，经初评修改，已完成《可研报告（修订本）》上报省计委。该项目覆盖五顶山乡和一街乡的12个村民委员会329户，1329人，项目总投资886.9万元，其中：请求中央补助664.5万元，省、州及群众投劳折资222.4万元。

【投资计划管理】 全年完成限额内固定资产审批46项，投资额2996.12万元，其中：全民基本建设项目35项，下达投资计划1548.12万元；乡镇集体、个体建设项目11项，下达投资计划1448万元。限额以上上报项目5项，投资额8672万元。

【项目编制上报工作】 2001年，县发展计划委员会组织有关部门完成了《南华县龙川镇城镇改扩建配套工程项目建议书》、《南华县生态垃圾处理厂项目建议书》、《南华县沙桥经济综合示范镇项目可行性研究》、南华县五顶山、天申堂两乡《小城镇建设项目建议书》、《南华县生物药业建设项目建议书》等投资项目的编写工作，同时上报省州重点投资项目25项，总投资9360.6万元，请求上级补助资金3085.75万元。为提高项目上报质量，规范项目前期工作，使更多项目列入国家、省、州计划"盘子"，经报请县委、政府同意，南华县发展计划委员会于10月9日至11日举办全县首期项目前期工作培训班，全县12个乡（镇）的乡（镇）长、分管副乡（镇）长及业务人员共计120人参加了培训。10月县发展计划委员会按照《南华县人民政府关于加强项目前期工作及编制2002年上报项目的通知》，抽调各股室工作人员，组成2002年项目调研组分别到天申堂、沙桥、徐营、雨露、龙川等乡（镇）对涉及全县农、林、水、能源、交通、小城镇建设、社会、教、科、文、卫等各项事业项目239项进行筛选论证，经11月12日县长办公会议初步审议，确定2002年全县上报项目120项，其中：城镇建设4项，水利建设21项，示范基地建设10项，片区开发4项，生态综合治理4项，能源交通建设19项，电力通讯7项，社会文教卫生20项，易地扶贫搬迁3项，其他建设28项，总投资3.64亿元。

【国家生态建设工程】 2001年，南华县生态建设办公室组织有关部门完成《国家生态环境建设工程项目南华县2000年度施工作业设计》、《国家生态环境综合治理工程南华县2001年实施方案》、国家生态环境建设综合治理工程云南省南华县雨露乡2001年（沼气池建设工程）《实施方案》及《施工作业设计》、《南华县2001年生物工程施工作业设计》等项目材料的编制上报工作。同时，会同有关部门完成毛板桥水库除险加固工程项目、南华县2001年节水农业标志性工程示范项目和南华县天然草原植被恢复建设与保护项目的前期工作。组织实施好2000年度（龙川项目区）生态建设工程，年末已通过县级预验收，其中5件为优良工程，完成总投资276.359万元，其中：（1）生物工程完成人工造林98公顷，完成计划的100%，完成封山育林1350.97公顷，完成计划的100%；（2）水利水保工程：完成拦沙坝5座，谷坊2座，沟渠1条，挡墙1件，共完成工程量7863.8立方米，完成计划的48.9%；（3）基本农田建设完成坡改梯11.78公顷，完成计划的117.8%，完成配水工程4件，容量2630立方米；（4）农村能源建设工程完成沼气池308口，完成计划的101%。

【能源交通】 2001年，南华县被列为全省19个农村电网改造重点县之一。县计委配合电力公司对全县12个乡（镇）进行了规划上报，拟新建10KV线路144.33km，新建400V线路490.75km，配套户表安装26301户，计划总投资2654.03万元。已下达省级资金1725万元，部分乡（镇）已完成工程设计开工建设。县计委参与组织实施了南景公路红土坡至分水岭改扩建工程，该工程于2000年12月开工建设，2001年6月顺利通过州、县两级验收，改扩建四级路面45.6km。2001年，县计委筛选上报能源交通类项目15项，总投资3360.8万元，其中：通讯类项目5项，投资1221万元；交通类项目6项，投资1261.7万元，能源类项目4项，投资828.1万元；电力类项目1项，投资50万元。年内已下达项目补助资金43万元。

【社会事业】 2001年，县计委结合地震恢复重建、中小学排危工程、校点收缩等政策导向，对全县科学、教育、卫生上报项目进行筛选论证，并积极组织项目乡（镇）和项目单位编写、修改项目材料，加强与省州项目衔接，上报州计委的20个项目已有13个项目被转报国家或省计委。年末，被国家、省、州计委列为社会事业类重点扶持项目5个，下达补助资金106万元。同时，配合卫生部门做好"十五"期间项目的编审上报工作。

【对外经济贸易】 2001年，全县引进绿色食品加工、种（养）业加工、林业优质种苗培植、成品油销售、采矿5个外资项目，实际投入资金300万元。县计委会同有关部门组织参加了2001年昆交会，达成合作项目2项，协议投资600万元；外贸出口1项，签订贸易出口额105万美元；6月，县计委组织有关人员参加了2001年上海国际控股项目及农业化投资合作洽谈会，达成了5个意向性合作项目协议。

【矿产资源管理】 2001年，县矿产资源管理办公室查处非法运输矿产品案件6件，关闭砂石料厂4个，没收矿产品2件价值1800元，现场处罚违法案件4件，罚款200元，关闭了不具备开采条件的煤矿2个，炸封个体私挖滥采小煤窑11口。全年收取矿产资源补偿费7.4万元，全额上缴国库。圆满完成采矿许可证换证工作，换证率、持证率均达100%。

【综合经济计划编制】 2001年，县发展计划委员会做好全县综合经济计划的编制、分析和预警预报工作。（1）编制“十五”计划草案。2月，编制完成《中共南华县委关于制定国民经济和社会发展第十个五年计划的建议（草案）》及其《说明》，提交县委九届四次全会审议。根据县委全会通过的《建议》，编制完成《南华县国民经济和社会发展第十个五年计划纲要（草案）》及其《说明》，并于3月提交政协南华县五届四次会议和县人大十三届四次会议，经县人大十三届四次会议审议通过，下发全县执行。（2）编制完成《2000年国民经济和社会发展计划执行情况及2001年计划安排（草案）》，并于3月提交县人大十三届四次会议审议通过。（3）着手编制《2001年国民经济和社会发展计划执行情况及2002年计划安排（草案）》。（4）按季度编制《南华县季度经济运行情况分析》，向县委、政府提供经济分析和预警预报。

【计划执行结果】 2001年，经全县各族人民的共同努力，基本实现县十三届人大四次会议批准的宏观调控目标和经济社会发展的主要任务。全县完成国内生产总值6.27亿元，完成年初计划6.19亿元的101.4%，比上年增长8.1%。其中：一产业完成2.97亿元，完成年初计划2.95亿元的100.6%，比上年增长3.8%；二产业完成1.29亿元，完成年初计划1.34亿元的96.2%，比上年增长5.1%；三产业完成2.01亿元，完成年初计划1.90亿元的106%，比上年增长17.6%。（1）农业和农村经济全面发展。全年投入支农资金2574万元，占全县财政总支出的16.7%，完成各类水利工程3694件，新增灌溉面积3845亩，改善灌溉面积3.9万亩，改造中低产田3275亩，解决了3.27万人和6100头大牲畜饮水困难。粮食总产量9656万公斤，完成年初计划9578.4万公斤的100.8%，比上年增长0.8%。全年种植经济作物6.61万亩，比上年增加0.49万亩，增长7.9%，其中：种植烤烟4.38万亩，增长9%，收购烟叶614.51万公斤（含出口备货26.61万公斤），中上等烟达87.7%，收购均价9.58元。粮经种植比例由上年的78：22调整到74：26。实现牧业产值1.54亿元，比上年增长7%。乡镇企业实现营业总收入11.83亿元，完成年初计划11.70亿元的101.1%，比上年增长24.1%。实现农业总产值4.54亿元，完成年初计划4.49亿元的101.1%，比上年增长3.4%（按可比口径计算）。年内，解决1万多农村贫困人口的温饱。年末农民人均纯收入达1580元，完成年初计划1575元的100.3%，比上年增长4.4%。（2）国有集体企业改革与发展取得阶段性成果。年内，按照突出重点、分类指导、一企一策的原则，推进县百货公司、县食品公司、县贸易公司和县锌品厂等10户重点企业的改革步伐。全县实现工业总产值2.66亿元，完成年初计划2.93亿元的90.6%，比上年增长1.6%。在工业总产值中，县属企业完成1785万元，比上年减少29.1%；乡镇企业（含个体私营）完成2.09亿元，占全县工业总产值的78.8%，比上年增长7.6%，乡镇企业的发展有力地支撑了全县工业产值的稳步增长。（3）经济结构调整步伐明显加快。一、二、三产业增加值比重由2000年的48：23：29调整为47：21：32。“八大基地”建设完成种植面积5.8万亩，水产养殖0.75万亩，外销大牲畜1.4万头（匹）。调整所有制结构，非公有制经济增加值占国内生产总值的比重，由去年的25%提高到25.5%，非公有制经济社会消费品零售总额和工业产值分别占到了全县的52.4%和65.7%。扩大对内对外开放，新引进锦星山庄、楚雄裕雄石涧矿泉饮品公司南华旅游养殖分公司等外商投资项目6项，批准计划总投资1168万元。至年末，县外投资企业上缴县内税收达200多万元。实施小城镇发展战略，启动城镇基础设施建设项目6项，竣工4项，启动乡镇小城镇建设项目，竣工2项。（4）重点工程进展顺利。全年共争取上级扶持项目62项，争取资金7984.5万元，同比增长35.6%。南景公路分水岭全红土坡段改造工程，国家生态环境火星小流域建设工程（含县城东西小河治理），徐营、兔街集镇供水工程，天申堂、五顶山小城镇一期工程建设，县城百货街建设工程、天保工程等一批重点工程相继完工投入使用，新开通县城市话小灵通和红土坡、罗武庄两乡10个行政村程控电话，在龙川、沙桥、徐营、雨露、五顶山、天申堂等乡镇新建成10个移动通信基站；第二期农村电网改造工程、以工代赈徐营、雨露两个乡片区开发、沙桥国家经济综合示范镇建设、罗武庄集镇供水工程、兔街小城镇建设等一批工程相继开工建设；“1·15”地震恢复重建工程基本完工，并通过了州级验收；项目前期工作切实得到了加强，县城商住小区开发建设、五顶山、一街两乡易地扶贫搬迁、毛板桥水库除险加固等项目前期工作顺利完成。全年完成固定资产投资1.54亿元，完成年初计划1.87亿元的82.1%，同比减少13.6%（年初计划已含南永公路南华段2001年完成的投资4000万元左右，现已不能纳入县级统计，扣除此因素，县级固定资产投资计划为1.47亿元，已超额完成任务）。（5）地方财政自收收入完成4880万元，完成年初计划4385万元的111.3%，比上年增长13.6%，实现了自1998年烤烟“双控”后的首次恢复性增长；

地方财政总支出完成15391万元，比上年增支2809万元，增长22.3%。金融机构各项存款余额达7.36亿元，比年初增加1.85亿元，增长27.5%；各项贷款余额3.25亿元，比年初减少0.12%。全年完成社会消费品零售总额1.69亿元，完成计划1.66亿元的102.1%，比上年增长8.3%。年末，城镇居民人均可支配收入达6307元，比上年增长5.6%。（6）社会各项事业全面进步。年内组织实施科技试验、示范、推广项目16项。全年投入教育经费3682万元，占财政总支出的23.9%，比上年增加463万元，用于改善办学条件的资金944万元，完成中小学校舍建设项目20项，新修和改善校舍面积1.4平方米，沙桥中心校搬迁、一中大礼堂拆除重建完工投入使用，雨露中心校教学楼开工建设，学校办学条件明显改善。全县人口自然增长率为8.37‰，比去年的9.28‰低0.91个千分点，实现了控制在10‰以内的目标。

（邹洪斌）

经贸管理

【概述】 2001年，县经贸委紧扣县委中心工作，深入贯彻落实州、县经贸工作会议精神，充分发挥“宏观调控、综合协调、行业管理”的职能作用，通过经贸委党委、行政班子和全委干部职工的共同努力，全县企业改革工作取得实质性进展，企业亏损攀升的势头得到有效遏制，市场建设、行业管理、安全生产，发展非公有制经济等方面工作有计划、有步骤、有重点地开展，并取得一定实效，实现了经贸工作的良好开局。

【财务主要指标】 2001年末，委属14户企业资产6326.53万元，负债总额5982.93万元，资产负债率94.57%。全年实现销售收入2832.47万元，比上年同期减少964.63万元，下降25.40%，其中：医药公司和一街无烟煤开发有限责任公司销售收入明显增加，分别增加了76.1万元和32.31万元。实现销售毛利227.25万元，比上年同期减少290.99万元，下降56.15%，获毛利最大的是医药公司和铸锅厂，分别为204.6万元和17.98万元。全年发生费用920.49万元，比上年同期增加133.29万元，上升16.93%，其中：管理费用586.33万元，比上年同期增加92.32万元，上升18.69%；财务费用160.67万元，比上年同期增加47.47万元，上升41.93%；银行借款余额2772.28万元，比上年同期增加47.08万元，上升1.73%；全年亏损580.15万元，比上年同期增加430.25万元，上升287.02%，亏损上升率比上年下降65.3个百分点，主要是食品公司增亏43.96万元、水泵厂增亏25.07万元、铸锅厂增亏37.31万元和锌品厂增亏262.91万元；职工工资324.37万元，比上年同期减少66.1万元，下降16.93%；存货892.06万元，比上年同期减少562.97万元，下降38.69%；应收帐款比上年增加206.1万元；流动资产3298.71万元，比上年同期减少409.64万元，下降11.05%；流动负债4989.36万元，比上年增加27.1万元，上升0.55%。缴纳税利179.22万元，比上年下降202.13万元，下降53%，人均税利额0.22万元。应收帐款周转率为2.6次，速动比率为0.3%。

【商品购销统计】 2001年末，百货公司、食品公司、贸易公司3户纯商业企业实现商品购进总额140万元，其中：从生产者购进137万元，比批发零售贸易业购进3万元；实现商品销售总额433万元，其中：零售261万元，批发销售172万元。服务业营业额为45万元；医药商品销售总额993.9万元；物资公司实现社会商品消费品零售额223.27万元。

其余7户工业企业共实现工业总产值（90不变价）599.5万元，比上年同期减少499.2万元，下降45.44%；实现工业总产值（当年价）1275.6万元，比上年同期减少762.7万元，下降37.42%；实现工业销售产值1249.6万元，比上年同期减少785.7万元，下降38.6%。

【产品产量】 2001年生产氧化锌粉2553吨，比上年同期减少1094吨，下降30%；生产无烟煤10000吨，比上年同期持平；生产水泵268台，比上年同期326台下降17.79%；生产三氧化二砷42吨，比上年同期696吨下降93.97%；生产服装0.0236万件，比上年同期0.2813万件下降91.61%；生产铸铁锅289.11吨/3.12万口，比上年同期412.556吨/4.29万口下降29.92%和27.27%；生产铸铁管643.243吨/13，201米，比上年同期2057.297吨/32867米下降68.73%和59.84%。

【工业企业】 2001年，经贸委所属7户工业企业完成销售收入1469.93万元，比上年同期2256.72万元减786.79万元，下降34.86%；上交税金94.63万元，比上年同期260.68万元减166.05万元，下降63.7%；实现利润-362.59万元，比上年同期9.21万元增亏371.8万元。

【商贸企业】 2001年，经贸委所属5户商贸企业完成营业收入145.37万元，比上年同期97.88万元，增加47.49万元，上升48.52%；上交税金12.66万元，比上年同期31.71万元减少19.05万元；实际亏损221.48万元，比上年亏损193.01万元，增亏28.47万元。

【国有小型企业开展“三讲”教育】 2001年，南华县成立国有小型企业“三讲”学习教育活动领导小组，县委副书记侯志荣任组长，县经贸委负责日常工作。经贸委及时制订了《关于在全县小型企业领导班子成员中开展“三讲”学习教育活动的实施意见》，从2001年7月20日开始，在县一街无烟煤开发有限责任公司和县华怡商贸有限责任公司两家国有小型企业中开展“三讲”教育。历时20天的学习教育，取得了明显成效。

【表彰奖励】 2001年，经贸委党委切实加强基层党组织建设，完善各项考核制度。通过不懈的努力，取得了很好的成绩。2001年7月，南华县锌品厂党支部被楚雄州委表彰为先进党支部，南华县华怡商贸有限责任公司董事长华建平被楚雄州委表彰为先进党员；2001年6月，南华县经济贸易委员会机关党支部被南华县委表彰为先进基层党组织，南华县经济贸易委员会机关支部书记、副主任李金章和南华县医药公司董事长自雄两位同志被南华县委表彰为先进党务工作者。

【墙改工作】 2001年，经贸委严格遵守墙改专项用费管理规定，严把收费审核和返退验收关，逐步规范墙改行为，理顺墙改秩序。2001年度共收取墙改经费22笔，计93892.88元，并足额上交州墙改办，用于新型墙材的推行、应用。

【职改职教】 2001年，经贸委积极开展企业职工的职称考核评定工作，全年共有98人申报工程系列和经济系列专业技术职称，其中：经济系列88人，申报师28人、助师45人、员15人，认定师28人、助师45人、员15人；工程系列10人（均属社会事业人员），申报助师10人，评审认定助师8人。

【昆交会引资活动】 2001年，南华县筛选组织绿色食品开发、城镇建设、企业转让等一批具有可操作性、条件成熟、具有招商引资吸引力的重点项目在2001年昆交会上推介。编印了2000册《共商合作互促繁荣—南华县招商引资集》到昆交会上发放，各项经贸活动和招商引资取得较好成绩，本届昆交会上签约4个项目，较上年增加1项，出口金额达405万美元，引资900万元。

【生猪定点屠宰】 2001年度，南华县城区和沙桥两个屠宰场共屠宰生猪13331头，其中：城区屠宰10733头，沙桥屠宰场屠宰2598头。上缴国税（营业税）239958元，上缴地税212496.12元。全年销毁不合格生猪产品两头。

【机构改革】 2001年12月，根据中共楚雄州委、楚雄州人民政府批准的《南华县机构改革方案》（楚字［2001］68号），原南华县经济贸易委员会更名为南华县经济贸易局，为县人民政府组成部门。南华县经济贸易局是负责调节全县近期国民经济运行的综合经济部门。机改后，南华县经济贸易局领导职数一正四副，现有在职职工24人，主要职责有11项，内设局办公室、县安全委员会办公室、法规综合股、企业体改技改股、能源交通股、中小企业股、贸易市场股、建材股8个职能股室。

【企业改革取得成效】 2001年，南华县进一步深化国有集体企业改革工作，县委从五大班子抽调专人，成立了企业改革工作领导小组，下辖3个工作组，区别改革条件成熟、改制条件暂不成熟和需深化改革三种类型，对重点企业进行分类指导，以点带面，推进企业各项改革。所属企业全年安置企业职工241人，其中：解除劳动合同186人，办理“三三制”下岗33人，22人办理退休，从而减轻了企业部分负担。通过改革，县医药公司、一街无烟煤开发有限责任公司、印刷厂实现了盈利，其余企业亏损上升的势头得到有效遏制，推动了全县企业改革与发展工作平稳发展。（一）南华县百货公司以盘活闲置资产，拍卖土地新建百货街为契机，筹集资金300多万元，推进企业改革。有82名职工自愿申请置换身份，支付安置资金220万元，减轻了企业的负担。剩余的26名职工每人入股1万元重新组建有限责任公司。（二）县粮食收储公司有19名职工自愿申请置换身份。（三）县食品公司是有45年历史的国有老企业，随着市场经济的发展和完善，已连续多年亏损，面临破产的严峻形势。县委、政府按照“置换身份，终止企业，大力发展乡镇企业”的思路，对食品公司进行彻底改革。公司44名在册职工中，有43名自愿申请置换身份后自由择业、终止劳动合同关系，1人下岗待退休，共支付安置资金175万元。同时，按照“定点屠宰、集中检疫、统一纳税”的原则，终止县食品公司后，新成立南华县生猪定点屠宰有限责任公司，让群众吃上“放心肉”。并按城市规划，将定点屠宰场从城区搬迁到城北效侯小山。（五）完成有限责任公司改制3户：南华县供电有限责任公司、楚雄交通运输集团有限公司南华分公司、南华县生猪定点屠宰有限责任公司共计入股金额达898.89万元。（六）南华县医药股份合作公司、南华县食品厂、南华县华怡商贸有限责任公司、南华县物资股份合作公司、南华县印刷厂5户原已改制的企业继续深化改革，安置分流职工16人。（七）县新型墙体材料厂、县锌品厂2户企业正着手股份合作制改革；县贸易公司、县铸锅铸管厂2户企业正着手股份制合作改制。

【规范和整顿市场经济秩序】 2001年，南华县贯彻国务院《关于整顿和规范市场经济秩序的决定》，成立“南华县整顿和规范市场经济领导小组”，下设办公室于县经贸委，负责日常工作；同时在各相关部门分别成立11个工作组；制定工作职责，明确责任单位及相应责任，做到组织到位、机构到位、人员到位、经费到位。全年参与整顿专项治理工作人员近200人。（一）整顿和规范市场交易秩序工作，查处无照经营和不亮照经营214户，罚款2060元；清理前置审批387户，吊销执照10户，变更登记15户；查处假冒伪劣商品案件605件；查处违法经营化肥62.3吨；捣毁制售伪劣卫生筷窝点1个，没收不合格卫生筷25000双；没收销毁过期变质食品2958袋，饮料2840瓶，洗发水202瓶，油漆49桶，假冒名牌皮带142根，袜子63双；收缴盗版碟片3658张，假丝棉被37床；查处制售假酒案件1件，没收不合格酒3428瓶散酒200公斤；打击查处走私倒买烟叶18起，价值20000余元；查处2起传销行为，依据工商法规分别对当事人给予700元、500元的行政处罚；查处楚雄交通运输集团南华分公司“强行搭售乘客意外伤害保险案”，没收违法所得290.36元，罚款10000元；打击拼装汽车行为，检查旧金属回收8户，汽车配件销售29户，汽车修理93户，汽车修理兼配件销售16户，同时对其中的46户进行整治，对个别废旧回收经营户收购的少量报废汽车配件进行了破坏性的处理。（二）税收整顿专项工作，国税和地税查出有问题纳税经营户397户，合计追缴各种入库税款696758.9元，其中补税52069.55元，滞纳金55003.75元，罚款121059.61元。（三）整顿矿业秩序，查禁违规开采及安全生产专项整顿工作，县专项整顿组炸封矿井2条，关闭“三无”和“四证”不全和不具备安全生产条件的矿井2条，发出禁采通知书483份，责令停产整改37户；南永公路沿线开采石料的128个石场，对水保、环保、生态有影响或无证开采的发出停止违法通知书98份，依法关闭石场98个，并为符合开采条件的砂石厂办理采矿批准书。另外，一街乡、红土坡、龙川镇检查矿山私挖乱采企业和个体共18户，清理关闭矿井13条，炸封违法矿井36条（口），制止私挖乱采案件11件，发出停止违法行为通知书23份。未发生矿山人员伤亡安全事故。（四）加强生猪定点屠宰管理，确保人民群众吃上放心肉。查处私屠滥宰行为4起，没收违法生猪产品86.1公斤，违法经营额200余元，并处罚款680元。（五）文化专项整顿工作，整顿组检查23次，出动检查人员184人次，出动车辆64辆次，检查各类经营场所4户，对1户经营户实施行政处罚，3户写出书面保证；排查娱乐场整改火灾隐患139条，收缴非法出版物书刊400余册，VCD光碟276片。12个乡镇综合专项组检查各类文化娱乐业60户，查处经营违章经营户10户，其中收缴销毁各种碟片1300多片，责令整改和规范歌舞厅5户，查处非法经营出版物2户，没收非法书刊30册。（六）质量技术监督整顿工作，查处各类违章经营户226件，其中：过期、标识不齐、不符合产品标准的有27件，产品质量案件138件，计量违法8件；锅炉压力器及特种设备违规11件，代码标识超期违规案件42件，罚款20.06万元，没收销毁伪劣商品货值金额7000余元，无复议申诉案件。（七）道路、水路运输专项整顿工作，检查车辆1600多辆次，查处违章车辆300多辆次，罚款金额7.9万元，追缴运管费6万元。查扣三轮摩托一辆，查处使用无效《道路运输证》车辆40多辆、偷、逃运管费车辆80多辆。（八）医药食品卫生专项检查，食品卫生方面查出各类违法经营行为141户，其中警告并责令限期改正65户次；责令停业整顿13户，取缔非法经营摊点6个；没收销毁“三无”、过期、变质食品38户次，共24类2758公斤，价值14000元；没收不符合卫生标准的一次性卫生筷17000双；处罚19户，共处罚金5320元，“三无”过期、变质食品已作公开销毁处理。医药市场查出各类违章案件24件，其中：没收17户次药品经销户及医疗机构过期药品88种，价值约18600元；取缔无证行医6起，无证经营药品摊点1个，没收违法经营药品12种，价值近400元；对1所未按规定处理使用后的一次性输液管的卫生室给予警告，并当场销毁所有已使用过的一次性输液管。（九）清理限制消费、妨碍流通及治理“三乱”工作，清除与国家法律、法规相抵触的文件6个，其中：县人民政府文件4个，乡镇文件1个，部门文件1个；清理整顿教育收费，减轻中小学生负担3.3万元；通过审验行政事业收费许可证，注销收费许可证21套，取消收费项目2项，为企业和农民减轻负担54万元；城建、交通、公安、卫生、水电等5个部门取消收费项目10项、降低收费项目3项，共减负65.7万元，同时，水电部门还免收2个企业和32个加水站的水资源管理费8.8万元，为企业减轻了一定的负担。（十）整顿和规范建筑市场秩序方面，检查建筑项目39个，应招投标的所有项目都进行了招投标，且招投标过程合法；设计勘察单位、施工单位、建设单位均未发现规避招标、招标弄虚作假、转包、违法分包、无证以及越级承接工程业务、签订阴阳合同现象的存在；39个建设项目的工程质量和施工安全做到有记录、有整改措施。截止10月共查出安全隐患60处，当场整改22处，限期整改38处，对违反施工操作规程30人次进行严肃查处。（十一）宣传报道专项工作共发布公告69次，播发整顿专项会议及整顿治理新闻61次。

【个体私营】 2001年底，全县个体工商户达到5146户，与去年同期4946户相比增长4%；私营企业63户，同比49户上升了29%；从业人员8283人，同比上升21%；注册资金10713.8万元，同比上升32%；营业收入达到17860万元，同比增长15.3%；产值达4429.5万元，同比增长32%；社会消费品零售总额达16560万元，同比增长27.3%；上缴税金1018.7万元，同比增长5.8%。整个个私经济呈现出稳步发展、巩固提高的良好态势，尤其是私营企业逐步走上高起点，规模化的发展方向。全县非公有制经济占GDP的比重达25.5%，比上年上升了0.5个百分点。年内，南华县云华公司和松海新型墙体材料厂2户私营企业获私营企业自营进出口权。

【安全工作】 2001年，南华县严格执行“用人单位负责、行业管理、国家监察、群众监督和劳动者遵章守纪”的安全管理体制，坚持“安全第一，预防为主”的工作方针，强化安全生产工作，收到较好实效。一是制定了安全生产工作规则和安全生产工作职责，建立健全安全生产执法体系和安全生产监督管理机构，使全县的安全生产工作向制度化迈进。二是以加强企业安全管理为重点，层层落实安全生产责任制，从严查处各类责任事故，有效遏制了事故的发生。三是抓紧治理重特大事故隐患，加大矿山企业的整顿力度，关闭“三无”、“四证”不全和不具备安全生产条件的煤矿2个、矿进2条，做好事故预防工作。四是加大安全生产宣传教育和培训力度，普及安全知识。先后举办各类安全专题培训班8期，受训人员达1300余人。五是加大易燃易爆等行业的管理力度。全年发生企业生产事故2次、死亡2人，与2000年同期相同，占州政府下达目标控制数的66.67%；发生火灾事故4起，经济损失1.8万元，起数比2000年减少5起，下降55.56%，经济损失比2000年减少4.62万元，下降71.96%。总体的安全形势稳定，没有发生企业重、特大伤亡事故。

【企业减负】 2001年，南华县加强政策落实，切实减轻企业负担，全年减免收费74.5万元。其中：城建部门取消城市规划管理费、两证一书工本费和房产证工本费三项收费项目，减负7.2万元；降低收费标准2项，减负4.7万元。公安部门取消机动车驾驶员协会会员费和出租车管理费，减负38.5万元。卫生部门取消饮食业定期消毒费和食品抽检费，减负4.1万元；降低食品餐具监测检验费和健康体检费，减负1.3万元。交通部门取消道路运输营运证、营运证和营业性道路运输驾驶员上岗证工本费，减负2.8万元；降低运输管理费，减负7.1万元。水电部门减免水土保持“两费”和水资源费8.8万元。

（李天永）

统计管理

【简述】 2001年，南华县统计局全面完成本行政区域内工业企业和能源、运输、邮电企业、三资企业、劳动工资、综合平衡、服务业、建筑业、固定资产、农业、批发零售贸易业、餐饮业、个私经济、物价调查、城市住户、农村住户、农产量抽样调查，农经抽样调查、畜牧业抽样调查、贫困监测、妇女儿童发展状况监测、新兴生物资源产业开发统计调查等专业全年定期统计报表和2000年统计年报工作任务。同时，开展了农村粮食结存抽样调查、个体私营经济抽样调查、乡镇经济基本情况调查、州委工作民意反映快速调查；完成第五次人口普查数据处理、资料开发工作；全国第二次基本单位普查前期准备工作和摸底调查任务顺利完成，为促进全县经济发展、社会进步作出应有贡献。

【上级调查】 2001年10月28日，省统计局党组书记、局长赵钟岳及其办公室主任胡利人一行在州统计局局长汪占毅、副局长王森、张勇和州企调队副队长窦才科等领导陪同下，深入南华县就统计建设问题进行专题调研，实地考察了龙川镇统计站、火星村民委员会的统计工作情况，看望了上民村部分农村居民调查户。赵局长听取县、镇村统计工作情况汇报，并充分肯定各级取得的成绩。同时，结合实际，从继续重视和抓好全国第五次人口普查、全国第二次基本单位普查、统计信息现代化建设等方面提出了指导性意见。

【统计上岗培训】 根据楚雄州统计局《关于2001年全州统计人员上岗培训工作安排的通知》（州统发[2001] 3号）精神和要求，南华县统计局针对本县一些单位，尤其是乡镇统计员流动性大，更换频繁的实际，把乡镇粮食系统、供销系统和经贸系统的统计专业人员作为统计培训的重点，于2001年9月7日至14日对全县32个单位的35名在岗而尚未取得统计资格和拟从事统计工作的人员进行了统计专业人员上岗资格培训。主要内容是《统计法基础知识》及《云南省统计管理条例》、《统计基础与实务》。并于9月16日参加了全国统一的统计专业人员上岗资格考试。通过培训，进一步提高了全县统计专业人员的业务素质。

【农村粮食结存调查】 粮食关系国计民生，为掌握农村住户现有存粮情况，按照国家的统一部署，2001年4月6日至14日，南华县统计局根据州统计局2001年粮食结存抽样调查工作会议的精神和要求，对180户农村住户进行了入户调查。调查结果：（1）2000年南华县农村住户人均产粮及地区间差异。①2000年南华县农村住户人均产粮526公斤。其中：稻谷210公斤，占40%；小麦62公斤，占12%；玉米151公斤，占29%；薯类（折粮）21公斤，占4%；豆类38公斤，占7%；其他44公斤，占8%。②地区产粮差异。扶贫攻坚乡（罗武庄20户、红土坡10户）人均产粮455公斤，龙川、徐营、雨露、沙桥等乡镇人均产粮542公斤，比扶贫攻坚乡人均多产97公斤。（2）2001年一季度末南华县农村住户人均粮食消费125公斤。其中：口粮61公斤，占49%；生产用粮（畜牧用饲料）64公斤，占51%。（3）人均存粮及差异。①2001年一季度末南华县农村住户人均存粮169公斤。其中：稻谷110公斤，占65%；小麦4公斤，占2%；玉米51公斤，占30%；豆类3公斤，占2%；其他1公斤，占1%。②农村住户存粮差异。人均存粮40公斤（以一季度人均月消费数为依据）的户占样本总体的1%；人均存粮41—80公斤的户占16%；人均存粮81—120公斤的户占21%；人均存粮121—160公斤的户占21%；人均存粮超过160公斤的户占41%。

【《统计法》和“两办通知”贯彻执行情况大检查】 2001年，为认真贯彻《中华人民共和国统计法》和《中共中央办公厅、国务院办公厅关于坚决反对和制止在统计上弄虚作假的通知》（中办发[1998]7号文件，以下简称“两办通知”）精神，精心组织开展了贯彻执行情况大检查。7月2日县人民政府决定成立由分管副县长任组长，统计、监察、司法等部门组成的《统计法》和“两办通知”贯彻执行情况大检查工作领导小组，下设办公室于县统计局，具体负责大检查的组织实施工作。7月9日县政府组织有关单位领导69人参加和收看了州政府电视电话会议。会后，全县各级、各部门召开宣传动员会114场（次）、参会2213人（次）；发放文件（材料）662份；广播电视宣传《云南省统计管理条例》等法规知识29次、188条，布标标语宣传141条；黑板报、墙报及专栏宣传121期、499条。同时，为积极发动和鼓励广大群众揭发、检举各种统计违法行为，制作举报箱1个悬挂于县人民政府大门口，并在县统计局设立举报电话。检查分自查和抽查两个阶段。7月5日至20日为自检自查阶段，全县共开展自查单位342个，其中：行政单位137个，事业单位142个，企业单位63个；自查表种涉及人口、产值、收入、农、林、牧、土地、财税等47种，指标数据71772笔。自查查出虚报统计数据2笔、瞒报统计数据11笔，拒报统计报表1次，屡次迟报统计报表15次。7月30日至8月2日县统计执法检查组依法对罗武庄乡及其树密鲊村委会、红土坡镇、天申堂乡及其石桥河和三河底村委会、县电信局、农行、烟草公司、石油公司、电力公司以及2000年的粮食产量及畜牧业生产情况、2001年的夏收粮食产量及畜牧业生产情况、2000年和2001年上半年的工业总产值、社会消费品零售额、劳动情况和统计基础工作进行了重点抽查。共抽表种8个，指标103笔，发现统计数据存在问题的单位7个，指标9笔。对大检查中发现数据质量问题较严重的天申堂乡、县电信局、农行和石油公司4家单位，按照法定程序送达了《统计检查查询书》。通过大检查，一是查出了一批统计违法行为，较典型的问题得到了及时处理；二是在全县开展了一次统计普法宣传教育，起到了较好的普法宣传效应，提高了社会各界人士的统计法律意识；三是弄清了不能保障基层统计机构和统计人员依法独立行使职权的根源在于现行“统一管理、分级负责”的统计管理体制。

【第五次人口普查】 第五次人口普查继2000年取得的阶段成果，2001年完成了普查资料的编码、光电录入和普查资料开发等工作。第五次人口普查主要数据：A、总人口227972人，男116759人、女111213人。B、家庭户60177户，家庭户平均3.76人。C、各民族人口：汉族134806人，少数民族93166人。D、各种文化程度人口：大专以上1982人，高中（含中专）10583人，初中49035人，小学117398人，不识字或识字很少21898人。E、城乡人口：城镇人口21381人，乡村人口206591人。

【第二次基本单位普查】 为了进一步深化改革、扩大对外开放，创造国民经济持续、快速、健康发展的良好环境，国务院决定2001年12月31日开展第二次基本单位普查。为搞好这次普查，南华县高度重视，于2001年11月8日成立了以分管副县长任组长的"南华县第二次基本单位普查领导小组"，领导小组下设办公室，并从统计、工商、人事、财政、技术监督等部门抽调10人组成办公室工作班子，负责组织实施全县第二次基本单位普查。年内组织完成了"南华县第二次基本单位普查实施方案"制定、普查宣传、普查摸底等前期准备工作，以及普查登记等阶段性工作任务。

【统计法制建设】 为切实保障统计法和统计制度的贯彻实施，维护和提高统计数据质量，推进全县依法治统进程。一是选派3人参加2001年6月28日至29日全州统计执法大检查暨统计法制培训，并经考试合格，获得州法制局颁发的《云南省行政执法证》；1人获得了省统计局颁发的《统计检查员证》。二是根据国家统计局颁发的《统计执法检查规定》在县统计局内增设统计法制机构；三是次年定期统计报表目录和报送时限在统计年报工作会议上一次签领；四是施行报送统计报表"双向签收"制；五是建立、完善了南华县统计局行政执法责任制、行政执法错案追究制、行政执法考核评议制、行政赔偿制等行政执法责任制度体系。

【统计基础建设】 为夯实基层统计工作，确保源头数据质量，实现乡村统计工作规范化、制度化和科学化，提高乡村统计服务水平，根据省、州统计局关于统计工作规范化管理的要求，以及《云南省统计管理条例》规定，结合全县农村统计工作实际，南华县统计局制定下发了《乡镇统计站的任务和职责》、《乡镇统计站活动制度》、《乡镇统计数据评估制度》、《乡镇统计资料档案管理制度》、《村民委员会统计小组的任务和职责》、《村民委员会统计小组活动制度》、《村民委员会统计数据评估制度》和《村民委员会统计资料档案管理制度》等8项制度，以规范乡村统计工作。

【个私经济调查】 根据省、州会议精神，2001年，南华县统计局在交通、工商等部门的协助下，在全县5700户个体企业中，抽取570户进行个体经济发展情况调查；对58户私营企业进行了全面调查。通过调查，掌握了全县非公有制经济发展状况，为全县国民经济和社会发展的宏观决策提供了信息依据。

【州委工作民意反映调查】 根据楚雄州企业调查队《关于对州委工作民意反映开展快速专项统计调查的通知》精神和要求。南华县统计局于2001年12月1日至7日对州企调队分配样本215人（其中：干部占45%；专业技术人员占5%；工人占20%；农民占20%；个体、工商户占10%），采取简单随机抽样和填答问卷方式进行了统计调查，并按规定将调查表上报州企业调查队汇总分析。为州委进一步加强对全州国民经济和社会发展的领导提供决策依据。

【农村统计报表调整】 为适应社会主义市场经济发展和各级党委、政府加强对农村工作领导的需要，南华县统计局根据11月2日州统计局的决定对农村统计报表及其指标进行了系统调整。与上年相比，农村统计年报表表种由13个减为12个，指标由2947个减为2605个，定期报表表种由7个增至9个，指标由532个增至707个。增加的表种为生物资源开发创新产业调查表，蔬菜及特种作物生产情况表。

（王盛安）

物 价

【市场物价概况】 2001年，全县物价总体呈下降趋势，主要价格指标如下：全县社会商品零售价格总指数97.6%，比上年同期98.4%下降0.8个百分点，其中：食品类96%比上年93.6%上升2.4个百分点，饮料烟酒类99.1%比上年同期104.4%下降5.3%，纺织品 97.4%比上年同期92.6%上升4.8个百分点，中西药品99.9%比上年同期100.6%下降0.7%百分点，日用品类99.8%比上年同期104.6%下降4.8个百分点，农业生产资料价格指数为96.8%，比上年同期98.4%下降1.6个百分点，其中：小农具91.9%比上年同期95.6%下降3.7个百分点，幼禽家禽84.1%比上年同期95.5%下降11.4个百分点，半机械化农具99.3%比上年同期94.4%上升4.9个百分点，机械化农具98.2%比上年同期87.3%上升10.9个百分点，化学肥料100.1%比上年同期101.6%下降1.5个百分点，农药及农药械99.2%比上年同期97.0%上升2.2个百分点。居民消费价格总指数98.6%，比上年同期98.8%下降0.2个百分点，其中：食品类97.60%比上年同期94.3%上升3.3个百分点，衣着类96.6%比上年同期98.1%下降1.5个百分点，家庭设备用品97.8%比上年102.8%下降5个百分点，医疗保健类100.1%比上年同期102.1%下降2个百分点，交通和通讯工具95.2%比上年同期100.6%下降5.4个百分点，娱乐教育文化96.9%比上年同期100.7%下降3.8个百分点，居住98.90%比上年同期102.7%下降3.8个百分点，服务项目107.4%比上年同期106.5%上升0.9个百分点。从以上数据可看出：2001年全县社会商品零售价格指数除食品、纺织品，农业生产资料中的半机械化农具、机械化农具、农药及农药械价格指数比上年有所增长外，都呈下降趋势。居民消费价格指数除食品类、服务项目呈上升趋势外，都呈下降趋势。

【物价管理】 2001年，县物价局继续加强对行政事业性收费和经营服务性收费的管理。（1）完成《行政事业性收费许可证》年度审验工作，全年审验收费许可证261套，审核收费专用票据921本，注销收费许可证21套，变更收费项目4项，降低标准12项，取消收费项目4项。收费许可证年审率达100%。认真搞好医疗服务价格改革，更换医疗部门的收费许可证20套，并做好医疗服务价格出台的服务工作。通过审验清理，及时停止了中央、省、州明令取消的收费项目，规范了收费行为，制止了乱收费，为企业和群众减轻负担约52万元。（2）对县城城区自来水价格作了调整，开展价格成本调查，听取经营者、消费者和各方面的意见和建议并做了大量认真细致的工作，使城区自来水价格调整得以顺利出台。参与县政协对毛板桥、老厂河水库的水利工程供水进行调研，测算价格调整方案，为下步改革提供依据。（3）对国家下放的商品价格和收费进行严格审批，按照管理规定，今年对南华县的子种价格、寒衣价格、成品油价格、各类短期培训班收费标准、工本费、乡镇垃圾清运费、停车收费等进行了审批。

【价格监督检查】 2001年，县物价局针对社会反映强烈的热点问题，在整顿价格秩序、规范价格行为，制止乱收费、乱涨价，减轻企业和群众负担等方面查处价格违法行为和案件14件，查处违法所得金额283848.46元，上缴财政88390元，实行经济制裁总额146213.35，其中：退还用户57823.35元，没收违法所得金额87310元，罚款1080元。（1）开展中小学教育收费、自来水价格、药品和医疗服务价格专项价格检查和重点治理工作，同时配合州物价局对农村电价和农网改造收费进行专项检查，以上检查中查处价格违法案件3件，已结案1件，2件正在处理中，查处违法所得金额245856元，实行经济制裁8000元。（2）6月开展全县中小学教育专项检查，9月对减轻农民负担工作情况进行全面检查，主要对中小学教育收费、乡镇企业收费、农村经营服务性收费、农村电价、农机收费及其他收费和搭车收费情况进行检查，共检查8个乡镇42个单位，查处价格违法案件5件，查处违法所得金额22523.6元，实行经济制裁5320元。（3）为了方便广大消费者投诉举报价格违法案件，县物价局于5月1日开通价格举报专用电话12358，向社会公布后，年内受理价格投诉举报8件，按照有关规定应立案5件，已办结回复5件，其中：中小学乱收费3件，汽车维修价格欺诈2件；查处价格违法所得金额15468.86元，实行经济制裁16468.8元，其中：罚款1000元，退还消费者15468.86元。（4）节日期间对城区集贸市场、个体工商户的商品和服务价格进行检查，重点检查明码标价情况进行，同时广泛宣传《价格法》及相关规定，使明码标价普及率达到90%以上。认真抓好“消费者满意示范街”的相关工作，结合检查情况，深入开展“价格计量信得过”活动，与县技术监督局联合推荐华鑫购物中心、医药公司、文笔供销社、石油公司等企业上报州级评审。

【职工物价监督站工作】 2001年，职工物价监督站义务复称13753次，合格12252次，不合格1501次，合格率89%；实行经济制裁1612.56元，处罚2人，罚款80元；退还消费者305人次249.1元，批评教育1194人次。通过罚款和批评教育，打击短斤少两，欺行霸市的不法商贩，净化市场，规范价格行为，提高广大经营者遵纪守法的自觉性，维护广大消费者的合法权益，深受社会的好评。

【涉案物品价格鉴证工作】 2001年，县物价局受公安、法院及交警等部门委托，对各类被盗物品、纠纷物品、交通事故财产损失等进行评估认证，共开展涉案物品价格鉴证65件，标的金额达597220元。

南华县2001年主要副食品零售价格情况表

单位：元／公斤

品名＼月份	1月	2月	3月	4月	5月	6月	7月	8月	9月	10月	11月	12月	年平均
牛肉	15.00	13.00	12.00	12.00	12.00	12.00	12.00	12.00	13.00	13.00	14.00	14.00	12.83
羊肉	12.00	12.00	10.00	10.00	10.00	……	12.00	12.00	12.00	11.00	12.00	15.00	10.63
猪肉	10.00	11.00	9.10	9.10	9.20	9.20	9.40	9.40	9.50	10.00	10.00	9.50	9.62
鸡	12.00	14.00	12.00	14.00	13.00	13.00	11.00	11.00	12.00	12.00	12.00	13.00	12.42
鸡蛋	5.00	5.00	4.00	4.00	4.00	8.00	8.00	8.00	5.00	8.00	8.50	4.50	4.96
鱼	9.50	9.00	9.00	9.00	8.00	11.00	8.00	9.00	9.00	10.00	9.00	8.00	9.04
大米	1.80	2.00	1.70	1.75	1.70	1.80	1.70	1.80	2.00	2.10	2.10	1.80	1.85
玉米	1.15	1.15	1.20	1.20	1.20	1.20	1.20	1.20	1.20	1.30	1.30	1.10	1.20
菜油	8.00	8.50	7.00	5.80	5.80	7.00	7.00	7.00	7.00	7.00	7.00	8.00	7.09

（周 虹）

质量技术监督

【简述】 2001年，南华县质量技术监督局根据党中央、国务院《关于进一步整顿和规范市场经济秩序，严厉打击制售假冒伪劣产商品违法犯罪活动》的精神，把打假治劣工作放在各项工作的首位。全局出动执法人员500余人次，出动车辆200台次，检查门店、摊位、单位企业700余户，查处各类案件226件（立案查处55件），其中：过期、标识不齐、不符合产（商）品标准销售案件27件，产品质量低劣138件，计量违法案件8件，锅炉压力容器及特种设备违规案件11件，代码标识超期违规案件42件。查处案件中，罚款20.06万元，没收销毁伪劣商品货值金额7000余元，责令限期整改30余家。

【质量监督管理】 2001年，质量技术监督局加大产品质量的抽查力度，全年抽查生产、经销企业123家的11大类34种产（商）品164批次，合格89批次，产品批次抽检综合合格率为54.3%。对抽检不合格的产品，依法对单位和责任人进行了处罚，并责令其限期整改。同时，以“既监督，又服务”方针，对企业在生产、经营过程中，存在的质量问题，采取管、帮、促进的原则，深入企业进行帮助、指导，做好技术、业务等方面的咨询与服务工作。

【标准化监督管理】 2001年，县质量技术监督局以“规范市场、扶优治劣、引导消费、服务企业”为宗旨，把标准不健全，无标准组织生产的企业作为检查重点，检查生产、流通企业100余家，对不按标准生产、标识不齐、不符的企业，督促其按标准组织生产，完善产品标准、标识。抓住省州把南华县列为完全消灭无标准生产工作的机遇，2000年6月至2001年6月近一年的时间里，按省、州消灭无标准生产工作要求，进行宣传发动、摸底调查、登记注册、备案审查、产品抽检、检查整改等工作。全县40家工业生产企业的产品标准覆盖率从消灭无标准生产工作前的10%上升到100%，产品质量抽检合格率从48%提高到85%，基本完成了省、州消灭无标准生产工作的要求。7月经省、州消灭无标准生产工作领导小组的考核、评审，验收合格，提前一年完成了消灭无标准生产的各项工作任务。对德力高啤酒有限公司等7家企业办理了食品标签认可证，并进行了标签认证备案。年检组织机构代码82户，新领换发代码证书71户，对到期未进行申领办证的单位，均按省政府[1998] 57号令给予处罚，并责令其办理了新证。

【计量监督管理】 2001年，为加强计量监督管理，确保量值传递的准确、可靠，县质量技术监督局深入县城、各乡（镇）集市、农贸市场、商店门市进行计量监督检查，检查计量器具500余台（件），检查商店门市100余家，检查定量包装商品10类20余种56批次，合格54批次，合格率为96.4%，对违反计量法律、法规的当事人，均依法进行处罚。根据国家、省质量技术监督局有关文件的要求，对6家销售不符合国家标准电能表（淘汰产品）的经销单位分别作罚款和没收产品的处理。同时，对烟草、粮食系统使用的145台衡器、6件其它量具及320国道沿线14个加油站使用于销售燃油的114台计量加油机进行了周期性强制检定。烟叶收购期间，深入各烟叶收购站、点进行计量监督检查，2次对楚雄烟叶复烤厂使用于烟叶收购的81台衡器进行监督抽查，对查出的问题责令限期整改。县局授权南华电测仪表检定站完成对农网改造和计价收费的交流电能表、互感器2000余只的检定工作。汇同州质量技术监督局对县域内5个加油站申报计量合格、计量信得过单位进行考核、复查、评审工作。对县属6家医疗单位使用于医疗卫生的50多台（件）医用计量器具进行周期性检定。

【锅炉压力容器及特种设备安全检查】 2001年，县质量技术监督局出动100余人次，对使用蒸气锅炉、常压热水锅炉、土锅炉、电梯、经营液化石油气及其它特种设备的40余家单位和个人进行专项检查，对存在问题及安全隐患的9家使用蒸气锅炉的单位和个人，发出安全监察整改通知书，责令限期进行整改，并进行了一定的经济处罚，拆除取谛1家。在州局锅检所的支持下，对本县区域内13家使用的蒸气锅炉、3家医疗卫生单位使用的3台消毒压力锅及县医院使用的消毒柜进行检定，加强对使用常压热水锅炉单位的管理。对使用“土锅炉”进行豆腐加工的10余家个体经营户进行检查、清理，汇同县安委召开专门会议，责令限期拆除，共拆除“土锅炉”8台。根据省、州有关文件精神，对全县使用锅炉压力容器及特种设备的单位和个人进行普查登记及整顿治理工作。通过以上工作，杜绝了事故发生，保证了锅炉压力容器及特种设备的安全、正常运行。

（褚宏林）

审　计

【简述】 2001年，南华县审计局集中力量对全县2000年度县级预算执行和其他财政收支情况进行了审计。主要审计了县财政局具体组织预算执行、县地方税务局税收征管情况，部分预算执行单位的预算执行情况。同时对“1·15”地震救灾资金、天然林保护资金、滇中现代化农业资金、农业综合开发资金、畜牧扶贫资金、生态资金、以工代赈资金以及部分重点工程投资项目等进行了审计。此外，还对2000年度部分乡镇行政事业单位财务“零户统管”情况和县属各部门职工集资建房情况进行了审计调查。全年完成审计任务17项，审计了41个单位，审计金额24067.27元，审计调查单位19个，审计调查金额2398.40元。查出违规金额2017.86万元，其中：指明要求纠正1745.94万元，决定处理处罚271.92万元，已收缴财政100.94万元，减少财政补贴67万元，人均为财政增收节支15.28万元。7月至9月，县局全体干部职工通过了国家审计署举办的审计干部全员岗位资格考试。10至12月，自行组织全局50岁以下干部职工10人进行计算机业务培训，并参加国家审计署举办的2001年全国审计机关干部职工计算机考试，为计算机辅助审计打下了基础。提交审计报告25篇，审计简报及信息12篇，被《云南审计》采用2篇，州级采用5篇，县级采用3篇。年内，县审计局被省人事厅、省审计厅表彰为1998—2001年全省审计机关先进集体。7月，局党支部被县委表彰为“1996—2000年先进基层党支部”。

【预算执行审计】 2001年，县审计局审计了具体组织预算执行的财政部门、地方税务部门、计划经济、林业、教育和卫生部门1999年至2000年财务收支情况，延伸审计了这些部门筹集安排、管理和使用的国家生态建设资金、以工代赈资金、天然林保护资金、普教经费等。审计结果表明：财政部门认真落实中央积极的财政政策，加强预算管理，千方百计筹措资金，不断优化支出结构，最大限度地保障了全县经济建设和各项事业持续发展的需要，基本实现了财政收支平衡，促进了全县经济持续、健康发展。预算执行部门，认真落实县政府的各项改革措施，严格执行财经法规，加强内部管理，促进了各项事业的可持续发展。但仍存在预算执行方面不到位、不规范、不合法的问题，主要是：挤占、挪用财政周转金、财政专项资金建房；滥发奖金、实物及违规使用粮食贷款贴息资金；未严格执行“收支两条线”规定，预算外收入未完全纳入“财政专户”管理和统筹；应缴未缴本级预算收入；虚增债务支出；往来款长期挂帐；应缴未缴罚没收入；用公款为职工支付商业保险费等，涉及违规金额551.3万元。这些问题，相关部门作了整改和纠正，缴纳了应缴财政收入。

【“1·15”地震恢复重建资金审计】 2001年，县审计局组织审计了全县2000年1月至2001年8月筹集安排、管理和使用的地震恢复重建资金，审计单位24个，审计资金1928.3万元。通过审计，恢复重建资金拨付不及时、有关部门滞留资金以及调整改变项目资金用途等问题得到纠正。

【固定资产投资审计】 2001年，县审计局组织对南华一中礼堂工程、龙街水库工程的竣工决算进行审计。发现个别工程超计划投资，大量变更工程预算，结算不及时以及多付工程款等现象。通过审计，核减工程投资16.6万元，为投资单位挽回经济损失，促进建设单位严格执行基本建设程序和招投标管理办法，完善了财务管理制度，提高了投资效益。

【企业审计】 2001年，县审计局组织对某企业1996年5月至2001年4月资产、负债和损益情况进行审计，审计结果表明：该企业受国家宏观政策的影响，原材料市场价格的波动，加之经营管理不善，截至2001年4月底，累计亏损378.6万元，资产负债率达112％。此外，审计还发现该企业财务管理混乱，内控制度脱节，会计资料失真，隐瞒销售收入533.1万元，应缴未缴税款90.6万元；虚增2000年度利润20万元。这些问题，县审计局已按规定作了处理处罚，同时对企业发展提出5条审计建议。

【卫生医疗单位审计】 2001年，县审计局组织对某医院2000年1月至2001年8月财务收支、自制药品的生产、使用情况和住院部、综合楼及其附属工程竣工决算的真实性、合法性和效益性进行审计。审计结果表明：该医院，基础设施，临床医学研究，医疗服务以及其他方面取得了较好的成绩，财务核算方面基本按照相关会计制度执行。但还存在内控制度不健全，财务核算不规范的地方，主要是费用归集不合理，扶贫贷款使用不合规，未建立坏账准备金制度，固定资产账卡不相符，“待摊费用”不实，挂账465.2万元。对此，县审计局已作了处理和纠正。同时，该医院住院部、综合楼及其附属工程竣工决算审计中，发现随意调整工程定额含量，多计工程量等问题，通过审计，核减工程造价5.5万元，为建设单位节约了投资，挽回了经济损失，提出了规范管理的4条审计建议。

【审计调查】 2001年，县审计局组织对2000年度县属各部门职工集资建房情况和2000年度部分乡镇行政事业单位财务“零户统管”情况开展审计调查。职工集资建房情况，调查中发现个别部门在集资建房中挤占挪用专项资金，未缴纳地下防空费和市政设施配套费，少计建房总造价，少向职工收取房款，执行房改政策不严，部门与部门之间政策不统一，多计工程价款等问题。对此提出了强化管理的3条审计建议。乡镇行政事业单位财务“零户统管”情况调查中，发现个别乡镇未严格执行预算外收支两条线制度，个别站所少缴“财政专户”预算外资金，“零户统管”工作不到位，统管工作机制不健全等问题，县审计局提出了加强管理的3条审计建议。

（张远星）

土地管理

【简述】 2001年，南华县土地管理工作结合州下达的六大任务32项考核指标，层层落实管理责任，完善机关管理17项制度，使土地管理在改革创新方面有新突破：一是认真贯彻落实国务院《关于加强国有土地资产管理的通知》，成立“南华县土地储备地产交易管理中心”，县政府成立了“南华县土地收购储备管理委员会”，使南华土地交易走上规范化、法制化轨道；二是认真贯彻落实州人民政府44号文件实施《云南省土地管理条例若干规定》，县人民政府决定“乡镇土地管理所属县局派出机构，实行垂直管理、双重领导”，理顺了土地管理体制；三是认真贯彻实施《楚雄州农村村民建房用地审批暂行办法》的若干规定，农村村民建房实现了“三公开、一上墙”。年内，县土地局接待群众来信来访47人（次），基本做到了件件有落实，事事有回音；县局在龙坪南路新建的综合办公楼1462.4平方米、住宿楼1023.64平方米顺利竣工，11月12日县土地局搬迁到新办公楼办公，12月27日在南华县机改方案宣布会上，南华县土地管理局更名为南华县国土资源局。年内，局长汪时荣被州政府授予2001年度小城镇建设先进个人。

【全县国土资源管理工作会议】 2001年3月17日至18日，县政府在华泰龙宾馆召开全县国土资源管理工作会议，各乡镇分管土地工作的副乡镇长、土地管理所所长，县土地局全体干部职工及县五套班子部分领导共50多人参加会议。会议总结了2000年国土资源工作，兑现2000年土地目标管理责任制奖，安排部署2001年国土资源管理工作任务。县政府副县长洪志在会上作了《认清形势、明确任务，努力开创我县国土资源工作新局面》的报告。

【国土资源利用状况】 2001年末，全县国土面积2263.6平方公里（3395400亩），已利用土地2762694.7亩，占总面积的81.37%，未利用土地632705.3亩，占总面积的18.63%，土地利用率达81.37%。土地具体利用情况为：林地2203792.6亩，占总面积的64.91%，占已利用土地的79.77%；耕地418577.9亩，占总面积的12.33%，占已利用土地的15.15%；园地12271.4亩，占总面积的0.36%，占已利用土地的0.44%；水域46392.8亩，占总面积的1.37%，占已利用土地的1.68%；交通用地21291.2亩，占总面积的0.63%，占已利用土地的0.77%；牧草地17961.6亩，占总面积的0.53%，占已利用土地的0.65%；城镇、村庄及工矿用地42407.2亩，占总面积的1.25%，占已利用土地的1.53%。

【集体土地调查】 2001年，为保护国有土地和集体所有土地权利人的合法权益，扩大集体土地所有权登记发证覆盖面，对依法属于村农民集体所有的土地、已经分别属于村内两个或两个以上农村集体经济的农民集体所有的土地、已经属于乡（镇）农民集体所有的土地的权属关系、界线、界址点、面积、用途、价值等情况进行全面调查。（1）龙川镇于8月初开始，至11月完成外业调绘，12月完成内业出图，12月12日经州土地局验收通过。共完成调查辖区面积294平方千米，涉及18个村民委员会，236个村民小组，调查宗地588宗。该项调查耗资15.58万元，承包给云南省地质工程院第二勘查院完成调绘及内业工作。（2）一街、罗武庄、雨露、徐营、沙桥五个乡（镇）也开展了集体土地使用权调查发证工作，调查辖区面积942.2平方千米，涉及48个村民委员会，629个村民小组，地宗26424宗，发放土地证书26424本。其中：一街乡调查12个村委会125个村民小组4649户，调查地宗5000宗，发证5000本；罗武庄乡调查7个村委会89个村民小组3114户，调查地宗4000宗，发证4000本；雨露乡调查7个村委会120个村民小组3283户，调查地宗4500宗，发证4500本；徐营镇调查10个村委会135个村民小组4924户，调查地宗4924宗，发证4924本；沙桥镇调查12个村委会160个村民小组5625户，调查地宗8000宗，发证8000本。

【复垦耕地】 2001年，全县组织复垦整理耕地768亩，其中开发512亩、整理256亩，扣除自然灾害，国家建设占用等195亩，实际耕地净增318亩，经省州验收耕地占补平衡499.95亩。雨露乡上报国土资源部被立项，补助资金190万元；徐营镇上报省国土资源厅被立项，补助资金100万元；一街、红土坡、罗武庄、龙川、五顶山五个乡（镇）上报州局被立项，补助资金25万元。

【确认基本农田保护区】 2001年，县政府发出《关于依法确认南华县基本农田保护范围的通知》，确认了原已划定的基本农田保护区的范围，公布了保护措施，并于10月在全县9个乡（镇）建立保护标志牌9块。南华县于1998年3月，在全县12个乡（镇）130个村委会划定基本农田保护区37片、198块，面积22526.54公顷，保护率达80.3%，其中：一级保护区6863.9公顷，占保护区总面积的30.47%；二级保护区15662.64公顷，占保护区总面积的69.53%。

【土地使用制度改革】 2001年，全县出让土地使用权29宗，面积13.09亩，收取土地出让金397.38万元，其中：以拍卖方式出让28宗，面积5.29亩。龙川镇百货街经省州主管厅、局批准，由具有拍卖资格的"楚雄金槌商品拍卖有限公司"主持拍卖15宗，面积1750平方米，并以每平方米4300元的最高价创下了南华土地拍卖史上的历史新高。县土地局配合食品公司等3个企业完成企业改制土地处置3个地宗24宗，盘活存量土地139.49亩；配合石油公司、联通公司完成土地上市登记工作；为个体私营经济办理土地使用证他项权利贷款抵押手续33宗。

【土地管理信息系统建设】 2001年7月20日，南华县启动建设土地利用数据库及土地利用总体规划图库项目，至12月10日结束，由昆明高阳计算机软件技术有限公司承建。项目建设中投入20余人、微机17台、MAPGIS软件17套。建成南华县城镇地籍信息系统一套、南华县116幅1：10000土地利用现状图库一套。能实现信息快速查询、检索、修改更新、统计制表、分析预测和辅助决策。信息系统还包括土地规划、建设用地管理和法规监察等多个子系统，是GIS在土地管理中的具体运用。该项目于2002年初通过省、州专家验收投入使用，标志着南华县国土资源管理工作实现了数据化和信息化。

【整顿和规范土地市场】 2001年，按省州土地管理部门要求，全县在时限范围内依法供地3433宗，面积503.27亩。查处违法转让1宗，0.25亩，违法出租1宗0.2亩，改变用途3宗，2.5亩，非法占用96宗，16.76

亩。

【县土地储备地产交易管理中心开始运作】 2001年，经县政府批准成立“南华县土地储备地产交易管理中心”，隶属县土地局，受管委会领导，中心主任由县土地局一名副局长兼任，9月开始启用印章。11月，成功向县工商局收购大型国有土地一宗，面积5633.62平方米，收购价格为120万元，12月在交易大厅采取挂牌出让的方式公开拍卖，最后以229.6万元的价格成交，标志着南华县土地收购储备机制的确立，土地交易活动已进入规范化、法制化的轨道。

【服务重点工程建设】 做好南（华）永（仁）公路南华段21.146公里的征地拆迁工作，征用各类土地957.96亩，其中耕地520.70亩，园地27.21亩，林地348.28亩，荒草地41.54亩，涉及征地拆迁户80户，签订征地协议61份，拆除房屋7187.93平方米，围墙229.5平方米，大门86.35平方米，坟墓17冢，块石砌体953.6立方米，混凝土地板2673.73平方米，水池水井95.03立方米。目前为止，南华县需兑付征地拆迁补偿费1639.33万元，已筹集资金760万元，实际兑付680.3万元，同时已兑付青苗、经济林果及零星树木补偿费21.2万元，拆迁费130万元，共需兑付电力、通讯、广播电视线路及输水管网等拆迁补偿费312.8万元，现已兑付45万元；做好商住小区建设183亩的征地协议工作。

【上级调研】 5月11日，省国土资源厅厅长陈西京在州长夜礼斌等领导陪同下，到南华县视察指导工作。陈厅长对县委、政府重视，支持土地管理工作并取得较好的成绩给予充分的肯定。陈厅长指出：一是要积极探索土地开发新路子，充分挖掘资源潜力，盘活县城及乡镇集镇土地，做好规划，逐年开发，做好土地出让工作，促进本地建设更快发展；二是配合政府机构改革，进一步理顺国土资源管理体制，国土资源管理工作只能加强，不能削弱，各级要给予支持，省厅考虑下步将对乡镇土地管理所作为县局的派出机构实行直管。同时，要加大对乡镇土地管理所干部的管理力度，加强素质培训和业务培训，做到依法行政，严格执法；三是国土资源信息库建设要有超前意识，起点要高，要严格技术规程，并考虑为下步政府部门互联网打好基础，对建库基础建设，省厅将给予一定的资金扶持。

（汪时荣）

工商行政管理

【简述】 2001年，南华县工商局进一步推进干部队伍的作风建设和精神文明建设，全力以赴做好整顿和规范市场经济秩序工作和市场办管脱钩工作，圆满完成了上级下达的各项工作任务，为我县的改革开放、经济发展、社会稳定作出了积极的贡献。按时完成了企业年检和个体验照工作，国有集体企业年检率达100%，私营企业年检率达100%，个体工商户验照率达99.6%；私营企业净增14户，个体工商户净增200户；动员并办理商标注册申请9件；查办各类案件1593件，案值13.16万元，罚没款4.51万元。其中：立案案件132件，一般案件1461件，鉴证经济合同450份，办理财产抵押登记42份，受理消费者投诉148件，宣传报道被各级报刊、电台采用110篇。两个文明建设协调发展，党建工作成绩突出，县局党总支被州委命名为“先进基层党组织”。

【企业注册与监督管理】 2001年南华县工商局整顿和规范市场主体行为，加强企业登记管理工作，促进各类市场主体科学规范、健康有序发展。⑴企业登记管理。年内办理开业登记34户，变更登记158户，注销登记87户。全县有企业478户，其中企业法人96户，注册资金15015万元，与去年同期相比企业总数下降53户，注册资本减少2154万元。⑵2000年度企业年检工作。根据企业较为分散的实际，及早行动，于2000年12月底就开始布置，各工商所和企业股相继召开企业负责人会议4次，拟定下发了《关于开展2000年度企业年检的通知》650份，做到让每户企业都知晓年检有关事项。具体负责企业年检的股、所人员还深入企业指导帮助搞好自检自查，填写年检报告书。审查年检材料时，采取工商所初审，县局逐户核准的办法，严格把关，确保企业年检工作按时、按质、按量完成。2000年度全县应参加年检企业531户，办理年检531户，年检率达100%，办理变更登记41户，对无正当理由不按期年检的1户，处以罚款300元，对不按规定办理注销手续和查无下落的10户企业，依法吊销了营业执照。⑶开展了国有集体企业登记事项、亮照经营情况、无照经营、前置审批等专项检查。全年组织检查9次，检查企业543户（次），查处企业违法违章案件23件，企业无照经营38户；查处不亮照经营49户，罚款990元；清理涉及前置审批的企业411户，下发了《限期提交企业登记前置审批文件的通知》，要求267户企业补提交了相关的《许可证》，变更了32户企业的经营范围，办理了12户企业的注销登记。积极配合有关部门对采矿业、医药经营企业、文化娱乐行业、交通运输业、民用爆破器材经营企业、金融保险业、宾馆服务业等重点行业进行安全检查整治。⑷积极支持企业改革，派出人员参加县上组织的企业改制，加强同企业的联系，深入企业走访调查，为企业改革出主意想办法，提供法律法规指导，帮助企业走出困境。全年走访企业203户，为37户困难企业减免登记费1480元。

【商标广告管理】 2001年，为企业、个体工商户办理注册商标9件，办理品牌专卖店7个。鼓励企业进行广告宣传，办理广告经营许可证2户；在县城投资2000元，设置户外广告粘贴栏13块130平方米，办理户外广告登记49份。县局和各工商所每月开展一次清理整顿，严厉查处商标广告违法违章行为，全年查办商标案件212件，其中立案查处7件，罚款905元；查办广告案件115件，罚款225元，收缴假冒商标标识2437个（件），没收非法印刷品广告4597份，清除违法悬挂布标178条，乱粘贴的户外广告1740份（条），取缔非法行医、发布印刷品广告窝点1个，取缔违法户外广告牌4块。

【市场监督管理】 2001年，南华县工商局认真整顿和规范市场竞争行为，维护公平竞争的市场环境。⑴集中人力开展反封锁、反垄断、反欺诈专项治理工作，依法对运输、电信、电力、保险、金融等公用企业进行了摸底调查，成功查处了南华汽车运输公司利用其独占地位，在售票窗口强制搭售旅客意外伤害保险一案，对该公司处以罚款10000元，没收非法所得200元。元旦、春节、五一、国庆、中秋等节假日期间先后出动人员215人（次），组织开展了大规模的以食品、饮料为重点的打假制劣治理检查，共检查市场15个，门店3685个，捣毁李宝昌制售不合格白酒窝点1个，制售伪劣卫生筷窝点2个，查获各种假劣食品658公斤、饮料2200瓶、瓶装酒3867瓶、散装白酒240公斤、香烟190条、化妆品586瓶、卫生筷25200双，较好地净化了城乡市场。⑵开展红盾护农保春耕工作，强化农资市场的监督管理。根据农资市场管理季节性和时间性较强的实际，及早与供销、农资部门分析研究，安排落实，采用昼夜巡查，重点防范和鼓励群众举报相结合的方法，先后开展了五次大规模的清理检查，共立案查处农资案件36件，强制收购化肥63918公斤、农药235公斤，从流通源头上较好地堵住了假劣农资进入市场，杜绝了坑农害农事件的发生。⑶开展各种规范市场经济秩序的专项检查。一年来，先后出动人员70人次，与粮食、卫生、畜牧、广播电视等部门联合行动，对粮食市场、文化市场、兽药市场和卫星电视设施、通信器材等进行检查，查处无证违法经营粮食案件1件；查缴不合格兽药14个品种，价值4100元；没收过期兽药73个品种，价值4254元；取缔无照经营行医9户；查获剧毒鼠药2980瓶（袋）；没收盗版影碟3016片、书刊7本、地面卫星电视接收设施2套和一批伪劣药品。制定了《销售通讯器材备案表》、《销售通讯器材协议》、《专卖店管理规定》等管理规则，规范了通讯器材的销售管理。开展废旧汽车拆解、拼装市场检查，未发现有私拆拼装废旧汽车的情况。⑷从6月初开始，根据县委、政府的安排，由县工商局牵头，成立了由工商、公安、城建、交警、粮食等部门组成的24人野生食用菌交易市场整顿工作组，将龙泉路、龙屯路、龙山路等地段分散经营的野生食用菌迁入了粮贸综合批发市场经营；将零散的建材经营户迁入了石家队建材市场。加强市场巡查，并实行领导带班，分正副班从早8：30到晚8：00对320国道县城段进行全天候监管，坚决取缔乱摆乱放、随意摆设的摊点，规范经营行为。⑸开展“消费者满意示范街”创建活动，进一步巩固和提高文明市场创建成果。2001年，把创建龙旗南路为“消费者满意示范街”作为一项重要工作，县政府高度重视，成立了创建领导小组，制定了实施方案，筹集了专项资金，在经营户自愿申请的基础上逐户进行考评，确定了34户经营户为“消费者满意示范街商店”。为确保“消费者满意示范街”创建工作真正落到实处，在各方面都起到较好的示范作用，县政府还与各经营户签订了文明经营责任书，制定了经营手册和黄牌警告制度，设立了投诉电话。11月22日举行了“示范街”揭牌、“示范商店”授牌仪式，圆满完成了南华县“消费者满意示范街”创建工作。同时，县工商局注重做好文明市场的巩固提高工作，局所两级认真落实市场巡查责任制，加强日常规范管理，严格禁止假冒伪劣商品和国家明令禁止销售的商品进场销售，及时查处短斤少两、掺杂使假、强买强卖、欺行霸市、垄断经营等违法违章行为。全县基本做到了固定摊位、门店经营者证照规范悬挂，商品明码标价，市场规则、卫生公约、标志牌醒目齐全，市场内设有监督岗、复秤台，管理人员全日值班，及时排解市场纠纷。临时摊点服从管理、划行归市，市场秩序井然。

【合同管理】 2001年，南华县工商局认真贯彻执行《合同法》，积极做好企业财产抵押登记工作。组织企业法定代表人、营销人员座谈学习《合同法》6次，出黑板报5期，增强了对合同鉴证工作的认识，鉴证合同的自觉性和积极性明显提高。一年来鉴证各类合同450份，为企业办理财产抵押登记42份，抵押金额为11083.15万元，无债权金额为3543万元。新命名3户2000年度“重合同守信用”企业，并对原来的39户“重合同守信用”企业予以认定，经过认定保留33户。

【消费者权益保护】 南华县工商局围绕2001年“绿色消费”年的主题，认真组织开展了“3·15”系列宣传、咨询和执法活动。召开纪念座谈会9场（次），出黑板报12期，悬挂布标18条，发放宣传材料1500余份，公开销毁了假冒伪劣商品60多个品种价值67000多元。充分发挥南华县保护消费者权益委员会和12315投诉中心的职能和作用，积极为消费者排忧解难。全年受理消费者投诉148件，解决148件，为消费者挽回经济损失3万余元。

【法制工作】 2001年，南华县工商局开展多种形式的对内对外法律法规学习和宣传活动，全年共组织学法活动320余次，利用广播宣传12次，出黑板报宣传栏54期，举办行政执法培训班2期，组织开展法律知识考试3次。增强了干部职工严格执法，依法行政的能力。严格执行行政执法责任制度，强化行政执法。修改、完善《行政执法责任制实施方案》、《行政执法考核评议办法》，把行政执法情况纳入年终工作综合量化考核。各工商所进一步细化执法责任制，与执法人员签订责任书，把执法责任同执法人员的工资津贴挂钩，明确责任。县局法制股和各所法制员认真履行职责，做好案件核审，案件核审率达100%。全系统查处的1591件各类案件，没有一件申请复议或向人民法院提起诉讼。

【市场办管脱钩】 2001年，根据《国务院办公厅转发工商总局关于工商行政管理机关限期与所办市场彻底脱钩有关问题的通知》和省、州市场办管脱钩电视电话会议精神，县政府成立了“南华县市场办管脱钩工作领导小组”，抽调精干力量负责此项工作，制订了《实施方案》，明确了指导思想、脱钩范围、脱钩的方法步骤和具体要求。按照《实施方案》，县工商局努力协调土地、城建、财政等部门，明确市场产权，勘测定界，做好市场地价评估。然后根据当前各个市场的经营情况，充分考虑市场筹建时的历史事实，采取分类脱钩，逐个转让的办法，经和土地局磋商，最终决定龙泉市场由南华县土地局土地储备中心收购；五街综合农贸市场、沙桥牲畜交易市场分别移交当地政府；城区大牲畜交易市场，根据县政府会议纪要划拨给龙川镇中街村委会一组并入新建的大牲畜交易市场；兔街牲畜交易市场交由南华县土地局土地储备中心拍卖；西小河综合市场移交南华县个体劳动者协会管理，按时圆满完成了南华县的市场办管脱钩任务。

【个体私营经济监督管理】 ⑴个体验照和私营企业年检工作。个体验照工作由于个体户数量多、分布广，开展工作难度较大。针对以往出现的问题，各工商所把工作任务划分包干落实到人，各责任人积极想办法，协调村委会和个协分会参加动员宣传，有力地推进了个体验照工作和私营企业年检的顺利开展，于2001年3月15日前完成验照任务。2000年末全县有个体工商户4946户，在验照中歇业注销278户，应验照数为4688户，实际验照4649户，验照率为99.6%；私营企业49户，在年检中注销1户，应年检48户，实际年检48户，年检率为100%。⑵开展个体工商户登记事项、亮照经营情况、无照经营、前置审批等专项检查，全年组织检查9次，检查个体私营企业户7396户（次），查处个体私营企业经营户违法违章案件886件，罚没金额10891元；清理个体无照经营757户，罚没金额7800元；个体工商户做到了清理出一户补齐一户。⑶个体私营经济户口卡的登记和管理工作。12月底提前完成了此项工作，全县共填写经济户口卡10418张，由工商所和县局各保存5209张，做到上级规定的一户一卡的要求，为做好规范化管理打下了坚实的基础。⑷贯彻落实扶持发展个体私营经济的优惠政策和措施，先后为494户个体工商户减免登记费、管理费40216.5元，并全免了1244户个体运输户的个体管理费，为个体私营经济的发展创造了良好宽松的发展环境。2001年全县新发展私营企业19户，注销5户，净增14户，年末，全县有私营企业63户，从业人员2215人，注册资金6957.3万元；新发展个体工商户895户，歇业695户，在去年的基础上净增200户，年末全县有个体工商户5146户，从业人员6088人，注册资金3756.5万元。个体私营企业全年向国家缴纳税金845.15万元。

【个体劳动者协会工作】 2001年，县工商局健全个协组织，配齐专兼职个协人员，加强对个协工作的指导，发挥桥梁和纽带作用。全年走访私营企业35户、个体工商户3917户，召开座谈会13场次，认真听取会员的困难和意见，积极帮助协调解决。国庆、中秋佳节来临之际，挤出资金3035元，看望了12个乡镇生病住院的16户个体工商户和10个敬老院的95名孤寡老人。配合人事部门举办了第二批美容美发培训班，参学81人，其中80人获得了初级考核合格证，合格率为98.77%，提高了个体工商户的劳动技能。

（梁世荣　周海章）

农　　业

农　业

【粮油生产】 2001年，全县粮食作物播种面积326496亩，比上年减9084亩，减少2.7%，粮食总产9494.1万公斤，比上年减84.3万公斤，减少0.88%，平均单产290公斤，比上年增5公斤。1、全县小春粮豆播种面积157154亩，比上年减11305亩，减少6.71%，总产2347.27万公斤，比上年减276.93万公斤、减少10.5%，平均单产148公斤，比上年减8公斤。其中：小麦74926亩，比上年减11758亩，总产1108.9万公斤，比上年减289.7万公斤，减少20.7%，平均单产148公斤，比上年减13公斤；蚕豆31591亩，比上年减2366亩，总产400.4万公斤，比上年减36.9万公斤，减少8.4%，平均单产130公斤，比上年增1公斤；杂粮50637亩，比上年增2819亩，总产803.89万公斤，比上年增15.59万公斤，增长1.97%；小春油料18858亩，比上年增3702亩，增长24.43%，总产219.01万公斤，比上年增42.71万公斤，增长24.23%，其中净种油菜17256亩，比上年增3293亩，增长23.58%，油菜籽产量208.34万公斤，比上年增39.44万公斤，增长23.35%，单产121公斤，与上年持平。2、大春粮食播种面积169342亩，比上年167121亩增2221亩，粮食总产达7105.6万公斤，比上年6954.2万公斤增151.4万公斤，增长2.2%；平均单产419公斤，比上年增3公斤。其中：水稻70961亩，比上年72550亩减1589亩，总产达3360.2万公斤，比上年3376.8万公斤减16.6万公斤，减少0.49%；平均单产473公斤，比上年增8公斤；包谷76745亩，比上年76920亩减175亩，总产达3132.6万公斤，比上年3101.2万公斤增31.4万公斤，增长1%；平均单产408公斤，比上年增5公斤；杂粮（含薯类、大豆）21636亩，比上年17651亩增3985亩，增长22.58%，总产达612.83万公斤，比上年476.2万公斤增136.63万公斤，增长28.7%。

【农技推广】 2001年，全县共完成小麦地膜覆盖2005亩，蚕豆规范化条点、三盖30689亩，油菜育苗移栽12252亩，旱作立体间套作16500亩。水稻“双龙出海”67960亩，多蘖壮秧移栽29404亩，旱育秧栽8394亩，抛秧1086亩，摆秧183亩，地膜包谷22392亩，育苗移栽31763亩。完成洋芋专用复合肥、品种区正规试验3组，“四海丰”、稻后膜再用、稻麦专用复合肥、壮秧剂、高油玉米同田对比试验15组，示范小麦、油菜、包谷、水稻新品种428亩。积极实施高产攻关、丰收计划和举办各类样板，典型引路，全年共完成油菜样板1540亩、地膜小麦样板135亩、蚕豆样板200亩、水稻抛秧、摆秧样板305亩，丰收计划34529亩、高产攻关6375亩，包谷丰收计划28728亩，高产攻关7580亩，为指导全县大面积的生产起到了积极的示范作用。

【植保工作】 2001年，植保工作坚持“预防为主、综合防治”的方针，积极开展预测预报及防治工作。全年大小春共发生各类病虫草鼠害46.04万亩（次），防治140.24万亩（次），防治率达204.6%，挽回粮食损失3839.87吨，实际损失粮食826.19吨。年内，编写南华县有害生物疫情调查报告3份；承办楚雄州农药经营人员上岗培训，对符合农药经营条件的从业人员（83人）进行了培训，使农药经营逐步走上正轨。

【农田建设】　2001年，全县投入建设资金130.5万元（省级36.26万元，州级18万元，县级33万元，乡级5万元，群众自筹38.24万元），组织实施了滇中现代化农业示范工程，日援粮增、神内云南沙罗生态示范村建设、农业环境监测等建设项目，完成稳高农田地建设3823.1亩，改善田间排灌及机耕运输条件，在工程措施建设的同时，进行了生物农艺措施配套，实施新技术措施推广10.35万亩次。履行农业环境监测职能，贯彻《云南省农业环境保护条例》，建立基本农田定点监测点位档案18份，监控面积8万亩。年内，建设坡改梯121930亩，旱地水浇95580亩，累计400公斤及以上的稳高农田地达196961亩，其中：500公斤及以上的稳高农田地达169823.1亩。

【良种推广】　2001年，全年调供大小春良种429496公斤，全县水稻良种率达97.5%、包谷达93.9%、小麦达95%、大麦达100%、蚕豆达100%、油菜达98%；完成水稻（滇系10号、滇粳优1号、滇粳优2号、红塔七号、滇系类）、包谷（楚引1、2、4、5、6号）等9个新品种示范达3265亩，引进27个玉米新品种种植观察，促进良种的更新换代；加强种子市场管理，在县监察、工商部门的配合下开展了“打假护农保增收”活动，对全县12个乡镇种子经营单位和5个个体经营户经营情况进行检查和抽查，没有掺杂使假现象，维护了群众的利益。

【经济作物】　2001年，全县调整种植业结构，重点抓好蚕、桑、果、蔬的项目基地建设和优质新品种的引进，做好产前、产中、产后服务，经济作物生产发展态势良好。其中：茶叶生产，全县有茶园9569.4亩，比上年减656.6亩。生产毛茶107599公斤，比上年减29289公斤，减少21.4%；按投产茶园8656.4亩计，平均亩产毛茶12.4公斤，比上年减3.2公斤，实现产值82.4万元，平均单价7.66元/公斤，比上年减0.48元；蚕桑生产，全县有桑园3143.8亩，比上年增591.1亩，全年养蚕种751张，比上年增208张，产茧20536公斤，比上年增多5677公斤，增长38.2%，平均单张产茧27.3公斤，蚕茧产值286317.5元，比上年增86392.5元，增长43.2%，平均每公斤鲜茧价13.94元，比上年增0.43元；水果生产，全县有各种水果15098亩，产量203.5万公斤，产值246万元。与上年比，产量和产值分别下降6.7%和6%；年内在马街、红土坡、罗武庄的低热河谷地区礼舍江沿岸，引进巴西蕉种植100亩，长势良好，由省农业厅列项扶持在红土坡种植碰柑200亩，罗武庄完成柑桔种植100亩，雨露种植优质大杨梅示范样板50亩。同时加快优良新品种、新技术的引进、试验、示范和推广步伐，引进桃、枇杷等新品种5个。

【农村经营管理】　2001年，根据全国减轻农民负担工作电视会议精神，9月底，由县委办、政府办、农牧局、财政局、物价局、教委、电力公司等单位领导组成检查组，对天申堂、沙桥、龙川3个乡镇的中小学校收费、农村电价、报刊征订及贯彻执行“八大禁止”（禁止平摊农业特产税、屠宰税，一切要农民出钱出物、出工的达标活动，一切没有法律、法规依据的行政事业性收费，面向农民集资，各种摊派行为，强行以资代劳，在村里招待下乡干部、取消村组招待费，用非法手段向农民收款收物）的规定和农民负担执法情况进行检查，使农民负担得到有效监控。抽调5名工作人员负责做好农村税费改革试点中有关农民负担方面表格设计及业务培训，搞好摸底调查和税费测算。加强农村财务及集体资产管理，对所代管的9547752.56元集体资金进行有效期的监审，各乡镇的农村财务进行了清理，共清理资金7226.59万元，查出违纪金额65.5万元，违法违纪人员受到了法律的制裁。做好农业承包合同管理，对徐营、沙桥2个乡镇8个村民小组的土地进行了“大稳定、小调整”。抓好各项调查统计工作，完成了农业基点及乡乡抽样、农产品成本核算、农户收入情况、农用生产资料及农产品价格信息调查及《农村经济收益分配统计表》、《农民家庭经营及农民负担情况统计表》、《农村经济基本情况统计表》为主的15套报表。

【种植业结构调整】　2001年，以提高种植业经济效益和农民增收为核心，因地制宜搞好区域化种植，积极扩大油菜、冬洋芋、早包谷、早青蚕豆、商品荞子、杂豆、魔芋、药材等适销对路农作物的种植面积，全县粮经比例调整为75.5:24.5，比上年调优1个百分点；围绕“三区”（楚雄医药工业、生态蔬菜和良种制繁种科技、罗川特色经济种植园区）“八大基地”（优质烟、中药材、特优米、家禽养殖、林业林产品、优质水果、茶桑、魔芋基地）建设，年内完成优质稻25460亩，蚕桑基地600亩，优质蔬菜5500亩；帮助农民搞好市场信息服务，协助乡镇发展“订单农业”面积29980亩，产值达1070万元。

【项目建设】　2001年，全县抓机遇、促发展，积极做好项目储备、上报和实施。年内，上报农业项目17个，经州农牧局筛选后，《南华县乡土人才培养体系建设项目》、《南华县农村经济信息系统工程》、《南华县“生态家园富民计划”建设项目》、《南华县特色农业开发项目》、《南华县早马铃薯地膜覆盖栽培示范项目》、《南华县建设农机综合服务队项目》、《南华县种子产业化建设项目》上报省农业厅。优质杂豆基地项目、兔街半坡无公害茶园示范项目、跨世纪青年农民科技培训工程已批准立项实施。

【农机监理】 2001年，全县有农用拖拉机2288台（大中型568台，手扶式194台，小四轮13台，折腰转向式1513台）。办理各类型拖拉机落户83台、过户59台、转籍23台、拖斗加护栏47台、报废23台。开展春运安全检查、农闲时路检路查和“五月安全生产周”活动，上路检查117天，查车2510台，纠正违章76台，查处无证驾车14台，对违章车辆进行必要的罚款，罚金2390元。应参加检验的农用拖拉机1588台，已检验签证1378台，占应检数的86.8%。召开农机驾驶员安全会议2次，参会2067人。清理无牌无证拖拉机190台，确保了人民群众的生命财产安全。

【农机技术培训及推广】 2001年，开办各类农机技术培训班10期，培训初级技术人员394人（次），围绕农业生产的耕、耙、播、收等主要环节，积极组织农机作业、技术指导、修理、示范推广社会化服务，年内，农机技术人员下乡达580人（次），举办80亩以上连片的机械作业种植样板4片，完成稻麦收割228亩，机耕机耙690亩。

【农广校工作】 2001年，农广校有4个教学点、8个教学班，在校生277名，一年来，学校按照教学大纲的要求，加强辅导和管理，年内23门专业课程的考试及格率达99.7%，在校生巩固率达80%以上，并添置了VCD、电视机、音响等电教设备。根据县委组织部、农业局联发的《关于对全县农村村级干部实施中专学历教育的通知》精神，广泛宣传，录取新学员60名，加快“绿色证书”工程的实施，完成“绿证”培训3466名，发证322名，促进了农科教的结合。

【农情信息及科技培训】 2001年，采取多种途径加强技术培训，制定技术操作规程，把先进实用的农业科学技术和农业科技知识宣传普及到农户，提高劳动者素质。年内，印发简报19期1990份，各种农业信息资料580份；订阅《云南农业》548份，进行专业技术培训409场次，召开现场会127场次7961人，出黑板报131期201版，印发各种科技材料4029份。

【先进集体及先进个人】 2001年，县农牧业局党总支被县级机关党委评为先进党总支，县农牧业局被县委、县政府评为南华县第二次民族团结进步先进集体；被省农业厅评为云南农业宣传、农技推广先进集体一等奖；农牧局团支部被楚雄州团州委授予“五四红旗”团支部光荣称号。李丕忠被县级机关党委评为优秀党务工作者，方绍光、耿文钦、李福林、周文清被评为优秀共产党员；李丕中、起贵福、钱太琦、何朝玉被州农牧局评为“九五”期间种子工作先进个人；苏玲梅被国家农业部市场信息经济司评为农业基点先进调查员；张燕被云南省农业厅评为农业科技推广先进工作者；方菊英被省农业厅评为全省百名优秀监理员。

（明军荣）

林 业

【简述】 2001年，南华县林业工作进入跨越式发展阶段，国家实行走大工程带动大发展之路，明确提出实施好“六大”（天然林保护、“三北”和长江中下游地区重点防护林建设、退耕还林还草、环北京地区防沙治沙、野生动植物保护及自然保护区建设、重点地区以速生丰产林用材林为主的林业产业基地建设）重点工程，以科技为支撑，以天然林资源保护、退耕还林为重点，依法治林，大力培育和合理利用森林资源，走高产、优质、高效林业发展之路。年内，全县有14.12万公民义务植树147.69万株，人均9.8株，公民应尽责任率达92.8%，四旁植树129.26万株，合格率达98.5%。

【植树造林】 2001年，经省、州检查验收，全县完成植树造林23018亩，其中：工程造林11484亩，一般造林3534亩，核桃干果基地8000亩。在工程造林中，速生丰产林基地3495亩，“天保”工程4026亩，生态工程1465亩，水保工程1379亩、地方工程1119亩。按林种分：用材林7540亩，经济林10214亩、薪炭林1520亩、防护林3744亩，造林合格率达100%，被州林业局评为二等奖。

【行政首长样板林】 2001年，全县办样板林22片4211亩，其中：县长样板2片500亩，乡（镇）长样板20片3711亩。

【封山育林】 2001年，南华县继续采取全封、半封、轮封等形式，建永久性封山碑10块，落实护林员300人，完善订立封育责任状32份，全年新增封山育林面积12.3万亩，年内，全县封山育林达1518738亩，封育面积占全县森林面积的60%。

【森林防火】 2001年，经县政府批准，原县护林防火指挥部更名为森林防火指挥部，充实了人员，增强了职能，做到思想认识、时间精力、领导力量、管理措施“四个到位”。全县共聘请巡护员723人，其中：长期专职212人，兼职237人，季节性274人，新建永久性防火宣传碑5块，挂宣传牌824块，向过往林区车辆发放警示材料700余份，在林区中小学中开设森林防火课166堂，并对全县1260名“五种人”造册登记，落实专人监护，对相对集中的墓地、牧场等易引发森林火灾的地段，落实具体责任人员，签订各种责任状2178份，与野外施工队签订森林防火责任状51份，开展林下人工割除7176公顷。通过采取多种措施，年内，仅发生荒火2起，过火面积1.3公顷，天子庙林场保持了37年无森林火警、火灾的记录，受到省、州政府的表扬。

【林政管理】 2001年，全县认真贯彻《森林法》及实施条例，《云南省林地管理办法》等法律、法规和政策。森林公安、森林经济民警、林政管理人员全年共侦破查处各类林业案件126件，处理269人。其中：刑事案件2起，逮捕2人；行政案件124起，处罚教育267人；没收、收缴木材86.5688立方米，罚款71882元，赔偿损失13814元。调解雨露、五街、龙川等乡（镇）发生林权、林地纠纷3起。

【森林限额采伐管理】 2001年，州下达南华县采伐限额9.8万立方米。全县安排办理采伐林木6.2万立方米，总消耗量占州控制采伐限额指标的63.3%。

【生态公益林现场界定】 2001年，在省、州分类区划办公室的指导下，组织完成全县生态公益林132943.9公顷，2439个小班地块的界定工作，与1868个村民小组及村民代表、130个村民委员会、12个乡（镇）、2个国有林场及县人民政府共同签订《生态公益林现场界定书》2205份。

【森林病虫害防治与检疫】 2001年，全县共发生森林病虫害15900亩，其中：病害（云南松赤枯、松针锈、华山松丛枝、华山松霉污、经济林）9600亩，虫害（松梢螟、松毛虫、松叶蜂、华山松球蚜、云南松小蠹、经济林、华山松木蠹象、中华松针蚧）6300亩，林业部门及时调供农药、器械，开展防治15900亩。其中：有效防治1.5万亩（病害0.63万亩，虫害0.87万亩），防治率达94.3%，组织专业人员实施产地林木检疫135亩，苗木67.2万株、籽种73公斤、核桃1088吨，调运复检籽种90公斤，调运检疫木材1880立方米。

【野生动植物保护】 2001年，全县在加强对《中华人民共和国野生动物保护法》、《自然保护区管理条例》等法律、法规的宣传基础上，从严查处乱捕滥猎行为，共查处非法猎捕候鸟案2件，人员9人，收缴土制火枪3支，林政罚款800元，并按上级的统一部署，开展“猎鹰行动”等专项严打整治，出动警力125人次，依法清查宾馆、饭店、酒楼、餐馆294家，集市8个，清理整顿野生动物训养繁殖场2家，车站2个。县内野生动物植物得到有效保护。

【编制南华县天然林资源保护工程森林管护项目作业设计】 2001年，4月21日，云南省林业调查规划设计院杜鹏工程师带领刘鹏程、胡定发等到南华协助编制“天保”工程管护项目作业设计，历时15天，完成了《云南省南华县天然林资源保护工程森林管护项目作业设计说明书》、《森林管护类型面积统计表》、《作业设计小班因子一览表》、《森林管护作业设计图》等作业项目，共设计管护任务164.7万亩，区划林班418个，小班3075个，宜管护小班2531个。5月21日通过了由省林业厅主持、省财政厅、审计厅、西南林学院、中国林科院资源昆虫所、省林业科学院等部门有关专家参加的云南省天然林资源保护工程作业设计评审。

【查处生态破坏违法行为专项行动】 2001年6月1日，县林业局开展严肃查处全县生态破坏违法行为专项行动，重点是严重盗伐、滥伐林木，非法猎捕野生动物，非法占用林地，打着旗号随意破坏森林资源，非法收购、加工、运输木材，殴打执法人员，抗拒执法，盗卖、伪造木材票证，执法人员玩忽职守等8个方面的行为。该行动由森林公安牵头，抽调林政、森防协调配合。至7月底，专项行动基本结束，共查处各类林政案件29件。其中：盗伐、滥伐林木案6件，毁林开垦案6件，无证非法运输木材12 件，违反规定野外用火案2件。没收木材36.5688立方米，罚款12003元，补种树木2063株，处罚教育54人。

【《云南省哀牢山北段南华大中山省级自然保护区综合科学考察报告》研究项目评审】 2001年7月29日，受省林业厅委托，由楚雄州科委主持，邀请州、县有关专家共7人对县林业局主持完成的“《云南省哀牢山北段南华大中山省级自然保护区综合科学考察报告》研究”项目进行评审，通过听取汇报，查阅成果资料，观看录像，评审组一致认为：“科考报告”首次对在大中山自然保护区的自然环境、动植物资源种类和数量、自然人文景观、主要保护对象进行了详细论述，内容丰富，资料翔实，图、表齐全，项目研究符合有关技术规范，在州内自行完成多学科综合考察尚属首次，达到同类项目州内领先水平，可靠性、可操作性强。同意“《科考报告》研究”项目通过评审验收，并评为全州科技进步三等奖。

【名特优经济林果之乡评审】 2001年8月11日，国家林业局名特优经济林果之乡评审组到南华县召开评审会。县林业局汇报了全县多年来核桃发展的情况，评审组听取汇报，查阅了有关资料和产品认为，南华县森林植被条件好，小气候适宜，所产的大麻叶核桃果大，皮薄、色鲜、味美，经多年的发展，核桃种植已具备了一定的规模，在全县国民经济中，核桃收入占了财政收入的10%，发展潜力较大。9月8日国家林业局向南华县林业局颁发了《中国名特优经济林果—核桃之乡》证书。

【发现珍贵树种红豆杉】 2001年9月10日，县林业局在中国科学院昆明植物研究所的帮助下，对县内龙潭山、大中山进行考察，发现珍贵树种红豆杉有少量分布于龙潭山，这一发现打破了南华林业史上无红豆杉的记录。

【省厅领导检查调研】 2001年8月12日下午，省林业厅厅长陈继海一行3人到南华县检查核桃干果基地建设、林业产业化建设、林业产业结构调整、林地管理工作开展情况。陈厅长听取了分管林业的副县长何锡英及县林业局局长者建章的汇报后，在肯定林业建设所取得成绩的同时，对南华林业发展提出了在经济林果特别是核桃干果基地建设上，要注重质量，突出一个“特”字；加快林业产业化建设，加大林业产业结构调整力度，培强林业支柱产业；加强林地管理，严格林地征占用审批程序3条意见。11月17日，省林业厅副厅长王德祥带领厅办资源林政处吕际森，野生动物保护办子世泽、森林公安局陈雄组成的调研组一行，对县林业工作进行检查指导。王副厅长一行在州、县有关领导的陪同下，先后深入天子庙坡国营林场、沙桥镇林业站调查了解天然林资源保护工程实施进展情况、森林防火、林业站自身建设、并到沙桥聂家屯村实地察看了农村能源沼气建设情况。经过检查调研，王德祥副厅长一行对县资源保护、森林防火、自然保护区、农村能源建设等工作给予了充分的肯定，并要求南华县林业在资源的保护与发展方面多作研究，大胆探索，求真务实，真正实现林业跨越式发展。12月15日，省林业厅副厅长陈学华在州长助理和州林业局的有关领导的陪同下，到南华县检查天然林资源保护工程实施和林下资源开发情况。通过检查，陈副厅长认为，南华县天保工程实施做到快、实，成绩值得肯定，但林下资源开发较为薄弱，要求在加工、销售上下功夫，实现林下资源开发加工升值。

（祝应兴）

畜 牧 业

【简述】 2001年，南华县的畜牧业工作，紧紧围绕农民增收为中心，加强对畜牧业工作的领导，狠抓防疫灭病、依靠科技进步，提高畜禽产品质量，效益、加快新品种、新技术的推广应用，引导农民发展肉鹅、野鸡等特色养殖，加大科技宣传，培训、项目实施、畜牧兽医行政执法力度。年内，畜牧业产值达15381万元，比上年增650.3万元、增长2.04%，在农业总产值中的比重达33.9%，肉类总产达16133吨，比上年增1161吨、增长7.7%，生猪、大牲畜、山绵羊出栏率分别达85.7%、26.5%、65%。

【畜牧业稳步增长】 2001年，全县生猪存栏172223头，出栏147622头，分别比上年增长1.3%和减少10%；大牲畜存栏80925头（匹），出栏21475头（匹），分别比上年增长1.8%和19.97%；山绵羊存栏66611只，出栏43328只，分别比上年减少0.76%和增长0.43%；家禽出栏1222263只，比上年增长10.9%。

【畜牧业科技措施推广】 2001年，全县畜牧科技主要推广了以下项目：（1）饲草饲料：推广青贮饲料195197.5吨，氨化饲料46056.6吨、配合饲料3278.46吨、浓缩饲料291.55吨，青绿饲料套种47889亩，引入优质牧草种子—百喜草，在老高坝试验种植。带动猪熟改生喂42271户128220头。（2）畜种改良：完成猪品种改良20188胎，比上年增1110胎、增长5.82%。其中：人工授精5491胎，本交改良14697胎，从昆明、楚雄等地引进长、撒、种母猪64头，长白、约克、种公猪10头。牛品种改良250胎，其中：人工授精改良108胎、本交改良142胎，从昆明小哨引入西门塔耳种公牛4头，婆罗门1头，在沙桥石星和雨露铅厂两个改良点饲养。羊品种改良840胎，在龙川、沙桥两镇建立黑山羊养殖示范基地，每镇选出30户具有一定科技意识的农户，户均饲养基础母羊不少于25只，在示范户中选择优良种公羊进行串换改良。

【畜禽疫病防治（制）和兽药经营管理】 2001

年，畜禽防疫，采用猪瘟免疫、常规防疫及“五号病”病防疫，推广猪瘟免疫的4个乡（镇）饲养生猪160242头/次，免疫注射146889头，密度达91.7%，常规防疫的8个乡（镇），春、秋两季生猪存栏176940头，免疫注射猪瘟、猪肺疫二联苗166277头/次，密度达94%。全县“五号病”病防疫共注射疫苗：生猪125646头，牛47941头、羊36831只，密度分别达82.7%、81.7%和72.5%，发放动物免疫证25万张，注射鸡瘟、禽霍乱疫苗60万只。3月畜牧局、工商局联合组成兽药清理整顿小组，历时20天对全县兽药及器械市场进行执法检查，共查出假劣药14个批次，价值410.38元，过期兽药73个批次，价值4254元，无证经营、行医9户，对不合格兽药给予没收销毁处理，无证经营户责令停业。

【动物及产品检疫（验）】　2001年，全县依法加强动物检疫（验）工作，12个乡（镇）、16个肉类市场、14个活畜市场分别开展检疫11、15、13个，县城、沙桥定点屠宰检疫（验）工作正常开展。年内，共检疫屠宰牲畜19986头（只），比上年增1453头（只），腊肉31680公斤，冻鸡分割肉5125公斤，牛干巴300公斤，检疫运输牲畜5868头（只），猪毛318公斤，运输车辆消毒38辆，场地消毒172平方米，检疫上市牲畜57599头（匹、只），检出人畜共患病猪肉6头，传染病畜72头，并给予无害化处理，查处动物卫生违法案件7起，没收违法所得1390.35元，罚款541元，上缴国库。

【规模养殖与畜产品营销】　2001年，全县有规模养殖1020户，其中：规模养猪267户，存栏3577头、出栏7844头、比上年出栏增4437头，增长130.2%；规模养牛191户，存栏709头、出栏肉牛3541头、比上年出栏增加17头；规模养羊141户，存栏5102只、出栏肉羊6196只；规模养鸡户431户，存栏家禽104762只、出栏338102只，规模养殖户的发展调动了农户饲养积极性，为全县畜牧业迈向产业化、现代化奠定了基础。年内，为促进畜产品市场流通，以县畜牧局畜产品开发经营部为龙头，外销黑山羊2.8万只，大牲畜3500头（匹），生猪11000头，家禽338102只，扩大了经营部规模，增加了农民收入。

【畜牧扶贫项目】　2001年，南华县继天申堂、兔街2乡后，雨露、五顶山、罗武庄3乡又被省畜牧局列为畜牧扶贫示范乡，在整个项目实施中，共改造旧厩舍253间3036平方米，更新长撒二元杂交母猪68头，引进种公牛3条。在雨露乡后甸村委会补路冲建立了“三高”（高产仔、高育成、高效益）母猪示范村，改造“四有”（有饮水设备、有保温设施、有护仔栏、有补饲间）猪舍72间，864平方米，在罗文村委会上罗文村建立商品猪示范村，改造厩舍60间690平方米，在洒披武村委会建立养牛示范村，罗武庄乡、五顶山乡的畜牧扶贫工程正在有序开展，年底3乡共扶持示范665户2888人，人均畜牧业纯收入增103.19元。

（欧如林）

水　利

【水利建设】　2001年，南华县农田水利建设工作以除险加固和续建、配套为重点，共计划动工各类水利工程3916件，年内，各类水利工程共动工3910件，完工3694件，共投入劳动工日285.3万个，完成土石方329.3万立方米，投入建设资金1435.54万元，其中：群众自筹323.25万元，政府累计投资1112.29万元，新增灌溉面积3845亩，改善灌溉面积38970亩，新增除涝面积380亩，改造中低产田3275亩，解决了27345人及6135头大牲畜的饮水困难。

【水土保持】　2001年，南华县继续开展以“长治”工程为主的大智阁、罗家屯、徐营、索厂、向阳、小古山、老厂、瓦黑井8条小流域综合治理工作，计划治理水土流失面积21平方公里。年内，全县8条流域共种植水保林9461亩，种植经果林2283亩，开展封禁治理15700亩，建设小型水利水保工程216件。在徐营镇古苴村委会创建水保示范基地200亩开展水保技术示范推广、特种野生动物训养繁殖。

【防洪蓄水】　2001年，南华县认真贯彻“安全第一，常备不懈，以防为主，全力抢险”的防汛工作方针，对防洪渡汛工作加强领导，及时检查，迅速排除险情，加强值班制度，编制了《毛板桥水库防洪抢险预案》，认真落实抢险队伍，积极准备防汛物资，全县共组织应急抢险人员2200人，落实就位防洪编织袋88180条，防洪木桩18892棵，锄头、铁铲7949把。年内，未发生严重的库坝倒塌及人员伤亡事件，并安全蓄水7069万立方米。

【稻田养鱼】　2001年，南华县进一步扩大稻田养鱼规模，在5个乡镇实施稻田养鱼6915亩，其中：徐营镇2430亩，龙川镇1251亩，沙桥镇1441亩，雨露乡1144亩，兔街乡649亩。为抓好稻田养鱼工作，县乡举办稻田养鱼技术培训班41场次，培训养鱼农户3215

户；实施省示范样板100亩，州级100亩、县级300亩；投放鱼种180万尾，全部田块均采用“工程式”和“沟凼式”养殖技术进行养殖。9月份成鱼收获时，县稻田养鱼验收组严格按省渔业处有关规定进行了随机抽样现场测产，省、州示范样板亩均产鱼55.4公斤，增产稻谷28公斤；县样板亩均产鱼41公斤，增产稻谷20公斤；一般面上养殖田块亩均产鱼15公斤，增产稻谷13公斤，年内全县稻田养鱼项目共产鱼89.5吨，增收稻谷69吨。

【水保监督执法】　2001年，南华县水土保持生态环境监督执法中队共立案查处水土保持违法案件37件，其中：申请县法院强制执行1件；依法查封采石场39个，采沙场42个，砖瓦厂21个，按处罚规定，违法单位及有关人员交罚金56.4万元，建谷坊12座，挡土墙2361米，对所造成的水土流失区域进行了初步治理。

【“1·15”水利震损工程恢复重建】　2001年，南华县继续抓好“1·15”水利震损工程恢复重建工作，年内又有羊先冲、小古坝、英武关、千工坝、鹅毛树河闸、两旗海6件工程顺利完成恢复重建任务，至此，除省州未安排资金的五顶山“七六”管道引水工程和打水冲坝2件工程外，其余10件水利震损工程已全部完成恢复重建任务，共完成投资3555405元，工程量97978.69立方米。

【英武关小（二）型水库恢复重建】　英武关水库重建工程于2000年8月20日动工，2001年1月20日完工。建设内容为：内坝坡培厚放缓坡比；内接长涵洞5米；改造放水设施，新安装直径40厘米的转动闸门一套；扩建溢洪道；建盖管护房；内坝坡铺筑预制件防浪石108.86立方米，外坝坡整形，草坪护坡完成投资202850元，工程量3638.04立方米。

【千工坝小（二）型水库恢复重建】　千工坝恢复重建工程于2000年12月4日动工，2001年8月20日完工。建设内容为：加高坝埂1米，外坝坡培厚放缓坡比；外接长底涵23.5米、二涵20米、三涵15米；扩建溢洪道；内坝坡铺筑防浪石。完成投资25万元，工程量18471立方米。

【鹅毛树河闸恢复重建】　工程于2000年12月19日动工，2001年7月20日完工，新建4×2.2米的3孔露顶式平板钢河闸一座，具体内容为：浇灌铺盖、闸室和护坦，浇筑闸墩、排架和启闭层；安装闸门和启闭机。共完成投资387013元，工程量1598.47立方米。

【两旗海水库恢复重建】　工程于2000年12月4日动工，2001年3月25日完工，建设内容为：坝体帷幕灌浆；外坝脚新建倒滤体；坝顶铺筑弹石路面878.4平方米；外坝坡培厚整形。共完成投资112589元，工程量3961.34立方米。

【水利法规宣传】　2001年，南华县切实加大水利法规宣传力度，年内共出动宣传车75车次，书写宣传标语1856条，出黑板报160版，电影宣传85场次，发送宣传单46000张，设置永久性标语135条，粘贴宣传牌1320张，翻新水保标志碑及小流域治理碑14座，印发宣传挂历200份，受宣传18.63万人次。

【水利扶贫】　2001年，南华县水利电力局在州水利水电局的支持下，为扶贫联系点罗武庄羊歇地村民委员会修建了旧地箐坝，该坝高13.3米，库容1.05万立方米，总投资21万元，该蓄水工程的建成，初步解决了当地干旱缺水问题。

【“七六”水库管道输水工程】　2001年，年内，五顶山乡“七六”水库管道输水工程第四期工程动工，安装输水管道0.8公里，至此整个输水工程共安装管道11.7公里，设计供水效益已发挥95%。

（张开德）

工业·企业

乡镇企业

【简述】　2001年，南华县乡镇企业工作，紧紧围绕县委、政府的发展思路，抓住改革与发展这一主题，解放思想，大胆探索，锐意改革，强化管理，大力发展个体私营经济，正确处理好速度、投入、效益三者的关系，保持了全县乡镇企业及个体私营经济持续、健康的发展。有企业6863个，比上年6733个增长1.93%；从业人员19000人，比上年增长4.84%；营业收入118344万元，比上年增长24.14%；现价增加值19640万元，比上年增长17.23%；现价工业产值20933万元，比上年增长17.31%；实交国家税金1462万元，比上年增长0.34%；固定资产原值达23323万元，比上年增长7.82%；实现工资总额8527万元，比上年减少2%；农业人口人均占有乡镇企业收入5582元，比上年净增1061元。其中：个体私营经济营业收入93515万元，比上年增长19.69%；现价增加值18514万元，比上年增长26.82%；现价工业产值19217万元，比上年增长26.50%；实交国家税金1183万元，比上年增长4.59%；从业人员达17008人，比上年增长9.7%；固定资产原值达20711万元，比上年增长13.49%。

【集体企业改革与发展】 2001年，对未改制的48户集体企业，按照“两个根本性转变”和全州企业改革与发展工作会议精神，坚持“三个有利于”为标准，共完成改制企业30户，占应改制的62.5%。

【煤炭企业整顿】 2001年，查封有安全隐患、私挖滥采的煤炭矿井3口，关闭证照不齐的煤炭企业2个，整顿验收煤炭企业2个、矿井8对，投入安全资金近60万元。

【引进资金项目】 2001年，各乡镇上报项目，经筛选论证上报24个，完成投资2537万元，争取无偿资金33.8万元。

【整顿“三乱”】 2001年，组织两次对拖欠乡镇企业及个体私营企业乱收费、乱罚款、乱摊派、乱集资和拖欠工程款项目的清理，据不完全统计，有149个单位拖欠乡镇企业及个体私营企业的资金，欠款金额达1814.88万元；在龙川、沙桥两镇进行“三乱”清查中，发现不合理收费项目13项，金额64.7万元。

【业务培训及职称评定】 2001年，举办了以建筑建材为主的各种专业职称培训班2期，培训人员139人；向上申报中职以上职称37人，评定初职103人，取得职称147人，比上年增长188%。与州工业学校联系参加建筑建材系列大专学历学习6人、中专学历学习60人，全年共培训1653人。

【乡镇企业首届建筑建材中专班】 2001年，与州工业学校联系，首届举办南华县乡镇企业建筑建材系列中专班，于11月28日正式开学，参学人员60人。

【省局领导视察】 2001年3月10日，省乡镇企业局生产安全处处长魏传洪一行3人，到南华县视察乡镇企业生产安全工作。10月17日，省乡镇企业局经营管理处何开道等到南华县海华有限责任公司、云华绿色食品开发有限责任公司调研企业文化管理情况。

【州政府领导视察】 2001年6月28日，州政府副州长周发洪、秘书长耿克明，到南华海华有限责任公司、云华绿色食品开发有限责任公司调研绿色食品开发及深加工。

【公开拍卖集体企业】 2001年12月28日，沙桥镇党委、政府根据州、县关于深化乡镇集体企业产权制度改革的有关决定，对镇办的沙桥机制红砖厂以96万元的底价向社会进行公开拍卖，参加竞买的大姚金碧实业有限责任公司、南华鑫业工贸有限责任公司、沙桥镇沙桥村委会东一、东二村民小组和村民范成亮4家经济实体和个人，在县司法公证处公证人员的监督下，依法按程序，经过多轮的激烈竞争，大姚金碧实业有限责任公司最终以127.5万元的价格击败对手一举中买，取得了沙桥机制红砖厂的所有权，是南华县乡镇企业在改制过程中首家公开拍卖的集体企业。

（段云辉）

电 力

【简述】 2001年，南华县电力事业局（南华县供电有限责任公司）认真贯彻执行“人民电业为人民”的企业服务宗旨，全体干部员工团结协作，锐意进取，克难奋进，全县农村电网建设与改造工作取得了阶段性成果，电力经营管理体制改革进一步深化，行风建设再上新台阶，社会经济效益稳步提高。年内，编订了《南华县供电有限责任公司用电服务中心管理办法》和《南华县供电有限责任公司管理制度汇编》，为“大地之爱—母亲水窖”及灾区群众捐款11460元。年末公司在岗员工147人（含直管的农村电工53人），女员工23人，具有大中专文化程度的65人，中技文化程度的63人，中共党员30人，共青团员63人，各类专业技术人员47人，员工平均年龄31.5岁，退休职工7人。

【生产经营】 2001年度，共完成供电量2762万千瓦时，比上年增长12.7%；营业收入902.4万元（供电收入814万元）；上交税金104万元；实现利润为93.6万元（其它收入85万元），比上年增长87.2%；电费回收率达99.65%。年末，公司固定资产净值为771.5万元（不含云南云能会计师事务所评估增值的资产792.71万元），资产总值为1457.1万元。

【安全生产】 2001年，年初，公司领导及分管安全的领导与各股、室、供电所、变电站层层签订《安全生产责任状》、《消防安全责任状》，签订率达100%，在5月“安全生产月”活动中，对全县的输配电设施进行安全运行情况巡查、严处私拉乱接及窃电行为、积极为群众排解用电难题；12月又在全县展开安全供用电大检查，消除隐患、确保节假日供电；12月13日，公司制发了《关于安全生产管理处罚的决定》；年底公司对《责任状》、《责任书》执行情况综合考评，罗武庄供电所受到公司奖励。

【优质服务】 2001年，公司全面开展了以“优质、高效、快捷、方便”为主的“电力市场整顿和优质服务年”活动，先后3次上街宣传，播放录音，接受客户咨询，共发出《安全用电与节约用电常识》等系列资料18种22600多份，开展“电力市场整顿和优质服务年”活动知识竞赛1次；4月初，在县城南口市场、顾家村、个私街及马呼屯增设了配电变压器。11月8日，罗武庄、马街两个供电所客户用电服务中心挂牌成立，向社会公开用电服务承诺，公布投诉电话，设立投诉箱、意见簿，工作人员统一着装，挂牌服务，各供电所全面实行“五统一”、“四到户”和“三公开”制度，实现“一口对外”管理，各用电服务中心还配备有客户坐凳、写字桌、热水器及水杯等。12月10日，继龙川、雨露供电所后，罗武庄、马街又被滇中电业局授予了“为人民服务，树行业新风”文明示范窗口荣誉称号。

【业务培训】 2001年，公司选送了2名职工参加开远电力技校举办的反窃电技术培训，23名干部员工参加滇中电业局举办的行政执法及用电检查取证培训、18名从事财会工作的员工参加南华县财政局举办的会计证取证培训、1名员工参加全省工程概预算资格证取证培训、1名领导参加云南电力集团有限公司举办的第17期党支部书记培训、3名员工参加了云南电力集团有限公司举办的农村电工知识竞赛活动、到滇中电业局挂职锻炼的2名同志于7月初回公司，同时，公司举办了2期业务培训班，年内，参培员工89人次。

【农网建设】 2001年2月，追加电网改造投资583万元，新建10千伏线路14.32千米，改造10千伏线路23.02千米，新建400伏（含220伏主干线）线路200.6千米，新增配电变压器31台/745千伏安，更换高耗能配电变压器11台/275千伏安，配套安装一户一表4278户。8月初，南华县又被列为全省2001年度19个农网改造重点县之一，经规划上报，云南电力集团有限公司下达第一期投资1725万元，规模为：新建10千伏线路90千米，改造10千伏线路120千米，新增及更换高耗能配电变压器250台，配套安装一户一表14598户，并要求在2002年3月底完工。至12月底，共规划完成了7个乡镇、67个村委会、306个自然村的农网改造工程项目，新建10千伏线路82条60.5千米，改造10千伏线路45条54.95千米，新建400伏（含220伏主干线）线路718条348.3千米，新增及更换高耗能配电变压器96台1180千伏安，配套安装一户一表4313户，12月中旬，又规划上报了2001年第二期农网改造工程项目，规划总投资2585.42万元。

【股份制改革】 经云南电力集团有限公司、南华县政府同意，2001年5月30日，南华县供电有限责任公司首次股东代表会在南华县召开，双方股东代表21人参会，根据双方股东意见，按照公司《章程》选举产生首届董事会。董事会由分别为邓琦、邓康云、李义生（云南电力集团有限公司）李仁、李华珍、周天华（县政府）、周海涛（公司职工代表）7名董事组成，邓琦任董事长，李仁任副董事长。当日，召开第一次董事会会议，聘任李仁为县供电有限责任公司总经理，李华珍（兼财务负责人）、周天华、田维兴为副总经理。新公司下设市场营销部、生产技术部、财经部，电测仪表检定站（挂靠营销部），调度室（挂靠生技部），5座35千伏变电站和12个直管的供电所，7月27日，召开了首届首次职工大会，聘任了26位股所级干部。12月13日，又召开了首届首次职工代表大会。

【清产核资】 2001年7月中旬，经双方股东批准，委托云南云能会计师事务所对公司进行清产核资，资产总计为2764.37万元，并对原县电力公司经理班子进行离任审计，对公司所取得的成绩给予实事求是、客观公正的评价。

【文体活动】 2001年，“三八节”文艺汇演中，工会、女工委舞蹈《等你来》获县三等奖。县“龙江杯”篮球赛获男子组第一名。在12月26日开幕的有11家县级单位和部门参加的冬季联合运动会上，35名干部员工参加了篮球、扑克牌、拔河、4×50接力赛、象棋等比赛项目，获篮球、拔河、4×50接力赛三项第一名。

【基础设施建设】 2001年，公司总投资59万元建盖了五顶山、五街供电所综合楼。其中：五顶山综合楼投资28万元，建筑面积507平方米，于12月10日竣工使用，五街综合楼投资31万元，建筑面积516平方米正在建设中，此外，公司还为各供电所添置长凳2条，档案柜1组，为五顶山、罗武庄两个供电所及沙桥、徐营两座35kV变电站各配置了彩电1台。

【兔街电站沟渠修复及设备更新改造】 2001年，3月对2000年9月输水渠滑坡塌方，供水中断、设备老化兔街电站实施全面沟渠恢复及设备更新改造工作，至6月中旬，完成沟渠滑坡治理57.7米，开挖土石3432.64立方米，支砌块石520立方米，浇灌混凝土361立方米，更换了水轮机1台，阀门1道及相关设备，并对电站运行控制系统的相关电气设备进行了改造，工程投资52万元，7月初，电站恢复了正常发电，丰水期月发电量达到24万千瓦时。

【表彰奖励】 2001年3月初，公司被南华县委、县政府命名为“南华县第二次民族团结进步先进集体”，年内，有5名干部员工受到了滇中电业局等上级部门的表彰奖励，公司评选先进个人39人，先进集体1个。

（李 仁 田维兴）

楚雄烟叶复烤厂

【简述】 2001年，楚雄烟叶复烤厂本着“以市场为导向，以质量求生存”，坚持“双控”，按照“以改革促管理、促稳定、促效益、促发展”的总体要求，把握市场脉络，改进销售策略，深入开展贯标工作，进一步推动了企业“两个文明”建设全面发展。全年收购烟叶111.36万担，复烤加工12026.25吨，销售87.09万担，回笼资金7.49亿元，各项生产经营指标，机构调整、定岗定员和标准化管理工作步入了新阶段。

【结构调整】 2001年，楚雄烟叶复烤厂结合自身实际，对厂内机构再次进行调整，并对各部门重新实行定岗定员。撤销原挂竿一车间、挂竿复烤四车间和动力三车间，重新组建打叶复烤车间和分选二车间；大胆选拔任用年轻干部10人，其中：大专以上干部7人，高中、中专以上文化由70.37%上升为83%；本着精简服务管理部门人员、优化岗位和人员配置入手，重点突出强化质量效益型的管理模式，对传统专业岗位进行合并和调整，为培养复合型人才提供锻炼的机会和空间，对专业性强的关键岗位进行调整充实。为复烤厂的生产经营打下坚实基础。

【烟叶收购】 2001年，楚雄烟叶复烤厂在巩固“双控”成果的同时，认真总结往年收购经验，狠抓落实，深挖内潜。一是依据各级政策精神，统一思想，统一认识，精心计划和周密部署收购工作；二是强化服务，狠抓管理，千方百计为交烟方着想，收购中采取按一定比例抽样过磅的方法，尽力加快下车速度，兼顾各方利益；三是针对各个收购关键环节，在纪检、保卫等部门配合下，加大各项规章制度的考核执行力度，保障了复烤厂二线收购的良好秩序，确保了质量目标顺利实现，省烟草公司二级站对收购等级质量3次抽检，等级合格率均高于规定要求。全年共收购烟叶111.36万担，其中：上等烟27.87万担，中等烟61.87万担，下低等烟21.62万担，分别占总收购量的25.03%、55.56%和19.41%，等级结构进一步趋于合理。

【烟叶销售和资金回笼】 2001年，楚雄烟叶复烤厂深入贯彻“一要规范，二要改革，三要创新”的方针，进一步把“一切围绕市场转、一切围绕市场干”的原则落到实处，确保烟叶市场占有率和巩固率不断提高。一是结合自身库存烟叶的客观实际，按市场规律办事，采取新烟与陈烟相互搭配、货款催收与烟叶销售三者结合的方法，大力加快货款回收和烟叶销售进度，减少资金积压；二是把烟叶生产与销售有机结合，围绕市场组织生产，尽量满足客户需求；三是更新观念，大胆创新，主动出击，开拓业务，进一步加强与客户之间的交流与友谊，为烟叶销售创造有利条件；四是强化专卖管理，规范烟叶市场。在烟叶销售中，十分注重《烟草专卖法》的贯彻实施，不断强化专卖意识，积极配合各级烟草专卖部门，严厉打击不法商贩，进一步规范烟叶流通秩序，保护国家、集体和企业利益。通过以上措施，全厂的货款回收和烟叶销售工作创历史最好水平，全年销售烟叶87.09万担，其中：外销出口8.08万担，回笼资金7.49亿元。

【设备技改和复烤加工】 2001年，楚雄烟叶复烤厂本着“以质量求生存、求效益、求发展”的原则，着重突出对现有设备改造利用，经多方分析和论证，在楚烟企业的高度重视和大力支持下，6000kg/h新打叶复烤生产线于1月初筹建，土建工程于10月底竣工验收；根据生产经营发展趋势和总体规划，圆满完成楚雄生产区挂竿复烤设备和动力设备搬迁至南华本部的技改任务，并按预定目标如期投入复烤运行；其次以提高成品烟叶综合合格率为目标，严格按照复烤工艺流程和设备承运能力均衡组织生产，狠抓每一道工序的质量检验和质量控制，确保产品质量稳步提高，在滇西片复烤质量检查中，成品水分合格率100%、烤透度合格率98.13%、外观合格率100%、重量允差合格率100%，各项指标均达到或超过规定标准，全年按计划完成复烤烟叶12026.25吨。

【安全生产】 2001年，楚雄烟叶复烤厂针对生产季节车水马龙，难于管理，易发事故的特点，着重抓好四个方面的安全保卫工作。一是为更好地适应企业改革和各项生产经营的需要，把原由劳资部门管理的安技工作并入厂保卫部门统一管理，二是调整充实厂安委会领导和执行组成员，同时规定生产期间每周四为全厂安全检查日，全天开展安全检查活动，进一步加大对安全保卫工作的考核力度；三是突出“安全第一，预防为主”的方针，全面加强职工和临时工的安全教育培训，特别是对大量使用临时工的车间或部门，分别由安全保卫、劳资、生产等职能部门分期分批进行重点培训，通过培训，使其充分认识到安全工作的重要性和必要性，提高了自我防范和自我保护意识；四是层层落实安全保卫责任制。

【宣传思想工作】2001年，楚雄烟叶复烤厂以党的十五届五中、六中全会精神和江总书记“三个代表”重要思想为指导，在红塔集团“超越自我，永争第一”的精神激励下，正确把握舆论导向，充分发挥广大职工的创造才能，为企业改革与建设多作贡献。全年干部职工撰写新闻稿件140篇，被各级各类报刊采用95篇。

【精神文明建设】 2001年，楚雄烟叶复烤厂始终坚持中共中央关于精神文明“重在建设，贵在落实”的指导思想，抓好生产经营的同时，大力加强精神文明建设，一是开展争创“文明科室”、“文明车间”、“文明职工”、“文明家庭”和“创新、创效”活动，全厂管理水平和节约降耗工作进一步加强；二是开展创建“安全文明小区”活动，建立健全创安规章制度和考核办法，三是开展创建“青年文明号”和“青年岗位能手”活动，发动各岗位团员青年抓创建、上等级，收到良好效果；四是开展丰富多彩的文体活动，办好黑板报、宣传栏，组织开展“双抠”比赛、山地自行车比赛等。成功举办复烤厂第五届职工运动会和消防运动会的同时，十分注重企业与地方之间的相互交流，认真组织青年职工参加南华县举办的男女篮球、足球和拔河比赛等，取得前三名的好成绩。复烤厂党总支先后获得“楚雄州先进基层党组织”、“楚雄州‘三五’普法先进单位”等荣誉称号。

（奎应春）

楚雄燎原煤业有限公司

【简述】 2001年，长坡露天非工作帮及齐家山排土场先后发生特大滑坡，致使企业被迫停产，陷入极端困难的境地。公司在上级党委和政府的正确领导及有关部门的支持帮助下，坚持以邓小平理论和江总书记“三个代表”重要思想为指导，团结和依靠广大员工，认真贯彻落实州委、州政府现场办公会议精神，坚定信心，克难奋进，抗灾救灾，启动局部恢复生产，努力实现生产经营目标，确保企业稳定。

【滑坡灾害】 自2001年5月起，矿区连降大雨，6月2日凌晨4时，长坡露天坑非工作帮发生建矿以来罕见的特大滑坡，滑坡面积约21万平方米，体积约314万立方米，主采煤工作面及14万吨回采煤量被埋，毁坏防洪、排水、供电设施和部分采掘运输设备，威胁入坑公路、矿区工业广场和笪家屯村民安全，企业生产被迫中断，直接经济损失1000多万元。8月6日上午11时，长坡露天坑通往齐家山排土场南部公路路段再次发生不可抗拒的滑坡，新增滑坡面积1.5万平方米，体积约12万立方米，毁坏排土场公路约200米，防洪排水沟300米，滑体（泥石流）埋没了与长坡加油站相连的鱼塘22.5亩，投资200多万元新建的长坡加油站油罐被泥石流挤压移位，直接威胁到320国道和广大铁路安全。灾情发生后，公司立即成立抢险救灾指挥部，积极采取应对措施，组织员工及家属及时全力投入抢险救灾。广大员工及家属得知灾情后，不分男女老少，不分前线后勤，迅速投入抢险救灾。经员工及家属共同努力，顽强拼搏，抢救出被埋没的设备，使坑内排水系统恢复运转，仅10个小时就完成了齐家山排土场300米防洪排水沟的开挖任务。整个抢险救灾工作安全、有序进行，有效地控制了灾情，减少了财产损失。省、州各级领导获悉灾情后，也高度重视，十分关心，及时、多次深入矿区视察灾情，指导抢险救灾工作。

【州委、州政府现场办公会议】 2001年6月26日，州委书记丁绍祥视察长坡露天特大滑坡后，在公司主持召开州委、州政府现场办公会议，研究楚雄燎原煤业有限公司抗灾复产、深化改革问题。州政府副州长李兴旺、昆明煤炭设计研究院院长侯云健出席会议，州委办、州政府办、州国有资产投资公司、州财政局、州经贸委、州劳动和社会保障局、州体改委、州总工会负责人和公司党、政、工领导班子成员参加会议。会议听取公司董事长杨思全关于长坡露天特大滑坡及有关情况汇报，听取昆明煤炭设计研究院院长侯云健关于长坡露天救灾复产有关情况分析和相关意见说明，会议对公司救灾复产工作进行认真研究并作全面部署，提出六个方面要求，作出六项决定。会议精神对指导公司救灾复产和企业改革，具有极其重要的作用和意义。

【生产经营】 2001年，生产销售褐煤16.134万吨，完成年计划的100.83%，比上年减少0.1668万吨，减少1.02%；剥离土方49.93万立方米，完成年计划的45.4%，企业总收入1312.4789万元，其中：褐煤产品销售收入1087.0645万元，其他业务收入225.4143万元，比上年增收82.1431万元，增收6.67%；平均吨煤收入67.38元，比上年增加2.23元，增加3.42%；吨煤成本41.71元，比上年下降6.01元，下降12.59%；年终企业亏损98.1762万元，比上年减亏50.4865万元，减亏33.96%，实现了上级有关部门下达控亏100万元的指标，全年向国家纳税114.69万元，比上年增加12.62万元，增加12.36%。

【安全生产】 2001年，安全生产工作坚持按照“安全第一、预防为主”的方针，认真学习贯彻落实《矿山安全法》、《煤矿安全监察条例》，强化员工的安全生产意识，不断完善和认真执行安全生产责任制及安全目标管理，全年无因工死亡、无重伤、无重大非伤亡事故和火灾事故，发生轻伤3人次，休工19天，经济损失190元，轻伤负伤率较控制数全面下降，实现全年安全考核目标。

【员工规范下岗】 2001年6月27日至30日，根据州委、州政府现场办公会议决定事项，公司认真进行研究，制定员工分流下岗实施办法，对员工规范下岗进行广泛宣传动员，组织有关业务人员加班加点、紧张有序工作，按上级劳动和社会保障部门要求，办理930名员工规范下岗相关手续，全部下岗员工7月份开始进入楚雄州再就业服务中心，基本生活费用全部由财政解决，使下岗员工基本生活费用有了保障，从而解决公司因特大滑坡造成员工生活困难的一大问题。为加强和进一步做好下岗员工管理，公司成立再就业服务中心。

【剥离企业办社会职能】 2001年7月，按照州委、州政府现场办公会议把公司所属学校及医院职工和相关资产从企业剥离出来，移交南华县人民政府管理的决定和要求，公司及时组织人员对职工子弟学校及职工医院的人、财、物进行清理，并积极配合南华县政府及有关部门调查了解学校和医院情况，做好移交各项准备工作，经州政府工作组协调，南华县委、政府高度重视和大力支持，公司与南华县委、政府协商学校及医院交接的有关事宜，签定《楚雄燎原煤业有限公司所属学校医院职工和相关资产移交南华县人民政府管理移交协议》。7月31日，在公司会议室举行学校及医院交接仪式，把公司所属学校及医院32名职工和相关资产68.98万元正式移交给南华县政府管理，解决了多次争取而未能解决的企业办社会职能问题，减轻了公司负担。

【编制救灾复产方案】 州委、州政府现场办公会议后，公司对编制救灾复产方案进行认真研究，成立由公司主要领导及专业技术人员组成的救灾复产方案编制工作机构，为编制救灾复产方案作认真准备。鉴于救灾复产方案事关重大，质量要求高，技术上要可行，经济上要合理，公司邀请以高级工程师为主的11位工程技术人员，咨询编制救灾复产方案，公司根据专家们提出的意见和建议，委托昆明煤炭设计研究院与公司有关技术人员共同完成救灾复产方案编制工作。经昆明煤炭设计研究院专家、公司有关专业技术人员密切配合和辛勤劳动，7月底完成救灾复产方案初稿。8月初，州政府复产工作小组对救灾复产方案进行认真研究，提出一些较好的意见和建议，昆明煤炭设计研究院和公司根据复产小组提出的意见和建议，对救灾复产方案作进一步修改和补充完善。8月29日，省煤炭工业局、州人民政府共同组织省、州专家举行评审会议，与会专家和领导对救灾复产方案进行认真论证评审，提出评审意见，公司救灾复产方案经专家评审通过。9月27日，省煤炭工业局审查批准专家评审意见。11月5日，州政府向省政府上报公司救灾复产方案和专家评审意见，请求省政府解决救灾复产资金。

【启动局部复产】 2001年四季度以来，在救灾复产资金尚未落实到位，露天采剥生产又处于黄金季节的情况下，公司依据专家评审通过的救灾复产方案，结合公司的现实条件，积极认真研究和组织局部恢复生产。一是通过反复调查研究，制定出局部复产生产组织实施方案；二是对局部复产生产线和机关后勤服务线，根据生产工作需要实行定岗定员；三是恢复汽车剥离生产线和采剥生产线，废除绞车工艺，撤销有关基层生产单位，组建新的生产单位。经过一系列工作，长坡露天非工作帮局部恢复生产工作11月份正式启动。企业局部恢复生产为全面恢复生产作好准备及创造了条件。

【研究拟定企业改制方案】 2001年初，公司根据楚雄州“十五”计划纲要精神，及州委、州政府关于调整所有制结构，促进公有制经济退出一般性竞争领域的要求，结合企业实际，认真研究拟定出公司《关于进一步深化改革、促进国有企业资产有序退出方案》。长坡露天特大滑坡发生后，按照州委、州政府办公会议及州政府第56次常务会议精神，公司一手抓救灾复产，局部恢复生产，一手抓企业改制改革工作，尤其是州政府56次常务会议后，公司进一步加强改制改革方面工作，一是把上级党委、政府关于深化企业改革政策及要求公司实施国有资产有序退出转为民营企业的改革举措，向广大管理人员及职工宣传；二是走访和调研州内已改制及正在改制企业情况，咨询和调研企业改制相关政策；三是彻底详细盘清企业家底，梳理出与改制相关的历史遗留和客观现实存在问题；四是充分调查研究，起草拟定出《楚雄燎原煤业有限公司民营化改制方案（草案）》，上报州政府。

【“三讲”学习活动】2001年6月9日，按照州委在全州国有企业领导班子及成员中开展“三讲”学习活动的安排部署，在州委派驻企业工作组的具体指导下，公司领导班子及成员，以党中央和省、州党委文件及江总书记“七一”讲话精神为指导，按照“三个代表”重要思想的要求，紧紧围绕“讲学习、讲政治、讲正气”这一主题，紧扣讲政治这个核心，认真地开展“三讲”学习活动。公司领导班子在深入学习和征求意见的基础上，认真总结近年来企业改革解困，谋求发展的经验教训，找出工作、学习上存在的问题，分析产生问题的原因及危害，提出整改措施及工作思路。通过“三讲”学习活动，领导班子更加团结，凝聚力和战斗力进一步提高，为企业救灾复产和深化改革工作提供了重要保障。

【加强思想政治工作 确保企业稳定】 2001年下半年，由于长坡露天特大滑坡发生，致使企业停产，930名员工规范下岗，大部分放假休息的员工只发下岗基本生活费，员工和家属生活十分困难，思想不稳定，一些矛盾容易激化，直接影响到矿区及社会稳定。对此公司非常重视，党、政、工各级组织密切配合，深入了解员工思想动态及存在困难问题。一方面针对员工存在不良情绪，做耐心细致、解惑释疑疏导工作，把事态消灭在萌芽状态，另一方面想方设法为员工解决一些实际困难和问题，对生活困难和伤病住院员工进行慰问看望，全年看望住院员工47人次，慰问困难员工1087人次，发放困难补助金78550元，对达不到城镇居民最低生活保障金标准的员工及家属，积极帮助他们向民政部门申报最低生活保障金，全年配合民政部门报批311户947人次，发放最低生活保障金29.2586万元。通过加强思想政治工作，维护和确保了企业社会稳定。

（殷大鹏）

楚雄德力高啤酒有限公司

【简述】 2001年公司紧紧围绕董事会下达的生产销售啤酒13000吨、纯净水2200吨的年度任务，群策群力，励精图治，认真组织开展各项经营管理工作。同时，面对啤酒行业集团化，规模化发展趋势，加速与青岛啤酒集团的全方位合作商谈，积极寻求其他合作伙伴。

【生产经营】 2001年上半年，公司生产销售工作正常运行，截止6月底，生产啤酒6502吨，完成销售7503吨，实现销售收入2424万元。基本达到“时间过半，任务完成过半”的生产销售目标，为完成年度销售任务打下了良好的市场基础。

【公司重组】 2001年下半年，公司主要工作发生新的变化。在上年11月9日，公司召开董事会，针对与青岛啤酒集团公司多次往来商谈结果，资产重组的合作事宜取得实质性进展，签定了合作意向书。其后，公司本着充分做好各项工作，加速推动合作进程，力争年内实现加入青啤集团的良好预期。董事会作出决议，从5有31日停止生产，全力以赴进行清产核资及各项相关法定准备工作。但是，在运作过程中，重组资产工作碰到了预想不到的障碍和困难，由于信贷资产抵押原因，银行方面不同意清算方法实施资产重组，董事会的目标和计划受到影响。州委、政府及相关部门对此给以了高度重视和支持，积极动员各方，创造条件，协调解决问题，让企业走出困境。

【资金回笼】 2001年，在进行清产核资工作的同时，抓紧对库存商品销售和历年外欠货款的清收工作。成立了以总经理为组长的货款追收领导小组，分东西两片三个阶段开展货款追收。截止年底，以现款方式基本完成库存商品销售，回笼历年拖欠货款300余万元。纯净水生产销售取得明显成效，实现销售1832吨，为年初计划的98.1%，在啤酒生产停产状况下基本完成了年度计划。

【解除员工劳动合同】2001年，公司停产后，在南华县委、政府和劳动部门的帮助下，公司对230名合同工分批进行了妥善安置。通过召开员工大会，请劳动部门宣传相关政策规定，加强解释沟通说服等大量认真细致的工作，解除了全员职工的劳保合同，没有发生混乱，切实保障了合同员工的合法权益。在南华县的历史纪录中首次大规模解除用工合同，做到了员工基本满意，安置工作稳定合理，公司财产完好安全，防止了不良社会影响事件的发生。

（杨兴明）

商业贸易

供销合作

【简述】 2001年，南华县供销社以市场为导向，改革为动力，因企制宜，分类指导，在企业内部以建立现代企业管理制度为基础，进一步完善法人治理结构，夯实以烤烟经营，农业生产资料调供，生活资料零售三项基础业务，积极参与农业产业化经营，注重把千家万户分散经营的小生产与千变万化的大市场紧密结合起来，积极搞好各种经营，取得较好的成绩。

【商品购销】 2001年,商品购进总额5629万元，比上年减少660万元，下降10.5%；商品销售总额6231万元，比上年减少614万元，下降9%。州社下达扭亏增盈指标4万元，允许亏损3家。年底，16家企业共实现利润14万元，实际亏损2家，全系统上缴税收463万元，较好地完成了扭亏增盈任务。

【烤烟生产收购】 2001年，烤烟生产收购工作，认真贯彻“市场引导，计划种植，主攻质量，调整布局，增加效益”的烟叶生产方针，以“控制总量，提高质量，调整结构”为工作重点，认真抓好各项措施的落实，做到计划早制定，思想早发动，政策早出台，措施早落实，使今年的烤烟生产再创佳绩。一是烤烟生产方面：1、转变生产观念。从数量效益型的观念转到质量效益型的观念上来，遵循市场准则，依据订单生产收购烟叶，扭转农民不按订单收购生产的旧习惯，2、择优布局。全社50—100亩连片85片，100至200亩连片2片。共87片7900亩，占计划种植面积9950亩的79.4%。3、落实科技措施。全系统新增立热风室烤房200座，种植地膜烟8940亩，占计划的89.8%，同时，抓好规范化栽培，统一育苗，药物抑芽，两土堆捂等。4、适时移栽。K326移栽3560亩，红大移栽400亩，云烟85移栽20亩，云烟87移栽200亩，始终坚持谷雨开头，立夏大干，小满扫尾。全系统谷雨节令移栽1760亩，占实栽面积的17.7%，立夏节令移栽8190亩，占82.3%，谷雨节令（5月8日、9日），分别在红土坡、五顶山举办烤烟移栽现场会。5、认真清理杂劣品种，检查到丘块，造册到户。6、在抓死合同签订的同时，逐户进行政策宣传，草签合同6518户，移栽后正式验收签订，明确了“三不采烤，八不收购”的超合同生产烟叶的责任。二是烤烟收购方面：1、举办烟叶验收人员培训班，参培125人，做到统一眼光，统一标准，避免前紧后松、前松后紧或忽紧忽松现象，做到平稳收购。2、仓库堆码、烟叶进库，从验级到入库建立了监督与反监督程序，做到整齐规范堆码，标识明显，减少了打包碎烟损失和仓库混乱现象。3、在收购上“人情烟”、“关系烟”得到了控制。三是效益成果方面：年内、共收购烟叶145.4万公斤。单价10.11元，高于全县平均单价0.53元，比上年增0.138元，付出采购款13784242.57元，上缴采购税金3055083.37元，调烟厂结算价每公斤13.81元，比上年增0.398元，自然升溢率0.84%，比上年的1%减0.16%，中上等烟比例达90.4%。

【改革改制】 2001年，在五顶山供销社开展系统内部改革改制试点，并制定了南华县供销企业改革改制实施意见报县人民政府审批，主要包括三个方面：1、改革的指导思想和原则；2、深化改革的措施和方法；3、组织领导和方法步骤。

【新项目开发】 2001年8月，沙桥供销社和中国昆明国际经济技术合作公司，签订种植加工日本耐寒萝卜1000亩，预计加工产值100万元，此项目签订，既为当地农民增加了收入，又为供销社积极参与农业产业化提供了经验。

【内审工作及资金清收】 2001年，对农资公司、华鑫购物中心、沙桥供销社进行了内部离任审计，共查处违规资金22笔，金额16373.04元，划清经济责任205267.07元，收回差欠款现金185467.23元，提出整改措施20条，收回手机一部价值4850元。通过审计，强化了管理监督机制，有效遏制了违法违规行为。同时，县供销社于7月25日至26日召开了供销社系统差欠公款人员思想教育会议，系统内短款和差欠公款职工31人参加，邀请公、检、法、司、纪委、监察的同志上课，讲解法律，通过两天的学习教育，使参会人员受到了启发，与企业签订了赔款合同，收到良好效果。

【重大交通事故】 2001年1月13日，县农资公司周恩章驾驶公司云E08558号北京吉普车从马街驶往南华县城途中，当行至大罗公路线K8+500米处时，由于对道路不熟，措施不当，车辆驶出车行道左侧路外翻下28米高的山崖下河底，造成4人当场死亡，1人重伤，车辆严重损坏的特大交通事故。

（彭云彪）

粮　　食

【简述】 2001年，认真贯彻落实各级政府关于加快粮食流通体制改革的政策原则，紧紧围绕年初制定的工作目标和任务，解放思想、更新观念、大胆开拓、克难奋进，扎扎实实做好各项工作。年内，粮食局机关和粮油收储公司分离，真正实现了人、财、物的分开。县粮食局设办公室、财会股、储运股3个职能股室，下辖南华县粮油收储公司、华泰龙宾馆2个独立核算企业。县粮油收储公司设立了行政部、财务部、经营部、收储部4个职能部室，粮油收储公司下设龙川分公司、沙桥分公司、五顶山分公司、红土坡分公司、粮油综合市场服务中心。年底，全系统2个核算企业亏损166万元，比上年减亏7万元，其中：粮油收储公司亏损101万元，比上年减亏17万元；华泰龙宾馆亏损65万元，比上年增亏10万元。费用总额498万元，比上年增2%，其中：收储企业费用总额378万元，与上年持平。年末，全系统有在职在岗职工130人，其中：局机关13人，收储公司102人，华泰龙宾馆15人。离退休职工113人，其中：局机关退休职工18人，收储公司退休职工95人。内部退养36人。12月底，根据县机构改革方案，县粮食局的机构、行政职能和局机关人员并入县发展计划局。

【经营管理】 2001年2月，针对粮食购销形势发生的变化，各分公司不在实行报账制，统一实行核算体制下的分公司二级核算体制，具体办法是：核算方面，规定核算范围，分公司单独核算，自主经营；费用管理方面，实行公司补贴，分公司费用指标控制；工资分配方面，实行保底工资与效益工资相结合，工效挂钩、超效分成、亏损自补的分配办法，保底工资实行百分制考核兑现办法。

【粮油购销】 2001年，全县除粳稻继续实行国家定购和保护价收购外，小麦、蚕豆、玉米均退出定购和保护价收购范围，由于退除品种及私商参与抢购，粮食收购难度大，为认真执行粮食收购政策，主动掌握粮源，县粮食局狠抓粮油收购工作。收储公司共收购大小春粮食1528万公斤，其中：国家定购205万公斤，按保护价收购342万公斤，议购862万公斤，优质稻6万公斤。收储公司共销售贸易粮1145万公斤。

【粮食清仓查库】 2001年4月7日至10日，云南省清仓查库玉溪检查队南片大组一行14人，对南华县截止3月31日的所有国有粮食购销企业库存粮食的入库时间、数量、品种、质量情况进行清查。通过对实际库存粮食进行清查、测量计算，南华县现有甲字粮大米与账面相符；地方专储粮大米比统计账面数多87吨，属商品粮串户；商品周转粮4276吨，其中：小麦1135吨，大米1692吨，玉米1448吨，其他1吨。按测量方法3%左右的误差计算，清查结果，库存数量在3%以内，达到账实相符、账账相符、账表相符的要求。

【优质大米加工车间建设】 2001年3月，县粮油收储公司投资45万元，在海子山粮点改扩建加工厂房300平方米，购置日产50吨优质大米设备一套，组建优质大米加工车间。该设备为二级除尘，达到国家环保要求，所加工大米精度高，色泽鲜亮、无粉尘和杂质，质量能达到国标一级标准，极大地推动了南华县产业结构调整。

【粮油综合市场管理服务中心成立】 2001年1月9日，南华县粮油批发交易市场竣工验收，为使市场尽快投入运营并发挥整体效益，成立"南华县粮油收储公司粮油综合市场管理服务中心"，市场服务中心属粮油收储公司下设单位，人员由各分公司抽调组成，负责粮油批发交易市场和龙旗南路综合市场的管理服务工作。

【市场搬迁】 2001年，粮油批发交易市场建成后，为使市场及早投入运营，分别于2月11日，6月4日，在工商、公安、城建、交通等部门的配合支持下，完成了粮食交易市场、野生食用菌交易市场的搬迁工作，结束了南华县城区粮食交易和野生食用菌交易以街、以路为集的现状，规范了市场秩序，净化了环境。

【工资调整】 2001年7月31日，为进一步深化粮食企业工资制度改革，保持社会生产力与职工收入的协调发展，稳定职工队伍，调整增加粮食企业在册在编正式职工工资（含内部退养职工），人均增加标准工资39 .65元，增发总人数为162人，月增资6424元。

（陈桂琼）

物资经营

【简述】 2001年，南华县物资股份合作总公司，认真贯彻县委、政府深化企业改革精神，进一步完善和深化公司原有股份合作制改制工作。随着市场竞争日益激烈，物资经营调整结构势在必行，走特、专、新、精的路子，利用自愿入股的方式扩增海尔专卖店和华隆牛肉系列产品开发有限责任公司。职工集资入股高达7000多元，低3000多元，入股金额达32万元，使开发业务走上正常轨道。

【减员增效】 2001年，国家实行紧缩银根，加之县级企业经营不景气，信誉度差，银行催贷力度大，使企业在经营上更是“雪上加霜”，使企业甚至出现瘫痪状况。国家出台下岗分流，减员增效和实施再就业工程，解决国有企业富余人员的重大举措，企业再次扩大股金，增强企业抗风险能力。另一方面置换身份，减员增效，两个渠道的重大改革，企业多方筹集资金，增大股金10万元，归还银行贷款20万元。置换职工身份8人，既解决企业资金不足，又解决了企业富余人员过多的问题，使股份合作制进一步得到加强和改善。全年销售收入223.3万元，比上年减少270.3万元，下降55％，上缴税金3.2万元，比上年减0.2万元，下降5.88%，亏损5.6万元，比上年增亏20％。

（罗成铭）

农机经营

【经营状况】 2001年，面对激烈的市场竞争，从营销手段和调整商品结构入手，以企业主人翁的思想努力工作，全年实现不含税销售收入455.2万元，比上年下降21.3%；亏损7.4万元，比上年增亏3.2万元，上缴税金4.1万元，商品销售毛利率4.2%，费用率7.2%，资产总值230万元，资产负债率92%，银行借款140万元，所有者权益17.5万元。

【农机购销统计】 2001年，商品购进总额468.4万元，其中，从生产者购进400万元，从批发零售贸易业购进39.4万元，系统内购进29万元，实现含税销售收入515万元。从商品销售结构上分类，变型拖拉机销售121辆，摩托车31辆，大小柴油机287台，各种米机83台，粉碎机148台。

【企业管理】 2001年，公司建立了一套商品质量、财务管理、销售服务管理体系，商品购货严把质量关，杜绝假冒、伪劣、残次商品流入，增强员工的质量意识，维护企业形象。财务管理实行“以责定责”，从原始凭证索取、费用报销、货款承付由领导审核把关。销售服务建立30%的工资与岗位责任，经营目标挂钩，逐月兑现，年终考核。

【清理欠货款】 2001年2月开始，公司杜绝了货物赊销，特殊情况，谁赊销谁负责，赊销货款控制在3000元以内，并由单位职工承保，在60天内无法偿清的，从次月起在职工工资中逐月扣回，清还期限为一年。清理以前年度应收账款，减小经营风险，年度内清收欠款5万余元。

【开发新产品】 2001年，公司根据全县经济发展特点，以城乡交通便利为条件，开发了中意、至喜、望江、春燕、佛期弟等高中低档二轮摩托，全年累计销售31辆，实现销售近14万元。抓住南永公路建设机遇，开发小型沙浆搅拌机及配套动力。

【市场竞争】 2001年，公司以让利不让市场，让农民得到实惠的原则，以公司良好的售后服务为后盾，与个体户展开激烈市场竞争，年内，销售小型柴油机及配套农机具164台套，比上年增销122台套，农用水泵70台，增销30台。

【社会保障】 2001年，在公司经营萧条，效益滑坡的情况下，针对退休职工月包干药费较低的情况，经公司研究决定，对8名退休职工，在原发放医药费的基础上，增发每月每年工龄2.5元的医药费。

【内部管理】 2001年，公司精简人员、岗位，公司设领导1人，取消副经理职位。6月，经本人同意，发给月基本生活费请长假1人。年内，公司调整商品结构，处理积压物资，减小库存，腾出临街铺面两间对外出租，增加企业收入。

【三包服务】 2001年，公司坚持“质量第一，服务至上”的原则，全年到5公里以外上门为用户“三包”服务9次，退换大小农机具7台套，为用户安装调试农副产品加工机械3台套。

（李开文）

烟 草

【简述】 2001年南华县的“两烟”生产、经营工作，紧紧围绕“市场引导、计划种植、主攻质量、调整布局”的烟叶生产方针，以“控制总量、提高质量、调整结构、增加效益”为重点，强化各级干部的市场意识、质量意识、科技意识，通过全县各级干部和烟农的共同努力，烤烟生产迈上了一个新台阶，烤烟收购上始终按照“坚持国标、合同收购、周密组织、加强管理、善始善终、进一步提高等级合格率”的指导思想，通过完善收购制度，严肃收购纪律、强化专卖管理，建立健全内部监督约束机制，确保了收购工作的顺利进行。卷烟销售强化专销结合、完善“户籍式”管理、加强网点建设，建立配送中心，搞好销售服务，确保卷烟销售任务的完成。

【“两烟”经营】 2001年，州政府下达指令性收购量587.9万公斤，县政府下达指导性种植面积4.38万亩，年内，完成烟叶收购量587.9万公斤，占指令性的100%，完成收购总值5634.36万元，平均收购价9.58元，比上年平均价9.40元增加0.18元。全县上等烟比例27.85%，比上年增加0.31%，中等烟比例59.85%，比上年减少2.49%，上等烟合格率、综合合格率均达到省、州要求；州下达全县卷烟销售任务5688箱，实际完成销量6016箱、占计划105.7%，销售总额3578.57万元，“两烟”实现税利1195.26万元。

【烤烟生产】 2001年，一是通过择优布局、落实种烟乡（镇）12个、村委会879个、村民小组89个、种烟农户27587户；落实保浇保灌面积39770亩、占指导性种植面积90.8%，田烟面积30381亩、占69.4%，轮作面积31098亩、占70.1%。二是坚持种植品种良种化，全县种植K 326品种17635亩，占种植面积的41.95%；种植红大品种2200亩，占种植面积的5.02%；种植云烟85品种18375亩，占种植面积的40.26%，示范K346品种3390亩、占种植面积的5.02%。三是坚持规范化栽培，根据规划田块的地形、地势，实施规范化理墒、打塘、做到横、直、斜看一条线；根据种植品种特性及土壤肥力，实施科学合理施肥；根据烟株特性适时进行封顶和合理留叶，实施药物抑芽等工作，保证各项规范化栽培技术措施的落实。四是通过提早规划，调整小春作物种植品种，有效地解决了烤烟茬口矛盾，全县谷雨节令移栽烤烟17703亩、立夏节令移栽26097亩。五是实施地膜烟栽培和揭膜薅铲技术，全县共栽地膜烟37387亩，占种植面积85.4%，揭膜薅铲，提沟培土面积18694亩。六是改造立式炉6200座，举办烤烟三段式烘烤工艺技术培训班两期100人，七是抓好科技成果转化示范村工作，全县承办科技成果转化示范村三个，示范面积2300亩。八是实施漂浮育苗1600亩、大田移栽示范获得成功，为今后的漂浮育苗技术实施打下了坚实的基础。

【卷烟销售】 2001年，为确保销售任务的完成和在全县深入开展“四无”工程达标活动，提高市场控制力。一是全面施行城网“户籍式”管理，严格按照“一户一卡、一户一证、一户一档、一户一号、一户一书”的要求，建立了零售户经营管理档案，零售户持证入网率达99%，持证率达100%。二是建立访销配送中心，全面开展卷烟访销配送工作，全县城网访销配送率达到98%。农网配送率达到85%以上。三是加强专销结合明确责任，建立考核和奖惩机制，实行全员销售划片分户包干责任到人，保证了任务完成。

【专卖管理】 2001年，抓好《烟草专卖法》的宣传工作，一是抓队伍建设、始终把抓烟草专卖队伍的政治思想、业务素质放在首位，对专卖执法人员进行培训，提高了执法人员的业务素质和执法水平。二是健全各项管理制度，实行烟草专卖量化管理考核，使全县烟草专管理工作真正达到“内管外打、守土有责”保一方净土的要求。三是全县共查处“两烟”违法案件294件，没收卷烟4440条，没收烟叶13.9吨，“两烟”罚款9.21万元。四是严格按照“五个一”要求健全完善证卡制度，并把各站所人员划片包干到户，责任到人、做到专卖管理规范化、制度化、科学化。

（周兴云）

医药购销

【简述】 2001年，南华县医药股份合作公司在经历药品招标采购、药价全面下调的一系列医疗制度改革的情况下，提高服务质量，扩大零售网点，基本稳住了全县医药市场，取得了较好的经济效益。公司内部通过深化改革，减员增效等措施，由原来的46名在职职工减到38名，增设零售门市部2个，全年完成销售总额993万元，其中，批发559万元，零售434元，比上年增45元，上缴销售税金总额65万元，增值税41万元，比上年减22.7万元，实现利税79万元，比上年减35万元，实现利润13.6万元，比上年减19.2万元，资产总额513万元，职工人均年收入1.2万元，完成技改21万元。

【扩大零售网点】 2001年，由于医药市场发生显著变化，各医疗单位差欠款太大，导致批发疲软，县公司及时扩大零售网点，年内，零售收入434万元，比上年增34万元，取得了较好的经济效益。

【固定资产投资】 2001年，公司在百货街竞购一宗土地建盖综合楼一幢，公司投资7万元，一楼增设零售药店1个，二至四楼由员工集资建盖住房。扩大了零售网点，解决了部分职工的住房问题。年内，公司还投资12万元装修了北街大门市部，使公司的形象和竞争力得到进一步提高。

【献爱心活动】 2001年，公司积极帮助大旭宇扶贫点联系种植和销售药材，帮助结对扶贫户解结实际问题和困难，全体员工共捐款2500元，为结对扶贫户张里重新建盖了被泥石流冲毁的房屋。10月，全体员工为扶贫点贫困户捐资710元，捐衣服32件、裤子26条，为山区泥石流受灾的人民献了一份爱心。

（何沐纵）

交通·邮电

公路交通

【简述】 2001年，南华县交通工作以加快公路建设、加强公路养护管理、维护道路运输市场秩序、依法征收交通规费为中心工作，年内，共争取交通建设资金310万元，实际拨付585万元;顺利完成南景公路分水岭至红土坡段45.6公里四级公路改扩建工程、完成“1·15”地震恢复重建工程雨露大村桥及徐营中学至河硐村委会弹石路面1.8公里;编制《南华县2000—2020年农村公路发展规划》;积极投入抢险保通，确保了全县山区公路畅通;大力整顿和规范道路运输市场秩序，全年检查车辆4558辆次，处理违章1130辆次，违章罚款17万元，黄金周期间投放运力12822车次，安全运送旅客18.1万人次;征收拖拉机养路费89.5万元，运输管理费81万元。

【南景公路分水岭至红土坡段四级公路改扩建工程完工验收】 2001年，对1998年6月列为省以工代赈项目，2000年12月20日动工，全长45.6公里、总投资952.14万元的南景公路分水岭至红土坡段四级公路改扩建工程，于2001年6月19日通过县级验收、6月24日经州级验收评定为合格工程，同意交付使用，移交县地方公路段养护管理。该工程分6个标段，有20家施工队议标，5家中标承建、6个合同段采取全封闭施工，由县计委、交通局抽调11人组成项目部实施全方位管理。工程共开挖路基土石方1997962立方米，构造物挖基51749.66立方米，新建涵洞60道，旧涵洞挡墙接长12道，修建挡墙16道，总支砌方21466.5立方米，工程实际投资9521365.4元。共耗用炸药41.3吨，水泥2156吨，柴油330吨，汽油20.7吨，使用机械4420台班，耗用工日45320个。

【雨露大村桥工程】 2001年，对2000年2月5日动工，跨径20米，长24.74米，桥面净宽3.8+2×0.5米，设计荷载汽—15级、挂—80的雨露乡老鹰嘴至镇模河乡村公路上，“1·15”地震受损的钢筋混凝土T型桥梁，6月10日竣工验收。该桥完成砼203.01立方米，砌体138.97立方米，挖基301.54立方米，回填703.81立方米，投资23.88万元，为节约资金，南华岸桥台仍用老桥台，桥面按斜交桥制作。

【徐营中学至河硐村委会弹石路面工程】 2001年，徐营中学至河硐村委会弹石路面工程，全长1.8公里，由南华公路管理段承建，工程于2月17日开工，4月2日竣工，累计完成路基土石方2200立方米，挡墙223.76立方米，管涵4座24米，拱涵1座8.4米，铺筑弹石路面6000立方米，投资18万元，使我县最大的自然村通了弹石路。

【县乡公路抢险保通】 2001年，年平均降雨达1178.8毫米，比往年增350多毫米，由于受单点性暴雨和长时间降雨的影响，洪水、泥石流、滑坡频频发生，加之南景公路改扩建后，上下边坡松软，公路坍塌水毁严重。县乡公路坍塌978处219150立方米，路基水毁0.747公里3083立方米，涵洞全毁6道，局部3道，阻塞18道，冲毁挡墙1道75立方米，道班房毁坏一间，弹石路面和砂石路面受到不同程度的毁坏，直接经济损失120.26万元。公路受灾后，县交通局、地方公路段及时成立“抢险保通领导小组”，人工、机械清除坍塌方，抢修便道，涵洞及挡墙。年内，清除坍方66000立方米，铺防滑石料8500立方米，埋没浆砌管涵4道、便涵5道，浆砌挡墙8道，干挡40处，疏通涵洞11道，回填路基45处，使用水毁保通资金19.4万元，有力地保障了12个乡镇烤烟、农产品、工业品的运输。

【县乡公路水毁修复及养护】 2001年，公路水毁后，县公路段及时修复水毁工程，浆砌挡墙5道，干挡51道，安装管涵22道，再次清除坍塌方91000立方米，铺路面250公里，清侧沟200公里，补路基缺口40处，合计投入水毁修复工程资金75.5万元。公路养护工作以路面平整度为中心，县公路段坚持按生产计划指导养护，每月上路查评打分，养护质量同工资挂钩，签订《恢复路面责任合同书》，采取风险抵押，奖惩分明，调动职工的积极性。在水毁严重，人员少，经费不足等情况下，年内，重点公路好路率达73%，比上年增长2.8%，一般公路好路率达66%，比上年增长0.9%，连续十年被省、州交通部门评为公路养护先进单位。

【公路路政管理】 2001年，路政执法人员依法查处路政案件，全年累计立案18件，结案18件，结案率100%，制止、说服教育102起，收回路产路权损失赔偿费5375元，维护了路产路权。全年征收一般拖拉机和变型拖拉机养路费89.5万元。

【整顿和规范道路、水路运输市场秩序】 2001年，县交通局成立“整顿和规范道路、水路运输市场秩序领导小组”，对五大行业（货运、客运、修理、搬运装卸、运输辅助业）进行清理整顿，共出动稽查车3辆600多人次，查处运输业户、运输车辆1800多人次，查处违章300余件，罚款8万余元，追缴运管费7.2万元。通过8个月的治理整顿，规范，开放、竞争、有序的运输市场体系逐步建立。

【交通运输集团组建】 县汽车运输公司（原县车队）成立于1971年，已发展成为客运、汽配、修理、食宿为一体的多元化企业，1998年4月25日改为股份制。2001年4月18日，省交通厅，县政府主持召开楚雄运输经贸总公司兼并南华县运输公司座谈会，省交通厅副厅长吴子润作了发言，会后举行了楚雄汽车运输经贸总公司南华分公司挂牌仪式。实现了优化重组，促进运输企业向前发展。

【交通扶贫挂钩工作】 2001年，在“三学”期间，县交通局投入扶贫资金7.5万元，修建马街缴板大水井公路6公里，涵洞2道，翻修村委会危房，修建卫生室，添置医疗卫生设施。扶贫挂钩三年，县交通系统干部职工共捐资14850元，赠送化肥5280公斤。

（陈松平）

公路管理

【简述】 2001年，南华公路管理段继续实行工程费制，围绕以路面养护为中心，全面养护为重点，以“养好公路，保障畅通”，实现公路“通、平、美、绿”为根本，把养护工作引入竞争机制，加大巡查、考核力度，监理组每周至少有4天以上亲临各所站查验工程数量、质量。对质量不合格的工程一律不结算费用，并扣回原材料损失费，核实的工程量误差控制在3%以下。从而在职工中形成岗位靠竞争、保住岗位靠实绩，一改过去只有所站长算成本为人人算成本，个个讲节约，调动了职工的积极性、主动性，把路面病害处理在萌芽状态。年内，有在册职工353人，其中：在职148人，离退休205人。共修补坑塘196406平方米，油路罩面30108平方米，清理水沟449.3公里，整理路肩165323平方米，砂石路加铺磨耗层126109平方米。

【公路养护】 2001年，南华公路管理段成立招标领导小组，制定出开标、评标办法，家庭承包站实行议标，并按投标价和议标价签合同，管理人员竞争上岗，六个集体所站全部中标，有9名职工分流转产，

4名实行家庭承包养护。年内，完成养护投资458.32万元，其中：小修保养完成179.12万元，大中修11.92万元，其他各项267.28万元。采备砂石12944立方米，耗用12660立方米、沥青耗用280吨。干线年均好路率达77.2%，年均好路率达65.6%，年均综合值达70.4%，工程合格率、优良率均达100%。

【安全生产与管理】　2001年，南华公路管理段认真贯彻执行《安全管理新机制》，坚持规范化养护、严格执行施工程序，层层签订了安全生产责任书，按照“四图两表”（所站管养路线图、工时利用统计图、所站经费开支消耗统计图、好路率统计图、所站概况一览表、养护工程量完成统计表）规范各项管理、坚持每周一次的管理人员学习会、每月一次支部大会和安全学习会，巩固所站集体伙食，为牛凤龙、于栖么站购置饮水机，老马村站购置了VCD机，年内，未发生安全事故。

【路政管理】　2001年，年初，南华公路管理段路政大队与楚雄总段路政保卫科签订了路政治安目标责任书，并与各所站签订了《路政暨内部治安管理责任书》，层层落实责任制，至11月底，共查处路政案件213起，查处率达100%，挽回经济损失120265元、索赔率达98%。查处超限运输车43辆，收取公路赔偿费11400元。

（马　琼）

楚大高速公路

【科技投入】　2001年，楚大高速公路公司楚雄管理处在原有公路监控、收费监控、电子情报板等先进设施的基础上，1月10日正式启动了IC卡收费，即车辆进入收费站时在电脑中输入车型后发卡给驾驶员，出站刷卡收费、报销凭证上标明出站收费金额、年、月、日、时、收费员代码、站名，加快了收费速度，减少了管理人员，降低了运营成本，同时，在楚雄管理处下辖的59.3公里复线上双复对应安装了“SOS”应急电话32部，单线约每4公里安装一部。

【云南昆瑞高速公路有限公司挂牌成立】　2001年，7月2日云南昆瑞高速公路有限公司在昆明刘家营挂牌成立，公司的成立，标志着滇西高速公路建、管、养逐渐从原来的建设管理向现代企业管理过渡。7月14日至17日昆瑞公司在昆明召开了全体职工大会，楚雄管理处参会，大会制定了公司目标、制度、规划、议案等30多个。

【树立形象】　2001年10月31日、12月15日楚雄管理处分别通过交通部组织的全国高速公路养护管理和320线文明榜样路的检查验收。年内，楚雄西收费站荣获厅、省、国家级“青年文明号”称号，钱粮桥、南华、沙桥获州级“青年文明号”称号。

（高志红）

铁　路

【简述】　2001年，云南广大铁路有限责任公司南华站，面向市场，继续深化运输体制改革，全体员工认真遵循“严字当头、铁的纪律、团结协作、优质服务、礼貌待客、在岗一分钟负责60秒”的职业责任，全面做好货源市场的调查组织工作，把姚安、大姚的蚕豆、包谷、大白芸豆、南华境内的无烟煤吸引到南华站装车。至11月南华站实现装车406车，其中：粮食类215车，钢铁类21车、矿建类18车、其他152车。发送货物23200吨，卸车2173车107403吨，净载重57.1吨，火车过站停车时间达37.7小时。

【安全生产】　2001年，南华站认真贯彻执行公司《强化运输纪律、确保安全畅通的通知》。坚持在职工中开展安全生产、“两纪”（作业纪律、劳动纪律）教育，从严加大“两违”（违章、违纪）查考力度，杜绝责任行车危险性，货运责任、职工因工轻伤、火灾、洪灾、爆炸等事故的发生。南华站自1999年6月13日至2001年12月13日取得连续安全生产915天无责任事故的好成绩。

【建设与管理】　2001年，南华站在楚雄中心站的指导下建立了《职工大会制度》，《货运行车用品发放登记》台账、《票据交接办法》、修订了《道岔清扫评比制度》、《学习制度》、《站区防洪工作会议记录》台账、每月《行车安全检查制度》。5月1日《广大线补充实施细则规定》出台，细化了各项作业程序、办法。特别是对中间站的调车作业和防溜措施，进入专用线作业的具体规定、车机联控呼唤应答标准程序的执行，强化了列车安全运行，确保了畅通。并利用各种会议形式学习有关文件规定及《车站行车工作细则》，贯彻公司第二届双代会精神（职工代表、特邀代表）精神。年内，查处违章、违纪30人次，给予经济处罚555元（含迟到、早退、事故苗头）。

（田 宁）

邮 政

【简述】 2001年，南华县邮政工作紧紧围绕省、州邮电工作会议精神，以邮政通信发展为主要目标，抓好重点业务、开发新型业务、办好代办业务，以发展为主体、以经营为中心、以市场为导向、以管理为基础、以科学为支撑、以服务为宗旨，坚持“两个效益”一齐要，“两个文明”一齐抓的指导思想，保证邮政企业快速健康发展。年末，全县有14个邮政服务网点，43名邮政员工，9条委办汽车邮路，1条自办汽车邮路，37条城乡投递邮路。全年共投递杂志24282份，报纸107573份，信函818884件、包裹4171件。

【邮政经营】 2001年，完成业务总量293万元，比上年增43万元，增长14.68%，邮政业务收入256.8万元，比上年减少23.2万元减少9.3%，全年实现收支持平，全员劳动生产率5.97万元／人。

【基础建设】 2001年，共投资10万余元，拆除50年代修建的危房1幢；新建县局围墙40米；新建标准篮球场1个；绿化草坪35平方米；安装报刊零售亭2个；改造搬迁邮政机房和完成绿卡二期工程建设；开通了邮政电子汇兑业务。投资5000元，购置篮球架、棋牌桌等文化娱乐设施。

【营销业务】 2001年，在抓好专业营销队伍的同时，制定全员营销计划任务及奖惩考核办法，要求全年每个职工必须完成24个营销标准量，按月进行考核，年终再按全年完成情况、短期竞赛完成情况与风险抵押金挂钩兑现金额，极大地调动了职工的积极性，激励职工发扬千方百计想办法、千言万语做宣传、千家万户作动员、千辛万苦作贡献的“四千精神”，促进了各项业务的发展。年末，邮政储蓄收入80.1万元；余额净增442万元；销售手机222部，寻呼机106部，明信片11400枚，音像出租卡318张；各种移动电话卡619张；IC卡、续费卡收入20万元，集邮票品收入13.1万元。收投礼仪业务338份，发展直递业务收入28.2万元，代理保险业务48笔，代发养老金、失业保险金99户计46659元，其他代售代办通信器材业务收入52万元。

【集邮】 2001年，县集邮协会在巩固集邮队伍的同时，积极组织集邮票品，抓好会员和预订户的订销工作，对特别紧俏的小版张和小本票按照集邮总公司的要求，实行公开摇奖销售办法。县集邮协会定期召开年会，总结一年来邮协工作所取得的成绩和存在问题，并对2002年的新邮预订工作作了安排。全年预订新邮620套，预订金额9.9万元，集邮票品销售总额13.1万元。

【邮政工作会暨职代会】 2001年1月18日，县邮政局第一届职工代表大会第四次会议暨2001年县邮政工作会议召开，党支部书记、局长罗有化作《抓住机遇求真务实，深化改革团结拼搏，为邮政通信企业持续发展而努力奋斗》的报告，副局长、工会主席罗光政作《塑邮政人的新形象，再创新千年的辉煌》的工会工作报告。县委、县人民政府、州邮政局、县工会领导参加会议并作了指示。会议表彰奖励了2000年度先进集体、先进个人，兑现了2000年经营承包奖，并签订了2001年度经营承包责任书。

【“三项”制度改革】 2001年，南华县邮政局积极推进人事、用工、分配三项制度改革。主要做法是：（1）对业务量不多，服务人口少的罗武庄、天申堂邮政所采用承包经营的方式，制定收入计划基数，根据服务质量，邮政通信质量，业务收入完成情况与工资报酬挂钩进行承包给个人经营；对离县城不足10公里，无邮件封发关系且日均收入不足50元的徐营邮政所，与当地党委、政府协商后，采用代办、定时服务，邮员每天定时开门2小时对外服务，减少专职营业员1名。（2）全局的岗位除局长、副局长外，推行合理兼职、满负荷工作法，先公示岗位设置情况，职工根据自己的专长，竞聘上岗，做到合理兼职又能发挥自己的专长，使辅助生产人员大幅度减少，财务室由4人减为2人，综合办由2人减为1人，经营服务部由8人减为7人。（3）打破原有工资模式，建立新的工资标准，新的工资标准由岗位工资、工龄津贴、辅助工资3个部分组成。

【职工教育】 2001年，坚持每月一次职工会和党内“三会一课”制度，深入学习“三个代表”重要思想和贯彻《公民道德建设实施纲要》，加强职工的政治思想教育，组织职工参加法律、党风、业务等6个方面的知识竞赛活动，撰写各类学习体会文章64篇。抓好职工的业务技能知识培训，全年共组织内部专业培训68人／次；送省州培训8人／次；31人参加全国邮政企业岗位技能鉴定，合格率97%；5人参加全国邮政中等专业函授和全国经济专业技术资格考试，使整个企业的政治、思想、科学文化和专业技能水平逐步提高。

【精神文明】 2001年，县局营业室被评为云南省邮政系统先进集体；储蓄组被共青团楚雄州委授予“青年文明号”；县局被县委、县人民政府授予“安全文明小区”称号；被州局工会命名为“合格职工之家”并推荐省局工会命名“先进职工之家”；经上级精神文明建设指导委员会复查验收，县邮政局继续保持省级“文明单位”称号。

【党报党刊发行】 2001年9月27日，县委召开2002年度党报党刊宣传发行工作会议，县委副书记刘平、副县长朱玉庭、宣传部部长朱明云到会讲话，县委办公室、县人民政府办公室作了具体安排部署，促进了发行工作。截止12月31日，完成《人民日报》257份，《云南日报》958份，《楚雄日报》2424份，《云南法制》413份，《半月谈》1825份，《求是》256份，《经济日报》46份。

（罗有化）

电信

【简述】 2001年，南华县电信局紧紧围绕省、州电信公司“十五”规划的宏伟目标，紧紧把握中国加入WTO的挑战与机遇，在改革中求发展，在管理中抓经营，全体员工团结一致，与时俱进，不断增强“用户至上，用心服务”的信念，提高企业的核心竞争力，努力拓展新业务，培育新的业务增长点，为社会提供了安全可靠、优质高效的通信服务，4月，开通流动市话“小灵通”，5月，实现本地网财务核算一体化，使经济效益和社会效益同时得到提高，保证了两个文明建设健康、协调发展。

【电信经营指标】 2001年，实现电信业务收入930万元，比上年增长4.49%，电信业务总量897.6万元，全员劳动生产率51.67万元/人。市内电话净增2441部，总数达9365部，其中：流动市话净增1537部，总数达1537部；农村电话净增719部，总数达2697部；全县接入电信公众网用户12062部；电话普及率从上年的4.03部/百人上升到5.29部/百人，比上年增1.26部；数据基础业务完成14户；数据多媒体业务完成1445户，总数达1771户。

【基础设施建设】 2001年，投资910万元，完成6个C5端局的交换设备扩容，8个电信所的传输设备扩容以及新建臧当接入网；完成南华城区“小灵通”基站的建设安装以及三期基站补点；完成南永公路影响施工线路拆迁及管道搬迁；完成咪拉山、大德郎、法郎、起岔夸、山尾、罗纳里、大旭宇7个村委会的杆路、线路改造。投资56.54万元，完成了1·15地震损坏的沙桥、徐营、吕合煤矿460平方米机房建设，已正式投入使用。

【组建网信公司】 2001年1月18日，南华县网信公司正式成立。网信公司属独立核算企业，主要开展代营、代办、代维业务。通过电信、网信两个企业的共同努力，实现两个轮子一起转，两个企业一起发展的良好局面，为企业的高效运转打下基础。

【监控改革】 2001年2月，经州公司批准，南华县电信局组建维护监控中心，此后，原邮电局与现电信局的交换、传输、电源全部集中到监控中心进行监控和维护管理，维护值守人员由8人减少至4人，达到减员增效的目的。

【开通流动市话】 2001年4月，经过精心策划，县城“小灵通”全面上市，流动市话“小灵通”因其具有绿色环保、机身轻巧、资费低廉的优点而受客户欢迎。年内，投资300万元，建基站86个，其中：大基站45个、小基站41个，发展用户1537户。

【竞争上岗】 2001年7月，进一步深化企业人事、用工、分配制度改革，全面开展竞争上岗。以公开、公平、公正的原则，经过笔试、面试、演讲三个环节，共选拔出2名管理人员、4名主管、3名维护人员和8名营销员，并成立大客户服务中心。竞争上岗：一是精简了管理人员，提高了企业运作效率，二是加强了营销队伍，为客户提供更优质的服务。

【服务质量】 2001年，进一步规范了“九七”系统的业务流程，具体做好营收、计费、查询、账外处理等各系统工作，进一步细化各个岗位职责，在上年建立180客户投诉台的基础上，又制定了“首问负责制”，并要求每一名员工认真落实，努力提高服务质量。

【职工教育】 2001年初，制定培训教育计划，采取送厂家培训、单位内部培训和员工自学等方式，使员工文化知识和专业素质得到了提高。全年共选送员工到提供设备的厂家学习实用管理技术5人／次，自办业务培训班5次，参培90人，选派2名员工参加本行业中级技能鉴定，参加中函教育1人、高函教育2人。

（杜华仙）

联通通信

【经营指标】 2001年，业务总收入90.7万元，其中：无线寻呼收入30万元，130移动电话收入60万元，193长途通信收入0.6万元，IP电话收入0.1万元。年底，寻呼用户数6546户，其中：128数字机用户19户，199数字机用户10户，127中文机用户1083户、数字机5434户。寻呼机用户数比上年增1075户，增长16.42%，130用户2000户，比上年增1569户，增长78.45%。

【基础设施建设】 2001年，总投资400万元，新建复烤厂二区、徐营、天申堂基站。复烤厂二区、徐营2座基站已投入使用，天申堂机站属在建工程。

（戴桂芳）

移动通信

【简述】 2001年，南华移动通信运营部，始终遵循“用户至上、服务第一”的原则，使通信能力逐步发展壮大，服务日益提高。（1）业务全面发展。为客户提供基本通话业务的同时，增设IP电话、信息点播、手机银行业务；移动梦网业务为客户提供移动办公、移动游戏、移动银行、移动电子商务、掌上理财和旅行服务；24小时为客户提供1860人工咨询免费服务热线和1861自动免费查询热线、多种营业厅受理业务、多种话费查询和缴付方式、邮寄账单等业务。（2）基站建设快速发展。8月13日，开通五顶山基站；9月4日、20日，开通徐营镇、沙桥镇孙家屯基站；12月6日，雨露乡政府驻地增设了置放站；12月26日，开通龙川镇车子塘、天申堂乡苴力铺基站。年末，全县的900兆GSM网络覆盖8个乡镇70多个村委会及楚（雄）大（理）高速公路、320国道、广（通）大（理）铁路沿线。使移动通信网覆盖全县迈出了坚实的一步。

（李华云）

城建·环保

城建环保

【简述】 2001年，南华县城乡建设环境保护局认真贯彻落实中央“小城镇，大战略”的决策和国家实施西部大开发战略及扩大内需、拉动经济增长的措施，以城乡结构调整为主线，总揽全局，全面提高城市化水平，突出行业特点，解放思想，更新观念，狠抓落实，依法行政，强化服务意识，推进建设与环境保护行业两个转变，加快小城镇建设步伐，提高工程质量，加大住房改革力度，促进城乡建设与环境保护事业的全面发展，为全县经济持续健康发展作出了积极贡献。

【城镇建设执法】 2001年，以整顿规范食用菌类市场、水果摊点市场为突破口，对辖区内的各类违章建筑、占道经营、乱堆乱放、乱搭乱建、乱贴广告、影响县城市容市貌和环境卫生及损害、盗窃绿化树木等不良现象及时立案查处，全年共查处违法、违章案件200余件，收取罚没款0.4万元；办理《临时占道许可证》、《城市道路挖掘许可证》、《户外广告设置许可证》52份，收取占道费、广告设置费、城市道路挖掘修复费1.1万元；暂扣占道车辆50余辆，清除占道经营水果摊点100余个。

【城乡规划管理】 2001年，完成县城商住小区占地181亩、4万平方米的规划；完成雨露、兔街、五顶山、天申堂4个重点乡4.3平方公里的小城镇建设规划及沙桥集镇总体规划的编修；依法对县城及乡(镇)的建设工程发放“两证一书”28份，建筑面积2万多平方米，总投资1000余万元；发放“准建证”883份，建筑面积33.1万平方米，总投资11500余万元。

【建筑工程设计预算】 2001年，完成大小工程设计27项，建筑面积1.8万平方米，工程投资造价1026万元；编制工程预算20项，建筑面积1.03万平方米，工程投资造价972万元；完成设计、预算费16.1万元。

【工程招标投标管理】 2001年6月，建立南华县建设工程招标投标评委专家库，分为项目管理类、设计造价类、质监监理类和工程施工类。调整招投标限额，由原来的50万元调整为30万元。全年共对6个建设项目进行了招标，其中：公开招标4项；邀请招标2项，招标底价716.634万元，中标价685.02万元，节约建设资金31.614万元。

【施工管理】 2001年，组织派送施工企业法人代表、项目经理进行《建筑法》、《招标投标法》和《建设工程质量条例》等法律、法规培训52人次；参加强制性条文培训100多人次；职称培训考核126人次；有273人取得中、初级技术职称；93人取得三级以上项目经理资格证；为加快施工企业改制工作，施工企业经过重组和改制，合并成6家，确保了今后资质就位工作；年末，全县施工企业累计固定资产达4751万元。

【工程质量监督】 2001年，共完成监督工程60项，建筑面积4万多平方米，其中：竣工工程32项，建筑面积2.3万平方米；完成砂浆检验625组，混凝土检验1138组，钢筋试拉1009组，收取试验费2万多元，监督费3万多元。

【施工安全生产管理】 2001年，共组织施工企业221人参加全国建筑安全生产知识竞赛，组织安全检查12次，检查施工现场63个，查出安全隐患220处，当场整改120处，限期整改99处，停工整改1处，处罚违反安全生产规程98人次，查处不符合规定脚手架工地1个，临时围墙3处，临时工棚2处，组织施工项目经理66人参观州安全达标样板工程。

【整顿和规范建筑市场】 2001年，重点整顿了不执行法定建筑程序，勘察、设计、施工、监理单位转包，违法分包，无证越级承接工程业务和不执行强制性技术标准，偷工减料，规避招标、明招暗定和在招标中弄虚作假以及挂靠、卖图签等行为，对全县39个建设项目进行检查，通过检查，共有28个项目未进行地质勘察，有4个项目未报建、未依法办理工程质量监督和未取得施工许可证；有2个项目未办理“两证一书”。

【环境卫生】 2001年，进一步强化内部管理，制定和完善了《街道清扫制度》、《垃圾清运制度》、《车辆维修保养制度》等15个内部管理制度，共完成城市卫生清扫面积32472000平方米，清运垃圾11950吨，日产日清垃圾100%，清运粪便33吨，绿化带浇水110吨，街道洒水66吨。全年共收取垃圾代运费23万元。

【城镇供水】 2001年，完成供水量111.2万多吨，营业收入114.5万元，上缴国家税收13.8万元，创利13万元；投入资金改造供水主管网200多米；经县物价部门严格审核批准，10月批准，城镇居民生活用水水价由原来0.80元/立方米调为1.20元/立方米；生产营业用水由原来1.20元/立方米调为1.60元/立方米（其中含0.10元/立方米污水处理费）。

【城镇防洪排涝】 2001年，完成城区下水道清理疏通3.2公里；东、西小河防洪河道清理2.5公里，确保了城区安全渡汛。

【市政公共事业】 2001年，投资10万元，更换检修路灯394盏（次）。投资5万多元，完成龙旗路、40米大街绿化工作，铺植草坪1500平方米，种植行道树240棵；全年共10次修剪城区行道树9557棵、绿化草坪6173.3平方米，喷药杀虫5次，施肥6次，制作爱护绿化树木宣传牌36块。

【房地产管理】 2001年，办理房地产权属登记、换发产权证619户，建立完善房产权籍档案619宗，收取房地产登记费、工本费3.8274万元；办理房地产自发交易28宗，面积0.41万平方米，交易金额312.53万元；承接单位委托拍卖房地产5宗，面积408.16平方米，成交金额103.2万元；办理房地产价格评估48宗，面积1.7万平方米；评估价值2102.37万元，收取评估费6.4649万元；办理危房鉴定65宗，面积3.33万平方米，建议拆除重建面积2.87万平方米，收取危房鉴定费4.3087万元；办理人民群众来信来访（房地产纠纷）95件（次），办案率100%，满意率99%。

【住房制度改革】 2001年，办理公有住房出售审批手续95套，面积7784平方米，收取售房资金637.7万元；审批租金手续615户，面积1.5万平方米，收取租金3.4万多元；办理公积金审批和微机上账业务1098人，归集公积金713万元；审批公积金和微机下账业务2480人，支取公积金798.6万元。

【环境保护】 2001年，突击检查16个工业企业，出动人员42人次，查处2个企业未办理试生产报告、2条生产线污染治理不到位，责令限期补办手续及限期治理；查处各类破坏森林资源案件43件，处罚82人；对6个煤矿120个采矿石场进行实地检查，对2口矿井进行停产整顿，对龙川、一街2口矿井进行关闭；对严重污染环境，造成水土流失的76个砂石料场，会同矿管部门吊销许可证，强制关闭；利用“6·5”世界环境日，在城区和周边厂矿宣传环境保护知识，悬挂布标3条，制作宣传栏2个，发放宣传资料1500份；全年共收取排污费7万多元。

【恢复重建工作】 2001年，启动恢复重建项目104项，其中：重建40项，修复64项，完工并投入使用101项，占恢复重建项目96.2%，正在建设3项，未开工1项，上级下达恢复重建资金1857万元，目前累计完成投资2254.11万元，完成房屋修复面积19583平方米，重建面积24195平方米，民房修复8878户，重建652户，管道修复4600米，水库修复工程量18.85万立方米；完成捐赠款153.7135万元，药品、衣物、生活用品及办公用品等捐赠物资39个品种，价值约72.1496万元的发放工作。

（吕志坚）

旅 游

【简述】 2001年，南华县旅游局认真贯彻全国和省、州旅游工作会议及县委、政府对旅游工作的指导精神，进一步提高游产业对南华经济社会发展重要意义的认识，加快南华旅游产业发展步伐，开发、建设和发展全县旅游业。使旅游产业体系基本形成，支柱作用初步显现，旅游市场开拓初见成效，旅游业成为全县国民经济中新的增长点之一。

【规化评审】 2001年，由南华县人民政府、南华县旅游局聘请云南大学工商管理与旅游管理学院、旅游研究所共同编撰的《南华县旅游发展总体规划》，在云南大学科学馆举行评审，在州旅游局主持下，由省内旅游管理、规划设计、科研机构、高等院校等单位的有关领导、专家组成专家组评审，认为《规化》内容与方法符合国家旅游局的规定，有指导意义和可操作性，一致同意《规划》通过评审。该《规划》成为南华县旅游资源开发和旅游业发展的蓝本。2月5日，县人民政府再次召开《规划》评审会，经省、州、县有关领导和专家进行评审后，提出了许多意见建议，编写组又作了修改补充，该《规划》对发展南华县的旅游事业有很好的指导意义和可操作性。

【旅游安全质量检查】 2001年，6至8月，对城内20家宾馆旅店的消防安全进行专项检查治理，查出火灾隐患点54处，签发整改通知39份，按治理要求进行整治，20家宾馆、饭店共添置灭火器28支、应急灯21盏、安全出口指示标志25个、安全警示标志202个、电路重新穿管布线400多米，有效杜绝了事故发生。

【上级领导视察】 11月22日、23日，州政协副主席马旷源教授到南华在县委书记李红民、副县长洪志、县政协副主席阿文荣、周梅英、县政府办主任李成林、县旅游局局长刘汉福、副局长陈金禹、县文体局局长代丽菊、县民宗局局长罗正华等陪同下，视察宝珠寺、鹦鹉山公园、毛板桥水库等风景名胜区，经协商，达成实施意见：1、在岔河人文生态旅游区引导、开发、建设10至20家“生态旅游接待示范户”和“彝家乐旅游接待户”。2、在鹦鹉山公园实施旅游精品战略，建造杜文秀纪念亭。3、加大毛板桥水库水上娱乐设施开发建设和管理。4、加强对佛寺宗教胜地规划和管理。通过实施推动和深化全县旅游业的发展。

【星级饭店评定工作】 2001年，根据《中华人民共和国评定旅游涉外饭店星级的规定》和星级评定国家标准《旅游涉外饭店星级的划分及评定》，对全县宾馆、饭店的设计、建筑、装璜、设施设备、服务项目、服务水平与住店宾客的满意程度进行综合评估和申报，经楚雄州旅游局星级评定机构评定，宏强宾馆、华怡宾馆、南华宾馆被评定为一星级饭店。开辟了全县星级饭店的先河。

【自助果园建设】 2001年，投资62936元，在鹦鹉山公园规划改造现有果园，引进种植美国优质大杨梅37亩，发展自助果园，为“寻自然野趣”增添了风景线。

（陈金禹）

财税·金融

财 政

【简述】 2001年，南华县财政局紧紧围绕县委中心工作思路，全面贯彻落实各项财政经济政策和县第十三届人民代表大会第四次会议通过的财政收支计划及目标。按照新时期财政改革发展的要求，努力构建新的财政运行机制，深化财税体制改革，坚持以经济建设为中心，努力把增收节支作为财政工作的首要任务，巩固现有财源，提高综合经济效益，调整支出结构，推进依法理财，加强财政监督，维护社会稳定，支持各项改革。经过努力，地方财政收入比年初预算有较大增长，财政支出的增幅也控制在低于地方财政收入增幅内，预算执行情况良好，财政运行基本正常，圆满完成了年初人代会通过的各项指标。

【财政收入】 2001年，全县地方财政收入4880万元，比上年增收583万元，增长13.6%。其中：一般预算收入完成4482万元，比上年增收415万元，增长10.2%；基金预算收入398万元，比上年增收168万元，增长73%；上划中央“两税”936万元，比上年减收606万元，下降38.6%。

【财政支出】 2001年，全县地方财政总支出15391万元，比上年增支2 809万元，增长22.3%。其中：一般预算支出15310万元，比上年增支2786万元，增长22.2%；基金预算支出81万元，比上年增长3万元，增长3.84%。

【财政收支情况】 2001年，上划中央“两税”收入连续两年下降，全县上划中央“两税”从最高年1995年的2435万元，降到936万元，地方财政收入增长缺乏后劲，年内，地方财政收入主体税种增值税、营业税、农业税、农业特产税等项税种相继减收，而烤烟“双控”后，目前还没有新的支柱财源来替代烤烟农特税，财政支出压力增大，财政资金调度难，财政自收收入只占总支出的31.7%，财政自给率低，大量的支出是通过省州补助完成。

【财政平衡情况】 2001年，收入总计15834万元，其中：本级收入4880万元，上级补助收入10444万元，上年结余97万元，调入资金413万元。支出总计15808万元，其中：本级支出15391万元，上解支出417万元，年终滚存结余26万元。

【财源建设】 2001年，以抓财源建设为突破口，拉动经济持续发展态势，在农村建起了生物药业财源基地，如雨露乡、红土坡镇的中药材基地，改善了农业生产条件和设施；在城镇培植了一批骨干财源，如松海钢木制品厂、锌品厂，壮大了龙头企业。

【支出管理】 2001年，在财政支出上坚持“调整支出结构，确保重点，压缩一般”的原则，重点保证了财政供养人员工资发放和国家机关的正常运转，保证了养老金和国有企业下岗职工基本生活费发放及再就业经费，保证了政法机关及其履行职能所必需的经费开支。一是建立工资专户，确保工资兑现。实行“编办核编、人事核标、财政核资、银行代发”办法，从运行机制上防止行政事业单位工资性支出被挪用、挤占，保证干部教师及离退休人员工资按时足额发放。二是认真落实中央调整收入分配政策，支持社会保障制度改革。一方面及时测算分配方案，筹措资金；另一方面在规定的时限内就将增资部分全部兑现到干部职工手中，维护了全县社会稳定。三是继续对公用经费中会议费、购置费、小车费、通讯费、接待费、医疗费等支出项目实施重点管理，从严控制。对提高财政资金的使用效果起到了积极的作用。四是对行政单位的超编人员和未经批准擅自增加的人员以及增设机构的事业单位，财政一律不核拨经费。五是加大对农业投入，调整支出结构。多方筹措资金争取专项补助564万元和贷款贴息资金44万元，使农业综合开发等项目向纵深发展，促进了农业产业结构调整和产业化进程。六是支持国有企业改革，促进经济结构调整。继续推进粮食流通体制改革，严格执行粮食风险基金管理制度，努力筹措配套资金，确保年内县级粮食风险基金76万元足额到位，确保了粮食企业的各项补贴支出，减轻了企业负担。七是在支出改革方面进行积极探索，并迈出了实质性步伐。按照建立公共财政基本框架的要求，本着实事求是的原则，配合事业单位机构改革，开始不同程度削减部分事业单位的财政补助，对9家事业单位的经费收支情况进行了摸底调查，有4个单位实行自收自支，有5个单位实行差额补助。

【支农情况】 2001年，共完成治理面积55.27平方公里，其中：坡改梯636公顷，水保林1897.1公顷，经济林果731.3公顷，封禁治理2260.1公顷，完成水利水保工程749件、投入劳动工日211.2万个，完成工程量412万立方米。治理区内的林地面积由治理前的16.93万亩增至19.41万亩，增长15%，荒山荒坡面积由治理前的5.63万亩减少到2.89万亩，减少49%，水土流失面积由治理前的15.97万亩减少到14.5万亩，减少9%，年侵蚀量从治理前的42.6万吨，减少到30.1万吨，减少29%，人均产粮由382公斤增至465公斤，增长21%。通过治理取得了明显社会效益、生态效益和经济效益，促进了财政收入和农民收入增长。

【预算外资金管理】 2001年，清理行政事业性收费和罚没项目187项，取消收费项目34项，清理银行账户456户，撤销违规账户408户，取消收入过渡户69户，实行票款分离项目122项，对行政性收费票据和罚没收入票据进行清缴核销。共清理票据4种，设立2个收费和代收网点，对行政性收费和罚没收入基本实行执收执罚部门通知、代收网点开票执收、定期核对按月结报、收缴罚缴收支分离的管理模式。

【财政监督管理】 2001年，开展国债专项投资项目资金的使用和管理情况检查、预算外资金清理检查、行政事业单位使用行政事业性收费票据执法检查；进一步完善财政管理体制，制定《南华县县对乡镇财政管理体制实施方案》；加强国有资本金的基础管理工作，国有资产流失的监测和查处工作；学习《预算法》和宣传修订后的《会计法》，继续开展会计基础工作规范化活动，搞好会计准则、会计制度的贯彻实施和会计人员继续教育工作，培训会计人员750人，共8期；加强了财政周转金的清理整顿回收工作，回收周转金701万元；继续减轻企业和农民的负担，由政府组织进行专题调查，进一步开展清费治乱工作。

（龙 慧）

国家税务

【简述】 2001年，南华县国税系统深入落实“围绕税收收入任务完善执法制度，规范征收管理”的工作方略，全面贯彻楚雄州国税局提出“改革年”、“征管年”的工作思路，顺利完成了全县国税系统的征管机构及人事制度改革，通过调整和磨合，改革的效益已经显现，收到了预期的成效。

【国税收入】 2001年，共组织入库各项收入1597.68万元，比上年减少653.52万元，减少29%；“两税”收入1309.58万元，比上年减741.7万元，减少36%，其中：增值税入库1229.4万元，比上年减576.67万元，减少31.96%；消费税收入为80.18万元，比上年减164.21万元，减少67.2%。其他税种中，营业税入库50.99万元，比上年减12.01万元，减少19.06%；个人储蓄存款利息所得税入库111.69万元，比上年增40.69万元，增长57.3%；企业所得税入库115万元，比上年增58万元，增长101.75%，其他各税收入入库10.47万元，比上年增0.47万元，增长4.7%。

【税收减收】 2001年，涉外增值税和消费税累计入库144.54万元，比上年减少503.61万元，仅为上年的22.33%，税收锐减，有五个因素：一是德力高啤酒公司在税收持续下滑18个月后，走向停产，全年仅入库144.54万元，比上年减少503.61万元；二是全县企业在产业结构调整阶段增效未显现，6个重点纳税单位减收近100万元（锌品厂减税48万元，铸锅厂减税19万元，小水厂减税[illegible]万元，县红砖厂减税7万元，华盛购物中心减税12.3万元，楚大公司加油站减税4.4万元）；三是在上年度按州政府的要求进行了税收大检查，已入库各项税收59万元，其中增值税49.5万元，企业补税后调增留抵税金，带来来年入库数减少；四是稽查部门通过对全县企业多年多轮检查，补税因素减少；五是“两烟”（烟叶和卷烟）的税收回落较大，县烟草公司比上年减少111万元。

【征管机构及人事制度改革】 2001年5月16日至5月29日集中进行了改革动员、竞岗考试（税收业务）、职位公告、竞职申报、竞职演讲、民主测评，考察任命和一般干部竞岗演讲及双向选择等阶段，9人提前离岗、提前退休，精简比例为14%；22名干部竞争12个中层职位，录用比例为1:1.83，5名原任领导落选，有5名一般干部走上了分局长和股长等职位；38名一般干部竞争城区的35个岗位，有5名未遂已愿，后又参加沙桥征管分局3个职位竞争，最后有2名待岗。机构改革方面，撤销了兔街、红土坡、罗武庄、城区分局和一街征收处，在县城设立了征收分局、管理分局和稽查局、保留了沙桥征管分局；县局职能股室中撤销了税侦中队；把征管股从税政征管合署办公中分离出来，把人教监审股的审计职能划归计财股履行。全局采用合并、撤销和改变职能等方式减少机构3个，分局机构从6个减少为4个；用征、管、查三分离的模式完成了对全局2000余户管户的控管，战线得以收缩；对各管片的税款采用委托代征和循回征收的方式确保税款及时足额入库。通过"两项"改革，最大限度地解决了夫妻两地分居和子女就学难的问题，机关人员从26人减少到22人，中层干部的平均年龄降到了32岁，文化程度全部为大专以上学历。

【领导调整】 2001年8月3日，原县国税局党组书记、局长陈之先同志退休，许正槐同志接任。12月17日，县国税局党组成员，副局长杨朝禄同志调牟定县国税局任党组书记、局长。

【税源预测】 2001年，按上级下达的税收任务分解到各征收单位；按月对税收入库情况和下月的收入预测作好统计分析，加大税款入库的考核力度；计财部门对年纳税额在5万元以上的重点企业和5千元以上的个体户进行调查登记，把前5名年纳税大户的基本情况及生产经营情况输入计算机管理。

【发票"代管监开"】 2001年，针对欠税企业增多，欠税额居高不下的实际，税政部门将欠税的一般纳税人的增值税专用发票收回代管，如企业发生销售需开出增值税专用发票，则在国税局的监督下及时入库所发生的税款。通过实施，对德力高公司、茂森公司等企业的税款入库情况作了有效监控。

【一般纳税人检查】 2001年，在全县11户一般纳税人中开展了税源情况调查，及时向州国税局上传数据；结合推行防伪税控，对24户增值税进行年度审查，取消了2户企业的一般纳税资格，新认定了3户。

【国税稽查】 2001年，共稽查企业45户，个体户77户，分别占征管户数的20.55%、3.91%，查出有问题的35户，立案率和结案率分别为100%和97.14%。全年共查补各项收入28.5万元，已入库25.8万元，入库率为90.38%，其中：税款20.3万元，滞纳金3.4万元，罚款4.8万元，处罚率23.61%。

【整顿征管秩序】 2001年，在整顿和规范税收征管秩序工作中，共检查纳税户1185户，查出有问题745户，查补入库各项收入40.41万元，其中：补税27.55万元、加收滞纳金4.52万元，处以罚款8.33万元。

【中央企业所得税汇算清缴】 2001年，对全县22户中央企业所得税征管户，按规定上报了纳税申报表和扣除申请，通过逐户检查和审验，共入库所得税97.76万元。

【税收管理】 2001年，加大执法力度和规范执法，以合法的程序和规范的文书加强对各种税收违法案件的处罚，使治税的内外部环境明显改善。一年内，处罚个体户547户（次），罚补收入3.02万元；处罚企业28户，罚款2.1万元，补税9.82万元，滞纳金2.17万元。在发票违章案件中，处罚个体户150户（次），罚款1.56万元，企业51户（次），罚款1.99万元。在全年的处罚案件中，无一处罚因不服而提请诉讼或要求行政复议。

【"金税工程"开通运行】 2001年，实现"金税工程"开通运行，把所有增值税一般纳税人的相关情况和增值税专用发票开具情况纳入计算机进行管理识别，全国从国家税务总局到省、地（州）、县（市）国税局实行4级计算机网络联通，全国统一信息网，能在全国范围内有效地预防和查处利用增值税专用发票进行税收违法活动，该工程被国家税务总局定为国税系统"一把手"工程和增值税"生命线"工程。3月30日，全县增值税一般纳税人参与召开了"金税工程"部署和培训会；在6月份，按要求在全局办公楼内完成了网络布线、防雷设施、后备电源、网络测试和22个省区的联调等前期准备工作，7月1日起正式开通，全局有专门机构和专人负责整个工程的全天候运行，该系统从9月开始基本处于稳定状态。

【加油站税控】 2001年10月31日止，对全县18个加油站的98台加油机进行税控检查，有96台安装了税控装置；通过信息初始化，确保全县加油站加油机税控工作的全面铺开。

【参加"国税杯"篮球赛】 2001年2月16日至22日，全局共组织20名男、女篮球队员参加首届楚雄州"国税杯"篮球比赛，通过州县11个代表队中循环比赛，南华代表队获得男队第5名、女队第4名的成绩。

【信息宣传】2001年，共向各宣传部门和信息采集单位上报信息77期，被县委、政府采用9期（则），被县广播电台采用15期（则），被州国税局采用12期（则），被《楚雄日报》采用3篇，省国税局专报采用1篇。

（杨　郁）

地方税务

【简述】 2001年，南华县地税局认真贯彻党的十五大、十五届五中、六中全会及"七一"讲话精神，紧紧围绕州局提出的学习年、管理年、责任制追究年、创建年的要求，牢固树立以组织税收收入为中心的思想，认真分析税源，合理分配税收计划任务，充分认识和分析完成税收任务所面临的严峻形势和有利因素，克服各种困难，协调多方关系，为完成全年税收任务打牢基础。

【税收收入】 2001年，组织入库地方各税4088万元，比上年减少170.52万元，减少4%。其中：工商税收入库2704万元，比上年增248.2万元，增长10.1%；农四税入库1384万元，比上年减少418.72万元，减少23.2%，组织征缴养老保险费879万元，入库率95.1%。

【税收征管】 按照州局关于开展发票清理检查规范用票秩序的通知要求，共自查用票户611户，自查补缴税款0.51万元，加收罚款0.01万元，重点检查查补税款4.72万元，罚款0.06万元。合计查补入库税款、滞纳金5.3万元。二是对长期拖欠税款的钉子户进行专项清理。龙川镇辖区内一外来建筑业户长期拖欠税款、滞纳金合计15.6万元，经龙川分局多次催缴，在州县公安局的支持下，于6月29日对该业户陈××以“涉嫌逃避追缴欠税罪”给予刑事拘留。慑于法律的威严，陈××申请取保候审将税款和滞纳金15.6万元一并交清。同时清理8户交通运输钉子户，采取强制执行措施2户，清缴欠税、滞纳金、罚款3.3万元。到年底清缴农业税欠税43万元。

【整顿建筑行业税收秩序】 2001年，对全县境内从事建筑安装工程的38户企业，从1994年4月至2001年9月30日所发生建筑工程缴纳地方税情况由稽查局实施专项稽查。日常稽查13户，共查补税款108.08万元，加收滞纳金4.71万元，罚款3.21万元，共计入库116万元。

【税收政策执行】 根据省州有关所得税汇算清缴的文件精神，对186户企业所得税汇算户进行清缴。有3户企业未按期申报，处罚款650元。在61户查账计征企业所得税户中，对26户进行了纳税调整。自行汇缴企业补税52.5万元，批准弥补以前年度亏损11户，金额37.5万元。通过重点查核，查补企业所得税13.79万元，其他地方各税12026.71元。圆满完成了汇算工作。

【税收优惠与减免】 贯彻落实税收优惠与减免政策，对困难户、下岗职工以及残疾人、灾情进行政策性减免，为广大纳税户创造公平竞争的纳税环境。全年办理减免52.5万元。其中:社会减免48万元，其他政策性减免48万元。

【养老保险基金征收】 2001年，共组织入库养老保险基金879万元，入库率95.1%。但水泵厂、锅厂、食品公司等企业由于经营不景气，造成长期拖欠，给全县的养老保险基金入库带来了一定困难。

【税法宣传】 2001年，紧扣“税收与公民”这一主题，结合新的《征管法》和农村税费改革调查，广泛深入到机关、厂矿、企业、集镇、农村、个体工商户中进行大张旗鼓的宣传，散发宣传材料、传单3600份，税收现场咨询20场次，税法知识讲座12次以及利用广播等形式进行宣传。通过宣传，屠宰税征收不仅没有受税费改革的影响，而且还实现增长，组织入库61.8万元，完成年度计划54.8万元的113%。确保了重点税源（包括南永公路一、二合同段、南景线改扩建工程、小集镇建设在内的重点建筑工程60个）建筑安装营业税按期入库221万元。

（鲍学辉）

人民银行

【简述】 2001年，人民银行南华县支行认真学习贯彻成都分行工作会议和全州支行长会议精神，坚持以邓小平理论和江泽民同志“三个代表”重要思想为指导，以“抓机遇、强监管、促发展”为主题，紧紧围绕中支党委提出的“围绕中心、顺应机遇、夯实基础、履行职责、严格监管、力保平安、强化服务、促进发展”的金融总体思路，开展以加强和改进金融服务，加强金融监管，防范和化解金融风险，确保辖区金融秩序稳定，积极支持地方经济发展为重点的各项工作，全县金融运行平稳，经济持续增长。年末，辖内金融机构各项存款余额73645万元，比上年增15901万元，增长27.54%；各项贷款余额32540万元，比上年减38万元，下降0.12%；各项现金收入142627万元，比上年增3211万元，增长2.3%；各项现金支出141135万元，比上年减8013万元，下降5.37%。收支相抵，全年累计回笼现金1492万元，现金净投放量119553万元，比上年减11224万元，减少8.58%。

【人员结构】 2001年，人行南华县支行有在职职工27人，退休干部1人。其中：行长1人，副行长2人，工会主席1人，主任科员1人，副主任科员3人，科员16人，其他3人；具有大专以上文化的14人，金融大专结业4人，中专6人，高中及以下3人；中级职称7

人；初职16人，无职称4人。

【政治理论学习】 2001年，人民银行南华县支行根据全州支行长会议精神及要求，及时组织职工进行为期一周的“春训”学习教育活动，认真学习了江泽民同志“三个代表”重要思想和成都分行长会议精神及金融法律法规。春训结束后，每个职工都写出了一篇不少于2000字的春训学习体会，同时，认真组织收看了《邓小平关于真理标准大讨论》和《加入WTO与中国金融的改革和发展》等讲座、专题片。通过春训学习，对职工进行了一次金融法律法规、爱国主义、集体主义、社会公德和职业道德教育，使职工进一步增强使命感、责任感，为树立良好的央行形象奠定了坚实的基础。

【党风廉政建设】 2001年，人行南华县支行加强党风廉政建设，认真落实反腐败抓源头工作。认真执行党风廉政建设责任制和中纪委五次全委会议提出的规范领导干部行为规定，遵守总行“十个严禁”和新的“四个不准”的规定，严格按照党风廉政建设量化管理的要求，一把手亲自抓，负总责，同时，把如何管好钱、用好权、管好人列为反腐败工作的重点，从制定制度加强管理入手，努力制定和完善党风廉政建设量化管理考核办法和反腐败抓源头工作实施细则，并认真组织实施，定期检查督促，确保各项任务的顺利完成。

【机关效能建设】 2001年，人行南华县支行正确贯彻落实江泽民同志“三个代表”重要思想，以勤政高效为目标，以强化行政效能、规范办事行为、确保政令畅通、优化投资环境为重点，使机关工作人员树立管理就是服务的观念，强化公仆意识、法制意识，全心全意为人民服务。从三月份开始，人行南华县支行严格按照“南华县机关效能建设工作实施意见”的有关规定和要求，结合人民银行工作实际，积极认真的开展了支行效能建设工作，并把此项工作作为支行抓内控、强管理的重点任务来抓：一是成立了以支行党组书记、行长任组长，两位副行长任副组长，工会和支行各职能部门负责人为成员的支行效能建设工作领导小组，并下设办公室，负责具体的效能建设日常工作，实行主要领导负总责，分管领导直接抓，各职能部门配合抓，认真履行各自职责，一级抓一级，层层抓落实的有效组织机构；二是积极组织全行职工学习邓小平关于作风建设的论述，学习党的十五大精神和江泽民“三个代表”重要思想以及金融法律法规；学习县委、政府关于加强机关效能建设的有关文件精神，使全行职工进一步明确开展机关效能建设的目的和意义，提高在机遇与挑战并存的关键时期开展机关效能建设工作的重要性和必要性认识，促进支行效能建设的顺利开展；三是根据效能建设工作实施意见的要求，结合本行的具体实际，制定了《人行南华县支行效能建设工作实施方案》，以确保支行效能建设工作的顺利实施；四是抓好建章立制工作，进一步完善政务公开制。

【金融监管工作】 2001年，人行南华县支行认真贯彻成都分行和中支支行长工作会议精神，进一步强化央行监管职能，切实加强和完善监管制度，提高监管水平和监管效能，加大查处力度，严防金融风险，确保辖区金融秩序稳定，促进全县金融业的健康发展。按照金融监管工作的两大目标，即：“督促银行切实降低不良贷款比例和落实分类处置措施，防范和化解中小金融机构风险”的要求，支行将金融监管工作列为全年工作的首要任务来抓：一是继续落实分层次、分对象的金融监管责任制，对辖区金融监管对象依次进行全面、有效的监督管理，坚持全面监管与重点监控相结合，现场检查与非现场监管相结合，人行直接监管与督促监管对象建立内控制度，严格自律相结合，切实完善监督管理体制；二是认真履行金融监管职责，以创建金融安全区为目标，突出监管重点，制定风险处置预案，严密监控辖区金融机构的风险状况，随时掌握风险变化情况，倾力防范和化解金融风险；三是加大现场检查力度，切实降低银行的不良资产比例。2001年，支行对县级各商业银行和农村信用社进行了1997年至2000年新增贷款质量情况和2000年度会计决算，贷款质量真实性以及盈亏真实性大检查。全年共派检查组90个，累计投入了989个工作日，现场检查面100％，维护了辖区内金融秩序的合法、稳健运行；四是完成了对辖区商业银行、农村信用社和邮政储蓄机构2000年度的年检工作。全年，完成了辖区18个银行类机构、3个邮储机构和38个农村信用社机构，共计59个机构的年检工作，同时，按规定程序报批撤销了8个分支机构；五是按时完成了支行会计制度执行情况、落实金融监管责任制和对国库业务以及资金管理情况的专项审计工作。

【现金管理】 2001年，人民银行南华县支行根据“条块结合，以条为主”的现金管理办法和“疏堵结合”的原则，认真贯彻执行大额现金登记备案制度和季度检查制度，坚持每季度对辖区内金融机构的现金管理情况作一次重点抽查，及时纠正和查处金融机构现金管理中的违规行为，保障了现金的合理支出，抑制了现金过量投放，全年现金净投放量比上年减少11224万元。

【利率管理】 2001年，人行南华县支行严格按照上级行制定的利率检查程序和暂行办法，对辖区金融机构实施了利率执行情况检查。通过检查，增加了辖区内金融机构的自律意识，为督促金融机构依法管理、合规经营、有序竞争，创造一个公平、合理的竞争环境。

【再贷款管理】 2001年，人行南华县支行针对农村信用社清算资金和支农贷款不足的状况，根据人行再贷款的有关管理规定及审批程序，积极向中支申请再贷款额度，全年根据中支授权，共向农村信用社发放再贷款6笔，累计金额2750万元，及时缓解了农村信用社支农资金不足的紧张状况。确保了农村经济和信用社稳步、健康发展。

【民族贸易贷款贴息】 2001年，人行南华县支行根据民贸贷款贴息的有关管理规定及审批程序，严格审核把关，积极与县民宗局、工行、农行等有关部门协调配合，认真做好民贸优惠贷款的审核、贴息上划工作，为16笔1848万元民贸贷款贴息223595.20元，为减轻民贸企业负担，促进南华县少数民族经济发展起了积极的作用。

【窗口指导】 2001年，人行南华县支行根据上级行有关会议精神，正确运用货币政策工具，认真做好对辖区内金融机构信贷总量、信贷投向、资产质量、存贷比例等情况的监测工作，积极支持和引导金融机构拓展以住房贷款业务为主的消费信贷业务，有力地支持了地方经济发展，扩大了个人消费需求。

【金融服务】 2001年，人行南华县支行认真贯彻执行人总行和州中支金融服务工作会议精神，做好对各类金融机构的服务工作，在会计工作中，统一及时地为商业银行调度资金，为商业银行在资金清算和票据交换方面提供准确便捷的服务。为加快结算速度，2001年11月“电子联行到县”系统又正式运行成功，标志着人民银行结算手段已进入了现代化的时代。在与地方政府的关系中，积极为政府经理国库提供高效、优质的服务，加强了国库资金的收纳、报解、拨付及核算管理工作，强化了国库资金监管，确保国库资金安全。

【人民币管理和反假宣传】 2001年，人民银行南华县支行进一步加强了《人民币管理条例》和反假宣传活动，积极开展“识假、防假、反假人民币宣传周”活动。共出动685人次，散发宣传材料6000份，张贴标语50条，悬挂横幅布标9条，利用广播、电视播放录音20次，兑换残损币和大小票15212元，设立宣传点县级5个，乡（镇）级13个。通过一周的宣传，不断提高人民群众的识假、防假、反假意识和鉴别能力。

【三防一保工作】 2001年，人民银行南华县支行坚决贯彻“预防为主，确保重点，保障安全”的方针，坚持“三个并重和三个重于”的原则，一是认真执行门卫24小时值班和电视监控制度；二是加强发行库、联行资金、密押、印章、重要空白凭证、枪支弹药的管理；三是坚持双休日行领导轮流带班值日制度，及时解决安全保卫工作上存在的困难和问题；四是坚持“预防为主，防消结合”的方针，认真落实消防安全责任制，切实做好消防工作；五是进一步落实好社会治安综合治理领导责任制；六是加强做好对辖区内商业银行及其他金融机构安全保卫工作的检查督促和指导工作。5月份和12月份两次配合公安部门对辖区内各金融机构的所、社、网点进行了安全检查，及时排除了存在隐患，保证了金融系统资金、财产和干部职工的生命安全。

【精神文明建设】 2001年，人行南华县支行在“双文明”建设工作中，党政领导始终坚持“两手抓，两手都要硬”的方针，加强对精神文明的领导，坚持党、政、工、青、妇齐抓共管，以“创先争优”、“文明单位”、“青年文明号”、“巾帼建功示范岗”等创建活动为载体，从领导到职工，从党员到群众，都投入到活动中去，好人好事不断涌现。近两年来，支行的全体干部职工积极开展向灾区和贫困户及困难学生捐款捐物活动，累计已捐款捐物价值达5万余元。支行工会、团支部还开展了为扶贫点、结对户征订《农民之友》等报刊杂志活动，共向扶贫点和结对户订阅杂志5份，支行团支部以每年600元捐助扶持一名贫困学生直到学完高中。支行女职工结了两对贫困户，并多次向他们捐款捐物，使两个贫困户已脱贫。通过开展一系列帮困、扶贫活动，进一步展现了央行职工的良好风貌，支行在2001年被中支授予中心支行级“双文明单位”，团支部被中支和成都分行团委授予“青年文明号”称号，支行工会被考核为中心支行级“先进职工之家”，还有两名职工被中支评为中心支行级“先进工会积极分子”和“先进工会之友”。

（余琼慧）

工商银行

【简 述】 2001年，工商银行南华县支行按照中央经济工作会议和省州行长会议精神及要求，全行职工进一步解放思想，更新观念，统一认识，改进作风，知难而进，认真实施“以扭亏增盈为根本，以贷款营销为主导，以增存稳存为基础，以资产质量为重点，以改革创新为动力”的指导思想，深化改革，强化管理，从严治行，大力吸收存款，优化贷款投向，加快电子化建设，努力拓展服务领域，增强服务意识，狠抓精神文明建设，防范和化解金融风险，依法合规稳健经营。年末，各项存款余额26646万元，较上年净增8757万元，增长48.95%；各项贷款余额6503万元。

【机构状况】 2001年，工商银行南华县支行辖储蓄所2个，内设综合办公室、营业部（含支行营业室）、资金信贷部“两部一室”，有正式职工50人，平均年龄34岁，中共党员13人。其中：大、中专以上学历25人；中级职称5人，助师级职称28人。

【对公存款】 2001年，工商银行南华县支行采取各种有力措施，努力拓宽存款市场，调整存款结构，加大对公存款力度。年末，实现对公存款余额16.787万元，比上年增7.937万元，增长89.68%。

【储蓄存款】 2001年，工商银行南华县支行切实采取可行措施，加大存款组织力度，确保储蓄存款稳步增长。一是加强宣传，改进服务，以优质的服务赢得储户；二是大力拓展中间业务促进存款增长；三是突出“大所、大户、大服务”策略，争创“一流服务、一流效益、一流环境”示范所。年末，储蓄存款余额9859万元，比上年增820万元，增长9.07%，超额完成了州分行下达的计划任务。

【贷款业务】 2001年，工商银行南华县支行认真执行上级行的货币信贷政策，严格控制信贷规模，把握贷款投向，调整信贷结构、盘活存量、用好增量。年末，各项贷款余额6503万元，其中：工业贷款4301万元，商业贷款170万元，固定资产贷款500万元，住房贷款1376万元，个人消费贷款62万元，储蓄小额抵押贷款94万元。全年累计发放贷款3681万元，累计收回贷款3917万元。

【机构改革】 2001年，工商银行南华县支行按照省州分行要求，对支行所辖营业网点进行了科学翔实的调查测算和分析认定，经上级行批准后于10月份顺利完成了“中国工商银行南华县支行长坡分理处”撤销工作，处理好一切账务、财产，人员安置妥当。另一方面是将原来的“三部一室”调减为“两部一室”，精减机构、转变职能、提高了工作效能。

【人事制度改革】 2001年，工商银行南华县支行进一步深化干部制度、用工制度和分配制度改革，强化人事、劳动力资源和工资费用、劳动合同管理工作。加强对中层现职干部的思想教育和职业道德教育，完善干部考核体制。选拔任用干部坚持“德、能、勤、绩”标准。严格执行《中国工商银行终止和解除劳动合同暂行规定》、《中国工商银行解除违规违纪员工劳动合同规定》，年内对员工劳动合同进行了补充完善，对临时工、代办员按相关政策规定进行清退，进一步完善了劳动合同制度和规范了用工制度。

【安全防范工作】 2001年，工商银行南华县支行高度重视各类案件事故的防范工作，坚持“常抓常防不懈”的工作方针和谁主管谁负责的原则，注重抓好“三防一保”思想防线、制度防线、设施防线等软硬件建设。一是制定措施、落实责任；二是开展创建安全文明小区活动；三是勤检查、分析和及时整改；四是加强薄弱环节的管理；五是实行群防群治，大力开展群众性的安全防范工作，使“三防一保”工作落到了实处，确保了全年安全经营无事故。

（陈一民）

农业银行

【简述】 2001年，农行南华县支行认真贯彻落实省分行党委书记（行长）会议和州农行业务经营会议精神，坚持以加强内部管理为前提，提高经济效益为中心，抓好存款增量，调整信贷结构，拓展消费领域为重点，以优化增量为目标，加强职工思想教育为保障，不断加强市场开发，提高金融服务水平，为地方经济持续、快速、健康发展作出积极贡献。年末，各项存款19707万元，比上年增2780万元，增长16.4%，其中：储蓄存款1053万元，比上年增1353万元；各项贷款12635万元，比上年减309万元，下降2.39%，其中：农业扶贫贷款5437万元。

【机构队伍状况】 2001年底，全行有对外营业机构7个，其中：营业室1个，营业所4个，储蓄所1个，分理处1个；有在册正式职工81人，储蓄合同工5人，退休人员29人。在职人员中，男职工58人，女职工28人；党员34人，团员3人；大学文化1人，大专文化15人，中专文化40人，高中及其他以下文化30人；中级技术职称14人，助师职称34人，员级职称25人。

【存款业务】 2001年，采取各种举措，全力开拓存款市场。首先，抓住国家实施西部大开发的有利时机，加大对组织存款工作的力度，更新观念，抓好优质服务，实现观念上的两个转变，一是从过去部门单打独斗向全行上下紧密配合，发挥整体优势转变。二是从过去传统的手工操作向利用网络优势和不断创新服务手段转变，加大组织存款力度。其次，突出重点，大力拓展中间业务，在做好代收代付烟叶收购款的同时，加大了对新代收业务的拓展，重点放在代收电话费，代收交通违章罚款等业务，取得了一定的成效，再次，加强内部管理，狠抓服务质量，年内在城区新安装“ATM”自动取款机一台。年末各项存款19707万元，比上年增2780万元，增长16.4%。

【各项贷款】 2001年，按县委、政府产业结构调整思路，加大信贷投入支持力度，在调整信贷结构的同时，把握信贷工作重点:一是把信贷放在个人消费贷款，存单抵押，个体私营经济发展上；二是继续支持地方龙头骨干企业，食用菌营销等项目；三是继续扩大扶贫专项贷款的支持力度，年内新增“小额扶贫”贷款200万元；四是加大对全县民族地区生产、生活必需品的国家“民族贸易”贴息贷款的支持。全县共发放“民贸贴息”贷款1278万元，年内累计发放贷款5705万元，年末各项贷款12635万元，比上年减309万元，下降2.39%，其中：常规贷款7198万元，专项扶贫贷款5437万元。

【经营状况】 2001年，实现各项营业收入1319万元，比上年增91万元，其中：贷款利息收入713万元，中间业务收入13万元，金融机构往来利息收入551万元，各项营业支出1316万元，其中：存款利息支出342万元，金融机构往来利息多支出317万元，营业税金及附加支出54万元，实现利润2万元。

【人事变动】 2001年3月，经中国农业银行楚雄州分行党委决定，解聘王健骅同志农行南华县支行行长职务，聘任杨庆生同志担任中国农业银行南华县支行行长职务。4月支行党委根据上级行人事制度改革要求，在全行第一次实行员工岗位“双向选择”聘任聘用。通过两轮聘用，全行有80位职工报岗选聘到适合自己的工作岗位，有一名职工落聘下岗。

【“三防一保”】 2001年，农行南华县支行在“三防一保”工作方面做了大量卓有成效的工作，一是年初行长与各营业机构负责人签订了安全责任状，做到“三防一保”工作与业务经营任务同部署、同落实、同考核。二是加大了对“三防一保”的检查力度，特别是节假日期间的安全检查；由于措施有力，一年来未发生大的经济和刑事案件，确保了全行各项业务的正常开展。

（彭元英）

建设银行

【简述】 2001年，建设银行南华县支行认真贯彻全国金融工作会议和全省建设银行行长会议精神，紧紧围绕州分行党委提出的“以改革、发展、管理、效益”为工作中心，切实加强各项业务工作，坚持改革促发展，抓好管理增效益。严格贯彻执行各项金融方针、政策和上级行各项规章制度，切实加大金融风险防范力度，以实现综合经营计划为主线，开拓进取，扎实工作，经过全行员工团结协作，奋力拼搏，积极参与市场竞争，保证各项业务持续、稳健发展和各项综合经营计划目标圆满完成，为维护金融秩序、支持地方经济的发展发挥了积极的作用。年末，一般性存款余额10189万元，比上年增4049万元，增长65.9%，其中：企业存款7772万元，储蓄存款2417万元，分别比上年增3347万元和672万元，增长75.6%和38.5%。各项贷款余额1595万元，比上年减473万元，下降22.9%。累计发放各类贷款848万元，收回贷款1353万元。一般性存款突破一亿元大关，全年实现利润52万元，创历史最好水平。

【人员结构】 2001年，实有在册职工24人，退休干部3人。在职职工中，行长1人、副行长2人、科员21人；有中共党员7人；具有大专以上文化5人、中专4人、高中14人、高小1人；中级职称5人、初级职称19人。

【建盖办公楼】 2001年，在上级行支持下，总投资90.71万元（含一层营业室装修26.65万元），在原南华县交警大队建盖一幢三层的营业办公楼，建筑总面积489.93平方米，3月10日工程破土动工；9月26日，工程竣工验收正式投入使用，改善了营业办公条件。

【人事变动】 2001年5月18日，经州分行党委决定，聘任罗军同志为建设银行南华县支行行长；原任行长杨斌同志调任州分行副行长。

【人员分流】 2001年10月28日，因工作需要，建设银行姚安县支行刘怀银（原建行姚安县支行副行长）等4人分流到南华县支行工作。12月3日，州分行重新聘任刘怀银同志为建行南华县支行副行长，另3名同志为工作人员。

【存款业务】 2001年，始终把增存工作放在首位，及早下达存款工作计划，做到目标早明确，工作早动手。一是认真分析筹资工作中存在的问题，及时采取必要措施。二是注重调查研究，加强市场分析，走近市场，贴近客户，捕捉信息。三是加强与地方重点行业联系，强化服务意识，真正树立“内强素质、外树形象”，进一步搞好优质文明服务。年末，全行一般性存款余额10189万元，比上年增4049万元，增长65.9%，一般性存款市场占比13.84%，比上年提高2.34个百分点，员工人均吸收存款424.54万元。

【信贷管理】 2001年，认真贯彻执行“加强信贷管理，提高信贷质量，减少信贷风险，充分发挥效益”的信贷工作方针：一是高度重视压缩和控制不良贷款，并把压缩和控制不良贷款考核与全行员工的绩效工资直接挂钩；二是对存量不良贷款及即将到期的风险贷款，认真进行摸底排队，实行一户一策，分别制定盘活存量方案和措施；三是全面开展信贷清分和信贷检查，加强银行信贷资产风险管理；四是建立按旬不良贷款监测报告制度，每月分析一次不良贷款的增减变化情况，对不良贷款实施动态管理和监控；五是采取法律手段，加大依法收贷的力度，积极压缩和控制不良贷款，使不良贷款和不良率实现“双降”目标，逐步提高贷款经营管理水平。全年累计发放贷款848万元，回收贷款1353万元。年末各项贷款余额1595万元，贷款不良率4.38%，利息实收率95%，各类贷款规模控制在分行下达的经营目标之内。

【经营状况】 2001年，继续贯彻实施建设银行统一法人的财务管理体制，紧紧围绕以效益为中心，强化财务管理意识，努力提高经营效益，强化投入和产出经营观念，自觉将财务管理贯穿于各项业务活动的始终，讲究成本，量入为出，增收节支，追求效益，积极稳妥推进财务管理制度实施。全年实现营业收入283.89万元，其中：利息收入130.85万元，贷款利息实收率95%；营业支出221.78万元；实现账面利润52.77万元，缴纳各项税金10.37万元。

【工程造价编审】 2001年，编审工程概预决算69份，编审价值4244.12万元，其中：编制工程预算18份，定案价值895.79万元，审查工程决算51份，定案价值3348.33万元，核减37.05万元，中介业务净收入4.33万元，审查率100%。在工程项目概预决算审查中，积极扩大审查面，在审查质量上做好文章，提高了准确率和定案率，增补遗缺漏项，剔除多列高估，通过审查，节约建设资金37.05万元，有效地控制了工程造价，维护双方合法利益，强化了建设市场管理，保证建设资金合理使用。

【岗位培训】 2001年，按照上级行的指示精神，积极组织员工参加省分行组织的会计、筹资、信贷、保卫等岗位的专业理论培训，岗位培训合格率100%，员工持证上岗率98.5%。

【“六防一保”】 2001年，安全保卫工作，以当地公安机关为依托，本着“谁主管、谁负责”的原则，认真贯彻“预防为主、综合整理”的方针，以防止侵害，提高金融风险防范能力，遏制案件的发生为主要工作目标，切实加大“六防一保”工作力度。一是认真抓好各项规章制度的落实和员工安全防范意识的教育。二是结合实际，重新制定、完善营业网点、运钞车防暴力侵害应急预案。三是针对防盗窃、防抢劫、防诈骗、防火灾、防挤兑、防治安灾害事故、确保国家资金的安全等“六防一保”应急预案措施，始终以资金营运为中心、立足防范、增强意识、规范管理、严肃纪律、强化职能、确保国家资金和职工生命安全为重点，狠抓超前防范工作，积极预防各类案件发生。四是认真贯彻落实各项安全保卫工作责任制，层层签订安全责任书，落实安全责任制，加大检查监督力度，增强金融风险防范意识。五是经常对营业网点和要害部位进行监督检查，发现问题，及时整改。全年召开安全保卫工作专题会议4次，安全法规、法纪教育和应知应会教育会8次，受教育人数176人次，教育面100%；实施电视监控覆盖率100%；组织安全检查54次，整改隐患3起，纠正违章4起。全年共出动运钞车934次，出动押运人员2803次，安全押运款累计余额1.5亿元，安全押运往返里程512公里；发现假币8起，收缴假币700元。年内无治安、刑事和经济案件发生，为全行各项业务的顺利开展，创造了良好的工作环境。

（李绍明）

农村信用

【简述】 2001年，南华县农村信用社认真贯彻中央经济工作会议、党的十五届六中全会及江总书记“七一”重要讲话精神，努力学习和实践“三个代表”重要思想，紧紧围绕当地农村经济发展工作思路，切实改进工作作风，以改革为动力，支农为己任，强化管理为措施，提高效益为目标，积极筹集农村闲散资金，大力支持农民、农业和农村经济发展，为地方经济建设作出了积极的贡献。

【机构队伍状况】 2001年，根据中国人民银行《关于加强农村信用社机构管理意见》通知精神，撤并1人1社及2人1社的信用分社7个。年末，全县农村信用社共有机构31个，其中：县联社机关1个，独立核算的信用社12个，信用分社18个。有在册职工143人，退休职工57人。在册职工中，男职工124人，女职工19人；党员67人，团员18人；大专文化21人，中专文化96人，高中22人，初中4人；中级职称9人，初级职称69人。

【存款业务】 2001年，进一步树立“存款立社、效益兴社、服务出效益”的思想，把存款工作放在首位，积极采取可行措施加大存款组织力度，确保存款稳步增长。一是加大合作金融宣传力度，采取形式多样、内容丰富的方式广泛宣传信用社的组织性质、办社宗旨、储蓄信贷政策和原则；二是切实改进服务，提高服务质量。以优质文明服务开辟储源，拓展业务；三是充分发挥信用社点多面广战线长的优势，走村串户，服务上门；四是加大存款任务指标考核和工效挂钩力度；五是大力拓展中间业务；六是改进办公设施，提高办事质量和效率，促进存款稳步增长。年末，各项存款余额14399万元，比上年增775万元，增长6%；其中：储蓄存款余额9106万元，比上年增517万元，增长6%。

【信贷规模】 2001年，发放各项贷款6998万元，比上年增998万元，增长17%；其中：农业贷款4594万元，农村工商业贷款2379万元，其他贷款25万元。收回各项贷款6320万元，比上年增1574万元，增长33%。其中，收回不良贷款2864万元。年末，各项贷款余额10171万元，比上年增678万元，增长7%，占各项存款余额的71%，比上年增长1个百分点；支农服务和经营管理水平明显提高。

【盈亏状况】 2001年，南华县农村信用社各项营业收入901万元，比上年增45万元，增长5%。有4个社盈余2.51万元，9个社亏损97.86万元，比上年降亏41.59万元，实现了降亏目标。

【岗位轮换】 2001年，本着工作需要，合理安排，培养为主的原则，对辖区内29名职工进行岗位调整轮换，促进职工业务技能向复合型、多面手方向发展，增强了信用社内部竞争力。

【电子化建设】 2001年3月至5月，投资60万元，购买微机11套，同时完成县联社中心机房建设和山区片7个、坝区片1个营业网点的微机上柜工作，在全省率先实现所辖营业网点微机统一网络管理办公的目标。

【召开研讨会】 2001年4月1日，楚雄州农村信用社微机柜面综合管理系统研讨会在南华举行，州人行农金科，楚雄市、大姚县、元谋县、南华县、禄丰县联社，南华县人行共7家单位28人参加会议。通过对微机账务管理系统软件的研讨和修改升级，极大地提高了微机系统管理水平。

【防化信贷风险】 2001年，采取有力措施防范和化解信贷风险。一是积极开展金融理论及法律法规的学习教育，增强和提高职工防范和化解信贷风险意识和能力；二是强化信贷管理，完善制约机制，加大稽核检查力度；三是提高保证贷款比例和抵押品质量；四是健全贷款档案并输入微机进行管理和监督催收；五是实行县联社股室挂靠基层信用社，严格考核奖惩；六是切实加大对到逾期贷款的催收力度。全年共收回不良贷款2864万元，使信贷风险得到有效防范和化解。

【帮扶困难私营企业】 2001年7月，对南华县金珠养殖场进行帮助扶持，新增贷款90多万元，并抽派1名懂经营、会管理的指导监管人员，驻点指导监管。经过帮扶，使该场走出了困境，恢复了正常的生产经营。

【安全保卫】 2001年，始终把安全保卫工作作为主要工作来抓。一是进一步加强职工思想政治和道德教育，充实保卫人员；二是年初把安全保卫工作与业务工作同计划、同布置，逐级签订“三防一保”责任书，把安全责任落实到社、到人；三是切实加强组织领导，完善责任制；四是加强库房和运钞车辆护卫及资金、印章、空白凭证、硬件设施管理；五是加大安全工作考核、检查、整改力度。杜绝安全事故发生，确保信用社平安经营。

（徐有平）

人寿保险

【简述】 2001年，中国人寿保险公司南华县支公司，认真贯彻落实省、州公司保险工作会议精神和目标经营责任制，始终树立发展才是硬道理的观念，抓住各种有利于业务发展的机遇，努力开拓保险市场，加大经营管理力度，充分调动全体员工的积极性，克难奋进，经受住了保险市场及同行业竞争的考验，使业务发展呈良好态势。圆满完成各项经营指标和管理任务，为广大保户排忧解难、减轻经济压力、化解风险，做了大量工作，为社会稳定、经济发展作出了贡献。

【公司更名】 2001年7月，中国人寿保险公司南华县办事处经中国保险监督管理委员会批准，更名为“中国人寿保险公司南华县支公司”，并于12月18日在《云南日报》上公告。

【保险业务】 2001年，紧紧围绕州公司的“辉煌世纪”业务企划方案，制定可行的发展业务措施，按季度制定目标，把任务分解到各股再细化到人，提高了工作效率。年底，全面完成州公司下达的各项任务指标。全年保费收入1002.05万元，其中：营销新单保费182.3万元，意外险保费209.4万元。人寿保险业形成以营销险种和意外险为主体的格局，业务呈持续、稳定、健康、发展的良好态势。

【文体活动】 2001年初，积极组织职工参与县级组织的各种文体活动。一是举办迈进新世纪“元旦”联欢会；二是组织参加县妇联举办的“三八”节文艺活动，体育比赛和“不让黄、赌、毒进我家”的大型签字仪式；三是组织员工到楚雄进行郊游；四是组织职工参加“七一”建党节、建党80周年歌咏晚会及“八一”建军节文艺演出，两次荣获第三名、一次三等奖的好成绩；五是10月份组织职工参加县“拼搏杯”排球比赛。组织参加丰富多采的文体活动，不仅陶冶了员工情操，丰富了精神生活，而且还大大提高了公司的知名度。

【理赔业务及案例】 2001年，恪守“主动、迅速、准确、合理”的理赔原则，严格按保险条款和程序办理理赔业务。全年共发生给付案件4310件，支付赔款594万元。返还生存年金及满期金额337万元。其中：支付个人营销医疗费317万元，支付生存年金152万元。年内最大的理赔案例：沙桥村委会东街四队农民王志华因妻子高秀兰病故获“康宁终身保险”赔款6万多元。东城幼儿园学生孙宇因患病获“学平险”赔款58275.20元。沙桥村委会东街四队农民王志红因患病获团身险赔款1.5万元。火星村委会大秋树农民许菊英因车祸骨折住院获“无忧卡”赔款6400元。

【表彰】 2001年，县支公司被州团委授予“青年文明号”荣誉称号；公司员工被总公司表彰1人，省公司表彰1人，州公司表彰7人。

（叶明辉）

财产保险

【简述】 2001年，中国人民保险公司南华县支公司认真贯彻落实省、州公司业务及全保会议精神，以解放思想、转变观念、创新改革为动力，通过调整结构，构建新型经营机制。公司员工同心协力，乘势而上，抓住机遇，迎接挑战，园满完成各项任务，促进了全县人民保险事业持续、健康发展。

【经营目标管理】 2001年，公司进一步更新观念，统一思想，转变经营机制，加强内部管理，完善经营目标管理责任制。一是制定保费计划，分险种落实到股室和个人；二是实行“岗位系数工资”、“万元保费工资”和“利润工资”；三是建立风险抵押金制度；四是进行单险考核和岗位考核。充分体现了多劳多得、按劳取酬、奖勤罚懒、效益优先及岗位明确、责任到人的原则。

【法律、法规学习宣传】 2001年，公司制定了《法律、法规学习教育计划》，成立了“四五”普法领导小组，并结合“12·4”全国法制宣传日于12月7日在本公司开展法制宣传活动，学习辅导了《保险法》、《会计法》和《公司法》，增强了公司员工的法律、法规意识，规范了言行和正确办理各项保险业务工作，杜绝了违法案件的发生。

【整顿和规范保险业务】 2001年，为认真贯彻落实国务院《关于整顿和规范市场经济秩序的决定》、中国保监会《关于贯彻落实全国整顿和规范市场经营秩序会议精神的意见》及省、州分公司有关文件精神，公司成立了整顿规范业务工作领导小组，制发了南人保发（2001）11号文件《中国人民保险公司南华县支公司整顿和规范业务经营工作实施方案》，并认真组织实施，重点抓了整顿规范经营机构，整顿规范机动车辆业务，整顿规范保险代理业务；清查小金库和账外经营情况；检查内控制度落实情况；检查借助行政权力强制投保，行政干预保险经营问题。通过清理整顿，找出了公司存在的问题，认真总结了经验教训，达到了标本兼治的目的，促进了公司业务稳定、健康发展。

【电子化运用】 2001年，共拥有“ACER”服务器1台，“ACER”台式机1台，“IBM”台式机2台，“长城”终端机2台，“GW510”终端机1台，“IMB”笔记本电脑1台。年内上机险种承保微机出单率和赔案出单率均100%，圆满完成了储金清理和储金业务电子化管理目标。10月26日全州人保系统开始启用新一代《财产保险业务处理系统》，大大减轻了业务人员的工作负担，提高了工作效率，改善了服务条件，为公司的高效运作打下了良好的基础。

【储金清理】 2001年9月，根据省、州分公司的要求，公司成立了储金清理领导小组，对1987年开办保险储金以来15年的储金分险种、分业务、分财务进行了全面清理。经过近一个月的清理，最后有效户数为1447户，有效保险金额37036984元，有效保险储金833375.36元。并按要求把保险储金逐户逐笔输入电脑，为公司保险储金的电子化管理奠定了基础。

【保险业务】 2001年，各类保费收入450.4元。其中：企业财产保险保费收入142万元；家庭财产保险保费收入3.7万元；机动车辆保险保费收入285.5万元；雇主责任险保费收入16万元；公众责任保险保费收入3.2万元。全年上缴各项税金35.5万元。

【防灾理赔】 2001年，积极与公安、交警、农机、消防、安委和企业主管部门密切合作，深入工厂、商店、仓库、车队等重点单位进行防灾、防损安全检查，力争把灾害、损失的发生降低到最低限度，在理赔中，恪守“主动、迅速、准确、合理”的原则，及时赶赴事故现场查勘定损，事故处理坚持两人查勘定损和送检制度，严格按规定和程序办理理赔业务，着力提高理赔质量和服务水平。全年县支公司处理各类赔案897件，支付赔款372.8万元，综合赔付率82.77%。其中：财险赔案64件，支付赔款102.9万元；家财险赔案23件，支付赔款4.4万元；机动车辆险赔案746件，支付赔款253.4万元；雇主责任险赔案64件，支付赔款12.1万元。

【理赔案例】 2001年，处理各类保险赔案897件，支付赔款372.8万元，综合赔付率82.77%。主要理赔案例：（1）运输工具险 1月13日周恩章驾驶云E08558号北京2020吉普车由马街驶往县城，19时30分许行至大罗线K8+550M处因操作失误车辆驶出行道左侧路外翻下28米高的山崖下河底，造成周恩章及乘车人周富昌、杨开兰、周林坤当场死亡，周林森受轻伤，车辆严重损坏的特大交通事故，事故发生后，州分公司、县支公司、县政府领导及时赶赴现场进行查勘定损及安抚，经报州分公司核准，于12月31日赔付67700元结案。（2）企业财产险 8月17日18时许，因突降暴雨，造成燎原煤业有限公司彝州石油广场油罐区大面积积水，4个50m³式油罐，2个25m³式油罐漂浮移位，无缝油管及进油管弯曲变形，砖墙部分倒塌，经勘查核实，于9月15日赔付29222.80元。（3）家庭财产险 9月3日，一街乡保马夸村委会土掌房村连降暴雨，保户普正荣家所在地山体滑坡，造成该户3格土木结构房屋严重受损，经现场勘查核实，赔付普正荣4148.70元。（4）雇主责任险 6月3日上午9时，因连日阴雨，一街供销社职工李华俊在下乡途中，不慎摔伤，造成左踝关节脱位及轻微脑震荡，经核实，根据《雇主责任保险条款》第三条和第九条规定，于11月22日赔付李华俊3556.26元。

（高仲炜）

文　化

——希望（周建林 摄）

文　化

教　育

【简述】 2001年，南华县教育工作以巩固“两基”（基本普及九年义务教育、基本扫除青壮年文盲）、“普实”（普及实验教学）成果，提高教育教学质量为重点，调整部分中小学领导班子，加强学校管理，深化内部体制改革，抓好勤工俭学，全县中小学教育教学质量再创佳绩。年末，全县有完全中学1所，职业高中1所，初级中学13所，中学教职工742人（含职业高中教职工31人），普通高中在校22个班1155人，职业高中在校14个班638人，初中在校208个班11491人；全县中学校舍面积86407平方米（含职业高中5956平方米）。全县设12个学区，3所城镇小学，共有小学386所，其中：完小108所，一师一校166所；全县有小学教职工1342人（含幼儿园），其中：民办教师57人；全县在校小学生1087个班20409人，小学校舍面积151737平方米。

【“两基”和“普实”复查】 2001年12月17日至20日，以原州人大教科文卫主任杨立新为组长，州教育局成人教育科科长王雄为副组长的州政府“两基”复查组一行4人对南华县“两基”验收后的巩固提高工作进行全面复查，通过听取县人民政府“两基”巩固提高工作汇报，并对一街、罗武庄、沙桥、徐营4个乡镇的“两基”工作进行听、看、查、访、议，复查组认为南华县“两基”巩固提高工作成绩较好，复查合格。复查的主要指标为：（1）普及九年义务教育工作。全县7周岁至12周岁正常人口20510人，已入小学20371人，入学率99.32%，每万人口有在校小学生893人；7周岁至12周岁残疾人口106人，已入学76人，入学率71.70%；13周岁至15周岁正常人口11415人，已入初中11502人，毛入学率100.76%，每万人口在校初中生504人；13周岁至15周岁残疾人口54人，已入学36人，入学率66.67%；年内小学辍学人数260人，辍学率1.10%；年内初中辍学人数192人，辍学率1.67%；15周岁人口3604人，受完小学教育3577人，初等教育完成率99.25%；有17周岁人口3015人，受完初级中等教育2825人，初级中等教育完成率93.70%。（2）扫除青壮年文盲工作。全县有青壮年人口139505人，非文盲138890人，非文盲率99.5%；年内脱盲人数80人。乡镇成人技校独立建校1所，占乡镇总数的8.30%，开展各种实用技术培训526期，培训人数26245人次。同时，复查组一行还对南华县的“普实”工作进行复查，并抽查了一街、罗武庄、沙桥、徐营4个乡镇的中小学“普实”情况，通过听、看、查、访、议，复查组认为4个乡镇的中小学“普实”工作的账、册、表、卡资料齐全规范，实验开出率达标，管理符合要求，复查合格。

【招生】 2001年，全县报考普通高校286人，其中：应届生192人，往届生94人。按报考科类分：文史类129人，理工类133人，外语类9人，理工体育类2人，文史艺术类13人。录取本科67人（文史类30人，理工类30人，外语类4人，艺术类2人，体育类1人）。录取专科57人（文史类22人，理工类30人，外语类3人，艺术类2人），其中含预科生14人。高中民族生报考139人，录取82人，录取率58.1%。职业高中报考高等职业技术教育专科班21人，录取9人。初中报考高中、中专1368人，其中：应届生1321人，往届生47人，录取普通中专227人，自费电视中专15人；录取普通高中592人。初中民族生报考562人，录取中专130人，录取率23.1%。高中会考：高三报考72人172科次，高二报考277人1944科次，高一报考383人1155科次，合计732人3271科次，合格2738科次，合格率83.7%。初中招生：小学毕业生3888人，报考3653人，招生3855人，完成计划的99.15%。小学招生：全县招生2886人，完成计划的99.48%。

【毕业考试成绩】 1.高中应届毕业生高考成绩（国家统考，每科满分150分）。文科（参考93人）：语文平均分92.13分，及格率73.12%；数学平均分39.83分，及格率1.09%；英语平均分60.26分，及格率3.26%；历史平均分86.8分，及格率40.22%；政治平均分100.05分，及格率88.04%。理科（参考98

人）：语文平均分90.33分，及格率54.08%；数学平均分50.07分，均不及格；英语平均分61.73分，及格率2.04%；物理平均分48.84分，及格率2.04%；化学平均分66.19分，及格率12.24%。2.初中应届毕业生中考成绩（省统考，语文、数学、英语、每科满分120分，政治、物理、化学每科满分100分，其中政治实行开卷考试）。语文平均分81.70分，及格率86.07%；数学平均分92.66分，及格率86.15%；英语平均分76.99分，及格率69.49%；政治平均分81.44分，及格率98.10%；物理平均分68.36分，及格率71.9%；化学平均分70.6分，及格率73.94%。全县520分以上的优生563人，比上年增加173人，600分以上的68人。3.小学应届毕业生统测成绩（州出题县统测，每科满分100分）。语文平均分71.87分，及格率85.44%；数学平均分86.61分，及格率92.47%，全县总分在160分以上的优生1525人，其中180分以上的特优生376人。

【教学研究】 2001年5月8日至10日，县教委在五顶山学区召开全县小学毕业班复习研讨会，全县各学区教导主任及部分毕业班教师共60人参加研讨；8月3日至6日，县教委教研室聘请县内部分骨干教师在教师进修学校采用多媒体教学，上示范课16节，100名小学教师参加观摩；8月，县教委组织小学论文评选活动，共68篇论文参评，33篇论文分别获奖；10月至12月，县教委举行全县初中课堂竞赛活动，有72人分别获一、二、三等奖。

【学校管理】 2001年，全县各中小学校继续完善学校管理的各种规章制度，抓好常规管理工作。县教委主任与各中小学校长签订《教育目标管理协议书》、《学校安全工作责任书》；县教委召开三次中小学校长会，研究部署学校教育教学管理工作和“两基”巩固提高工作，促进了教育教学质量稳步提高，保障了全县“两基”、“普实”年检复查顺利通过。2001年8月13日和11月7日，分别在雨露中学、学区和灵官完小召开全县中小学校园绿化美化及学校管理现场会，总结经验，明确思路，全面推进“三优学校”建设，优化育人环境。雨露中学、雨露学区中心完小、海子山中学、兔街中学、龙川小学、徐营学区中心完小6校被州教委授予“文明学校”称号。

【“三制”改革】 2001年，教育系统进一步深化“三制改革”（校长负责制、教职工聘任制、内部结构工资制）。年内，教育委员会继续聘任各学区、中学校长，各学校的中层干部由校长聘任，全体教职工实行聘任制，专业技术职务实行按结构比例管理，评聘分开，各学校按不同比例扣除教师工资中津贴的一部分与教师工作实绩挂钩，试行结构工资二次分配。“三制改革”，竞争上岗，较好地增强了教育内部活力。

【教师队伍建设】 2001年，全县中小学教师参加函授教育学历培训，有在职研究生学习3人，本科学习76人，专科学习412人；参加高等教育自学考试315人；参加省级骨干教师培训的有中学教师2人，小学教师1人；送上海培训音乐教师1人；参加继续教育培训的有中学教师153人，小学教师377人；实施“贫义工程”安排中小学教师教材培训45人；县教师进修学校对小学教师一年制培训43人，经7月份考试，合格率100%；3月，全县中小学教师计算机培训全面启动，中学教师培训575人，小学教师培训190人，经省命题考试及格率95%以上；8月，县教委邀请上海教育专家到南华对全县中小学校长、教导主任及部分骨干教师进行教学管理、教学信息培训，共120多人参训；对非师范类教师35人进行为期3个月的教材教法、教学大纲培训；全县的《云南省民族贫困地区中小学教师综合素质培训》、《中学教师的四项基本功培训》已全面启动。本年度高中教师学历合格率57.7%；初中教师学历合格率96%；小学教师学历合格率91.21%，其中小学教师专科以上学历318人，占小学教师总数的24.52%。年内，分配本科生7人，专科生33人，中专生68人，共108人到中小学任教。

【学校德育】 2001年，全县各级各类学校认真组织师生员工学习邓小平理论、江泽民总书记“三个代表”重要思想和“七一”重要讲话，学习江总书记《关于教育问题的谈话》。加强对中小学生日常行为规范教育，适时开展法制教育、禁毒教育、安全教育、心理健康教育、社会公德教育、文明礼貌教育及省情教育、州情教育。年内，全县中小学继续开展警民共建“安全文明学校”活动。6月，县教委配合县公安局消防大队组织县城中小学生开展“我与消防”征文竞赛活动，参赛65篇，获县级一等奖15篇、二等奖18篇、三等奖21篇；选送15篇，2篇获三等奖，9篇获鼓励奖。10月，县委和县交警大队组织小学生（四年级以上）进行“交通安全知识”竞赛，通过县级比赛后，雨露学区代表队被选送参加州上决赛。马街中学59班被评为省级先进班集体；全县受省级表彰的优秀学生干部1名、三好学生6名；获州级表彰的优秀学生干部7名，三好学生27名；获县级表彰的小学三好生110名。

【学校体育】 2001年，全县各级各类学校重视学生体育锻炼，抓好两操一课，开展丰富多彩的课外体育活动，开好每年一度的新年运动会。4月，全县进行体育中考，初三应考人数1285人，实考人数1233人，总分31332分（满分30分），平均分25.41分，及格率97.4%，优秀率72.99%，最低分9分，最高分30分。

【成人教育】 2001年，南华县成人教育工作坚持面向社会，面向农村，科教并举的办学思路。年内扫除剩余文盲80人，各乡镇成人文化技术学校和村级成人文化技术学校，开展多种多样的农村实用技术培训，共培训25000人次。为巩固扫除青壮年文盲成果，全县开办25个成人高小班，组织入学400人，毕业300人。年内组织两次高等教育自学考试，参考2828科次，专科毕业36人，本科毕业2人。

【职业教育】 2001年，各中学开展“3＋X”职业教育，以初中、高中三年级毕业班为主，开展15天的职业教育培训，其主要专业有种植、养殖、电工、维修等。县职业高中开办14个教学班11个专业。其中，计算机、农学、电工、畜牧兽医为骨干专业。

【幼儿教育】 2001年，南华教育部门开办幼儿园2所：城区幼儿园10个班，在园幼儿385人，教职工26人，专职教师19人；沙桥幼儿园3个班，在园幼儿147人，教职工5人，专职教师4人（沙桥学区编制）。集体办幼儿园1所（东城幼儿园），4个班，在园幼儿96人，教职工13人，专职教师8人，法人代表是贸易公司的刘之珍；民办幼儿园1所（天使幼儿园），4个班，在园幼儿160人，教职工12人，专职教师8人，法人代表是李文红。企业开办幼儿园2所：复烤厂幼儿园1个班，在园幼儿18人，教职工8人，专职教师4人；煤矿幼儿园3个班，在园幼儿22人，教职工7人，专职教师5人。学前班32个班，在园幼儿1033人。

【校舍建设及设备添置】 2001年，国家贫困地区义务教育工程已全部竣工验收，投入使用。2001年4月，通过省级评估验收，综合成绩93.6分，为全州第一名，被省教育厅、省财政厅评为“国家贫困地区义务教育工程”先进县。“1·15”地震恢复重建工程共安排土建42项（其中省州审定列项12项），已全部竣工验收，投入使用。该工程建筑面积14341.4平方米，投资773.06万元。贫义项目添置课桌2874单人套，投资16.8万元。添置图书13775册，投资14.63万元，配套教学仪器中学Ⅰ类2套，小学Ⅱ类2套，投资21.03万元。

【教育系统行风评议】 2001年，省人民政府决定对教育系统开展民主评议行风工作。县教委根据云政发[2001]46号文件、楚纠办发[2001]2号文件要求，以南教字[2001]19号文件《关于成立民主评议行风领导小组的通知》，成立以县教委主任为组长、3个副主任及教育工会主席为副组长、相关股室负责人为成员的行风评议工作领导小组；县人民政府纠风办和县教委研究制定南纠办发[2001]05号文件《南华县教育系统民主评议行风工作实施方案》。行评工作采取上下联动、内外结合、面向社会、群众参与、议下评上的方法，分五个阶段对南华县教育系统领导抓行风工作情况、机关行风建设情况、政务公开和服务质量情况、中小学义务教育阶段收费情况展开评议。通过评议，进一步提高南华县全体教育工作者依法行政、依法治教水平，提高教育工作者的政治素质和业务能力，提高教育工作者的道德素质和教育教学管理水平，树立教育系统良好的社会形象。

【教育现状调查】 2001年，为摸清全县教育发展现状，合理布局校点，实现教育资源的合理配置，促进全县教育改革和发展，经县人民政府分管领导、县教委党政班子4月24日研究决定，对全县教育发展现状进行调查。县教委成立领导小组，抽派干部12人，从5月10日起，分别奔赴全县12个乡镇，会同各学校的教导主任一起，历时1个月，对各乡镇的校点布局和各学校的办学规模、办学条件进行全面调查登记。

【校点收缩】 2001年，全县已撤并一师一校17校，即：龙川镇上马房、黄泥沟、上村小学，徐营镇小石桥、下王河、溪鲊河小学，雨露乡小团山小学，沙桥和爱村小学，天申堂乡大潭子小学，五街乡新村小学，一街乡二租山、江西地小学，罗武庄乡阿脑大村小学，马街乡马鞍山、大缴板、大水井、田房小学。至年末，全县仍有一师一校校点166校。

【勤工俭学】 2001年，全县各级各类学校认真贯彻县人民政府2000年10月兔街现场会精神，以办好学生食堂为中心，以降低学生伙食成本为突破口，以抓好中小学生的入学巩固工作、巩固“两基”成果为目的，积极开展勤工俭学工作。全县中小学养好猪，种好菜，创办养羊基地1个，小型酒厂3个。一年来，共养猪524头，出栏肥猪426头；养羊172只，出栏

112只；种菜300亩，产蔬菜300多吨；产酒10吨。加上其他勤工俭学项目收入，全年勤工俭学纯收入折合人民币54万元，大大降低了学生伙食成本，减免了部分特困学生书杂费。

【表彰奖励】 2001年，县教委被县委、县政府评为第二次民族团结进步先进集体，被州教委评为招生考试工作先进集体；被州教委、州教育工会评为楚雄州新世纪教职工书画展组织奖；被州妇联、州教委、州家庭教育研究会评为家庭教育先进集体；教委党委组织参加南华县纪念建党80周年歌咏比赛获第一名；教委机关党支部被县委评为先进基层党组织。东城小学被省妇联、省教育厅、省家庭教育研究会评为家庭教育先进集体；龙川中学、城区幼儿园被州妇联、州教委评为优秀家长学校。吕正昌被省教育厅评为“九五”期间全省中小学教师继续教育先进工作者；李顺、钟世富被省教育厅评为2001年度优秀教育工作者和优秀教师；叶敏、刘杞文、余朝智被县委评为2001年度先进党务工作者和先进共产党员。

（张国光）

科　　技

【简述】 2001年，县科委始终贯彻“经济建设必须依靠科学技术，科学技术必须面向经济建设”的科技方针，紧紧围绕经济建设这个中心，深入落实“科教兴县”战略；注重新技术引进，加大科技培训力度，努力提高全民科学文化素质，推动行业科技进步；切实履行“综合、协调、超前、服务”科技管理职能，使全县科技事业得到了长足发展。

【科技管理】 2001年，县科委突出重点抓科技，围绕产业引技术，使科技计划、科技培训、科技成果、科技报刊、科技扶贫、沼气建设等，在有计划、有步骤、有措施中稳步发展。瞄准科技发展的落脚点是提高经济效益，找准科技创新的切入点是引进新技术，突出以经济建设为中心、科技创新为核心、转化科技成果为重点的科技工作思路。

【科技计划】 2001年，县科委根据县属有关部门和部分乡镇申报的18项科技计划，经分析研究，决定重点安排《二〇〇一年县级〈科技项目〉实施计划》16项，纳入县科委科技计划实施及管理范畴，其中试验3项、示范9项、推广1项、开发3项；涉及农业6项、畜牧业1项、林果业2项、生物药业4项，其他3项。

【科技培训】 2001年，县科委配合县委宣传部、县乡党校等部门，采取多种形式对农村广大党员和基层干部、妇女、复退军人、回乡知青、科技示范带头人举办短期技术培训班和现场技术操作培训，共有1.1万人参训。培训内容：脱毒马铃薯高产栽培技术、当归种植技术、核桃高枝嫁接及管理技术。通过培训，广大基层干部和群众提高了科技意识和科技技能，85%以上的参训者掌握了1至2门新技术，75%以上的农户有一个科技明白人，他们已成为农村科技致富带头人。

【科技成果】 2001年，县科委切实履行科技管理职能，把县级行业领域中科技成果推广取得显著经济、社会、生态效益的应用成果、研究成果、软科学成果，配合部门组织鉴定验收，先后对县林业局完成的《云南哀牢山北段南华大中山省级自然保护区综合科学考察报告》和其他部门完成的科技成果3项，邀请省、州同行专家进行鉴定验收，并向州科委推荐参与“州科学技术奖”评奖。

【科技报刊】 2001年，县科委切实做好《云南科技报》、《高新技术产业导报》和《云南科技管理》、《农村实用技术》“两报两刊”征订工作，全县订阅《云南科技报》2166份，其中农村版1140份，中学版1026份；订阅《高新技术产业导报》2份；订阅《云南科技管理》14份；订阅《农村实用技术》26份。

【科普长廊】 2001年，县科委把普及科学知识作为硬任务来抓，大力弘扬科学精神，宣传科学思想，传播科学方法，坚决反对“法轮功”邪教伪科学，破除封建迷信；全年已刊出4期80块，以图文并茂的形式展出“禁毒知识”、“地震知识”和“科普知识”，使城区群众了解一些科学常识、科学技术给人类社会带来的财富，启迪人们热爱科学、崇尚科学、尊重科学、向往科学。

【科技示范县】 2001年，县科委配合有关部门和部分乡镇共同抓好农业产业结构调整中重大科技示范项目，被省科技厅连续三年列项的“云南省农业产业结构调整科技示范县”3个子项目，完成优质稻米种植与加工项目，以“楚香”为主的8个优质稻种植4.1万亩，总产量199万公斤，加工生产优质米13万公斤；完成优质肉牛产业开发项目，以“西门达尔牛”为主杂交改良本地黄牛254头，产犊261头，出栏优质肉牛250余头，产值30万元；完成脱毒马铃薯种植与加工项目，以“合作88号”为主4个优质品种种植1.1万亩，总产量3520万公斤，产值2816万元。

【沼气建设】 2001年，县科委按照省列“国家生态建设发展规划”项目，认真组织农户合理规划建设沼气池，已完成沼气池398口，经检查验收合格率100%；推广沼液浸种9810亩；发放《沼气安全使用手册》400份；到目前为止，全县已累计建设沼气池5050口。

【申请专利】 2001年，县科委按照国家科学技术专利申报及管理办法，经逐级申报、查询、认可，南华县松海钢木制品厂研制的“木质纤维空心板”建材产品，荣获“第十三届中国昆明发明成果展览”铜奖；兔街乡农具厂研制的“擦压式脱粒机”农具产品，已上报国家专利局待批。

（王泽宝）

气　　象

【郑国光到南华调研】 2001年11月28日，国家气象局副局长郑国光一行在省州气象局领导及州人民政府州长助理栾海波、副秘书长程宗文等领导陪同下，深入南华调研。在听取县委副书记侯志荣、县政府副县长何锡英及县气象局局长陈启武关于南华气象工作情况汇报后，郑副局长充分肯定南华气象工作取得的成绩后指出：地方党委、政府高度重视气象工作，充分发挥了气象科技的重要作用；气象部门克服重重困难，牢固树立“决策服务领导满意，专业服务用户满意，科技、公益服务群众满意”的思想，从抓班子、抓教育、带队伍、建制度、强管理等方面入手，努力提高服务质量，准确及时为当地党委政府提供指挥工农业生产及防灾抗灾依据，使各种气象自然造成的损失降到最低限度，有力地促进了当地经济发展；县气象局要一如既往，充分利用先进的技术设备、现代化的办公条件为地方经济建设服务。

【气候概况】 2001年，全县气候出现晚霜冻，倒春寒不明显，有阶段间歇性夏旱，汛期雨水集中，多单点大暴雨，造成局部洪涝明显，单点冰雹较为突出，雨季开始偏早，雨季结束属正常年份。年平均气温14.8℃，比历年同期偏低0.1℃。其中：冬季平均气温比历年同期偏低0.2℃，春季平均气温比历年同期高0.2℃，夏季平均气温比历年同期偏低0.9℃，秋季平均气温比历年同期偏高0.5℃，日最低气温为零下3.7℃。全年降水量为1198.1毫米，比历年平均偏多375.1毫米。5月下旬为历史上降水量特多年份，6月上旬、下旬为历史上最多年份，日最大降水量143.4毫米（6月1日），打破历史纪录。其中：冬季降水量比历年同期偏少22.9毫米，春季降水量比历年同期偏少24.4毫米，夏季降水量偏多142.5毫米。雨季以5月中旬下 第一场透雨开始，秋季降水量比历年同期偏多67.7毫米，其中9月偏多45.0毫米，10月偏多44.6毫米，造成局部洪涝灾害。年日照时数比历年平均偏少122.6小时。其中：冬季日照时数比历年同期偏多28.1小时，春季日照时数比历年同期偏多50.9小时，夏季日照时数偏少38.9小时，秋季日照时数比历年同期偏少83.9小时。

【人工增雨】 2001年3月29日至5月16日，全县开展人工增雨作业8次，发射降雨弹260发，受益面积11.8万亩。4月24日、27日、5月13日、14日发射降雨弹196发，坝区乡镇降小到中雨，局部地区降大雨。

【人工防雹】 2001年6月25日，全县首选历年冰雹“路径”区及县内粮烟主产区域，在龙川、沙桥、徐营、雨露4个乡（镇）设火箭发射点6个（其中8千米火箭发射点1个），高炮点5个。6月27日首次作业，9月15日至17日，县境内几次出现大范围雷雨大风天气，人工防雹作业区上空多次出现强度超过45分贝，高度大于12千米的强回波，在每一个紧急关头，全体队员团结协作，全县7个炮点投入防雹作业，发射炮弹898发，实现化雹为雨，化险为夷。9月17日19时，正处防雹作业关键时刻，一架飞机飞临县境防雹作业区上空，导致防雹作业被迫中止，沙桥索厂村降冰雹造成水稻减产5%。至10月16日止，历时112天，累计作业105次，发射防雹炮弹2562发，保护粮烟68260亩。经评估，获减灾经济效益2150多万元。

【防雷减灾】 2001年，县气象局多次组织人员对县境内的易燃易爆场所进行防火防雷检查，同时对县内新建和不合格的防雷单位严格按国家防雷规范进行检测和监督整改，排除安全隐患，全年共检测防雷建筑物46座（次），整改安装避雷针25根，避雷器42套。年内，雷暴灾害虽然频繁，但经县防雷中心检测整改过的建筑物无一发生雷击事故。

【地面测报】 2001年，县气象局地面气象测报没有出现一、二类事故，全年测报错情1条，错情率0.1‰，超额完成州气象局下达的指标任务；全年报表错情1条，超额完成州局下达的业务指标。

【气象预测】　2001年，县气象局在中长期天气预报中，预报准确、服务及时，经济效益和社会效益十分显著，特别是几次暴雨天气过程，长、中、短期预报都准确，在全省气象部门影响较好。重大服务效益13件，超额完成州局下达3件的指标任务。

【自然灾害】　1.洪涝灾害。2001年5月30日20时至31日08时，全县均降大到大暴雨，最大雨量在12小时内达67.8毫米，全县12个乡镇112个村委会、389个村民小组、6384户农户、32663人受灾，直接经济损失179万元。罗武庄乡龙潭村村民普润昌过河被洪水冲走身亡。6月20日夜间，龙川镇在12小时内降水134.7毫米，属特大暴雨，12个村委会、72个村民小组、1619户农户、6963人受灾，直接经济损失545278元。7月19日，一街乡12小时内降水57.0毫米，造成保马夸村委会阿租村民小组、咱租村委会西沙拉一、二村民小组82户农户、360人、733间住房、170间畜厩、43座烤烟房受灾，直接经济损失108万元。9月2日，全县有7个乡镇、29个村民委员会、207个村民小组、5245户农户、19116人受灾，水稻受灾4374.3亩，住房倒塌578间，严重损坏1265间，4所小学房屋受损，直接经济损失70.5万元。2.雷击灾害。2000年9月至2001年6月，县境内共发生雷击事件323起，其中：击死1人，击伤击残5人。2001年7月15日15时发生雷击事故，全县被雷击坏卫星接收机10台，电视机18台，变压器2台，放大器5台，电话机16部，高频头定时接收器3件，直接经济损失4.75万元。7月25日20时发生雷击事故，全县被雷击坏电视机6台，接收机1台，直接经济损失1.8万元。8月17日15时18分，县内发生大雷暴，击坏电视机13台，接收机8台，无线电话1部，电表3只，电源稳压器2台，电子称1台，直接经济损失13.4万元。

（吴天会）

地震监测

【贯彻落实全州第五次防震减灾工作会议精神】2000年12月3日至5日，州人民政府召开了第五次防震减灾工作会议。会后，县委、县政府及时贯彻落实会议精神，切实加强对防震减灾工作的领导，做到职责明确，责任到人，措施到位。一是建立健全指挥系统。2001年6月，县委调整充实县防震救灾指挥部，并以县委[2001] 56号文件明确县人民政府县长任指挥长，县委、县政府分管地震工作的副书记、副县长和县人武部部长任副指挥长，县政府办公室等23个单位主要领导为成员。指挥部下设3个办公室和15个工作组，各乡镇设震情监察联络员和地震宏观联络员，分别由乡镇办公室主任和农科站站长兼任。二是重新修定《南华县地震应急反应预案》。经县人民政府第36次常务会议讨论通过，并以南政发[2001] 20号文件印发全县遵照执行。修改后的预案共有8章20条，涵盖了地震预报、临震措施、地震应急，应急机构及职责，地震灾害损失评估和恢复重建等方面工作，按部门职责分工，成立15个工作领导小组和办公室，明确领导小组成员单位的具体职责。各专门小组也根据各自的职责制定本部门的《地震应急反应预案》。

【宣传防震减灾知识和法律法规】　2001年6月下旬，县地震局按照“积极、慎重、科学、有效”的原则，开展防震减灾知识和有关法律法规宣传活动。并在县城科普一条街专栏张贴挂图32个版面100多幅，内容包括防震减灾法律法规、地震原理及前兆宏观现象、地震应急抢险、防震避震和农村建房抗震设防知识等，收到良好的宣传效果。

【建筑工程质量管理】　2001年，县地震局和县发展计划委员会对县内新建、扩建、改建的50件建设工程抗震设防方面进行依法审批，并对其中6件生命线工程和重大工程实施建设工程场地地震安全性评价管理，从而增强各类建筑物抵御地震灾害的能力。

【观测预报】　2001年，县地震局在工作人员减至3人，观测项目增多，工作量增大的情况下，仍然坚持365天定时观测和24小时值班制度，精心操作仪器，认真记录数据，及时处理图纸，按时报寄资料，为省、州、县分析预报提供连续可靠的依据。其中，井水位观测质量经省、州地震局评比分别获三等奖；向州地震局提交的《2001年度云南地震趋势研究报告》，其预报结论与实际发生地震的区域对应较好，获得州地震局预报效能评比140分的好成绩，受到表彰和奖励。

（张丽芝）

文　化

【文化下乡活动】 2001年1月，县文工队到兔街乡参加“南华县‘三下乡’活动”启动演出，历时2天，演出2场，观众2000余人；县文化馆组队到兔街乡集市为当地群众免费书写春联300余幅。

【少儿艺术团寒假培训】 2001年2月2日至23日，县文工队举办少儿艺术团寒假培训班，历时21天，参训学员23人。2月23日晚作汇报演出，节目有舞蹈《快乐宝贝》、《小白船》，歌伴舞《大家一起来》等13个，观众800余人。

【《南华县诗词集》出版发行】 2001年6月27日，中共南华县委宣传部、南华县文化体育局联合编辑的《南华县诗词集》出版发行。该书收录本县21位离退休老同志创作的诗词共386首。

【暑假少儿艺术培训】 2001年7月11日至8月18日，县文工队分别在县城、沙桥中心完小、红土坡中心完小举办少儿艺术培训班3期，在沙桥、红土坡举办成人民族规范舞及健美操培训班2期，参训学员288人。

【参加全州第二届老年人文艺汇演】 2001年10月中旬，老同志合唱团、老年文艺队组队参加全州第二届老年人文艺汇演，演出节目有：舞蹈《中国大舞台》、《彝山欢歌》、《弹起月琴跳起脚》，花灯歌舞《游春》，花灯表演唱《四老奶夸致富》等。

【火把节彝族服饰及民模表演】 2001年8月中旬，县文体局组队参加“楚雄州火把节彝族服饰及民模表演”。

【培训与辅导】 2001年7月28日至8月18日，文化馆在马街乡举办美术培训班1期，培训学员19人。培训结束后，在马街乡文化站举办历时3天的学员作品展览，展出国画102幅、素描36幅。7月至9月，车明在县文化馆二楼排练室指导龙川镇礼乐队演奏洞经曲目和南华民歌。

【作品展览】 2001年6月，县文化馆王云梅创作的2幅国画“万树马樱红盛火”和“秋菊傲霜”入选《楚雄州庆祝建党80周年老年书画展》。11月8日至25日，该2幅作品又入选由中国桂林炎黄书画艺术研究院举办的《宣传西部大开发国际书画邀请展》，作者应邀到桂林参加展览活动。

【阵地宣传】 2001年，县文化馆围绕“在全国农村开展‘三个代表’重要思想教育活动”、“南华县机关效能建设”、“学习江泽民同志‘七一’重要讲话”、“庆祝建党八十周年”等工作中心，共出墙报专栏9期，悬挂布标14幅，张贴标语38条，较好地完成了各项宣传任务。

【阵地服务】 2001年，县文体局筹措资金1万余元，为县图书馆订购报刊22种，杂志57种，填补了多年来的空白。县图书馆以服务读者为宗旨，本着“服务第一、读者至上”的原则，全年接待读者32531人次，借阅图书103272册。

【收集地方文献】 2001年7月，县图书馆到各单位收集地方部门志38种、85册，以充实馆藏图书，便于读者查阅和检索。

【文化市场管理】 2001年，全县文化市场已发展为13个类别、15个项目220户经营户。5月至12月，县文体局成立整顿和规范文化市场经营秩序领导机构，并组织召开职能部门会议4次，制定工作方案4个，召开各类经营户会议6次，组织人员对各类经营场所进行检查23次，出动检查人员184人次，出动车辆64辆，检查各类经营场所587户（次），责令补办证照14户，责令搬迁经营场所4户，对2户经营户作行政处罚。收缴非法出版物：书刊400余册，音像制品VCD光碟376张（盒）。

【消防安全专项治理】 2001年6月25日至8月20日，县文体局组织开展“文化娱乐公众聚集场所消防安全专项治理”工作。对影剧院、体育场、歌舞厅、卡拉OK厅、录像室、电子游戏室、电脑网吧等60个经营场所进行公众聚集场所消防安全专项治理。经过8次检查、督促、整改，共排查整改火灾隐患139条，对4户存在重大火灾安全隐患而又无法整改的经营场所责令作了搬迁，通过县政府专项检查验收。

【公众电脑屋专项治理】 2001年10月15日至11月20日，南华县开展公众电脑屋专项治理。10月15日，县社文委在文体局组织召开由电信、公安、文化、工商等部门参加的成员单位会议，研究制定南华县贯彻《互联网上网服务经营场所管理办法》实施意见。10月17日，召开网吧经营户会议，会上将公众电脑屋的行政管理和职能正式移交给电信局。11月20日，电信局、公安局、文体局、工商局联合办公，对原已开办或申请开办网吧的16户经营户全部作重新审核登记。县文体局核发《网络文化准营证》，原核发的《文化经营许可证》同时作废。

（李相先）

广播电视

【专题报道】 在南华县召开“两会”期间，县广播电视事业局在广播电视上开办“两会”专题，做到当天会议新闻当天播出，使“两会”精神得以及时、全面宣传报道；为及时、广泛宣传江总书记“三个代表”重要思想、“七一”讲话精神、“十五届六中”全会精神，开办“学习重要讲话、践行三个代表”、“学习六中全会精神、转变机关工作作风”等专栏，共采编100多篇稿件在广播、电视上播出；在庆祝“七一”建党节期间，开办《党旗风采》专栏，深入广泛宣传全县各级党组织、模范党员的先进经验和先进事迹，围绕县委、政府中心工作和重点工作，开办“调整产业结构系列”、“企业改革系列”、“个私经济发展系列”等专栏，其中“调整产业结构系列”紧扣“培植五大产业，建设八大基地”这一主题进行报道，共采播稿件200多篇在广播、电视上播出，收到较好的社会效果。

【采用稿件】 2001年，南华人民广播电台全年播出《南华新闻》160组，稿件1000余篇；《南华纵横》156组，播出各类重要讲话、重要文章60余万字。从1月1日起，电视台“一周要闻回顾”正式播出，至年底已播出53期，回顾每周重要新闻360余条。电视台全年播出《南华新闻》160组，稿件900多条。职工所写稿件被州广播电台采用170条，被州电视台采用283条，被《楚雄日报》采用60余篇，被云南电视台、云南人民广播电台、《云南日报》采用20余篇。

【有线电视建设】 2001年，县广播电视事业局抓住机遇，积极扩大有线电视网络，使城区有线电视网络覆盖到沙桥镇的沙桥、田心、索厂以及龙川镇的灵官桥4个村委会37个村民小组。年内发展有线电视用户2399户，其中新安装用户603户，联网用户1796户，是历年来发展有线电视用户数量最多的一年。在加快发展的同时，县广播电视局强化服务意识，提高服务质量，基本做到城区有线电视故障不过夜，边远农村有线电视故障72小时内修复。年内，共维护维修有线电视800余户（次），办理报停手续180户，搬迁有线电视用户233户，复通电视信号73户。

【光缆改造】 2001年，县广播电视事业局按照“三网合一”的新技术要求，高起点地规划设计和组织实施城区320国道沿线光缆3.3公里改造工程和下山脚、鹦鹉山转播台至烟叶复烤厂、南永公路沿线以及灵官桥至大谷堆等光缆15.5公里架设改造工程。通过近10个月的努力，使县内有线电视网络由过去的同轴电缆升级为HFC网络（光纤、同轴电缆混合网）。

【拓展新业务】 2001年，县广播电视事业局利用有线电视网络开展数据传入，组建县委和县广播电视事业局计算机局域网，拓展英特网接入、县交警大队至州交警大队专线出租、配合州广播电视局利用广播电视传输光缆开通电视会议业务等新业务，开通广播电视系统电视电话会议，同时，还改造县广播电视事业局至州广播电视局的新闻回传系统。10月，电视电话会议室从鹦鹉山搬迁到县广播电视事业局，有效提高了电视电话会议系统和新闻回传系统的技术可靠性，方便参会人员和新闻回传人员，减少了相关的工作量。

【行业管理】 2001年，县广播电视事业局进一步完善有线电视内部管理工作，做到安装、维护、报停、搬迁、复通等业务均有具体完备的手续和要求，使有线电视工程的施工、管理、结算逐步趋于科学化、规范化。同时加大有线电视行业管理力度，多方协调，理顺马军营、平山、灵官桥等有线电视小网络的产权和责任关系。对全县范围内的“211”工程、“村村通广播电视”工程的管理和运行情况进行调查，掌握各乡镇“211”工程、“村村通广播电视”工程的管理、运行情况，完成55座“村村通广播电视”工程设备数字化改造工程。先后派出技术人员30多人（次）深入到建有“211”、“村村通”广播电视工程的各乡镇、村组127天，维护维修设备20台（次）。印发国务院颁布的《广播电视设施保护条例》等宣传资料，宣传广播电视方面的法律法规，强化社会保护广播电视设施的法律意识。印发南广字[2001]17号和南广字[2001]18号两个文件，就加强乡镇广播电视管理和全面开展清理收转境外电视节目工作提出具体的要求和措施。

【乡镇广播电视管理员培训】 2001年，县广播电视事业局开展3期乡镇广播电视管理员有线电视安装与维护专业技术培训，兔街、马街、五顶山、一街等乡镇广播电视管理员到县广播电视事业局跟班培训。年底，12个乡镇的12名广播电视管理员都参加了数字化设备改造技术培训。

【队伍建设】 2001年末，县广播电视事业局有1人函授大学本科毕业，有10人就读于各类院校本科、专科函授，职工学历结构逐渐趋于合理。33名职工中，共有工程、新闻、政工、财会等系列专业技术人员16名，占在职职工人数的48.5%；其中具有中级职称专业人员3名，占在职职工人数的9.1%，初级职称13人，占在职职工人数的39.4%。

【专项学习教育活动】 2001年2月至4月和7月至9月，县广播电视事业局按照上级有关精神和要求，在全体干部职工中认真开展"三个代表"重要思想学习教育活动和"马克思主义新闻观学习教育活动"。在这两个专项学习教育活动中，县广播电视事业局全体干部职工撰写心得体会66篇，撰写对照检查材料68篇（其中个人对照检查材料66篇，单位对照检查材料2篇），个人撰写整改措施13篇，单位整改方案2篇。通过"两个专项学习教育活动"，进一步增强了干部职工之间的团结意识、宗旨意识和服务意识，促进了全局各项工作顺利开展。

【获奖】 2001年，县广播电视事业局把作品和节目创优作为宣传报道和办台质量好坏的标准，狠抓落实，并取得明显成效。消息《电视牵来一段情缘》和《农民普绍堂专利技术获两项国家金奖》分别获中国视协举办的"新世纪农业电视论坛暨优秀电视节目观摩表彰评选活动"一等奖和三等奖，这两篇作品还分别获楚雄州电视新闻政府奖三等奖和广播新闻政府奖一等奖，《农民普绍堂专利技术获两项国家金奖》还获云南省广播新闻政府奖三等奖；电视专题片《闪光的事业》获楚雄州广播电视作品播音和主持政府奖三等奖；电视新闻《五顶山上一面旗》获楚雄州举办的"彝山党旗红"广播电视宣传节目评选活动鼓励奖；广播节目《为中华民族之选择放歌》和《颂歌献给党》获全州纪念建党80周年文艺节目大联播三等奖。2001年3月，县广播电视事业局被评为"南华县第二次民族团结进步先进集体"；4月和6月，县广播电视事业局分别获全州"2000年度全州广播新闻宣传先进集体三等奖"和"2000年度全州电视新闻宣传一等奖"；6月，县广播电视事业局被云南省广播电视局和云南省发展计划委员会评为"全省村村通广播电视工程建设先进集体"，苏全华、李朝波、朱燕翔、蔡文会等4位同志被楚雄州人民政府评为"全州村村通广播电视工程建设先进个人"；9月，县广播电视事业局被评为全州"2000年度《广播电视报》发行先进集体"。

（李荣培）

档　　案

【简述】 2001年，南华县档案局以全心全意为人民服务的思想为宗旨，执行档案工作方针、政策和法律法规，抓好全县农业农村档案工作指导与监督，加强馆内档案基础业务建设，开展档案目标管理上等级活动，促进档案工作法制化、规范化管理，开发档案信息资源，发挥档案工作的特殊作用，为全县面向新世纪的各方面工作服务，推动档案事业全面发展。年末，县档案局（馆）有在职职工7人，其中，主任科员1人，馆员2人，助理馆员1人，有馆藏档案69个全宗27930卷。

【档案业务指导及培训】 2001年，县档案局共组织专业技术人员到县委办等20个县级单位及12个乡镇、9个派出所进行业务指导320天（次）。就年度立卷归档工作，为兔街、一街、红土坡3个乡镇培训村委会文书、站（所）负责人150多人，促进了全县档案工作发展。

【档案达标】 2001年，县档案局继续开展档案管理达标升级活动，特别是乡镇级档案达标升级活动的开展，激活了多年来乡镇档案滞后的面貌。通过考核验收，先后有18个单位达标，其中：马街和天申堂2个派出所的档案工作晋升为省C一级标准；龙川、沙桥、兔街、马街、一街、雨露6个乡（镇）政府，县人劳局、交警队、交通局3个县级单位及兔街、五顶山、红土坡、罗武庄、一街、五街、文笔7个派出所的档案工作达省C二级标准。

【档案管理及利用】 2001年，县档案局调整完善县人劳局、农机局、畜牧局3个单位移交的552卷不规范档案，全年共接收县人劳局等5个全宗单位的到期档案953卷，接收县政府移交的废止印鉴509枚入馆，新增资料512册，整理照片182张。全年共接待查阅档案人员391人次，调卷2778卷（册），为全县经济建设、工作查考、落实政策、解决纠纷及南华县"三讲"教育资料汇编和县志续修工作提供了大量翔实可靠的依据，充分发挥了档案的特殊作用。

【安全防火工作】 2001年，县档案局继续与县消防队签订重点单位防火安全责任书；争取专项资金

3000元，对档案库房内的消防安全设施进行整改；认真搞好“119”消防安全日宣传活动，选派3名职工参加县消防队举办的“消防安全知识竞赛”；始终坚持每月一次的消防安全检查工作，做到防患于未然，确保档案安全。

（罗荣兰）

体　育

【州级田径、举重训练布点】 2001年5月25日至6月15日，州级田径、举重训练网点分别在南华县海子山、红土坡两所中学布点，并成立以县文体局教练、布点学校领导、体育教师组成的工作领导小组。

【暑假篮球培训】 2001年7月5日至30日，县文体局体育股在城区举办为期25天的中小学生暑假篮球培训班，培训学员63人，达到预期目的。

【全民健身活动器材安装使用】 2001年，为推行《全民健身计划纲要》，县文体局积极向州争取价值5万元，共15件的全民健身活动器材一套，于11月安装完毕正式投入使用，向广大人民群众开放。

【人才输送】 2001年2月，南华县运动员杨丽萍被省体工队选中进入省竞走组；8月，刘冬冬被国家跳水队选中进入国家队集训。

（李相先）

【“三八”节体育比赛】 2001年3月4日至5日，在县城举办“三八”妇女节体育比赛。比赛项目：迎面接力赛参赛队34个，健美操参赛队17个，拔河赛参赛队36个，共768人参赛。县医院、城区幼儿园、粮食局分别获迎面接力赛一、二、三名；文体局、城区幼儿园、华泰龙美容美发厅分别获健美操比赛一、二、三名；华鑫购物中心、县医院、粮食局分别获拔河赛一、二、三名。

【“五一”、“五四”体育比赛】 2001年4月20日至27日，在县城举办“五一”、“五四”体育比赛，30支男、女篮球队、18支拔河队、17支“同心协力”队共516人参赛。女子篮球前三名：燎原煤业公司、华鑫购物中心、复烤厂；男子篮球前三名：医药公司、职业高中、复烤厂；拔河前三名：复烤厂、交通局、县医院；“同心协力”赛前三名：德力高啤酒有限公司、一中、农牧局。

【庆“六一”第八套广播体操比赛】 2001年4月，来自城区的8所中小学、城区幼儿园共10个参赛队1000人参加此次比赛。一中高中部获一等奖，龙川中学、龙川小学获二等获，一中初中部、海子山中学、东城小学、龙川中心校获三等奖，职业高中、北城小学获组织奖，城区幼儿园获表演奖。

【国庆节排球比赛】 2001年10月5日至12日，在县城举办排球比赛，6支男子排球队，5支女子排球队共132人参赛。一中和龙川中学男子排球队分别获第一、二名，一中和财政局女子排球队分别获第一、二名。

【元旦“龙江杯”篮球赛】 2001年12月17日至25日，“龙江杯”篮球赛在县城举行，12支男队、5支女队参赛。复烤厂和县计委女队分别获第一、二名，电力公司、消防大队、人事劳动局男队分别获第一、二、三名。

（李健华）

卫　生

【简述】 2001年，县卫生部门立足实际，扎实工作，深化卫生改革，促进各项任务的落实。城镇医药卫生体制改革迈出新步伐，制定出台与南华县医药卫生体制改革配套的政策措施；在乡级开展“乡村一体化”管理试点工作；医疗、卫生防疫、妇幼保健、药检和卫生行政执法业务得到较好完成。传染病发病率控制到90.8/10万，孕产妇死亡率控制到54.9/10万，5岁以下儿童死亡率控制在27.99‰，实现了上级下达的控制目标。

【卫生局机关整体搬迁】 2001年6月28日，县卫生局机关整体搬迁到龙坪南路新址办公。原址办公楼和职工住宅楼经县人民政府批准，划归县人民医院使用。经协商由县医院补偿给卫生局征地费和建房费200万元。

【接收“煤业有限公司医院”】 2001年8月1日，县卫生局正式接收楚雄燎原煤业有限公司医院（前吕合煤矿职工医院），为卫生局下属单位。遵照县人民政府指示，接收后改称“南华县煤矿医院”，2002年1月起改称“南华县煤矿卫生院”。接收事项：医院占地面积6093.35平方米，固定资产价值288076.99元，流动资产（含存款和现金）104019.40元；在职职工19人，其中：中医主治医师1人、内科医师1人、口腔科医师1人、妇产科医师2人、护师3人、技师2人、西药剂师1人，护士3人、中药士1人、会计员1人、工勤人员3人（含驾驶员1人）。职工工资：2001年8月至12月31日，由县财政每人每月预支300元生活费；2002年1月起，按卫生院同职务人员工资标准执行。

【县人民医院兼并县招待所】 2001年12月18日，县人民政府第四十次常务会议决定："同意县人民医院兼并县招待所，同意双方达成的兼并协议，兼并后不增加县医院的事业编制，归并人员工资福利待遇按县医院同类人员标准执行等"。兼并接收事项：现有土地使用面积和一切房产及债务149万元；在职职工15人、退休职工6人。

【军队医院对口支援】 2001年7月始，南华县人民医院接受成都军区昆明总医院为期5年的"对口支援"。支援的内容为：医疗、科技、智力、知识及装备等。至12月，按南华县申报支援的专业，总医院已派来医疗、护理及器械修理专业骨干2批22人次。开展学术讲座2次，诊疗病人630人，做手术5例；无偿支援设备价值24.88万元；无偿接收进修人员3人。按计划在以后年度每年下派两批业务骨干，支援项目按县人民医院要求进行。

【医疗机构分类管理】 2001年，县卫生局按上级通知，开展医疗机构分类管理注册登记，已登记的非营利性医疗机构有12个乡（镇）卫生院、南华县煤矿医院、南华县人民医院、县中医院、县妇幼保健站、县防疫站预防医学门诊部、州烟叶复烤厂卫生所、南华一中医务室、城区幼儿园医务室共20个，营利性医疗机构有肖应红、肖应忠、郑重光3个诊所。

【机构人员状况】 2001年8月，楚雄燎原煤业有限公司医院移交南华县，归属县卫生局按下属单位管理。12月18日，县医院兼并县政府招待所。12月30日，县药品检验所上交楚雄州药监局南华县药监分局。至12月31日，县级有卫生机构5个：县人民医院、县中医院、县防疫站、县妇幼保健站、县麻风病人疗养院（人员归并保留机构）。乡级有2个中心卫生院，11个卫生院（含新增的"南华煤矿卫生院"）。县乡两级医疗卫生机构共设病床476张。年末，卫生局机关有在职人员9人，其中公务员7人，事业人员1人，驾驶员1人；下属18个单位有在职职工563人，其中有副主任医师4人，医、药、护、技类主管主治医师89人，医、药、护、技类医师171人，医、药、护、技类医士139人，财会、经济、统计专业21人，其中助理会计师2人，助理经济师1人，会计员18人，无职称和工勤人员139人。

【诊治病人】 2001年，县、乡医疗机构收治门诊病人368665人次；出院病人8076人次，其中治愈和好转7785人次，治愈好转率96.4%；门诊和住院部危重病人抢救成功率87.5%。

【城镇医药卫生体制改革】 2001年1月，南华县城镇医药卫生体制改革工作正式启动。县人民政府成立"南华县城镇医药卫生体制改革协调办公室"。办公室设在县卫生局，办公室主任、副主任分别由县经贸委主任和卫生局分管医政的副局长兼任，工作人员从县经贸委、县人事劳动局、县卫生局、县财政局调配，并脱离原单位专职办公。9月，改革前期工作已完成，工作人员已回原单位上班。改革出台的相应政策有：关于深化《南华县卫生系统人事制度改革的实施意见》（试行）的通知（南人劳发 [2001] 01号文件）；关于在全县医疗卫生单位实行收费公示制度和门诊、住院"收费清单"制度的通知（南医改[2001] 01号文件）；《南华县〈非营利性医疗机构药品收支两条线管理暂行办法〉实施细则》（试行）（南财社 [2001] 01号文件）；《南华县实行病人选择医生促进医疗机构内部改革的实施办法》（试行）（南经贸发 [2001] 01号文件）；《南华县医疗机构药品集中招标采购管理办法》（试行）（南卫联发 [2001] 01号文件）。至12月底，已开展的改革措施有：1.已执行新的收费基准价格。2.县级医院推行病人选择医生。3.人事改革，县、乡卫生机构职工已实行"两级"聘任制，考核结果与工资挂钩。4.县级医院采购药品已实行招标采购。5.药检所移交药监局。调查显示：通过改革，医院服务质量明显改善，社会对医院的综合满意度提高。

【"乡、村一体化"管理】 2001年7月，县卫生局根据县人民政府，关于《南华县乡镇村卫生组织一体化管理试点实施意见》的通知要求，在雨露、五顶山两个乡组织开展试点工作。"乡、村一体化"管理的核心是：在不改变村卫生室产权和经济性质条件下，把村卫生室管理工作纳入乡（镇）卫生院管理范畴，实行"七个统一"的新型卫生管理体制。即：1."行政统一管理"，卫生室的行政事务、人事调配、人员聘任、职称评定、发展计划、制度、考核等由当地卫生院管理；2."业务统一安排"，医疗、防疫、妇幼卫生保健、人员培训、社会卫生、医疗制度和技术操作规程、处方、病历书写、业务单据等由卫生院统一安排；3.“财务统一收支”，药品调拨、业务收支、资产账务等由卫生院统一监督管理，并建立一、二级账册独立核算；4.“人员统一调配”，村医由卫生院考核合格后择优聘用，被聘用者在户口和村医身份不变条件下，由卫生院在辖区内调配使用；5.“药品统一采购”，卫生室的药品、器械等由卫生院采购供给，实行批发价核算、零售价调拨，控制层层加价；6.“工资统一核算发放”，村医工资由卫生院根据各村委会情况，按“财政补助”+“村级补助”+“医疗劳务收入”+“药品差价”的构成确定各村工资基数计算，坚持按劳分配原则，与工龄、职称、能力等挂钩，拉开工资档次，按月由卫生院核发；7.“收费统一标准”，医疗收费标准，统一按国家规定价格执行，物价公开，接受群众监督。通过半年来的管理运行调查表明：一是村医服务态度明显好转，责任心加强；二是处方书写规范，用药合理；三是收费价格透明，群众更加满意；四是卫生室账务清楚，资产明晰；五是村医报酬能按期发放；六是杜绝假劣药品流入。

【等级医院评审】 2001年，县卫生局根据州卫发[2001]68号文件要求，对乡级卫生院的“等级医院”巩固工作进行评审。评审11个卫生院（龙川卫生院及县煤矿医院不评审），除五顶山卫生院未达标外，其余10个卫生院均达到原评审标准。

【进修和培训】 2001年，县卫生局从县、乡卫生单位选派人员到各级医院进修和短期培训127人次；开展在职卫生专业职高生培训班1期，培训人员35人；组织开展“执业医师资格”考试50人、“执业药师”考试5人、执业护士考试20人、住院医师考试18人。

【卫生“下乡”活动】 2001年，继续开展卫生“下乡”工作。一是抽派卫生技术骨干参加全县“三下乡”启动仪式，咨询、义诊病人260人次；二是县中医院、县人民医院加强对扶贫联系点卫生院对口支援工作；三是抽派15批共40人次下乡巡回医疗和开展救护工作，诊治病人850余人次。

【执业医师和护士执业注册】 2001年，县卫生局认真宣传贯彻《执业医师法》，严把医师执业“准入”关。组织50名专业技术人员参加执业医师考试合格认证42人。对过去认证和执业医师考试合格的221人颁发执业证书和给予注册。组织20名护士专业人员参加执业考试，有14名考试合格，给予注册。

【乡村医生资格认证】 2001年，对经考试合格的104名乡村医生颁发“乡医资格证书”，其中发“中专水平证书”70人，发逐项业务培训合格证书34人。通过考试发证，使乡村医生从业准入制度更加完善，确保了全县乡村医生队伍综合素质的提高。

【民主评议行风】 2001年，卫生系统继续把开展职业道德建设工作列入落实江泽民总书记“三个代表”重要思想的一项重要内容来抓，坚持“以病人为中心”、“全心全意为患者服务”的宗旨，着力解决社会反映强烈、群众意见大的问题，取得明显成效。经社会调查显示：问卷调查543例（患者177例，出院153例，门诊213例），对县医院、县中医院、县妇幼保健站“七项”综合满意度96.6%；职工问卷调查综合满意度依次为95%、99%、98.5%。对防疫站社会调查问卷400人，“四项”综合满意度99.45%。对县药品检验所社会调查、问卷50人，“四项”满意度100%。对乡（镇）卫生院社会问卷调查360人次，“七项”满意度除天申堂卫生院87.9%，其余单位均在90%以上；职工满意度除红土坡中心卫生院73.03%，其余均在90%以上。

【整顿医药卫生行业市场秩序】 2001年6月，县卫生局按照县人民政府《关于整顿和规范市场经济秩序实施意见》要求，积极组织人员对县内公共卫生、医疗服务市场等作督查整顿。至12月底，共督查11次，出动车辆98辆次，卫生执法督查人员750人次，查处违法违规121件，其中食品卫生107件、医药市场14件，没收销毁过期假劣食品标值33000元。

【服“大锅药”不良反应处置】 2001年3月28日，红土坡镇大德郎村完小为预防“流行性感冒病”发生，到乡卫生院开中药处方购买“大锅药”给学生服用。全校164名学生服药，至30日，先后有113名学生出现不同程度头痛、恶心等不良反应，其中9人反应较重，送卫生院观察治疗，其余在校观察处理。事件发生后，州、县、乡卫生部门及时组派医疗队到校开展救治工作，到4月4日，转卫生院治疗的9人已治愈回校上课。

【药品质量抽检】 2001年，县药品检验所按年度计划对药品经营单位和个体抽检药品158批，合格157批，合格率99.3%。

【计划免疫】 2001年，全县开展计划免疫冷链运转112乡次。“四苗”接种34963人次，接种率98.56%，“四苗”覆盖率93.81%；计划免疫建卡率100%，卡证符合率100%；签订“六病”保偿合同

1034份。

【预防接种】 2001年，为预防传染病暴发，县防疫站按年初工作计划开展防疫疫苗注射，实行有偿服务，共注射伤寒疫苗4068人份、甲肝疫苗838人份、痢疾疫苗668人份。通过预防注射，相应的传染病种发病率得到控制，未发生暴发流行。

【疫情监测报告】 2001年，县防疫站开展“Ⅱ号病”外环境监测115份，未检测出病菌；在疫区监测“副伤寒”、“恙虫病”89人次，经送省级检验患副伤寒11人；1岁以内儿童麻疹抗体测定采送标本10人。全年发生传染病8种计204例，其中痢疾66例、肝炎64例、伤寒19例、结核病37例、猩红热3例、出血热1例、淋病13例、梅毒1例，发病率90.8/10万。

【医院消毒灭菌监测】 2001年，县卫生防疫站对县、乡级医院手术室、治疗室作空气灭菌监测21份、手术器械灭菌效果监测53份，合格率100%。医院排放的污水监测17份，未测出相关的致病菌种。

【副伤寒病防治】 2001年7月下旬，五顶山乡鼠街村民委员会马家箐村民小组几天内发现不明原因的不规则发热、头痛、咽痛和腋下淋巴结肿大病例18例。卫生局7月27日晚接到报告，当晚9时许，州、县卫生局组派有医疗、防疫、化验人员为主的医疗队连夜赶赴当地开展防治工作。到8月5日病情得到控制，20日医疗队撤离疫区。此次发病25人，其中马家箐24人，柳德村岭岗村民小组1人。经作流行病学调查分析和省流行病研究所做“血清抗原”等化验，确诊为副伤寒病者11人，其余14人属感冒等病例，副伤寒病人分布在马家箐10人、岭岗村民小组1人。马家箐村民小组有人口159人，发病10人，发病率6.28%。岭岗村民小组1人为散发病例，未出现传染。疫源为外地传入，系接触被污染的食物引起。有2人转县医院住院治愈，其余9人在乡、村就地治愈。对疫区处理：一是对病人实行隔离治疗防止病菌扩散；二是向群众宣传伤寒病知识，消除恐惧心理，稳定人心；三是对病区和相邻村的饮用水源、屋内、外环境、餐具等作消毒处理，耗用漂白粉213千克、消毒灵500包、500毫升敌敌畏24瓶，价值1110.40元；四是煎服“大锅药”预防服药540人次，分发服用西药“氯霉素、氟哌酸”预防服用145人，中、西药价值4399.70元；五是对疫区和相邻村民预防接种“伤寒疫苗”，应种3175人，实种3098人，接种率97.57%，疫苗价值10008.05元。此次疫情处理耗用直接医疗费用和防疫用品价值3万余元。

【克山病防治】 2001年，县卫生防疫站组织开展“克山病”预防服硒8544人，人体头发含硒量采样监测90人，预防服药质量抽查751人，合格率95%。年内新发现病人7例，死亡2例，年末，全县存活克山病人49人。

【麻风病防治】 2001年，对12个乡（镇）农村开展常规“线访”调查6439人，查出患者1人；对已治愈的75人和195名家属作复查未发现感染者；对6名已治愈带残疾无家可归的疗养人员加强管理，定期走访，及时发给生活费。年末，有现症病人3例，已按要求管理，送药治疗。

【“五大”卫生监督执法】 2001年，卫生行政部门，依照《中华人民共和国食品卫生法》等卫生行政法规，加强执法力度，打击违法经营行为。1.食品卫生：年内审核发出《卫生许可证》1052户，其中经营饮食业452户、副食品445户、食品加工48户、集体食堂16户、其他食品行业91户。督查5911户次，查处违法案件125户次，处以警告48户次，责令限期改进17户次，停业整顿3户，收缴销毁不合格食品32户，食品14类2758千克，标值1.4万元，处以罚金19户，金额5320元，取缔无证经营户6个；抽检食品52份，合格51份，合格率98%，抽检餐具585份，合格490份，合格率83.76%。2.环境卫生：年内有公共场所经营户286户，核发《卫生许可证》105户，有从业人员246人，经体检患病4人已责令调整岗位。开展督查1314户次，查处违法经营户10户次，给予警告限期改进8户次，责令停业1户，处罚金1户罚款200元；县、乡、村三级饮用水质抽检118份，合格80份，合格率67.8%。3.劳动卫生：在厂（矿）协作下，开展调查摸底建档工作。全县有国营、集体企业7个，私营企业3个，从业人员679人，接触毒害物质作业108人。主要有害物：粉尘、高温、三氧化二砷。4.学校卫生：在东城和北城两所学校开展学生体质调查859人，查出龋齿323例、沙眼103例、视力低下250例、轻度营养不良244例、中度营养不良31例、超体重19例、肥胖12例、肠道寄生虫感染70例，有的1人患多种病。5.放射卫生：全县有X光机10台，从业人员8名，已督促按期到省、州卫生单位体检。

【妇幼卫生保健】 2001年，妇幼卫生工作继续以降低孕产妇和儿童死亡率为目标开展工作。任务指标完成如下：1.孕产妇系统管理2914人，管理率79.97%。孕产妇保健覆盖率96.6%。孕妇早期检查309

1人，检查率84.82%。2.儿童系统管理：全县130个村民委员会已管理118个村民委员会，覆盖率90.76%。全县0-6岁以下儿童24657人，系统管理18345人，管理率74.4%，其中0—3岁以下8449人，管理率79.78%。3.高危孕产妇管理：年内有产妇3650人，筛查出高危孕产妇568人，检查率15.56%，已按要求动员到医院定期诊疗。4.高危儿童管理：全县0—5岁儿童17556人，筛查出高危儿童2621人，检出率14.1%，已建卡管理督促诊疗。年内，全县住院分娩率53.98%，孕产妇死亡2人，死亡率54.9/10万，5岁以下儿童死亡102人，死亡率27.99‰。

【儿童"两病"管理】 2001年，县妇幼保健站按上级业务部门要求，开展对全县5岁以下儿童"呼吸道感染"和"腹泻"两种病例管理。全年发生"呼吸道感染"病4874人次，其中感冒3845人次，占78.88%，肺炎1029人次，占21.11%，两项治愈4857人次，治愈率99.65%，肺炎导致死亡17人，肺炎死亡率1.6%，两项死亡率0.34%；发生"腹泻"病例1814人，治愈1807人，治愈率99.61%，死亡7人，死亡率0.38%。

【婚前医学检查】 2001年，全县有合法婚检资质的医疗机构10个，依照《中华人民共和国母婴保健法》开展婚前医学检查（婚检）。检查1788对，查出患不同病种123人，其中男性性病1人；内科疾病男7人，女3人；生殖系统病男84人，女11人；提出暂缓结婚男12人，女6人。

【农村卫生状况】 2001年，县卫生局主动与各乡（镇）协调，努力落实农村卫生各项任务，确保农村卫生工作成效得到巩固。1.完成沙桥镇新华、龙川镇岔河、徐营镇梅子树、天申堂乡米垭井4个卫生室"1·15"地震恢复重建工作。2.加强村医管理，努力落实待遇。已批准一次性退休5人，辞退1人，批准从事村医工作4人。完成中专水平考试发证70人，逐项培训考试办证34人。年末，全县有128个卫生室，有125个属集体办医，有3个因村委会无房屋准予个人经营，全县46个合作医疗得以巩固。在职村医245人，其中取得村医主治医师1人，乡村医师21人，乡村医士106人，无职称117人。

【除"四害"活动】 2001年，县爱卫办组织在城乡开展除"四害"防病活动。11月，筹集灭鼠资金6.93万元，投放毒饵38.23吨，通过灭鼠效果监测，全县鼠密度控制在2%以下；城区喷洒消杀药物4次，喷洒面积35183平方米，清理污水沟389条次，喷洒厕所325个次。

【"卫生乡镇"达标】 2001年9月，州爱卫会对红土坡镇参加全省第四轮创建"卫生乡镇"活动作评审，通过评审，红土坡镇被授予"卫生乡镇"荣誉称号。

（李天贵）

社　会

——爱心（者美春 摄）

社　会

民　族•宗　教

【民族宗教工作会议】　2001年3月30日，县委、政府在南华剧院召开全县民族宗教工作暨第二次民族团结进步表彰会议。参会239人，其中：县五套班子领导27人，正式代表97人，特邀代表21人，列席代表94人。会上，县委书记李红民、县长阊柏、州民宗局局长李联会分别作重要讲话。全面回顾总结党的十一届三中全会以来，南华县民族、宗教工作在历届县委、县人民政府领导下取得的成就，深入分析全县民族、宗教工作所面临的形势、任务、困难和问题，提出当前和今后一段时期南华县民族工作应遵循的指导思想和工作思路，并对做好新形势下的民族工作提出具体要求，围绕加快少数民族和民族地区经济社会全面发展这一主题作全面部署。会议还对在民族工作中辛勤工作取得成绩的五街乡党委等25个民族团结进步先进集体和罗忠营等79名先进个人进行表彰。

【民族宗教工作暨“火把节”座谈会】　2001年8月9日，南华县民族宗教工作领导小组第一次会议暨“火把节”座谈会在县政府招待所召开，参会31人。会议对全县近年来的民族、宗教工作作汇报总结，对今后做好民族、宗教工作提出6项要求：1、要统一思想认识，加强领导，制定措施；2、做好民族工作要站在全局性、认识重要性、提高自觉性、明确目的性；3、做好民族工作要高举平等、团结旗帜，走共同繁荣、共同发展道路；4、做好民族宗教工作要加大宣传力度，强化管理，依法活动；5、做好民族工作要积极争取，多样扶持，真心实意做好对民族贫困地区的扶贫工作，推动民族地区经济、社会全面发展；6、民族宗教工作领导小组成员要经常分析、明确责任、确保稳定。

【恢复设立县级民族机动金】　2001年，为帮助民族地区加快社会经济发展，改善民族地区人民群众的生产生活条件，县政府决定恢复设立县级民族机动金，年内，安排资金5万元，用于民族地区教育事业和改善基础设施建设。

【争取民族扶持资金】　2001年，通过充分调查论证立项申报，向上级部门争取各项扶持资金62.9万元，帮助民族地区改善基础设施条件，发展民族教育事业。

【民族贸易政策】　2001年，根据国家民委、中国人民银行关于民族贸易和民族用品生产贷款继续实行优惠利率的通知精神，县政府加强对此项工作的领导，及时调整充实县民族贸易、民族用品生产贷款实行优惠利率领导小组，专门召开领导小组成员单位和有关企业负责人会议，研究民贸贷款的有关事宜。二季度批准贷款企业13家，贷款金额1288万元，解决了企业经营流通资金不足等问题，促进了企业发展。

【成立县乡民族宗教工作领导小组】　2001年，成立由30余个相关部门负责人组成的南华县民族宗教工作领导小组，12个乡（镇）也分别成立乡级民族宗教工作领导小组。

【民族团结工作】　2001年4月，县人民政府分管民族宗教工作的副县长代表县人民政府同12个乡（镇）领导签订2001年度民族团结稳定目标责任书，年终各乡（镇）进行自检自查考评，县民宗局对全县民族团结稳定目标责任制作自检自查考评。

【民族知识宣传】　2001年，在全县中小学开展马克思主义民族观和党的民族政策学习教育。开展民族团结教育活动，全县征订民族理论教材28套，以黑板报、墙报、标语、授课等方式进行学习宣传。通过开展各种不同形式的活动，进一步增强了民族凝聚力和向心力。

【法制教育】　2001年，在深入贯彻学习宣传党的民族政策的同时，加大对民族法律、法规的学习宣传教育力度：一是组织学习《云南省民间传统文化保护条例》，对贯彻落实情况作检查；二是对《楚雄彝族自治州自治条例》作进一步的深入学习，根据县人大的布置，结合南华实际，提出修改意见建议；三是把学习宣传贯彻《民族区域自治法》列入全县法制教育工作来抓，列为全县“四五”普法内容，5月24日发出《关于认真宣传贯彻学习修改后的民族区域自治法的通知》（南政通[2001]43号文件），要求全县各乡（镇）各部门要认真组织学习宣传，做到家喻户晓、深入人心；学习宣传要与践行“三个代表”重要思想结合起来，并贯穿于实际工作中，力求落到实处，要提高贯彻执行民族区域自治法的自觉性。

【民族文化】 2001年，一是与县文体局配合对全县的民族民间古乐歌舞艺人等进行调查统计、收集整理；二是对五街乡咪黑们彝族火葬群、彝族民间古乐、传统节日、歌舞、生态作调研，向县人民政府提出《关于加强五街乡咪黑们彝族文化开发整理保护的建议》；三是完成《迈入二十一世纪的云南·民族风采》画册组稿工作，组稿6篇。

【检查调研】 2001年7月至9月，对全县“九五”期间的各项民族教育经费作全面检查调研：一是检查各乡（镇）中学、学区民族生助学金、寄宿制补助费落实、使用情况；二是通过检查提出今后管理措施和建议，确保民族教育经费的足额拨付和专款专用，帮助民族贫困学生完成学业。三是对雨露白族乡作专题调研，对贯彻执行《云南省民族乡工作条例》和民族乡社会经济、民族教育发展情况调研。四是对四个民族聚居乡（马街、五街、天申堂、雨露），五个贫困村委会（后山、六把地、鼠街、长梁子、洒披武）的社会、经济、教育等发展状况、存在问题作调查。通过调查，全面、及时了解掌握民族地区基本情况，分析民族地区贫困因素及存在问题，帮助民族地区出主意、想办法，探索民族地区脱贫致富路子，为党委、政府提供决策依据。

【制定民族政策】 2001年，为进一步深入贯彻云南省委、云南省人民政府云发[1999]47号《关于进一步做好新形势下民族工作的决定》及楚发[2000]11号《关于进一步贯彻执行<省委、省人民政府关于进一步做好新形势下民族工作的决定>的实施意见》，结合南华县实际，在广泛征求意见建议的基础上，制定出台《中共南华县委、县人民政府关于进一步做好新形势下民族工作的决定》，指明今后一段时期做好南华县民族工作的指导思想、工作任务、政策措施。

【党课教育】 2001年7月，县民族宗教局在扶贫联系点兔街乡长梁子村委会举办党课培训班，参训人员38人，其中：党员28人，局长罗正华在培训班上作《认真学习江泽民同志在庆祝中国共产党成立80周年大会上的讲话，在新世纪的征途上更好地发挥共产党员的先锋模范带头作用》的辅导。

【宗教工作】 2001年，一是组织全局干部职工和县内教职人员、信教群众学习党的宗教政策、法律、法规，对全县21个宗教活动场所进行年度检审工作。二是选送19名教职人员参加省、州举办的宗教政策、宗教知识培训班。三是配合统战部、公安局对全县“两乱”（乱建小寺小庙、乱塑佛像）问题进行专项调研。四是根据信教群众要求，对开放罗武庄乡三家村委会德苴观音寺（又名德苴观音迴龙寺）、一街乡团山村委会林家村观音寺为宗教活动场所问题作专题调研。五是10月州政协民族宗教联络委员会到南华视察“贯彻党的宗教政策、依法管理宗教活动场所”时，局长罗正华向州、县领导汇报《贯彻党的宗教政策、依法管理宗教事务》工作后，视察组对南华的宗教事务管理工作给予很好的评价，同时，提出今后工作的意见和建议。六是推荐二街基督教堂长老孔联有为云南省基督教第五次代表会议代表，宝珠寺印能为楚雄州青年联合会第二届委员会委员。

【上雨天观音寺山体滑坡】 2001年8月1日凌晨1时左右，南华县龙川镇上雨天观音洞观音寺发生山体滑坡，该寺3格正殿倒塌，厢房山墙受损成危房，造成经济损失5万多元（含法器、经书、桌子、佛像5尊等）。当日，县、镇领导到受灾现场作详细调查了解，对住寺僧人、居士表示慰问安抚，强调安全问题。根据信教群众和住寺僧人要求，对观音寺恢复重建按政策规定另选地址逐级上报审批。

【表彰奖励】 2001年，县民族宗教局罗正华被评为楚雄州统战工作先进个人，受到州委表彰；罗锦海、白秀云被评为南华县民族团结进步先进个人，受到县委、政府表彰。

（白秀云）

计划生育

【简述】 2001年，南华县计划生育工作，坚持“党政一把手亲自抓并负总责”和“既要抓紧又要抓好”的工作方针，使全县计划生育工作取得较好的成绩，队伍建设不断加强，服务网络不断扩大，经费投入得到保证，各项事业不断发展，人口控制创历史最好水平。

【出生人口情况】 2001年，全县有总人口230761人，总户数57109户，育龄妇女61268人，已婚育龄妇女51836人。截至12月底，全县共出生3615人，出生率15.27‰，其中：计划内出生3615人，计划生育率100%，持证生育率100%。在出生人数中，一孩出生1874人，二孩出生1725人，多孩出生16人（符合政策生育人数，二孩双胞胎12人和特殊生育4人），出生人数占州政府下达控制数3845人的94.02%。首创全县12个乡镇均无计划外生育史。

【死亡情况】 2001年，全县共死亡1691人，死亡率7.35‰，死亡人数与上年同期1657人相比上升34人，死亡率与上年同期7.27‰相比上升0.08‰。

【人口自然增长情况】 2001年，自然增长人数1924人，自然增长率8.37‰，自然增长率与上年同期9.28‰相比下降0.91个千分点。

【各项节育手术】 2001年，全县共做结扎手术1500例，占州政府下达任务950例的157.9%。放环2754例，占州政府下达任务数2250例的122.4%。在放环人数中，一孩放环及时率80.1%。人流489例，占县政府下达控制数630例的77.6%，引产52例，占县政府下达控制数82例的63.4%，取环1869例。药具应用人数1670人，实用人数1613人，药具应用率96.59%。

【计划生育宣传】 2001年，利用多种宣传渠道，共写永久性标语2400条，电影宣传150场，录像360场，广播2400次，农村文艺演出145场，举办各种业务培训班6次。乡镇婚育学校开展婚育培训班744期，参加人数81105人，出各种宣传板报2132期。县乡党校开设人口理论课213个学时。有14所中学开设人口课。订阅《中国人口报》80份，云南《人口与家庭》报528份，《人生》等杂志792份。发放录像带、录音带310盒，宣传图片1259张，撰写各类稿件114篇。

【“婚育新风进万家”活动】 2001年，按照国家、省、州计生委《关于开展婚育新风进万家活动的通知》方案，县计生委在五街乡搞试点，随后在全县全面推广。年内，发放宣传品20万份，举办培训班6次。通过开展活动，群众对计划生育、优生优育进一步认识，保证了计划生育工作顺利开展。

【开展“三生”优质系列服务试点启动工作】 2001年，按州计生委《关于“三生”优质系列服务工程正式启动的通知》，县计生委成立“三生”优质系列服务领导小组和计划生育网络建设领导小组，在红土坡镇开展试点工作，按《通知》要求认真开展阶段性的各项工作，使生育、生产、生活“三生”优质服务进入家庭，通过宣传、服务，不断提高广大育龄妇女的文明程度，促进了“两个文明”建设。全县共开展婚育新风进万家活动51000户，“三生”优质系列服务2万户。

【流动人口管理】 2001年，认真贯彻《流动人口计划生育工作管理办法》，定期开展流动人口清理工作，经常开展流动人口检查督促办理查验证明，对流动人口管理做到底子清、情况明。全县共有流动人口11004人，其中：育龄妇女4278人，流出人口中应发证3330人，实发证2567人，发证率77%；流入人口中应持证人数6815人，实验证5378人，验证率79%。年内，流入人口549人，流出人口791人。

【协会整顿工作】 2001年3至6月，在全县各乡镇及县计划生育协会开展协会换届整顿。通过整顿，全县共有协会机构143个，协会会员26319人，占总人口的12%。会员小组988个，会员之家396个，会员联系户14150户，协会帮扶户41968户，计生系列保险5128份，投保金额330.5万元，充分发挥协会组织在计划生育工作中的作用，使计划生育“三为主”得到巩固，“三结合”得到推广。

【生育证管理及案件执行工作】 2001年，发放生育证4432份，其中：发放一孩生育证2259份，二孩生育证2153份，三孩生育证20份，发放率100%，持证生育率100%。全县共执行计划生育案件12件，其中：年内，申请执行9件，全县当年无计划外生育行政案件发生。

【“三结合”工作】 2001年，全县有计划生育户49221户，帮扶41968户，其中：计生重点户10811户，帮扶10430户，帮扶率97%。一般计生户38410户，帮扶31393户，帮扶率82%。

【手术并发症鉴定工作】 2001年3月18日和8月18日，组织县技术鉴定组开展术后并发症鉴定工作，解除受术者后顾之忧。共组织鉴定14人，其中：病残儿1人，不育不孕症术后鉴定6人；解决历年因取环、手术并发症医药费和生活困难补助费12人近6万元。

【技术人员进修】 2001年，计生委十分重视技术人员培训学习，通过不断争取，全县到昆明医学院和大理医学院在楚雄举办的各种专业医学班学习22人，到昆明医学院学习1人，到县医院学习进修1人。

【医学监护工作】 2001年，认真抓好医学监护工作，每年定期开展4次，共监护41581人次，占县下达当年医学监护任务26200人次的159%。

【“三为主”台账管理】 2001年，认真开展台账业务培训，经常到乡镇村检查指导台账业务，使基层台账基本正常运转，年内举办业务培训班2期。

【技术服务】 2001年，县计生委下达给服务站两扎任务767例，实际完成857例，完成111.7%；放环任务450例，实际完成521例，完成115.7%；取环234例；药物流产237例、人流209例；妇科病检查3350人次，化验1970人次，B超870人次。全年总收入37.9万元。

【避孕药具管理】 2001年，认真坚持不脱供、不断档的原则，严格按药具管理制度发放。全年共发放避孕药具金额16774元，发放长效18甲561板，53号槺泵片40板，避孕药膜1672本，避孕套34950只，发放节育环、母体乐169只，“T”型环550只，宫内环958只，“V”型环297只，保证了避孕药具正常供应。

【计划生育流动服务车】 2001年，计划生育流动服务车在全县各乡镇巡回服务，深受广大人民群众欢迎。全年共出车67次，行程10283公里，随车工作人员385人次，作生殖健康医疗服务1005人次，放环156人次，取环101人次，女扎术295人次，人工流产55人次，药物流产3人次，引产2人次，查环查孕1904人次，发放避孕药具171人次。

【计划生育保险】 至2001年12月31日止，全县共代办独生子女保险549人，年内办理89人；代办男、女结扎术安康保险2270人，年内代办1496人，保险金11960元。代办母婴安康保险624人，保费24960元，年内代办533人，保费21320元。

（李荣文）

民　政

【简述】 2001年，南华县民政工作继续坚持保稳定、促发展的方针，认真践行江总书记“三个代表”重要思想，积极搞好抗灾救灾、社会救济、城市居民最低生活保障、优待、抚恤、退役士兵安置、指导双拥共建及基层拥军优属活动、《婚姻法》宣传普及、婚姻登记管理、民间组织管理、收容遣送、地名及地名资料管理、勘界扫尾及界务管理、基层政权建设、来信来访接待处理、党风廉政建设、机关效能建设等工作，为南华经济社会发展和企业体制改革顺利进行作出了贡献。

【自然灾害救济】 2001年，县境内多次发生霜冻、干旱、洪涝、泥石流、山体滑坡等自然灾害，县局出动核查灾情车辆112台次，人员506人次。经核查统计，全县农作物受灾81205亩，粮食减少1769.9万公斤，其中：霜冻受灾3140亩，粮食减少47万公斤；干旱受灾27860亩，粮食减少417.9万公斤；洪涝、泥石流、山体滑坡受灾50205亩，粮食减少1305万公斤；民房倒塌3030间，受损13885间，校舍受损58幢，卫生院（室）受损25所，水利设施受损79件，因灾死亡2人，大牲畜死亡4头。全年自然灾害造成经济损失6808.88万元。为使灾民克服困难，积极争取救灾资金152.2万元，及时购买下拨救灾粮220吨，冬寒衣2500套、棉被300床，接收下发上海捐赠物资780袋，救灾帐篷123顶，搭建安置灾民临时简易棚110间，协调安置临时借住灾民25户，使灾民度过难关。

【社会救济】 2001年，对全县社会定救人员进行全面普查，经逐一调查核实，全县有社会定救老乡干部294人，各类残疾特困人员146人，40%精减下放人员29人，60年代精减下放人员132人，集中供养五保户119人，分散供养五保户367人，共计1087人，全年发放社会定救费35.1万元。落实“雨露助孤计划”助养孤儿23名，补助资金1.84万元；参加“微笑列车行动”，实施先天性唇腭裂修复术10人，补助资金5.1万元，为社救人员克服生活困难提供了有效保障。

【城市居民最低生活保障】 2001年，全县共有城镇非农人口18669人，占全县总人口229964人的8.12%；无业居民、企业下岗职工、困难企业职工、残疾人等贫困居民1797户2845人，占城镇非农居民的15.24%。为使全县低保工作规范、高效，全局在全州率先推行低保工作规范化管理模式，在全县12个乡镇民政办和县局机关建立统一规范的南华县低保对象动态管理台账、贫困人口花名册、已保对象花名册、停发对象登记卡。8月6日云南省民政厅组织全省地州、县市民政局主管领导、分管领导及业务科室负责人到龙川镇民政办参观低保运作模式，得到参观人员的一致肯定和赞扬。经过县、乡民政工作人员共同努力，将420名在职困难职工、66名退休职工、22名“三无”人员、438名下岗职工及失业职工、1249名家属子女，共2195人纳入城市居民最低生活保障，发放低保金

14742人次88.0718万元，使城镇户口贫困家庭的基本生活有了保障，杜绝了贫困家庭因生活困难而越级上访和集体上访案件发生，保证了全县企业体制改革顺利进行，维护了社会稳定。

【优抚工作】 2001年3月至6月，按照上级业务部门要求，对全县优抚对象进行普查。全县符合领取抚恤金、保健金、定期定量生活补助费的优抚对象分别有：三属（烈士家属、因公牺牲军人家属、病故军人家属）60名，复员军人510人，带病回乡退伍军人272人，在乡伤残军人44人，在职伤残军人90人。9月办理银行代发优抚金和生活补助费手续，使优抚对象与在职工作人员发放工资的同时领取了费用，避免了因发放不及时而优抚对象上访事件。在义务兵家属优待金筹集兑现工作中，严格执行国家、省、州的优抚法规，坚持群众优待的原则，按照农村人口人均1元，有固定收入的国家机关工作人员、企事业单位干部职工人均10元的标准统筹，筹集优待金23万元，按户均950元的标准兑现234户，22.23万元。

【爱心献功臣】 2001年，为5户老复员军人建盖新房15间，维修24户91间，三年来累计投资13.3655万元，解决165户老复员军人的住房困难问题。使缔造共和国、保卫共和国新生政权的功臣们住上较为宽敞明亮、牢固安全的住房，改善了居住条件。

【安置工作】 2001年，共接收退役士兵、志愿兵91人，按照“从哪里来，回哪里去”的原则，在规定时间内将78名农村籍退役士兵安置回原籍参加农村经济建设；对13名符合安置就业条件的城镇户口退役士兵、志愿兵、伤残军人，按照双向选择、打分安置的政策，在反复核查每名城镇退役士兵、志愿兵、伤残军人档案的基础上，进行安置量化打分并按打分情况选择适当的就业单位，经安置对象和接收单位双向选择后，顺利办妥安置手续，避免了安置和就业工作中的人情风，得到州民政局好评。年内，共有3020名适龄青年踊跃报名参军，经层层把关，严格体检和政审，为部队输送121名合格兵员。

【双拥工作】 2001年，县、乡、村三级共召开拥军优属座谈会324场次，县委、政府主要领导带队，县五套班子领导参加军营走访慰问10场次，送慰问品200份。10月14日在云南省双拥领导小组检查工作组全面检查中，军（警）民共建文明单位工作，受到检查组领导的高度赞扬。

【婚姻登记管理】 2001年，全县共接受结婚申请1450对，为手续完备、程序合法的1448对申请结婚的公民，办理结婚登记手续。其中：初婚1337对，再婚110对，复婚1对。向新婚夫妇推荐《新婚幸福手册》300本。受理离婚申请70对，经调查调解，对夫妻感情确已破裂的50对办理离婚手续，解除了夫妻关系。

【《婚姻法》宣传】 2001年4月20日，第九届全国人民代表大会常务委员会第二十一次会议通过颁布的《中华人民共和国婚姻法》公布后，县、乡民政部门向村委会及相关人员印发500多份。同时，积极向县分管领导汇报，与县委普法办联系，将新颁布的《婚姻法》纳入全县“四五”普法规划，在县领导和普法办的支持下，7月，县普法办正式将《中华人民共和国婚姻法》纳入全县“四五”普法规划，并组织全体干部职工进行学习和考试。

【民间组织管理】 2001年，根据《社会团体登记管理条例》第二十三条规定，批准依法注销南华县裁判协会。年末，全县有协会7个，学会5个，理事会1个，共13个社会团体，依法进行年检。年内成立南华县民办非企业单位普查工作领导小组，从5月开始，对全县教育、卫生、科技、体育、劳动、民政、社会中介服务业等民办非企业范畴的管理部门进行调查，经全面调查，天使幼儿园属民办非企业单位，经州、县业务主管部门反复考察论证，纳入民办非企业单位登记管理。

【殡葬管理】 2001年，按照殡葬改革和殡葬管理的要求，主要抓移风易俗，提倡火化，节约土地资源的宣传，经宣传，全年共有18具尸体实行火化。

【收容遣送】 2001年，共收容遣送盲流、城市乞讨人员、“三无”人员98人，其中：省外14人，外地州、县47人，本县37人。直接遣送73人，资助返乡25人，支出收遣费4万元。处理无名尸体13具，付安埋费3900元，为南华城区和公路沿线的净化作出了贡献。

【基层政权建设】 2001年9月21日至25日，按照州委组织部、农工部、楚雄州民政局的统一安排，与组织部共同组织3个调研组，对全县130个村委会班子工作情况进行调研，其中：良好66个，中等57个，差7个，分别占50.77%、43.85%、5.39%。总体上看，村委会班子产生一年来，通过县、乡的督促检查和指导，在村委会班子的共同努力下，农村工作运转正常，民主选举、民主监督、民主决策、民主管理的村级民主制度已深入人心。

【社会福利】 2001年，投资52万元，征地9亩新建五保老人住房及娱乐室621.5平方米，完成龙川镇敬老院搬迁扩建工程；为使农村重灾户、特困户平安度过严寒冬日，购买冬寒衣2500套、棉被300床，接收上海捐赠衣物780袋下发到重灾户、特困户手中，使他们冬季保暖有了保障；为使在各种不幸和灾难中失去父母的孤儿生活有保障，上学有条件，再次与云南省慈善总会联系，将24名孤儿纳入雨露助孤计划，32名孤儿实行社会定救。

【有奖募捐】 2001年，全县12个乡镇设立即开型社会福利彩票销售点22个，销售彩票2.725万张，收入5.45万元；在城区设电脑福利彩票投注点2个，销售电脑福利彩票22.3万注，收入44.6万元。

【社会捐赠工作】 2001年，按照民政部的统一部署，在县民政局指定专人负责经常性社会捐助工作，截至12月底，共收到3893人的捐赠款5.7万元，衣物935件。

【勘界工作】 2001年，完成勘界成果资料归档立卷340卷，上交国务院、省、州政府138卷，移送相邻县、市15卷，送达12个乡镇72卷，为今后的界务管理，边界纠纷调处创造了条件。

【地名管理】 2001年，共建地名资料档案2357件，地名文书档案180卷，使全县自开展地名工作以来所收集、整理成型的地名资料管理较为安全有序。

【办公室工作】 2001年，办公室工作在党支部及行政领导班子的领导下，认真做好上下联系，上情下达，下情上报和各股室的业务协调工作，群众来信来访工作、财务管理工作、人事工资工作、统计工作。一年来共撰写制作各种文件、材料223个，收发各级文件941份，处理回复群众来信来访25件，接待群众来访259人，填制各种报表231份，保证查灾、救灾和其他业务用车行程5.8万公里，较好地保证了民政局各项业务正常有序开展。

【福利企业】 2001年，县福利厂共有生产工人和管理人员7人，完成冬寒衣、棉被300床的生产加工任务，实现营业收入19.3406万元。较好地保障了全县孤老残弱人员过冬保暖。

【军供站工作】 2001年，军供站有在职职工8人，与县财政脱钩后，全体职工转变观念，积极开展创收活动，全年实现营业收入18万元，按时足额发放职工工资。12月组织全体职工开展军供站改革大讨论，拟定竞争上岗、风险抵押承包经营的初步方案，经多次讨论修改，形成正式文稿，清产核资工作已经完成，为2002年实行经营方式改革打好了基础。

（罗应富）

劳动管理

【企业职工结构】 2001年，全县有企业376户，职工3980人，其中：国有企业28户，职工2724人，占职工总数的6.8%；城镇集体企业26户，职工884人，占职工总数的22.3%；私营企业15户，员工23人，占职工总数的0.6%；个体工商户（自谋职业者）306户，从业人员306人，占企业员工总数的7.7%。全县有企业离休干部18人（含州属企业），退休人员1272人。

【企业改制与“两个确保”】 2001年，按照省州要求，把企业改制、解困与“两个确保”（确保企业下岗职工基本生活费按时足额发放、确保企业离退休人员养老金按时足额发放）列入县政府和经济管理部门工作的重中之重，采取行政、经济等各种有效措施，依法对国有企业进行改革、改组、改制，使国有中小型企业退出竞争领域，加大了私营个体经济在企业中所占的比例。全县共有12户国有集体企业进行改革，有363名职工与原企业解除劳动关系，经过争取州劳动和社会保障局审批特殊工种提前退休和伤病鉴定后退休45人，为改制企业职工解除了后顾之忧。在企业职工减少的情况下，依法追缴社会保险费和各种社会保险基金，收回大部分历年欠费，完成州局下达的任务指标，为按时足额发放企业离退休人员养老金和下岗人员的基本生活费提供了资金保障，确保了企业离退休人员和下岗、失业人员的基本生活，促进了社会稳定。

【医疗保险】 2001年，认真贯彻州上出台的9个文件精神，实行财政代扣代缴，完善医疗保险给付办法和结算方式，初步建立起功能齐全的医保服务系统。年内，全县有232个机关、企事业单位11088人参加医疗保险，参保率99%。在上年度结算和提高医疗费用标准的基础上，单位缴费比例提高1%，全年收缴医疗保险费902.1万元，进入统筹账户497.4万元，进入个人账户404.7万元，统筹金支付2126人的住院费481.4

万元，批准34名慢性病人报销医药费8.3万元，年终结余7.7万元；全年交太平洋保险公司大病保险费50.5万元，29名医疗费超过最高支付标准人员到太保公司报销医药费73.3万元。

【机关事业单位养老保险】 2001年，全县实现机关事业单位养老保险金由财政代扣代缴的按时足额征缴运作方式。1-8月收缴131个单位5148人养老保险金88万元，当月收缴率100%，追收部分单位的历年欠费，累计收缴机关事业单位养老保险金528万元；年内办理调动工作人员养老保险金转移手续25人，划转基金2.8万元；办理7名死亡职工退保手续，支付退保费4680元。结算基金利息1096万元。

【企业养老保险】 2001年4月1日起，企业缴费比例由工资总额的26%降为24%，个人缴费比例由5%升为6%，新增参保人员351人。全年共收缴376户用人单位3980人养老金791.2万元，收缴率95.1%；追缴历年欠费37.2万元，追收率56.8%；发放1272名企业离退休人员养老金673.8万元，社会化发放率100%。同时，加大社会保险基金稽核力度，确保社会保险基金应收尽收，对全县19户企业进行社会养老保险专项稽核，涉及职工1277人，共查出未如实申报缴费基数企业4户，每月少申报缴费数额5836元，全年少缴2.2万元；未办理临时用工手续1户；生育保险基金挪作他用1户，涉及资金2230元；拖欠养老、工伤、生育保险基金2户，涉及资金38万元，稽核后追收32万元。

【企业工伤、生育保险】 2001年，全县共收企业工伤保险金23.1万元，占应收缴24.2万元的95.4%，支付35起工伤事故36人的医疗费用8.75万元。收缴企业生育保险金14.2万元，占应缴基数14.9万元的95.3%；支付68名女职工生育费用17.4万元。

【失业保险】 2001年，南华县继续贯彻实施《失业保险条例》，完善失业保险制度，采取与缴费单位协议托收等有效措施收缴失业保险基金，全年收缴失业保险基金65万元（含追缴历年欠费4.2万元），收缴率96.1%。审批企业下岗职工1059人（州属企业930人，县属企业129人），筹集下岗职工基本生活费251.6万元，其中：支付下岗职工生活费118.2万元，代缴各种社会保险133.4万元；发放失业人员失业补助金74万元，其中：失业救济金52.7万元，自谋职业者一次性安置补助费11.3万元，医疗补助费4.3万元，夫妻双方失业补助费1.4万元，独生子女保健费0.7万元，农民合同工补助费3.6万元，失业补助金发放率100%。累计托管失业人员档案655件。

【农村养老保险】 2001年，继续理顺农村养老保险工作关系，将12个乡镇原来由民政助理员办理的农保业务，全部划转移交劳动工作站管理，避免了与民政部门的交叉和多头管理，更有利于农村养老保险事业发展。同时，为方便群众，积极与银行部门协商，从第三季度起，符合享受条件的186人全部由银行代发农村养老金。全年发放186人的农村养老金12810元，人均68.9元；办理50名农转非、死亡人员退保手续，支付退保金额2.1万元。

【社会保险基金监督】 2001年，共完成229户4191人的企业职工基本养老保险、140户5051人的机关事业单位养老保险、210户8461人的医疗保险和61户4194人的失业保险缴费基数核定；继续贯彻落实《社会保险基金征缴条例》，完善社会保险费征收管理办法，强化预决算管理，经过努力，企业职工养老保险、工伤和生育保险由地税部门全额征缴，医疗保险由财政部门代扣代缴，失业保险由用人单位签协议银行代扣代缴。切实监督缴费单位按时缴费，社保经办机构足额收缴；认真落实社会保险基金收支两条线和财政专户管理，有效地防止和杜绝了挤占、挪用行为发生，保证了基金安全运作和保值增值。

【劳动监察】 2001年，认真贯彻劳动预备制度和就业准入制度，积极开展劳动力市场秩序整顿，对部分用工单位违纪违法行为按情节轻重给予处理和纠正；针对社会矛盾聚焦的热点问题，组织开展专项检查，对26户企业进行重点检查，涉及劳动者1558人，违反劳动合同管理法规21户764人，合同超期未办续签手续12户459人，未签定劳动合同9户305人，拖欠社会保险基金5户，共拖欠34.3万元；根据州劳动和社会保险部门要求，组织开展劳动力市场秩序整顿工作，深入到各类企业特别是私营企业、个体工商户进行检查，对违法违规行为按情节轻重予以纠正和处理，进一步规范了劳动力市场和用人单位的用工行为。

【劳动执法年审】 2001年，全县完成用工单位劳动执法年审512户（合格510户，不合格2户），涉及职工4493人，纳入登记管理个体工商户1637户，审核用人单位规章制度12份，下达限期整改指令书25份；责令1637户拖欠养老保险金和失业保险金的个体工商户补缴养老金2.31万元，补收失业保险金3.32万元；补签劳动合同570人，补办就业证卡293人，收取劳动力管理费17217元。

【劳动关系与仲裁】 2001年，对用工单位违反劳动合同和不签定劳动合同的行为进行清理、检查，规范劳动合同行为。年内新签劳动合同70人，补办续签劳动合同手续639人，办理机关事业单位临时工劳动合同鉴证280人；审批烟草行业招用季节性临时工1857人，并办理劳动合同鉴证手续；审核批复企业集体合同11户。报劳动争议案件6件，不符合受理条件未受理4件，立案受理2件，结案2件，结案率100%；接待来访1850人（次），办理来信63件，答复落实63件；办理人大代表批评建议和政协委员提案5件，落实5件。

【劳动就业】 2001年，全县有失业人员612人，其中：上年结转308人，本年新增304人，实现就业或再就业280人，年末结转失业人员332人，失业率3.1%；介绍和输出农村剩余劳动力2077人，其中：异地劳务输出签定一年以上劳动合同222人，就地就近临时就业1855人；办理外来人员就业证615人（复检318人，新办297人），办证率占外来人员的52%，办理外出人员就业登记卡222人，办卡率100%；向州就业中心争取培训费6.9万元，开办下岗、失业人员培训2期三个专业264人，其中：微机专业137人，商品营销专业107人，汽车驾驶专业20人，培训后取得技术等级证164人，驾驶证20人，取证率62.1%；配合公安机关开展“三无”盲流人员清查遣送工作，补办流动就业手续52人，遣送回原籍9人。

【劳动服务企业】 2001年，全县有劳动服务企业6户，从业人员111人，比上年增4人，生产经营总值126.4万元，上缴税金9.92万元。经过年度审验，6户都是合格劳动服务企业。

【职业技能培训】 2001年，南华县继续贯彻就业准入制度和《招用技术工种从业人员规定》，积极推行劳动预备制度和就业准入制度。全年送州级培训站参加培训鉴定401人，其中：企业职工255人（高级工17人，中级工73人，初级工93人，班组长岗位培训9人，岗位适应性培训63人），机关事业单位工人146人（高级工45人，中级工76人，初级工25人）；与州级培训站联合举办美容美发从业人员培训鉴定班，87人参训后全部取得技术等级证书。

【技校招生】 2001年，南华县组织59名初中毕业生报考技工学校，体检合格组建学生档案59份，被各类技校录取59人，其中：男生41名，女生18人，占全州录取技校新生的10%。

【工人管理】 2001年，南华县招收合同制工人28人，其中：事业单位1人，企业27人；办理工人调动6人，其中：调出县外2人，县内调动4人；办理工人工龄续接手续13人，补收养老保险金2万元；办理工人提前退休手续100人，其中：机关事业单位53人，企业47人。

【企业工资基金管理】 2001年，南华县严格考核企业的经济效益指标，审批办理313名企业职工的正常晋升工资手续，月增资15779元，人均50.4元；继续做好企业年薪制推行和企业集体协商工资试点工作，考核结算兑现企业经营者年薪和集体协商决定的工资，同时对全县企业工资作决算，县属企业实发工资总额884万元，比上年增加40万元，未突破州级下达的工资指导线。

【企业职工福利】 2001年，南华县审批办理企业职工和离退休人员死亡丧葬抚恤手续55人，审批丧葬费6.5万元，抚恤金31.9万元，一次性困难补助1.15万元，符合享受遗属生活困难补助每月1521元；按照国家GB/T16180—1996标准，为52名伤病职工进行医务劳动鉴定，报经州劳动和社会保障局批准伤病职工提前退休43人，批准特殊工种提前退休25人，为改制企业减轻压力，为老职工解除了后顾之忧。

【劳动保障宣传】 2001年，认真组织开展劳动保障宣传工作，修改完善《人事劳动局新闻、信息稿件管理办法》，根据各股、室、所、中心的业务情况，重新确定任务目标，鼓励干部职工采写、报送人事与劳动保障信息，广泛宣传人事、劳动保障政策法律法规和工作开展情况，全年采写新闻稿件70篇，被各种报刊、电台、电视台采用48篇，采用率68.6%；上报工作信息31条，被省、州、县采用20条，采用率64.5%；编发《南华人事与劳动信息》12期，刊用工作信息、重要工作办理结果和自身建设等文章75篇（条）。按照奖惩规定兑现宣传奖金1920元。

老龄工作

【老年人状况】 2001年，全县有60岁以上老年人25239人，占全县总人口的11.5%，其中：城镇老年人2820人，农村老年人22419人。按年龄段分：60-69岁16583人，70—79岁7370人，80—89岁1211人，90岁以上75人。办理60-69岁《老年人优待证》3600人，70

岁以上《老年人优待证》1650人。

【《老年法》贯彻实施】 2001年，继续宣传贯彻《中华人民共和国老年人权益保障法》和《云南省老年人权益保障条例》，广泛宣传动员60周岁以上老年人办理《楚雄州老年人优待证》，并督促各级各部门、各乡镇落实持证老年人优待政策，特别是落实农村60岁以上老年人免出义务工、劳动积累工，70岁以上老年人免出义务工、劳动积累工、免交村提留、乡统筹和社会性集资、医疗单位免收普通挂号费等规定，县人民政府发出通知清退年内向离退休人员收取的教育集资款，各乡镇对照优待条款进行自检自查，卫生系统下发文件，把各项优待政策落实到位，方便了老年人的衣、食、住、行，切实维护了老年人的合法权益。

【敬老模范村】 2001年，积极抓好“敬老模范村（小区）”建设工作。年内，召开全县“敬老模范村（小区）”建设工作会议1次，会上试点的龙川镇周官冲、纪家村、两旗屯作经验交流，印发《南华县敬老模范村（小区）标准》，各乡镇按照县政府的统一部署和要求，卓有成效地开展此项工作。

【敬老节活动】 2001年，全县各级各部门按照县委、政府要求开展形式多样、内容丰富的敬老、助老活动。一是县委政府在县城召开2次由500多名离退休老同志参加的形势报告会；二是举办敬老节文艺晚会，老年人文艺队、合唱团、文工队等7个单位演出15个节目，县五套班子领导和400多名离退休老同志观看演出；三是组织24位离退休老同志参加全州第二届老年文艺汇演，受到上级好评；四是全县各级各部门在新年、春节、五一节、九九重阳节等节日走访慰问离退休老同志和敬老院老人，为他们解决实际困难，并送上一份节日礼物。

【老年人文体活动】 2001年，全县涉老部门组织开展健康文明的老年人活动，把“老有所乐”落到实处。一是新建地掷球场3个（县城2个，徐营1个），确保老年人文体活动有场所、有设备；二是开展老年人健身操培训，200多名老年人早晚聚集在工会球场跳健身操；三是组织开展门球、地掷球、台球、乒乓球、扑克、象棋、羽毛球、剑、健身操的训练、比赛活动，经常参加活动人数400多人；四是组织老年人代表队参加全州第三届老年人运动会，57名老同志参加比赛，获71枚奖章，其中：金奖17枚，银奖4枚，铜奖50枚。

【老年人信访】 2001年，进一步完善局长接待日制度和信访处理制度，加强老年人来信来访的回复、处理工作，耐心倾听老年人的意见、建议，转变工作作风，及时为老年人解决实际问题，全年接待群众来信来访1913人次，接待老年人来信来访70人次，越级上访比上年明显减少。

（何朝先）

扶贫工作

【简述】 2001年，南华县抓住国家重点扶持边疆地区、民族地区和实施西部大开发的良好机遇，紧紧围绕巩固脱贫成果，稳定解决贫困地区群众温饱这一目标，大力实施小额信贷扶贫、部门和党员干部结对扶贫、社会和外资扶贫、温饱示范村工程、扶贫安居工程，扶贫工作取得新的业绩。

【温饱验收工作】 2001年3月，组织人力深入兔街、马街、五顶山、红土坡、罗武庄5个扶贫攻坚乡镇进行初验，逐项逐条分析和核实验收指标；5月，省、州政府验收组通过实地查验，同意验收，标志着南华县22.8万人民群众已基本解决温饱问题。

【小额信贷扶贫】 2001年，除继续滚动发展兔街、马街、五顶山、红土坡、罗武庄、一街、五街和雨露8个乡镇的小额信贷扶贫规模外，又投入财政贴息资金200万元，把小额信贷扶贫推广到沙桥镇和天中堂乡，扶持群众发展蚕桑养殖、中药材种植和萝卜丝加工等产业。上述10个乡镇共组建借贷中心204个，小组1840个，累计发放小额信贷扶贫资金1262万元，贷款覆盖10个乡镇82个村委会，8239户获得小额信贷扶贫资金扶持。

【党员干部结对扶贫】 2001年，按照单位帮集体，个人帮农户，不脱贫不脱钩的要求，共有10家州级单位和58家县级机关单位帮扶58个村委会，1143名党员干部与905户贫困户结成扶贫对子（不含乡镇、村办），部门和个人共捐款213万元，为贫困户购买化肥、籽种、农药、农膜、农具等折币32万元。

【扶贫温饱村建设】 2001年，投入资金19.68万元（其中省州专项资金15万元，群众自筹4.68万元）在罗武庄乡树密鲊村委会罗武庄村民小组实施扶贫温饱村建设。改造中低产田100亩，完成被改梯50亩，修复三面光沟渠1184米，扩建小坝塘1座增容2000立方米，建成小水池91个，建沼气池33口，配套改厕改厩

33户，架设人畜饮水管道4000米，种植经济林果100亩，经济作物81亩，举办实用科技培训班8期402人。年内，还有兔街乡大普洒村、红土坡镇大麻地村、五街乡大龙潭村、天申堂乡石桥河老村、雨露乡洒披武大村启动扶贫温饱村建设。

【扶贫安居工程建设】 2001年，在马街乡大官郎村、小官郎村、迤头村、阿七村、荷包田村、马街坡村、松树林村、观音山村和一街乡下松子地村等地实施扶贫安居工程，有60户住茅草房、土掌房的贫困户每月得到省、州3000元的专项扶持，用于建盖新居。

【社会和外资扶贫】 2001年，县扶贫办编制上报世行第四期扶贫项目、特别日元贷款项目、欧元援助扶贫温饱村项目、英国海外发展基金部援助项目、香港乐施会赈灾项目以及新一轮国扶贫困县、马街民族特困乡等项目，其中，香港乐施会援助57.35万元的五街华双、芹菜塘小学灾后重建项目已被批准实施。

【扶贫贴息贷款项目管理】 2001年，省、州下达给南华县扶贫贴息贷款指标700万元，按照扶贫部门论证立项，农行审查放贷的要求，共上报州扶贫办请求立项1个，县扶贫办立项批复16个，批复扶贫贷款559万元。

【表彰奖励】 2001年2月，县委书记李红民、原县长耿克明、扶贫办主任李永元、交通局局长李朝光、兔街乡党委书记李林枝、马街乡乡长窦正军、五顶山乡党委书记罗忠营、红土坡镇党委书记鲁明贵、罗武庄乡乡长罗成章9位同志被中共楚雄州委、楚雄州人民政府评为结对扶贫先进个人。

（周成忠）

人民生活

【农村人民生活】 2001年，统计局对全县100户农村住户抽样调查资料显示：一是农民人均纯收入1581元，比上年增加67元，增长4.43%。二是收入来源结构发生变化，全年人均总收入2313.91元，比上年增3.6%，其中：人均工资收入182.41元，比上年增42.6%，占总收入的7.9%，所占份额，比上年增长2.1个百分点；人均家庭经营收入2093.89元，比上年增3.3%，占总收入的90.5%，所占份额比上年下降0.9个百分点；人均财产收入6.96元，比上年减82.4%，占总收入的0.3%，所占份额下降1.5个百分点；转移收入26.02元，比上年增16.5%，占总收入的1.1%。家庭经营收入中，人均种植业收入1260.41元，比上年增20.6%；人均林业收入65.13元，比上年减12.6%；人均牧业收入484.50元，比上年增46.3%；人均工业建筑业收入27.65元，比上年减44.3%，人均来自交通运输、商业、饮食业、服务业收入87.07元，比上年减35.8%。

2001年，据对100户农村住户抽样调查资料显示：以农户人均纯收入分成五组分析，农民收入分配层次发生明显变化。农民人均纯收入在500元以下的低收入户占总户数的1%，比上年下降3个百分点；人均纯收入在500元至1000元的农户占总户数的16%；比上年下降3个百分点；人均纯收入在1000元至1500元的农户占总户数的36%，比上年上升2个百分点；人均纯收入在1500元至2000元的农户占总户数的17%，比上年下降15个百分点；人均纯收入在2000元以上的高收入户占总户数的30%，所占比重比上年上升17个百分点。调查资料表明：农户收入分配合理，差距逐渐缩小，低收入户迈进高层次收入的速度明显加快，所占比重明显降低，高收入户明显增加，所占比重明显增加。2001年，据对100户农户抽样调查资料显示：全年农民家庭费用支出发生新变化。一是支出规模扩大，全年人均总支出1906.37元，比上年增5.1%。二是支出结构出发生变化，全年家庭费用人均支出585.08元，比上年减0.8%，占总支出的30.7%，所占比重下降2.7个百分点；购置生产性固定资产41.39元，比上年下降4%，占总支出的2.2%，所占比重比上年增0.2个百分点；税费支出52.41元，比上年增86.78%，占总支出的2.8%，所占比重比上年增0.8个百分点；生活消费支出1179.68元，比上年增6%，占总支出的61.9%，所占比重上升0.6个百分点；其他非借贷性支出47.81元，比上年增17.3%，占总支出的2.5%，所占比重比上年增0.5个百分点。2001年，据对100户农村住房抽样调查资料显示：农民生活消费支出下降，全年人均消费支出1179.68元，比上年增6%，从支出去向看；八项消费支出即食品消费支出807.79元，比上年增4.8%；衣着消费35.19元，比上年减2.3%；居住消费91.33元，比上年增9.7%；家庭设备、用品及其他服务51.96元，比上年增60%；医疗保健消费55.99元，比上年减20.1%；交通通讯消费20.64元，比上年增24.9%；文教娱乐用品及服务105.4元，比上年增16.3%；其他商品及服务消费11.38元，比上年减10.6%。调查资料表明：农户在近几年中，文化生活有所改善，现在，农户在温饱满足的基础上，开始提高个人的文化素质，精神文明建设有所改善。通讯工具使用率提高。2001年，据对100户农村住房调查资料显示：该100户农村住房年末拥有大型家具23件、洗衣机15台、电风扇2台、电冰箱3台、热水器3台、自行车45辆、摩托车4辆、电话机7部、移动电话4部、寻呼机7个、彩色电视机58台、黑白电视机21台、录放像机4台、影碟机22台、组合音响10台、收录机6台、照相机1台。农民家庭家用手机等通讯工具，从无（1999年）到有，农民们生活之余，不断提高精神文明建设，无线通讯工具已成为先富农民的首选对象之一，农民的文化生活水平不断改善。

（马　会）

【城镇居民收入】　2001年，据对30户城镇居民抽样调查资料显示：城镇居民全年人均可支配收入6314.37元，比上年增长5.75%。从收入来源看：收入结构发生明显变化，人均来自国有核算单位收入4803.16元，比上年增6.72%，占全年可支配收入的76.07%，所占比重比上年上升0.67个百分点；人均来自集体单位收入262.05元，比上年增长7.4%，占全年可支配收入的4.22%，所占比重比上年上升0.42个百分点；人均来自其他劳动收入154.98元，比上年下降12.59%，占全年可支配收入的2.45%，所占比重比上年下降0.55个百分点；人均来自财产性、转移性、家庭副业等项收入1089.61元，比上年增长2.47%，占全年可支配收入的17.26%，所占比重比上年下降0.54个百分点。

【城镇居民消费支出】　据对30户城镇居民抽样调查资料显示：城镇居民全年人均消费支出4488.31元，比上年增长10.09%，其中：人均食品消费1897.43元，比上年增长6.96%；人均衣着支出527.83元，比上年增长6.42%；人均家庭设备用品及服务支出206元，比上年增长22.62%；人均医疗保健支出233.65元，比上年下降12.49%；人均交通与通讯支出449.88元，比上年增31.16%；人均教育文化及娱乐支出567.27元，比上年增28.93%；人均居住支出233.55元，比上年下降6.95%；人均杂项商品及服务支出372.69元，比上年增长10.26%。

【城镇居民耐用消费品】　2001年，据对30户城镇居民调查，该30户居民拥有组合家具22套，沙发床34张，沙发62个，大衣柜31个，摩托车5辆，自行车51辆，缝纫机15架，洗衣机31台，电风扇23台，电冰箱25台，彩色电视机33台，影碟机14台，录放像机7台，组合音响9套，录音机23台，照相机16台，钢琴3架。

（欧汝华）

[illegible]

[illegible]

[illegible]

[illegible]

[illegible]

人　物

——表彰先进（民宗局 提供）

人　物

先 进 集 体

【中共马街乡委员会】　受省委表彰的先进基层党组织。南华县马街乡地处哀牢山余脉中段。国土面积175平方公里，人口18114人，少数民族占65.9%，集山区、民族、贫困为一体,是云南省506个扶贫攻坚乡之一。乡党委下设23个党支部、105个党小组，有党员908名。“九五”以来，马街乡党委把实现脱贫致富目标作为一切工作的出发点和落脚点，抓住扶贫攻坚省州扶持机遇，深入持久地开展农村基层组织建设工作，解放思想，更新观念，调查研究，理清思路，转变作风，狠抓落实，全乡经济社会各项事业取得了长足发展。扩建龙街小（一）型水库1座，维修坝塘14个，新建小水池（窖）3794个，支砌三面光大沟25.7公里；完成人畜饮水工程26件83.5公里，解决了36个村民小组、928户、3238人和2666头大牲畜的饮水困难问题；完成坡改梯2654.58亩，中低产田改造2000亩；争取修建境内哀牢山四级公路58.1公里，新修乡村公路17.2公里，通车村委会由3个增至13个；新架设高低压线路142.51公里，开通了程控电话，全乡实现村村通路、通电、通电话；按照建成3万亩核桃基地乡的目标，发展核桃种植21221亩，目前挂果产生效益5700亩；按照建成4000亩蚕桑基地乡的目标，栽植桑园1531亩，初见效益。通过几年的努力，马街乡人均产粮由199公斤提高到401公斤，农民人均纯收入由256元增至1312元，贫困人口由9653人减少到441人。1999年度通过了省人民政府基本解决温饱验收，2000年12月被中共南华县委表彰为农村基层组织建设“六个好”乡镇党委，2001年6月28日被中共云南省委表彰为“先进基层党组织”。

先 进 人 物

(按受表彰时间先后排列)

李玉甲　“全国希望工程园丁奖”　男，汉族，1968年4月生，南华县一街乡密什么村委会人，中专文化，中共党员，1986年8月参加工作，现任一街学区教师。在教育工作中，认真负责，积极工作，为南华的教育事业辛勤工作了16年。1998年9月10日被中国青少年发展基金会授予“全国希望工程园丁奖”。

（高仲银整理）

普绍堂　“高效抗冻不锈钢太阳能集热板芯”、“移动式高效太阳能沼气装置”两项国家专利获得者　男，彝族，初中文化，中共党员，1964年9月生，南华县一街乡保马夸村委会龙潭村民小组人，现任南华县春晖有限责任公司181太阳能设备厂副厂长。1997年8月，普绍堂凭借自己多年从事太阳能设备工作的经验和胆识，筹建了“南华县181太阳能设备厂”，开始生产181太阳能设备，在生产中，他

潜心钻研，勇于创新，相继开发了“高效抗冻不锈钢太阳能集热板芯”和“移动式高效太阳能沼气装置”2个项目产品，并于2000年6月和8月相继获得中华人民共和国国家知识产权局认定的两个项目专利，他的两项发明，填补了当前太阳能与沼气池市场的两项空白，为彝州人民创造了自己的太阳能品牌，创造了一个“农民科学家”的奇迹。2000年9月，“高效抗冻不锈钢太阳能集热板芯”专利产品荣获“首届香港中华专利技术博览会金奖”、“第四届澳大利亚金锷杯新技术新产品国际博览会金奖”，2000年6月，香港中华专利技术博览会组织委员会授予普绍堂同志“中华专利技术发展成就奖”荣誉。

（陈兆和整理）

何兴凯 “全国村委会优秀计划生育工作者” 男，白族，1969年3月生，龙川镇车子塘村民委员会上村人，高中文化，1996年6月参加工作，历任原车子塘办事处林管员、治安员、计划生育宣传员、妇女主任。2000年9月村级体制改革中，当选为车子塘村民委员会副主任。何兴凯同志1998年6月任计划生育宣传员后，克服了男同志做妇女工作的尴尬，兢兢业业，大胆工作，勇攀高峰，使全村计划生育率稳步提高，各项计划指标均得到控制，为全村经济发展作出了积极的贡献。2000年9月被国家计划生育委员会授予“全国村委会优秀计划生育工作者”荣誉称号。

（黄云松整理）

夏泽辉 国家计划生育委员会表彰为“从事计划生育工作满十五年”工作者 男，彝族，1962年2月生，南华县五顶山乡鼠街村委会马家箐村民小组人，中专文化，中共党员，1984年6月参加工作，现任五顶山乡计划生育办公室主任。夏泽辉同志自参加工作就一直从事计划生育工作，整整18年来，他爱岗敬业，扎实工作，不讲条件，不怕吃苦，认真宣传、贯彻落实国家计划生育政策，努力巩固“三为主”，推进“三结合”，使全乡的计划生育工作取得了许多好成绩，为计划生育工作和社会主义事业作出了贡献。2001年3月，被中华人民共和国国家计划生育委员会表彰为“从事计划生育工作满十五年，为社会主义事业作出了贡献”的工作者。

（陈兆和整理）

杨育慧 “云南省1996－2000年度党史系统先进工作者” 男，汉族，1955年5月生，南华县沙桥镇大冲村委会人，大专文化，中共党员，1971年参加工作，历任县政协党组成员，办公室主任、党支部书记、县史志办党支部书记、主任，现任中共南华县委党史征集研究室、南华县地方志编纂委员会办公室党支部书记、主任。自1995年从事党史工作以来，积极率领单位全体干部职工，立足本职，甘于奉献，兢兢业业，扎实工作，努力争创史、志、鉴丰硕的编研成果，为南华的史志事业做出了贡献。6年来，由他主编出版的书刊共10部，累计400多万字；组织征集党史资料60多万字，编报各类党史资料40多万字，发行各类党史书刊1万多册。1996年6月，县委党史征集研究室被中共楚雄州委表彰为“楚雄州党史工作先进集体”；2001年6月，被中共云南省委表彰为“云南省1996－2000年度党史系统先进集体”；2001年5月30日，他被中共云南省委表彰为“云南省1996－2000年度党史系统先进工作者”。

（陈兆和整理）

李学安 “云南省纪检监察系统先进工作者” 男，汉族，1962年10月生，云南省武定县人，大学文化，中共党员，1979年12月参加工作，1998年6月至2001年7月任中共南华县委常委、县纪委书记，任职期间，作风踏实，公正廉洁，抓党风廉政建设和反腐败斗争工作敢于碰硬，在抓机关作风和机关效能建设工作成绩显著，深受全县广大干部群众的好评。2001年6月25日，被省纪委、省委组织部、省监察厅、省人事厅表彰为“云南省纪检监察系统先进工作者”。

（陈兆和整理）

周保全　云南省“改革村级体制、实行村民自治”先进个人　男，汉族，1965年5月生，南华县沙桥镇沙桥村委会人，大专文化，中共党员，1984年9月参加工作，现任中共一街乡党委书记。2000年，在村级体制改革中成绩突出，全乡12个村民委员会全部实现了书记、主任一肩挑目标。2001年6月被中共云南省委、省人民政府表彰为“改革村级体制、实行村民自治”先进个人。

（高仲银整理）

周万铭　“中国人寿保险公司优秀共产党员”　男，汉族，1962年11月生，江苏省南京市人，大学文化，中共党员，政工师，原任中国人寿保险公司南华办事处经理、党支部书记兼楚雄分公司团委书记，2001年7月调州公司任总经理助理。周万铭同志1999年4月任中国人寿保险公司南华办事处党支部书记、经理以来，全身心投入本职工作，时时处处按照党员标准严格要求自己，认真贯彻党的路线、方针、政策和省、州公司党委的决议、指示，尽职尽责地抓好支部的组织建设、思想建设、作风建设和公司的管理工作，团结带领全体员工大力发展人寿保险业务，为彝州及南华县人寿保险事业作出了积极的努力。2001年6月被中共中国人寿保险公司委员会（国寿党发[2001]45号）表彰为优秀共产党员。

（叶明辉整理）

高明新　云南省1996-2000年第三个五年法制宣传教育先进个人。男，汉族，南华县龙川镇人，1967年2月生，中共党员，大学文化，现任南华县司法局副局长。自1996年以来，在分管的工作中认真负责，作风踏实，兢兢业业，扎实工作，为南华县普法宣传教育工作作出了突出贡献，在“三五”普法工作中先后受到州、县的多次表彰奖励。2001年6月，被云南省委、省政府表彰为云南省1996-2000年第三个五年法制宣传教育先进个人。

（巫骏荣整理）

叶忠生　云南省“优秀共产党员”　男，汉族，1965年4月生，南华县徐营镇徐营镇民委员会松竹村民小组人，中共党员，中专文化，1982年12月参加工作，现任南华县徐营镇徐营镇民委员会主任、党支部书记。自1996年以来，叶忠生同志牢记为人民服务的宗旨，在工作中无私奉献、兢兢业业、扎实工作、任劳任怨，积极带领群众大胆实践，锐意创新，走出了一条科技兴农、科技致富的好路子，被村民们誉为科技致富的“带头人”、“领头雁”。2001年6月28日，他被中共云南省委表彰为“优秀共产党员”。

（周绍辉整理）

罗应富　云南省“勘界工作先进个人”　男，汉族，1955年7月生，南华县龙川镇人，大专文化，中共党员，1975年1月参加工作，现任南华县勘界工作领导小组办公室主任、南华县民政局办公室主任，副主任科员。1996年开展勘界工作以来，积极带领勘界办工作人员，爬山涉水，深入边界地区，走访调查群众，准确掌握边界历史问题和现实管理使用土地现状，以有力的事实依据主动与对方友好协商，较好地解决了“南祥线”、“楚南线”、“罗一线”的历史争端问题，为解决边界地区争议、维护社会稳定、促进经济发展作出了贡献。2001年11月被云南省人民政府表彰为“全省勘界工作先进个人”。

（陈兆和整理）

逝世人物

起贤亲 男，彝族，高中文化，南华县五街乡人，1918年6月生，1948年8月参加工作，1949年参加边纵八支队任二大队副大队长，同年加入中国共产党组织。1949年12月任姚安公安队队长，楚雄马街区区长，1953年起先后在徐营学区、一街学区任教。1982年4月离休，享受副处待遇。2001年5月30日，因病医治无效逝世，终年83岁。

（张国光整理）

中级以上专业技术人员名录

2001年，全县晋升高、中级专业技术职务86人，其中：破格晋升9人，正常晋升77人。按职务系列分，中学高级教师2人，中学一级教师25人，小学高级教师43人，副主任医师2人，主治医师4人，主管护师6人，编辑1人，群文馆员1人，农艺师1人，工程师1人。

2001年晋升高级职务人员名单

姓　名	性别	民族	出生年月	专业技术职务	工作单位	晋升时间
马仁能	男	回	1961·7	中教高级	南华一中	2001·5·29
王兴能	男	汉	1955·3	中学高级	南华一中	2001·5·29
罗汝明	男	汉	1964·10	副主任医师	南华县医院	2001·8·30
周　琼	女	汉	1955·7	副主任医师	南华中医院	2001·8·30

2001年破格晋升中级职务人员名单

姓　名	性别	民族	出生年月	专业技术职务	工作单位	晋升时间
张万峰	男	汉	1971·11	化学中学一级教师	五顶山中学	2001·3·24
欧菊萍	女	汉	1969·3	英语中学一级教师	南华一中	2001·3·24
吴贤萍	女	彝	1972·7	小学高级教师	东城小学	2001·3·24
李正燕	女	汉	1972·10	小学高级教师	龙川学区	2001·3·24
段琼珍	女	白	1972·2	小学高级教师	雨露学区	2001·3·24
彭菊兰	女	白	1970·12	小学高级教师	雨露学区	2001·3·24
赵学兰	女	彝	1974·6	小学高级教师	兔街学区	2001·3·24
张　翔	男	汉	1971·10	小学高级教师	龙川小学	2001·3·24
李荣亮	男	彝	1971·2	小学高级教师	五顶山学区	2001·3·24

2001年正常晋升中级职务人员名单

姓　名	性别	民族	出生年月	专业技术职务	工作单位	晋升时间
罗秀琼	女	汉	1968·5	编辑	县广播局	2001·6·13
李美珍	女	彝	1960·2	小教高级	兔街学区	2001·5·29
罗朝文	男	彝	1965·1	小教高级	兔街学区	2001·5·29
李郁文	男	汉	1954·7	小教高级	兔街学区	2001·5·29
刘菊美	女	汉	1865·12	小教高级	马街学区	2001·5·29
周　全	男	彝	1954·12	小教高级	马街学区	2001·5·29
周文尧	男	汉	1957·8	小教高级	五顶山学区	2001·5·29
杨润泽	男	汉	1969·3	小教高级	五顶山学区	2001·5·29
郑绍瑛	男	汉	1953·7	小教高级	红土坡学区	2001·5·29
周丕良	男	汉	1962·3	小教高级	红土坡学区	2001·5·29
杨福荣	男	汉	1955·8	小教高级	罗武庄学区	2001·5·29
吕华律	男	汉	1963·1	小教高级	罗武庄学区	2001·5·29
李玉发	男	汉	1956·7	小教高级	罗武庄学区	2001·5·29

续 表

姓 名	性别	民族	出生年月	专业技术职务	工作单位	晋升时间
李 萱	男	汉	1964・12	小教高级	一街学区	2001・5・29
将绍禹	男	汉	1968・12	小教高级	一街学区	2001・5・29
王宗开	男	彝	1960・1	小教高级	五街学区	2001・5・29
王自发	男	汉	1959・1	小教高级	五街学区	2001・5・29
王以富	男	彝	1953・9	小教高级	天申堂学区	2001・5・29
罗宗勇	男	彝	1957・5	小教高级	天申堂学区	2001・5・29
夏 碧	男	汉	1963・5	小教高级	沙桥学区	2001・5・29
罗丽琼	女	彝	1972・3	小教高级	沙桥学区	2001・5・29
殷学华	男	汉	1968・10	小教高级	沙桥学区	2001・5・29
周国信	男	汉	1970・2	小教高级	沙桥学区	2001・5・29
王发荣	男	汉	1969・1	小教高级	徐营学区	2001・5・29
张绍奇	男	白	1963・12	小教高级	徐营学区	2001・5・29
赵兴发	男	白	1966・6	小教高级	雨露学区	2001・5・29
费国友	男	汉	1969・7	小教高级	雨露学区	2001・5・29
童毅锋	男	汉	1969・12	小教高级	龙川学区	2001・5・29
张承相	男	彝	1956・11	小教高级	龙川学区	2001・5・29
张从怀	男	彝	1956・2	小教高级	龙川学区	2001・5・29
刘正友	男	汉	1968・5	小教高级	龙川学区	2001・5・29
邓美仙	女	汉	1962・4	小教高级	龙川学区	2001・5・29
纪绍英	女	汉	1956・3	小教高级	龙川学区	2001・5・29
张美琼	女	汉	1956・11	小教高级	城区幼儿园	2001・5・29
廖建华	男	汉	1962・6	小教高级	龙川小学	2001・5・29
夏 勇	男	汉	1965・6	小教高级	龙川小学	2001・5・29
邱丽仙	女	汉	1961・7	小教高级	龙川小学	2001・5・29
罗支明	男	彝	1968・8	中学一级教师	兔街中学	2001・5・29
李付林	男	汉	1972・2	中学一级教师	兔街中学	2001・5・29
刘忠明	男	彝	1971・1	中学一级教师	兔街中学	2001・5・29
董启荣	男	彝	1969・5	中学一级教师	马街中学	2001・5・29
李芝敏	男	彝	1970・4	中学一级教师	五顶山中学	2001・5・29
徐南山	男	彝	1969・10	中学一级教师	南华一中	2001・5・29
李太林	男	汉	1971・2	中学一级教师	一街中学	2001・5・29
彭正虎	男	汉	1970・12	中学一级教师	一街中学	2001・5・29
罗万林	男	彝	1968・9	中学一级教师	五街中学	2001・5・29
周杰英	女	汉	1964・10	中学一级教师	沙桥中学	2001・5・29
田应光	男	回	1966・6	中学一级教师	沙桥中学	2001・5・29
何锡勇	男	汉	1970・11	中学一级教师	徐营中学	2001・5・29
段英荣	男	汉	1963・8	中学一级教师	徐营中学	2001・5・29
吴玉贤	男	汉	1968・8	中学一级教师	徐营中学	2001・5・29
彭永金	男	白	1961・8	中学一级教师	雨露中学	2001・5・29
李文奇	男	汉	1963・1	中学一级教师	雨露中学	2001・5・29

续 表

姓　名	性别	民族	出生年月	专业技术职务	工作单位	晋升时间
高兴平	男	汉	1965·10	中学一级教师	职业中学	2001·5·29
朱发荣	男	汉	1967·11	中学一级教师	南华一中	2001·5·29
蒋　琳	女	汉	1968·8	中学一级教师	南华一中	2001·5·29
张丽英	女	汉	1968·5	中学一级教师	南华一中	2001·5·29
敖　虹	女	汉	1968·7	中学一级教师	南华一中	2001·5·29
郭丽琼	女	汉	1966·5	中学一级教师	南华一中	2001·5·29
郭彩华	女	汉	1965·3	中学一级教师	南华一中	2001·5·29
方绍光	男	汉	1963·12	农艺师	南华县经作站	2001·6·30
张建军	男	彝	1968·7	群文馆员	南华县文化馆	2001·7·25
余春琼	女	汉	1964·1	主管护师	南华县医院	2001·9·22
吕琼香	女	汉	1972·10	主管护师	南华县医院	2001·9·22
吴丽英	女	汉	1970·10	主管护师	南华县医院	2001·9·22
张爱萍	女	汉	1965·6	主管护师	南华县医院	2001·9·22
李祖芳	女	汉	1970·6	主管护师	南华县医院	2001·9·22
杨菊兰	女	白	1968·11	内科主治医师	南华县医院	2001·9·22
刘　峰	男	汉	1963·5	口腔主治医师	南华县医院	2001·9·22
张菊兰	女	汉	1969·6	主管护师	南华县医院	2001·9·22
张学文	男	白	1969·9	内科主治医师	一街卫生院	2001·9·22
王照琼	女	彝	1972·6	妇产科主治医师	五街卫生院	2001·9·22

2001年度任命的主任科员、副主任科员名录

主任科员名录

姓名	性别	出生年月	民族	文化	籍贯	参加工作时间	入党时间	工作单位	职务	任现职时间
普金华	男	1960·12	汉	大专	南华	1979·2	1981·10	公安局	主任科员	2001·4
周富贵	男	1958·3	汉	中专	马街	1978·10	1987·8	马街乡	主任科员	2001·11
罗文清	男	1961·6	汉	中专	马街	1980·4	1983·10	马街乡	主任科员	2001·11
李有尧	男	1955·3	汉	初中	五顶山	1984·4	1978·12	五顶山乡	主任科员	2001·11
余正昌	男	1955·1	汉	初中	红土坡	1979·4	1978·2	红土坡镇	主任科员	2001·11
罗开存	男	1956·5	彝	中专	一街	1982·12	1977·3	一街乡	主任科员	2001·11
罗兴海	男	1958·5	彝	高中	五街	1979·7	1981·12	五街乡	主任科员	2001·11
鲁有堂	男	1960·5	彝	初中	五街	1979·12	1983·8	五街乡	主任科员	2001·11
夏正光	男	1961·7	汉	高中	五街	1984·4	1990·8	五街乡	主任科员	2001·11
周维祥	男	1962·10	彝	中专	沙桥	1984·4	1984·11	沙桥镇	主任科员	2001·11
林凤安	男	1954·12	汉	高中	徐营	1978·10	1989·11	徐营镇	主任科员	2001·11
李发忠	男	1961·12	白	中专	雨露	1980·12	1991·11	雨露乡	主任科员	2001·11
马联庚	男	1956·8	回	大专	龙川	1984·4	1985·2	龙川镇	主任科员	2001·11
起菊凤	女	1962·5	彝	大专	五街	1984·4	1986·6	五街乡	主任科员	2001·11
何文碧	男	1962·1	白	大专	雨露	1986·9	1990·9	雨露乡	主任科员	2001·11
段兴洪	男	1969·1	汉	大专	沙桥	1988·12	1992·11	天申堂乡	主任科员	2001·11
谢有福	男	1952·7	汉	小学	马街	1971·7	1987·9	公安局	主任科员	2001·11
许彪	男	1951·7	汉	中专	龙川	1974·1	1987·4	文体局	主任科员	2001·12
张兴荣	男	1966·10	汉	大专	南华	1987·6	1990·5	交通局	主任科员	2001·12

副主任科员名录

姓名	性别	出生年月	民族	文化	籍贯	参加工作时间	入党时间	工作单位	职务	任现职时间
罗凤珍	女	1956·11	彝	初中	南华	1977·9	1993·7	五顶山乡	副主任科员	2001·6
罗学菊	女	1952·10	彝	初中	南华	1991·8	1992·11	天申堂乡	副主任科员	2001·6
鲁思成	男	1959·10	彝	高中	天申堂	1980·4	1984·6	天申堂乡	副主任科员	2001·11
吴应聪	男	1961·9	汉	高中	沙桥	1981·10	1986·4	沙桥镇	副主任科员	2001·11
董琦	男	1972·2	彝	大专	马街	1991·7	1994·7	马街乡	副主任科员	2001·11
顾世菊	女	1969·2	汉	大专	龙川	1994·9	1997·6	沙桥镇	副主任科员	2001·11
马仁芳	女	1966·4	回	大专	龙川	1987·7	1995·6	龙川镇	副主任科员	2001·11

（饶　萍）

附　录

——养殖（县委办 提供）

附　录

南华县人民政府关于表彰奖励见义勇为先进个人的决定

各乡镇人民政府，县直各委、办、局，省、州驻南华单位:

2000年10月30日夜，沙桥镇小古山村委会包家村民小组村民侯进在320国道旁包文云修理店发现有人正在行窃时，大胆制止，在歹徒仓惶逃窜后奋力追捕，在与歹徒搏斗中英勇负伤。

2000年11月25日中午，龙川镇火星村委会中山脚村民小组村民徐国兴在该村发现有两名窃贼正在行窃时，大胆制止，勇抓歹徒，在与歹徒搏斗中负伤。

为弘扬正气，伸张正义，鼓励群众同违法犯罪分子作斗争，保护国家、集体、个人财产及人民群众生命安全；积极推进社会治安综合治理，经县人民政府研究决定，对侯进、徐国兴见义勇为的先进事迹给予表彰奖励，各奖励人民币1000元。希望全县广大干部群众向侯进、徐国兴学习，见义勇为，勇于同违法犯罪分子作斗争，维护社会治安稳定。

2001年2月7日

（南政发［2001］2号）

中共南华县委
关于表彰农村基层组织建设工作先进单位和先进个人的决定

(2001年1月15日)

按照党的十四届四中全会和全国农村基层组织建设工作会议的决策部署，我县从1994年冬以来，连续六年对农村基层组织进行了整顿和建设。六年来，在州委及州委村建工作领导小组的指导和帮助下，围绕乡镇党委“六个好”、村党支部“五个好”的目标，在抓班子、育队伍、建制度、拓思路、谋发展上下功夫、花气力，使农村基层组织的战斗力、凝聚力有了明显增强，干部作风明显改进，促进了两个文明建设协调发展。涌现出一批成绩突出的先进单位和先进个人。为发扬成绩、鼓励先进，县委决定，对龙川镇等9个先进乡镇党委、火星等33个先进村党支部、县委办公室等30个村建工作先进单位和叶忠华等81名先进个人给予表彰。

县委要求，各级各部门和受表彰的单位及个人要继续发扬成绩，总结和借鉴六年村建及“三讲”教育的经验，牢固树立政治意识、大局意识、责任意识，把“三个代表”重要思想学习教育活动抓紧抓好，为不断提高全县基层组织建设水平，实现我县“十五”计划而努力奋斗。

附:农村基层组织建设工作先进单位和先进个人名单

一、创建“六个好”乡镇党委先进单位（9个）：

龙川镇党委　徐营镇党委、　沙桥镇党委
天申堂乡党委　罗武庄乡党委　红土坡镇党委
五顶山乡党委　马街乡党委　兔街乡党委

二、创建“五个好”村党支部先进单位（33个）：

龙川镇火星村党支部
徐营镇徐营村党支部
徐营镇古苴村党支部
徐营镇斗华村党支部
雨露乡洒披武村党支部
雨露乡雨露村党支部
雨露乡镇模河村党支部
沙桥镇山场村党支部
雨露乡镇模河村党支部
沙桥镇山场村党支部
沙桥镇索厂村党支部
天申堂乡瓦黑井村党支部
五街乡五街村党支部
五街乡大村坡村党支部
五街乡玉可郎村党支部
一街乡一街村党支部
一街乡保马夸村党支部
一街乡密什么村党支部
一街乡坡头村党支部
罗武庄乡树密鲊村党支部
罗武庄乡臧当村党支部
罗武庄乡阿脑村党支部
红土坡镇龙潭山村党支部
红土坡镇法郎村党支部
红土坡镇咪拉山村党支部
红土坡镇大旭宇村党支部
五顶山乡牛丛村党支部
五顶山乡力苴村党支部
马街乡缴板村党支部
马街乡威车村党支部
马街乡锈水塘村党支部
马街乡法空村党支部
兔街乡干龙潭村党支部
兔街乡小古木村党支部
兔街乡半坡村党支部

三、村建工作先进单位（30个）：

县委办公室　县委组织部　县委宣传部
团县委　县妇联　县人大办公室
县政府办公室　县政协办公室　县纪委监察局
县委党校　县公安局　县司法局
县人民法院　县人民检察院　县农牧局

县文体局　县水电局　县工商局
县民族宗教局　县林业局　县土地局
县人事劳动局　县财政局　县统计局
县民政局　县烟草公司　县计委
县科委　县工商银行　县教委

四、村建工作先进个人（81人）：

叶忠华（龙川镇政府）
张从庸（龙川镇政府）
余加文（龙川镇政府）
紫发忠（龙川镇岔河村）
童开兴（龙川镇红土门村）
段　华（徐营镇政府）
余红元（徐营镇政府）
王发昌（徐营镇学区）
段德发（徐营镇二街村）
肖　志（雨露乡政府）
何孔杰（雨露乡政府）
张　玲（雨露乡政府）
何孔贵（雨露乡洒披武村）
杨玉华（沙桥镇政府）
周国良（沙桥镇政府）
周以惠（沙桥镇政府）
王正元（沙桥镇金竹林村）
施光荣（沙桥镇沙桥村）
罗文慧（天申堂乡政府）
罗兆昌（天申堂乡政府）
普开任（天申堂乡政府）
王光顺（天申堂乡天申堂村）
李之梁（五街乡政府）
周开华（五街乡政府）
普保章（五街乡六皮郎村）
鲁顺才（五街乡芹菜塘村）
周保全（一街乡政府）
高仲银（一街乡政府）
许朝旭（一街乡林业站）
徐正祥（一街乡保马夸村）
李育兰（一街乡一街村）
罗成章（罗武庄乡政府）
李芝洪（罗武庄乡政府）
孔跃林（罗武庄乡政府）
张万贵（罗武庄乡树密鲊村）
李先学（红土坡镇政府）
李美昌（红土坡镇政府）
张存琨（红土坡镇学区）
张绍华（红土坡镇大旭宇村）
马荣山（五顶山乡政府）
罗忠营（五顶山乡政府）
董　琦（马街乡政府）
邓保忠（马街乡诸葛营村）
钱光泰（马街乡粮点）
者尽仁（兔街乡水管站）
罗文富（兔街乡小古木村）
李红民（县委）
汪应富（县村建办）
李廷波（县委办公室）
周汉德（县委党校）
郑绍学（县纪委）
吴和顺（县人大民工委）
普金华（县公安局）
罗正华（县民族宗教局）
窦永光（县工商局）
余红梅（县妇联）
王志平（县烟草公司）
代荣先（红土坡镇法郎村）
李有尧（五顶山乡政府）
徐文高（五顶山乡王家村）
李　德（马街乡政府）
周顺贤（马街乡龙街村）
李美华（兔街乡政府）
李朝华（兔街乡学区）
李郁章（兔街乡普洒村）
杨　龙（县委组织部）
欧阳文忠（县村建办）
杨庭明（县委宣传部）
罗成亮（县委党校）
陈兴华（县人大办公室）
何锡英（县政府）
董廷祥（县文体局）
谢俊林（县教委）
张子荣（团县委）
刘黎华（县计委）
童　信（县委统战部）
何永新（县扶贫办）
王建林（县老干局）
王正武（县政法办）
白兴旺（县电信局）
王立庆（县广播局）

（南字[2001]3号）

南华县2000年第五次人口普查主要数据公报

(2001年5月17日)

根据国务院的决定，我国于2000年11月1日进行了第五次全国人口普查登记工作。在国务院和地方各级人民政府的统一领导下，在全县各族人民的大力支持下，在有关部门的积极配合下，通过县、乡(镇)人普办以及广大普查工作人员的艰苦努力，我县顺利完成了第五次人口普查入户摸底、现场登记、复查验收、手工快速汇总等前期各项工作，取得了阶段性的重要成果。目前，主要数据的快速汇总工作已经完成，现将我县人口普查的主要数据公布如下:

一、总人口

第五次全国人口普查以2000年11月1日0时为普查登记的标准时间，普查登记的对象是具有中华人民共和国国籍并在中华人民共和国境内常住的人口，每个人都在常住地进行登记。

全县普查实点实际登记总人口227972人(包括户籍在县外而应在本县登记的外来人口，不包括本县户籍人口外出应在外地登记的人口)，同1990年第四次人口普查(1990年7月1日0时)的总人口相比，十年零四个月共增加了13833人，增长率为6.46%；年平均增加1339人，年平均增长率为0.61%。

二、人口分布

全县普查时点实际登记人口分布为:

龙川镇	58791人	一街乡	18958人
沙桥镇	22924人	罗武庄乡	11828人
徐营镇	20442人	红土坡镇	13153人
雨露乡	13704人	五顶山乡	10158人
天中堂乡	9604人	马街乡	17860人
五街乡	16742人	兔街乡	13808人

三、家庭户人口

全县十二个乡镇普查实际登记共有家庭户60177户，家庭户人口226001人，占全县总人口的99.1%。家庭户平均规模为3.76人，比1990年第四次人口普查的4.4人减少了0.64人。

四、总人口性别构成

全县普查实际登记的总人口中，男性为116759人，占总人口的比重为51.22%；女性为111213人，占总人口的比重为48.78%。总人口性别比（即以女性为100，男性对女性的比例）为105。

五、年龄构成

全县普查实际登记的总人口中，0-14岁的人口为55752人，占总人口的24.46%；15-64岁的人口为157281人，占总人口的68.99%；65岁及以上的人口为14939人，占总人口的6.55%。同1990年第四次人口普查相比，0—14岁人口的比重下降了3.92个百分点，65岁及以上人口的比重上升了1.74个百分点。

六、民族构成

全县普查实际登记的总人口中，汉族人口134806人，占总人口的比重为59.13%；少数民族人口为93166人，占总人口的比重为40.87%。

七、各种受教育程度人口

全县普查实际登记的总人口中，接受大学（指大专以上）教育的人口为1982人，占0.87%；接受高中（含中专）教育人口为10583人，占4.64%；接受初中教育的人口为49035人，占21.51%；接受小学教育的人口为117398人，占51.5%。（以上各种受教育程度的人包括各类学校的毕业生、肄业生和在校生）

同1990年第四次人口普查相比，每10万人中拥有各种受教育程度的人数有如下变化:具有大学受教育程度的由219人上升为870人；具有高中受教育程度的由2577人上升为4640人；具有初中受教育程度的由12493人上升为21510人；具有小学受教育程度的由50407人上升为51500人。

全县普查实际登记总人口中，文盲及半文盲人口（15岁及15岁以上不识字或识字很少的人口）为21898人，同1990年第四次人口普查相比，文盲率由21.35%下降为9.61%，下降了11.74个百分点。

八、城乡人口

全县普查实际登记总人口中，居住在城镇的人口21381人，占总人口的9.4%；居住在乡村的人口206591人，占总人口的90.6%。

注:

（1）本公报为初步汇总数。

（2）各种人口结构数据按全县12个乡镇普查实际登记人口计算。

（3）家庭户人口不包括现役军人，也不包括相互之间没有家庭成员关系集体居住的人。

（4）文盲率（粗）指文盲、半文盲人口（15岁及15岁以上不识字或识字很少的人）占总人口的比例。

（5）城乡人口是按国家统计局（国统字[1999]114号）《关于统计上划分城乡的规定（试行）》划分计算的。即:城镇人口中的城市人口指设区、市的市区人口，不设区、市的市区人口；镇人口指县及县以上人民政府所在建制镇的镇区人口，其他建制镇的镇区人口。乡村人口指集镇和农村人口。

南华县人民政府关于加快县城建设提高城镇化水平若干优惠政策的规定

一、为实施中央关于"小城镇，大战略"的重大决策，加快县城这一全县政治、经济、文化中心的建设，拉动经济增长。根据国家有关法律、法规及现行政策的规定以及《南华县国民经济和社会发展第十个五年计划纲要》和《中共南华县委南华县人民政府关于加快城镇建设提高城市化水平的决定》，结合我县实际，特制定本规定。

二、本规定适用于在县城规划区内以有偿方式取得国有土地使用权及购买商品房的个人、法人实体及经济组织。

三、公民、法人实体、经济组织均可进入县城规划区内以有偿方式取得土地使用权建房和购买商品房。

四、参与县城建设开发的方式

（一）在县城规划区内以有偿方式取得土地使用权建房或购买商品房，土地使用权期限为70年；

（二）投资者依法以有偿方式取得的土地使用权及购买的商品房在期限内有依法继承、转让、出租、抵押的权利；

（三）投资者可依法在使用期内以土地使用权与他人入股合资或合作开发建设。

（四）土地受让可分户或联户，允许单建或联建。

（五）土地实行有偿出让，依法办理各种手续和交纳应缴款项后方取得土地使用权，房屋建成后再办理有关房产所有权合法手续。

（六）县城建设实行统一规划、统一征地、统一开发、统一出让、统一管理的原则。

（七）企业或个人参与投资县城基础设施建设和公益设施建设，可以以行政划拨方式取得建设用地。

五、土地出让的价格根据地块的区位和开发价值确定。

六、降低或减免办理土地使用权的收费标准，法律法规明文规定收取费用的一律按下限收取，县级有权确定的地籍调查费等费用一律免收。

七、凡在县城规划区内以有偿方式取得土地使用权建盖房屋的，除房产产权证工本费每套65元按国家规定必须收取外，可享受如下优惠政策。

（一）免收原规定收取的机关、企事业单位按工程造价的1.5%至2.5%和私人按建筑面积6元/平方米的市政公用设施配套费；

（二）免收原规定收取的按工程建筑面积6元/平方米的人民防空异地建设费；

（三）免收原规定收取的按建筑面积0.15元/平方米的房地产权属调查登记费；

（四）免收原规定收取的按工程造价5‰的房产评估费。

八、凡由个人自备材料，对外请工建房的，免征营业税。

九、购买的商品房居住超过一年的，转让时免征营业税，居住不足一年的，转让时营业税按销售价减去购入原价后的差额按3%的税率计征；个人自建自用住房，转让时免征营业税。

十、对于按房改政策购买了住房，本次以有偿方式取得土地使用权建房或购买商品房者，出售原购买住房（居住满一年）的免征营业税和土地增值税。按有关规定所交纳的土地收益金、房契税，财政作为地方税收后可返还。

十一、原未按房改政策参加福利性实物分房或按房改政策参加福利性实物分房，但享受面积不足的，在县城规划区内以有偿方式取得土地使用权建房或购买商品房的，可继续享受房改政策的各项待遇。

十二、在县城规划区内以有偿方式取得土地使用权建房或购买商品房，又从事个私企业经营的，在办理营业执照时，免收登记费。

十三、按政策应由国家安排就业而又自谋职业的退役军人，在县城规划区以有偿方式取得土地使用权建房或购买商品房，又兴办个私经济的，凭当地人民政府退役士兵安置机构出具的自谋职业证明，免收两年的个体工商管理费和个人所得税。

十四、金融信贷政策。（因各银行所提供的标准不一，分别列出）

（一）各商业银行直接向符合贷款条件并取得土地使用权或购商品房者提供按揭贷款；

（二）各商业银行直接向以有偿方式取得土地使

用权或购买商品房者发放住房贷款或商业用房贷款；

（三）凡符合贷款条件的，按程序向各商业银行申请贷款；

（四）工商银行承诺：为投资者提供个人商业用房贷款和个人住房贷款。商业用房贷款额度为借款人净资产的50%，期限最长可达10年；个人住房贷款额度为个人所购住房或建房总价的70%，贷款期限最长可达30年。贷款利率按国家规定的利率执行；

（五）农业银行承诺：为投资者提供国库券质押贷款，比例由原来的80%提高到100%；凡工资在农行代发的单位职工，若向农行申请贷款，同时又有在农行代发工资单位的职工作担保，可获得贷款最高达50000元，如无担保，可获得贷款最高达30000元。贷款期限最长可达5年，可享受住房贷款的同等利率政策；

（六）建设银行承诺：为投资者提供国库券、房产抵（质）押贷款，执行住房贷款同等利率，贷款期限最长为30年；同时还可提供建房工程预决算服务，收费标准从原规定3%降低到1.5%。

十五、凡在县城规划区内以有偿方式取得土地使用权建房或购买商品房的，本人及其配偶、子女均可办理城镇常住户口，不再收取城镇增容费或相关费用。

十六、凡本县农民在县城规划区以有偿方式取得土地使用权建房或购买商品房，并已办理城镇常住户口的，鼓励其经营好承包地的同时，从事非农产业的经管。

十七、凡在县城规划区内以有偿方式取得土地使用权建房或购买商品房的，其子女就学按城区划片招生规定入学，享受城镇常住居民子女的同等待遇，不再另收费用。

十八、凡办理城镇常住户口的，可享受城镇常住居民的社会保障待遇。

十九、凡在县城规划区以有偿方式取得土地使用权建房或购买商品房的，自来水搭口费由原来的每户（表）300元降低到每户（表）100元（材料费用自负）；用户开设照明用电户头时免交增容费。

二十、县城规划区内严格审批新增宅基地建房，县城规划区内的农业人口在规划区内以有偿方式取得土地使用权或购买商品房的，在同等条件下可适当优惠。

二十一、在县城规划区外我县的农业人口，凡在县城规划区内以有偿方式取得土地使用权或购买商品房的，不影响户籍所在地申请审批宅基地建房。

二十二、本《规定》自发文之日起执行，此前规定与本《规定》不一致的，一律以本《规定》为准。本《规定》由县土地局、县城建局负责解释。

南华县2001年国民经济和社会发展统计公报

南华县统计局

2002年3月1日

2001年是进入新世纪，实施“十五”计划的第一年，全县各族人民在县委、县人民政府的正确领导下，认真贯彻落实党中央、国务院、省委、省政府和州委、州政府的各项方针政策，进一步解放思想、更新观念，抓住机遇深化改革，着力调整结构，推进民展，根据本县实际，采取各种措施，克服经济和社会发展中员到的各种困难和问题，确保了全县经济持续民展和社会全面进步，完成了2001年国民经济和社会发展目标任务，实现了“十五”计划的第一年开好头、起好步的目标。

综　合

国民经济保持快速增长。初步测算，全县国内生产总值62744万元，比上年增长8.1%。其中：第一产业增加值29717万元，比上年增长3.8%；第二产业增加值12890万元，比上年增5.1%；第三产业增加值20137万元，比上年增17.6%。第一、二三产业对国民经济增长的贡献率分别为23.0%、13.2%、63.8%。

经济结构调整取得实效,第一、二、三产业实现增加值占国内生产总值的比重由上年的49.4:21.1:29.5调整为47.4:20.5:32.1。非公有制经济增加值占国内生产总值的比重由上年的25%提高到2001年的25.5%，人均国内生产总值2728元，比上年增长8.3%。

市场价格总水平小幅下降。全年商品零售价格平均比上年下降0.8个百分点，居民消费价格平均比上年下降0.2个百分点；农业生产资料价格平均比上年下降1.6个百分点。

国民经济和社会发展中存在的主要问题是：经济结构不合理的矛盾依然突出，农业基础薄弱，农民收入增长缓慢，财政收支矛盾突出，消费需求不旺，国有集体企业活力不足，竞争能力和适应能力不强，社会就业压力增大等。

农　业

2001年，农业生产全面发展，农作物种植结构调整取得新进展。全县农林牧渔业总产值达（现价）45382万元，（按可比价下同）比上年增长3.7%。其中：农业产值26342万元，增长2.3%；林业产值3080万元，增长-5.9%；牧业产值15381万元，增长7%；渔业产值580万元，增长15%。主要农作物全面增产，对稳定经济，保障市场供应、促进农民增收起到了积极作用。

2001年主要农产品产量

产品名称	单位	绝对数	比上年增长%
粮　食	吨	96566	0.8
油　料	吨	2312	15.8
烤　烟	吨	6049	-13.7
茶　叶	吨	144	-5.9
水　果	吨	2358	0.9
蚕　茧	吨	21	61.5
核　桃	吨	1386	-14.9
肉类（含家禽）	吨	16133	7.7
其中：猪肉产量	吨	12573	6.5
禽蛋产量	吨	423	12.5

造林绿化与林业生产取得较好成绩。全年造林面积1.5万亩，主要林产品产量核桃1386吨、板栗9吨，分别增长-14.9%、-6.3%。

畜牧、水产业继续发展。全年肉类总产值16133吨，比上年增长7.7%。水产品产量483吨，比上年增长15%。

2001年末牲畜存栏数

产品名称		单位	绝对数	比上年增长%
大牲畜		头	80925	1.8
其中	牛	头	70070	2.3
	马	匹	407	-23.6
	驴	匹	4144	2.5
	骡	匹	6304	2.5
生猪		头	172223	1.3
山绵羊		只	66611	-0.7

农业生产条件进一步改善。全县拥有农业机械总动力7519.05万瓦特，比上年减少4.4%；农田水利建设继续得到加强，农田有效灌溉面积13.22万亩，水利化程度达54.4%。

乡镇企业保持快速发展。全年营业总收入118344万元，比上年（同口径相比，下同）增长24.1%；应交税金1162万元，增长0.3%。

非公有制经济持续发展。年末有个体工商户5146户，私营企业63户。从业人员8406人，注册资本金10714万元，上缴税金957万元，分别比上年增长22.6%、32.3%和5.4%。

工业和建筑业

工业生产由于受德力高啤酒厂停产、州属吕合煤矿受灾影响，工业增长速度减缓。全年完成工业总产值26581万元，比上年增长1.6%。其中：县及县以下工业总产值22741万元，比上年同期增长3.8%，在县属工业总产值中，国有经济105万元，比上年同期增长8.3%，集体经济2707万元，比上年同期下降43%，股份合作制经济632万元，比上年同期增长27.1%，个体私营经济19217万元，比上年同期增长15.2%。个体私营经济工业总产值占全部工业总产值的比重为72.3%。

2001年主要工业产品产量

产品名称	单位	绝对数	比上年增长%
原煤	万吨	19.3	1.0
啤酒	万吨	0.67	-48.5
机制红砖	万块	3168	-31.2
金属锌	吨	1834	-25.5
铸铁管	吨	643	-68.7
泵	台	268	-17.8
自来水	万吨	111	7.8
供电量	万千瓦时	2293	1.5

建筑业生产有所下降，经济效益进一步降低。全县五级以上建筑企业实现总产值2109万元，比上年减少604万元；实现利润100.7万元，比上年减23.4%；税金总额4.1万元。施工房屋面积26059平方米，比上年减少29621平方米；竣工房屋面积23280平方米，减少18392平方米。

固定资产投资

紧紧抓住国家扩大内需，实施积极的财政政策和西部大开发机遇，不断加大项目工作力度，积极向上争取资金扶持，千方百计筹措建设资金，确保重点工程建设的顺利进行，固定资产投资完成年初提出的目标任务。全年完成固定资产15356万元，比上年减少13.6%。其中：基本建设投资6619万元，增长17.1%；更新改造投资1528万元，增长6.8%；其他投资1494万元，减少72.3%。在全部投资中，国有单位投资8537万元、集体单位投资2332万元、城乡居民投资3533万元和其他投资954万元，分别增长20.5%、-62.2%、-8.9%和-12.9%。

年内新开工建设项目88项，续建项目7项。实际建成投产81项，新增固定资产13900万元，竣工面积17.6万平方米，其中：住宅面积11.9万平方米。

交 通 邮 电

交通运输邮电业继续快速发展。通信能力增强，公路建设成绩显著，运输紧张状况有效改善。

2001年公路交通运输量

产品名称	单位	绝对数	比上年增长%
货物运输周转量	万吨公里	1101.9	-40.1
旅客运输周转量	万人公里	6443.55	64.4

年末拥有各种载货车辆2111辆，其中：汽车530辆、拖拉机1234辆、三轮摩托车103辆；各种载客车辆312辆，其中：客车157辆、出租车45辆、三轮摩托车103辆。

邮电业务总量（未含寻呼、移动）完成1170.6万元，比上年增长18.6%；市话交换机总容量13725门、农话装机容量4296门，拥有固定电话12062部，其中市话9365部，住宅电话用户达9737户，电话普及率为5.29部/百人，比上年增加1.26部，公用电话遍布乡（镇）政府所在地。全县有130个村委会通电话，其中：通程控电话111个村委会，占全部村委会总数85.4%；县城市话小灵通1537户，年内开通了沙桥、天申堂、五街、五顶山、徐营等10个移动通信基站；寻呼网络广泛覆盖城乡，通讯环境和条件有了明显改善。全年共订销报纸183万余份，杂志13万份，办理国内函件19.7万件。

商业贸易

商品消费需求平稳增长。全年实现社会消费品零售总额16941万元，比上年增长8.3%。按地域划分，城镇零售额11063万元，增长9.6%；农村零售额5878万元，增长5.9%。按行业划分，批发零售贸易业13286万元，增长7.2%；餐饮业1201万元，增长14.7%；制造业665万元，增长9.6%；其它1789万元，增长12.2%；按经济成分划分，国有及国有持股零售额4621万元，增长4.2%；集体及股份合作零售额1943万元，下降5.0%；个体经济零售额8881万元，增长14.9%；其他经济零售额1496万元，增长4.2%。

财政、金融和保险

财政收入有所增长，收支矛盾仍然比较突出。全年实现地方财政收入4880万元，比上年增长13.6%，年初预算增长11.3%；完成财政支出15391万元，比上年增长22.3%。

金融秩序稳定，存款额持续增长。年末金融机构各项存款余额73645万元，比年初增长27.54%，其中：城乡居民储蓄存款余额35212万元，比年初增12.9%，各项贷款余额32540万元，比年初减少0.12%。

受保险市场竞争激烈的影响，保险业务收入下降。全年保费收入1452万元，比上年减少8.2%。其中：财产保险费收入450万元，减少13%；寿险保费收入1002万元，减少6%。支付各类赔款及给付1169万元，其中财产险赔款373万元，寿险给付796万元。

科技、卫生、文体和教育

积极实施科教兴县战略，科技成果的普及推广和应用取得成效，科技成果的转化率和推广率明显提高，科技进步在社会发展中的作用日益增强。全年接受科技培训人数56744人次，80%以上农户掌握了一至二门实用技术。

卫生事业不断进步。年末全县共有卫生机构19个，床位434张，卫生技术人员441人，其中医生227人。医疗、保健和防疫能力进一步提高，传染病、地方病得到有效控制，人民健康有了基本保障。文体事业健康发展。年末有文工队1个，图书馆1个，乡镇文化室12个。广播综合人口覆盖率75%，电视综合人口覆盖率95%。全县有线电视用户达1万余户。全年共组织各项群众体育比赛285余场，参赛运动员2200余名。

教育事业继续发展，中小学校布局进一步调整。全县有普通中、小学校171所，职业中学1所。有教职工2124人，其中专任教师1949人。在校学生(不含幼儿园，下同)33693人，当年招生7521人。适龄儿童入学率和小学毕业生升学率为99.32%和98.5%。

各类学校情况

学校类别		普通中学（所）	专任教师（人）	招生数（人）	在校生（人）	毕业生（人）
普通中学		14	625	4352	12646	3505
其中	完全中学	1	78	497	1155	176
	初级中学	13	547	3855	11491	3329
职业高中		1	24	283	638	152
普通小学		157	1252	2886	20409	3913
幼儿园		6	48	556	1033	2194

人口和人民生活

2001年全县出生人口3621人，出生率为15.81‰，比上年下降0.41个千分点；死亡人口1732人，死亡率7.56‰，比上年上升0.21个千分点；自然增长人口1889人，自然增长率8.25‰，比上年下降0.62个千分点。2001年末全县总人口229964人，比上年末增长0.85%。其中：农业人口211295人，非农业人口18669人，男女性别比例为107（以女性为100计算）。少数民族人口87644人，占总人口的38.11%。其中：彝族77021人、白族8184人、回族2129人。

城乡居民生活水平继续提高。年末在岗人员9036人，比上年增90人，增长1.0%，在岗职工人均年工资9438元，比上年增长15.6%。其中：国有单位在岗职工工资10261元，增21.1%；城镇集体单位在岗职工人均年工资6274元，增9.6%；其他各种经济单位在岗职工人均年工资13741元，增81.7%。根据抽样调查，全年农民人均纯收入达到1581元，比上年增长4.4%；农民消费支出1180元，比上年增长6.0%。城镇居民人均可支配收入达到6307元，比上年增长5.6%；城镇居民消费支出4488元，比上年增长17.4%。

城乡居民居住条件进一步改善。全年城镇竣工住宅面积21255平方米，城镇居民人均居住面积20.8平方米，比上年增长7.2%；农村竣工住宅面积91620平方米，农村居民人均居住面积26平方米，与上年持平。

社会福利事业稳步发展。年末共有城乡敬老院12所，床位141张，收养老人122人。进一步完善城镇居民最低生活保障制度，共有2123人得到最低生活保障救济。全年销售社会福利彩票30万元，筹集社会福利资金30万元，接收社会捐赠5.8万元。

注:1、本公报所列数据为初步统计数。

2、国内生产总值、各产业增加值绝对数按现价计算，增长速度按可比价格计算。

3、各项指标对比基数均为2000年公布的年报统计数。

南华县2001年乡镇主

乡镇 指标	龙川镇			徐营镇			雨露乡			沙桥镇			天申堂			五街乡		
	绝对数	州序	县序	绝对数	州序	县序	绝对数	州序	县序	绝对数	州序	县序	绝对数	州序	县序	绝对数	州序	县序
年末总人口(人)	56578	2	1	21028	46	3	13978	85	8	23615	38	2	9556	115	12	16975	63	6
地方财政收入(万元)	783	5	1	243	34	2	210	44	4	234	39	3	75	105	11	121	80	8
地方财政支出(万元)	841	7	1	540	39	3	366	92	9	572	32	2	293	113	12	440	61	5
年末耕地面积(亩)	35931	2	1	28168	20	2	17465	64	5	20362	47	3	9707	113	12	19008	52	4
农业总产值(现价、万元)	8853	6	1	5294	31	2	2985	76	5	4375	43	3	2056	108	11	2448	93	9
粮食总产量(吨)	21989	2	1	12509	21	2	6085	78	8	9979	38	3	3759	111	12	6884	61	5
粮食亩产量(公斤)	365	30	1	347	36	2	276	69	6	315	43	3	257	84	8	248	88	10
烤烟总产量(百公斤)	2220	76	11	11670	8	1	8330	15	2	5590	33	5	2720	71	10	4080	48	9
烤烟亩产量(公斤)	123	75	11	134	47	6	150	22	3	132	58	8	129	64	10	130	63	11
油料总产量(百公斤)	5410	12	2	6990	6	1	4350	18	3	2100	30	4	270	92	9	80	113	11
油料亩产量(公斤)	135	40	3	137	37	2	145	32	1	106	62	5	76	98	8	40	118	7
年末大牲畜存栏(头)	9323	24	1	5486	97	10	8800	32	3	7802	49	4	2579	123	12	7003	64	7
年末生猪存栏(头)	34015	1	1	14956	41	5	7632	106	12	20093	21	2	9420	85	9	11721	67	7
乡镇企业营业总收入(万元)	54466	4	1	4670	78	6	1835	114	11	22607	18	2	4940	74	5	3681	89	8
工业总产值(现价、万元)	10134	12	1	786	86	8	495	97	10	2287	50	2	305	112	12	855	83	6
人均粮食产量(公斤)	389	85	11	595	10	1	435	61	5	423	65	6	393	83	10	406	74	7
人均财政收入(元)	138	29	2	116	46	4	150	20	1	99	58	6	78	84	9	71	94	10

要经济指标及排序

一街乡			罗武庄乡			红土坡镇			五顶山乡			马街乡			兔街乡		
绝对数	州序	县序	绝对数	州序	县序	绝对数	州序	县序	绝对数	州序	县序	绝对数	州序	县序	绝对数	州序	县序
19559	51	4	12266	89	10	13583	86	9	10548	104	11	18210	55	5	14068	84	7
176	59	5	133	76	6	107	88	10	133	77	7	116	84	9	54	116	12
440	62	6	369	90	8	413	72	7	302	111	11	453	58	4	343	102	10
14668	85	8	12214	102	10	14789	83	7	11853	104	11	15584	76	6	14237	87	9
2448	94	10	2918	79	6	2893	83	7	1817	112	12	3643	58	4	2766	86	8
5369	86	10	5442	84	9	6577	63	6	4184	105	11	7353	57	4	6383	69	7
244	92	11	278	67	5	281	62	4	238	95	12	268	76	7	257	85	9
7580	16	3	5790	32	4	3880	50	8	4430	43	6	3200	62	9	1000	92	12
146	26	5	165	10	2	176	4	1	134	48	7	149	24	4	83	108	12
1380	47	5	210	95	10	1320	53	6	570	76	7	10	123	12	430	84	8
69	101	10	35	120	12	75	99	9	97	72	6	125	48	4	85	88	7
7178	57	6	6317	78	8	7518	52	5	5703	93	9	8828	30	2	4388	105	11
9947	79	8	9168	90	10	12575	62	6	8002	100	11	19147	23	3	15547	38	4
7725	55	3	1816	115	12	3912	85	7	5794	66	4	3323	95	10	3543	92	9
476	98	11	825	84	7	1731	59	3	1455	67	4	942	79	5	610	94	9
275	123	12	444	53	5	484	33	2	397	81	9	404	77	8	454	43	3
90	71	7	108	52	4	79	82	8	126	38	3	64	102	11	38	119	12

（周能汉 张洪贵）

南华县2000—2001年主要经济指标及排序

指标 \ 乡镇	单 位	2000年	2001年	全州排序		全省排序	
				2000年	2001年	2000年	2001年
年末总人口	万人	22.80	22.99	5	5	83	84
国内生产总值	万元	57436	62744	7	6	86	85
地方财政收入	万元	4297	4880	4	3	70	68
地方财政支出	万元	12586	15391	6	5	80	85
国有单位固定资产投资	万元	6892	7885	5	4	86	78
农民人均纯收入	元	1514	1581	5	7		
耕地面积	亩	215276	214179	5	5		
农林牧渔业总产值	万元	43816	45382	6	5	69	68
粮食总产量	吨	95784	96566	4	4	64	61
烤烟总产量	吨	7006	6049	3	3	34	39
甘蔗总产量	吨	60		9		91	
油料总产量	吨	1997	2312	6	6	43	37
年末大牧畜头数	头	79484	80925	7	7	51	49
猪牛羊肉产量	吨	13811	14845	5	5	53	51
全部工业总产值	万元	26347	24217	8	8	78	86
社会消费品零售总额	万元	15648	16941	4	4	90	87
农业生产资料销售额	万元	3776	3031	7	9	57	62
人均国内生产总值	元	2519	2728	8	9	72	74
人均地方财政收入	元	189	213	3	3	60	54
人均粮食产量	公斤	422	422	5	4	20	17
人均猪牛羊肉产量	公斤	61	65	7	5	32	29

注：本表根据云南、楚雄《经济手册》，南华县统计资料编制，仅供参考。

（周能汉　张洪贵）

索　　引

索引说明

一、本索引收录条目及部分类目，所收类目以黑体字标识。

二、本索引采用主题分析法编制而成，并以条目首字的汉语拼音音序排列为主，首字音同的按第二字音序排列，依次类推，部分条目顺序按逻辑关系有所调整，条目后的阿拉伯数字表示该条目内容在正文中的页码。

D

E

F

G

H

J

K

L

M

N

P

Q

R

S

T

W

X

Y

Z

图书在版编目(CIP)数据

南华年鉴(2002)/南华县地方志办公室　编 — 德宏：德宏民族出版社，2002・10

ISBN 7－80525－679－9

I.南…II.南…III.南华县　年鉴　IV・Z5

中国版本图书馆CIP数据核字(2002)第066768号

书　　名：南华年鉴(2002)（总第6期）

作　　者：南华县地方志办公室　中共南华县委党史征集研究室　编

出版・发行	德宏民族出版社	责任编辑	王稼祥
社　　址	潞西市青年路1号	责任校对	番绍芹
邮　　编	678400	封面设计	周能汉
电　　话	0692－2124877	印　　刷	滇黔桂石油勘探局昆明印刷厂
开　　本	787×1092　1/16	版　　次	2002年10月第1版
印　　张	20.7	印　　次	2002年10月第1次
字　　数	610千	印　　数	1－1000

ISBN 7－80525－679－9/Z・220　　　定　价：50.00元